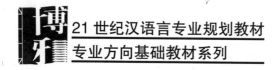

21世纪汉语言专业规划教材
专业方向基础教材系列

认知语言学教程

王 寅 著

北京大学出版社
PEKING UNIVERSITY PRESS

图书在版编目（CIP）数据

认知语言学教程 / 王寅著. —北京：北京大学出版社，2021.8
21世纪汉语言专业规划教材. 专业方向基础教材系列
ISBN 978-7-301-32268-0

Ⅰ. ①认… Ⅱ. ①王… Ⅲ. ①认知语言学 – 高等学校 – 教材 Ⅳ. ① H0-06

中国版本图书馆CIP数据核字(2021)第118321号

书　　名	认知语言学教程 RENZHI YUYANXUE JIAOCHENG
著作责任者	王　寅　著
责任编辑	宋思佳
标准书号	ISBN 978-7-301-32268-0
出版发行	北京大学出版社
地　　址	北京市海淀区成府路205号　100871
网　　址	http://www.pup.cn　新浪微博：@北京大学出版社
电子信箱	zpup@pup.cn
电　　话	邮购部 010-62752015　发行部 010-62750672　编辑部 010-62753027
印　刷　者	河北滦县鑫华书刊印刷厂
经　销　者	新华书店
	720毫米×1020毫米　16开本　30.25印张　658千字
	2021年8月第1版　2022年12月第2次印刷
定　　价	88.00元

未经许可，不得以任何方式复制或抄袭本书之部分或全部内容。
版权所有，侵权必究
举报电话：010-62752024　电子信箱：fd@pup.pku.edu.cn
图书如有印装质量问题，请与出版部联系，电话：010-62756370

前　言

（一）

　　笔者于20世纪80年代赴英国学习语言学理论及其教学实践，主修语义学，后来自然就接触到认知语义学，到了90年代开始系统研读认知语言学（Cognitive Linguistics，简称CL）相关论著，并着手为英语专业研究生写一本该新兴学科的教材，以利于它在我国的普及。初稿写于20世纪末，后经数所高校试用，不断发现问题，调整写作思路，理顺教学程序，还申请到国家社会科学基金项目，于2007年正式出版，后每年加印一次，至2018年已第十一次印刷。弹指一挥间，二十年过去了，基于这些年在教学和科研中积累的新认识，特别是基于将其用于分析汉语时所获取的新体会，值此北京大学出版社相邀为中文学界写本教材之机，增删了原书的部分章节，调整了相关内容，写就该教材，以能更适合中文专业使用。

　　我们知道，20世纪前60年语言学研究主要是描写性的结构主义倾向，着重分析语言系统内部的结构、特点、关系等，但从50年代中期开始从描写转向解释，乔姆斯基所倡导的转换生成学派（Transformational Generative Grammar，简称TG）一反昔日的描写情结，转向解释语言为什么会这样，从而形成了语言学界的一场革命。结构主义与转换生成学派，都是从语言内部结构入手进行的研究。以索绪尔为代表的结构主义语言学的哲学基础是分析哲学，心理学基础是行为主义，并运用了物理、化学的分析方法描写语言内部结构，强调语言的内指性、系统性。以乔姆斯基为代表的转换生成学派的哲学基础是混合哲学（笛卡尔的天赋论和二元论，以及形式主义），心理学基础是纯心智主义，认为语言和句法都是自治的，可用形式化的方法加以研究。而认知语言学的哲学基础是体验哲学（强调心智的体验性、认知的无意识性、思维的隐喻性），心理学基础是建构性的心智主义、互动论、连通论。

　　著名学者Winograd有一本专著的书名为 *Language as a Cognitive Process*（《作为认知过程的语言》，1983），大力倡导从认知角度探索语言。Taylor（1996：21）指出：当前语言研究的一个总趋势是认知研究，即认为语言是心智（认知）的现象。英国剑桥大学出版社1999年的新书 *Linguistics: An Introduction*（《语言学导论》），由英国埃塞克斯大学语言与语言学系老师Andrew Radford, Martin Atkinson, David Britain, Harald Clahsen, Andrew Spencer集体编写，他们开宗明义地指出：语言是人类普遍的认知系统的一个重要组成部分，语言学的主要方向应该将语言作为一个认知系统来进行研究。其实，TG学派在强调句法解释时就主张从心智（相当于认知）的角度来研究语言，20世纪70年代后期认知语言学都接受了这一观点，认为语言和认知存在于人们的头脑里。因此从这个意义上来说，认知语言学与TG学派具有同源关系，但同时又提出了一系列与乔氏假设截然相反的观点，逐步形成了语言研究中的一门新兴学科——认知语言学，且近年来亦已成为主流学派。

由于认知语言学与TG在哲学基础和心理学基础上存在根本差异，因此在心智的来源、表征的方法、研究的内容、得出的结论等方面存在一系列根本分歧。两大学派在自足性、客观性、普遍性、生成/概括的优先性、形式/功能观等很多基本假设上存在根本对立。例如，认知语言学在强调认知的同时强调了语言的"体验性"、认知主体的想象力，批判语言天赋说，坚持从体验性认知（Embodied Cognition，可合称为"体认"）的角度来解释语言，将语言视为人类整个认知能力的一部分，而不是一个独立的系统。语言的结构和意义不可能仅限于语言内部，它们主要来源于人与客观世界的互动体验和认知加工，是使用者对世界认识和理解的结果，具有动态性、可变性、不确定性等特征。

认知语言学与TG学派的另一重大区别在于：后者与结构主义都将注意力聚焦于语言的形式或结构；而前者认为语言的基本功能在于意义，研究语言时必须将语义置于首位，因而认知语言学的中心内容之一是认知语义学，在语义描写时必须废除客观主义的指称论、真值论、成分论、形式论等观点。因此，语言就不是一个自治的系统，句法也不自治，它们都是客观现实、生理基础、身体经验、认知方式、知识结构等多种因素共同作用的结果。在语言表达与主客世界（包括客观世界和认知世界）之间（即语言形式与所指意义之间）存在着映照性像似的现象。

如果说TG学派是对描写性结构主义学派的一次革命，则认知语言学就是对乔姆斯基革命的又一场革命。正如2000年7月美国加州大学伯克利分校和圣迭戈分校的著名认知语言学家Lakoff教授和Langacker教授对笔者说过的：We are the counter-revolutionaries to the Chomskyan Revolution.

认知语言学与功能语言学之间存在互补关系（Langacker 2000：261）。功能语言学侧重语言的社会方面，主要从语言的社会功能和使用情景来研究语言，将语义置于中心位置，但也不排斥心理方面的研究（胡壮麟 1991）[①]。认知语言学更侧重语言的心理方面，强调认知方式在语言形成中的作用，同时也重视社会文化、百科知识等对于意义理解的必

---

① 胡壮麟认为功能主义的主要流派包括：布拉格学派、伦敦学派、哥本哈根学派、系统功能学派、马内丁学派、荷兰功能学派、美国学派（Boas-Sapir-Whorf思潮、层次语法、切夫语法）等。

要性。可见，两者研究的侧重点虽有一定的差异，但基本观点、原则、方法有很多相仿之处，可将两学派结合起来。戴浩一（1989）在这方面作出了很好的尝试，提出了"认知功能语言学"，强调从认知和功能这两个角度来论述语言。

（二）

"认知语言学"这个术语最早出现于1971年，是用来指真正研究大脑中的语言（参见Lamb 1998：381）。但时下国内外学者所说的认知语言学与Lamb的研究方法和内容并不相同，常指诞生于20世纪70年代末至80—90年代得到迅猛发展，盛行于欧洲和北美及其他国家，21世纪初已渐成主流的新兴语言学流派。国际认知语言学协会（International Cognitive Linguistics Association，ICLA）1989年春天在德国的杜伊斯堡召开了第14届国际LAUD研讨会（Linguistic Agency University of Duisburg），这次会议也是第一届国际认知语言学大会[①]。会议期间成立了国际认知语言学协会，创办了 Cognitive Linguistics（《认知语言学》）期刊，每年四期。由 René Dirven, Ronald W. Langacker, John Taylor 等主编，德国 Mouton de Gruyter 出版的 Cognitive Linguistics Research（《认知语言学研究》）系列丛书，现已出版了61卷，其中的第25卷，是由我国学者Chen Rong（陈融）编写的，书名为 English Inversion — A Ground-before-Figure Construction（《英语倒装研究——一种"背景先于图形"的构式》）。1993年荷兰John Benjamins出版公司开始发行期刊 Pragmatics and Cognition（《语用学与认知》）。

ICLA到目前为止分别在德国、美国、比利时、荷兰、瑞典、加拿大、西班牙、中国、英国等国召开了15届国际研讨会。协会的成立和年会的定期举办，会刊和系列研究的出版和发行等一系列活动，以及全世界许多国家的纷纷响应，确立了认知语言学的学术地位，吹响了全面进军语言认知研究的号角。一股"认知语言学"的强劲风潮从北美和欧洲大陆刮向了全世界，为我们研究语言提供了崭新的视角和全新的方法，近年来发展迅猛，越来越得到普遍承认，形成了结构主义学派和转换生成学派渐渐让位于认知语言学的趋势，后者亦已成为主流学派。一大批学者奋斗在这一领域，各类著作和论文如雨后春笋，数量猛增。学界常将下列论著视为该学科的必读经典著作。

Lakoff & Johnson于1980年合作出版了 Metaphors We Live By（《我们赖以生存的隐喻》，于1999年继续合作出版了 Philosophy in the Flesh — The Embodied Mind and Its

---

[①] 五年后，即1994年3月22日至25日在杜伊斯堡大学召开了第19届LAUD研讨会，大会主题为"Language and Space"，同时宣布将该大学改名为"Gerhard Mercator University"，以纪念地图制作家Mercator（在杜伊斯堡花了50年时间才将整个世界的"空间"制成一张完整的地图）逝世400周年。十分有意义的是：这次大会的主题也正好反映了CL的基本理论，因为"空间"在CL中被认为是人类概念化的核心。

Challenge to Western Thought（《基于身体的哲学——体验性心智及其对西方思想的挑战》）；Lakoff于1987年出版了 Women, Fire, and Dangerous Things: What Categories Reveal about the Mind（《女人、火与危险事物——范畴对于心智揭示了什么》；Johnson于1987年出版了 The Body in the Mind: The Bodily Basis of Meaning, Imagination, and Reason（《心智中的身体——意义、想象和理智的身体基础》）。

Langacker于1987年和1991年出版了 Foundations of Cognitive Grammar: Theoretical Prerequisites (Vol. I); Descriptive Application (Vol. II)（《认知语法的基础》第一卷和第二卷）；于2000年出版了 Grammar and Conceptualization（《语法和概念化》）。他于2008年和2009年又分别出版了 Congitive Grammar: A Basic Introduction（《认知语法基础入门》）和 Investigations in Cognitive Grammar（《认知语法研究》）。

Taylor于1989年出版了 Linguistic Categorization: Prototypes in Linguistic Theory（《语言范畴化——语言学理论中的原型》）（2003年第二版）；于1996年和2002年出版了 Possessives in English: An Exploration in Cognitive Grammar（《英语中的所有格构式——一项从认知语法角度的研究》）和 Cognitive Grammar（《认知语法》）。

Sweetser于1990年出版了 From Etymology to Pragmatics — Metaphorical and Cultural Aspects of Semantic Structure（《从词源学到语用学——语义结构的隐喻观和文化观》）。Dirven和Verspoor于1998年出版了 Cognitive Exploration of Language and Linguistics（《语言与语言学的认知探索》）。

Ungerer和Schmid于1996年合作出版了 An Introduction to Cognitive Linguistics（《认知语言学导论》）；Croft和Cruse于2004年出版了 Cognitive Linguistics（《认知语言学》）；Talmy于2000年出版了 Toward a Cognitive Semantics（I, II）。

上述所列专著已成为国内外很多高校开设认知语言学这门课的教材。

认知语言学的基本观点和研究方法也得到了我国外语界和汉语界学者的广泛响应，他们从20世纪90年代初开始零散介绍国外这方面的理论和研究成果，90年代后期至今该领域的研究已初具规模，各大语言研究刊物在这方面发表的文章稳步增多，并出版了多部有关认知语言学研究的专著，如：

张　敏（1998）《认知语言学与汉语名词短语》
袁毓林（1998）《语言的认知研究和计算分析》
熊学亮（1999）《认知语用学概论》
王　寅（1999）《论语言符号象似性》
　　　（2005）《认知语言学探索》
　　　（2006）《认知语法概论》

　　　　　（2007）《中西语义理论对比研究初探：基于体验哲学和认知语言学的思考》
　　　　　（2011）《构式语法研究（上下卷）》
　　　　　（2016）《认知语言学分支学科建设探索》
　　石毓智（2000）《语法的认知语义基础》
　　束定芳（2000）《隐喻学研究》
　　　　　（2008）《认知语义学》
　　崔希亮（2001）《语言理解与认知》
　　赵艳芳（2001）《认知语言学概论》
　　胡壮麟（2004）《认知隐喻学》
　　蓝　纯（2005）《认知语言学与隐喻研究》
　　沈家煊（2005）《现代汉语语法的功能、语用、认知研究》
　　陈　忠（2006）《认知语言学研究》
　　张旺熹（2006）《汉语句法的认知结构研究》
　　王文斌（2007）《隐喻的认知构建与解读》
　　李福印（2008）《认知语言学概论》
　　吴为善（2011）《认知语言学与汉语研究》

这些成果使得认知语言学逐步成为我国语言学界研究的一大热点，并形成了初具规模的研究队伍。

特别是进入新千年，我国的认知语言学研究呈现出一派欣欣向荣的大好景象，逐步深入，各高校和语言研究机构纷纷立项，呈现出系统化、多元化的研究格局，从介绍综述走向专题研究，从理性探索走向语言教学和人工智能的应用，从单语分析走向汉外对比，从理论基础阐述走向认知方式探究。

与此同时，为促进我国认知语言学研究的进一步发展，以认知语言学为主题的全国性学术活动也相继进行。苏州大学于2000年4月7日至12日举办了全国第一期认知语言学讲习班，学员近百名，世界著名认知语言学家John Taylor教授以及苏州大学王寅教授等共作了8场报告。2001年10月上海外国语大学举办了全国第一届认知语言学研讨会；2002年10月19日至24日，苏州大学举办了全国第二期认知语言学讲习班，学员有来自全国高校的教师和研究生150多名，世界著名认知语言学家、美国加州大学圣迭戈分校Fauconnier教授，中国社会科学院语言研究所沈家煊研究员，河南大学徐盛桓教授，上海外国语大学束定芳教授，以及苏州大学王寅、汪榕培等教授共为学员作了8场报告。讲习班后，接着于25日至27日在苏州大学召开了全国第二届认知语言学研讨会，与会代表160余名，讲习班上的报告人在大会上又做了主题发言，世界著名认知语言学家、美国加州大学圣迭戈分校

Langacker教授还专为大会发来贺信。2004年4月17日至25日西南大学（原西南师范大学）举办了全国第三期认知语言学讲习班及全国第三届认知语言学研讨会。这次讲习班先后邀请了徐盛桓教授、Langacker教授、熊学亮教授、束定芳教授、石毓智教授、沈家煊研究员、王寅教授等学者讲学，来自国内40余所高校近120位学者参加了讲习班。至今，我国的认知语言学研讨会已举办了十届。

虽说认知语言学在西方于20世纪80年代才算正式建立起来，但人们运用"认知和心智"的方法来研究语言由来已久，尤其值得称道的是在我国汉语界从"认知和功能"角度研究语言已经取得了很多成果，这是因为汉语自身的特点更适合从这个角度来加以研究。不仅"他山之石，可以攻玉"，而且"我山之石，亦可攻玉"，在这"全球化""地球村"的年代里，我们既要借鉴西方学者的理论，也要学习我国汉语界的语言研究成果，只有将中西语言理论结合起来，洋为中用，中西结合，才能对复杂的语言现象作出更为合理的解释，提出更具解释力的理论框架，尽早走出语言的迷宫。

正是这些国内外学者的共同努力，使得认知语言学的研究不断走向新高潮，并呈现出汉语学界与外语学界齐头并进的喜人局面。

（三）

一般说来，认知语言学主要有以下三个来源，这些领域的重要学者也是国外认知语言学界的主要代表人物：

（1）从TG学派中分裂出来的生成语义学家：Lakoff、Langacker、Fillmore等。

（2）从认知和/或功能角度研究语言的主要学者，如：Taylor、Dirven、Talmy、Geeraerts、Turner、Sweetser、Rudzka-Ostyn、Givón、Brugman、戴浩一等，他们主张运用从普遍的认知方式来解释语言形式和功能，研究语言表达背后的认知机制。其中还包括研究语言共性和类型学，或从类型学和认知角度研究语义演变、语法化、像似性等现象的学者：Haiman、Heine、Hopper、Traugott、Croft、Hawkins、Hünnemeyer等，也包括认知语用学家Sperber和Wilson等。

（3）关注认知研究的哲学家、心理学家、社会学家、人类学家等，主要有：Johnson、Putnam、Gibbs、Rosch、Piaget、Fauconnier、Labov、Rumulhart & MaClelland、Lamb、Lounsbury、Berlin & Kay等。

笔者认为，上述三个来源构成了狭义的认知语言学主体内容，而广义的认知语言学还可包括：Jackendoff对认知语义学的论述，Wierzbicka的语义理论，Dressler的自然主义语言学模式（自然音位学、自然形态学、自然句法学）等。由于认知语言学和乔姆斯基理论有同源关系，亦有学者将后者也纳入前者之中，这从1996年出版的*Routledge*

*Dictionary of Language and Linguistics*对认知语言学的描述可见：50年代末在美国发展起来的跨学科研究流派，研究语言与知识的获得和使用中的思维过程，反对行为主义和"刺激—反映"论，分析人类在思维、储存信息、理解话语和说话过程中所使用的认知策略，从而揭示思维的结构和组织。这个描述显然把乔氏理论也纳入认知语言学中了。乔氏指出，语言是人脑中的心理客体，是人类心智能力的一部分，因而把语言研究划归认知心理学[①]，他也曾自认为是认知语言学家。Saeed（1997：299）也将乔氏理论归入在认知语言学门下，但Lakoff & Johnson（1999：77）认为认知语言学是第二代认知科学的产物，是基于体验哲学的，出现于20世纪70年代，与基于混合哲学的乔氏理论分道扬镳，因此，在狭义认知语言学中不包括他的语言理论。据此，认知语义学自然也就不包括客观主义、形式主义的研究方法，这才有了"认知语言学是对乔姆斯基革命的一场革命"的说法。

Taylor（2002：5）认为，当代语言学家大多持"语言在心智之中（Language resides in the minds of its users）"的观点，若从这个角度看他们的研究都与"认知"有关。袁毓林（1998：1）则认为：如不计较技术和细节上的巨大差异，勉强概括各种研究路子背后的共同特征，那么当代一些有影响的语言学流派大都可以归在认知研究这个名目之下。这样，我们所谈论的认知语言学就可大致归纳出以下四个层次：

① 仅指Lakoff、Langacker、Taylor、Dirven、Talmy、Sweetser等学者的理论；
② 指上述狭义的认知语言学；
③ 包括上述广义的认知语言学（含乔姆斯基和Jackendoff等理论）；
④ 更广义的观点，如袁毓林的观点。

因此，认知语言学从其研究范围和方法来讲可分为"狭义"和"广义"两大类，正如Taylor（2002：5—8）区分出大写的Cognitive Linguistics，它相当于狭义的认知语言学；以及小写的cognitive linguistics，它相当于广义的认知语言学。

从下图可见，与认知语言学平行的学科有：认知心理学、认知社会学、认知人类学、认知行为学、认知考古学、人工智能等，它们都可囊括在"认知科学"这个大学科之下。若按照"普通语言学"所划分的语言研究层面来讲，认知语言学还可细分出：认知音位学、认知词汇学、认知词典学、认知语法学、认知语义学、认知语用学、认知语篇学等分支。

---

① Chomsky（1965:1）: "... the particular branch of cognitive psychology known as linguistics."

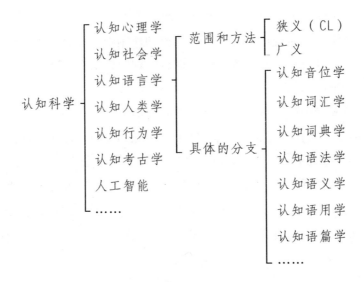

（四）

　　本着"简化理论、增强实用"的原则，本教材从众多观点中梳理出认识语言学的主要脉络，在论述其理论时去繁就简，以使条目更为清晰，为能突显认知语言学在汉语界的适用性。

　　第一章从"西方20世纪的三场语言学革命"说起。第一场革命：索绪尔的结构主义语言学；第二场革命：乔姆斯基的转换生成语言学；第三场革命：以Lakoff等为代表的认知语言学。我们认为，认知语言学的历史意义不仅在于倡导新方法，更在于将语言学重新置于唯物论、带入后现代哲学视野之下，使其可与文学和译学同台论道。

　　第二章主要讲述了认知语言学中的几个基本术语，从与"认知"紧密相关的几个术语，到"认知科学"（主要区分两代认知科学），再到认知语言学，且尝试将"狭义CL"权宜定义为：

　　　　坚持体验哲学观，以身体经验和认知为出发点，以概念结构和意义研究为中心，着力寻求语言事实背后的认知方式（主要包括：感知体验、范畴化、概念化、意象图式、认知模型、概念整合、识解、突显、隐喻转喻、像似性、激活、关联等），并通过这些认知方式和知识结构对语言作出统一解释的、新兴的、跨领域的学科。

　　狭义认知语言学追求用有限的认知方式对语言各个层面作出统一解释，包括语音、词汇、词法、句法、语法构式，乃至语篇（首次尝试运用这些认知方式来解释语篇的生成、连贯和理解）。本章同时还简述了认知语言学与其他主要语言学派的关系。

第三章重点论述认知语言学的理论基础，在论述其哲学基础、心理学基础和语言学基础时，还简介了西方哲学、心理学、语言学的发展概貌，这必将有助于读者理清各理论发展的主要线索。本教材指出：语言除了学界常说的几个特征之外，更具有"体认性"。

认知语言学认为语言的首要功能是"范畴化"，必须参照人们的感知体验、概念化过程和认知规律，因此本书紧接着在第四、五两章中简述了"范畴化、原型范畴论"，且还论述了该理论在语言分析中的具体应用，特别是基于"基本范畴层次"对比了英汉语各自构词的主要方法。我们还基于原型范畴论提出的"图式范畴论"。

第六章主要论述了意象图式，并较为详细地分析了意象图式在认知过程中所起到的关键作用，重点分析了英语OVER、ON和汉语"上"的意象图式及其语义延伸过程。我们还提出了一个核心原则"现实—认知—语言"，基于此论述了动觉意象图式和形式化空间假设。

认知模型（CM）与心智空间主要是由意象图式建构而成的，第七章就在上一章的基础上论述了CM及应用。该理论主要包括：CM、理想化认知模型（ICM）、心智空间和概念整合论（CBT），并论述了ICM与转喻的关系，以期能对语义解释提供一个新视角。

为能从认知角度有效地分析语言、解释语义和句法，Lakoff提出了ICM，Langacker提出了弹子球模型和舞台模型，Talmy提出了力动态模型，Schank和Abelson提出了脚本理论，但他们主要是基于线性和动态的分析，还缺乏层次性，未能考虑静态性因素，针对这些弊端，我们在第八章提出了"事件域认知模型（ECM）"，以期能弥补上述诸模型之不足。

第九章为"认知语义学"，论述了语义研究简史，区分了客观主义语义观（包括形式语义学）和非客观主义语义观（包括认知语义学），以及语义外在论与语义内在论，且将认知语义学定位于"体验性内在论"。本章最后将认知语义学的主要内容概括总结为十二点：体认观、概念化、互动观、百科观、原型观、意象图式观、隐喻观、寓比观与概念整合观、像似观、认知模型观、联想观与激活观、整合观。

第十至第十二章为"认知语篇研究"也是本书的重要特色之一，笔者较为详细地论述了认知语言学如何从词句层面扩展到语篇层面，尝试用认知语言学的基本观点和认知方式（主要是体验、激活、ICM、突显、原型、关联等）来分析语篇连贯性。这一部分提出的"认知世界分析法"包括"ICM"和"背景知识"两大板块，且重点突出了"互动体验性"和"心智连贯性"，这为研究语篇连贯提供了一种新思路。我们还提出了"语篇连贯四层次分析方法"，结合了原型范畴论，可更为有效地解释语篇连贯的程度性。认知参照点原则可用来分析语篇连贯，还可用ISVO核心句型来分析汉语特殊构式，本章基于此调查和分析了现代汉语句型。

第十三章从宏观角度论述隐喻的性质、定义、分类（包括语言各层面上的隐喻现象，以及语音隐喻）。第十四章依据当代隐喻认知理论阐述语法隐喻和隐喻的十组特点。第十五章论述隐喻的产生原因、功能、工作机制和理解过程，并尝试简要对比中西隐喻研究情况，以及隐喻认知理论在语言教学中的运用。通过对比发现，隐喻研究，如同语义理论一样，绝不是西方学者的专利，我国古代哲人早就意识到隐喻与思维之间的密切关系，这比当今西方学者所提出的隐喻认知理论早约2500年。

隐喻的工作机制与语言的工作机制有相似之处，都涉及多种因素的综合作用，本书据此提出"五位一体认知机制"的设想，且尝试从基于相似性的隐喻和创造相似性的隐喻这两方面论述其工作机制。

第十六章专题论述"语言符号像似性"，在廓清术语的狭义和广义理解和回顾"像似性vs任意性"争论简史的基础上，论述两论的哲学基础：前者的哲学基础是二元论/自治论、纯内指论、非隐喻观；后者的哲学基础是体验论、体验内指论、隐喻观。本章还分别从"单层面与多层面、描写性与解释性、理论性与实践性（语言教学、英汉对比、文体分析、语用分析）"等角度论证了"像似性辩证观"比"任意性支配观"更具说服力。

我们特别敬佩李葆嘉和许国璋先生，他们早在1985年和1988年就对任意性进行了尖锐的批判，并认为像似性与任意性这场争论还将继续下去。索绪尔生前也曾表示不把自己的语言理论作为最终的定论，他们都坚持了一种实事求是的科学态度，我们应当认真学习这种精神。多视角地审视世界有利于看清事物的本质，全方位地观察事实有利于开阔视野，换位思考有利于摆脱一家之说的束缚，勇于接纳多家学说有利于兼听则明。

第十七章尝试建构"认知对比语言学"，运用认知语言学的理论和方法进行汉英对比，且根据政论文两大要素"论点、论据"强调指出：论点要新，论据要足。理论思考产生论点，封闭语料提供论据。随后列述了两个汉英对比研究的个案：（1）基于ECM[+]分析世界杯冠亚军足球赛的汉英解说词；（2）基于对立图式观分析汉英一词两反义。

笔者在学习和研究过程中也认识到认知语言学是基于以往语言理论之上不断发展起来的，既有继承，也有发展，更有突破，既对某些传统观点提出了挑战，也作出了若干有益的补充。该理论虽具有较强的解释力，但也存在一些不足之处，本书在第十八章中简述了认知语言学的不足之处，希望同人能提供解决方案，使其更为完善。若实在解决不了，我们相信：新的语言理论就在不远的前方了。

四川外国语大学为笔者提供了优越的科研环境；中文系周文德教授、谭代龙教授、周启红讲师，以及我的博士生邹德平、徐峰、刘德林等为本书提出了诸多宝贵建议；本书引用了笔者的多位硕士生和博士生（如赵永峰、苗萌、陈娇、沈志和等）的数据调查和统计结果；北京大学出版社为本书的出版提供了大力支持和周到帮助。在此一并致谢！

王　寅

2018年5月6日

目 录

第一章 西方20世纪的三场语言学革命 ·· 1
    第一节 序 言 ·· 1
    第二节 首场革命：索绪尔的结构主义 ·· 2
    第三节 第二场革命：乔姆斯基的转换生成语言学 ························· 4
    第四节 功能派问世：（系统）功能学派理论溯源 ·························· 6
    第五节 第三场革命：认知语言学横空出世 ·································· 9
    第六节 当今人文学科前沿之我见 ··· 11

第二章 认知研究简介 ··· 14
    第一节 认知、认知科学、认知语言学 ······································· 14
    第二节 两代认知科学 ·· 24
    第三节 认知语言学与其他主要语言学派 ····································· 32

第三章 认知语言学的理论基础 ·· 40
    第一节 认知语言学的哲学基础 ··· 40
    第二节 认知语言学的心理学基础 ·· 47
    第三节 认知语言学的语言学基础 ·· 53

第四章 范畴化与原型理论（上）··· 69
    第一节 范畴与范畴化 ·· 70
    第二节 范畴三论 ·· 75
    第三节 经典范畴论与原型（图式）范畴论的区分 ························· 88

第五章 范畴化与原型理论（下）··· 101
    第四节 范畴化的基本层次 ·· 101
    第五节 范畴的上义层次和下义层次 ··· 103
    第六节 原型（图式）范畴论的解释力 ······································· 106

第七节　原型（图式）范畴论在语言分析中的应用 …………………… 114

第六章　意象图式 ………………………………………………………… 130
　　第一节　详析认知过程 …………………………………………………… 130
　　第二节　意象图式概述 …………………………………………………… 132
　　第三节　"OVER、ON、上"的意象图式与语义分析 ………………… 138
　　第四节　动觉意象图式与空间化形式解释 ……………………………… 144
　　第五节　意象图式与句法构式 …………………………………………… 148

第七章　认知模型理论 …………………………………………………… 155
　　第一节　基本概念 ………………………………………………………… 155
　　第二节　心智空间和概念整合 …………………………………………… 162
　　第三节　ICM与语义理解 ………………………………………………… 169
　　第四节　ICM与转喻 ……………………………………………………… 179

第八章　事件域认知模型 ………………………………………………… 183
　　第一节　事件域认知模型提出的理论背景 ……………………………… 183
　　第二节　解释基本句法构式的成因 ……………………………………… 185
　　第三节　兼顾线性与层级分析 …………………………………………… 188
　　第四节　兼顾动态与静态分析 …………………………………………… 188
　　第五节　缺省信息与转喻机制 …………………………………………… 189
　　第六节　间接言语行为 …………………………………………………… 190
　　第七节　词性转换 ………………………………………………………… 192
　　第八节　转喻的体认基础 ………………………………………………… 192
　　第九节　词义变化方式 …………………………………………………… 192
　　第十节　反义同词现象 …………………………………………………… 194
　　第十一节　结　语 ………………………………………………………… 198

第九章　认知语义学 ……………………………………………………… 200
　　第一节　语义研究简史 …………………………………………………… 200
　　第二节　语义外在论与语义内在论 ……………………………………… 206
　　第三节　认知语义学主要内容 …………………………………………… 213
　　第四节　结　语 …………………………………………………………… 228

第十章 认知语篇研究（上） ········· 231
第一节 语篇研究简介 ············ 231
第二节 衔接与连贯 ············· 237
第三节 认知世界与语篇连贯 ········ 242

第十一章 认知语篇研究（中） ········ 260
第四节 连贯性的条件 ············ 260
第五节 连贯性的认知基础与具体方式 ··· 262
第六节 认知参照点与语篇连贯 ······· 268

第十二章 认知语篇研究（下） ········ 281
第七节 核心句型 ··············· 281
第八节 话题与述题 ············· 284
第九节 核心句型的解释力 ········· 287
第十节 基于ISVO的现代汉语句型调查与分析 ··· 293
第十一节 话题统领性与语篇连贯 ····· 295

第十三章 隐喻认知理论（上） ········ 299
第一节 隐喻的性质和定义 ········· 299
第二节 隐喻的分类 ············· 303
第三节 语音隐喻 ··············· 322

第十四章 隐喻认知理论（中） ········ 338
第四节 语法隐喻 ··············· 338
第五节 隐喻的特点 ············· 345

第十五章 隐喻认知理论（下） ········ 361
第六节 隐喻的产生原因及其功能 ····· 361
第七节 隐喻的工作机制及理解过程 ··· 363
第八节 中西隐喻研究对比 ········· 373
第九节 隐喻理论在语言教学中的运用 ··· 381

第十六章 语言符号像似性 ··········· 389
第一节 像似性的狭义和广义理解 ····· 390

第二节　像似性与任意性争论简史 …………………………… 394
　　第三节　任意性与像似性的哲学基础 ………………………… 407
　　第四节　单层面与多层面 ……………………………………… 410
　　第五节　描写性与解释性 ……………………………………… 412
　　第六节　理论性与实践性 ……………………………………… 414
　　第七节　像似性辩证观与任意性支配观 ……………………… 416
　　第八节　结　语 ………………………………………………… 419

第十七章　认知对比语言学初探 …………………………………… 421
　　第一节　认知对比语言学 ……………………………………… 421
　　第二节　学位论文两要素：论点和论据 ……………………… 422
　　第三节　认知对比研究举例 …………………………………… 429
　　第四节　结　语 ………………………………………………… 436

第十八章　认知语言学之不足 ……………………………………… 438

主要参考书目 ………………………………………………………… 441

第一章 西方20世纪的三场语言学革命

第一节 序 言

语言学已有两千多年的漫长历史（参见Robins 1967；刘润清 1995/2013），经历了以下几个主要流派，现列表简述如下：

表1.1 西方语言学简史表

	年代	语言理论	主要学科及理论影响	主要特征	教学法
1	公元前4世纪—18世纪	语文学	传统哲学、文化观；经验论、唯理论等	静止规定型	语法翻译
2	19世纪	历史比较语言学	经验论（特别是实证主义），达尔文进化论，机械物理论①	发展比较型	语法翻译
3	20世纪初—20世纪60年代	结构主义语言学	分析兼理性，行为主义，物理、化学分析方法	严谨描写型	结构句型法，听说法
4	20世纪50至60年代—	（系统）功能语言学	受社会学、行为主义影响	交际功能型	情景/功能教学法
5	1957年—	TG学派	混合哲学（笛卡尔哲学+形式主义），心智主义	智慧演绎型	
6	20世纪80年代—	认知语言学	体验哲学，心智建构主义	互动归纳型	认知教学法②

---

① 实证主义理论和比较研究法被借用到语言学研究中就导致了历史比较语言学的确立，所借用其他学科的主要方法及结论有：（1）接受进化学说，推衍语言的产生，建立语言的谱系关系，并模仿生物种类划分，提出了语言的谱系分类法；（2）运用机械物理学定律的推导方法来论证语音变化，如Grimm定律。

② 认知教学法，应该说在20世纪50年代就有人提出，但仍旧较为肤浅，亦有人认为它是在传统的语法翻译法基础上形成的。60年代美国著名的心理学家卡鲁尔针对听说法重实践轻理论，重口语轻书面语，重机械训练轻灵活运用等缺陷提出了认知—符号学习理论，主张在外语教学中要发挥学生的智力作用，重视对语言规则的理解，培养实际而又全面的语言能力（参见王德春等 1995:44）。70年代美国的Chastain谋求把认知心理学的原理应用到外语教学，提出认知教学法，但其新意不多，因此这种认知教学法又常被称为"修正的传统教学法"（参见桂诗春 2000：32）。今天建立在认知语言学理论基础之上的认知教学法才更具有生命力，对教学的指导意义才更大！（参见Peter Skehan 1998）。

在漫长的两千多年的"语文学（Philology）"时期，学者们致力于描写和分析语言文字或书面材料，特别着重以文献资料为基础来考证"文字、音韵、训诂、校勘"等方面的规律。一般认为，这种研究比较零碎和分散，缺乏系统性、科学性和全面性，没能建立起一个较为完整的语言理论体系来指导语言研究。王力（1981）认为中国在"五四"以前所作出的语言研究，大致属于语文学范围。西方从19世纪的历史比较语言学开始可以算是逐步走上了现代意义的语言学研究时期。

19世纪的"历史比较语言学（Historical Comparative Linguistics）"则着力于通过不同语言之间的对比分析，以期能寻根求源，寻找语言中语音、词汇、语法等层面的演变规律，建立语言类型和谱系关系。

语言学在20世纪进入了高潮期，主要经历了如下三场革命：

① 索绪尔的结构主义语言学革命；
② 乔姆斯基的转换生成理论革命；
③ 基于体验哲学的认知语言学。

我们认为，当前亦已成为主流的认知语言学是对索氏和乔氏革命的又一场革命，这样，研究20世纪的语言学发展史可以这三场革命（认知语言学与功能语言学同属一大学派）为基本线索，这就是图1.4最右侧所标注的20世纪语言学的发展线路图。

第二节　首场革命：索绪尔的结构主义

西方自18—19世纪开始盛行"历史比较语言学"，重在追溯语言的发展演变史，关注同一语系中言语实体的比较，意在建构语言家族谱系（全世界语言可大致划分为十大语系）和语言类型（所有语言可大致划分为屈折语、孤立语、黏着语等）。

瑞士语言学家索绪尔在反思历时比较语言学的基础上创立了"结构主义语言学（Structuralism Linguistics）"，他（Saussure 1916，高名凯译 1996：118）指出：

> 语言是一个纯粹的价值系统，除它的各项要素的暂时状态以外并不决定于任何东西。

力主将语言视为一个封闭的结构系统，当从共时角度分析语言内部诸要素之间的关系和规律，实施"关门打语言"的策略，实现了语言"内指论"转向，切断了语言与社会和人之间的联系，只关注体认原则最右端的"语言"，使得语言学真正成为一门独立的学科，也使得索绪尔获得了"现代语言学之父"的称号，这便是号称"结构主义语言学之哥白尼革命"的意义所在，革了19世纪历史比较语言学的命，抛弃了"言语、外部、历时、实体"

等研究对象,力主以"语言、内部、共时、形式"为中心建立起了现代语言学理论。

索绪尔深受传统西方形而上哲学的影响,在"追问世界真理"的统摄下追问语言之本质,且将二分原则娴熟地运用于语言分析之中,依序切下四刀,分别进行两元对分,逐步关紧了语言之门。

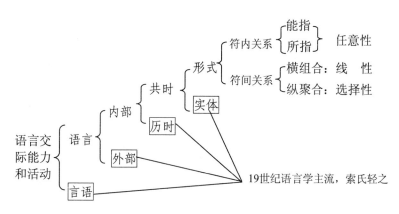

图1.1 索绪尔的研究进路

图1.1中带方框的要素就是索氏在实施一系列二分后所要舍弃的对象,而这些对象正是19世纪西方历史比较语言学所研究的主要内容,这足以可见索绪尔哥白尼革命意义之所在,首开"关门打语言"之先河,实现了语言"内指论"转向。

语言既然是一个独立而又封闭的系统,语义就不可能再循传统的"指称论"之路,只能在语言系统内部求得,索氏设想出以"横组合"和"纵聚合"的交叉点来决定;同时,能指和所指也是头脑中两个心理实体,与外界因素无关,这样,"关门"策略便可一以贯之。

有关索氏语言学理论的哲学基础有多种说法:有学者认为是"经验主义",有学者认为是"理性主义",还有学者认为"两者兼有"。王寅(2001:7)认为,索绪尔结构主义语言学的哲学基础为"分析哲学",这就是笔者将其列于图1.4右边第一行的原因,表明他深受首批(德、英、奥)理想语言学派的影响,避开纷繁多变、难以把控的"言语表达",专注于分析理想化、抽象化的"语言系统",且将其定位于语言内部的形式关系。或许,索氏的这一观点也影响到罗素和维特根斯坦等,使得他们建立了分析语言内部形式关系的语言哲学研究进路。

我们发现,索绪尔与早期语言哲学家同处一个年代,且两者的基本思考有很多相似之处。索绪尔提出的:

① 关门研究语言内部系统;
② 语言之系统具有先验性;

③ 只有语言才使思想出场；
④ 批判久传的语言工具论；
⑤ 语言与世界整体性同构。

这些都体现了那个时代的语言哲学观。

在Volosinov（1929）*Marxism and the Philosophy of Language*（《马克思主义与语言哲学》）和Lecercle（2006）*A Marxist Philosophy of Language*（《马克思主义语言哲学》）中都详细论述了索氏的语哲观，前者还将他冠为"语言哲学第二思潮的重要代表"，这都说明索绪尔是一个地地道道的语言哲学家。

第三节 第二场革命：乔姆斯基的转换生成语言学

乔姆斯基（Chomsky 1957，1965）于20世纪50年代发动了一场针对结构主义（含描写主义、行为主义）的语言学革命，创建了"转换生成语言学（Transformational Generative Linguistics，简称TG）"，深入批判了它们仅只局限于语言系统，或仅从语言实际表达层面进行结构分析的局限性，忽视了语言源自何处的重大议题，从而将焦点转向解释人为何能够用有限的词语生成无限可被接受的句子这一心理现象，重点从心智角度解释语言（特别是句法）的成因，迈出了从认知角度研究语言的划时代一步，因而他的理论被誉为语言学界的一场"乔姆斯基的革命"。

TG学派一方面接受了索氏"共时、关门"的立场，融入了笛卡尔的天赋观、二元论，以及英美早期分析哲学中"逻实论（Logical Postitivism）"；另一方面又认为结构主义（包括描写主义）仅只关注语言内部结构和要素关系，忽视了"语言来自哪里"这一语言学必须解决的根本问题。随着20世纪50年代的科学主义、认知心理学、人工智能的进步和发展，他紧跟时代的步伐，从"结构"转向"心智"，从"描写"移至"解释"，大力倡导从人类心智角度来研究语言如何生成的问题，且别出心裁地将句法独立出来进行"形式化"研究，为20世纪的语言学研究开辟了一个全新的方向。

乔氏拓宽了索氏的研究范围，不仅分析语言系统本身（初期主要是句法系统），且注重从心智（大致相当于"认知"①）角度探讨语言起源，这就是谭代龙（2013：37）所说的"上世纪50年代之后，语言学似乎开始了'认知的革命'"。

乔氏认为，语言来自心智中先天就有的"普遍语法（Universal Grammar，简称UG；又叫Language Acquisition Device，简称LAD）"，心智具有天赋性，语言出自心智，语言

---

① 这里仅说"大致相当于"，但在本质上有较大差别。乔姆斯基所说的"心智"具有天赋性，且还强调对现实的客观反映；而认知语言学所说的"认知"强调体验性，突出人的主观能动性。

也具有天赋性。因此，乔氏坚定地将其理论基点定位于"语言与心智"的关系上，这从他1968年（1972年扩充版）的专著 Language and Mind（《语言与心智》）可见一斑。另外他的名言"语言是心智的窗口"也是这一立场的具体反映。

他还首次用形式主义的公式化方法来解释人类心智中的句法演算机制，主要关注认知语言学核心原则右边的"认知"和"语言"两要素。我们拟将TG归结为如下六大特征：

① 天赋性；② 普遍性；③ 自治性；
④ 模块性；⑤ 句法性；⑥ 形式化。

这些特征之间存在严密的逻辑关系。首先是语言具有"天赋性"，基于此所有婴儿的初始语法结构都相同，这就是UG，俗称"黑匣子（Black Box）"中所内嵌的先天性认知机制。他还认为这种普遍语法独立于人类的其他认知能力，是心智中专司语言的机制，这便是语言和句法的"自治性"，可用来解释为何婴儿两三岁时语言表达就较为成熟，而连生活还不能自理，还要尿床，数理化是零分。

正因为句法可以自治了，句法才能在理论上被独立出来，成为乔氏TG理论专门聚焦的研究对象，这就是为什么我们常说，TG的核心内容为"句法学"。为能保证句法的独立性，乔氏还进一步提出了语言的"模块性"，将其分为三大模块："音位""句法""语义"，且认为语言的本质在于"句法"，这才导致了他将主要兴趣集中于句法。他还深受当下流行于世的逻实论、科学主义的影响，竭力主张用形式化的方法解释句法的生成和转换途径，以弥补语言学一直未能走上形式化科学之"康庄大道"的缺憾，或曰终于使得"落后"的语言学理论赶上了科学主义的"时代潮流"。

TG学派的哲学基础主要受到了笛卡尔的天赋论和二元观的影响，参见表1.1以及图1.4右边第四行的后面，在乔氏上方标注"笛"之含义。Lakoff & Johnson（1980，1999）认为，TG学派还深受流行于美国的逻实论、科学主义等的影响，因为他大力倡导用数理演算的形式化方法来解释句法成因。这就是为何在图1.4中将乔姆斯基TG学派和蒙太古语法与美国Quine等学者列在同一行的主要原因。

学界普遍认为，乔姆斯基不仅是个语言学家，他还是一个重要的（语言）哲学家，他在半个多世纪前提出的"天赋论""普遍语法""心智分析"等都曾是十分重要的哲学命题。在逻实论和科学主义盛行的年代，若干语言哲学家建构了形式主义语义学，而乔氏另辟蹊径，沿着索氏的"关门"路径，开创了"关门打句法"的新策略，且大力倡导形式化句法分析的思路，企图用几个简单的公式（短语结构、转写公式）来解释全人类语言的来源问题，这是何等的智慧！陈嘉映（2003）在论著第十四章专论乔氏语哲思想。

在阅读乔氏著作时，我们不难发现他那深厚的哲学功底，如区分"语言能力vs语言运用""表层结构vs深层结构""句子二分分析法"，这些都取自苏格拉底和笛卡尔的二元论;他所区分的"表层结构vs深层结构"还明显打上了罗素的"表层句法结构vs深层逻辑结构"的烙印;乔氏的普遍语法观显然受到了中世纪的普遍思辨语法和现代普遍唯理语法的影响。

第四节 功能派问世:(系统)功能学派理论溯源

"功能主义(Functionalism)"在西方社会学中有着悠久的历史,常被称为最深厚的理论之一。杨善华(1999:133)指出,作为社会学的一种理论范式,它始于该学科的创始人孔德(Comte, 1798—1857)和斯宾塞(Spencer, 1820—1903),后经过人类学家布朗(Brown, 1880—1955)、马林诺夫斯基(Malinowski, 1884—1942)和社会学家杜尔凯姆(Durkheim, 1858—1917,又译:涂尔干)等的发展,现代美国社会学大师帕森斯(Parsons 1902—1979)将其修正为"行动体系""AGIL四功能模式",终于建成了"结构功能主义"这一宏伟的巨型理论。该理论曾于20世纪四五十年代基本取得统一,被公认为"社会学"的主导研究范式。该理论认为:社会是一个由内部各部分、各层次之间的相互联系,相互制约而构成的一个相对独立于个人的功能性有机整体。

"功能语言学(Functionalist Linguistics)"最早始源于20世纪二三十年代,主要从马林诺夫斯基(Malinowski)和弗斯(Firth)算起。但弗莱格(Frege)、杜尔凯姆(Durkheim)等对其也产生了较大的影响。该学派主张将研究重点由强调语言的内部结构分析和物理过程转到了强调语言的社会环境和交际功能。特别是"系统功能语言学(Systemic Functional Linguistics)"提出了语言的三大元功能(概念功能、人际功能、语篇功能),并将语言分析突破至语篇层面并从功能角度对其进行较为深入的分析,为篇章语言学的建立和发展作出了重要的贡献。现从以下三个方面加以论述:

1. 语境论

弗莱格于1892发表的著名论文 *On Sense and Reference*(《论涵义和外指义》)中率先论述了"语境论",认为句义可用"组合原则"来解释,此时就必须考虑词语所出现的上下文。他还指出,"晨星(the Morning Star)"和"暮星(the Evening Star)"虽同指一星,但必须明确它们所使用的实际场景,早晨看到的只能是晨星,傍晚看到的只能是暮星,必须根据具体语境来使用相关的适切词语,不能随便交叉使用。

马林诺夫斯基或许受到这一观点的影响(此为图1.4中上方长斜虚线的含义),于1923年正式提出了"Context of Situation(情景语境)",强调社会和文化知识在语言交际、语义研究中的重要性,只有结合具体情境才能较好地理解交际中话语的意义。他在《珊瑚园及其魔力》(1935)中写道(参见刘润清 2013:279):

　　　　文化（即一个社团中的全部制度，各种传统的硬性规定，如语言、技术、社交方式）对每个人的影响是一个逐步改造的过程。所谓改造过程，我是指传统的文化方式和规范对成长中的有机体的影响。在一定意义上，我的关于文化的全部理论的实质……是把杜尔凯姆的理论变成行为主义心理学的理论。

注意：马林诺夫斯基在文中明确提到了杜尔凯姆，且尝试将杜氏理论应用于语言文化研究之中，这也有力地佐证了图1.4将他列于杜尔凯姆之后的想法。

弗斯于20世纪三十年代前后开始在伦敦学院大学教授语言学，且还在伦敦经济研究学院兼职，与马林诺夫斯基同事多年。在此期间，弗斯深受马氏的"情景语境论"的影响，他对"情景语境"的分层分类就明显受到结构功能观的影响。马氏还曾将语言视为"社会过程"，认为它是人类生活的一种方式，因为在生活中就必须学习，就要学会各种语言形式作为跻身社会的基本条件。弗斯据此提出了"Context of Culture（文化语境）"这一术语，这是比"情景语境"更广的概念，认为语言研究不仅应关注结构特征，更应关注其意义和功能，且还须将言语功能置于社会文化语境中加以审视。

上述这些观点也影响到维特根斯坦（Wittgenstein 1889—1951），他于20世纪三十年代就提出了"用法论"（正式发表于1953年），认为：

　　　　解释一个词语的意义就是描述它如何被使用，而描述它如何被使用也就是描述它进入了社会交往（Winch 1990，张庆熊等译 2004：134）。

因此对于维氏来说，词语的意义不在于其所指对象或符合真值条件，而在于其所出现的语境，它必须坐落在"生活形式"之中才能获得真正的意义解读。

从这一梳理可见，弗莱格提出了"语境原则"，杜尔凯姆发展出"社会环境"，马林诺夫斯基建立了"语境理论"，弗斯倡导"文化语境"，他们都看到了语言的社会性特征，其间明显具有一种理论上直接或间接的传承关系。

韩礼德（Halliday 1985）将上述观点与索绪尔的"系统观"结合起来，创建了"系统功能语言学（Systemic Functionalist Linguistics）"，再次强调"语境意义"和"语言社会性"的重要性，聚焦分析语言在社会交际中的功能，这也为体认语言学的出场提供了理论铺垫。因此，我们多年来认为"认知"与"功能"两大语言学派同为一家，它们合力共同批判索绪尔和乔姆斯基的客观主义语言学，纠正注重形式（包括结构和句法）而忽视意义的研究倾向，为当代语言学的发展开辟了一个全新方向。

2. 结构功能观

杜尔凯姆主要持"外部整体论"，认为整个社会为一总体结构，可按"语言、宗教、行为特征、经济、功能"等分出若干群体（Sodality），其日常行为受制于也决定于社会的结构和功能，即个体受到整个社会和文化的制约，应当通过参与的时间和结构来理解。其主要观点有：

① 密切关注社会这一整体的结构功能、社会分工、团体意识；
② 率先分析日常生活中的特殊现象；
③ 科技不一定导致社会进步（如战争）；
④ 认为社会学须将"科技理性"扩展到人们的行为研究之中。

帕森斯认为，人类的行动体系是一种多层次的结构体系（还可继续细分子系统、子子系统），每一层次都具有四种基本的功能要求：适应、目标达成、整合、模式维持，在子系统和子子系统中还各有其对应的子功能和子子功能。

马林诺夫斯基早期完全接受了杜尔凯姆的"结构功能观"，也主张将语言的结构和功能结合起来研究语言。弗斯基于此发展出英国的功能学派，语言学应当关心特定的语言结构执行了什么样的交际功能，这当算是对结构主义（包括描写主义）的一种反思。他到了20世纪30年代又受到美国行为主义心理学家和布龙菲尔德语言理论的影响，开始关注"行为主义"，但杜尔凯姆对此有保留。正如刘润清（2013：280—281）所指出的，马林诺维斯基并没有完全接受行为主义的观点，一方面说文化影响并改造着人的行为；另一方面又相信人的信仰是一种巨大的社会力量和文化力量。弗斯也有类似的观点，认为语言是一种生活方式，并非仅是一套约定俗成的符号系统，语言就是让别人做事的方式，是迫使别人行动的方式（此时亦已昭示出"言语行为论"）。他基于此建立起属于英国的语言学理论，发展出英国的"功能学派"，强调语言学应当关心特定的语言结构执行了什么样的交际功能。

其弟子韩礼德于80年代将弗斯的理论进一步发展为"系统功能语言学"，在将语言结构系统分成级阶层次的基础上再论述其对应的用法，提炼出语言的三大功能，及其对应的三大表现方法（三大语域），其间可明显看出师生间的传承关系。虽然功能学派在时间上要早于TG学派，但其最新成果"系统功能语言学"要晚于TG学派，因此在图1.4中将其列于乔氏理论之下。

3. 系统观

韩礼德不仅受到杜尔凯姆、马林诺夫斯基和弗斯等社会学和语言学理论的影响，同时还受到索氏"语言系统论、关门打语言"结构主义理论的影响，如他借用了索氏的"系统"二字，将其与布拉格的功能观有机结合起来，融合进了他的"系统功能语言学"之中，主张从社会交际角度分析语言（特别是语篇），从而建立了一套"关门分析语篇"的方法：主要基于语篇内部所出现的语法连接词语来探索语篇连贯的思路。

他根据索氏区分"语言"和"言语"的观点，区分出"语言潜势（Linguistic Potential）vs 实际语言行为（Actual Linguistic Behavior）"，前者是供语言使用者选择的各种可能性，后者是使用者实际所说出的话语行为，是对语言潜势选择的结果。这也说明韩礼德深受索氏"系统观"之影响。

第五节　第三场革命：认知语言学横空出世

学界一直认为，认知语言学、体认语言学和功能语言学同为一大学派，它们与"形式主义"形成对立，是对前两场革命的革命。本文将20世纪的语言学归结为三场革命，第三场革命包括了认知和功能两大学派。

随着20世纪五六十年代出现了后现代哲学的第四转向，很多学者跳出了基于逻实论的分析框架，抛弃了远离人文性的科学主义和形式主义，消解了索氏划分"语言 vs 言语"且只锁定研究排除人因素和脱离生活世界的语言系统，也摆脱了乔氏仅关注语言能力，用形式化方法关门研究句法的束缚，他们力主从"生活世界"和"人本性"角度来研究哲学、认识语言。社会语言学和功能语言学也以"回归生活世界"为基本出发点，更强调从社会、交际、情景等生活世界角度来论述语言，聚焦于研究语言在实际情景中的功能。

认知语言学在此形势下应运而生，发动了针对索氏革命和乔氏革命的又一场革命，坚决批判前者的语言系统先验论和后者的天赋观和自治论，认为人类的心智、概念、语言等都是来自"体、认"，进一步拓宽了他们的研究范围。该学派站在时代最前沿，吸收了后现代哲学中很多基本观点，提出了若干很有价值的建设性理论，极大地丰富了我们对语言学、语言哲学的认识，它既代表着当今国内外的主流语言学派，也是哲学第四转向和语言哲学中重要内容之一。

认知语言学基于乔氏上述6大特征，针锋相对地提出了如下全新理念：

① 体验观；② 相对论；③ 依存观；

④ 整体观；⑤ 构式观；⑥ 非形式化。

认为语言绝非天赋的能力，而是后天通过人与现实的互动体验而习得的；跨语言中不存在什么普遍语法，语言各有特征，当持相对论；语言和句法绝非自治，而是紧密依附于其他认知能力；音位、语义、句法是互相交融的整体，不可被切分为不同的模块；语言中的基本单位可归结为"构式"这一形义配对体之上；形式化不适用于语言研究，即语言学研究不宜用科学主义的方法。

正如本书第二至四章所述，维特根斯坦的后期专著（Wittgenstein 1953）不仅开创了语用学（包括哲学界和语言学界）的新时代，而且还直接影响到Lakoff & Johnson（1980，1999）等所创立的体验哲学和认知语言学，特别是"家族像似性（原型范畴论）""基于用法模型""语义模糊论"直接受益于维氏后期观点。

$$\text{维氏}\begin{cases}\text{前期：理想语言学派（语义学）：图像论、同构论、现代形式逻辑}\\\text{后期：日常语言学派（语用学）：游戏论、用法论、意义不确定论}\end{cases}$$

图1.2　维特根斯坦前后期理论对比

Lakoff & Johnson等接受了维氏后期及其他后现代哲学家诸多观点，深刻批判了西方流行两千多年的客观主义哲学传统，且在此基础上提出了"非客观主义"的"体验哲学"，主要包含三条基本原则（详见第二章）：心智的体验性、认知无意识性、思维的隐喻性，它们充分体现了建设性后现代哲学思想。基于此形成的认知语言学大力倡导从人类的十数种基本认识方式：互动体验、范畴化、概念化、意象图式、认知模型、识解、隐喻转喻、像似性、激活、关联等来统一分析隐藏于语言背后的形成机制，又为语言学开辟了一个全新的研究方向，引领着21世纪语言学的新潮流。

王寅（2014）依据国外理论本土化的思路，拟将认知语言学修补为"体认语言学（Embodied-Cognitive Linguistics，简称ECL）"。后者基于前者，既长于斯，也高于斯，重点批判索氏的语言先验论和乔氏的语言天赋观，强调语言理论研究中的唯物论取向，突显"语言的体验性"这一重要性质。ECL还包括我们团队自己的一系列研究成果，参见《认知语言学分支学科建设探索》一书，书中提出了若干有我特色的本土化观点。根据"现实—认知—语言"这一核心原则，还可从中解读出20世纪三场语言学革命的渐进式发展历史，见图1.3。

索氏仅聚焦于语言系统本身，关注"体认原则"最右端的"语言"要素。乔氏倡导从心智角度解释语言成因，在索氏的基础上增添了"心智（相当于'认知'）"要素，重点研究"认知"和"语言"两者之间的关系，但乔氏认为心智和语言都具有天赋性、自治性等特征；CL和ECL针对天赋性和自治性提出了"体验性（Embodiment）"这一关键性特征，即在乔氏的"心智 vs 语言"左边又增加了"现实"这一基础性要素。

```
                         语言   （索氏：关门打语言）
              认知——    语言   （乔氏：从心智角度关门打句法）
      现实——  认知——    语言   （ECL：从体认角度作宏观解释）
      ─────────────────────────
      毕因论   认识论     语言论
```

图1.3　体认原则与20世纪三场语言学革命

可见，ECL这一核心性体认原则正代表着20世纪三场语言学革命的基本发展脉络，也体现出语言理论研究中的继承性和发展性，显得更为全面和深刻，它不仅回答了乔氏"语言来自何处"的问题，更为重要的是，它还对应于西方哲学中三次转向：毕因论（即本体论）旨在透视出现实世界背后所存在的本质；认识论聚焦于人们如何认识世界，知识来自何处；语言论关注通过语言分析解决哲学中存在与思维的关系，研究人们如何表达毕因和认识。参见图1.4中最后一行的标注。

无论从纵向的语言学理论发展来说，还是从西方哲学三转向的进程来说，认知语言学和体认语言学都与哲学和语言学发展趋势相吻合。

第六节 当今人文学科前沿之我见

西方哲学主要经历了四个转向，详见第三章第一节。现将第三转向（即语言论转向）中的两大学派"英美分析哲学vs欧陆人本哲学"和"后现代哲学"的第四转向（为便于论述，可划分为三个时期）汇总列述如图1.4，该图最右边一栏则标明了20世纪三场语言学革命的哲学或语言哲学基础。

从图1.4最右栏可见，索绪尔的结构主义语言学理论与流行于那时的分析哲学中理想语言学派享有共通的观点，这就是笔者（2001：7）为何主张将结构主义语言学的哲学基础定位于分析哲学的原因。乔姆斯基深受流行于那时的科学主义和逻实论的影响，主张用形式化方法来分析语言中的句法，这显然可归类于美国的理想语言学派之中。

图1.4中两条斜虚线是表明马林诺夫斯基的语境论和弗斯提出的功能语言学分别受到了弗莱格的"语境论"、杜尔凯姆的"社会环境"和维特根斯坦的"用法论"的影响，这便于我们厘清（系统）功能语言学的哲学基础。"功能语言学"和"认知语言学"同属一派，可总称为"认知功能语言学"，它与乔姆斯基等的TG学派所主张的"形式语言学派"相对。

顺着西方哲学的四个转向的路径，建设性的后现代第三期哲学思潮则代表着当今哲学领域（甚至是人文社科，包括语言学）的最前沿，即图中倒数第三和第二行。沿此思路发展而来的体验哲学（EP）、心智哲学（P of Mind）、中国后语哲、CL和ECL（图中最后一行，标有下加双线）等亦可视为当今人文学术之前沿，我们基于此提出的SOS（Subject-Object-Subject Understanding Model）、体认观、ECL等也可视为这一视野下的产物。因此，我国学者并非闲云野鹤，单打独斗，而在此处与西方学者接上了轨，携手并进。

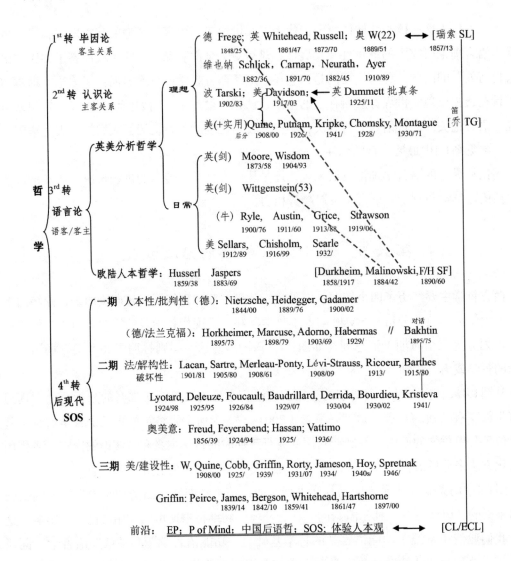

图1.4　西方哲学的第三、四转向[①]

CL和ECL的上述立场代表着当前语言学研究的前沿阵地，其历史意义不在于仅提出

[①] 图1.4中简写说明：
第一行　德：德国；英：英国；奥：奥地利；瑞索：瑞士索绪尔；
第三行　波：波兰；美：美国；
第四行　笛：笛卡尔；乔：乔姆斯基；
第五行　英（剑）：英国剑桥；
第七行　（牛）：牛津；
第九行　F/H：Firth（弗斯）/Halliday（韩礼德）SF: System-functional Linguistics 系统功能语言学
第十七行　EP: Embodied Philosophy; P of mind: Philosophy of mind; 中国后语哲：中国后现代语言哲学；SOS：Subject Object Subject; CL/ECL: Cognitive Linguistics / Embodied-Cognitive Linguistics（认知语言学/体认语言学）。

了诸如"原型范畴论、意象图式、认知模型、概念整合、隐喻转喻"等分析语言的具体方法，而在于终使落后于文学和翻译的语言学摆脱了形而上哲学理论的窠臼，冲出了索乔二氏的"客观主义、形式主义"的束缚，将其带入世界人文大潮研究之前沿——后现代第三期的建设性时代。

因此，只有站在后现代哲学的最前沿，才能看清楚语言学理论的最前沿；要能在学术上实现"与时俱进"这一宏伟目标，就必须清楚地认识到：

① 我们现在究竟在哪里？
② 我们已经做了些什么？
③ 我们到底还能做什么？

图1.4最下一行所标的下加双线，代表着当今世界人文学科大潮之前沿，它也是语言文学领域的最前沿[①]，值得我们为之奋斗一生！

思考题：

1. 尝试复述表1.1和图1.4的西方语言学简史和西方哲学简史，以能宏观理解当前语言学和哲学研究的前沿所在，以能回答第六节最后提出的三问。可参阅Robins（1967；许德宝等译 1997），汪子嵩等（1972）。
2. 试述西方20世纪三场语言学革命之间的传承和批判的关系，它们是如何一步一步发展至今天的？
3. 索绪尔的结构主义语言学是如何基于西方哲学二分法原则将"语言系统"之门一步一步关紧的？
4. 表1.1最右边一栏注上了各语言理论所产生的对应的语言教学法，读者可尝试运用这些语言学理论来阐述各种教学法的主要依据和教学方法，简述各自优缺点。
5. 索绪尔所说的"形式"是何含义？它如何与"实体"相对？与"系统""结构""关系"有何联系？

---

① 有人问，能否继续研究索绪尔和乔姆斯基，当然可以！但我们的疑问是：在结构主义和TG学派中还有多少创新的空间，倘若有限，不如尽早改换门庭，花点时间和精力迅速进入前沿，必将是一片海阔天空！

第二章 认知研究简介

要能较好地理解20世纪70年代末至80年代逐步兴起的认知语言学（Cognitive Linguistics）就必须先要知道什么是"Cognition"，该词在我国大部分英汉词典中译为"认识"，只是到了20世纪70年代之后才被译为"认知"。不同学者对该词有不同的理解。

第一节 认知、认知科学、认知语言学

1. 认识与认知

在陆谷孙主编的《英汉大词典》中Cognition被释为"与情绪、意志等相对而言的认识或认识能力"。从哲学上来说，认识是指客观事体及其规律在人脑中的反映，包括感性认识和理性认识。认识活动就是直接依靠感知能力和思维能力（不借助实践手段）认识客观事体的过程，包括"初认"和"再认"。研究人类认识的"对象、来源、本质、能力、结构、过程、规律、检验"的理论叫"认识论（Epistemology）"，包括认识的主体和对象的关系，感性认识和理性认识的发展，真理的本质及其发展过程等。

① 围绕人类能否认识世界形成了两种对立的观点：可知论和不可知论。
② 围绕认识的本质和来源问题形成了两种对立的理论：经验论和唯理论。
③ 围绕意识与物质的关系可分：唯物主义认识论（坚持从物质到意识的认知路线）和唯心主义认识论（坚持从意识到物质的认知路线）。
④ 围绕认识的过程问题，存在辩证法和形而上学的对立。

《辞海》（1989，1999）将Cognition解释为：就是认识，指人类认识客观事物，获得知识的活动，包括"知觉、记忆、学习、言语、思维、问题解决"等过程。在1979年版的《辞海》中还只有"认识"，而没有"认知"这个词条。该译名是随着20世纪60—70年代后在西方兴起的"认知心理学""认知科学""认知语言学"而逐步被我国学者所使用的，到1989年版才收入"认知""认知科学""认知心理学"这三个词条，到1999年版又增加了"认知人类学"。自此以后，"认知"这一术语才在我国现代学术界逐步流

行开来。到目前为止，国内外很多学者对"认知"作出过不同的论述。桂诗春（1991a）认为：

> 认知的最简单的定义是知识的习得和使用，它是一个内在的心理过程。

Osherson（1995：xi）在其《认知科学入门》系列书的第一卷中指出：

> 人类智能的运用叫"认知"（the exercise of human intelligence），包括各种各样的活动，如：在电话中识别出朋友的声音、读小说、在小溪的石头上跳跃、向同学解释一个想法、记住回家的路、选择职业等。对于我们每一个活动，我们所做的一切，认知加工是必不可少的。

从这一解释来看，"认知"与"智能"是紧密相关的。Gibbs（1999）指出：

> In a general sense, cognition is what happens when the body meets the world.（总的来说，认知就是身体与世界相遇时所发生的情况。）

这一解释强调了人与世界的互动，因此，认知可被视为人类通过自身与外界（可包括物理世界、文化环境）互动而产生的。

Lakoff & Johnson（下文简称L&J，1999：11）对"认知"取一种广义的解释，认为"认知"包括十分丰富的内容，诸如心智运作、心智结构、意义、概念系统、推理、语言等。由于我们的概念系统和推理是来自我们的身体，因此"认知"也包括感知动觉系统（Sensorimotor System），它促成了我们的概念化和推理能力。L&J区分了两种不同意义的认知：

① 在认知科学中指各种心智运作或心智结构，这种运作和结构大部分是"无意识的（Unconscious）"，包括：视觉加工、听觉加工、嗅觉加工、动觉加工、记忆、注意、情感、思维、语言等。

② 在某些传统哲学中，认知有不同所指，常指概念结构或命题结构，包括对它们进行规则运算。认知意义可指真值条件意义，不是由内在的心智和身体所定义的，而是参照外部世界来定义的。但L&J（1999）所论述的"无意识认知"，对许多哲学家而言不被视作"认知"。

L&J将"体验"和"语言"都包括在"认知"之中了，还有许多其他学者也持这一观点，因为他们认为我们的身体经验与思维加工是密切关联的，而且语言也是一种认知活动。但笔者下文从认知语言学角度讨论认知和语言的来源时，为便于说得更加清楚，拟将"体验"和"语言"从"认知"中区分出来，且将狭义的认知语言学的核心原则概括为：

现实——认知——语言

意为：人们经过对客观现实的"互动体验"和"认知加工"逐步形成语言。我们拟将"互动体验"归结为"体"，从"认知加工"概括出"认"，就有了语言的"体认观"。

现实世界是人们进行"体、认"的基础，体认是人们对客观世界通过感知进行体验和认知的过程，是人与外部世界、人与人互动和协调的产物，是人对外在现实和自身经验的理性看法。通过体认，世界万物就可成为人们心智中的概念和意义，其间须包含"推理、概括、演绎、监控、理解、记忆"等一系列心智活动。人类在其实践活动中，客体会作用于主体，主体也要对客体进行不断认知、组织信息，两者相互作用，由主客观相结合而形成"概念、范畴、认知"的系统不是客观世界的如实复制，而是人们所"建构（Construction）"的。即头脑中的认知世界和现实的客观世界是存在一定差异的。人们在与世界和他人的交往过程中，须通过心智中的认知结构来调节。

"语言"本身也是一种认知活动，可将其视为对客观世界进行"体认"加工的结果，语言运用和理解的过程也是认知处理的过程。因此，语言能力不是独立于人类其他认知能力的一个自治的符号系统，而是人类整体认知能力的一部分。Dirven & Verspoor（1998：xi）指出：

> 认知观认为语言是认知系统（包括感知、情绪、范畴化、抽象加工和推理）的一部分，所有这些认知能力都与语言互动，并受到语言的影响。

Fauconnier & Turner（2002：17，174）持相同观点：

> 现代语言科学亦已表明在所有人类语言的背后都存在普遍的认知能力，这些能力为成年人和婴幼儿所共享。
>
> 因此，语言不可能与其他诸如解释和推理等认知功能隔离开来。

语言是认知能力的一部分，强调了"语言与认知"是不可分割的基本原则，据此可知"语言不具有自治性"，若以此为基础来解释语言的来源，我们可以说语言是在"体、认"基础上形成的，正如Frisson et al.（1996：614）所说：

> Language is grounded in general cognition.（语言是基于一般认知的。）

这就形成了认知语言学一个最重要的观点：对现实的感知是认知的基础，认知又是语言的基础，上述所列认知语言学核心原则中三要素"现实—认知—语言"，它们之间存在着一个依次决定的序列关系。语言是思维的窗口，认知是现实与语言的中介，现实通过认知这个中介对语言发生作用；语言是认知发展到一定阶段的产物，同时，语言对认知和现实具有一定的反作用。因此，认知语言学应着力描写语言与其他认知能力之间的相互关系，语言是如何基于人类一般认知方式而形成的。一句话，认知语言学旨在解释语言形成背后的认知机制，因此该学科强调"像似性（Iconicity①）"也就顺理成章了。

"认知"与其他几个术语是紧密相关的，因此皮亚杰（Piaget 1896—1980）就将"认知、智力、思维、心理"等视为等同的概念。又因为"认识"和"认知"在英语中都叫Cognition，因此在认知语言学中没有必要，且也很难将这些术语加以严格区分。

2. 认知科学

"认知科学"自20世纪六七十年代以来，已逐步发展成为一门令世人瞩目的前沿科学，1977年认知科学学会成立，开始出版 *Cognitive Science*（《认知科学》），1979年认知科学学会召开第一次正式年会。到了90年代认知科学已逐步成为一股强大的学术潮流，直接影响着当前许多学科的研究方向和发展进程。

Osherson于1995年主编出版了四卷本 *An Invitation to Cognitive Science*（《认知科学的邀请》）（1997年出了第二版），该丛书从不同角度系统地介绍了认知科学的最新研究内容和方向，是关于当代认知科学的一本综合性介绍丛书，第一卷主要论述了语言与认知科学的联系。Wilson & Keil于1999年出版了《MIT认知科学百科全书》，其中收集了471个词条（实际上是471篇文章），包括"心理学、神经科学、语言学、哲学、人类学、社会科学、生物学、教育、计算机科学、人工智能、生态学"11个门类的学科，也就是说认知科学可囊括这些学科。

由于学者们对"认知"的理解不同，因而对"认知科学"也就会有不同的解释，我国学者桂诗春、袁毓林、徐盛桓等都对其作出过论述。

Osherson（1995：xi）认为认知科学研究各种形式的"人类智能（Human Intelligence）"，包括感知和行为、语言和推理等。Saeed（1997：43）指出：认知科学是运用认知心理学、计算机科学和语言学研究智能的一门边缘性学科。

可见，认知科学主要是从认知角度深入探讨思维活动和机制（包括信息处理机制、思维优化方式、语言机制），主要研究人类智能的性质和工作原理，着力描述心智的互动过程。自50年代起，人们就开始利用计算机研究心理学，模拟认知过程以及逻辑分析方法，这必然要涉及"符号运算、逻辑形式、认知心理学"等方面的内容。Lakoff（1987：xi）认为：认知科学是研究心智（Mind）的集心理学、语言学、人类学、哲学、计算机科学等心智研究成果于一身的学科。

---

① Iconicity在学界有多种译法，近来多用许国璋和沈家煊的译法"象似性"。我们经过这许多年的深思，考虑到认知语言学大力倡导人本因素的立场，拟将其统一译为"像似性"，因为所有"像"与"不像"，皆出自人之所为。

L&J（1980，1999）坚决反对以客观主义为基础，用形式主义的方法来研究认知科学，他们俩于1999年合作出版了《体验哲学》一书，开头就醒目地分别用三行列出了当今认知科学中的三个基本观点，这也构成了体验哲学（Embodied Philosophy）的三项基本原则：

① The mind is inherently embodied.（心智原本就是基于身体的。）
② Thought is mostly unconscious.（思维大都是无意识的。）
③ Abstract concepts are largely metaphorical.（抽象概念大部分是隐喻性的。）

他们（1999：90）还将这三条原则概括为：

① the embodied mind（心智的体验性）；
② the cognitive unconscious（认知的无意识性）；
③ metaphorical thought（思维的隐喻性）。

这些基本原则与概念系统紧密相连，因此他们（1999：10）认为：认知科学是研究概念系统的学科。Sweetser（1990：1，5）也强调了语言与认知的关系，以及认知与体验的关系，并以此为出发点界定了认知语言学的研究内容：

> 语言是系统地基于人类认知的，认知语言学就是要力图准确地表明语言是如何基于认知形成的。近来的研究表明，从人类日常经验中所形成的概念系统在十分广阔的范围内是研究自然语言意义的基础。语言是通过认知形成的。

认知科学是一门综合科学，基于许多学科全方位地探讨思维的奥秘，尝试最终是否能解决下列一些问题：

认知是如何形成的，人是怎样推理的？
如何理解我们的经验？
概念的特征是什么？
它们又是怎样形成一个系统的？
是否所有的人都用同一个概念系统？
人类的思维方式有什么共同之处？

有学者认为认知科学研究范围虽如此广泛，但其关键环节是研究"语言"的生成和运作机制。

3. 认知语言学

认知语言学主要是在认知科学的理论背景上建立起来的，同时两者之间亦有同步发展、相辅相成的关系。一方面认知科学推动了认知语言学的发展，形成其主要理论基础；另一方面认知语言学的研究成果为认知科学所汲取，成为认知科学的主要组成部分之一。学者们一般将认知语言学视为认知科学的一个分支，是认知研究和语言学的交叉学科。

认知语言学这个术语首先出现于1971年，用来指真正研究大脑中的语言（Lamb 1998：381）。但我们所说的认知语言学诞生于七十年代末，至八九十年代取得较大发展，Dirven于1989年春在德国杜伊斯堡组织第一届认知语言学专题讨论会，至今该讨论会已召开了十五届，在这期间国内外出版了大量的论文和专著（参见前言）。

由于认知语言学尚未形成一个完整的系统学科，各路学者对其理解也是仁者见仁、智者见智，未见一个相对完整的定义。笔者综合当前著名认知语言学家所研究的基本内容、方法和观点，并根据自己的理解，拟将狭义认知语言学权且描述为：

> 基于建设性后现代哲学（含体验哲学），对索绪尔革命和乔姆斯基革命的又一场革命，终于将语言学带入后现代的学术前沿。坚持语言体认观，基于身体经验和认知加工，以概念结构和意义研究为中心，着力寻求语言表达背后的认知方式[主要包括：互动体验、范畴化、概念化、意象图式、认知模型（CM、ICM、ECM、框架、概念整合等）、识解（突显、详略度、图形—背景、视角）、隐喻转喻、像似性、激活、关联等]，以期对语言作出统一解释的、新兴的、跨领域的学科。

本描述中包含以下几个关键词：

（1）后现代学术前沿

20世纪的语言学主要是索绪尔的结构主义和乔姆斯基的TG学派占主导地位，一直未能摆脱传统的客观主义哲学观的窠臼，在理论上落后于语言文学的另外两个主要方向"文学"和"译学"，因为这两个学科早已进入后现代理论。认知语言学基于后现代理论（主要是体验哲学），在语言学界发动了一场针对索绪尔和乔姆斯基的革命，基于唯物论、人本观、过程分析等提出了一系列"开门"研究语言的新理论和新方法，终于将落后于文学和译学的语言学研究带入后现代哲学时期。

（2）语言体认观

认知语言学基于唯物论和人本观解释语言与体认的关系，实际上就充分考虑到了人的主体作用，因此认知语言学是一门"以人为本"的语言理论。人在语言形成过程中从两个方面发挥作用：①体（互动体验）；②认（认知加工）。

我们知道，语言的形成和发展与人类的演变和进化几乎是同时并举的，许多学者还将语言视为人与动物的最主要的区别，语言符号是人之独立属性，据此，语言研究就应该贯彻"人本精神"。一个最简单的道理，没有人，何来语言？不从人本角度论述语言，怎能获得语言之真谛？索绪尔和乔姆斯基的理论之缺憾正在于此。作为对这两大学派的一场革命，认知语言学充分考虑到了语言研究中"唯物"和"人本"因素，强调语言与人的身体经验和认知加工密不可分，语言能力是人类整体认知能力的一部分；同时语言的出现和发展又促进了人类认知的发展。笔者（1999b）曾提出"语言世界观多元论"，论述了现实、认知、语言、文化四者之间的种种辩证关系，强调了语言的体验性和人本性。Ungerer & Schmid（1996：x）指出：

> Cognitive linguistics... is an approach to language that is based on our experience of the world and the way we perceive and conceptualize it. （认知语言学是基于我们对世界的经验以及我们对世界感知和概念化的方法来研究语言的。）

唯物主义认为客观世界是认知形成的基础，认知语言学则在此观点之上进一步认为语言是对客观世界进行认知加工的过程和结果，是对现实进行概念化后的符号表达。因此，认知语言学旨在探索人们如何对世界进行体认的"过程"和"方式"。上文所述的认知语言学核心原则"现实—认知—语言"指出，根据唯物论，认知和语言都是基于对现实的体验之上的，现实决定认知，认知决定语言，现实（体）和认知（认）是语言形成的基础；根据辩证法，语言又可反作用于认知，促进认知的发展和完善。人类一旦获得正确的认知，就掌握了改变自然的力量。

昔日的语言研究多重视语言形式、结构成分、内部关系的描写或解释，或过分依赖语言与现实之间的客观对应，而没有真正从认知角度，并充分考虑到认知主体的作用，贯彻将"主观vs客观"紧密结合起来的原则深入解释语言。同时在交际过程中对语言运用和理解的过程也是人们认知处理的过程，因此还可通过分析语言结构、功能、认知方式来推测人类思维和推理的特征，着力寻求和建立语言中词汇、句法、语篇形成的体验基础和认知依据，充分理解和掌握认知和语言之间的辩证关系。这正是认知语言学不同于许多其他学派的根本区别之一。

（3）意义中心

认知语言学是以"意义"为中心的一门语言学流派，与功能学派（包括系统功能学派）强调功能出发点相似，这也是许多其他学派所不及之处。认知语言学重视研究语言和认知的关系，而认知和心智又是与概念结构、意义系统紧密相关的，它们自然就成为认知语言学的主要研究对象。

认知语言学主要包括两大板块：认知语义学和认知语法，特别是前者。Lakoff于1975年提出"认知语义学"（参见Lakoff 1987），标志着狭义认知语言学的萌芽，奠定了认知语言学的基本思路和取向，从"意义"入手来批判乔氏的形式句法理论。因为对意义的研究必然要涉及很多领域和学科，这就决定了认知语言学必然会具有跨学科的性质。

笔者（2001：180—195）曾将语义的认知观归纳为9个特点：经验观、概念化、百科观、原型观、意象图式观、隐喻观、寓比观、像似观、认知模型与激活理论（本书略有调整和增加，参见第九章）。人类在对客观现实进行体验和范畴化的基础上形成了范畴，每个范畴对应于一个概念，同时形成语义，逐步形成了概念结构和语义系统。概念和语义既具有客观性，也具有主观性。

我们在体验哲学和认知语义观的基础上反思了传统的"观念论（Conceptualism）"之不足，拟将意义视为"体验性概念化（Embodied Conceptualization）"，这比起将语义视为"概念（Concept）"来说，所增加的一个"化"字，可谓"神来之笔"，扬其长而避其短。说它"扬其长"，是指继承了"意义是抽象概念"的观点；说它"避其短"，是指摒弃了观念论中客观主义的镜像观，强调了意义的动态性和人本性，意义与人之认知密切相关，认知主体具有创造性和想象力。因此，认知语义观是对传统客观主义观念论的一次革命性升华。

认知语言学批判地接受了概念观，一方面坚持认为"意义在人的心智之中"；另一方面又强调了一个"化"字，强调意义具有动态性和人本性，也突出了"人"的主体性作用。一般来说认知语义学有两个口号（Gärdenfors，1999：21—22）：

① 体：意义基于体验（Meanings are on the bodily experience）；
② 认：意义在人们头脑里（Meanings are in the head）。

但我们在此基础上还要加上一个口号：

③ 体认结合：意义是命题意义和识解方式的结合（Meanings are the sum of propositional meaning and construal）。

这就能有效解释语义的本质和来源，以及为什么全世界可有如此多的语言和语系。有了"体认观"便可作出如下解释：全世界语言中之所以存在部分普遍现象，是因为全人类有相同的身体结构，各部位具有相同的功能，而且面对着基本相同或相似的现实世界；但各民族的认知加工方式不尽相同，不同语言的意义系统也会有千差万别。这就批判了客观主义语义学的"镜像论、固定论、组合论"等观点，强调了认知语义学的互动论、模糊论、整合论等观点。

（4）认知方式

用有限词语来描写世间纷繁杂乱的无限事体，人们须依靠有规则的认知方式和有组织的词语，否则人们就无法认识和理解世界。认知方式（Cognitive Strategy，又叫认知工具、认知策略）主要包括：感知体验、范畴化、概念化、意象图式、认知模型（CM、ICM、ECM、框架、概念整合等）、识解（突显、详略度、图形—背景、视角）、隐喻转喻、像似性、激活、关联等，并认为这些基本认知方式适用于分析语言各层面，据此便可对语言作出统一的解释，分别参见以下有关各章内容。

人类认知世界的方式直接影响了人类的概念结构和语言的表达、运用和理解，语言形成差异的主要原因是认知差异和概念结构差异所致，这也是研究语言与认知规律的主要内容之一。例如人类面对同一事体，若从不同角度去体认，就会获得或突显其不同特征，在语言中可出现不同的名称或句式。这可对"同物多名"和"表达多样"作出合理解释，例如同是一名"教师"或"老师"，在汉语中就有如下不同的称呼，下面这个段子倒也十分有趣：

曾用名：先生	经济学定义：低收入阶层
小　名：师傅	社会学定义：生存型生活者
昵　称：园丁	政治学定义：老九
假　名：灵魂工程师	经常性称呼：知识分子
别　名：教育工作者	政府给的名：事业人员
外　号：蜡烛	民政定义：温饱型
真　名：穷人	洋　名：teacher

这些不同称呼，都是从各个不同认知角度来认识和命名"教师"的，倒也蛮耐人寻味。就其学术原理来说，皆因"认知方式"不同所致，详见第九章第四节。

（5）统一解释

认知语言学在描写的基础上，努力对语言事实背后的认知规律作出统一解释，因此，认知语言学属于解释派语言学[①]，坚持认为语言形式反映出人们对世界的认知方式和内在的认知机制，语言形式相对于人们的"经验结构、认知方式、概念框架、语义系统、客观世界"来说是有理可据的，有生理、心理、认知等方面的动因。因此，认知语言学强调应不断深入解释其间的理据性联系、人类言语交际过程中的一般认知机制，这就形成了认知语言学中的像似性理论。

认知语言学不仅要解释语言现象，阐述语言与认知的关系，而且要尽力作出"统一性"的解释。以往的语言学理论在分析语言的不同层面时往往采用了不同的方法，如用词法来分析词汇，用句法来分析句子，用组合原则等来分析语义，用会话含意、间接言语行为等来分析话语，语篇分析则往往又要用另外的方法，而狭义认知语言学则尽量简化和统一分析方法，尝试用有限的十数种认知方式对语言各个层面作出统一解释，包括语音、词汇、词法、句法、语法构式，乃至语篇（首次尝试运用这些认知方式来解释语篇的生成、连贯和理解）；本书还将体验哲学和认知语言学的基本原理扩展应用于翻译理论和实践研

[①] 语言研究大致经历了三个阶段：规定、描写、解释。若以此为基础就分别有三大语言学派：规定语言学、描写语言学、解释语言学。

究。这也是其他学派所不及之处。

（6）知识结构

语言与人类知识（包括概念结构、社会习俗、文化规约等）密切相关。结构主义者和TG学派在研究语言和句法时，排除人的因素和社会文化因素，认为语言和句法都是自治的，语言就成为以这些因素为围墙而形成的一个封闭体；乔氏还认为，语言能力原则上独立于其他知识和认知技能。基于此，语言学界就将视点转向语言内部的结构系统和运作规律，认为只要通过细读文本本身，努力挖掘文本的言内意义或潜在意义[①]，就可达到理解文本的目的，武断地切断了文本与作者、读者以及社会之间的联系。而认知语言学则认为语言不是一个独立的系统，它是客观现实、生理基础、心智作用、社会文化等多种因素综合作用的结果，对语言的解释必须参照人的一般认知规律和百科知识，要能将语言描述清楚，必须充分考虑人的知识结构，因此对语义分析持百科知识观（参见第九章）。

通过以上六点可知，乔姆斯基首倡语言研究中的认知转向并创立了TG理论，意在解释语言的生成机制，具有一定的解释力，但尚有许多不足之处；而认知语言学也从认知角度对语言作出分析和解释，但在很多方面与乔姆斯基背道而驰，坚决否定语言的天赋观和自治观，尝试用人类的一般认知能力（主要是对空间和自身的理解能力）以及普遍的认知方式（参见上文）来统一解释语言能力，分析概念的形成和词义的获得，并用其来描写句法系统、语篇结构等。Ungerer & Schmid（1996）强调了该学科"体验观、注意观、突显观"等原则，它们具有重大的理论意义，可有助于回答人们着迷了多年的奥秘：婴幼儿为什么能在有限的条件下迅速掌握好母语？因此认知语言学比其他理论更具解释力。

在认知语言学这一大家族中也是派别林立，观点各异，它也可像其他许多学科一样，分出"狭义"和"广义"两大类。乔姆斯基也曾认为自己是认知语言学。袁毓林则将当代一些有影响的语言学流派都归在认知研究的名目之下，而Lakoff等学者认为乔姆斯基的理论不属于认知语言学。

L&J将认知科学分为两代，并一直强调认知语言学是建立在第二代认知科学理论之上的：其哲学基础是后现代哲学（主要是体验哲学）；心理学基础是基于体验的心智主义、建构主义、连通论；其研究方法意在解释十数种认知方式的解释力；最终目标是运用心智和大脑的体验性研究成果，建立最具概括性的统一理论模式，进行最广范围的"趋同证明（Convergent Evidence）"。

[①] 语言的意义也是由语言内部关系所确定的，是"横组合"和"纵聚合"相交叉的值，好似平面中两线相交就可形成一个固定的点。

第二节　两代认知科学

认知科学对于探讨大脑秘密、摸索思维规律、研究人工智能有着无比重大的意义，但人们对其存在不同的看法。L&J（1999）将认知科学分为两大派：第一代认知科学和第二代认知科学。第一代和第二代认知科学都研究心智和认知，都认为语言和认知存在于人们的头脑里，但对于心智的来源、表征的方法、研究的内容、得出的结论存在一系列根本的分歧。他们详细论述了两派之间的主要差异，现小结如下：

表2.1　两代认知科学对比表

		第一代认知科学（50's）	第二代认知科学（70's）
哲学基础		客观主义、分析哲学、笛卡尔观点	非客观主义哲学（即体验哲学）
心理学基础		认知心理学、符号论、TG	建构论、互动论、连通论
范畴理论		经典范畴理论	原型范畴论
语言观		语言和句法是天赋的、自治的	体验论、互动观
		重视句法（形式主义）	重视语义和功能、形义一体
		普遍语法	语法相对论
		不受社会文化的影响	受社会文化的影响
		客观真值语义论	非客观主义，考虑人的主观因素
		任意性	像似性

1. 两代认知科学的哲学基础

第一代认知科学（First-generation Cognitive Science）起源于20世纪50年代，主要标志是认知心理学的诞生、乔姆斯基理论的登场、计算机被运用于心智研究，以客观主义理论为基础，既接受了传统英美分析哲学的观点，也继承了笛卡尔（Descartes，1596—1650）的主要观点。

第一代认知科学从分析哲学中吸取了符号运算理论，对推理采取了形式分析的方法。笛卡尔的二元论、先验论、天赋论对这一代认知科学影响甚大，认为心智与体验无关，感知（Perception）与概念（Conception）分离，推理是先验的，独立于感知能力和身体运动，强调思维的非隐喻性，不考虑想象力，因而必然会得出"推理自治"的结论，并认为正是这种自治的推理能力才使我们成为人，区别于其他动物。这是一种忽视身体经验的哲学（This was philosophy without flesh.），是笛卡尔理论的现代翻版，与"认知主义"持相同观点。

在智能的来源上,第一代认知科学持"天赋论(Innatism,Nativism,Innateness Theory,Nature Theory)"观点,乔姆斯基等继承了柏拉图(Plato,前427—347)、笛卡尔的观点,反对经验论(Empiricism)把人类的心智视为一块"白板",反对一切知识都是后天学得的,抨击行为主义心理学的"刺激—反应"模式,认为人的心智是通过遗传先天就有的一种能力,是人这个物种的大脑生物学结构所固有的,人的所有知识都可以从这个物种天赋的心智特征中推导出来。人的认知结构是天赋的,是在人的器官中,甚至在基因中就编制好的,后天的发育和环境因素仅起促进这种结构成熟的作用。语言完全来自婴幼儿头脑中自治的语法模块,是建筑在遗传指令之上的,是天生的一个黑匣子(Black Box)。人能生成和理解无限多句子的语言能力是心智的组成部分,是人固有的机制,表现为普遍语法。

可见,客观主义既有纯经验论的内容,又具有唯理论的成分,西方哲学大多是基于这一理论之上的,同时这也是第一代认知科学的哲学基础。

第二代认知科学(Second-generation Cognitive Science)出现在20世纪70年代,认为心智的本质来自身体经验,对基于客观主义理论的第一代认知科学提出了尖锐有力的批判,进行了毫不留情的挑战。L&J(1999:468)认为:语言哲学从Frege(1848—1925)开始就起了个很坏的开头,到后结构主义时依旧很糟。分析哲学和后结构主义哲学在心智、意义和语言等一系列观点上,与第二代认知科学格格不入。第二代认知科学坚决反对客观主义、天赋论、二元论等观点,接受并发展了John Dewey(1922)和Maurice Merleau-ponty(1962)的身体与心智是不可分离的观点,坚决认为心智、知识是后天学得的(Nurture),其理论基础有以下两点:

① 概念、推理、意义是完全依赖身体经验的。
② 概念化和想象力是研究的中心,特别是:隐喻转喻、意象、原型、框架、心智空间、辐射范畴等。

第二代认知科学并不是基于一个完善的现存哲学理论,而主要从体验上来发现概念是否基于身体,是否有隐喻性思维,句法是否独立于语义,通过研究,发现体验观和隐喻观与现已确立的哲学理论完全矛盾,从而创立了一种全新的哲学理论——体验哲学。

第二代认知科学的核心观点是"体验",表现在心智、推理、语言、意义的许多主要方面,也表现在思维的结构和内容上,对概念的形成、推理的理解、语言的分析、意义的描述起着关键作用,这与第一代认知科学中的许多观点形成了鲜明的对比。

2. 两代认知科学的心理学基础

处于20世纪前半叶的学者基本都接受了流行的英美分析哲学的教育，深受其约束。首先倡导语言中认知转向的当算乔姆斯基（1957）。同时认知心理学家提出用信息加工（串行加工）的观点来研究认知和心智，并进一步用计算机来研究人类的心智和语言，它们的主要特征可用符号来表征，依据形式运算来描写，推理可根据形式规则对这些符号运作而得。因此他们认为一切智能系统都是符号系统，人类智能的基本单元是符号，认知过程是以符号为基础、依靠规则系统进行串行的运算，在思维与符号计算之间画上了等号。这样心智被隐喻性地视为一种抽象的计算程序，可在硬件上进行运作，这时大脑是硬件，心智是软件，就像软件需要硬件一样，心智也需大脑对其进行运作。

Newell和Simon（1972，1981）认为：无论是有生命的人或无生命的计算机，信息加工系统都是基于符号运作的。Searle（1932—　　）也认为认知科学的任务是从信息处理系统层次来描写大脑的特性和功能，而不是描写神经元（连通论）的生理神经学层次，也不是关于意识的心理学层次。乔姆斯基的TG语法理论在50—70年代风靡一时，使得语言形式化研究成为主流。人工智能专家Newell和Simon成功地运用计算机，建立了"逻辑理论家模型"，进一步提出了物理符号系统假设。这三个学科发动了一场意在摆脱心理学中行为主义理论的革命，从而使得基于信息加工的认知心理学占据了统治地位。

但第二代认知科学坚决否定信息加工模式，接受了皮亚杰的建构论（Constructivism）、互动论（Interactionism）和 Rumulhart & MaClelland 的连通论（Connectionism）的观点。

瑞士心理学家皮亚杰（Piaget，1896—1980）深受培根（Bacon，1561—1626）、洛克（Locke，1632—1704）、休谟（Hume，1711—1776）等古典经验论的影响，认为：认知来源于主客体之间的互动作用，认知结构是后天构建的。主体在智力成长过程中主要有两条原则在起作用：适应（Adaptation）和组织（Organization），主体具有自我调节机制（Self-regulation）来适应和组织感知经验。组织指以整合的方式来建构各种图式。适应又包括同化（Assimilation）和顺化（Accommodation），同化是按照主体已有的认知系统对外来刺激的解释或分析，环境际遇经过认知转化，从而与认知系统已拥有的知识和思考方式相一致，这样就将环境因素或客体纳入主体已有的图式（Schema）之中，以加强主体的认识，引起了图式的量变。顺化则是通过认知系统的改变，以适应外来刺激的结构，通过个体的内部图式的改变来适应现实。如果主体的原有图式不能同化客体，必须调节图式或创立新图式来适应新客体，从而引起了图式的质变，使主体适应环境。因此人类既可使现实适应于自己的认知系统（同化），同时也可使自己的认知系统适应于环境的结构（顺化），在认知和现实、主体和客体之间的不断互动之中，人类的心智、思维、知识得到不断发展。

皮亚杰关于认知发展的另一个重要概念是平衡化发展。每当人们遇到新客体就会试用已有图式去同化，若成功，则得到暂时的认识平衡；若不成功，则会作出顺化处理，调整原有图式或创立新图式去使其适合新客体，以达到新的认识平衡。这样在主体与客体的不断互相作用下，在动态中从较低水平的平衡逐步过渡到较高水平的平衡，这就形成了人类认知上"平衡—不平衡—平衡"的适应过程。

图式主要来源于动作，因而他提出了图式发展理论，认为可将感知以整合的方式组织成图式结构。认知的第一图式是动觉图式，然后是目的图式，这样就产生了心智的萌芽，进而可出现更为复杂的经验图式，逐步形成抽象思维，获得运算图式。当这些图式变得更加整合和协调时，最终就可发展成人的心智。因此，心智的发展是人的认知结构连续地建构和再建构的过程，是一个从建构初级图式到建构高级图式的过程，这就是他的"发生认识论"的基本思想。

他还认为婴幼儿认知发展包括四个阶段：（1）感知运动阶段；（2）前运算阶段；（3）具体运算阶段（已具有心理操作能力）；（4）形式运算阶段（监控和内省自己的行为活动，具有元认知特点，是智力发展成熟的标志）。

第二代认知科学家还接受了"连通论"。首倡"连通论"这一术语的是Hebb（1949），后来Neumann（1958）、Anderson et al.（1977）进一步发展了这一观点，到了20世纪80年代Rumulhart和McClelland（1986）运用并行分布处理（Parallel Distributed Processing，简称PDP）模式在这方面的研究取得了一定的成功，使之成为神经科学和认知科学的一种重要理论。桂诗春于1991年就明确肯定了这一理论的价值。

连通论反对把符号作为认知（或思维、智能）的基本单位，其基本单位是神经元。认知的过程由神经网络构成，表现为信息在神经网络的有关单元中的并行分布和特定的连接方式，而不是符号运算和串行加工（Serial Process）。信息在神经网络上是同时进行加工的，各单元与其他单元之间有许多连接通道，起激活（Activate / Trigger）和/或抑制其他单元的作用。每单元在某一时刻内有一定的"激活度"，把从其他单元接收到的信号概括起来，控制着神经通道传递信号的强度，然后决定是否要激活（类似于点火发动）或抑制单元间的连接，网络中节点间的联系或因被激活而加强，或因被抑制而弱化。也就是说，连接通道都有一定的"权重（Weight）"，决定着哪些连通的单元体可能会进入稳定的激活状态。

第二代认知科学家认为：人的大脑天生就有寻求和建立事物之间联系的倾向，而且人的知识、记忆、智慧不是储存在单个神经元中的，而是储存在由神经元连接而成的特定集合体中，它们又互相连接，构成了一个庞大的网络。人们可通过学习不断改变神经元之间的连接方式或激活的权重。可以假设特定单元只作短期储存，长期储存则是以单元间关联的方式存在的。因此，权重和关联是连通论的两个核心概念，这一理论已对认知科学和人工智能的研究产生了巨大影响。

3. 两代认知科学与范畴理论

第一代认知科学接受了经典范畴理论，认为范畴是由充分必要条件来定义的；第二代认知科学坚持原型范畴论（参见第三章）。

4. 两代认知科学的语言观

（1）第一代认知科学

1）语言和句法具有天赋性和自治性

由于第一代认知科学接受了笛卡尔的观点，以乔姆斯基为首的生成语言学派也认为语言是天赋的、自治的，是人脑中一个独立的认知系统，独立于感知、经验、运动、记忆、注意、社会背景、文化知识、交际需要，认知发展的一般机制说明不了复杂的语言结构，这样语言必然就成了一种纯形式的东西，必须独立地加以研究。有了天赋观和自治观作为理论基础，就必然要走上普遍性和形式主义的道路[①]。

乔姆斯基还认为人类的大脑先天就有自治的"句法模块"，句法是人类心智的生成部分，创造了语言的结构；同时句法是自治的，纯形式的，与语义无关，不需对其作意义解释，也不需要理解它们，这就自然要将主要精力放在语言内部的句法研究上，使其成为语言研究的中心。

2）形式主义的句法观

句法既然是一个形式系统，就可运用一整套基于算法系统的规则加以改写，这样句法就被数学化地描写成算法系统，仅对符号进行运作，而不必考虑其意义，不必依靠人的一般认知能力，因此就得出这样的结论：范畴化在本质上应是集论模型，与此不相符的现象，被认为是语言系统之外的影响。

句法自治了，也就自足了，任何来自句法之外的输入都可能会毁坏其自治性和生成性，因此感知和经验是不可能进入和影响"纯粹句法"的。

3）普遍语法

乔姆斯基接受了笛卡尔关于"普遍语法"和"具体语法"的区别，也接受了洪堡特（Humboldt）关于"有限手段被无限运用（make indefinite use of finite means）"的观点。他认为：语言一定具有一个能使其成为语言这种东西的本质，它内存于语言之中，这个本质就是"普遍语法（Universal Grammar，简称UG）"。

---

① 乔姆斯基（1980：28）对于"语言自治"作出了让步，他说：我们所说的实际语言，很可能包含了除语言能力之外的其他多方面的能力，其中之一就是概念系统，它不仅与对经验的感知、范畴化、符号化有关，而且与知识和信仰问题有关（参见Taylor 1996：27）。

UG是乔姆斯基针对婴幼儿为何能如此快地而又不费力地习得母语提出来的,既然外部因素不能完全解释婴幼儿获得语言的现象,那就只能从大脑内部去寻找原因,乔氏认为UG可用来解释这一现象。UG是人先天就有的语言初始状态,由带普遍性的原则和参数构成,它们决定了语言中最本质的句法部分。普遍的"原则(Principle)"和"参数(Parameter)"是人类头脑中先天就有的机制,不用学,处于中心部分,语言的其他部分(如词汇)属于边缘部分,是需要学得的(参见王初明 2001)。UG是与生俱来的,存在于人的大脑之中,像数学一样具有纯形式性,可用形式化方法来表达如何运用有限的规则生成无限的句子。他还认为普遍语法具有自治性、普遍性、先天性、本质性,是人类语言的本质特征,也是人与其他动物的根本性区别特征。它是一种独立的认知机制,独立于身体,独立于外界,没有任何经验因素能影响其自治性,在没有任何外部输入的情况下,即刻可生成所有的核心语言结构。因此语言与身体经验没有任何关系,完全可通过内省的方法加以研究。

4)独立于社会文化

既然将语言视为一个封闭的、自治的系统,实施"关门打语言"或"关门打句法"的策略,语言就与其相关的诸如社会、文化等外部要素相隔绝,它就具有了独立于外部要素的特征,仅只关注语言系统内部诸要素之间的关系,而不必介意语言围墙之外的东西。

5)客观真值语义论

由于第一代认知科学持客观主义立场和经典范畴理论,人们的心智是客观外界的镜像反映,那么意义也必须依据客观世界来界定,按照分析哲学的"语言与世界同构",以及"真值对应论"和"真值条件论"来解释。

6)任意性

由于第一代认知科学坚持"二元论、符号论、自治论、非隐喻观"等,认为语言和句法都是自治的,意义与身体经验无关,于是乎,符号与意义之间的关系也就是任意的了。这样的解释似乎过于简单。

(2)第二代认知科学

第二代认知科学就语言问题提出了与第一代完全不同的观点,现对应于上文逐条论述如下:

1)语言和句法具有体验性和互动性

第二代认知科学接受了"体验论"和"互动论",据此自然认为语言不是天赋的、自治的,它不能离开人的"体、认",即感知体验和互动认知;句法也不是自治的,不能离开语义。L&J(1999:479)指出:

第二代认知科学的研究表明:语言不是自治的,句法的建构不是独立于意义的,而是为了表达意义的；不是独立于交际的，而是与交际策略相一致的；不是独立于文化的，而经常是与文化的最深层次相一致的；不是独立于身体的，而是来自感知动觉系统的。

Langacker（1987a，1991）所建立的"认知语法"，其主要观点就是语言不是自治的，句法也不是自治的，并针锋相对地提出了语言的"体验观"和"象征观"，认为语法是在人们对客观世界的体验和认知的基础上形成的。

2）重视语义和功能，形义一体观

Langacker根据语言的体验观和象征观，进一步论述了"语言在本质上具有象征性（Language is essentially symbolic in nature）"这一重要命题，认为语言主要包括3个实体单位：

① 音位单位：是语言中可感知的、物质性的一面，又叫音位极、音位结构、音位表征、音位范畴。

② 语义单位：包括命题内容、识解、语用因素等，又叫语义极、语义结构、语义表征、语义范畴。

③ 象征单位：象征指一定的形式约定俗成（不是任意）地代表一定的意义，象征单位就是音位单位与语义单位的理据性相连的结合体，且两者不可分离。

这样，所有的语言单位都是由音位单位和语义单位结合起来的象征单位，因此，语言就是由象征单位所构成的一个大仓库。Taylor（1996，2002）也完全接受了这一观点。

语言是基于人对外界的感知和体验，体现了人的认知；句法构式是由语义结构决定的，是语义内容的重构和象征化（一定形式代表一定意义），因此句法研究不是说明句法之间的转换关系，而应阐明人们体验和认知事体的方式是如何决定语言形式的。语言之所以具有生成性，是因为概念结构，而不是句法具有生成性。生成首先是概念结构的生成，而不是句法的生成。这也就是生成语义学的基本观点，先有语义，才有句法，语义具有生成性，而不仅是解释性，语义应是语言研究的中心内容。

3）语法相对论

乔姆斯基所主张的语言最高目标——"解释充分性"，是建立在"普遍语法"之上的一种解释，企图制定出一套适合人类全部语言的语法体系，这样，语言学主要就应研究"纯句法"这一语言本质，即一套所有语言都有的原则，天生为正常人所掌握，以探索人类心智的普遍特性和原理。在语言本质之外的现象是不值得被列入语言学研究范围的，也不对人类本质的理解起什么作用，乔氏对此不感兴趣。

第二代认知科学不接受乔姆斯基这种"普遍语法第一"的观点，认为语法结构和语义结构由于全人类的体认差异而会有较大的不同，全世界各语言有自身的语法规则，不具有

TG学派所说的普遍性特征。学界即使概括出一些普遍性，也仅是些偶然现象，不具有普遍性，不能提供任何关于人类本质的内容。

戴浩一（1989；叶蜚声译 1990，1991）指出：不同的文化会产生不同的语义，从而也有不同的语法结构。Wierzbicka（1988：14）还针锋相对地提出了"种族语法（Ethno-grammar）"的观点，认为不同语法体系中的差异表明了不同语义系统的差异。Croft所倡导的激进构式语法（Radical Construction Grammar）更是相对论的坚定拥护者，坚决否定"普遍语法论"，认为跨语言中根本不存在什么形式和意义完全相同的构式。我们认为，即使语言中存在什么普遍性，也是由人类所共有的体认方式所决定的，绝非先天能力所为。

4）受制于社会文化

两代认知科学在语言是否受到社会文化等因素影响的问题上，存在完全相反的立场，第二代认知科学认为人类的语言不可避免地要受到其外部的社会和文化等因素的影响，"关门打语言"或"关门打句法"充其量只能是语言研究方法之一，而绝不是唯一。属于第二代认知科学的认知语言学坚决主张"开门法"，当充分关注与语言相关的若干其他要素。

5）非客论、兼顾人本因素

两代认知科学对于语义的认识也存在天壤之别。第二代认知科学认为语义不能用客观主义的真值对应论或真值条件论来加以描写，强调意义是一种体认性的心理现象，是主客体互动的结果，自然语言的语义内容远比真值条件或各种基于语义模型的内容要丰富得多。语义必须要从"体认、互动、想象力、文化背景、百科知识"等角度加以描写，详见第八章。

6）像似性

基于第二代认知科学的认知语言学认为，语言来源于体验和认知，语言表达经常会临摹现实的事态，受制于认知方式，语言为什么这样讲而不那么说，其后必有道理，不会是任意所为。也就是说，语言必定要受到人们的感知体验、概念图式和认知方式等因素的制约，像似性理论就在这种理论背景下被重新得到重视，详见第十四、十五章。

5. 小结

在从第一代认知科学向第二代认知科学转化的过程中，哲学与认知科学的关系发生了颠倒。在第一代期间，哲学处于主导性的控制地位，英美早期分析哲学的基本观点被第一代认知科学所接受，因为在那个时期大多认知科学家接受了传统英美分析哲学的教育，有意识或无意识地接受并继承了"分析"和"组合"方法。而第二代认知科学认为，哲学当为始于身体经验的科学，必须充分认识到分析哲学强加在认知科学上的限制，拒绝将传统哲学作为科学争论的仲裁。早期分析哲学的理论限制了认知科学的发展，不承认有概念隐喻的存在，这就成了当代一个著名的例子：哲学限制了科学的发展。L&J（1999：88，512）认为：在语言学这个舞台上，人们最能清楚地看到先验哲学观所产生的明显限制。

第一代认知科学与第二代认知科学之间的区分，与个人进行研究的年代无关，在本质上是接受还是不接受英美早期分析哲学之间的区分，是"客观主义"与"非客观主义"之间的区分，是"非体验性"和"体验性"之间的区分。

第三节 认知语言学与其他主要语言学派

1. 与结构语言学的关系

索绪尔倡导"关门打语言"策略，割断语言与外部的联系，以"语言本体"为参照系，注重描写和分析语言内部结构，而忽视语义。即使谈及意义，也认为只能在语言系统内部的横组合和纵聚合关系中寻找。美国学派依据行为主义心理学理论，从刺激—反应的机械角度来论述语义。而认知语言学却以社会现实中的人为参照系，从认知主体的"体、认"出发，以意义研究为中心，并认为意义不是刺激的结果，而是来源于人们的身体经验、范畴化和概念系统，根植于发话者的知识和信仰系统之中（Taylor 1989：81）。同时也认为意义不可能在语言内部结构中寻得。这可谓是一项重要发明，与他的整个理论也很合拍。但仔细想来，该原则是否行得通，有多大的可操作性？如一个简单的句子"张学良爱赵四"，与专有名词"张学良"和"赵四"，以及与动词"爱"相对立的词语有千千万，又怎么能排除掉那么多的词语来准确地获得其意义呢？倘若这么做了，又该要花费多少时间和精力才能完成这个浩大的"排除法"运算？

很多学者常说：西方语言理论流派可在"描写"和"解释"上作出划分，如结构主义语言学重"描写"，功能语言学和TG语言学重"解释"，倘若这一划分成立，认知语言学当属后者。但也有学者说：结构主义语言学中不仅有描写，也有解释，其他学派也是如此，只有先描写了然后才能作出解释，对某些语言事实的描写是为了阐释语言现象和规律的，描写是解释的基础，解释是描写的继续，两者不可截然分开。但这里所说的"描写"和"解释"则是指一种具体的研究方法，以其为准来划分语言学流派，是从"理论根基、研究出发点、学术范型"的角度来说的：所谓结构主义语言学是描写的，是说其研究仅局限于语言系统内部，出发点和归宿点仅在于追求对纯语言结构的了解，似乎给人一种"为语言而研究语言"的感觉，而其他的语言理论流派则超出了这一藩篱。功能语言学结合社会学的研究观点和方法侧重解释语言在交际中的功能；TG学派则从人类的心智内部来解释语言的生成和转换；而认知语言学则既从内部，也密切结合外部来全面分析语言，试图从"心理、生理、社会、文化、交际"等角度对语言作出较为全面、合理、统一的解释。也正是在这一点上,"描写"和"解释"才能成为不同语言理论流派的分水岭。

从表1.1可见,结构主义语言学的哲学基础主要是流行于当时知识界的分析哲学并兼有理性解释的倾向,其心理学基础是摒弃心智主义的行为主义,同时也从物理学和化学分析物质(物体是由分子组成,分子由原子组成,原子由原子核、电子组成,原子核还包括质子、中子等)的方法中得到启示。认知语言学的理论基础是与结构主义语言学背道而驰的,其哲学基础是后现代哲学(主要是体验哲学),心理学基础是建构性心智主义。

2. 与TG语言学的关系

认知语言学是在继承以往诸多语言理论的基础上发展形成的,它尽管声称是与乔氏理论背道而驰,但也吸收了他的一些观点。正如Taylor(1996:146)所说,TG学派不是一无是处,也不是要抛弃其所有观点。两学派也存在一些共同之处:

① 都用认知的方法,从心智内部来分析语言(乔氏首倡语言研究中的认知转向);都认为语言是思维的窗口、心智的镜子。
② 都认为思维是无意识的。
③ 都侧重对语言作出解释。
④ 都认为意义具有内在性、不确定性。

但是,两学派之间的分歧远远大于共同之处。乔氏以拟想的人为参照系[①],采用心智本体的研究方法,一反昔日仅对实际使用中的语言加以描写的研究方法,将方向转向语言的认知研究,开始探索独立于其他认知能力的内在性语言能力,且用形式主义的方法来描写说本族语者为何能用有限的词语生成无限的合乎语法句子的能力和心智过程。他早期的注意力主要在句法上,而不涉及语义,但后期理论也开始重视语义,在他的"标准理论"中语言学研究包括"句法学、音位学、语义学"三大分支。但该学派内部在句法与语义的先后顺序上发生根本分歧,衍生出了"解释派语义学"和"生成派语义学"两个对立的学派。

TG虽是语言学界的一场革命,但从结构主义到生成学派,它们都立足于语言内部结构:索绪尔强调语言的内指性、系统性;乔姆斯基认为语言具有自治性、生成性,句法也具有自治性,原则上独立于其他知识和认知力。而认知语言学则以社会现实中的人为参照

[①] 乔姆斯基以拟想的人作为语言学研究对象,不考虑社会现实中的人。他说:"语言学所要关心的是一个拟想的发话者兼受话者,他所处的社团是纯之又纯的,他对这一社团的语言的了解是熟之又熟的,他在语言知识施之于实际运用时,不受记忆力限制的影响,也不受注意力分散、兴趣的转换和语言错误等情况的影响。"(参见王德春等1995:4)(比较:索绪尔"以语言为唯一研究对象""语言是表达观念的符号体系",忽视人的作用,且将言语排斥于语言学大门之外,把语言学局限于符号学王国。)认知语言学研究社会现实与社会现实中人的互动关系,强调人的体验性和主观性,努力解释有关信息是如何从环境进入正常人头脑之中的。

系，从认知主体的"体、认"出发，坚决认为语言不是一个独立的系统，它是客观现实、生理基础、心智作用、社会文化等多种因素综合作用的结果，对语言的解释必须参照人的感知体验和一般认知规律。

Taylor（2002：31）指出：TG的研究方法太抽象，离人们日常语言使用太远，而且有些方法不自然，且只讨论了有限的内容。Langacker（1987b：v）经过深思熟虑之后，决定抛弃乔氏理论，另起炉灶。Lakoff（1987）说认知语言学虽然是生成派语义学的延续，但由于他与乔氏在理论基础、研究方法、基本观点、所得结论等一系列关键问题上存在太多的根本分歧①，因而，这才形成了他和Langacker所认为的"认知语言学是对乔姆斯基革命的一场革命"。他们之间的分歧实际上也大致反映出了两代认知科学的分歧（参见上文）。现将TG学派与认知语言学派的主要分歧归纳总结如下，详细论述参见书中其他部分：

表2.2　TG语言学与认知语言学对比表

	TG语言学	认知语言学
1. 哲学基础	混合哲学 [笛卡尔哲学（天赋论、二元论）+形式主义]	体验哲学
2. 心理学基础	反对行为主义，提倡心智主义、天赋论、符号论	基于体验的心智主义 建构论、互动论、连通论
3. 语言自治性	区分"语言能力"和"语言运用"，认为语言是一个自治的系统，独立于其他知识和认知技能	不区分，也不是自治，须参照认知过程，具有体验性，语言是人的一般认知能力的一部分
4. 句法自治性	句法是语言的一个自治系统，以形式特征为基础	不是。具有体验性，与认知能力、语义、词汇、交际功能等密不可分。以语义属性为基础
5. 语义与客观主义	语义可用客观主义的真值对应论、真值条件论来描写	非客观主义；语义不仅反映客观现实，还跟人的主观认知密切相关，是主客观互动的结果
6. 形式/功能	形式主义	功能主义
7. 优先性	生成性先于概括性。语言为一个抽象的符号系统，须找出其背后有限的形式规则	概括性先于生成性。概括的承诺（寻求一般原则）、认知的承诺（探索认知规律）②

---

① 按照Taylor（2002：36）的说法，认知语法与乔氏核心理论在每个观点上都是势不两立的。

② 乔氏强调演绎法，否定实验的必要性，他甚至认为是理论决定数据。基于第二代认知科学的认知语言学认为语言研究中既需要演绎法，又需要归纳法，强调在最广泛证据的基础上作出最大概括，语言研究需要从大量的语言事实中归纳出规律，进行合理的实验对于验证语言理论的正确与否是重要的，可最大限度地减少将结果先入为主的可能性，为此认知语言学作出了三项承诺：认知的现实性（Cognitive Reality）、趋同证据性（Convergent Evidence）、概括性和广泛性（Generalization and Comprehensiveness）(L&J 1999：79—80)。

（续表）

	TG语言学	认知语言学
8. 普遍性	普遍语法	语法结构、语义结构有共性成分，但更强调相对性和差异性
9. 人的因素	基于拟想的人	社会现实中的人
10. 隐喻、转喻	语言的偏离现象	概念化的认知工具

3. 与（系统）功能语言学的关系

功能学派一反索氏和乔氏"关门打语言、关门打句法"的内指论，强调从语言的社会交际功能和实际使用出发，重点考察语言使用中的社会、文化、语境等因素，认为语言是社会文化语境中的有机组成部分，它可视为人类学、社会学和文化学中的一部分。据此，语言就是一个开放的、具有社会功能的系统，既不是索绪尔所假定的具有内部结构性的形式系统，也不是乔姆斯基所假定的那种相对独立的模块系统。

韩礼德等将马林诺夫斯基和弗斯的功能观与索绪尔的系统观紧密结合，创建了系统功能语言学，其6个关键词为"层次、功能、系统、结构、情景、语篇"，详见第十章第二节。认知语言学和（系统）功能语言学的共同之处在于：

（1）语言和句法不自治

语言和句法是否自治是"形式语言学"和"功能语言学"的分水岭。在这一点上，认知语言学持与功能语言学相同的观点，两学派都认为语言和句法不自治，它们是在意义—功能的基础上形成的，并受限于意义—功能。也就是说意义—功能影响和决定了语言形式，因此，语言理论应当解释意义—功能和形式之间的关系。

功能学派主张从语言的"社会交际功能"角度来研究语言，所谓语言的"社会性"，意在摆脱索绪尔的关门立场；所谓"交际性"，意在突出语言的实际使用；所谓"功能"，意在强调语言如何为人类生存服务。这三者都与"自治"无关。

认知语言学持与其相同的观点，认为语言扎根于现实世界，受制于社会文化因素。Taylor（1989：81—95）还强调理解词语意义必须要与百科知识结合起来，并以一章的篇幅（标题为*Linguistic and Encyclopaedic Knowledge*）加以详述。这"百科知识"不就是人类在社会与文化方面所积累的智慧财富吗？Langacker（1999：14）也认为语言必然要受到诸如环境、生物（包括生理、神经、感官等）、社会、文化、历史等因素的影响。语言和句法不具有自治性，它们具有"体验性"，是人的一般认知能力的一部分，与认知能力、语义、词汇、交际功能等密不可分，因此，语言研究必须参照人的经验和认知过程。这都与（系统）功能学派的基本立场一致。

（2）语言不具普遍性

两学派在否定语言共性研究上也存在一致的看法。韩礼德认为：语言学家主要应研究语言之间的差异，以及这种差异所反映出的文化差异，而认知学派也持相同观点（参见本章第二节戴浩一和Wierzbicka的有关论述）。

（3）意义和功能为中心

两学派都否定索氏和乔氏所主张的语言形式中心论，力主将意义和功能视为研究中心。Halliday & Hasan（1985：15）认为"功能"就是"运用（use）"，就是"意义（meaning）"，因此他们（1985：25，29）又将语言的三大元功能称为概念意义、人际意义、语篇意义。他们还认为，语言中的符号实体可纵向聚合成一个可供选择的"语义网络"，又叫"意义潜势"，进一步巩固了以意义为取向的语言学研究思路，从而翻转了形式主义的研究方向。

他们虽曾肯定过形式主义在语言研究中的作用，也说过不排斥形式主义研究方法的话，但始终将语言的功能研究置于首要位置，强调语言结构对于功能等因素的依赖性，语言的实际运用不能仅靠几条形式化的规则就可解决问题。

认知语言学也持相同观点，对于形式主义的批判态度更为坚决，言辞更为尖锐，直接将其定位于"意义为中心（meaning-centered）"的学科。我们知道，该学派的主要内容是认知语义学，就是从分析词汇意义起家的（参见第九章）。两学派都认为语言学研究的主要内容就是解释语言的功能系统或语义结构，及其体现形式，必须诉诸功能和语义来描写语法（Saeed 1997：300），反对用形式主义的方法来描写语义。功能学派的主要人物Firth于1935年指出（参见Halliday & Hasan 1985：8）：

...All linguistics was the study of meaning and all meaning was function in a context.
（所有语言学理论都是研究意义的，而且所有的意义都是语境中的功能。）

系统功能学派侧重从"语义潜势"分析语言，将其视为由若干语义子系统构成的大系统，它可解释为一种可进行语义选择的系统。认知学派更侧重于认知方式在语义形成中的作用。功能主义者有时不愿认真对待和研究"认知"问题，但近来越来越多的学者认为如要在语言研究中得出可行的结论，就必须认真研究"认知"。

（4）遵循"现实—认知—语言"核心原则

Halliday（1985）认为，语义系统由社会情境决定，语义系统支配并决定词汇语法系统，词汇语法系统支配并决定音位系统。他指出，语言是一套与社会环境密切相关的、开放的、纵向聚合而成的、可供选择的语义系统或意义潜势，且认为语义系统是由社会情景所决定的，并支配和决定词汇语法系统，认知语言学所强调的核心原则"现实—认知—语言"与此相同。同时，两学派都认为语言能力是后天发展而成的，不是天赋的；人和语言不是被动地反映现实的,而都具有一定的能动性。

Halliday & Hasan(1985)认为概念意义包括经验性意义(Experiential Meaning)和逻辑性意义(Logical Meaning),句子可被视为是真实世界的表征(the representation of reality),这就与认知语言学派所倡导的"体验观"十分接近。

从第(1)和第(4)点可见,功能学派认为语言的表达形式受限于意义—功能,而意义—功能又来自社会情景,交际需要,因此,在语言表达和意义—功能之间不应当是任意的(胡壮麟2000b:24),这与认知语言学更强调语言的体验性和像似性有共通之处。

(5)两学派的隶属关系

认知语言学是认知科学的一部分,与功能学派密切相关,这毫无疑问,但至于认知语言学与功能语言学哪个是主流,哪个为分支,不同学者却有不同见解,主要有以下三种观点。

1)认知语言学属于功能语言学

很多学者认为现代语言学可分为两大阵营:形式主义和功能主义,若从这一观点出发,认知语言学当属功能语言学。Langacker(1999:13)指出:

... the movement that has come to be known as cognitive linguistics belongs to the functionalist tradition. (被称作认知语言学的运动属于功能传统。)

Janssen & Redeker(1999:2)也认为:功能语言学包括认知语言学。

2)功能语言学属于认知语言学

L&J(1999:498)则认为功能语言学是认知语言学的一个分支。Lakoff(1991:55):功能语言学作为认知语言学的一个分支,主要就是研究交际功能在句法现象中所起的作用。

3)两学派具有互补关系

学派之间的互补应具有一定的共同基础,从上文所列述的两学派所具有的相同的原则性立场可见,它们在主要观点和基本取向上存在较大的一致性,这就能很好地理解两学派具有互补性这一观点。

我们知道,功能语言学侧重语言的社会方面,主要从语言的社会功能和使用情景来研究语言,将语义置于中心位置,但也不否认心理学的研究方法(胡壮麟1991)。认知语言学更侧重语言的心理方面,强调身体经验和认知方式在意义和语言形成中的作用,同时也注重社会文化、语境、百科知识等对于语义理解的重要性。可见,两者研究的侧重点虽有一定的差异,将它们互补结合起来研究语言必将会对语言作出更为全面的解释,因此Langacker(2000:261)明确提出了两学派具有互补性的观点,他指出:

因此，认知语言学和功能语言学（重点研究语篇和社会互动）可被视为是相互补充的，是一个总体研究领域的两个互相依存的方面。

（系统）功能语言学是一种以发话者为中心的语言理论，在语篇分析中也是如此，常常从语篇生成者的角度分析问题，解释功能如何影响或决定语言形式的选择，且更注重书面语篇的分析。而认知语言学既注重分析发话者的语篇生成过程，又注重受话者的语篇理解过程，努力解释认知方式和概念结构如何影响语言结构和表达形式，且在语篇分析中既有书面语篇，又有口头语篇。Givón（1995）指出：把衔接分析仅局限于书面语料是远远不够的，必须注意脱口而出的口头交际，而正是这些自然产生的口头语料才能反映语篇连贯的实质。因此，认知语言学在语篇研究方面是对（系统）功能学派的一个发展和补充。可见将两学派视为互补也是有充分理由的。

Halliday & Matthiessen于1999年出版了专著*Construing Experience Through Meaning: A Language-based Approach to Cognition*（《通过意义识解经验：基于语言的认知研究》），着重探讨了人类如何借助词汇语法通过意义层面（在本书中叫：Ideation Base 概念基块）来识解人类的各种经验，提供了从语言和意义的角度来研究认知和经验的新视角，这是对认知语言学研究思路的一个很好补充。他们没有像认知语言学那样重点从心智角度来论述思维模型，通过认知来解释语言，而主张提供一个意义模型，并把认知模型视为意义模式，可通过语言过程来解释认知，以揭示语言、思维和现实之间的关系。他们反对客观主义理论，强调了人的主观因素、识解机制、隐喻、互动等认知方式，这都与认知语言学的基本观点相通。

戴浩一（1989）则将两者加以有机的结合，提出了"认知功能语言学"的理论，强调从认知和功能这两个角度来论述形式与意义之间的关系：形式和意义之间在认知和功能上具有种种关联性（Correlation），这一思路能为形式和意义两者结合起来研究提供一个可操作的框架。牛保义、徐盛桓（2000）指出：近几十年来，语言解释的路子主要沿着两种思路进行，即从语言的形式入手和从语言的功能入手。从功能入手的路子主要经历了三种做法：结构功能主义、语用功能主义和认知功能主义。这三种做法不是互斥的，后者不能完全取代前者，三种做法互相渗透。不过，目前看来，似乎认知功能主义在较多方面比结构功能主义、语用功能主义有更大的解释力。

胡壮麟（2014）指出，系统功能语言学和认知语言学在探索认知和意义的道路上是同路人的关系，两者在许多问题上观点接近，和而不同。该文为戴浩一的观点进一步提供了理论基础。

思考题：

1. 简述"认知"的基本含义。为什么从认知角度论述语言更具有解释力？
2. 认知科学和认知语言学研究的主要内容是什么？
3. L&J 为什么要划分两代认知科学？两代认知科学之间存在哪些主要分歧？它们的语言观有哪些差异？
4. 认知语言学与功能语言学共享哪些基本观点？又有什么差异？为什么说这两个学科具有互补关系？
5. 试以本章为认知语言学所拟述的权宜性定义为基础，理解认知语言学所论述的主要内容。

第三章　认知语言学的理论基础

任何一个语言学派都有其理论基础，不能割断历史，认知语言学也是这样，它在对以往有关理论进行认真反思的基础上建立起自己的理论基础。除第一、二章所论述的后现代思潮和认知科学之外，认知语言学的理论基础还包括哲学、心理学和语言学等学科的理论，这将是本章重点论述的内容。这样，本书前三章旨在较为系统地论述认知语言学历史背景和理论基础。

第一节　认知语言学的哲学基础

1. 西方哲学四个转向与"客vs非客"

长达两千多年的西方哲学（简称"西哲"）主要以"客观主义形而上学（Objectivist Metaphysics）"为主线，以"寻求客观本质""建构绝对真理"为圭臬，旨在建立人类知识大厦的基础，探究宇宙万物大系统背后具有普遍性、必然性、超验性的客观而又绝对的真理，以能形成一个统一的科学体系，便可解释人世间的一切现象。实现这一目标的路径主要有二：基于感性的经验论和基于理性的唯理论，这两种对立观点贯穿于整个西哲历史，且以不同的形式反映在语言研究中，现以图3.1上一方框表示。

西哲在这一进程中主要包括四个转向：毕因论、认识论、语言论、后现代（参见图1.4）。按照L&J（1980，1999）的观点，前三个转向都属于"客观主义理论"，从前苏格拉底（Socrates，前469—前399）时代一直到20世纪始终占统治地位，长达两千多年，在科学、法律、管理、新闻、道德、经济学、语言学等领域始终占主导，对其他许多学科也产生了重大影响。客观主义理论也是构成第一代认知科学的哲学基础。

西哲在前苏格拉底时代主要流行"自然哲学（Natural Philosophy）"，即依据一种或数种自然物质来解释世界由以构成的本源或本质，如"水论""火论""种子论""四要素论"等。在第一转向的"毕因论（Ontology，即研究being的学问，又译：本体论、存在论、是论、有论）"时期，智者们开始转向了对世界本质的抽象思考，如巴门尼德尝试用"毕因（希腊语为on(t)-，相当于英语的being①）"来解释世界的本质，毕达哥拉斯（Pythagoras，约前580—前500）用"数"，苏格拉底和柏拉图（Plato，前427—前347）用"观念"和"理性"，亚里士多德（Aristotle，前384—前322）用"形式+质料"等来解释世界的本质，据此建立了毕因论，以解决"客观存在是什么？""世界的本质是什么？"等问题。在图1.4第一行下注上"客主关系"，意在表明西哲此时以"客观世界"为本体，论述其本质如何映射进入心智，为人所知晓。

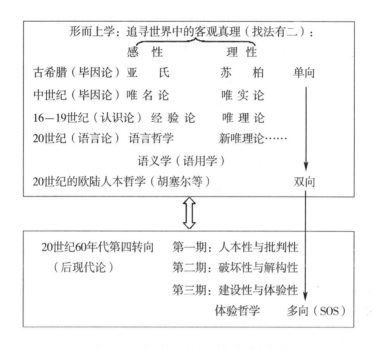

图3.1　西哲四转向与客观主义形上哲学

到了中世纪（5—15世纪）之后的现代，哲学家们发现毕因论难圆其说，诸路学者也达不成共识，就转向了"认识论（Epistemology）"，从对客体和本质的思考变成了对"主客关系"和"人之认识"的思考，努力解决"人是怎样认知到存在的？""我们能知道什么？""我们有何认识能力？"等问题，着力描述思维与存在的关系，人类认识的来源、途径、能力和限制。图1.4在"认识论"下注上"主客关系"即为此义。

之后，西哲学家再解释不通时便进入"语言论"转向，不管是研究"毕因"还是"认识"，都需要用"语言"将它们表达出来；而且许多哲学家还发现形而上哲学中若干假命题或伪命题皆因自然语言具有较大模糊性所致。要能摆脱该困境，就得先消除语言表达上

---

① 试想：当人们在用判断词"是"时，心中已将表语所指事物的本质隐含于"是"之中了。如当我们说"这是杯子"时，有关"杯子"的本质就已经包含于判断词"是"之中了，否则我们凭什么能用这类判断句呢？

的含混现象,尝试用高度理性化的"现代形式逻辑"来分析语言意义,建构人工语言,以期能消解那些在现实世界不存在的形而上学假命题和伪命题。此时"语言意义"就成为哲学研究的主要对象,从而形成了"以数理逻辑为基础、以语言为研究对象、以分析为主要方法"的语言哲学(江怡2009)。

语言论又可分"理想语言学派(即语义学)"和"日常语言学派(语用学)"两大流派,由于后者已开始关注符号的使用人和语境,逐步摆脱了客观主义哲学论的束缚,开始转向人文主义,因此图3.1中将"语用学"置于括号中。

在图3.1中的下一方框为"哲学的第四转向:后现代论",针锋相对地提出了"非客观主义哲学(Nonobjectivist Philosophy)"和"体验哲学(Embodied Philosophy)",此为多种后现代流派中之一,反对传统的经验论[①]、先验论、超验论,否定客观世界存在绝对真理,哲学不是自然之镜,与英美早期分析哲学和乔姆斯基基于混合哲学的心智观针锋相对,也是对Putnam提出的内部实在论(Internal Realism)的一个发展,从而对西方传统思想形成了一个挑战,对哲学、认知科学、语言学产生了深远的影响,成为第一代和第二代认知科学的分水岭(参见第二章),同时也是认知语言学的哲学基础。

这种分类同样也产生了两大类的语言学:客观主义语言学和非客观主义语言学,前者指以经验论和唯理论为基础的语言学理论,后者主要为认知语言学。

2. 体验哲学三原则

L&J(1999)基于后现代哲学思潮建构了体验哲学,且概括出三条基本原则:心智的体验性、认知的无意识性、思维的隐喻性,现逐条简述如下。

(1)心智的体验性

这是针对西哲流行了两千多年的"唯心论、先验论、超验论"提出的唯物论世界观,认为范畴、概念、推理和心智不是先天就有的,也不是外部现实客观的、镜像的反映,而是人们在对客观外界进行互动性感知体验(特别是由感觉运动系统)的基础上通过认知加工形成的,即本书所论述的"体认观"。人们大部分范畴、概念、心智等主要源自身体(包括器官、身体与环境的相对位置、关系等)与空间(地点、方向、运动等)的互动,这为我们的日常推理提供了认知基础。L&J(1999:497)指出:

> 概念是通过身体、大脑和对世界的体验而形成的,并只有通过它们才能被理解。
> 概念是通过体验,特别是通过感知和肌肉运动能力而得到的。

[①] 传统的"经验论"对应的英语术语为Empiricism,强调人的心智犹如一张白纸,客观外界是被动地、如实地印在上面的,完全否定人的主观认知作用。而Lakoff & Johnson(1980)所论述的体验哲学所用术语为"Experientialism",有人也根据字面译为"经验论",这会造成学界的混乱。因此,笔者主张将后者译为"新经验论",以示区分。

完全可以想象，我们的祖先是从认识自身和空间开始认识世界的，因此身体部位和方位空间是我们形成抽象概念的两个主要基础，祖先的思维具有"体认"特征，常把人的身体和经验作为衡量周围世界的标准。这也是对唯物论的一种补充，不仅强调物质的基础性，而且还突显人本精神。

认知语言学依据"体认观"认为，人们在对现实世界的体验和行为中形成了范畴和概念，与此同时也就形成了意义；在语言与现实之间还存在思维或认知这一中间层次，如果不依靠范畴知识、概念结构和认知方式，就无法接近现实。因此反映在语言中的现实结构是人类心智的产物，而人类心智又是身体经验的产物，这就彻底批判了笛卡尔和乔姆斯基的"心智与身体分离"的二元论，"主体—客体"二分法不能成立。

客观主义理论过分夸大现实外界的作用，忽视人本精神，在客体和主体之间制造了一道无法填补的鸿沟。两者一旦分离，对于客观现实的了解只有两种可能：要么以经验论的方法通过外界、物体本身来镜像般地客观了解；要么以唯理论的方法通过人们所能理解的、共享的理性和心智来了解。而体验哲学认为这两种方法都是错误的，人类是通过身体与世界的互相作用来与世界相连，我们整天生活在客观世界之中，何以能与其分离，人本精神贯穿始终，主客兼而有之。使得认知、心智、知识、科学成为可能的只能是我们的体认，而绝不是什么超验；是我们的想象力，而不应对其加以躲避。Fauconnier & Turner （2002：217—219）则更进一步强调了人类想象力所发挥的巨大作用，他们认为：我们的心智运作依赖于想象力，这也是科学思维的基础，其核心是概念整合，通过输入空间的输入，进行匹配、融合，其间就可能创造出新义。

意义基于感知，感知基于生理构造，认知结构和感知机制密切相连。Langacker（2000：203）强调指出：感知与概念之间具有对应相似的关系（Perception and conception can be regarded as analogous），而且两者之间普遍存在着这种平行对应的关系（Extensive Parallelism）。人类因自身的生理构造用特殊的方法来感知世间万物，理解其间的各种关系。概念和意义是一种基于身体经验的心理现象，是人类通过自己的身体和大脑与客观世界互动的结果，它们通过体认而固定下来，根本不是基于什么符号。思维和推理也基于体验，根本不是基于符号的运算。意义是主客体之间互动的结果，而不是通过符号与世界之间客观的、直接的连接而产生的，传统的集论模型解释不了人类语言的意义，这就与基于客观主义的真值对应论、真值条件论针锋相对。

因此，范畴、概念、思维、心智、推理、意义、语言等都是基于体认的，语言和句法不可能自治，这是不可辩驳的真理。近来的神经模型研究也表明：感知机制模型和动觉图式模型，在语言学习和推理中也能建构概念，这是一项惊人的发现，充分证明了心智体验观的正确性。

Gee（1999：30）指出：

　　　语言关系并不存在于特殊的社会实践之外，也不是在这种实践之外学得的，语言关系本身就是社会实践的一个不可分割的部分。

这里Gee强调了社会实践和交际情境对于理解语言意义的重要性，也反映了他的语言体认观。

（2）认知的无意识性

乔氏语言观的哲学基础主要来自笛卡尔，但在某些地方与后者亦有分歧。笛卡尔认为：推理、认知、语言是有意识的，而乔氏认为是无意识的，Lamb也认为它们是无意识的。Quine却否定认知的无意识性（他也否认基于体验的思维、推理、意义），Searle（1995：128）对此也持否定态度。L&J认为乔氏的这一观点对认知科学作出了很大的贡献，使得第一代认知科学得出了"认知的无意识性"这一重要结论。还有很多学者认为应从更广阔的意义上理解"认知"这一术语，强调其无意识性。Panther & Radden（1999）指出：

　　　应对"认知"有一个宽泛的理解，它不仅包括理性方面的内容，也包括诸如情感和无意识等方面的内容。

认知的无意识性是指我们对心智中的所思所想没有直接的知觉，我们即使理解一个简单的话语也需要涉及许多认知运作程序、神经加工过程，其间的分析如此复杂，令人难以置信；运作如此之快，即使集中注意力也不能被觉察到，而且我们也不需要花什么努力就能进行这种自动化的运作。视觉、听觉、嗅觉、感觉等神经加工过程是不可能被意识到的，大部分推理也不能被意识到。语言的习得也是在无意识状态下进行的。Lamb（1998：12）曾以"眼镜"为例论述了"无意识性"问题，他说，人们戴上眼镜是为了看清事物，此时并不知道眼镜如何发挥其功能，甚至也看不见眼镜本身。这就是说，我们不知道正在被使用中的眼镜是如何运作的。我们可以将眼镜从眼睛上摘下来对其专门加以"客观"研究，但此时没了眼镜又看不清事物了。因此，正在运作中的心智是不能被意识到的（参见Taylor 2002：17）。

人类的范畴是根据原型进行概念化的，每一个原型也是一个神经结构，可使我们进行与此范畴相关的推理和想象。基于原型的推理十分常见，但不为我们所意识，占据实际推理的很大比例，大部分认知和推理是无意识的，L&J（1999：13）认为：

　　　有意识思维仅是巨大冰山露出水面之一角，保守一点说，无意识性思维至少占95%。而且，在有意识思维层面之下的，占95%的无意识思维，形成和建构了所有的有意识思维。

Fauconnier & Turner（2002：33）也持同样观点，认为所有重要的思维是无意识的，但没有给出具体比例。这种无意识认知就像一只"看不见的手"，指挥着我们对体验进行概念化。我们依据概念隐喻不断进行概念扩展也是基于无意识思维的。而传统的英美分析哲学认为所有思维都是有意识的，通过先于经验的反思就能完全知晓，认知语言学认为这是办不到的。体验哲学坚持意义的体认观，将意义置于身体和无意识的概念系统之中，从而挑战了分析哲学的理论基础。

（3）思维的隐喻性

亚里士多德认为隐喻不是认知方式，不具有概念性，而仅是词语的修饰性用法，属于语言的非常规性用法，不适用于日常言语，仅适合于修辞和诗歌。他对隐喻的理解是基于"像似性"的，即相似于外部世界某一客观特征，完全忽视了隐喻的巨大认知作用，也未见到隐喻可以创造相似性。

传统的分析哲学接受了这一原则，认为概念都具有非隐喻性，可通过Frege的系统意义（Sense）来确立，或通过抽象符号与独立于心智的世界之间纯粹的客观关系来确定，而思维隐喻观严厉批判了这一传统哲学观。L&J认为，隐喻的基本作用是从"始源域"将推理类型映射到"目的域"，大部分推理具有隐喻性。隐喻在我们的日常生活、语言、思维以及哲学中无处不在，不用隐喻来思考经验和推理是很难想象的。隐喻不是伟大诗人的创新，不仅具有美学价值（修辞功能），而且是人类认知世界的正常方式，是人类所有思维的基本特征，普遍存在于全世界的文化和语言之中。这就是两位教授的专著《我们赖以生存的隐喻》的命名之由。他们在1987年和1999年的著作中继续详述了这一观点，详见第十三、十四和十五章。下面重点从体验哲学的基本原则来论述隐喻的性质：

① 隐喻具有体验性。隐喻的认知基础是意象图式和基本概念，它们在跨概念域的映射中起着重要作用。日常生活中的经验不可避免地会使我们形成意象图式，获得基本概念，这是形成隐喻的根据，因此隐喻是身体、感知、体验、大脑和心智的产物。

② 隐喻是自动的、无意识的思维模式。许多理性思维运用了隐喻模型，人们在很多场合下能自动地和无意识地获得这些思维隐喻模式，而且一定要利用隐喻进行思维，它是不可避免的，是我们最有用的认知方式之一，通过隐喻理解经验是人类想象力的伟大胜利。

③ 隐喻推理使得大部分抽象思维成为可能。隐喻性的推理使得抽象的科学论述成为可能，哲学也是基于隐喻的。哲学运用相对少量的隐喻形成了统一的核心理论，如毕达哥拉斯运用了"存在是数"的隐喻，就将数学中的本体映射到了一般的存在之上。笛卡尔运用了"理解是看见"的隐喻[①]，将视觉域的推理类型映射到了心智域和思维域。黑格尔认

---

① 笛卡尔理论用"Understanding Is Seeing"的隐喻，其中还包含了次要隐喻："Ideas Are Objects" "Reason Is Light" "Knowers Are Seers" "Intelligence Is Visual Acuity"等。

为人们需要用感觉现象来表达精神现象，所以就产生了隐喻。

因此，正是隐喻，使得我们能够正确理解抽象概念域；正是隐喻，将我们的知识扩展到了新的领域；正是隐喻，把哲学中的理论连接起来形成了一个完整的理论体系，并赋予其巨大的解释力，使得我们能更好地理解哲学理论。倘若剔除隐喻性思维，剩下的骨架概念就会太贫瘠，我们就无法进行日常实质性的推理。哲学理论也运用了隐喻性思维，因此隐喻不是哲学研究的障碍物，而是使得哲学形成理论体系的"宝贝"。剔除隐喻，就是剔除哲学；没有隐喻，哲学家就不可能进行深奥的推理；正如L&J（1999：543）所说：

There is no philosophy without metaphor.（没有隐喻就没有哲学。）

他们还运用了有限的隐喻来解释哲学中所讨论的"时间、事件和因果、心智、自身、道德"等论题。Lakoff与他的同行们还将用隐喻认知理论来分析政治学、经济学、生物学、宗教等理论体系中的隐喻结构，这确实令人有一种"隐喻革命"的感觉。

3. 客观主义语言学与非客观主义语言学

Robins（1967；许德宝等译 1997：145）指出，经验论和唯理论的对立，以不同的形式，贯穿着整个语言学历史，在一定程度上也反映在两种对立的研究方法上：

① 从外部研究语言：基于哲学中的感性论或经验论，通过观察到的语言用法，不管成名的作家，还是社会所认可的普通发话者的语言用法；

② 从内部研究语言：基于哲学中的理性论或唯理论，把语言看作人之理性的成果，或将其视为人的一种天赋能力。

若按此对语言学重新分类，可将"传统语文学、对比语言学、描写语言学"等归属于前者，而"思辨语法、普遍唯理语法、TG学派"等主要基于后者。有鉴于结构主义语言学的哲学基础主要是英美早期的分析哲学（其中兼有较多的理性成分），可将其置于两者中间。现示简图如下，有关具体论述详见有关论著。

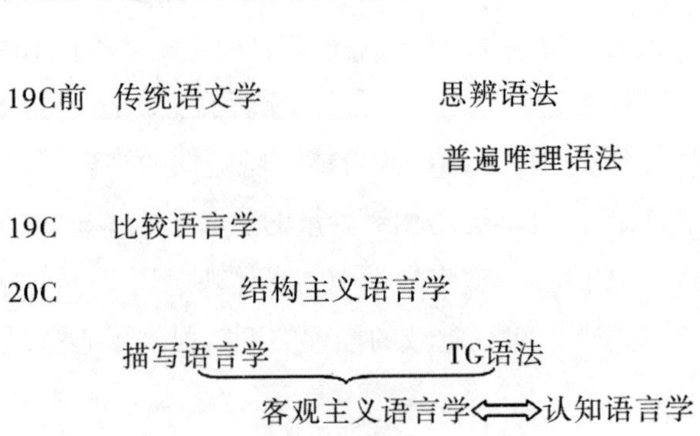

```
19C前    传统语文学           思辨语法
                              普遍唯理语法
19C      比较语言学
20C                  结构主义语言学
         描写语言学           TG语法
              客观主义语言学⇔认知语言学
```

图3.2　语言学流派重新分类

根据L&J对哲学流派的新划分方法，笔者认为可将过去一些主要语言学流派都划归为客观主义语言学派，而认知语言学属于非客观主义语言学派，是后现代哲学（主要是体验哲学）和第二代认知科学的产物。

正如上文所指出的，认知语言学的核心原则为"体认观"，即以身体经验为基础来研究人类的心智和认知，既具有经验论的成分，又具有唯理论的成分。因此，国内学者在论述认知语言学的哲学基础时，说法不一，有的学者强调其经验观，也有的学者侧重其唯理论倾向，因为从宏观角度也可将以乔氏为首的TG学派包括在认知语言学之中，还有学者认为是两者兼而有之，因为很多哲学家就曾尝试将两者结合起来进行研究。

这种分歧在国外也同样存在。笔者于2000年采访美国著名认知语言学家Langacker教授和他的博士生Anne Sumnicht时，问他们认知语言学的哲学基础是经验论还是唯理论，还是两者兼而有之时，他们都斩钉截铁地说："We are empiricists."笔者在问Lakoff教授同样这个问题时，他则认为认知语言学的哲学基础既不是经验论，也不是唯理论，而是另外一种全新的哲学理论——体验哲学。笔者接着问Lakoff教授："体验哲学是不是介于经验论和唯理论两者之间的，或是两者兼而有之的理论？"他也给予否定回答。读完他与Johnson的合著（L&J 1999）后，我们知道他们所倡导的体验哲学在很多方面的确不同于这两个传统哲学流派，而自有新论，是一种前所未有的哲学理论，确实是对西方传统哲学的一个有力挑战。

体验哲学也是划分第一代与第二代认知科学的分水岭，是语言符号像似性的认知基础，也是第二代认知科学，以及认知语言学的哲学基础。

第二节 认知语言学的心理学基础

1. 近代心理学发展的三个阶段

认知语言学主要从心智角度研究语言，因此它与心理学的研究和发展密切相关。一般说来，近代心理学的发展大致可分为三个阶段：

① 内省法（Introspective）：19世纪末的心理学主要研究意识，代表人物为近代心理学的创始人德国的Wundt（冯特）。他认为与思维、记忆有关的语言结构模型与内省有关，创建心理学实验室，采用实验内省法或直接经验对心理内容做元素分析。

② 行为主义（Behaviourism）：20世纪初的心理学在逻实论的影响下，转向用客观方法来研究人和动物对刺激所作出的可观察得到的反应或行为，反对讨论意识问题，提出"刺激—反应"模式，认为意义就是语言活动所引发的行为，但很少谈及"刺激—反应"之间的过程。该理论所主张的心理学实际上是一种没有心理的心理学，占统治地位长达半个世纪之久。主要代表人物有：Watson（沃森，1879—1958）、Skinner（斯金纳，

1904—1990）。Peirce（柏斯 1839—1914），Dewey（杜威 1859—1952）等将该观点引入哲学；Russell（罗素 1872—1970），Quine（奎因 1908—2000），Austin（奥斯汀 1911—1960），Searle（塞尔 1932— ）等将其引入语言哲学；Bloomfield（布龙菲尔德 1887—1949）等将其引入语言学，使得行为理论逐步形成了一个重要学派。

在此期间德国还出现了"格式塔心理学（Gestalt Psychology，又叫完形心理学）"，代表人物有：Wetheimer（魏特玛 1880—1943）、Koffka（考夫卡 1886—1941）、Kohler（柯勒 1887—1967）等。他们也主张心理学当研究意识和知觉，既反对冯特的元素分析方法，也不赞成行为主义者反对研究意识的方法，认为我们感官所知觉到的事体是一个"综合整体"，有完整的结构（即完形结构），而不是个别成分的组合体，不能进行元素分析，应强调意识的综合性，整体不是组成部分的简单相加，他们有句名言为：整体大于部分之和[①]。

③ 认知心理学（Cognitive Psychology）：随着20世纪五六十年代心理语言学和认知科学研究的深入，认知心理学不断发展壮大，从而爆发了一场影响深远的意在摆脱行为主义理论的"认知革命"，认为智能运算的本质是符号运算。心理学（心理学家Miller于1956年提出有关短时记忆容量的"7±2"著名理论）、计算机科学（人工智能科学普遍接受"物理符号系统假说"，Newell和Simon提出逻辑理论家模型）、语言学（乔姆斯基于1956年提出语言的三种模型，1957年出版《句法结构》，生成语法占据上风）这三路大军同时进发，使得基于信息加工的认知心理学成为心理学的主流方向。正如第二章第二节所述，这三个学科构成了第一代认知科学的主体，其哲学基础为客观主义，在方法论和认识论上都将认知主体的心智活动视为计算机程序的机能对等物。

1967年Neisser发表专著《认知心理学》，正式宣布这门学科的诞生。1980年Anderson发表《认知心理学及其启发》，后有代表人物Newell、Simon等，使认知心理学迅速发展成为心理学的主流。他们继承了心理学中许多有益的思想，恢复了以意识为研究对象，但采用了不同的方法，主张把人类的智力活动视为一个基于符号进行信息运算加工的过程，可借助计算机模拟及其他实验方法来研究人类的意识和心理，探索人类心智的一般工作原理。他们并不排除研究行为，但认为一切行为都受认知过程的控制，当以该过程为重点揭示心智的本质。他们还认为表象的本质是一种类比表征，与外部客体有同构关系，但这种同构不是直接的、映照性的对应关系，其中有认知加工，从而为概念形成中的原型范畴说奠定了理论基础，对后来的认知研究产生了很大影响。

在美国兴起的行为主义，反对冯特以意识为心理学的研究对象，因此被称为心理学的

---

① 认知语言学接受完形心理学关于内部心理组织和完形结构的观点，但没有接受完形心理学认为完形心理结构是天生的、先验的观点。

第一次革命；认知心理学反对行为主义的研究方法，被称为心理学的第二次革命，是一场旨在摆脱行为主义的革命，以期运用信息运算加工的理论来最终解释人是如何获得关于世界的信息的。Lakoff将其划归为第一代认知科学。

70年代后认知科学不断取得惊人的发现，对传统的哲学观、信息运算加工理论、生成语法提出了一系列不同的观点。例如：

① 在心理学界，Shepard & Metzler（1971）、Kosslyn（1980）研究意象，表明人脑具有异于电脑中数字加工的类比加工方式；Norman（1981）等则批评认知心理学研究过于依赖计算机，忽视人的生物性、想象性、社会性、文化背景等特征；Neisser后来提出认知的生态学和社会根源新理论方向；Rumulhart和MaClelland提出"连通论"。

② 在哲学界，Dreyfus（1972）*What Computers Can't Do: A Critique of Artificial Reason*（《计算机不能做什么：人工推理批判》），指出计算机与人之间有许多重大区别，如人有身体感知、主观能动性，还有个性、思想、动机、兴趣，有理解的灵活性等，而计算机不可能有这些能力，因此他坚决否认人脑等于电脑。

③ 在语言学界，Lakoff、Ross、McCawley等在语义问题上率先对生成语法发难，详见第七章。

这些学者都主张放弃"认知主义"，批判哲学中的"客观主义、先验论、二元论、形式主义"，反思心理学中"信息运算加工理论"，大力倡导从感知体验的角度研究心智，将经验与理性、主观与客观紧密结合起来，进而爆发了第二次认知革命，产生了第二代认知科学。

第二代认知科学被L&J（1999：10）称为真正的认知科学，大约起源于20世纪70年代。他们将认知科学划分为两代，是一个十分重要的划分。有了这个划分，对认知科学内部的流派就有了一个清楚的认识，对认知语言学的理论基础、研究内容和方向方法就有了更深入和准确的理解。

认知语言学在批判认知心理学的基础上也接受了若干其他观点，如皮亚杰的建构论和互动论（参见第二章第二节）、认知生态学、社会心理学，以及"连通论"等。

2. 语言与思维的关系

关于"思维（认知）vs语言"之间的关系，是心理学关注的主要议题之一，同时也涉及"Sapir-Whorf假设"问题，认知语言学也对其进行了深入的思考。

一般说来，思维在对现实进行反映后需借助语言将其"凝化"或"勾勒"下来，要凭借语符来记录。一方面思维需借助语言来凝化，另一方面语言也是思维的核心基础，很多学者对其作出了详细而又深刻的论述。我们的祖先早就有"言为心声"的说法。

西方学者在漫长的两千多年历史中一直认为思维先于语言，而德国哲学家Hamann

（海曼 1730—1788）于两百多年前率先提出"思维依靠语言、语言先于思维、语言影响思维"的观点，后经Herder（赫尔德 1744—1803）影响到Humboldt（洪堡特 1767—1835）。美国人类学家Boas（鲍阿斯 1858—1942）将洪堡特的语言相对论带到美国，又传授给了Sapir（萨丕尔 1884—1939）和他的学生Whorf（沃尔夫 1897—1941）等人。洪堡特（Humboldt 1836，姚小平译 1997：63—64）说：

> 语言是构成思想的器官。智力活动完全是精神的和内在的，一定程度上会不留痕迹地逝去，这种活动通过声音而在言语中得到外部表现，并为感官知觉到。因此智力活动与语言是一个不可分割的整体……在形成思想的简单行为中，自始至终也同样需要语言。

索绪尔（Saussure 1916，高名凯译 1996：157）指出：

> 从心理方面看，思想离开了词的表达，只是一团没有定形的、模糊不清的浑然之物。哲学家和语言学家常一致认为，没有符号的帮助，我们就没法清楚地、坚实地区分两个观念。思想本身好像一团星云，其中没有必然划定的界限。预先确定的观念是没有的。在语言出现之前，一切都是模糊不清的。

可见，思维需借助语言的凝化作用，才能区分观念，有效地进行思维。今天的我们，比起还没有掌握语言的原始祖先来说，思维要健全和发达得多，语言的作用功不可没。

从这些论述可见，语言与思维互相作用，关系密切。我们可以这样说：思维主要是借助于语言来进行的。但亦有学者将两者关系提得更高，如Sapir（1921，陆卓元译，2000：14）说过："言语似乎是通向思维的唯一途径。"

语言是思维的一种物质外壳和体现形式，并将思维凝固下来。但是，语言也不能等同于思维，思维是一种心理活动，决定着语言的表达形式，语言是这种心理活动的终极产品的表达形式。

关于语言与思维的关系，这是一个十分复杂的问题，尚有很多问题不得而知，如：两者是否同时产生？如不是同时，谁先谁后？两者有没有各自的发展阶段？相互之间有什么影响？我们认为，人们的思维主要是靠语言进行的，强调了"主要"，或者说"基本上"靠语言进行。也就是说人们的思维有时可以脱离语言而独立存在，思维在有的时候不一定非得要借助语言不可，很多学者对其作出了论述，有些学者在论述中语气更为肯定，不仅是"主要"的问题，而是在很多情况下思维完全可以脱离语言[①]。

Steinthal（1855）指出：人们可以不用词来进行思维，如聋哑人可用符号来进行思

---

① 亦有学者指出：不依靠语言所进行的思维与依靠语言所进行的思维不一样。但这仅是一个假设而已，这两种思维究竟有什么相同之处，有什么不同之处，尚须进一步论证和试验。

维，数学家可用公式来进行思维（高名凯 1995：211）。皮亚杰认为"形象思维"和"运算思维"都不依赖语言。Lakoff（1987：xvi）指出：我们已发现理性思维可超越文字符号的现象。Schmitz在《新现象学》（1997：45）一书中指出：

> 似乎有这样的情形（语言心理学家Friedrich Kainz曾特别指出过这一点）：工匠、驾驶员、领航员、制作工艺品的业余爱好者等，在修理或制作复杂器械时，经常以一种具体的思想来解决漫无头绪的问题情景，而没有给予清楚的说明，或是不能作出说明，他们须得在不借助语言的情况下确定方向并找到目的地。

Fauconnier & Turner（2002：189）也认为：内部认知运作独立于语言。Taylor（2002：55）也说：

> 认知语法否决这样的观点：没有语言作为中介，思维和声音就根本不可能被建构。恰恰相反，我们可以假设一般认知的各个方面，如范畴化、图形-背景组织、隐喻等，可用来建构认知，并保证某些基本概念和音位结构的普遍性。

我们现从以下几个方面来论证"思维"与"语言"并不一定总是密不可分的。一方面，思维和语言尽管有联系，但并不是一回事，不能完全等同；另一方面，思维有时也可以脱离语言，如同一人在不同年龄和阶段可能有不同的思维方式，不同人对于同一件事或不同的事情，可能会有不同的思维方式，不一定全靠语言。

① 认知语言学的一个核心原则就是：在现实与语言之间存在"认知"这一中介，即"现实—认知—语言"。因此，认知是先于语言的，语言是以认知为前提的，婴幼儿存在前语言阶段的认知，他可以先有思想，然后才有语言，在学会说话之前，就能辨别事体，理解别人的思想，非语言的声音也可表明一定思想。

② 人类曾经历了一段漫长的没有语言的历史过程，在没有学会使用语言之前也是有思维的。很多心理学家认为，在人类产生语言和婴幼儿习得语言之前，思维主要是以形象和动作为基础的。

③ 我们的思维如此之快，又怎样才能证明思维是依靠语言进行的呢？似乎此时用没有语言的思维来解释更加合乎情理。

④ 语言创作过程也是一个很好的例证。创作时先有思想、思维，然后用语言来将其表达出来。作家的思维仅靠语言吗？那么他就可不假思索地将用语言思维的东西如实地写下就是了。可我们都有这样的经验，在写作时要不断选词语和句型，还要不断修改文字，以使其能忠实反映自己的思想。

⑤ 言说者常会找不到词语来适当表达自己的思想，处于一种"难以名状"的情形之中。汉语中的俗语"茶壶里煮饺子，有货倒不出"描写的也是这一情况。

⑥ 维特根斯坦（Wittgenstein 1922）曾论述了"不可言说"的问题，成为很多哲学家所关心的命题，这也可用来说明我们的思维有时可能会与言语分离。

⑦ 当我们阅读作品或听人讲话时，我们首先关注的是语言所表达的思想内容，而很难记住原文或原话。我们在对其重述时，也必须重新根据自己的习惯和能力来选择词语和句型加以表达，而不大可能全文复述别人所使用的原话。这也能说明思维和语言是可能分离的。

⑧ 除了语言之外，人们还可能使用其他方式来表达自己的思想，如：音乐、绘画、手势等。这就是说，除语言交际之外人类还有很多其他交际方式。音乐家（更多地靠音符），画家（形象思维会多一些），数学家、物理学家（更多地靠抽象的公式）与普通人的思维方式是否会存在一定的差异？

⑨ 如果说思维离不开语言，那么先天聋哑人用什么进行思维？识字的人与不识字的人的思维是否有区别，有什么样的区别？许多实验证明，先天聋哑人虽没有习得正常的语言，但他们有像正常人一样的思维能力。

⑩ 有人可以很清楚地思维，但不能把所思所想表达出来；有人可以流利地讲话，但不知所言！还有人其他认知能力十分低下，但仍可以流利地讲话（参见Aitchison 1996: 46）。

这些例证都可以说明人的思维不一定非得完全依赖语言不可。近年来有不少学者在关注人类是否能不依赖自然语言进行思维这一问题，如Steven Pinker于1994年和乔氏于1995年提出"思维先于语言，思维大于语言"的观点。他们认为人类存在一个"思维语"（Mentalese），它才是人类真正思维的工具。Fodor（1975）从哲学角度论述并支持这一观点。Stillings et al.（1995）从心理学实验成果中提供了许多证据，支持这一观点，认为：推理、记忆等心智过程是依赖于与语言不同的"命题表征（Propositional Representation）"进行的。Millikan（2004）在语言与思维的关系上提出了自己的新看法：人的语言和高级思维应是同时出现的，但思维进化的生物基础就保证了思维相对于语言有其独特性。从她的论述来看，一方面语言是与高级思维密切相关的，或者说，高级思维更依赖于语言，语言产生了高级思维；另一方面思维可以相对于语言而独立存在和运作。显然，她将思维分为高级思维和非高级思维，前者可能是与语言同时出现的，更依赖于语言。可是，这里就又出现了一个新问题：哪些思维是高级的，哪些是非高级的？通过语言来进行的思维就一定是高级思维吗？

苟志效（1999：163）可能受到上述部分国外学者的影响，也认为：现代神经语言学的研究表明自然语言并不是思维的内部语言。这一观点正好应了中国人常讲的一句话："只可意会，难以言传。"按此观点，人们在认知或思维过程中，可能会存在一个"思维语"，它有可能转换成人类的自然语言，也有可能仅存在于人们心中，成为人们的内部语言。

当然，是否存在"思维语"还需继续论证，如果存在这种"思维语"，那么它能不能算作一种我们所说的"自然语言"？它与"自然语言"有什么不同？操不同自然语言的民族所用的思维语之间有什么异同？这种思维语与乔式深层结构中的语义特征表达式有什么关系？这些都需进一步加以研究。

我们对上述种种现象，以及心理学界关于语言与思维关系的研究成果进行了认真思考，倾向于接受这一观点：自然语言是人类思维的主要工具，但不是唯一工具。至于Hamann和Humboldt，以及"Sapir-Whorf假设"所论述的"语言影响思维"，我们只接受狭义的语言相对论，只是"影响"而非"决定"。笔者曾将认知语言学的核心原则归结为"现实—认知—语言"，从左向右解读为：现实决定认知，认知决定语言；从右向左解读为：语言影响认知，认知影响现实。

第三节 认知语言学的语言学基础

认知语言学继结构主义、TG学派之后已于20世纪70年代末逐步成为一门显学，其在发展过程中除了受到后现代哲学、认知科学、认知心理学的影响，还主要受到语言学理论的影响，特别是生成语义学和认知语用学。

1. 生成语义学

TG语言学派在初期忽视语义研究，在随后的研究中逐步改变了对语义的看法，在其标准理论中包括"句法学、音位学、语义学"三大分支。TG主流学派对语义持"解释派语义学（Interpretative Semantics）"的观点，认为句法是独立的，具有第一性，即先有句法，然后才有语义，语义仅具有解释作用，句子的语义表达来源于句法表述，语义仅是句法的一部分，可根据词和句法结构的演算来揭示意义。因此TG就得出如下结论：句法表达式先于语义表达式，且在句法表达式中只有深层结构与语义表达式有直接联系，语义学的主要任务就是为深层结构提供解释。

而Lakoff、Gruber、Lipka、McCawley、Ross等学者于20世纪60年代开始批判TG的解释派语义学，旗帜鲜明地提出"生成派语义学（Generative Semantics）"，认为句法表达来源于语义表达，语义具有第一性，语言中所有的句子都是从语义生成而来的，然后由转换规则生成句子的表层结构。这样，语义部分所起的作用不是解释性，而是生成性的，故称"生成派语义学"。

这就动摇了TG学派的根基"句法自治"，句法必然会受到"意义、用法、语境"等因素的影响，因此，句法不可能独立于语义，语义也不可能独立于人的认知。现举以下三例来加以说明。

（1）ever例

英语的副词ever一般只用于否定句中，不出现在肯定句中，这是由ever的意义所决定的，而不是由句法所决定的。这可由下一例子加以说明：

[1] Why not paint your house red?

这是一个句法上否定，但意义为肯定的句子，表示"为什么不把房子漆成红色？"的意思，即建议受话人应该将房子漆成红色。倘若将句中的否定词not去掉，说成：

[2] Why paint your house red?

则是句法上肯定，但意义为否定的表达，意思是"为什么要把房子漆成红色？"明显是在责问受话者，不该将房子漆成红色。

在这两种情况下，若要用副词ever，该如何处理？是根据否定的句法，还是根据否定的意义，即是取决于句法呢，还是取决于意义？在英语只能说：

[3] Why ever paint your house red?

而不能说：

[4] Why not ever paint your house red?

显而易见，ever的使用取决于否定的意义，而不是句法。

（2）定语分句

在定语分句中，先行词若是"人"，其后要用关系代词who；若为"物"，其后要用关系代词which。但时而也有两者都用的现象，如：

[5] the cat who always tries to fool me

[6] the cat which weighs ten pounds

这完全取决于发话者的态度，是将cat视为"人"还是"物"。可见，句法规则在这里不能决定选用哪一个关系代词，即关系代词的选用不是由句法规则所决定的，而主要涉及发话者的主观因素或语义。

（3）间接言语行为

人们在正常言语交际中常有很多话不直说，或不能直说，即发话者所表达的意向与字面意义不符，这就是我们常说的"间接言语行为"，这也足以证明"句法自治"的命题不能成立。如说：

[7] 正在下雨。

[8] 不是我说你。

前一句的间接言语行为可意为"让孩子快回家、快收衣服、把伞带上、不要走了、今天可不出工了"等若干语用意义。获得这一间接言外之意的因素是语境，而不是所谓自治的句法，因为这些言外之意并非语句字面本身内容的一部分，而是人们通过语境推导而出。也就是说，语用因素必然要参与人们对句义的理解，想躲都躲不过。

第二个例子就更有意思了，明明是在讲"我不说你（我不批评你）"，可往往紧接着这句话就开始数落对方了，真是个口是心非之人。这句话的真实意义与字面似乎完全相反，这能由句法决定吗？

（4）生成语义学

上述例证足以说明，语义、语用、语境等因素对于句法的选用和理解都是不可或缺的，它们都应成为句法的一部分。结论就是：句法不自治，不可能独立于意义。基于这一分析，Lakoff等人提出了生成语义学，但该观点依旧是在TG的理论框架中运作的，主要还是研究人们的语言能力，他们的根本分歧只是在于是语义先于句法，还是句法先于语义的问题。后来，他们很快又发现生成语义学还存在一些难以解释的问题，在解决这些问题的过程中发现，必须跳出TG理论，另起炉灶，从而促使"认知语义学"登台亮相。

1）不是所有表层句子都有深层结构

很多句子找不到其对应的深层结构，例如下面两个例句的语义基本相同，但嵌入了不同的成分（下划线部分），它们转换自什么深层结构，似乎难以确定。

[9] I invited you'll never guess who to the party.

[10] You'll never guess who I invited to the party.

这两句尽管所表示的意义大致相同，但显然不是来自相同单一的深层结构。

2）不可随意转换

语言中有很多句子不能任意转换，须由场景和体认决定。如汉语和英语中有很多主动态的句子不能被转换为被动句，被动态的句子也没有其对应的主动形式。肯定与否定之间也不存在自由转换的关系，如：

[11] 他大字不识一个。

就没有对应的肯定式：

[12] *他大字识一个。

特别是在那些肯定式或否定式的成语中，各民族都有较为固定的表达形式，一般不能在肯定与否定之间自由转换。如"不三不四、事出无奈"没有对应的肯定式；"南征北战、声东击西"也没有对应的否定式。

再如表达"指示性"的言语行为，当我正指向某人或某物时，这个人或物就应在场，此时就谈不上什么"否定、疑问、反问"的句法形式，又从何谈起指示性语句之间在"肯定、否定、疑问"等句型之间的自由转换呢。如当我们看到"张三向我们走来"时，我们就不可能说：

[13] 张三不向我们走来。
[14] 张三向我们走来吗？
[15] There is Zhang San, isn't there?

这似乎像在课堂上进行操练句型游戏一样，在实际场景中不该有这类句法形式。

3）局限于语言能力

乔氏步索氏划分"语言vs言语"之后尘，二分出"语言能力"和"语言运用"，且将TG限于研究前者，鲜活的语言变成僵化的"数学公式"，黑板上演算操作，让好端端的语言学理论远离实际话语，接不上地气，使TG理论打上了"束之高阁"的烙印。而Lakoff等学者所提出的生成语义学，依旧未能跳出这一束缚，仅停留在研究语言能力这一框架之中，未能对语言的具体应用作出解释。

（5）认知语义学

Lakoff于1975年夏在伯克列大学校园举办的认知科学研讨会上听到了下面四位学者的报告：

① Kay：颜色范畴的研究
② Rosch：原型范畴，特别是基本层次范畴
③ Talmy：空间关系概念
④ Fillmore：框架理论

从而使他更为坚信，TG语法和形式逻辑将语言学研究导向了歧途。于是，他跳出了自己与Ross、McCawley等人建立的生成语义学，创建了"认知语义学（Cognitive Semantics）"，并与Langacker、Fauconnier等人逐步建立和发展了认知语言学学派。

Lakoff认为，他们在生成语义学中所发现的"意义不属于句法"等观点，在某种程度上亦已为认知语义学和认知语言学奠定了理论基础。因此，生成语义学也是认知语言学的主要基础之一。Lakoff（1987）曾指出：认知语义学是生成派语义学的自然延续。

美国生成派语义学家（有学者将他们称为"后乔姆斯基学派"）是认知语言学的奠基

人,他们摆脱了乔式的句法形式化之窠臼,将心智与"意义—功能"研究紧密结合起来,从一个全新角度来探讨人类语言的奥秘。

2. 认知语用学

（1）语用学研究简述

认知语用学也对认知语言学的形成和发展作出了一定的贡献。我们知道,认知语用学主要是在认知科学的理论框架中研究"语用与认知"的关系,研究人类交际和思维活动的关系,其形成也是基于对过去若干语用理论不断认识和批判之上的。语用学的主要贡献在于区分了"句子意义"和"话语意义",并将人的因素与语境、语义研究紧密结合起来。一般说来,语用学主要经历了如下阶段,现简要列述如下。

1）Morris符号三分法

美国符号学家Morris（莫里斯）深受美国实用主义哲学家Peirce、Mead（Morris的老师）以及行为主义理论的影响开始研究符号学,并于1937年在《逻辑实证主义、实用主义和科学经验主义》一书中参照"Pragmatism（实用主义）"创造出"Pragmatics（语用学）"这一术语,从其构成上就可明显看出其与当时流行于美国的实用主义哲学思潮之间的密切联系,他于1938年在《符号理论的基础》一书中再次对其作出阐述。他认为符号具有三种不同的意义或三类关系：存在意义（Existential Meaning）、形式意义（Formal Meaning）和语用意义（Pragmatical Meaning）,并基于此区分出符号学的三大分支：

① 语义学：研究符号与客观外物之间的关系;
② 句法学：研究符号与符号之间的关系;
③ 语用学：研究符号与人之间的关系。

2）Carnap和Bar-Hillel的贡献

Carnap于20世纪40年代以Morris观点为基础,对语言符号作出了类似的区分,并将语用学明确表述为：研究语言符号和符号解释者之间的关系。解释者在对语言符号做解释时会涉及判断和理解语符在特定语境中的实际含意,主张把语符字面意义的解释工作留给语义学。Carnap的学生Bar-Hillel（巴希莱尔）于20世纪50年代开始研究"索引词语（Indexical Expression）"。

3）Wittgenstein的用法论

Wittgenstein的 *Philosophical Investigations*（《哲学研究》）,深刻反思了自己前期的"图画论（Picture Theory）",过分强调依赖现代形式逻辑来分析语义的研究方法,将自己的研究重点从前期的"形式语义学"转向后期的语用学,认为词义在于其实际用法（Meaning-in-use）,必须考虑语境和人本因素,这就是他（1953）那句被学界经常引用的名言：

> The meaning of a word is in its use. （一个词的意义在于它的用法。）

这为哲学语用学奠定了理论基础，也是语言学语用学的重要原则。

4）Austin的言语行为论

Austin于1955年在美国哈佛大学的讲座上提出了言语行为理论，后于1962年正式出版了《如何以言行事》一书，认为要完成哲学认识世界的任务，关键在于找到合适的方法，他针对当时流行的逻辑实证主义，依据真值论来解释语义，而很多语句如疑问句、祈使句、感叹句等无所谓真值，提出可通过分析"日常语言"来获取对世界的认识。

他接受了Wittgenstein的用法论，在探讨日常语言用法的过程中发现有很多句子[①]无所谓真或假，人们使用它们不是在表述，而是在做事，从而提出了"言语行为理论"，即人们可以借助语言表达来完成各种行为，可用"施为生效条件（Felicity Condition，确保言语行为的有效实施而必须具有会话双方共循的恰当条件）"来分析话语的"以言行事"意义。Austin后来又发现无论语句是否有施为动词，都有"言之所为"和"言后之果"，因而提出了言语行为三分说，即言语行为可包括三种行为：

① Locutionary Act：以言述事行为
② Illocutionary Act：以言行事行为
③ Perlocutionary Act：以言成事行为

但他未能按照一个统一标准来分类言语行为；究竟有多少言语行为，似乎也难以穷尽列出；如何分析不适切的表述似乎难以周全。

5）Searle对言语行为论的发展

Searle（1969，1975，1976）进一步发展了Austin的理论，认为言语交际的最小单位不是人们通常所说的单词或句子，而应是"言语行为"，语言的交际过程应是由一个接一个的言语行为所构成的。他对言语行为模式进行了较为系统的研究，进一步确定了分类标准，将言语行为分为五类：

① Representatives：讲述性，或Assertives：断定性；
② Directives：指令性；
③ Commissives：承诺性；
④ Expressives：表情性；

[①] 这类句子在语法上具有以下典型特征：单数、第一人称、现在时、陈述式、主动语态等。这是就其原型而言的，当然也有许多例外。

⑤ Declaratives：宣告性。

他还将施为生效条件分为四种，且尝试把Grice的含意理论与Austin的言语行为论相结合，提出了"间接言语行为说（Indirect Speech Act）"，以补充合作原则之不足。

6）Grice的合作原则

Grice（1957）曾将语义分为两大类：

① Natural Meaning：自然意义；
② Non-natural Meaning：非自然意义。

并认为语用学主要应研究后者，即"非自然的"语用含意，因其不是由客观外界所决定的，而是取决于人本要素。特别是他于1975年发表了著名论文 *Logic and Conversation*（《逻辑与会话》），进一步提出可用"合作原则（Cooperative Principle，简称CP）"和"会话含意（Conversational Implicature）"来分析和理解"非自然意义"。CP包含四大准则，九条次准则：

① 质量准则（Maxim of Quality），应提供真实信息，说真话。
　（a）不要说你所认为是假的东西；
　（b）不要说你缺乏证据的东西。
② 数量准则（Maxim of Quantity），即告诉受话者所需知道的信息，不多也不少。
　（a）根据需要提供信息；
　（b）不要提供不需要的信息。
③ 关联准则（Maxim of Relevance），即答所问，与会话内容有关。
④ 方式准则（Maxim of Manner），答话时应简洁明了，有条理，避免模糊、歧义，以使听者清楚。
　（a）避免表示模糊；
　（b）避免歧义；
　（c）要简短（避免不必要的赘述）；
　（d）要有条理和次序。

他还按照是否遵守CP将会话含意分为：

① Generalized Conversational Implicature：一般会话含意，即遵守CP中某项准则时使话语带有的意义；
② Particularized Conversational Implicature：特殊会话含意，交际一方明显或故意违反CP的某项准则，迫使对方推导出的含意。

这是Grice语用理论的核心，同时也标志着"含意论"的诞生，在哲学界和语言学界产生了重要影响。

Grice的主要目的之一在于，理顺语义研究的脉络，减轻语义学负担，把词语的逻辑意义归入"语义学"，把非逻辑意义当作含意处理，归入"语用学"。但很多学者（Coulthard 1977；Palmer 1981；Sadock 1991；Harris 1995；Sperber & Wilson 1995）对CP提出了异议，认为它经受不住语言实际运用的验证，不具有普遍性。何为"合作"？人们言语交际中常出现"争论""说谎""恶言"等，这还算"合作"吗？难道我们在言语交际中不应当考虑社会和政治等方面的因素？

人们在交际之前不一定非要刻意先掌握什么CP，也不存在非要"遵守"什么准则，当然也无所谓有"违背"一说。难道遵守了CP就一定会产生一般会话含意，不遵守CP就一定会产生特殊会话含意？我们知道，人们在日常交际或书面表达时经常要用间接的方法来表达思想，那么人们为什么要用这种方法来表达意向呢？非陈述句中的意义和含意之间存在什么关系？CP对此显得无能为力。很多学者对其进行修正和补充，如Leech、Brown和Levinson等人的礼貌原则和面子保全论，Horn和Levinson的新格赖斯语用理论，以及Sperber和Wilson的关联理论。

7）Leech的修补

Leech（1983：33）认为：所有意向行为（Illocutions）都是间接的，其意向力都来自含意，但间接的程度大不相同。他指出，语法是概念性的（Ideational），而语用是人际性的（Interpersonal）和语篇性的（Textual），并将语用原则分为：

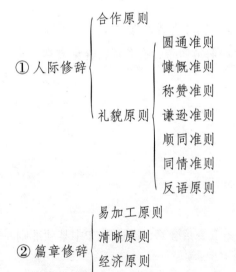

③ 善意取笑原则：友好地冒犯人的表达方法

④ 兴趣原则：说不可预测、令人感兴趣的话
⑤ 乐观原则：谈令人愉快的话题

他认为，所有这些原则都意在挽救CP，有助于解释人们为什么常会违反会话准则而用间接表达形式。但Leech对礼貌的界定含糊，没有充分考虑到礼貌的得体性，有些原则说得太绝对（用了诸如"最大""最小"等字眼）。

8）Brown & Levinson 的修补

Brown & Levinson（1978）在Leech所述"礼貌原则"的基础上，进一步提出了"面子保全论（Face-saving Theory）"，意在将礼貌原则界定得更为清楚。但他们认为所有行为都可能对"面子"构成威胁，且每一种言语行为每次仅威胁一种面子，学者对此不尽赞同。

9）Horn和Levinson的发展

Horn和Levinson认为，Grice对含意推导论述不详、分类不严，他们分别从两个不同方向加以发展。Horn（1984）进一步简化CP四准则，将其归结为两条：

① 数量原则（Quantity Principle，简称Q原则）：以受话者为基础的信息内容最大极限化的经济原则；
② 相关原则（Relation Principle，简称R原则）：以发话者为基础的语言形式最小极限化的经济原则。

Horn认为，人们在言语交际中主要依据这两条原则，发话者倾向于运用最经济的话语来传递最充分的信息；受话人则从发话者最小极限化的话语中推导出最大极限化的信息内容。

Levinson（1987，1991）在此基础上提出了以下三条原则：

① 数量原则（Quantity Principle，简称Q原则）；
② 信息原则（Informativeness Principle，简称I原则）；
③ 方式原则（Manner Principle，简称M原则）。

他还认为这三条原则在应用中的优先顺序为：

Q原则＞M原则＞I原则

10）Sperber & Wilson 的认知语用学

从上论述可见，Leech、Brown、Levinson、Horn等主要还是在Grice框架内处理语用推理，并尝试运用数条原则或准则来研究一般或规约的含意，探讨其生成和解释的规

律，局限较大。Sperber & Wilson（下文简称S&W）于1975年提出关联理论（Relevance Theory），1979年见诸文字，1986年出版专著*Relevance: Communication and Cognition*（《关联性：交际与认知》），意在摆脱Grice语码交际原则的束缚，认为人们没有必要一定要在"遵守—违背"的矛盾中来识别会话含意。他们大刀阔斧地对Grice的CP作出修正，进一步简化诸准则，消除其中的重复现象，从认知角度运用"关联原则"来统括Grice的四条合作准则（九条次则）。他们认为，语言进入交际后就具有"超语言符号"的性质，应将"认知"与"交际"紧密结合起来，须用一种"认知机制"来解释交际过程，寻求会话含意，这便是认知语用学的基本出发点。

S&W指出，人类的语言交际是以认知为取向的，即人们总倾向于用关联的方式来处理有关信息，同时在信息加工过程中总倾向于以最小的努力来获得最大关联和最佳关联，并将其视为是获得话语义的唯一准则，进而提出了以认知语境为基础，以演绎推理为理解模式的关联理论，着重从认知角度研究如何从话语字面意义中通过推理（主要是演绎法）来获得含意，意在揭示语言交际和话语理解的新机制。

该新机制与上述学者的语用理论不同，认为语言交际中没有什么"合作"可言，也不需要牢记什么一成不变的原则或准则。若说有什么原则可循，只有一条，那就是"关联原则"，它在语言交际和话语理解过程中起着关键作用。就这样，语用研究就被引向了"认知"方向，形成了认知语用学的研究体系。

至此，CP大致经历了一种"先增后减"的过程，Leech在Grice的CP四原则上增加了四五条，Horn减至两条，Levinson又增至三条，到S&W就仅为一条关联原则。

11) 顺应理论

Verschuren（1999）重新审视了传统的语用学理论，认为它们都只是从某一个角度来解释意义，更具有"微观性"。他认为诸如"意图""言语行为"不是决定语用含意的唯一因素，这些理论常给人以"见树不见林"之感，尚不足以揭示语言用法的性质。据此，他提出了"语用综观论（Pragmatic Perspective View）"和"顺应论（Theory of Adaptation）"，应当结合"社会、文化、认知"等因素全面考察语言，倡导从语境关系的顺应、语言结构的顺应、顺应的动态性和顺应过程的意识程度这四个角度来全面解释语用含意。

12) 哈贝马斯的普遍语用学

法兰克福第二代核心代表哈贝马斯（Habermas 1929—   ），被称为后马克思主义的重要代表，认为Austin在言语行为论中过分强调了言说者意义在于他说出此话所要实施的言语行为，或受话者会作出何种合适的行为，明显含有不平等现象：发话者总归占据着优势地位，让受话者做事，这就是福柯所批判的"话语权力"和"话语暴力"，缺乏公平对话之义，更无"以沟通求共识"之心。

言语行为论虽强调每个语句都是一个言语行为，但还不够深入，若要从行为角度来论述"理解"，就须先在说话人与受话者之间建立一种交际协商和合作关系。据此，哈氏主张将"Speech Act"修补为"Communication Act"，创建了以"交往理性"为基础的"普遍语用学（Universal Pragmatics）"，可通过言语行为和理想交往来达至共识，解决当今社会矛盾，实现和谐。因此，语用学就当建构一个普遍而又规范的共识标准，可以其为准来理解和分析社会行为。这适合于所有国家，故冠之以"普遍"。

他还认为，"主体间性"与Grice的CP有相通之处，可用以建立这种交往行为关系，据此便能洞察发话者的语用和社会要求。若他的要求是合理的，受话者就应作出适切的反应，这便是Grice所期望的结果。此时才算真正了解这句话的语用含意，完成了该言语行为（详见Habermas 1981）。

（2）认知语用学主要观点

1）关联性

S&W所倡导的关联理论，将语言交际和话语理解视为一种动态性的认知活动，认为交际的过程就是一个不断基于所述话语（可称为A），建立其与认知语境或一系列认知语境假设（可称为B）关联的过程，据此便可推导出发话者的意图，推理是建立在"认知过程以最小努力获得最大认知语境效果"为基础的。为了实现这一目标，人们在交际时就必须将注意力集中于最为相关的信息上，基于其上就能根据当下语境中的字面意义推导出没有明说的关联信息和确切含意，也就是我们经常说的"弦外之音"。这也足以可见，关联原则才是人们在语言交际和话语理解过程中所应追求和遵守的认知原则。

2）认知语境

他们将传统语用学中所论述的"语境"上升到认知的高度，提出了"认知语境（Cognitive Context）"这一重要概念，且将其界定为一个"心理建构体（Psychological Construct）"，它是一个人所能获得的一套假设的集合（a set of assumptions available to an individual），是将各种知识（主要包括逻辑信息、百科信息、即时具体语境、个人背景知识、认知能力等）通过大脑进行内化处理的结果。

"认知语境"与传统的"背景知识"不同。我们知道，在基于编码和解码的语言交际模式中，共有的背景知识是一个必要条件，要能够对话语作出有效推理，双方就必须具有一定的共享知识，它是确定的，双方共有的，具有静态性，以此便可保证言语交际的有效性。而认知语用学的交际模式认为：交际双方的有效交际是依赖于动态性认知语境的，它不是事先就确定了的，不是静态的，而是不断变化的；不是双方共享的，也不是被动的，而是在语言交际过程中通过假设、揣测和推理不断被建构出来的，因为人们在交际时会不断为语篇注入新信息，增加或改变有关信息或假设。如此说来，共有知识是语言交际和理解话语的结果，而不是理解话语的前提。这充分说明，"认知语境"不一定预先已知或固

定不变,而是具有动态性。认知语境还具有潜在性,因其不是已有的、确定的,而要通过当下的推理才能显现出来,如在我们听到:

[16] 张学良从未去过广州。

之前,一般从未想过此事,只是听到该句后通过推理才使这一信息显现出来,可见认知语境具有潜在性。因此,他们主张使用"假设(Assumption)""显现(Manifest)""互明(Mutual Manifestness)"等一类的词语,以强调认知语境的动态性。

据此,话语理解的过程就不能简单地解释为从发话者到受话者的单向传递,而是后者积极作出认知语境假设、主动领会交际意图的动态推理过程。语用学必须将语言交际上升到"认知"和"互动"的角度进行研究,将其视为一种动态性的认知活动。

3)交际双方

关联理论在论述语言交际的同时考虑到了交际的双方,涉及"发话者"和"受话者"。S&W从这个角度出发,进一步将语言交际视为"明示—推理(Ostension—Inference)"的认知过程:对于发话者来说,交际是一种明示行为,即发话者通过含有关联信息的话语来引起受话者的注意和思考;对于受话者来说,交际是一种推理过程,他从发话者用明示手段所提供的信息A,通过推理来建立与认知语境假设B之间的关联,便可获得发话者的交际意图。

双方在交际过程中不断交换角色,都恪守着"明示—推理"的原则,此时两者都需考虑对方的利益,并依靠"关联性"这一认知模式来生成语句和解释语义,这样就能保证交际得以不断延续下去。这就否定了传统理论多将语言交际视为从发话者到受话者的单向传递,忽视了受话者在理解过程中的主动性、积极性、创造性。双方之所以能够配合默契,是因为有一个"关联性"认知模型在发挥着关键作用,即双方都遵守了"关联原则",该原则在他们的1995年再版本中称为"最佳关联原则"。

4)两条关联原则

实现最佳关联的基础取决于关联的认知原则。S&W在1986年只是笼统地提出了一条总的关联原则,但于1995年将这一总原则修改为两条原则(S&W 1995:260):

① 关联的认知原则(the Cognitve Principle of Relevance,又叫:最大关联原则 the Principle of Maximal Relevance),指人类认知常与最大关联性相吻合,即认知是以关联为取向的,它是下一原则的出发点,也是关联理论得以成立的理论基础。

② 关联的交际原则(the Commuicative Principle of Relevance,又叫:最佳关联原则 the Principle of Optimal Relevance),指每个明示性交际行为都应该设想为它本身具有最佳关联的性质(S&W 1995:158),受话者在付出一定加工努力之后便能理解发话者的真实意图,兼顾交际双方的利益就能保证足够的语境效果。据此,受话者的理解过程就是一个

不断寻找和建立A和B之间最佳关联的推理过程。

最大关联和最佳关联有区别，但在很多情况下是相互重叠的，在语言交际情景中可能会同时实现；但有时仅能实现最大关联，不一定能实现最佳关联，如受话者仅对发话者的字面意义进行回答，未就真实意图作出适切回答，此时发话者的交际意图未能得到很好实现，交际就未能达到最佳关联。

5）语境效果

关联是指受话者根据发话者所提供的A，从认知语境中选择最佳关联的假设，努力建立其与B之间的关联。A对于B可产生以下三种结果：

① A加强B；
② A、B两者相结合，产生新的语境含义；
③ A、B两者互相矛盾，并否定或排除B。

人们一旦在A与B之间建立了关联，就必然会产生某种"语境效果"，它是A与B，或新假设与原信息之间互动的结果。据此，我们可进一步将语言交际描写为：成功的交际就是发话者和受话者不断根据话语所取得的语境效果来改变、调整和选择认知语境假设的过程，而不是要去寻找客观所指、发现真值条件的过程，也不是要刻意遵守CP或其他原则的过程，而主要是通过建立A与B之间的最佳关联来作出最为合适的推理，这才是解释交际过程、理解语句含意的关键之处。S&W就以这一思路为理论出发点，阐述了语言使用者对话语含意的推导和理解的能力、过程和结果。

6）关联的程度性

既然人类的认知是以关联为取向的，它可解释和预测人们的认知行为，足以对语言交际产生导向作用，那么在这个过程中人们就会倾向于以最小的心智投入去获取最大的语境效果，为此人们就要将精力集中在最为关联的信息上，发话者提供最为关联的信息，以使受话者付出尽可能小的努力；受话者也致力于尽量以较小的加工努力在A与B之间建立关联，并以其为基础推导出话语的真实含意。所谓"最小""最大""尽可能小""较小"都是个程度问题，因此谈到"关联"或"关联性"，必然要涉及程度强弱的问题，它取决于两个因素：语境效果和加工努力，可用公式记作：

$$关联性R = \frac{语境效果C}{加工努力E}$$

该公式用文字可描述为：

① 在相同情况下，语境效果越大，关联性就越大；
② 在相同情况下，加工努力越大，关联性就越小。

在其他条件均等的情况下，用最小的加工努力来获得最大的语境效果，其关联性就最大；反之，则最小。这样，关联性就是一个由最大关联到最小关联或无关联的连续体，它可大致划分为：

① 最大关联（Maximally Relevant）：可产生规约意义；
② 强关联（Very Relevant）：可产生一般会话含意；
③ 弱关联（Weakly Relevant）：可产生特殊会话含意；
④ 完全不关联（Irrelevant）：不产生含意或产生特殊会话含意。

3. 对关联理论的疑问

关联理论认为，在语言交际中主要是通过建立A与B之间的关联来推导出发话者的意图，这虽然显得比CP更为合理，也更为自然，但也有自身弱点：

① 发话者为什么就一定要作出明示性的交际行为？如何解释明示性行为与间接表达之间的矛盾？

② 用来表达明示性行为的话语有多种选择，它们有程度之别，但交际双方是如何对关联程度性作出统一认定的？

③ 认知语境是个变项，语用推理会因人而异，太多的变量如何才能保障较为准确的语义和语用定位？

④ 通过关联性推导难道就一定能保证推导的结果与发话者原意图相吻合？

⑤ 语言交际是人类社会的需要，讨论前者如不涉及后者，或者说仅从纯认知角度来论述交际是否完整、合理，S&W（1995：279）也认知到了这一点，但未提出解决方案。

⑥ 人们在语言交际中大量使用隐喻，语言学家就应当对其作出论证，S&W（1995：279）虽提到这一点，但丝毫未加论述。

⑦ S&W对关联理论的论述似有循环论证之嫌。

⑧ 人类交际离不开交际双方共享的、相对稳定的背景信息，我们认为，这一点似乎是难以否认的。

⑨ "关联"实在是一个很大的概念，概括性太强，若不加限制（实际上他们并没有对其加以严格限制），就会失去实用性。人们好像能在任何语句之间建立上关系，搭上线，其间的主观任意性较大，免不了有"理论模糊"之嫌，这就削弱了关联论的解释力，降低了其理论性和实用性。

但是，关联理论从心理认知这一新角度对语言交际和话语理解提出了一种崭新的解释方法，认为理解是以语境、认知、推理等为基础，这就强调了人的心智作用，从认知角度用推理的方式来解释语言，将人的推理能力和知识体系融入语言研究之中，使得语用学研究转向认知角度，大大提高了语用学理论的解释力和普遍意义。因此，"关联"实际上就是人类的一种认知方式，关联理论本身就是一种认知原则，这为认知语言学提供一个坚实的理论基础。

认知语言学吸收了认知语用学的基本观点，视后者为其理论来源之一，或可将其视为认知语言学的一个分支。狭义认知语言学尝试用人类有限的十数种基本认知方式来统一解释语言各层面，这其中就包括"关联"，这一方面说明了我们已将认知语用学视为认知语言学一个分支，另一方面也说明认知语言学所研究和论述的范围比认知语用学内容更宽泛。认知语用学往往局限于"认知、推理、心智"之中，未能深入涉及认知的来源问题（有时还持"天赋观"），没能将语言交际与人类实践、互动体验、社会因素等紧密结合起来。L&J提出的体验哲学以及基于其上的认知语言学，则较为详细地论述了认知的体验性，充分考虑到社会因素，认为它主要是来自人们对现实世界的身体经验，来自身体与环境的互动，在这一点上，认知语言学又是对认知语用学的一个重大发展。

人类交际是否能离开交际双方共享的、相对稳定的背景信息，S&W似乎倾向于否定回答。倘若离开了这一点，有很多现象则难以解释。例如，缺乏共同背景信息的交际者肯定会比具有共同背景信息的交际者更易产生不解或误解；夫妻俩的私人谈话常不为外人所明白；出国留学时很多人虽基本掌握了外语，但出国后常会出现交际障碍，其中绝大部分是因为缺乏共有的背景信息；对幽默、笑话、反讽的理解也是这个道理。现举一例：

[17] X：你看来身体很健康！
　　 Y：我是否睡觉打呼噜了。

这两句话表面看来没有什么关联，只有将其置于共同的背景之下才能建立必要的关联：很多人认为身体健康的人睡觉会打呼噜。正是由于交际双方X和Y都具有这样一条共同的、确定的背景信息，因此X在一清早就如此发问，而且也十分礼貌，Y也马上理解其义，获得了他的意图，并作出了相应的回答，算是一种抱歉。倘若两人之间缺乏这种共有的背景信息，也就无法达成这种默契，建立关联，交际很难取得成功。再例：

[18] X：我买车了！
　　 Y：什么牌子？
　　 X：永久牌。
　　 Y：（会心地笑了）

这是一则发生在21世纪初的对话，此时中国经济和人民生活得到很大改善，个人买汽车不仅成为可能，且已成为一种时髦，在此大背景下谈买"车"，买的多半是"汽车"，而不会是"自行车"。特别是在重庆，因为是山城，人们不骑自行车，城市建设也没有设计自行车道。所以当Y听说X买车了，自然会以为是"买汽车"，便问了一句"什么牌子"。可是当Y听X说"永久牌"后就会心地笑了，而且周围的人也都笑了，因为Y和大家都马上明白了X说第一句是一个调侃式的笑话，故意让Y和大家产生一种误解，以能制造幽默的效果。Y和大家之所以能够明白X的意图是因为他们共享一个背景信息：永久牌是自行车的牌子，而不是汽车的商标。如果这句话放在中国的20世纪60—70年代，则又会产生另外一种效果，这也是由那时的背景信息所决定的。

因此，交际双方的认知语境既有共享的背景信息，也包括临时推导出来的成分，这两者对于人们的有效交际都是不可缺少的，尽管S&W也提到有些共享信息（Shared Information）或共知信息（Mutual Knowledge）对于语言交际和话语理解是必要的（S&W 1995：38），但是通过他们对什么是"共"（在现实中找不到对应物，难以证明），"共"的是什么（人们共有的是物理环境和认知能力），"共"到什么程度（因人而异，不可能完全相同）的分析，很多学者认为他们过分强调了认知语境是在交际过程中通过假设不断被建构起来的。这样的解释不是没有道理，倘若以此来怀疑或否定共享信息或共知信息在交际中所起到的重要作用（参见Sperber & Wilson 1995：16—20），似乎尚缺乏说服力（参见上两例）。认知语言学主张用框架、图式和ICM等对其作出合理解释，可谓是对他们的一个弥补或更正。

S&W（1995：279）在认知语用学中只是顺带提到了隐喻问题，但丝毫未加论述。语言中存在大量隐喻，研究语言交际就不能不考虑隐喻问题，这给认知语言学留下了巨大的研究空间，或者说认知语言学所建立的隐喻认知论成为一个强项，是对认知语用学的一个重要发展（详见第十三、十四和十五章）。

思考题：
1. 体验哲学的主要内容是什么？为什么说体验哲学是对西方思想的一个挑战？
2. 认知语言学对语言的解释在哪些方面体现出了体验哲学的基本观点？
3. 认知语言学的心理学基础和语言学基础是什么？
4. 用辩证的观点简述语用学中主要理论的得与失。
5. 关联理论率先从认知角度阐述语用原则，试论它与其他语用理论之间的差异，并以例说明。

第四章　范畴化与原型理论（上）

认知语言学意在揭示语言表达背后的认知方式，且尝试用它们来统一解释语言的各个层面，以期能建立一个较为系统的理论。谈到认知方式，它与"概念、语义、知识、文化"等密切相关，而这些要素又都是基于"范畴"而建立起来的。我们认为，人类基于自己的身体与空间的互动感知获得了基本的意象图式，基于其上获得范畴，概念与其对应，意义是范畴化和概念化的过程和结果。因此，范畴（化）研究就必然是认知语言学的基础内容或主要内容之一。正如Geerearts et al. (1994: 13) 所指出的：

　　Cognitive linguistics is a theory about categorization in and through language. （认知语言学是一种关于研究语言中的范畴化，并通过语言研究范畴化的理论。）

Jackendoff 于1985年出版了《语义学与认知》，该书的第五章专门论述了"范畴化"，并在这一章的开头（1985: 77）指出：认知最基本的一个方面就是划分范畴的能力，即判断某一特定事物是或不是某一特定范畴的具体实例。

Lakoff 于1987年出版的《女人、火与危险事物——范畴对于心智揭示了什么》一书中共有两个部分 [除个案研究（Case Study）之外]，第一部分就是关于范畴和范畴化的研究。在 Ungerer & Schmid 于1996年出版的《认知语言学入门》中有一小半的篇幅是论述原型和范畴化的。

Taylor 于1989年出版了《语言范畴化——语言学理论中的原型》一书，专题论述语言中的范畴化理论，详述了基于维特根斯坦后期的"家族相似性"和"原型范畴论"为何优于亚里士多德的经典范畴论，且用其分别论述"音位、词汇、语法、构式"等层面的范畴化现象，使得该书成为认知语言学的经典著作之一，既丰富了原型范畴论，也为认知语言学建构了一个重要理论基础。在 Croft & Cruse 于2004年出版的《认知语言学》中的第四章也专门论述了范畴、概念和意义问题。

这足以可见，范畴化、原型范畴论对于认知语言学来说至为基础，或者说，认知语言学就是从词义范畴化起家的。本章将较为详细地论述范畴、范畴化，以及两种范畴理论，并运用该理论来对比英汉语中基本范畴词在构词中的应用情况。

第一节　范畴与范畴化

1. 范畴、概念、意义

"范畴"是"范畴化"的认知结果，范畴化的表征即为"概念"。因此，范畴就其本质而言就是一个概念形成的过程，每个概念都有一个对应的范畴[①]。词语为范畴和概念的名称，词义反映的就是它所蕴含的范畴和概念。

"概念"一般被定义为：对某类事物进行概括后留在心智中的抽象表征，是事物本质的镜像反映，是人类从具体认识进入抽象思维的第一步。该定义显然是客观主义哲学理论的产物，完全排除了认知主体的主观因素，而认知语言学认为"概念"或"概念化"包含人的主观因素，它是认知模型的组成要素（参见第七章），须根据某场景中理想化、典型性认知方式来描写，如"师傅、教师"等可根据工厂、学校等场景来描写。关于概念的形成有如下几种观点：

① Hull（1920）提出"共同因素说"，认为概念是将一类事物的共同因素进行抽象概括的结果，每当人们提及它，都会作出相同的反应。

② Osgood（1953）提出"共同中介说"，认为概念形成就是获得对一组刺激的共同中介反应。这与上一观点明显忽视了人的主观因素在概念形成中的重要作用。

③ Bruner，Goodnow & Austin（1956）提出"假设考验说"，认为概念在形成过程中会利用现已获得的信息来主动提出一些可能的假设，概念的形成总是一个运用策略进行假设考验的过程，这与互动说有某些共通之处，Levine（1966，1975）后来进一步发展了这一观点。

④ Rosch（1973，1975）则提出"概念原型论"，认为概念主要是以"原型样本"来表征的，人们也是通过原型样本来理解概念的（参见下文）。

⑤ 毛泽东（1991：285）于1937年在《实践论》中从唯物辩证法的角度阐述了概念观，他指出：

> 社会实践的继续，使人们在实践中引起感觉和印象的东西反复了多次，于是在人们的脑子里生起了一个认识过程中的突变（即飞跃），产生了概念。概念这种东西已经不是事物的现象，不是事物的各个片面，不是它们的外部联系，而是抓着了事物的本质，事物的全体，事物的内部联系了。

可见，唯物辩证法认为概念主要来自感知和实践，也需要人的认知加工，是认知飞跃

[①] 笔者根据当今国外认知语言学的论述，认为人们先根据意象图式形成范畴，然后对应产生概念。但亦有学者，如我国现代著名哲学家张东荪（原作1940，2011：28—30）等却认为先有概念，然后再据此提炼和凝合出范畴来。但他（同上：143）也说过"范畴当然就是概念"。

的结果。

⑥ 体验哲学的概念观与第⑤种观点基本一致，但更强调人的想象力和创造力，认为人类能在体验的基础上逐步认识客观世界，获得范畴化概念，从而形成理性思维的能力；同时也发展出丰富的想象力，不断健全自己的知识体系。

该观点的优点在于，将概念形成与范畴化理论统一起来，认为概念只有通过人类能有效地对客观世界进行范畴划分才能作出解释。因此，历史上也有很多学者对范畴[①]进行了大量研究，作出了不同论述。

亚里士多德在《范畴篇》中对范畴作过系统论述（方书春 1959）。他把范畴视为对客观事体的不同方面进行分析而得出的基本概念，并论述了著名的十大范畴：实体、数量、性质、关系、空间、时间、姿态、状况、活动、遭受。著名的三段论（Syllogism）就是以范畴和次范畴之间的语义联系为基础的。

康德认为"范畴"的概念是先天的，并把范畴分为四大类：

① 量的范畴，包括：统一性、多样性、全体性；
② 质的范畴，包括：实在性、否定性、限制性；
③ 关系的范畴，包括：依附性与存在性、因果性与依存性、交互性；
④ 样式的范畴，包括：可能性与不可能性、存在性与非存在性、必然性与偶然性。

黑格尔把范畴视为"绝对理念"发展过程的环节，包括形式和内容。马克思认为范畴是反映客观事体本质联系的思维形式。Neisser（1976：1）曾对人类的类属划分作出如下论述：

> 划分范畴就是将一个集合中的事物看成是大致相等的，把它们归入同一类别之中，给它们起同样的名字，对它们作出同样的反应。

我们认为，范畴是指人们在体认基础上对客观事物普遍本质在思维上的概括反映，由一些通常聚集在一起的属性所构成的"完形"概念构成。范畴与人们的类属划分密切相关，其间必然涉及人的主观认知，不能排除主观因素。因此，范畴是认知主体对外界事体属性所作的主观概括，是以主客互动为基础对事物所作的归类。

范畴是各科知识的基础，是人类认识发展的历史产物，既是以往认识成果的总结，又是认识进一步发展的起点。范畴是在社会实践基础上概括出来的成果，又反过来成为人们

---

① 源自希腊语kategoria，意为：指示、证明。汉译为"范畴"，"范"意为"范围、标准"，"畴"意为"种类、类别"。此术语最早来自《尚书·洪范》中的"洪范九畴"（指治理国家的常理被分为九大类）一语，基本概念既有"洪"（即：大）意，又各成其类，故有"范畴"一说。南宋蔡沈《书集传》中说"洪范九畴，治天下之大法，其类有九"。

认识世界和改造世界的工具。有了范畴，就有了对应的概念，人类才可能认识世界，进行推理，建立知识体系。

范畴具有动态性，对其的认知往往反映着人类对客观世界认识的历史性，它必然会随着社会实践和科学研究的发展而变化，会更趋丰富和逐渐精确。正如毛泽东（1991：283）所指出的：

> 马克思主义者认为人类社会的生产活动，是一步又一步地由低级向高级发展，因此，人们的认识，不论对于自然界方面，对于社会方面，也都是一步又一步地由低级向高级发展，即由浅入深，由片面到更多的方面。

例如：门捷列夫对化学元素的分类比他以前的化学家更为科学和精确。随着语言学研究的不断发展，语言理论中的范畴划分也更为精细和深入。

说范畴具有动态性，更因为它会因"人、行业、民族"不同而有一定甚至较大的差别，如动物学家对动物的分类与常人的分类会有不同，皮毛加工业则可能以另一种方式来分类动物。同是一块陨石，具有不同生活背景和知识领域的人会有不同的划分：对天文学家来说，它是一块宝贝陨石；对于农民或普通人来说，可能就是一块普通石头；对于考古学家来说，它是化石或文物；对于战斗者来说，可能会被视作武器；对于正常居家来说，可根据情况用作凳子或桌子；对于建筑师来说，可用作屋基或门槛；对于冶炼学家来说，它是矿石……（参见王庆节2004：92）。又如Lakoff于1987年出版的认知语言学经典著作的正标题为"*Women，Fire and Dangerous Things*"，是因为在澳大利亚一土著民族中将这三者统称为balan，这在汉语和英语中分属三个不同的范畴，但他们却将其统合为一个范畴。该书的副标题对其做了极好的注解"*What Categories Reveal about the Mind*（范畴揭示了心智中的什么现象）"。也就是说，不同民族对世界有不同的划分范畴的方法。

人们平时常因范畴差别而造成误解，如在我国东部地区用"烂"同时表示食物腐烂，以及食品煮熟后呈松软状态，而四川人的范畴切分更细致，前一意义叫"烂"，后一意义叫"㶽"。笔者就曾有过这样一个亲身经历：在菜市场买芋头时问"这个能煮烂不？"卖菜人忙说"不烂，不烂"，意为芋头现状很好，没有腐烂，结果我将这句话误解为"煮不烂"。终因范畴差异而断送了一桩交易。

人们有时还故意曲解范畴来制造幽默，如赵本山在小品中用"家电"来指"手电筒"而逗得听众哄堂大笑。一位妻子对自己的丈夫说"今天你做饭"，丈夫接着说"好，我做饭，你做菜"，显然妻子说的"做饭"包括"做菜"，而丈夫故意曲解了"饭"的范畴而说出了一个笑话。饭后妻子对丈夫说"今天你洗碗"，丈夫又接着说"我洗碗，你刷锅"，这里也涉及"洗碗"范畴的大小问题。

人们还常根据临时需要建构一个特殊范畴或临时范畴，如住院治疗的特殊病人会对时下"健康食品"进行临时划分，建立了一个临时的特殊范畴，这种能力也反映出人们的认知能力能够随时适应环境的灵活性。

人类的认知基于互动体验，始于范畴化，先获得范畴，形成概念，概念系统是根据范畴组织起来的，因此范畴化是范畴和概念形成的基础，范畴和概念是范畴化的结果。概念是理性认识的基本形式之一，是思维形式的最基本单位，是人们进行判断和推理的基本出发点。

辩证唯物论的认识论把实践提到第一的地位，认为人的认识一点也不能离开实践（毛泽东 1991：284）。体验哲学则从认知、意义、语言的角度强调了体验的重要性，认为范畴和概念主要是人类基于体认之上形成的，意义和语言也是这样，也是源自体认，它们都扎根于人类对物质世界、社会世界、文化世界和心智世界的体验之中。

一个范畴、概念或意义在某语言中可用一个词语将其相对地固定下来，该过程可称之为范畴或概念的"词汇化（Lexicalization）"。因此，语义可理解为语言所表示的概念或意义，但人类还有一些仅存在于心智中的意义（有学者称之为"心智词汇"）尚未用准确词语将其表达出来。概念和意义是语义的基础，人们自从有了语言之后，就自然会将范畴化和概念化的结果相对固定于词语表达之中。

词义理解最终涉及人们对范畴的划分和概念的归属。由于范畴和概念本身具有模糊性，再加上概念与词义经常不对应，以及语言经济性的需要，因此一个词往往有很多意义，如英语单词平均有3～4个义项（Dirven & Verspoor 1998：25），这就又加剧了概念与词义之间的非对应性。因此，人们在实际言语交流中只能从一个词的语义范围（也可视为一个语义范畴）中选择一个恰当的义项，将其与语境意义结合起来才能获得较妥当的理解，此时必然要涉及人的主观因素，因为一个语言表达式所唤起的认知域必然要激活不同的分析和识解方法，这正是认知语言学所强调的基本观点，以批判传统语义学的客观主义立场。

小结：范畴侧重事物所划归的类属；概念主要是思维单位；范畴、概念和意义都是范畴化和概念化的结果，概念对应于范畴，概念（化）与意义（更为宽泛）基本相通；语义是概念和意义在语言层面上的反映。

在经典理论中，范畴被视为由一组"共同特征束"所定义的固定模型，可根据充分必要条件来描写，对意义持客观主义立场，主张用二元对立的语义特征来描写。原型理论主张用"属性"这个术语，将范畴视为通过原型来定义的经验完形，范畴主要通过成员之间的家族相似性来建构，概念可用"理想化认知模型"（参见第七章）来描写，对意义持体认互动观，并认为语义与文化背景、百科知识密切相关。范畴、概念、意义、语义都与认知主体的主观因素密切相关。现将上述基本观点图示如下（图4.1）：

	范畴 ——	概念（约等于）	意义 ——	语义
经典范畴	用充要条件	客观主义	客观主义	语义特征
原型范畴	用原型/ICM描写 指划归的类属，范畴化的结果	体验、互动 思维单位	体验、互动 意义等于概念化	属性、文化背景 百科知识 语符化结果

图4.1　基于范畴、概念、意义、语义梳理相关观点

2. 范畴化

范畴是"范畴化（Categorization）"的产物和结果，范畴化又是概念和词义形成，以及语言运用的出发点，是认知语言学的核心内容之一。Ungerer & Schmid（1996：2）指出，范畴化是人类对事体进行分类的心智过程。Dirven & Verspoor（1998：108）认为，范畴化是从不同事物中发现相同范畴的样本的能力。钱冠连（2001）认为：范畴化是人类一种高级的认知活动。人类能在千差万别的世界中找到相似性，并据此对其进行分类，这样的过程就是范畴化。

本书拟将范畴化描写为：是一种基于体认，以主客互动为出发点，对外界事体（事物、事件、现象等）进行主观概括和类属划分的心智过程，是一种赋予世界以一定结构，并使其从无序转向有序的理性活动，也是人们认识世界的一个重要手段。由于人们倾向于将相同或相似的事体进行概括和归类，视为同类的事体，这样才符合经济原则，便于认知加工，因此从家族相似性这个角度来说，范畴化就是要使得同一个范畴内部诸成员的相似性达到最大化程度，使得不同范畴的诸成员之间的相似性达到最小化程度。经过范畴化运作之后建立的范畴就以某种方式储存于人类的心智之中，Aitchison等称其为"心智词汇（Mental Lexicon）"，将意义或心理词汇赋予一定的语言形式后，就表现为语符意义。人类自从有了语言之后，范畴、概念和意义的形成就离不开词语了。

范畴化最直接的对象自然就落在了概念形成和词义范畴上，这对于我们的感知、推理、思维、行为和言语，实在是太重要了，对"我们为什么成为人"具有关键性的解释作用。倘若人类没有范畴化能力，就不能建立概念框架和语义系统，无法认识客观外界的复杂现象，无法理解各类事体之间的种种关系，对各类经验进行处理、储存、推理也就无从谈起，所说的"知识"就成为空中楼阁，人类也就失去了交流的基础，生活将变得一团糟乱，不可想象，我们作为"人"也就不能在这世界上发挥任何作用。可见，范畴化是人类认识世界的一种最基本的认知方式，只有对五彩缤纷的客观世界通过对比进行概括和分类，且将其凝化为词语，人们才能较好地认识世界。可以想象，倘若人们没有范畴化和概念化的机制，不对客观世界进行类属划分，不确立存在和认知的类型差别，就根本无法识

记大千世界中无限多的事体。因此,以"体认(包括:互动、对比、概括、归类等)"为基础的范畴化是人类高级认知活动(思维、语言、推理、创作等)中一种最基本的能力。

"对比"与"概括"是范畴化过程中两个最主要手段,没有它们,一个感知就不可能成为一个范畴和概念。可以假设:人类的心智中存在着某种划分类别的心理机制,可在经验感知的基础上,识别出世间纷繁歧异的事体之间的相似性和区别性,并对其进行总结概括、划分类别、建构范畴、形成概念、赋予名称,可据此分辨不同事体,认知世间万物。有学者指出,这两种能力具有天赋性,这句话并非全错,人类经过几十万年的进化,在内心深处初步储存了某种类属划分的心智能力。但体验哲学认为这些能力主要是通过后天的身体经验而逐步形成和完善的。因此,对比、概括、范畴化和概念化是基于体验的心智过程。

人类对于范畴和范畴化的认识存在很大分歧,大多认知语言学专著论述了"经典范畴论"和"原型范畴论",本书在此基础上提出了"图式范畴论"。

第二节 范畴三论

1. 经典范畴论

从亚里士多德到维特根斯坦之前的两千多年主要流行传统的经典范畴论,认为范畴是一组共同"特征(Feature,Property)"组成的集合,可用"特征束"或一组"充分必要条件"来定义。该理论还认为:特征具有二分性,范畴边界具有明确性,其内部成员的隶属度相等,没有核心和边缘之分。客观主义哲学理论就是基于这种经典理论建立起来的。

后现代哲学和认知语言学虽批判经典范畴论,但它也并非一无是处,依旧适用于数学、逻辑、物理、化学等自然科学中的许多概念。如数学中所定义的只能被1和它自身整除的"素数",像2、3、5、7、11等,只要具有这个特征的整数都可划归这个范畴,不具有这个特征的,像4、6、8、9等除1和自身之外还可被其他数整除,因而就不能划归"素数"这个范畴。又如几何中对"三角形"的定义:一个由三条直线和三个角组成的平面图形,符合这一特征的就是三角形,不符合这个特征的就不是三角形。化学中所定义的"水"为H_2O,符合这一特征的就在这个范畴之内,不符合这个特征的就不在这个范畴之内。该理论有时也适用于人文科学,如"议员",只有两种可能,是或不是。

经典理论对于20世纪的语言学研究也曾起过主流作用,如"音位学、句法学、语义学"中的形式主义、语义特征分析(CA)、二元切分等就是建立在经典范畴论之上的。在音位学中,经典理论得到了淋漓尽致的运用,如一个音位要么是元音,要么是辅音;是元音,要么是高元音,要么是低元音;是辅音,要么是清辅音,要么是浊辅音;等等。音位范畴的特征具有二分性、原素性、普遍性、抽象性和先天性。句法学、语义学紧跟音位学，也运用了亚氏理论，认为其范畴也可用具有这些性质的特征来描写。结构主义语义学家采用二分法建立了意义的特征理论，借此可深入描写语言中的各种语义关系，以及句法上的搭配限制（Taylor 1989：30—31）。Chomsky & Halle（1968：297）认为：表明一个语言项是否属于某个范畴的自然方法就是运用二分法。Lakoff（1987：6）曾将经典理论所论述的范畴隐喻性地比作"抽象的容器"，即范畴就像一个容器，具备范畴定义特征的个体就在里边，不具备的就在外边。

但后现代学者在研究中发现，若用经典理论来解释更多现象时，特别是人文社科领域，常显得苍白无力，因为大部分范畴不具有二分性，而更具模糊性、渐变性、家族相似性等特征，与其相对的"原型范畴论"应运而生。

2. 原型范畴论

体验哲学认为，经典范畴论仅基于先验的猜想，并非经验研究的结果。自Wittgenstein（1953）提出"家族相似性"之后，人们对亚氏理论有了新认识，人们不可能完全客观地认识外部世界，隶属于同一范畴的各成员并不共享所有特征，用充分必要条件来划分范畴漏洞百出。总而言之，范畴成员只具有家族相似性，特征不具二分性，范畴边界多具模糊性，范畴内各成员地位不相等。

对原型范畴论作出重要贡献的学者除Wittgenstein之外，还有Austin、Zadeh、Lounsbury、Berlin & Kay、Heider、McDaniel、Brown、Ekman、Rosch、Labov、Lakoff、Langacker、Taylor等，本书按照时间顺序主要简述以下学者的研究成果。

（1）Wittgenstein的家族相似性

Wittgenstein在1953年出版的《哲学研究》一书中，通过对"游戏（games）"的研究论述了范畴边界的不确定性，中心成员与边缘成员存在较大差别，据此提出了著名的"家族相似性（Family Resemblances）"。他发现，一个家族成员的容貌都有一些相似之处，但彼此相似的程度不一样，如儿子的容貌特征在某些方面像父母，另外一些方面又可能像祖父或外祖父等；女儿的容貌特征可能像父母，另外一些可能像姑姑、祖母或外祖母等。因此，一家人的容貌彼此虽有差异，但总有些相似之处，其间具有一定程度的家族相似性。但一个家族成员不会具有该家族的全部容貌特征，也不会有两个成员具有完全相同的特征（双胞胎虽十分相同，但仍有区别），所有的家族成员都会有某些这样或那样的共同点，有些成员多一点，有些成员少一些，正如Armstrong（1983：269）等设计的Smith Brothers图所示：

图4.2 Smith Bothers的家族相似性

Wittgenstein将范畴比作家族，范畴中的成员与家族中的成员一样，彼此之间只是相似，而不是相同或一致，意在摆脱传统的客观主义哲学观的束缚。这样，一个范畴中的众多成员之间，以及众多成员与原型样本之间，仅具有"相似的属性"，而不像经典范畴论所说的"相同的特征"。认知语言学主张用"属性"代替"特征"，正是凭借相似的属性才使得一个范畴能与其他范畴区别开来，人类也是根据事体间的属性是否具有"相似性"进行概括的。Rosch & Mervis（1975：575）曾将家族相似性定义为：

> 能构成AB, BC, CD, DE关系的一组成员，就是说，每个成员至少有一个，也可能有几个，与其他一个或更多成员享有共同成分，但没有一个或很少几个成分是所有成员都共同享有的。

Wittgenstein根据家族相似性原理，发现所有"游戏（games）"被连接在一个模糊范畴上，它们之间存在一定的相似联系，在我们的概念结构和语义系统中就形成了一个复杂的、相互交叉的网络。他（Wittgenstein 1953，李步楼译 1996：47—50）指出：

> 如果你观察它们，你将看不到什么全体所共同的东西，而只看到相似之处，看到亲缘关系，甚至一整套相似之处和亲缘关系。……我想不出比"家族相似性"更好的表达式来刻画这种相似关系，因为一个家族的成员之间的各种各样的相似之处：体形、相貌、眼睛的颜色、步姿、性情等等，也以同样方式互相重叠和交叉。所以我要说："游戏"形成一个家族。
>
> 游戏的概念该怎样来约束呢？什么仍可算作游戏，什么又不再能算了呢？你能给出一个边界来吗？不能。……"游戏"这个概念是一个有着模糊边缘的概念。
>
> 我们的语法缺乏清晰性。

大部分范畴中的成员就如同一个家族的成员，每个成员都和其他一个或数个成员共有一项或数项属性重叠，但几乎没有一个属性是所有成员所共有的。因此，一个范畴中的若干成员只能以相似性的方式联系在一起，同一范畴内各成员的地位是不相同的。Waldron（1985：142）也认为：

> 范畴化是对相似性和连续性的记录。

既然是"相似性"，就不同于传统上所说的"相同性"或"共同性、一致性"，也就不可能完全精确；既然是"连续性"，就难以作出一刀切。正如Wittgenstein（1953，李步楼译1996: 53）所说"我根本不想划边界"，这就是说，范畴必然要打上模糊的烙印。

Wittgenstein提出的"家族相似性"原理不仅在哲学界，而且在心理学界、社会学界、语言学界等，乃至在自然科学界，引起了巨大反响，许多学者在这一方面进行了理论性和实验性的研究，使得该原理不断得到深入研究，Berlin & Kay、Labov、Rosch、Mervis、Brown等将其进一步发展为"原型范畴论"，在学术界产生了不可估量的重大影响。

（2）Zadeh的模糊数学

美国控制论专家Zadeh运用数学的方法系统地研究了模糊现象，于1965年提出"模糊数学"（又叫"模糊集理论"），用定量的方法来处理模糊语义问题。他认为：集合的界限是不固定的，集合中元素的隶属度除了0和1之外，还可取两值之间的任意实数为值。这种模糊逻辑是一种多值逻辑（Multivalued Logic），彻底打破了经典范畴论所主导的"非此即彼"的二值逻辑（Two-valued Logic）。Lakoff于1972年将Zadeh的模糊集理论运用到语言学中来，发表了著名的论文 *Hedges: A Study in Meaning Criteria and the Logic of Fuzzy Concepts*，奠定了模糊语义学的理论基础。

但随着研究的不断深入，体验哲学理论体系的建立，Lakoff 决定与客观主义、形式化分析语义范畴的方法决裂，放弃模糊集理论，并将这种理论称为"模糊化的客观主义"，因为数理逻辑、形式化分析方法都是建立在客观主义理论基础之上的，认为范畴是客观地存在于现实世界之中的，等着人们用"概念、词语、数学公式"来反映它们。因此，模糊集理论无法很好地解释原型范畴结构和原型效应，这促发他后来提出ICM理论。

（3）Berlin & Kay等对颜色词的研究[①]

结构主义语言学家也曾对颜色词作出过研究，得出了以下四点结论（参见Bloomfield 1933：140；Gleason 1955: 4）：

① 自然界中的颜色是一个连续体，每个语言的颜色词是对这个连续体进行任意切分得来的，也就是说，对颜色的范畴化是任意的；

② 每个颜色词所涵盖颜色范围的大小受其他颜色词的制约，与现实世界的情况或认

[①] Berlin与同事还认真研究了民间对动植物的分类，比如墨西哥讲泽尔塔尔（Tzeltal）的人，并将其与科学分类进行对比。

知无关；

③ 一个语言系统中所有颜色词具有相等的地位，这是因为结构主义语言学家认为一个词的意义就是它在语言系统中的值，而这个值是由它与系统中其他词的相对关系所决定的，词互相决定其在系统中的值，它们无所谓谁重谁轻，谁优谁劣；

④ 词的意义与客观世界的特征无关，与人的认知也无关。

Berlin & Kay 于 1969 年研究了 98 种语言中的颜色词后提出两个著名的概念：焦点色（Focal Colors）和基本颜色词的蕴涵层级（Implicational Hierarchy of Basic Colors），并得出以下四个与上述不同的观点：

① 每个颜色词不管在什么语言里，其所指的颜色焦点区是相似的，即焦点色相似。一个颜色词首先是指该颜色的焦点区，它不受其他颜色词的数量所制约。颜色焦点区的恒定性是以视觉神经和周围环境作基础的。

② 颜色词的边界是模糊的，而且边界区域的差异也较大。

③ 一个语言系统中所有颜色词的地位不相等，它们有中心和边缘之分。

④ 人类语言普遍有约 11 个基本颜色词①，各语言从其中选用颜色词时不是任意的，而是遵循着一个蕴涵层级顺序。

他们认为，这 11 个基本颜色词分别对应于 11 个焦点色，互不蕴涵，表达这些焦点色的词语都为语言中的基本词汇，先于习得其他颜色词。它们构词简单，都由单个字词组成，使用频率高，运用范围广，搭配限制很少。它们所指的中心区焦点色是清楚的，但边界不确定。在世界范围内谈到颜色范畴时，这 11 个基本颜色词的地位不同，具有层级蕴涵性，按一定的规律分等级排列：

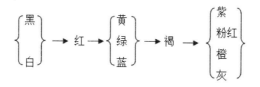

图4.3　11个基本颜色词的分布规律

英语中正好都有这 11 种基本颜色词；但有的语言不全有，如汉语没为"粉红"单独命名，"粉红"是个词组，这表明我们似乎将其视为"红"范畴中的一种。有的语言甚至只有两个颜色词：黑与白②。倘若一个语言只有三种基本颜色词，只能是黑、白、红，依此类推，现按 7 个阶段详述如下：

---

① 据说，人类能够辨认出的自然色多达 750 万种（cf. Brown & Lenneberg 1954；Taylor 1989：3）。
② 在新几内亚达尼族（Dani）中，只使用两个颜色词：mili 和 mola，前者表示黑色和冷色（包括黑、绿、蓝），后者表示白色和暖色（包括白、红、黄、橙、粉红、紫）。

第一阶段：在所有语言里都有表示"黑色"和"白色"的词；
第二阶段：语言中如果有表示第3个颜色的词，它一定是"红色"；
第三阶段：语言中如果有表示第4个颜色的词，它不是"黄色"，就是"绿色"，或者是"蓝色"，但这三个颜色词不会同时出现；
第四阶段：语言中如果有表示第5个颜色的词，就会包括"黄色"和"绿色"；
第五阶段：语言中第6个颜色词一定是"蓝色"；
第六阶段：语言中如有第7个颜色词一定是"褐色"；
第七阶段：如果语言中有8个或8个以上的颜色词，可能是"紫色"，或"粉红色"，或"橙色"，或"灰色"（这四者没有特殊的顺序），或者是这些颜色的组合。

这足以可见，在人类颜色范畴中基本成员的地位不相等，最突显的是"黑vs白"的对立（基于对白天与黑夜的经验）。不同民族对某一基本颜色（焦点色）的认识则具有较大的共性。

基本颜色词在色谱上都是特别鲜明而突出的焦点色，中心区域清楚，而边缘界限模糊。例如，在范畴"绿"中，有些成员是典型成员，而另一些成员则是非典型成员，处于边缘位置，很可能与相邻基本色的边缘成分有重叠。结构主义语言学认为人们对颜色的切分是任意的，因为各语言中所用颜色词不同，今天看来这种任意观是站不住脚的，各民族语言对颜色的表达是有差异的，但不是任意的，与人们的视觉神经密切相关。Berlin & Kay和McDaniel的研究证明，人类对颜色的划分和颜色词的运用绝非任意，与客观外界环境和人类基本认知密切相关，人们是依据焦点色来认识颜色的，即以焦点色为参照点来对颜色连续体进行有理据的切分和范畴化，而且对颜色词的择用顺序也不是任意的（参见图4.3）。

DeValois & Jacobs（1968）从神经生理角度来研究颜色，发现在眼睛和大脑的神经通路中有六种细胞：四种决定色彩（分成两对，一对决定蓝和黄，一对决定红和绿），两种决定亮度。

所有这些研究（包括下文Rosch等心理学家的研究）严峻地挑战了结构主义者对颜色的研究思路。正如Taylor所说，他们研究颜色是为了证明语言范畴的任意性，可事实正相反，对颜色研究的结果正表明了语言范畴的划分不是任意的，必然会受到人类体认的影响，这倒成了批判任意性的绝好例证。

（4）Labov的实验

著名的社会学家Labov（1973）所做的实验同样也表明范畴具有模糊性，认为在vase、cup、bowl、mug之间很难按二分法划出一条界线，其间具有渐变性。

图4.4 杯子的原型及其变体

（5）Ekman、Brown、Pulman、Dirven等的研究

Ekman（1971）研究了感情范畴。Brown（1973：233）发现：出生20个月的婴幼儿就能经常性和创造性地使用所有格构式，说明他们很早就掌握了"物有所属"的概念，并能运用所有格构式来表示空间和地域，通过围绕典型所属关系形成的范畴网络而逐步掌握所有格构式的用法（参见Taylor 1996：347）。

Pulman（1983）研究了英语动词look、kill、speak、walk，Dirven & Taylor（1988）调查分析了抽象范畴TALLNESS，都得出"范畴成员具有不同典型程度"的结论。

（6）Rosch等的研究

对现代范畴理论作出系统研究和巨大贡献的当算Eleanor Rosch（早期曾以Eleanor Heider的名字发表论文），她和她的同事们（1973，1975，1978）在Wittgenstein"家族相似性"的基础上创立了"原型范畴论"，全面挑战经典范畴论，通过一系列实验以确定范畴成员的隶属度。

Rosch在Berlin & Kay研究颜色词的基础上进行了一系列试验，得出的结论与Berlin & Kay基本吻合。她用"原型（Prototype）"这一术语代替"焦点（Focus）"，认为各颜色的原型就是其焦点色，具有重要地位，处于光谱某区域的中心，是颜色范畴中的最佳样本，与语言中的一个名称相联系。当达尼人（Dani，仅有两个基本颜色词）被问及mola的典型样本时，他们会指"白、红、黄"。同时她还通过实验证明焦点色是最容易被学得和记住的，这就说明一个范畴中各成员的地位是不相等的。

Rosch后来将实验从颜色范畴扩展到诸如BIRD、FRUIT、FURNITURE、VEGETABLE、TOOL、WEAPON、TOY、VEHICLE、SPORT、CLOTHING等范畴，主要通过问卷形式调查了200多个美国大学生，据此建立了范畴成员的隶属度等级，认为"原型"是进行范畴化的最重要方式，它是范畴中最具代表性、最典型的成员或最佳样本，为范畴中的无标记成员，可为范畴中其他成员（有标记成员、非典型成员）提供"认知参照点（Cognitive Reference Point）"。

Rosch等在实验中还发现，范畴成员还具有"非对称性"现象，即某些成员比其他成员更具代表性。人们一般认为：非典型成员像典型成员，而不是相反；典型成员的相关信息可被扩展至非典型成员，而不是相反。这种"非对称性"被称为"原型效应"。如说到"鸟"这一范畴，"麻雀"比"鸡、企鹅、鸵鸟"更具代表性，常认为"企鹅"更像"麻雀"，而不会想到"麻雀"像"企鹅"。有关"麻雀"的若干信息可能会被赋予"企鹅"，而反过来的可能性很小。也就是说，范畴中心成员的信息可扩展至边缘成分，通过中心认识边缘，反其道而行的可能性极小。

（7）Dirven & Verspoor的论述

Dirven & Verspoor（1998：37）也持相同观点，认为"fruit（水果）"不能用经典范畴论作出二元切分，很难确定包括全部水果的"充要条件"。若将其定义为"sweet, soft and having seeds"则可能将"柠檬"排除在外，因为它"不甜"；香蕉也不在其列，因为它没"籽"；"梨"也可能不在其中，因为不一定是"软"的。可见定义"fruit"的必要条件很多：如长在土地之上的植物或树上，成熟后才能吃等。由于水果种类繁多、分布很广，很难将所有条件列全，倘若列不全，就不能称之为"充分"。如果"不充分"，也就不可能将不是"fruit"的东西都排除在外，可见范畴具有边界模糊性。

人们列不全"充要条件"并不等于说就不能范畴化"fruit"。若让你列出水果的具体样本时，会很快想到"苹果、橘子、香蕉"等，而不会马上想到"榴莲、芒果、西红柿、黄瓜、萝卜"等。这就是说，一定人群内对范畴原型样本的理解有共同认知基础，这是人们理解范畴和语言交际的基本出发点。我们尽管不能为fruit提供一个充要条件的清单，范畴边界虽有模糊性，但是这并不影响日常理解。

从上分析可见，流行了两千多年的经典范畴论存在重大问题。

（8）Lakoff和Taylor论原型理论

Lakoff于1987年出版了一本认知语言学经典著作*Women, Fire, and Dangerous Things*（《女人、火和危险事物》），第一部分的标题就是"Categories and Cognitive Models"，占了全书近三分之一的篇幅。他在这部分的开始就充分肯定了范畴化的重要性，指出这对于我们的思维、感知、行为和言语，实在是太重要了。没有范畴化能力，我们就不能生存于世，谁是亲人，谁是外人；什么能吃，什么不能吃；什么地方可居住，什么地方不能居住等，倘若这些基本生活范畴都区分不清，其结果可想而知。

他还认为，大部分范畴化是自动的，无意识的，我们如若能认识到范畴化过程，那倒成了大问题了（Lakoff 1987：6）。他指出，亚氏的经典范畴论不是基于经验调查得出的结论，而仅凭先验猜想，学界竟然还认为它无可非议，理所当然。自从维氏提出"家族相似性"以来，人们越来越认识到亚氏理论的严重问题。Berlin & Kay、Labov、Rosch、Mervis、Brown等学者的研究使得"原型范畴论"逐步被认识和接受，以至于成为许多学科（特别是认知心理学）的基础，认知语言学正是得益于该理论才逐步发展起来。因此，范畴化和原型范畴论是认知语言学入门的必备知识，Ungerer & Schmid（1996）所编撰的《认知语言学入门》一书共六章，前两章的标题就是范畴、范畴化和原型；Lakoff（1987）在《女人、火和危险事物》中花了三分之一的篇幅论述这些基本内容，他进一步发展了原型范畴论，提出可用"理想化认知模型（Idealized Cognitive Model，简称ICM）"来解释原型范畴，强调了范畴化过程中人的主观认知能力和想象力，并尝试用ICM分析了bachelor、lie、mother等语义范畴，认为它们都具有"辐射性"，从中心向边缘辐射。他的论述弥补了经典范畴论和客观主义语义学所解决不了的基本问题，以此证明ICM是分析原型范畴内部结构和原型效应的有效路径（详见第七章）。

Lakoff（1987：57）和Taylor（1989）都认为：语言结构就像非语言的概念结构一样也有原型效应。语言是世界的一部分，也可像对自然物体一样对其范畴化。Taylor（1989）在 *Linguistic Categorization* 一书中干脆用"范畴化"作为书名，含义有二：

① 可用原型范畴论来解释语言现象；
② 人们是凭借语言来进行范畴化的。

且认为语言中的范畴都是原型范畴，如语义范畴就具有原型性质，在一个多义词所形成的范畴中各义项地位不等同：有原型义项（或中心义项）与边缘义项之分，前者相当于词的典型义项，往往是人们最先获得，也是该词最原始、最基本的义项，语义辐射范畴就是围绕该原型义项不断向外扩展而逐步形成的。

原型范畴论还适用于解释词性。一般来说，语言中有以下几种基本词性范畴：名词、动词、形容词、副词、介词等，在各类词性中也有"原型"和"原型效应"现象。词性范畴不是特征范畴，而是原型范畴，如典型的名词是占据一定空间的离散实体，然后可根据隐喻扩展到集体名词、抽象概念名词、心理活动名词、动作名词等。

3. 图式范畴论

原型范畴论是指具有"家族相似性"的范畴，其中包含原型成员和非原型成员。但学界对"原型"有不同理解：

① 指具体的典型代表，又叫"原型样本（Prototypical Exemplar）、焦点样本（Focal Exemplar）、突显例样（Salient Example）、典型成员（Typical Member）、中心成员（Central Member）、最好例样（Best Example）、原型成员（Prototypical Member）"等，它是基本层次范畴的代表，具有最大的家族相似性。人们在识别范畴中原型样本时心智处理最容易、费时最短。当提及某一范畴时人们首先会想到原型样本。维氏认为：当人们掌握了原型后，就可以此为出发点，根据家族相似性的原则类推到其他成员，从而可了解范畴的全部所指，因此一个范畴就是围绕原型样本这一参照点建立起来的。

Rosch也将原型视为"样本成员"，认为它是一个范畴中特定的、具体的代表，对于识别范畴起着核心作用。词典编纂者在给词项下定义时常用定义法、样本法，或两者兼用。如在《现代汉语词典》（第6版）中"家电（家用电器）"一词就采用了两者兼用的方法，其定义为"日常生活中使用的各种电器器具"；为能更好地说明它，紧接着举了几个典型例子"如电视机、录音机、洗衣机、电冰箱等"。又如"家具"，其定义为"家庭用具"；接着用原型样本作补充说明"主要指床、柜、桌、椅等"。从这四个最典型的代表来看，传统家具主要是用木头制成的，这从它们的汉字构形都含有"木"可见。

②指范畴中心成员的概括性图式表征（Schematic Representation，Taylor 1989：59），它不是实例样本，仅例示（Instantiate）了图式原型。Reed（1972）认为原型是范畴的平均属性或集中趋势，是对范畴进行抽象的图式表征。Rice（1996：144）认为，图式原型是多种代表性实例的平均值。Ungerer & Schmid（1996：39）将原型视为"心智表征"，并认为这才是真正从认知角度作出的解释。Lakoff（1987）则主张将"原型"视为一种ICM（参见第七章）。这种解释对于那些难以找出原型样本的范畴最为合适，它以抽象和概括的表征形式存在于人们的心智之中。

Langacker对"原型"持第一种观点。他（1987b：371）区分了原型和图式，认为原型就是范畴中的典型实例，图式是一种抽象的特性，他说：

> 原型是一个范畴的典型实例，其他成员是基于它们被感知到的与原型相似而被纳入同一范畴的。范畴成员基于不同程度的相似性有程度之分。图式，与其相比，是一种抽象特征的描写，可完全与范畴所定义的所有成员兼容。

根据该观点可画出下图：

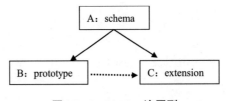

图4.5　Langacker论原型

Taylor（2002: 123—185）接受了Langacker的上述观点，更为详细地阐述了"图式—例示（Schema-Instantiation）"的范畴化原则，且将其上升为一种具有普遍性的基本认知方式，适用于分析所有语言的各个层面①。他仍将"Prototype"视为原型样本，用"图式

---

①　"图式-例示"这对术语，相当于学界常用的"类型—用例（type-token）"，但由于后一对术语主要应用于类型和使用频率的统计，况且它还有点类似于词汇语义研究中的上下义词关系，常使人想到结构主义语义学，因此Langacker和Taylor主张用"图式—例示"取而代之，且将其上升到认知层面，冠之以"范畴化原则"，视其为一种认识方式，这与CL的基本原理更为切合。

（Schema）"表示抽象的心智表征，且认为它与"例示样本"之间的关系类似于上下义词之间的关系，强调了这三个要素之间的双向互动关系。

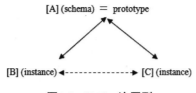

图4.6 Taylor论原型

Taylor与Langacker的范畴化理论基本相同，分歧在于术语使用不同，将要素间的单向关系修改为双向互动。我们主张将这两位学者的论述结合起来，既保留Langacker将"原型（Prototype）"视为典型样本的观点，同时兼顾到Taylor的双向观，由此便可得到下面的图形，可称其为"图式范畴论"：

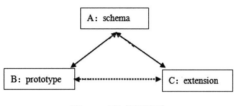

图4.7 图式范畴论

上述三图中的A、B、C都是同一范畴中的三个要素，带双向箭头的线条表明它们之间的互动关系。在图4.7中，抽象图式A对于原型样本B和扩展性成员C都具有制约性作用，这表明人们常以A为基础来识别具体例示；另一方面，A不是凭空而来的，而是从若干常见例示用法中概括而出的，这便是两条带有双向箭头的实线AB和AC的含义。因此，A与B、C之间既具有自上而下的关系，也兼有自下而上的关系。

B所表示的"原型样本"和C所表示的"扩展成员"都直接产生于由A所表示的"抽象图式"，因此用带箭头的实粗线表示，箭头方向表明了B和C都产生自A。B和C之间用虚线表示，说明C主要受制于A，但还会受到B这一原型样本的影响，但程度较小，关系较为间接。

Langacker认为C可同时受到A和B的影响，即在识别范畴的扩展性成员C时，既要考虑到图式A的基础性，也要参照原型样本B，但相对于A来说B是次要的，因此BC之间的关系用虚线表示。此外，我们也接受了Taylor的"三要素双向观"，在图4.7中BC之间的关系也具有双向互动关系，即不仅B对C有参照性，而且C对B也有反作用。例如，今天人们所认可的电话机原型样本，已与100年前的那种只能在博物馆看到的手摇式电话大相径庭了。随着时代的发展，原本从老式的B一步步演变而来的现代电话C，已取代了老式的原型样本。因此，范畴理论也必须考虑到这一要素，即原型样本须具有动态性，此处的双向箭头更具解释力。

另外，越是处于边缘的扩展性成员，所需参照的因素也会越多，如一个范畴还有扩展性要素N（或更多），它既要受到抽象图式A和原型样本B的影响，还可能受到扩展性成员C的影响，以此类推。因此，越是处于范畴边缘的成员，其认知加工过程也就越复杂，识别出它们的时间也就越长。据此可将图4.7进一步修补为：

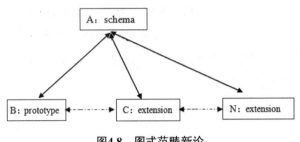

图4.8　图式范畴新论

原型样本会因不同的社团、不同的文化背景、不同的时代而有较大的变化，如说到"鸟"，英国人一般会马上想到"robin（知更鸟）①"，而中国人更多地会想到"麻雀"或"燕子"。19世纪的汽车原型样本与今天的已大不相同，它们或许已成为今天汽车范畴的边缘成员。Taylor（1989：44，57）曾将Rosch和Dirven分别对美国学生和德国学生就FURNITURE（MÖBEL）的调查作了对比，发现其所属的60（55）种家具的隶属度有很大的差异。Rosch通过对美国200名大学生的调查表明家具的最典型的代表是"椅子、沙发、桌子"；Dirven通过对说德语受试者的调查表明家具的最典型代表是"床、桌子、沙发"，其他地方差异就更大了；汉语的"家具"主要指"床、柜、桌、椅"等（多用木头制作而成）。如果这样，德语的Möbel就不是英语furniture的全对等译词，与汉语的"家具"也有不同。可见，原型样本具有一定的动态性，据此便可发现不同语言的词语所表意义原本是有不同的，即使通常被认为是"等同词"的，若通过原型样本调查就会发现其间的差异。

综上所述，由于学者对"原型"有两种不同的理解，也就相应地出现了两种原型范畴论。我们认为，基于第①种理解的可称为"原型样本范畴论"，基于第②种的可叫作"图式范畴论"，后者是在对前者进一步进行提炼的基础上概括而来，更具抽象性。我们基于Langacker和Taylor的论述，构拟了更具解释力的图式范畴论（参见图4.8）。这样，我们就

---

① Jackendoff（1985：116）曾用百分比表示"鸟"范畴中不同成员的隶属度：
robin：100%；penguin：71%；bat：45%。

有了两种基本的范畴化方法：依据典型样本进行范畴化，或依据图式表征进行范畴化。这两种范畴化方法不完全对立，而是相辅相成的，每个人在不同时期、针对不同对象可用不同的方法。

Langacker（1987b：373）曾指出：婴幼儿在建构范畴时，先通过典型样本识别范畴，如通过oaks、maples、elms等识别出tree，然后去除差异找出共性，建立了低层次图式表征，如树有"树干、分枝、树叶"等；当再遇到pine（没有树叶）、palm（不分枝），就会进一步建立更高层次的图式表征（可见图式具有层次性），此时，图式表征就可起到"抽象原型"的作用。

Taylor（1989：66）也认为，通过"典型样本"或"图式表征"进行范畴化，实际上是同一现象的不同方面，差别在于：在前者，范畴成员仅与典型样本部分相符；在后者，范畴成员与图式表征完全相符。两种范畴化方法都是可能的，尤以前者为基础。

原型理论和图式理论对于一个多义词所建立的语义微系统也具有较强的解释力。从上可见，范畴是以典型样本为中心的，通过家族相似性不断向外扩展，词义也具有这样的特点，以中心意义为基础不断扩展形成一个"意义链（Meaning Chain）"，构成了一个语义网络。链上相邻节点之间因语义扩展的关系（主要通过隐喻或转喻）而共享某些属性，但不相邻的节点却不一定有共同的属性（Taylor 1989：99）。同处一个概念网络中的各成员之间的地位不相等，即在一个语义微系统中各义项的地位也不相等。可见，原型理论和图式理论也可用来描写由一个多义词所建立的语义微系统。

20世纪30年代德国语言学家J. Trier受索绪尔结构主义语言学的影响，建立了"语义场理论（the Theory of Semantic Field）"，这是对传统语义研究的一大突破，因此，语义场理论是结构语义学中最重要的内容之一。但语义场理论并不能解释多义词的语义变化为什么会跨越语义场。当代认知语言学认为：多义词义项间的跨语义场变化与人们主观认知、联想能力的拓宽密切相关；语义的扩展和变化与维特根斯坦所说的"家族相似性"密切相关，而不可能会受到什么"语义场"的限制。一个词多种意义之间的相互关系不是任意的，而是通过特定的语义延伸机制（如：家族相似性、隐喻转喻等）形成的。人们不是根据事体的"特征（Feature）"，而是基于其间的相似"属性（Attribute）"形成联系、进行概括、建立范畴、获得语义，这就可较好地解释语义链不受语义场限制的现象。

亦有学者企图将这两种范畴理论结合起来，例如Miller & Johnson-Laird（1976）曾提出了一种"混合论（Hybrid Theory）"，认为每个概念都有一个核心部分（Core）和一个识别程序（Identification Procedure）。核心部分可依据经典论运作，而识别程序可解释原型效应。Osherson & Smith（1981）也赞成这一理论。但Lakoff（1987：143）则认为经典范畴论解释不了概念的"核心"部分。

第三节　经典范畴论与原型（图式）范畴论的区分

后现代哲学理论尽管反思、批判和超越现代论，但并不加以全盘否定。同样，后现代哲学家虽更倾向于原型范畴论，但也认为经典范畴论对某些现象还是具有一定解释力的，它对结构主义语言学和形式主义研究起到了基础性作用，因为在形式化演算过程中，一就是一，二就是二，切不可混淆，否则整个运算系统就要垮塌。但当运用经典理论来解释更多的社会现象或自然现象时就显得苍白无力、漏洞百出了，特别在解释语言时更显得力不从心、捉襟见肘。其不足之处，正可用原型论加以弥补。因此，我们认为这两种范畴化理论具有较大的互补性，并不完全对立。如用经典理论描写mother时，其内涵十分清楚（female parent），若用原型理论则可对其各种变异性日常用法作出更加完整的解释（参见下文）。

图式范畴论是基于原型范畴论之上创建而成，这两者同属一个大类，它们相对于经典范畴论，现列表对比论述这两大类理论。

表4.1　经典范畴论与原型（图式）范畴论对比表

	经典范畴论	原型（图式）范畴论
1	特征	属性
2	特征具有客观性，范畴可由客观的充分必要条件来联合定义	不可能完全制定出充分必要条件的标准，属性具有相似性、互动性
3	特征的分析性	属性的综合性
4	特征具有二分性	属性具有多值性
5	范畴的边界是明确的，范畴具有闭合性	范畴的边界不明确，范畴具有开放性
6	范畴内所有成员地位相等	范畴成员之间的地位不相等，具有家族相似性、原型性、隶属度
7	特征是最基本原素，不可分解	不是最基本原素，部分属性还可再分解
8	特征具有普遍性	差异性，因人而异；不同语言有不同的句法属性和语义属性
9	特征具有抽象性	不是抽象的，与物质世界有直接关系，可以是实体，有形的、功能的、互动的
10	特征具有先天性、天赋论	属性是后天习得的、建构论

1. 特征与属性

经典范畴论者认为"特征（Feature）"是事体的客观标志、固有本质，同一范畴的全部成员具有共享的特征，据其便可区分出范畴，也就是说范畴是由客观的共享特征所界定的，可用语义成分来表征，计作：C=R（X，Y，…），即概念等于共享的定义性特征X，Y等，可通过组合规则R形成。因此，特征具有客观性、二分性、不可分解性、普遍性、抽象性、先天性，这是经典范畴论的核心。

原型论主张用"属性（Attribute）"这一术语代替"特征"（参见Taylor 1989：40），认为范畴不是建立在共享特征之上的，没有一组特征能准确地界定范畴中的成员。特征具有二元性，而属性具有"相似性、互动性、多值性、可分解性、差异性、具体性、后天性"，纵横交错地构成一个复杂网络，不可能被二元切分。范畴中有些成员具有这样一些属性，另外一些成员则可能具有其他属性，不存在所有成员都有的共同属性；而且，这些属性不一定仅属于该范畴的成员，可能会被其他范畴的成员所享有。下文将分别论述"特征vs属性"之间的区分。

2. 客观性与互动性

经典理论是客观主义（Objectivism）心智观的基础，认为范畴只能通过其成员共享的特征来定义，这些共享特征是客观存在的，范畴也是客观存在的，与人的主观认识无关，这就意味着在宇宙中存在一个超验逻辑，一种与人类体验和心智无关的理性。可通过研究发现，在现实生活世界中根本找不到这种客观范畴。如世界中能找到一个与汉语"吃"相对应的范畴？能找到一个与英语中mother（可包括继母、生母、养母、亲娘、未婚妈妈、合法妈妈、代孕妈妈、临时妈妈、钟点妈妈……）相对应的辐射性范畴？人类在进行范畴化时，不仅由范畴成员的特征所决定，还取决于诸如"互动体验、认知加工、身体特征、想象力（如隐转喻、意象图式、概念整合）"等因素，理性不可能与人的经验无关，也不会超越人的理解。

由于经典理论认为特征和范畴具有客观性，对其可采取客观主义和静态描写的方法，可用"语义特征分析法"来定义范畴。如bachelor（未婚男子）根据语义特征分析法，以及后来的Katz & Fodor提出的分解语义学（又被称作KF模型）被分析为：

HUMAN，MALE，ADULT，-MARRIAGE

并声称这是界定bachelor范畴的充分必要条件，具有普遍性。真值条件语义学就是基于其上建立起来的，认为一个词的意义是使得该词成真的一系列条件。同一个范畴中的成员具有共同特征，它们就是限定该范畴的充分必要条件。这充分暴露出逻辑实证主义者反对人之主观能动性的立场，在描写语义结构时极力排斥人的主观因素，避而不谈概念形成的过程与"人"的密切关系,最终陷入了"客观主义"的泥潭,使得这种理论带上了胎里疾,遭到很多学者的批判。

与其相对的是"家族相似性、原型范畴论、图式范畴论",认为范畴化过程是人之所为,必定要受到人的因素的影响,离不开人对于自然的"体认",大力倡导"互动论(Interactionism)"。美国著名哲学家Putnam、意大利著名符号学家Eco、法国语言学家Greimas、美国著名语言学家和哲学家Lakoff和Johnson等都主张基于互动论,运用百科知识,结合当下语境的世界知识来描写语义。Lakoff(1987)和Taylor(1989)认为,经典范畴论中所说的"特征是客观存在的"实属超验捏造,子虚乌有,所找出的分析范畴特征必然会因人而异。

我们认为,范畴化是人的认知过程,范畴是心智运作的结果,属性也具有体认性和互动性。貌似客观的语义特征分析法,忽略了人类的主观性、语言环境、社会文化信仰,具有太大的局限性。如将bachelor仅分析出上述几个特征作为充分必要条件,并不能准确界定该词的意义,如"未婚同居的男子、同性恋男子、天主教神父、出家男子、已离婚或丧偶的男性"等,尽管他们都具有"成年未婚男性"的特征,但并不能根据该充要条件来明确界定上述这些人,他们是否属于bachelor的范畴不得而知。从百科知识角度来说,bachelor还涉及下列知识:"人要结婚、异性结婚、一夫一妻、到某一年龄就要结婚、婚姻关系、养家糊口、男性该婚而未婚"等,典型的bachelor应是基于这些认知模型的未婚成年男性,因此Lakoff(1987)提出用ICM(理想化认知模型)来分析语义结构(参见第七章)。

又例,当我们说到"小汽车"时,人们一般不会首先想到该词的一些语义特征:"无生命、具体物、会移动",而更多地会想到:"乘坐运行、有轮子、方向盘、舒服、方便、快捷、耗油",乃至"型号、厂家、价钱",对于不少人来说,还会包括"身份、地位"等信息。这都是人们基于自己直接或间接的经验对事体获得的印象,是有关该事体的知识,它们都是形成该事体"属性"的基础。

3. 分析性与综合性

经典理论认为特征具有"分析性(Analyzation)",而原型论认为属性具有"综合性(Synthetization)"。前者侧重范畴的定义性特征,带有分析的色彩,与逻辑对概念的解释及下定义的方法有直接联系。而后者强调最佳实例或抽象图式,带有整体性或综合性,与人类的体认、发展心理学有直接联系,将范畴与感性形象联系起来。

正是这种区别,导致了两种范畴化理论得出了外延"从大到小"和"从小到大"的不同结论。经典理论认为婴幼儿在掌握范畴时,是从范畴的部分特征开始的,此时范畴概念的内涵小,因而其外延覆盖范围就大。后随着对范畴特征认识的增加,内涵逐步增多,因而外延就不断缩小，逐步接近成人的认识，外延经历了"从大到小"的过程，上位范畴的习得总是先于下位范畴。19世纪的心理学曾将这种现象分析为婴幼儿是通过"心智雾（Mental Fog）"来看世界的。他们仅能掌握大概轮廓，然后才慢慢缩小范围。Aitchison（1996：129）将这种现象称为"过度概括化（Overgeneralization）"，如英国有的小孩把"小东西"，包括"面包屑、小甲壳虫、小污点"等都叫作crumb；用moon来指任何光。

但这种观点过于简单，因为婴幼儿"过度概括"的情况十分具体，也很奇怪，很多学者认为原型理论可更好地解释这一现象。婴幼儿主要是按照"原型样本""从小到大"的规律来认识世界的。Wittgenstein（1953）早就指出婴幼儿是先掌握范畴的原型，后根据家族相似性将范畴扩展到其他成员，整个范畴都是围绕这个原型建立起来的，开始时范畴成员较少，后逐步扩展，外延经历了"从小到大"的过程。例如小孩起初认识了狗，然后他会基于所认识的这个"狗"原型，将其向外扩展至其他同类的狗，或不同类的狗。但随着所见"狗"类的增加，他会不断调整"狗"原型。再例如，典型的小汽车是四个轮子，当看到三个轮子的汽车时，也会自然将其与已形成的原型进行比较，归入"小汽车"范畴中。大部分词义也是通过这种"从小到大"的方式建立起来的。

婴幼儿与成人所认识的原型以及扩展的方式，会存在很多差异，但随着认识的加深和成人的指教，婴幼儿会不断调整，逐步获得与成人一样的范畴。因此范畴不是作为可分析出的特征集合而学得的，而是基于"原型样本"学得的，它具有"综合性"，基本范畴习得先于其他范畴。

4. 二分性与多值性

经典理论认为范畴的特征是"二值的（Binary-valued）"或"二分的（Dualist）"。一个实体要么有这个特征，要么就没有；在任何情况下，一个特征只能是真，或者假；一个事体要么属于这个范畴，要么就不属于这个范畴，不可能有其他情况。这种观点在语言学的"音位特征二分法"和"语义特征分析法"中被运用得淋漓尽致。

布拉格学派用二分法对音位进行分析，获得了十几对区别性特征，以此便可描写人类所有的语音。二分法在20世纪50年代又被创造性地用来分析词的义项，通过对比可得出若干"语义特征（Semantic Features）"，这种分析方法就叫"语义成分分析法（Componential Analysis，简称CA）"。如通过对表示亲属关系词项的分析获得了几对最基本的语义特征：

[±HUMAN]，[±MALE]，[±ADULT]

它们都具有非此即彼的二元性质。运用这几对语义特征，便可基本上描写世界上所有语言中表示亲属关系词项的语义特征，例如英语中的man、woman、boy、girl就可表示为

（"+"表示具有这一语义特征，"-"表示不具有这一语义特征）：

	HUMAN	ADULT	MALE
man	+	+	+
woman	+	+	-
boy	+	-	+
girl	+	-	-

图4.9　CA分析法例示

原型理论却认为：范畴不仅是"是或非（yes or no）"的问题，而涉及"多值（Multi-valued）逻辑"。尽管我们可将人在自然状态下划分为"男人vs女人[①]"；将鸡分为"公鸡vs母鸡"，二者必居其一，但在很多情况下，我们不能用"非此即彼""非真即假"的二分法，在此与彼、真与假之间，可能会存在若干中间值。另外，对一个连续体进行切分常常会产生模糊范畴，每次切分后所得到的两个相邻范畴之间经常会存在一个中间过渡区。这就是为何原型论主张用"属性"替代"特征"的原因，后者具有二分性，而前者可以不是二分的，具有"渐变性、多值性"。

经典理论对于范畴所作的严格规定，不利于人们进行有效认知，若用具有"渐变性、多值性"的属性来描写范畴，则其有较好的灵活性和较高的实用性。Berlin & Kay（1969）以及Rosch在20世纪70年代对颜色的研究也可说明这一现象：颜色是个连续体，每个颜色词不管在什么语言里，其所指的颜色中心区是相似的，其边界却可有很大的差异。颜色词首先主要指颜色中心区，可由中心区向周围扩展而成整个颜色区域，其边界地区是模糊的，而且在一定程度上受到其他颜色词的制约。又如杯子具有"形状、大小、颜色、用途、材料"等属性，尽管它们存在很大差异（参见图4.4），但仍可用"杯子"这个范畴词来概括，这就充分说明了范畴具有较大的灵活性，这也是近年来王天翼等提出"动态范畴论"的理论根据。

5. 范畴边界的确定性与不确定性

经典理论认为范畴所具有的内在特征是客观存在的，"概念/意义"不在人的个体中，而是游离于个体之外，客观地存在于某个社团并为该社团所共享，具有固定性和明确性。人在学讲话时，也就从这个社团中学得了这个固定的、明确的、外在的"概念/意义"。正如上文所述，这个概念/意义，或范畴，可用语义特征来客观地加以描写，这种

[①] 根据社交网站FACEBOOK报道，人类的性别现可有56种选项，如：无性人、两性人、双性人、顺性人、流性人、性别存疑、泛性人、跨性人、变性人、男变女、女变男等。

语义特征描写就是界定该范畴的充要条件，因此，范畴一经确立，就将外界分为两个集，要么隶属这个范畴，要么不属，不存在模棱两可的情况，也就是说，范畴的边界是确定的（Clear Boundary），具有闭合性，这一观点与上文所说的特征具有"二分性、客观性"一脉相承。

原型理论认为范畴的边界是不确定的、模糊的（Fuzzy Boundary），具有开放性，这也充分彰显了人的主观能动性。由于客观世界具有"无限性、连续性、不可穷尽性"，很多事体是一个"连续体（Continuum，又译：连续统）"，很难在它们之间划出一个二分性的确切界限，如物理学家把光谱看成一个具有不同波长的连续体，在光谱上的各种邻近颜色之间没有明确界限，因此无法标出"红"和"橙"的确切交界线，也无法确定"橙"与"黄"的交界线……但人们为了使认识颜色成为可能，必须对其进行必要的划分，因此颜色的范畴边界必然会具有模糊性。各民族根据自己的认识和交际的需要对颜色连续体作出了各自的划分，这就有了不同数量的颜色词，足以说明人类认识的主观性和模糊性。

Wittgenstein（1953）在20世纪50年代分析了我们日常语言的模糊性，并认为只要这种模糊性不影响语言的功能，它就可被接受。Zadeh（1965）认为集合的界限是不固定的，可用数学的方法来表示。Lakoff（1973）运用模糊理论解释模糊语义，指出不能给出一刀切的语义界限。Ross（1973）对语法模糊现象也作出了精辟分析，认为：词类划分、语法结构、成分、范畴等都普遍存在一定的模糊性，语法规则普遍存在适用性程度的问题。Kempson（1977：123—137）*Semantic Theory*（《语义理论》）一书的第八章题为Ambiguity & Vagueness，专门论述了意义模糊问题。Lyons（1977：396—409）在 *Semantics*（《语义学》）第二卷10.4节中论述了语法歧义。Labov（1978）将模糊理论用于语法范畴界限的研究。Aitchison（1996：47）指出：

    Fuzzy edges seem to be an intrinsic property of word meaning.（模糊边界看来是词义的内在特征。）

Taylor（1989）也专节讨论了模糊性（3.5节）和模糊限制词（4.4节）。Channell（1994）出版了*Vague Language*（《模糊语言》）一书，论述了英语中不同形式的模糊表达方法，以及它们的语用价值。

另外，还有很多中国学者，如张乔（1998）、何自然（1988）、伍铁平（1999）及王寅（2001）等都对模糊语义作出了论述。我国学者邓聚龙于1986年提出了"灰色系统理论"，将部分信息已知，部分信息未知的系统称为灰色系统，认为人们可以根据逻辑推理、系统结构分析、关系论证来建立某种预测系统，并将基于灰色系统理论的预测称为灰色预测。我们认为，语言也是一个灰色系统，有已知因素，也有未知因素，语言模糊是绝对的。其实我们的老祖宗早就认识到思维的模糊性以及范畴边界不确定的现象。老子曰：

> 道之为物，惟恍惟惚。惚兮恍兮，其中有象；恍兮惚兮，其中有物。窈兮冥兮，其中有精。

意为：道这个东西，模糊不分明。模糊不分明啊，其中也有形。模糊不分明啊，实物在其中。深远又幽暗啊，精微之物在其中。这正是对"道"这一模糊范畴的精彩描述。

范畴具有"模糊性、开放性"实在是太常见了，常见得以致于我们并没有明显感到它的存在，因为在言语交际中，词语所表示的范畴模糊性在大多数情况之下并没有影响我们的有效交际。如说到"高、老、新、旧、冷、热"等形容词时，它们的标准就很难确定。人们在说到"鸟、鱼、水果"等名词范畴时，其语义界限也具有一定的模糊性，有人认为是"鸟"的动物，而有人却认为不是，如"鸡、鹅、鸭"。在汉语中被称为"鲸鱼"的动物，在生物学家眼中它却根本不是"鱼"，而是一种哺乳动物。"暑假、寒假"的概念也很不清楚，虽说一个是在夏天，一个是在冬天，具体日期却会因学校而异，南方与北方对这两个概念的理解和认识存在明显差异。再说，中国的"夏季vs冬季"与澳大利亚、新西兰正好相反，我们放"暑假"，他们却在过"寒假"。这两个国家的圣诞节却是在夏天度过的。

再说，有些抽象名词，如"自豪vs骄傲"之间的区分，谁能说得清楚？自豪过了头，恐怕就成了"骄傲"。又例在"谦虚vs虚伪"之间须如何把握好，不致于在实际运用中走向反面，这只能靠个人领会语音、语调、姿态、神情的使用分寸，须把握好其间的差异，以免引起误会。

动词也同样存在模糊现象，例如在"走vs跑"之间也很难划出一个明显的界限，虽说"跑"比"走"要快，但究竟多大的速度才能叫"跑"？因此不仅形容词具有模糊性，而且在名词、动词、副词、代词、数量词等之中都大量存在模糊性。

语言中还有大量直接表示"模糊意义"的词语，可使得原本意义较为确定的词语变得模糊起来，Lakoff（1972）称之为"Hedge（边界模糊词语）"，如英语中的：

> about，up to，almost，nearly，approximately，possible，probable，likely ...

汉语有：

> 大约、左右、几乎、上下、（二十）多、（三十）几、（四十）来个、可能、或许、接近、似乎、大概、差不多……

"大约50岁"，其浮动范围有多大？"老中青"三个年龄段该如何精确划分？因此我们完全可以说：模糊性是语义的主要特征之一，无法忽略，不能改变。正如Jackendoff（1985：117）指出的：

一定不能把模糊性当作语言的缺陷，承认语言具有模糊性的理论也没有缺陷。模糊性是语言表达概念时不可避免的特征。

张乔（1998：48）也说过："语义必须具有模糊性，别无选择。"

6. 范畴内所有成员地位相等与不相等

倘按经典范畴论，范畴仅用全部成员所共有的特征来定义，必然会得出如下结论：其内全部成员"地位相等（Equal Status）"，没有一个成员会比另一些成员更典型。一个实体如表现出某范畴的全部定义性特征，就是该范畴的一个成员，如不能表现出某范畴的全部定义性特征，就不是该范畴的成员，不存在范畴成员地位程度不同的问题。

原型理论与其背道而驰，认为难以确定所有成员共享的特征，范畴内部各成员的属性不完全相同，可能存在较大差异，它们仅具有家族相似性。根据维氏的观点，人们常从一个典型实例出发，然后靠家族相似性类推到其他实例而学会了一个范畴的所指。也就是说，范畴成员是靠家族相似性联系起来的，从中心不断向外扩展，这就是原型样本范畴化的观点，范畴化是建立在最佳、最清楚的原型样本之上的，然后再以其为参照点，将其他实体与其比较来确定范畴类属。据此，范畴内各成员具有"层级性地位（Graded Status）"，有"核心vs边缘"之分，有"较好样本vs较差样本"之分。20世纪70年代Labov、Rosch及其同事研究自然范畴结构，都证实了维氏的看法（参见Rosch 1975：229；Ungerer & Schmid 1996：107; Taylor 1989：44）。Croft & Cruse（2004：78）曾列出了"VEGETABLE（蔬菜）"范畴中成员的等级情况（GOE为Goodness-Of-Exemplar的缩写，数字越小，其GOE程度越高）：

	GOE Rating
LEEK, CARROT	1
BROCCOLI, PARSNIP	2
CELERY, BEETROOT	3
AUBERGINE, COURGETTE	4
PARSLEY, BASIL	5
RHUBARB	6
LEMON	7

Lakoff于1987年提出的"范畴的辐射性结构（Radial Structure of Category）"，也是用来描写同一范畴内成员地位不相等的现象：范畴以一个典型成员为中心（往往是可预测

的），其他成员（往往不可预测，须学得）可通过相似属性与中心成员建立联系，形成一个"中心—边缘"结构。客观主义认知观解释不了这种辐射性结构。

正如上文所说，语言中有许多边界模糊词语，它们也为"范畴成员地位不相等，边界具有模糊性"的观点提供了有力的证据。这些边界模糊词语具有建构辐射性范畴的功能，有助于明确范畴成员的地位，如bachelor是一个以某种典型样本为中心的原型范畴，因而人们一般不将"教皇保罗II"或"离了婚的男子"视为bachelor，若使用了诸如technically（speaking）、loosely speaking等边界模糊词语，则可扩大bachelor范畴的范围，如：

{? [1] John Paul II is a bachelor.
  [2] Technically, John Paul II is a bachelor.（按法律定义说，教皇保罗二世是单身汉。）

{? [3] The divorced man is a bachelor.
  [4] Loosely speaking, the divorced man is a bachelor.（不严格地说来，离了婚的男子是个单身汉。）

可见，technically（speaking）或loosely speaking不能用来指一个范畴的中心成员，只能表示范畴的边缘成分，且具有扩大范畴边界的功能，将通常不认为是该范畴的成员包含了进来，从而使得范畴具有了辐射性特征。同时也预示了bachelor是一个含有地位不相等成员的范畴。又如：

{ [5] A robin is a bird *par excellence*.
 ? [6] A turkey is a bird *par excellence*.

[5]是正确的，而[6]则是不可接受的，因为turkey并不具有鸟的典型属性"会飞，能唱，体小"等。因此边界模糊词语 par excellence（典型）具有仅表达范畴中心成员或接近中心成员的功能，具有缩小范畴边界的功能；同时也预示了BIRD是辐射性范畴。又例：

{ [7] 鲤鱼是鱼。
 ? [8] 严格说来，鲸鱼是鱼。
   [9] 宽泛地说，鲸鱼是鱼。
   [10] 宽泛地说，鲸鱼是鱼，是因为它会游。

汉语中"严格说来"缩小了范畴的边界，将其限于中心成员，因此例[8]不可接受，因为从生物学角度来说，鲸鱼是被严格地划分为哺乳动物的。此时若用能扩大范畴范围的模糊词语"宽泛地说"，将其改成例[9]则可，可见，该短语具有"表述边缘成分，将边缘成分排除出中心"的功能。在[10]中加上"是因为"或"在于"，可进一步说明其具体理由，语义就更为明白了。

可见，语言中存在边界模糊词语也为原型理论提供了可靠的证据，有力地批驳了经典理论：范畴成员地位都相等，非范畴成员的地位也都相等；范畴有固定的充要条件，所有充要条件的地位也相等；范畴边界明确固定。我们可通过边界模糊词语，如"典型、严格地说"等来区分"中心成员vs边缘成员"；可通过"宽泛地说"等来扩大范畴边界，便于将一些特殊成员纳入某范畴之中。现将这几个边界模糊词语表达范畴成员地位的功能小结如下：

par excellence	典型的/地	表达中心成员	缩小范畴边界
strictly speaking	严格地说	表达中心成员	缩小范畴边界
technically（speaking）	按法律意义来说	表达边缘成员	扩大范畴边界
loosely speaking	不严格地说	表达边缘成员	扩大范畴边界

另外，生成学派认为符号的形式、意义都是确定的，从认知、记忆和遗忘的角度看，对一个符号要么记住，要么忘却，不存在"似懂非懂"的情形。而语言的认知研究表明，语言的模糊性、理解的模糊性是客观存在的，且普遍存在。

7. 原素性与非原素性

根据经典理论，范畴的特征是最基本的，不可再分割的，如描写音位的特征是不能再被分解的，它们是音位分析中最基本的原素（Primitive），常称其为"最终成分（the Ultimate Constituents）"或"原子成分（the Atomic Constituents）"。Ladefoged（1975）不同意这种看法，提出了"多值音位特征"的观点，Taylor（1989：230）较为详细地论述了音位范畴的层级性。

原型理论认为范畴的属性不是最基本的原素。如在西方，"CUP（杯子）"的原型为"有把手、材料是陶瓷的、与小盘子一起使用、有一个完整的形状和典型的尺寸、用作喝茶或咖啡时一般是6个一套"。但所有这些属性并不是范畴CUP所必须的原素：如没有把手的、或用塑料制成的、可不与小盘子一起用、不是常见的典型形状和尺寸、不用来喝茶或咖啡、购买时只买一只，同样也可叫作CUP。

8. 普遍性与特殊性

经典理论认为范畴的特征具有"普遍性（Universalism）"。TG理论强调人类所有语言的"语音、语法、语义"具有普遍性，可从人类的普遍特征库中提取。这种普遍性是一种特有的自治机制，它是人类长期进化过程中牢固建立在神经基础之上的一种心智结构。语言学家可以语言习得为突破口，通过分析语言能力深入了解人类心智产生和语言处理的过程，阐明人类心智的内在本质，便可大大有助于澄清人类知识的结构。这样，语言研究就应直接指向语言行为背后的语言能力,这是一种独立的、自治的认知系统。因此语言不是一套实际存在的句子,而是一种能生成句子规则的内在机制,当人们学会一种语言时,实际上就学会了这种机制。

该机制的核心问题是普遍语法,它是人类通过生物进化和遗传因素先天获得的一种语言能力或语言习得机制,语言学应致力于解释这种普遍存在的机制,可用数学上"生成"思想和形式化方式加以精确描写,这就是乔氏的基本立场。

原型理论与其背道而驰,认为范畴的属性不具有普遍性,语言在各层面上存在一定甚至较大的差异,如各语言的音位结构不尽相同,跨语言比较时会发现若干词汇空缺现象,不同的语法系统和语义结构差异很大。可见,语言不自治,也不具有普遍性,它受制于人类的一般认知能力。由于各民族的体认方式存在较大差异,因此各语言在各个层面上也有较大差异(参见王寅1996)。

9. 抽象性与具体性

经典论者认为范畴的特征具有"抽象性(Abstract)",不是可观察得到的事实,仅与言语的物理性事实存在一种间接关系,如"音位特征"仅仅代表了人类的语音生成能力。他们还认为所析出的"语义特征"也具有抽象性,如弗莱格曾将意义分为"涵义(Sense)vs外指义(Reference)",前者指一种能独立于客观外界的、抽象的系统意义,相当于一个关系集合(Lyons 1968:443)。

这种"抽象说"遭到了体验哲学和认知语言学的严厉批判(Taylor 1989:41)。语言使用者在熟悉周围世界的过程中能十分容易地感知和接近属性,如Labov(1973)所举的例子cup、bowl、vase、mug的属性包括"形状、大小、材料",它们是有形的,可被直接感知。他还通过实验表明:同样一个容器根据其不同的功能可归入不同的范畴,如用来喝咖啡则可认为是cup;用来盛土豆泥则可认为是bowl。也就是说,属性具有明显的功能性,与人们如何使用它密切相关。属性还与人们所处的文化背景紧密联系。

况且,范畴划分还与"最佳、最清楚"的样本密切相关,范畴的属性就不是完全抽象的,它与客观的物质世界直接关联。

10. 先天性与后天性

从笛卡尔到乔姆斯基都持语言"天赋观(Innateness,Nature)",乔氏所反对的传统经验论(Empiricism)把人类的心智视为一块"白板(tabula rasa)",认为人出生时的心智是一块白板,没有任何知识是先天就有的,所有知识(包括概念和推理)都是后天学得的。与这种经验论对立的是"唯理论(Rationalism)",认为人类的所有推理都是天赋的,概念结构也是天赋的。乔氏接受了这种观点,且还反对行为主义心理学的"刺激—反应"模式，反对互动论，认为人的心智结构和认知能力是人类这一物种的大脑先天就有的，是人的器官或者基因中早就编排好的程序（Preprogramming），它一旦受到外部诱因的驱动就能被激活，会产生出观念。人类所有的知识都可从这个物种天赋的心智特征中推导出来。这种理论可从婴幼儿为何能在短短两三年中就能习得母语这一事实得到佐证，因为婴儿在出生时大脑的构造中就已先天嵌入了决定人有语言能力的"普遍语法（UG）"，这是人类语言的"初始状态"，然后通过具体经验而产生特定的语言知识。具有UG的婴幼儿在母语习得期间获得了有关母语的一套特征，他所接触到的物理性语言材料虽是有限的，但能很快从中抽象出母语的用法特征，这只能用"先天性"加以解释。

当代认知科学家也不接受传统经验论的"白板论"，承认在人类的认知和语言中有一定的先天成分，主要是基于后天的体验，通过人与客观外界的互动建构起来的，皮亚杰就持这种观点。1975年10月，欧洲与美国（欧洲以皮亚杰为代表，美国以乔姆斯基为代表）的25位学者在巴黎附近的Royaumont就此进行辩论，结果双方争执不下。乔氏强调语言是一种先天的、独立的机制，持天赋论（或预先决定论）观点。皮亚杰则认为语言主要是在经验基础上通过互动方式建构的，语言机制是人的认知机制的一部分，持建构论观点，其主要思想是互动观点。

Langacker（1993：2—5）、Taylor（1996：72）、L&J（1980，1999）、Croft & Cruse（2004）等并不完全否认语言具有天赋性，也承认人类的心智和认知具有部分先天性，如识别事体进行范畴化的能力，通过五官感知（特别是对动态力量的感知）建立概念原型、抽象图式的能力，通过参照点认识其他事体的能力等。Croft & Cruse（2004：2—3）指出：人类的一般认知能力具有明显的先天因素，而且赋予人类语言能力的某些先天因素是其他物种明显所不具备的。但是，认知能力的天赋性不是认知语言学所要关心的主要方面，他们更加关心如何解释一般语言认知能力的作用。

认知语言学主要接受了皮亚杰的基本观点，更加强调心智的体验性。L&J（2002：247）以及其他认知语言学家都主张抛弃传统的"Innate-Learned""Nature-Nurture""Rationalist-Empiricist"二分法，人们无法在"天生vs习得"之间划出一条严格的分界线。近来很多研究表明，生活在子宫中的胎儿就能学会不少知识，这种知识算天生就有的呢，还是算后天学得的呢？人们很难加以严格区分。Jackendoff（1985：17）也持这种观点，既论述了概念规则具有普遍性和天赋性，又强调了概念必须在某种程度上依赖经验。

另外，乔氏强调语言习得中内在的认知能力，并在较为抽象的平面上论证了语言习得的逻辑前提，分析语言的形式结构和各种带有普遍意义的限制条件，带有浓厚的经院色彩（Scholasticism）。而认知学派强调客观现实的基础性，互动体认的必要性，一般认知能力的百科性，因此带有浓厚的世俗色彩（Mundane）。

思考题：

1. 什么是范畴、范畴化？为什么认知语言学要将范畴和范畴化视为研究的基础内容？
2. 简述范畴、概念、意义、语义之间的关系。
3. 经典范畴论和原型（图式）范畴论之间主要有那些差异？
4. 试举例说明原型样本会受到社会文化因素的影响。
5. 分别向几位朋友调查，要求他们在较短的时间内（如每项20秒）尽多列出属于"家具""花""鸟""食品"范畴中的具体事物，并分析其间的异同。

第五章 范畴化与原型理论（下）

第四节 范畴化的基本层次

人类如何认识世界？凭范畴！范畴化过程怎样进行？我们的大脑是如何进行有效分类和组织信息的？凭范畴中的基本层次！也就是说，人类是从范畴的基本层次上来认识事体、理解世界的，凭它就能快速、有效、成功地组织和处理相关信息，并在此基础上形成图形原型。

范畴的基本层次研究始于Brown（1958，1973），后来Rosch & Mervis（1975，1976）将范畴分为三个主要层次：

① 上义层次（Superordinate Level，如furniture等）；
② 基本层次（Basic Level，如chair等）；
③ 下义层次（Subordinate Level，如armchair、dining chair等）。

并重点对范畴的基本层次和上义层次做了一系列实验，发现它们所具有的信息量和实用性不同，地位也不相同。

在建立范畴的过程中，"基本层次"在认知上和语言上比其他层次更加显著。表达该层次的词就叫作"基本层次词（Basic Level Terms）"。人们基于它在视觉上和功能上把事体看作一个整体，形成了一个完整的意象图式。Lakoff（1987：269）指出，基本层次可用"格式塔感知、心智意象、动觉运动"来描写，而经典理论将范畴的内部结构视为"原素+组合"，常在人类经验的基本层次上行不通。

心理学家、人类学家和语言学家的研究表明，范畴的基本层次依赖于人类最基本的感知能力，不能太抽象，也不能太具体，可向上或向下不断扩展。如："汽车"是一个基本层次，人们对之可有一个较为清楚的认识，而讨论"交通工具""法拉利跑车"则不然。又例"鸡、狗"是基本层次，人们区分鸡和狗要比区分各种不同的鸡（如：芦花鸡、老母鸡等）以及各种不同的狗（如：公狗、母狗、狼狗、猎狗、宠物狗等）要容易得多，而且也准确得多。各种不同的鸡和不同的狗太具体了。不能用"动物"这个层次，它太抽象了，有谁见过"动物"？若有人叫你画"动物"，你会感到茫然，可能顺口就问"画什么动物"？诸如"动物""家具"等一类的上义层次在我们的心智中缺乏视觉原型。可见，高于基本层次之上的事体难以形成心智意象。

人们在基本层次上可对真实世界进行较为精确的分类，该层次与同一范畴其他层次的成员所共享的属性最多，与其他范畴的成员共享的属性最少，也最接近客观自然的分类。在更高层次（如"动物"）上，所有成员共有的属性较少，而在更低的层次（如"老母鸡"）上，所有成员的共性又太多，这些属性大部分都与其相邻范畴（如"母鸡"）共有。可见，人类的思维大多是在基本层次上进行的，因此认知语言学特别关注范畴的基本层次。

一般说来，范畴化的基本层次具有以下几个特点（参见 Rosch 1975，1978；Lakoff 1987：47；Croft & Cruse 2004：83）：

① 经验感觉上的完整性。在这个层次上事体具有视觉上的清晰性和完整性（即完形，Gestalt），范畴成员具有感知上基本相似的整体外形，并能形成反映整个类别的单个心智意象。基本层次的形成是人与客观外界直接互动的结果，必须依赖于人类最基本的感知能力，如：完形感知、意象、动觉功能等。

② 心理认识上的易辨性。范畴在基本层次上具有最大的区分性，也具有最多的信息量，明显能被感知，具有认知上的经济性，能使人们最快地识别和辨认其类属，如人们可十分容易地识别"桌子、椅子、床"，而看不到"家具"。基本层次也是婴幼儿最早、最自然习得的，有研究证明在4—5岁婴幼儿掌握的词汇中，有80%属于基本层次上的词汇。

③ 地位等级上的优先性。基本层次处于该范畴的中心地位，是人类进行事体分类的最重要基础，具有最优先的决定权，因而也能最有效地反映客观外界。当要求举例说明某范畴时，人们首先会想到基本层次上的典型成员，它们也是较为常见的。如说到"家电"范畴中基本层次的例子，我们首先会想到"电视、电冰箱、空调"等，不会先想到"手电筒、电子表、电话"等。

④ 行为反应上的一致性。就功能而言，同一范畴的成员可引起人们在行为上产生大致相同的反应，如当提到"椅子"这一基本层次，人们所想到的共同的行为反应就是"坐"；与"汽车"相关的行为反应则是"乘坐运行"。

⑤ 语言交际上的常用性。人们在基本层次范畴上形成了基本层次词和原型意义，它们可用来指范畴中的原型样本。基本层次词出现较早，较为常用，是生活中的基本词语，也是婴幼儿习得时掌握得最早的词语，它们形式简短，多呈中性。表达基本范畴以下层次的词语常用它来构成复合词。不同语言的基本层次词大多是共通的，在跨文化交际中具有相对的稳定性，如说"狗"对应于英语的dog，中西方都能理解；但中国人不一定都知道poodle（长卷毛狗）。另外，不同语言中的基本层次词也有一定的差异，如词汇空缺现象，且运用基本层次词构成复合词的情况不尽相同（参见下文）。

⑥ 相关线索的有效性。人们能够以基本层次为出发点，引发出与之相关的成员和概念。可在其基础之上"向上"或"向下"不断扩展出"上位层次"和"下位层次"；也可以此为基础通过隐喻发展出其他具体或抽象的范畴。Rosch曾提出用范畴线索有效性（Category Cue Validity）来量化人们在基本层次范畴上的最大区分性[①]，线索有效性在基本层次上具有最大值。

⑦ 知识和思维的组织性。在基本层次上易于形成意象（在其之上则难），组织知识和思维。我们大部分知识是在基本层次上组织起来的，大多数思维也是在基本层次上展开的。

第五节　范畴的上义层次和下义层次

正如上文所述，范畴的"基本层次"可体现出范畴成员之间最大的家族相似性，它也是人们认识事体、理解世界的最直接和最基本的出发点，也是人们对客观世界进行范畴化的最佳方式。基于该层次向上可概括出"上义层次"，向下可切分出更细的"下义层次"，它们相对于基本层次而言，上述的7个特点就不明显或缺少。

"上义层次"是在范畴的基本层次上进一步抽象概括而成，或者说它们是寄生于基本层次的，因此又叫"寄生范畴（Parasitic Category）"。该层次缺乏经验感觉上的完形，在心理上相对于基本层次来说不易识别，如相对于"青菜、萝卜、黄瓜、扁豆、大葱"等基本层次建立起来的上义层次"蔬菜"，缺少具体可见的形状，没有适用于上位层次内所有成员的视觉完形，它往往要依赖于基本层次获得属性。因此上义层次的属性太概括，不易看到，若把蔬菜说成"可做菜吃的草本植物"，似乎什么也没说，人们更倾向于列述基本层次中的典型成员来解释上义层次。另外，婴幼儿是基于基本层次才能学得上义层次，若不让他识得"青菜、萝卜、黄瓜"等基本层次，又怎能知晓"蔬菜"这一上义层次？

表达上义层次的词叫作"上义层次词"，人们有时用其来替代基本层次词，主要是为了突显一般属性，强调最具代表性的功能。

"下义层次"也是寄生基本层次的，但比基本层次增加了一些"特别的、具体的"属性，它们与"认知背景、文化特征"等密切有关，也有"好样本vs差样本"之分。一般说来，处于这个层次上的观念往往更具社会文化性，在跨语言对比时可发现较多差异。表示下义层次的词叫作"下义层次词"，它可用单独的一个词来表达，也常由复合词来表达。若从认知角度分析下义层次词，可发现传统理论在对复合词的解释上存在诸多缺陷。

[①] 范畴是个别相关属性线索有效性的总和，可用来量化基本层次范畴上的区分性。如"腮"对于"鱼"范畴来说，具有高（1.0）线索有效性。跨范畴所共有的属性具有较低的线索有效性，而在基本层次上有许多属性为其成员所共享，其线索有效性的值最大。

现假设下义层次复合词为C，是由A和B两部分构成（有时不止），可计作：

C = A + B（A常为修辞语，B常为基本层次词）

在传统理论中这种复合词C常被称为"偏正结构"或"定中结构"，意为"B比A起着更为重要的作用"，但从认知角度分析却可能有不同的结论。认知语言学所关心的是：

A和B的属性对C产生了什么影响？

这两者是如何互动，共同产生影响的？

A和B的属性能否全部转移到C上？

从认知角度看，我们发现A的属性有时在复合词C中更加突显，对C产生更大的影响，并非以"偏"能概而论之。如在复合词"洗衣机"中，"洗衣A"比"机B"有更多的属性被转移到复合词C上。再例"米"，其原型常为"稻米、大米"，可在汉语中还有"玉米、鸡头米、花生米、高粱米、菱角米、海米"等，在这些词语中，似乎作修饰语的"定"在整个词语中所起到的作用更大。类似的例子还有"卧室、厨房、藏身处、冰点"等，似乎结构上的"偏"，在意义上并不偏。

有时修辞部分A会完全失去对复合词C的影响，如"马路、黑板"等，如今这样的路再也不跑马了，黑板已由白板所替代，但名称依旧，A已丧失了对B的修辞作用。再如"轮椅"是由"轮"和"椅"复合构成，但合成之后可产生出"病人""残疾人""医院""手推"等属性，甚至还可能包括"发动机""刹车"等属性，这都不是原来的"轮"和"椅"带来的。可见复合词C的属性并不等于其构成部分（如A和B）属性的简单相加（即1+1≠2）。有时，A和B的某些属性在复合过程中可能会丧失，而且A和B的属性对C的属性所产生的影响程度也会有较大差异，更为重要的是在复合过程中可能还会产生一些额外属性，这就有力地批判了客观主义的"建筑构块"理论。因此Ungerer & Schmid（1996：95）指出：

> To some extent, almost all compounds attract additional attributes. （在一定程度上来说，几乎所有的复合名词都会产生额外的属性。）

因此，传统语法中所说的"偏正结构"或"定中结构"，即"修辞语 + 中心词"或"AB结构"中，修辞语不一定比中心词不重要，形式上的"偏"在复合过程中所产生的影响不一定"偏"，它可能会有更多的属性作用于复合词；也不一定是中心词就起主要作用，这主要取决于认知上的显著度。

Ungerer & Schmid（1996：98）曾将基本层次、上义层次和下义层次作了列表对比，现译录如下：

表5.1 范畴三层次参数分析

范畴层次	参数				
	完形性	属性	范畴结构	功能	语言形式
基本层次	一般完形	许多概括性属性	原型结构	自然接近世界	短，单词素词
上义层次	无一般完形，寄生性	仅1个或几个概括性属性，突显概括属性	家族大体相似	突出和集合功能，抽象概括	常用较长的、复杂词素的词
下义层次	相同完形，寄生性	许多概括性属性，突显具体属性	范畴成员高度同质一致	特指功能	常用复杂词素词

根据认知语言学的核心原则"现实—认知—语言"，由于世界上各民族生活在基本相同的客观现实中，有着相同的身体结构和生理机制，这就决定了人类对很多范畴和基本层次有大致相同的认识，这在不同语言中都有类似的情形。据Berlin等人（参见Clark & Clark 1977：528；Hudson 1980：89）的研究，在全世界的生物中约有500个基本层次词语，它们普遍存在于各语言的基本词汇中，这也表明了语言中的语义结构在很多方面有相似之处。

如"树"可视为一个"植物"范畴的基本层次词，它是婴幼儿较早习得的对象（可随出生地不同而有变化），到一定岁数后在心智中形成"图式范畴"，具有组织有关信息，引发相关成员和概念的功能，同时也是语言中的基本词汇，较为常用、形式简短、多呈中性。这实际上也是一种"像似性"：较为简单的词汇形式对应于更为突显的事体（Berlin 1978：21）。

在我国，"树"是个基本层次，具有图式性，"松树"可能是其典型代表，因其遍及全国各地。在这个层次之下还有"下义"或"下下义"的具体层次，它们是非中心成分。一般来说，很多语言中表达下义或下下义具体层次的词语常用复合词（亦有不少例外），如汉语中的：

[1] 树——松树——塔松、雪松、油松

因为一说到"松"，它通常是指一种"树"，这种范畴类属现象在汉字中常用偏旁"木"来表示。由于现代汉语更倾向于用双音节词，即使在下义的具体词中也常用两个字，后一个字常用来表示该事体的基本类属层次。但有时也用三音节词，如：针叶松、马尾松等，也是最后一个字来表示基本类属。

由于人类对客观世界的认识必然要打上主观的烙印，不同民族之间就会存在一定程度的认知差异，即使同一民族的不同人之间也存在认知差异，甚至同一人在不同的时间地点对同一事物也可能有不同的认识，因而对范畴的划分，基本层次的认识也存在一定的差异，同时还会根据人们的日常交际需要，允许有空缺和不同的分类方式，这与社会环境、文化习俗、语言运用密切相关，会随着时间、地域、民族而发生变化。例如"鸡"是属于"鸟"还是"家禽"，"西红柿"是属于"水果"还是"蔬菜"，"culottes"是"裙子"还是"裤子"等①。

我们知道，很多国家和城市都有自己代表性的"国树、市树，国花、市花，国鸟、市鸟"等，这些代表物在当地十分常见，是大多人的最爱，对于生活在那些地区的居民来说应为基本层次，是范畴中的原型样本，但不一定为其他国家和地区所接受。如苏州的市树为桂花树（Osmanthus），这种树就更常为苏州人所较早熟知，更可能成为他们关于"树"的原型代表。

第六节 原型（图式）范畴论的解释力

"图式"是对一组用法例示所具有的共性进行概括与抽象的结果，它对范畴的形成具有基础参照性的功能；"例示"是图式的具体表现形式或实际用法，如通过对图式增加细节性对比信息可使其应用于实际语言表达之中。不同的例示以不同的类推方式反映着图式。一个范畴的突显例示（即原型样本）最容易形成心智意象，常为儿童最早习得，也最早被命名，相当于Rosch（1975, 1978）所论述的基本层次。

我们认为，原型范畴论和图式范畴论可对语言各层面作出统一的分析，这也完全符合认知语言学所追求的"统一解释"目标。

1. 语音层面

根据图4.7和4.8可知，人们掌握或理解一个音响形象、象征单位、图式性构式可有两种途径：

① 自下而上：能从若干具有相似属性的例示中概括出一个图式；
② 自上而下：能从抽象图式范畴中识别出一个具体的用法例示。

如人们掌握一个"音响形象"，既可从若干有相似属性的语音例示中抽象出一个音位图式，也可从一个音位图式中识别出一个语音例示（参见Taylor 2002: 43, 44, 74）。掌握或理解一个原型概念（或语义）也有上述两种情形："自下而上"和"自上而下"。

---

① 荷兰人常将其视为"裙子"，而英国人常将其视为"裤子"。

2. 词法和句法层面

语言的这两个层面也可通过原型（图式）范畴论作出分析：人们可从多种动词过去式用法的例示中抽象出一个过去式图式；从多种所有格例示用法中概括出一个所有格图式；从多种时态变化例示中抽象出一个时态图式；从多种被动语态的例示用法中抽象出一个语态图式；从多种句型的实际使用中概括出图式性句型构式，不一而足。

3. 场景化——场景定位

认知语言学中还有一对重要术语"Grounding—the Grounded"，可译为"场景化—场景确定"（参见Taylor 2002：341—412）。所谓"场景化"，是指图式性概念或词语在具体言语行为情景中需要"定位"的一种具象化过程；所谓"场景确定"是指某图式性概念或词语的场景已被确定的状态，相当于上文所述的"例示"。例如，具有概括性意义的名词、动词等都可被视为一个图式（即一种类型），当它们用于特定表达时，须采用某种特有的变化形式，即使得"光杆名词"或"光杆动词"成为"名词短语"或"动词短语"。如英语词典中仅标示table属于名词图式，它是从table的若干实际用法中提炼出来的抽象形式，当它入句时一般不能单独出现在实际语句中，常须调变为适切的"名词短语"。可图示如下：

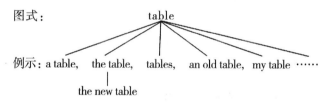

图5.1　table的图式与例示

从上可见，对"名词图式（即光杆名词）"进行场景化的主要途径是通过使用诸如"限定词、数量词、确定与不定、特指与非特指"等手段和方法将其调变为适当的名词短语。再来看一下动词see所标示的类别图式的场景化方式：

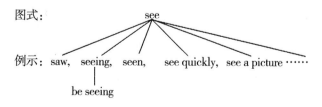

图5.2　see的图式与例示

从上图可见，对"动词图式"进行场景化的主要途径是通过动词的时与体屈折变化、使用动词短语等方式。

4. 有界vs无界

"有界vs无界"是我们生活中的常见现象，一个具体事物占有三维空间，它必定是有界的，我们的身体是有界的，一个"容器"是有界的；而"宇宙、空气、水"等是无界的。这一认知方式体现在语言中就区分出了：

可数名词（有界）vs 不可数名词（无界）；
及物动词（有界）vs 不及物动词（无界）；
终止动词（有界）vs 延续动词（无界）；
完成体（有界）vs 进行体（无界）……

"图式"具有抽象性和概括性，属于"无界（Atelic，Unbounded）"概念，而在实际使用时这些无界概念须作"边界化（boundarization）"处理，使其"有界（Telic，Bounded，参见刘辰诞 2007）"。从上两例可见，光杆名词和光杆动词"table、see"都是无界概念，它们在实际使用时都应作适当的调变处理，或以短语形式出现，一句话，必须做边界化处理。

由于英语动词的时与体是紧密相连的，因而对它们的描写就与"完成体vs未完成体"连在一起。由于"完成体"表示动作已完成，因此具有"有界性"，可在时间轴上标出动作的起点或终点；"未完成体"表示动作尚未完成，可视为"无界"，无法在时间轴上标出动作的终点。据此可将动词和名词统一在同一个理论框架下来进行分析（参见Langacker 1987a；沈家煊 1994）：

表5.2 可数名词与物质名词的四维度区分

	有界：可数名词、完成体	无界：物质名词、未完成体
同质性 Homogeneity	?	是
可分性 Divisibility	?	是
复制性 Replicability	?	是
边界性 Boundedness	是	?

可见，"未完成体"就像物质名词一样，具有内部的同质性（动作各阶段性质相同），可分解为多个具体的动作，且动作可反复进行，没有时间上的边界，可无限延伸。而"完成体"就像可数名词一样：有时间上的边界，难以描述其同质性、可分性和复制性。

5. 英汉构词对比

从英语词汇学教材中可知，英汉两语言的基本词汇有许多相似之处，但也有不少差异，如学界所论述的范畴词空缺现象（参见下文）。这一方面是由于两民族对范畴的认知方式、概括层次、社会背景、构词功能的差异所致；另一方面也会影响到对范畴的认识。如：

[2] 英语的hair可指汉语中的"头发"或"毛"；
英语的brother可指汉语的"哥哥"或"弟弟"；
汉语的"星"可指英语的"star"或"planet"。

下文将简要对比基本层次词在英汉构词上的具体应用。

（1）图式范畴论与定中构词法

汉语构词主要用"修饰语＋中心概念词"，常被称为"定中构词法"，这里的"中"常用基本层次词或其上一级范畴词来担当，可直接用它来构词，这是一种常见而又经济的构词手段，若能识得3,500个常用汉字就可基本解决阅读问题了。同时也使得汉语中的词具有直接表明其对象范畴属性的功能，这与汉语中"形声字"构字思路有共通之处：其中有一个部分（偏旁部首等）是表示义类范畴的。

我们认为，汉民族这一基本构词思路与"图式范畴论"和"场景化理论"密切相关。如一个"花"字就可用来表示自然界中许许多多的此类植物，它显然具有"图式范畴"的特征，在其前加上修饰语"茉莉"就构成了一个"字组"——"茉莉花（jasmine）"。也就是说，通过添加"茉莉"对"花"进行场景化处理，使得"茉莉花"成为"花"范畴中的一个具体例示，用以指称一种具体的花。汉语可在"花"前增添若干不同修饰语就能形成林林总总的花名，构成"花范畴"大家族，而英语往往是一花一词：

[3] 玫瑰花　rose　　　　　　　茶花　camellia
　　 樱花　　oriental cherry　　 荷花　lotus blooms
　　 梅花　　plum blossoms　　迎春花　winter jasmine
　　 兰花　　orchid　　　　　　菊花　chrysanthemum
　　 忍冬花　woodbine　　　　凤仙花　touch-me-not
　　 杜鹃花　azalea　　　　　　牡丹花　peony
　　 鸡冠花　cockscomb　　　　水仙花　narcissus
　　 桂花　　osmanthus　　　　百合花　lilly
　　 芙蓉花　rose hibiscus　　　 棉花　cotton

似乎世界上有多少种类的"花"，英语就有多少个具体的"花单词"，难怪英语词汇量要比汉语的多,而汉语的基本词汇量之所以远低于英语,主要原因就在于汉民族根据意义将"图式范畴论"巧妙地运用到了构词法当中。

"定中构词法"可出现在从基本层次到下义或下下义层次中,如[1]所示,再例:

[4] 猫——花猫——狸花猫
    树——桃树——蟠桃树
    花——茶花——山茶花

而从例[3]的对比可见,英语从基本层次到下义层次常用不同的单词,从下义层次到下下义层次会用"定中式"复合构词法,如:

[5] tree——pine——ponderosa pine

因此,汉语中的定中构词法使用范围更广、频率更高。汉民族对"定中构词法"中的"定"有很多识别类型,诸如"形状、颜色、产地、功能、材料、性质、特征、方式、目的"等,这与Berlin等所说的具体词中修饰语的类别相似。

这种定中构词法,采用了逻辑定义中"属加种差"形式,用"属"来体现基本层次,用下义物的某一特征来表示"种差",充分揭示出了词语的内部逻辑。这又是一种像似性原则:语言中采用"定中法"所构成的词,反映出了现实中的子母分类结构(参见Croft 1990:184)。由于汉语构词时更注重生物和事体在意念上的范畴属性,从而使得汉语的像似性程度要高于英语。如汉语名词常用的范畴基本层次字:

树、花、草、木、鸡、鱼、牛、羊、馆、室、场、所、酒、笔……

它们具有明显的图式范畴化的功能,都可在其前加上各种表示"种差"的字词来构成大量词语(详见王寅1996)。若将汉语中的这些词语都列出来,再找出英语的对等词,就会发现两语言在运用范畴(字)词时的构词方式相差甚远,或者说,英汉两民族对这些基本层次字词在构词功能的认识上存在较大的差异。上文例[3]列述了基本层次字"花",汉语常用定中构词法来构成花名,而英语常用一个单独的词来表示。再例,英语的tree相当于汉语的"树",fish相当于"鱼",可用其来构词的方式却存在较大差异。

[6] 松树   pine   柏树   cypress
    橡树   oak   桦树   birch
    棕榈树 palm   榆树   elm
    丁香树 clove   杉树   spruce
    冬青树 evergreen   樱花树 cherry

	桑树	mulberry	银杏树	ginkgo
	白杨树	poplar	梧桐树	Chinese parasol
	泡桐树	paulownia	榕树	banyan
	柳树	willow	桃树	peach
	梨树	pear	栗树	chestnut
[7]	鲤鱼	carp	带鱼	hairtail
	黄鱼	yellow croaker	鲫鱼	roach
	黑鱼	snakehead	鲱鱼	herring
	鳟鱼	trout	鳗鱼	eel
	鲨鱼	shark	章鱼	octopus
	河豚	puffer	娃娃鱼	giant salamander
	比目鱼	flounder	黄姑鱼	spotted maigre

（2）"馆、室、场、所"的词汇空缺

汉语由于较多地运用了这种定中构词法，基本层次概念使用频率较高，其外延也就相对较大，从而造成了英汉两民族对"范畴"或"基本层次"的概括和理解出现了差异，如汉语常用"馆、室、场、所"等构成许多词语，而在英语中似乎很难找到它们的对等词。因此可以假设，语言间构词方式的差异可能会影响到对范畴层次的认识，这也是形成词语空缺的原因之一：馆、室、场、所=？

[8]	博物馆	museum	图书馆	library
	旅馆	hotel, inn	大使馆	embassy
	宾馆	guesthouse	领事馆	consulate
	茶馆	teahouse	饭馆	restaurant
	理发馆	barbershop	体操馆	gymnasium
	展览馆	exhibition hall	照相馆	photo studio
	文化馆	cultural center	美术馆	gallery
	天文馆	planetarium	档案馆	archives
	水族馆	aquarium	咖啡馆	cafe
	殡仪馆	mortuary	科技馆	science and technology center
[9]	教室	classroom	会客室	saloon
	实验室	laboratory	办公室	office
	盥洗室	toilet, lavatory	档案室	archives
	教研室	teaching section	储藏室	storehouse

地下室	basement, cellar	会议室	meeting chamber
休息室	lounge	驾驶室	cab
操作室	operator's cabin	磁带室	cassette compartment
气门室	vestibule	停尸室	mortuary
[10] 市场	market	露天市场	bazaar
赛车场	cycling track	娱乐场	casino
竞技场	arena	日光浴场	sunbathing area
体育场	sports ground	海边浴场	bathing beach
斗牛场	bullring	剧场	theatre
操场	playground	溜冰场	skating rink
球场	tennis court	会场	meeting place
广场	square circus	停车场	parking lot
采石场	quarry	道场	Taoist rites
盐场	saltern	飞机场	airport
[11] 招待所	guesthouse	拘留所	house of detention
派出所	police station	研究所	research institute
指挥所	command post	诊疗所	consulting room
医务所	clinic	托儿所	nursery
场所	place	厕所	toilet, lavatory
散步场所	promenade		

（3）从名词到动词

英汉两语言在运用基本层次词来构词的差异不仅存在于名词之中，在其他词性中也普遍存在，如动词"哭"与"笑"，可谓是"国际语言"，人们张嘴就来，可是啼笑皆有学问可言，能表示各种喜怒哀乐的复杂心情。在中国人眼里，不管怎么"哭"，都是一类的动作，或者如何"笑"，也同属一种行为，若要表示不同的哭法或笑法，在其前只须加上表示区别特征的"种差"即可，而英语中在"哭"和"笑"这两个范畴中，表示不同方式的哭和笑，往往用不同的具体词来表达，一般是一词一"哭"或一词一"笑"：

[12] 哭	cry	恸哭	wail
大哭	bawl	放声大哭	burst into tears
号哭	howl, yowl	低声哭	mewl
啼哭	squall	抽噎地哭	pule, sniffle
呜呜地哭	sob, whimper		

[13] 欢笑　　laugh　　　　　微笑　　smile, beam
　　 暗笑　　snicker　　　　憨笑　　simper
　　 哗笑　　roar　　　　　 狂笑　　guffaw
　　 嘲笑　　jeer, ridicule　 讪笑　　mock
　　 讥笑　　twit　　　　　 取笑　　scoff, tease
　　 冷笑　　sneer　　　　　耍笑　　joke
　　 耻笑　　flout　　　　　偷笑　　smirk
　　 露齿而笑　grin　　　　　抿着嘴笑　chuckle
　　 咯咯地笑　giggle　　　　嗤嗤地笑　titter
　　 哈哈大笑　chortle　　　 轻蔑地笑　fleer
　　 俏皮地笑　jest　　　　　打趣着笑　chaff
　　 善意地取笑　banter

感情丰富而淋漓尽致的各种哭与笑，在汉语中常离不开"哭"和"笑"这两个基本层次字，而英语中则有很多表示具体"哭、笑"的单词，它们在构词功能上存在较大差异。若从这一角度看，汉语的"笑"就不全等于laugh，"哭"就不全等于cry。

（4）"音译+图式范畴字"译法

汉语中有很多音译词来自英语，常基于"音译+图式范畴字"的方法来翻译它们。如英语中的"aids"，因一时找不到等同词，先根据读音将其转写为"艾滋"，然后再在其后加上一个图式范畴词"病"，以明确标明其所属的语义范畴，便于理解。这就是我们常说的"音译加注"翻译法，这里的"注"主要用范畴的"基本层次字"来表示。例如：

[14] ballet　　芭蕾舞　　　　beer　　啤酒
　　 golf　　　高尔夫球　　　jacket　夹克衫
　　 jeep　　　吉普车　　　　motor　摩托车
　　 neon　　　霓虹灯　　　　shark　鲨鱼
　　 sardine　 沙丁鱼　　　　Zsar　　沙皇

汉语中有些表示大洲和国家的名称也是采用这种翻译法的结果：

[15] Asia　　　亚洲　　　　　England　英国
　　 Europe　 欧洲　　　　　Thailand　泰国
　　 Africa　 非洲　　　　　America　美国
　　 America　美洲　　　　　France　　法国

（5）英语重词性范畴

汉语属分析语，构词时注重"义类范畴"，多用属加种差的定中构词法，常用基本层次字作义类标记来构词，突显词的意义类属，但缺乏像英语那样丰富的表示词性的词缀。英语属屈折语，构词时更注重"词性范畴"，可通过词形变化来突显不同的词性，如名词常用诸如"-tion, -sion, -ment, -ship, -ity, -ness, -ship, -ance"等后缀；大多形容词用"-ous, -ive, -ary, -ory, -able, -ible, -al, -ial, -ant, -ent, -ful, -ish"等后缀；很多副词以"-ly"结尾；一些动词以"-en, -fy, -ize, -ate"等结尾。在这一点上，德语的词性标记更明显，名词第一个字母大写，动词基本形态的结尾用 -en。但汉语缺乏这类表示词性的标记，即使有一些表示词性的缀（学界对其有不同认识），如名词后缀有：

者、子、星、员、角、手、户、族、学、型、热、观

也有表示不同词性的前缀：

可、非、反、后

但它们与英语词缀还是有很多区别的，因为这些汉字绝大部分是可单独使用的字，而英语的前缀、后缀不可单独使用。

另外，还有学者认为汉语"的"和"地"也可视为"词缀"，因为在一些字词后面加上"的"可表示形容词，加上"地"可表示副词。但"的、地"并不是构成形容词和副词不可缺少的语素，常可省去不用，且它们也是单独的字，还有很多其他意义。

英语的定中构词虽不及汉语范围广、频率高，但非常注重词性范畴，广泛使用后缀（包括部分前缀）表示词性，这与屈折语的基本特征吻合，须在词汇形式上符合语法规则。这是英汉两语言构词的主要区别之一，也反映了两民族对范畴认识的差异。

第七节　原型（图式）范畴论在语言分析中的应用

原型（图式）范畴现象不仅存在于非语言的概念结构之中，同时也普遍存在于语言系统之中，因为语言结构与其他概念结构一样，没有什么本质区别，它们都是建筑在相同的认知机制之上的（Lakoff 1987：57）。Taylor（1989）在《语言范畴化——语言学理论中的原型》一书中既论述了人们可运用语言来对周围世界进行范畴化，又论述了人们也可运用原型范畴论来研究语言，这也就是他所说的"Linguistic Categorization"所具有的双重含义。他在书中重点运用了原型范畴论阐述了多义词，以及词法（如词缀、词类、名词的数和格、时态、体等）、句法（句子分类、及物、句型等）、音位、语调等。

通过分析可见，有一个或一些成员会成为某语言范畴的典型代表，它（们）处于中

心地位，而其他一些成员则不是该范畴的典型代表，处于边缘地区。范畴中的这些成分是在家族相似性的基础上通过隐喻或转喻等方法联系起来的。因此，语言的各个层次都有模糊现象（王寅2001：154—161），可用原型（图式）范畴论来加以论述，正如Taylor（1989：175）所说：

> ... prototype effects permeate the very structure of language itself.（原型效应遍及语言的各结构本身之中。）

Taylor的研究在学界产生了很大影响，奠定了认知语言学的理论基础，为语言分析和教学指出了一个全新方向，有助于消解若干传统理论留下的老大难问题。本书主要从以下几个方面简述该理论在语言分析中的应用。

1. 音位、音节和升降调

音位学主要从功能角度研究语音系统，描写具有区别性意义的音位、确定音位的方法及其组合类型。一个图式性音位（最小的、具有区别性的语音单位）的语音体现可能是多种多样的，会有各种"音位变体（Allophone）"或称"音位例示"，这必然要涉及范畴化问题。

范畴化是指人们可从不同事体中发现相同类别的图式性能力，不同的语音是否属于同一个音位，就需要从其是否能区分意义的角度来加以考察。依据"国际音标"或"普通话"灌录的读音可被视为标准读音，是一个音位范畴中的原型样本，不同人对同一个音位可有不同的读法，即使同一个人在不同时间、不同场所也会有不同的读法。一个音位的非标准的、形形色色的变体可视为该音位范畴的非中心成员，只要它们不发生意义变化，仍可划归为同一个音位范畴。因此，一个音位可被视为有多种发音的同一范畴，其中典型的音位例示就是这个范畴的中心成员，在其周围还排列着很多其他非典型成员。

典型的音节由一个元音或元音前后有一个或数个辅音组成，形成一个响音（Sonority），但在英语中/l/和/n/也能组成一个响音，可视为一个音节，为非典型的音节，如 cotton /kˈɒtn/, sickle /sɪkl/。有时几个辅音也可能形成一个响音，如引起人们注意的"psst"，这当为音节的边缘成员。另外，在音节结构的每个位置上能出现的音位也有"典型vs非典型"之别。

在正常语言表达中降调表示确定含义，升调表示不确定或疑问，这是它们的原型用法。但也有例外，如反诘句（Rhetorical Question）虽用升调，但并不是表示疑问：

[16] Are you a man?（强调一种谴责）

[17] Would you like to keep quiet?（提出请求）

[18] If winter's here, can spring be far behind? （表示期望）

[19] Is it at all likely that he's really sick? （肯定其相反的命题：he is not sick）

这些当可视为升调的非典型用法。

全世界各语言都有若干方言，如汉语在中华人民共和国成立后确定以"普通话"为标准音，可视为原型发音，而在全国的七大方言区中会有若干不同变体，它们都可视为汉语语音范畴中的非典型成员。

2. 词与词缀

英语中的词（Word）、词缀（Affix）、附着成分（Clitics）这三个范畴的原型样本是清楚的，但它们的边界却是模糊的。如英语中词范畴的原型样本主要应具有以下五个属性（Taylor 1989: 176—177）：

① 前后可有停顿，可单独用作话语（Utterance）；

② 可有重音；

③ 音位相对稳定，不随语境而变化；词的重音也相对稳定，但在个别情况下，词的重音也会因语境而变化，如：He is only fourtéen. There are fóurteen people；

④ 对相邻成分的选择要求不甚严格，如形容词常被认为是置于名词之前的，而实际上它也可置后；

⑤ 在适当条件下可在句中位移，如 He likes Mary 也可说成 Mary he likes。在适当条件下可省略，如：She can speak English, but I can't（speak English）；

英语中词缀范畴的原型样本主要具有以下五个属性（Taylor 1989: 178）：

① 前后不可有停顿，即不可在词干和词缀之间插入停顿，也不能独立用作话语；

② 一般不重读；

③ 其音位可受到其所附词干的影响，或词干的音位也可能会受到词缀的影响；

④ 对相邻词干类型的选择要求十分严格，如词缀 -ing、-ed 只能接在动词后面；

⑤ 不能在句中独立位移，也不能随意省略。

根据上文对"词vs词缀"这两个范畴属性的描写，英语定冠词 the 则较难定位。The 尽管是作为一个词条列在词典中，但很难说它具有上述"词"范畴的属性，却更具有"词缀"的属性，因此，the 是词范畴的边缘成员。

3. 多义词

一个多义词就是一个范畴，其中有"中心意义 vs 边缘意义"之分。Langacker（2000：4）指出：

> 一个典型的词项代表了一个复杂的范畴，它不是仅有一义，而有多个相关的意义，这些意义通过范畴化关系联系起来，构成了一个网络。

例如，fruit主要有以下几个义项：

① 水果，如苹果、香蕉等；
② 植物的果实；
③ 任何可用以做食物的植物或蔬菜产物；
④ （比喻用法）收获、成果、结果、子女；
⑤ 收入、收益、报酬。

它们分别指称着不同的事物和概念，其中第①和②为中心意义。如何确定中心意义或突显意义？Dirven & Verspoor（1998：31）认为主要有3种方法：

（1）按照经验方法，如说到某词时，首先会想到的那个意义；
（2）按照统计方法，在多义词当中使用频率较高的那个意义；
（3）按照扩展方法，可为扩展出其他意义的基础的那个意义。

如当人们听到"I like fruit"，首先想到的是第①义，如"苹果、香蕉"之类的事物，而不会马上想到"子女"。同时，第①义使用频率较高，且该意义也是引申出其他意义的基础。汉语中的"果"中心意义也是指树木的果实，后来人们常用来比喻事件最后的结局，就有了"成果、结果"之义。在这一点上，英汉两民族有共通的认识。

4. 词性

早在古希腊时期，学者们就对词类划分及其划分标准很感兴趣，如亚里士多德在《解释篇》（方书春1959：55—56）中论述"名词vs动词"区别时就曾以"时间"为标准：名词没有时间性，而动词带有时间性。后来很多学者都在寻求词类区分的标准问题。

传统语法划分词性时常采用两个标准：定义描写和句法描写。在英语语法中，名词的定义常表述为：表示人或事物的名称的词；其句法描写指名词在成句时显示出的特征，如"性、数、格"，如在句子中做"主语、宾语、定语"等。其实，这是就其原型成员而言的，解释不了非原型性。因此Taylor（1989，2002）主张运用原型（图式）范畴论来描写词类，他（2002：168）说：

> 人们普遍接受这样的观点：主要词类与原型语义值有关。名词标明物体，动词标明过程（和状态），形容词标明（物体的）特性，而介词标明事物之间的关系（特别是空间关系）。

这是就主要词类的原型用法而言的，然后在这些原型用法基础上通过"隐转喻"等方法不断扩展其范畴，从而形成了语言中的辐射性词类范畴。如英语中任何动词、形容词都可转成名词性表达式，它们可视作名词范畴的边缘成分。

Bates & MacWhinney（1982）曾运用原型范畴论研究了名词，认为最具原型性的核心名词是指"具体、可见、能触摸、占有三维空间"的离散实体，然后以其为核心，通过隐转喻等方法不断向外扩展，从而形成了一个复杂的名词范畴结构，其中可包括非空间域的实体，如"颜色、时间、音调"等；也可包括非离散的实体，如"集体名词"；还可包括非具体的对象，如"抽象名词"；名词范畴的边缘成分还可被用作"动词、形容词"等。表示活动性的名词可视为介于"名词"和"动词"两范畴之间的成分，或两范畴交叉的成分。

婴幼儿的认知发展过程也证明了这一点，他们最先认识的是一个个"具体、离散、完整"的人和物，然后才有可能识别其他的、非典型的、较为抽象的、十分抽象的名词。在传统英语语法中，动词常被定义为"表示动作、过程、状态的词"，其句法特征是：带主语，有"人称、数、时、体、态、式"的变化等。而原型（图式）范畴论认为原型性最强的动词是指"具体、可见、有效、由参与者执行并对参与者产生影响"的动作。若以此为准，英语中beware就不是一个典型的动词，因为从意义上来说，它表示"谨防、小心"，不是什么具体、可见、有效的动作，也看不出会产生什么具体影响；同时它在句法上也仅具有动词的部分特征，如可说：

[20] Beware of the dog!

[21] You must beware of the dog.

[22] I will beware.

但一般不说：

[23] * He bewares of the dog.

[24] * They beware of the dog.

[25] * I beware.

[26] * You beware.

同时也没有bewaring或bewared的形式。

介于名词和动词之间的是"动名词"，一方面它具有名词的特征，另一方面它又具有动词的特征，如：

[27] without my saying a word

saying既有名词特征，可作介词宾语，被所有格代词修饰；也有动词特征，可接宾语。

英语中典型的形容词是表示被修饰词的特征，在句法上可作表语和定语，有比较级和最高级。仅能作表语（如well、afraid、alike、alive、alone、asleep、awake）或仅能作定语（如mere、only、sheer），没有比较级或最高级（如wooden、perfect、sole）的形容词，就当视为是该范畴的边缘成分。

原型性最强的主语既是施事者，又是主题，为已知信息；原型性最强的宾语当是谓语动词的受事对象，为新信息。原型主语和原型宾语当是用名词表示。可在英语和汉语的若干实际表达中，会有若干例外。

袁毓林（1995）认为，汉语词类是一种原型范畴，是人们根据词与词之间在分布上的家族相似性而聚集成类的。他根据原型范畴论，结合分布研究的方法，为汉语的17种词类作出了定义，如：名词是经常作典型的主语和宾语，一般不受副词修饰的词；动词是经常作谓语，但不受程度副词修饰，或受程度副词修饰后仍可带宾语的词；形容词是经常作谓语和补语，受程度副词修饰后不可带宾语的词；等等。

5. 所有格构式

Taylor（1989）、Durieux（1990）、Nikiforidou（1991）等都以原型理论为基础，以隐喻为扩展机制分析了英语所有格构式范畴。Taylor还于1996年出版专著 *Possessives in English: An Exploration in Cognitive Grammar*（《英语中的所有格——认知语法探索》）做了专题研究。他将英语中典型的 "'s所有格" 及其属性总结如下：

[28]　所有者's　　　＋　　被所有者
　　　possessor's　　＋　　possessee
　　① 确定性高　　　　不确定性
　　② 已知，低回读率　新知，高回读率
　　③ 主题化程度高　　主题化程度不高
　　④ 保持率高　　　　保持率低，很快退出语篇
　　⑤ 人　　　　　　　物

典型的 "所有者" 具有较高的确定性，多为已知信息，其回读率（Lookback）也低，这样它就很容易作为认知上的参照点，从而具有 "主题（Topic）" 功能，且具有高保持率（Persistence），提及后不会很快退出语篇。所有者常为一个表示 "人" 的名词短语或人称代词，据Taylor（1996：219）的数据调查显示，约占77%，这也表明 "人" 更可能作为主题，与人类的 "自我中心（Egocentricity）" 有关。

典型的 "被所有者" 与典型的 "所有者" 正好相反，具有不确定性，大多是前面语

篇未曾提过的新知信息，具有高回读率，其主题化程度也较低，且具有低保持率，提及后很快就退出语篇，因此它不仅是非主题性的，而且在其后语篇中往往也不可能获得主题位置。"被所有者"常为一个表示非生命体"物"的名词短语，依据Brown（1983）的数据调查显示，约占97%（参见Taylor 1996：219）。

Taylor（1989：202；1996：340）还运用原型范畴论分析出典型的所有格构式所应具有的下述八条属性（Properties）：

① 典型的所有者是一个特指的人。
② 典型的被所有者是一个无生命的实体，通常是一个具体的事物，而不是抽象的东西。
③ 典型的所有关系具有专有性（或排他性），任何被拥有的事物只有一个所有者，而对于所有者来说，可能有许多拥有物。
④ 典型的所有者有唯一的权利使用被所有物，其他人只有得到所有者的允许之后才能使用它。
⑤ 典型的被所有者是有价值的事物（商业价值或情感价值），所有者对被拥有的事物是通过诸如购买、赠予或继承等授权方式获得所有权的，该权利一直有效，直至下一授权活动（卖出、赠予、遗赠）将其转让给他人。
⑥ 典型的所有者对被拥有的事物负有责任，应做好保管和维修工作。
⑦ 典型的所有者在对被拥有事物行使权利时，两者在空间上应靠得很近，有时被所有者可能是永久性地或经常性地伴随于所有者身边。
⑧ 典型的所有关系具有长期性，以年月来计算，而不以分秒来计算。

例如：

[29] John's cottage　　　　　同时有上述八条属性，是所有格范畴的中心成员
[30] John's intelligence　　　明显违反了上述第②条属性
[31] the dog's bone　　　　　违反了第①条属性
[32] the secretary's typewriter　违反第③条（秘书用的可能是公司的打字机）
[33] Smith's train　　　　　　"Smith所乘的火车"，违反了第③和第⑤条

可见，违反了其中某一或某些属性则为"非原型"表达。这其中还有个"程度"问题，一般说来，违反上述属性越多，则越靠近一个范畴的边缘。

从理论上来说，一个名词前面能用多少个"'s"没有严格限制，但一般来说，人们很少用两个以上这样的形式，用得越多，也就离"'s所有格"的原型用法越远，可表达如下（Leech 1969：32—33）：

[34] ① A's B　　　　　　　原型用法
　　　② A's B's C
　　　③ A's B's C's D
　　　④ A's B's C's D's E
　　　……　　　　　　　越来越远离原型用法

名词后面用"of所有格"也存在同样现象。Deane（1987；1992：202—204）还对比了"'s（包括形容词性代词）"结构与"of"结构两种所有格，发现这两者的原型性用法具有互补性。箭头方向表示可接受性呈逐步下降趋势，即从所有格范畴的中心逐渐扩展至边缘。随着"'s结构"典型程度的逐步下降，"of"结构典型程度不断对应增加：

[35] | my foot　　　　　　　　↑ the foot of me
　　　| his foot　　　　　　　　　the foot of him
　　　| its foot　　　　　　　　　 the foot of it
　　　| Bill's foot　　　　　　　　the foot of Bill
　　　| my uncle's foot　　　　　the foot of my uncle
　　　| the man's foot　　　　　 the foot of the man
　　　| the dog's foot　　　　　 the foot of the dog
　　　| the bicycle's handle　　　the handle of the bicycle
　　　| the house's roof　　　　 the roof of the house
　　　↓ his honour's nature　　　the nature of his honour

我们认为，Taylor运用原型范畴论对所有格典型性的论述基本可接受，但对于第②条有不同看法，"被所有者"表示无生命实体是否可视作唯一典型，值得商榷。当然数据调查显示无生命实体占97%，比例很高，但根据经验推理，称谓领属应是一种十分常见、司空见惯的关系（尽管Durieux的数据库显示亲属所有格用法才占8%，Taylor的数据库显示占11%，参见Taylor 1996：347），如我们的祖先和孩子用"我的母亲、我的父亲"等表达应是早期就掌握的，十分普遍。数据与经验，两者不可偏废，兼顾考虑会更能说明问题！

另外，我们祖先在捕猎活动中将猎获的动物（有生命体）占为己有，并在生活中早就有了家养动物，自然也早就该有生命体作为"被所有者"的用法。可见，将生命体排除在典型的"被所有者"之外可作适当修改。

我国学者陆俭明（2002）对汉语的领属结构也很有研究，他曾将其分为17小类，现笔者根据Taylor对所有格构式原型范畴分析方法，结合我们对第②条的修改，将其按照从原型用法到边缘用法的顺序大致排列如下：

① 器官领属（我的心脏）
② 称谓领属（孩子的母亲）
③ 占有领属（他们的房子）
④ 特征领属（孩子的长相）
⑤ 处所领属（小李的背后）
⑥ 成果领属（部落的猎物）
⑦ 状况领属（张三的病情）
⑧ 创伤领属（父亲的刀伤）
⑨ 事业领属（沈老的研究）
⑩ 观念领属（朋友的劝告）
⑪ 变形领属（羊肉片儿）
⑫ 成员领属（美国的总统）
⑬ 属性领属（桌子的长度）
⑭ 产品领属（苏州的茶叶）
⑮ 材料领属（画报的纸）
⑯ 构件领属（书的封面）
⑰ 景观领属（桂林的山水）

6. 时态和语态

时态，是谓语动词用来表示动作（或状态）发生时间的语法形式，现以英语过去时为例分析如下。

过去时的原型用法是表示某动作（或状态）发生于讲话时间之前，但也可用来表示现在和将来，且常用来表示虚拟（如例[36]、[37]）和婉转口气（如例[38]），这就是过去时的非原型用法。

[36] It is time you had a holiday.

[37] If you parked your car there, they would tow it away.

[38] A: Did you want me?

B: Yes, I hoped you would give me a hand with the luggage.

语态，是表示动作的主语与该动作之间关系的语法形式。主动态表示主语是动作的执行者，被动态表示主语是动作的承受者，这是语态的原型用法，但也有例外：

[39] In such weather meat won't keep long.

[40] The dinner is cooking.

虽为主动态，但主、谓之间的关系是被动的，当属主动态这一语法范畴的边缘成分。

从理论上说，英语的被动句可转换成其对应的主动句，这是被动态的原型属性，但也有一些被动句不能转换成主动句，它们当属被动态范畴的边缘成分，如：

[41] He was born in 1979.

[42] He is said to be a good teacher.

Saeed（1997：162）指出，有些语言除有主动态和被动态之外，还有"中动态（Middle Voice）"，其主要特征为动词的主语受到动词所表动作的影响，如：

[43] The gates open very smoothly.

[44] His novels don't sell.

[45] She does not photograph well.

[46] This wood saws easily.

[47] The dinner is cooking.

汉语中用主动态表示被动含义的用法可谓俯拾即是，例如：

[48] 饭做好了。

[49] 作业做完了。

[50] 文章打印得很清楚。

[51] 画挂歪了。

[52] 书摆错地方了。

国内外已有很多学者从认知角度对该类构式作出了详细解释。

7. 句型

句子根据使用目的分为陈述句、疑问句、祈使句和感叹句，原型用法为：

① 陈述句：说明一个事实或陈述一个看法。
② 疑问句：提出问题，或询问相关信息。
③ 祈使句：表示一项请求、建议或命令。
④ 感叹句：表示说话时的感叹、惊讶、喜悦、气愤等感情。

也常有不少例外，它们形成了句型范畴的边缘成分，如陈述句还可表示感叹：

[53] She is so kind-hearted.（她是那么地善良！）

陈述句若用升调则可表示疑问，这类句子似乎介于陈述句和疑问句之间：

[54] You lived nearby?

Givón（1986）曾列述五个句子，它们构成了典型陈述句和典型一般疑问句的连续体：

[55] ① Joe is at home.（陈述句的原型例子）
② Joe is at home, I think.
③ Joe is at home, right?
④ Joe is at home, isn't he?
⑤ Is Joe at home?

疑问句可表示建议和问候，如例[56]、[57]；还可表示感叹、惊讶、愤怒等感情，如例[58]、[59]、[60]、[61]：

[56] 再喝点咖啡？
[57] 吃饭了吗？
[58] 这样的故事你听见过吗？
[59] 那塔真美？
[60] 他到底想干什么？
[61] 这是怎么回事？

8. 主谓宾构式

根据Lakoff（1977）的分析，主谓宾（SVO）构式的原型用法（或语义属性Semantic Properties）包括11点：

① 仅包括两个参与者，分别由主语和宾语表示。
② 主语和宾语应是分离的、具体的实体，有特定所指。
③ 事件是由充当该构式的主语引起的，主语为施事者，是分句所论述的对象。
④ 典型的施事者是"人"，发出有意识的意愿性动作，控制着这个事件。
⑤ 宾语表示受事者，常为无生命的，它受到了有意识施事者发出动作的影响。
⑥ 在施事者作出行动之后，受事者改变状态，常可看出明显变化。
⑦ 事件常是短暂的，尽管动作的时间可能会延长，但事件的内部结构以及事件的中

间状态并不是焦点。
⑧ 施事者对受事者的动作常包括直接的物理接触，所产生的效果也是直接的。
⑨ 事件具有因果关系，施事者的动作对受事者产生变化。
⑩ 施事者和受事者不仅可明显分为两个实体，且它们处于一种对立的关系。
⑪ 该构式所表示的事件是真实的，而不是假想的、虚拟的或违反事实的。

例如：

[62] John smashed the table.

完全符合上述11个SVO构式的范畴属性，为其原型用法，而下面各例则偏离了上述的某一属性，成为该构式的非典型用法（其中的偏离程度有差异）：

[63] John brushed his teeth.（违反第②点属性，牙齿为约翰的一个部分，主语和宾语不是两个可以分离的实体。）

[64] John helped Mary.（违反第⑩点，主语和宾语没有处于对立关系。）

[65] John obeyed Mary.（违反第④点，尽管动作是由主语实施的，但这个事件不受主语John的控制，而是处于宾语Mary的控制之下。）

[66] The hammer smashed the table.（违反了第④和第⑤点。）

[67] This table costs $50.（明显违反了多个语义属性，如④、⑤、⑥、⑦、⑧、⑨、⑩，该句为SVO构式的边缘成分。）

9. 主从复合句

传统语法在描述"主从复合句"时都提到了这一现象：主句表达了主要信息，从句表达了次要信息，这是仅就复合句的原型用法而言的，又常被称为"核-卫关系（Nucleus-Satellite Relation）"。但在某些情况下可能会有相反的情况，这当视为复合句的边缘用法，如：

[68] Mac Loyd had just started to study the legacy left by the socialist Heath, when he died.（在麦克·劳埃德死的时候，刚开始调查社会主义者希斯留下的遗产。）

因为我们不能将其理解为"当麦克·劳埃德死的时候，他刚开始调查……"，而只能将when理解为at that time, and then，它引导的这个从句所表示的信息不是次要的。

[69] 他昨天缺席，因为病了。

该句表示原因的从句部分可能是整个句义的主要部分。

10. 普遍现象的程度性

语言中的普遍现象也有"中心—边缘"之分，如Greenberg（1966b：107）曾对世界语言的词序作出过调查和分析，认为大部分语言采用了SVO、SOV的顺序，绝大部分语言是将主语置于宾语之前的。现将几种主要词序按出现频率排列如下：

[70] SVO > SOV > VSO > VOS > OVS

SVO和SOV是词序这一语法范畴中最为常见的现象，是该范畴的中心成员；VSO是次中心成员，但仍常见。这三种词序有一个共同特点：主语先于宾语。这也反映出人们的一个基本认识：能量是从施事者向受事者方向流动的。将宾语置于主语之前的词序很少见，属于词序语法范畴的边缘成员，VOS、OVS可在美洲印第安人的语言中发现（Greenberg 1966b: 110）。

11. 语言演变与变异

（1）语言演变

原型（图式）范畴论也可用于历史语言学之中。语言在不断变化，它可发生在语言的各个层面，如"语音、词素、词汇、句法、意义"等。变化可能仅发生在一个范畴之内，即范畴成员的地位发生了变化：中心成员变为非中心成员，或非中心成员变为中心成员。如hound是14世纪英语的基本词汇（德语hund；荷兰语hond），而dog仅是hound的一个下义词。Dog还有一个下义成员叫mastiff，指a large, strong dog with drooping ears, much used as a watchdog，更为常见，需求量很大，那时人们一般就用dog来指mastiff，后来就逐步用dog取代hound，到了16世纪以后dog就成为"狗"范畴的中心成员（参见Dirven & Verspoor 1998：228），现图示如下：

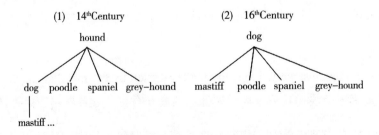

图5.3　14世纪与16世纪"狗"范畴名称的变化

汉语中的"狗"也有类似的演变情况，该字在古汉语中常指"小狗"（大狗叫"犬"），如《尔雅·释畜》：

犬未成豪，曰狗。（"未成豪"：没有长出粗壮的毛，即犬没有长大时叫作狗。）

而且熊、虎的幼子也叫"狗"，如《尔雅·释畜》：

熊虎丑，其子狗。（"丑"：类。）

可见，在古汉语中"狗"仅是这类动物的幼子，属于该范畴的下义层次词，而在现代汉语中它已上升成为基本层次词，从边缘用法演变成中心用法。

变化也可能发生在不同范畴之间，即一个范畴的名称可能成为另一个范畴的名称，或一个范畴的成员可能变为另一个范畴的成员。如英语中的不定冠词an原是数词one在非重读时的缩略读法，而如今已经将它们视为两个完全不同的单词，且划归不同的词性范畴。英语中的bead（古英语中写作bede）就经历了几次跨范畴的变化（参见Dirven & Verspoor 1998：232）：

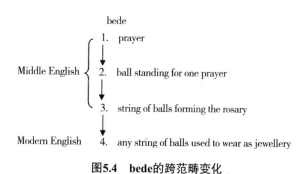

图5.4　bede的跨范畴变化

与上述跨范畴变化相反，不同范畴也可能融合为同一范畴。如古英语中的阳性单数第三人称与格（间接宾语）him曾与宾格（直接宾语）hine有不同形式，但随着语音的变化，这两个词融合为一个词，从而失去了意义上的区分。

（2）语言变异

语言在实际运用中会有很多体裁和变体，它们适用于不同的目的和场合，很多作者都有自己独特的风格，这就涉及语言应用时还需要考虑选用不同体裁和文风的问题。Leech（1969）曾区分了"诗歌语言vs普通语言"，并认为前者相对于后者在许多方面常违背通行规则，用法更自由，形成了偏离常规的变异现象（Deviation）。语言变异还有程度之别，一般说来，散文的语言变异可能是介于上述两者之间的，这样，从体裁角度来说就构成了"普通语言、散文语言、诗歌语言"的范畴级阶。

同一个构式在使用时会有级阶之别，这就是说，它形成了一个具有原型效应的范畴，其典型成员为常规用法，然后逐步发生变异，形成一个具有不同家族相似性程度的范畴，如Leech（1969：30）所举的构式"a(n)X ago"例，其典型用法为：X为"直接表示时间的

词语", 如minute、day、week、year等, 但也可用其他词语, 如:

[71] many moons ago

[72] ten games ago

[73] several performances ago

[74] a few cigarettes ago

[75] three overcoats ago

[76] two wives ago

[77] a grief ago

[78] a humanity ago

例[71]到[78]是根据其变异程度逐步增大、典型程度逐步减少的顺序排列的, Leech分析如下: [71]到[73]离典型成员较近, 用moons、games、performances来表示"时间", 意思较为清楚; 例[74]到[75]则发生了较大的变异, 离"时间"典型成员较远, 显得有点"怪", 但尚能理解其意义; 例[76]的变异更大, 需要更多的认知加工; 在这组例子中[78]最"怪", 几乎是不能接受的表达式。

12. 施为句

Verschuren (1995) 区分了"原型施为句vs非原型施为句"。根据Austin (1962) 所述, 施为句应为主语为第一人称单数, 动词是一般现在时、陈述式、主动语态, 并可在主语和谓语之间插入hereby, 这就是典型的施为句, 如:

[79] I (hereby) abdicate.

有些话语不完全具备这些特征, 但仍旧具有施为的功能, 例如:

[80] I am asking you to do it for me and Henry.

[81] Passengers are warned not to lean out of the window.

这些句子就是非原型施为句, 属于施为句的边缘成分。

思考题:

1. 范畴的基本层次有哪些主要特征? 请详细举例说明。范畴的上义层次和下义层次与基本层次有什么不同?

2. 举例说明英汉两民族在运用基本层次字来构词时存在哪些差异? 它们说明了什么? 尝试探讨形成这种差异的原因。

3. 试举例分析英汉两语言构词中"C = A + B"构式,并分别论述A和B的属性对C属性的影响。
4. 本书从十二个方面论述了原型范畴论在语言分析中的应用,试尝试从其他方面来应用该理论分析语言。
5. 试将下列词语按"羊"范畴从中心成分到边缘成分的顺序加以排列(不同人可能有不同的排法,尝试分析排列差异):

sheep	绵羊	goat	山羊	ram / tup	公羊
lamb	小羊	ewe	母羊	wether	阉羊
antelope/gazelle	羚羊	mouflon	野羊		

第六章　意象图式

第一节　详析认知过程

认知语言学的核心原则为"现实—认知—语言"，还可将"认知"这一过程分析得更为细致，可包括"互动体验、意象图式、范畴化、概念化、意义"等过程。这样，上述核心原则就可细化为下图，就此可深入论述人类的"范畴、概念、语言"的形成过程，也为唯物论"物质如何决定精神"的观点提供了一种过程解释方案。

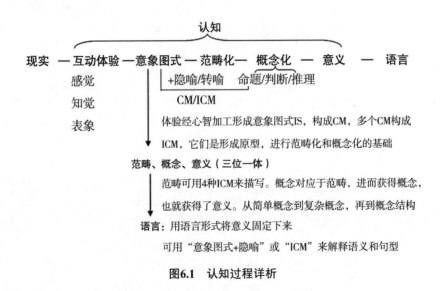

图6.1　认知过程详析

图6.1在"互动体验"下列出了三个术语"感觉、知觉、表象"，它们对客观世界进行了"从低级到高级""从具体到抽象"的认知加工，主要属于普通心理学或认识论所论述的内容。

"感觉"，指客观事物的个别属性作用于我们感觉器官的结果，主要与人们的生理器官相连接。它是人类认识世界之初，知识的最初来源。罗素认为"感觉是由中枢神经兴奋时所激活而起的"，他（1921，贾可春译2010：123）说：

感觉是精神世界与物理世界所共有的东西，它们可定义为心智与物质的交叉部分。

这就是说，不能将"感觉"单纯视为物理感触，其中还蕴含着部分心智加工。感觉阶段不仅是个"单一、独立"的感触接受问题，即使在这个初级阶段也存在"综合"现象，它必定要涉及认知背景，这也是完形心理学的理论基础。康德（Kant 1781）在 *Critique of Pure Reason*（《纯粹理性批判》）一书中曾述及"三重综合（Threefold Syntheses）"，即：

① 感觉上的混合（Fusion）；
② 知觉上的配合（Configuration）；
③ 概念上的凝合（Unification）。

明确说明各层次的心智运作绝非单一，必然会涉及多种认知因素。正如张东荪（原作1940，2011：12）所指出的：

> 须知感觉依然只是一个综合，不过最低级而已，或可说是偏于生理方面的综合。

"知觉"，指比感觉更为复杂的认识形式，指当前作用于我们感觉器官的事物的<u>各种属性在头脑中的总体反映</u>，是各种感觉的总和。在这两者关系上，学界认识基本一致：感觉决定知觉，知觉源自感觉，其间没有绝对的界限。从前者的初级感觉层次过渡到后者的较高级知觉层次常具有无意识性。

从上可知，心理学中所说的"感觉、知觉"，都有一共同特点，是人们在感官直接作用于外界事物时在心智中留下的反应，即都以事物在场为基础的。前者较为贴近具体实物，往往反映出对某事物的某一或某些特征的认识，最直接、初始，也最为生动；而后者较为复杂、高级，融入了人们对某事物较为全面的认识，具有格式塔性质，即知觉不是对诸多感觉的简单相加，而是对这些感觉进行综合性加工处理之后所获得的关于对象整体的认知。如当我们最初接触"橘子"时，我们会获得其"颜色、滋味、芳香、形状、皮肉结构"等特征，然后综合多次感知经验和印象，逐步形成对橘子的整体印象，成为我们对橘子的"知觉"，知觉不是对感觉的简单相加，而是经过了人的认知加工，有机地整合了各种感知到的特征。唯物主义者将感觉和知觉视为人类知识的最初来源。

我们认为，心理学家、哲学家以及张东荪对"感觉、知觉"的论述是可取的，但从"知觉"到"概念"之间的论述却较为笼统。张东荪直接从知觉上升到"概念"，他（同上：7）说：

> 感觉支配知觉，知觉供给概念，而概念却又解释知觉，知觉又决定感觉。感觉混括外在者。

我们接受了认知语言学家Lakoff等设立的"表象、心象、意象（Image）、意象图式（Image Schema）、心智图像（Mental Image）、认知模型（CM）、理想化认知模型

（ICM）、范畴"等术语，即人们在"感觉、知觉"的基础上，进一步形成了"意象"和"意象图式"，再基于此形成了CM和ICM，这就经历了"范畴化"和"概念化"的过程，从而便获得了"范畴"和"概念"，这样便能进一步细化人类的认知过程，深入探索知识的来源问题。

总而言之，"感觉、知觉"指客观事物当下在场时获得的认识，而"表象"是其在心智中的表征，指某物不在场时在心智中仍能通过想象唤起该物的形象，在没有具体实物刺激的情况下，心智中依旧能获得其印象，如合上眼睛后依旧能想象出某一场景，在寂静中尚能回荡激越的交响乐等。若将前者界定为"on-line（在线）"运作；"表象"则为"off-line（下线）"运作，仅凭"感觉、知觉"留在心智中的"意象"来再现实物的形象，具有"形象性、概括性、结构性"等属性。作为高级动物的人类还可凭借意象发展出"想象（imaginary）"，可创造出新的形象，如将手机与电脑相结合新开发出的"智能手机"，就是综合上述三种心理现象的结果，可用"概念整合"理论作出合理的解释（参见第七章）。

屈原在著名的楚辞《橘颂》中，分别基于对橘树的"感觉、知觉、意象、想象"写出了这篇传世佳作。他先从橘树的感觉写起，说它生于南国，绿叶白花，锐刺圆果，青黄杂糅，洁白芬芳等，且逐步将这些初步认识综合起来，形成了对橘树的"知觉"，后又凭"意象"能力，即通过心智中的认知加工再现了橘树所具有的"独立不迁、廓其无求、横而不流、闭心自慎、淑离不淫、梗其有理"的属性，再通过隐喻来喻指人的"淡泊宁静、疏远浊世、超然自立、豁达正直"的精神品质。他通过托物言志的手法，描述了对橘树的感觉和知觉，然后在心智中加工形成橘树的"意象"，且据此建构出一套"想象"方式，从而完成了从始源域"橘树"到目标域"人"的映射，从而人格化了"橘树"。最后，他在此基础上抒发了自己"受命不迁，生南国兮"的爱国之情。

L&J、Fauconnier等在意象的基础上进一步提出了"意象图式（Image Schema）"，据此可形成CM，再上升为ICM，这便是图式性的抽象原型，进而可建构"范畴"，"概念"随之而立。他们还认为，认知模型理论主要包括CM和心智空间，而"CM、ICM、心智空间、范畴"都是基于意象图式建构而成，因此，"意象图式"对于理解"范畴、概念、认知模型、心智空间、概念整合"十分关键。

第二节　意象图式概述

1. 研究简史

古希腊哲学家就曾论及"图式（Scheme, Schema）"问题，常将其视为一种固定的模板。康德（Kant 1781）在《纯粹理性批判》中就论述了图式的哲学意义，认为它是连接"感知"和"概念"的纽带,是建立"概念"与"物体"之间联系的中介,也是建构"意象"、创造"意义"的必要环节,它是个体共有的想象结构。图式既与感知相关,也与想象有关,因此既不纯粹是客观的,也不纯粹是主观的。他虽提到了图式的体验性,但忽视了它的非命题性(Johnson 1987:21,155)。

心理学家最早于20世纪二三十年代在完形心理学(Gestalt Psychology)中研究记忆时述及图式。英国心理学家F. Bartlett于1932年就发现:人的记忆能够把各种信息和经验组织成"认知结构",形成"常规图式",储存于人们的记忆之中,新的经验可通过与其对比而被理解。到了20世纪三四十年代,瑞士心理学家皮亚杰再次运用"图式论(Schema Theory)"来论述他的"发生心理学(Genetic Psychology)"和"建构论(Constructivism)",强调认识主要源自于"主体"与"客体"之间的互动,可通过自我调节使得客体被同化到主体的图式之中,或主体可通过调节图式或创立新图式来适应新客体(参见第二章第二节)。皮亚杰早就提出"图式来源于动作"的观点,人们经过多次活动逐步抽象而形成了图式,图6.1所示基本原理与其完全一致。Rumelhart于1975年发表论文"Notes on a Schema for Stories",运用图式分析了故事结构。Fillmore(1977)也对"图式"进行了较为深入的论述:

> 在我们对语言作总体理解时,可能存在一种词汇化的图式,其意义就是:对某事体词汇化的行为就是将其作为一种亦已建立起来的人类思维范畴的行为。换句话说,如果存在一个词汇项,它必须作为一个框架的某一部分存在,必须与一个图式的某一部分对应。

认知语言学接受并发展了图式论,Langacker(2000:93,145)对其作出了论述(参见第四章第二节)。Taylor(2002:126,145)认为"图式—实例"的关系与"上义—下义关系""属—种关系(Genus-Species)""类型—例示(Type-Token)"关系相似,但图式往往表达更为抽象的意义,如:十四行诗的结构就是各首十四行诗的图式,数学表达式($X^2 = Y$)是具体计算($3^2 = 9$)的图式等。

这种关系在语言中也比比皆是:音位/p/是其所有变体(Allophone)的图式,英语第一个字母的字素(Grapheme)是其所有变体写法(Allograph)的图式等。它们虽不是具体实体,读不出音位/p/,写不出英语第一个字母的字素,但可获得其原型样本。象征单位也有图式—实例关系,较大象征单位可视作较小象征单位的图式。

"意象"主要指客观外物在头脑中的心理表征。Lakoff(1979:215)首先在Ortony主编的"*Metaphor and Thought*(《隐喻与思维》)"一书中将"意象"和"图式"这两个术语结合起来创造了"意象图式"这一认知语言学中的核心术语,并以此来论述隐喻的始源域向目标域映射过程中的"不变原则"。L&J再版*Metaphors We Live By*(《我们赖以生存的隐喻》，2003：253）一书时，在后记中再次论述了该术语，所用术语为"Image-schema"，中间有连词符，表明它们是一个单位，后来在认知语言学文献中写为两个单词。

Lakoff和Johnson于1987年分别基于他们的体验哲学再次详细论述了"意象图式"。Lakoff（1987：267）指出：

> Image schemas are relatively simple structures that constantly recur in our everyday bodily experience...（意象图式是我们日常身体经验中反复出现的比较简单的结构……）

Johnson认为，意象图式为有意义的经验模式，是对人类经验的抽象概括，他（1987：xiv）说：

> An image schema is a recurring, dynamic pattern of our perceptual interactions and motor programs that gives coherence and structure to our experience.（意象图式是在我们感知互动和运动程序中一种反复出现的、动态性的式样，可为我们的经验提供连贯性和结构性。）

他（1987：xix）后来对其又作了进一步解释：

> ... human bodily movement, manipulation of objects, and perceptual interactions involve recurring patterns without which our experience would be chaotic and incomprehensible. I call these patterns "image schemata", because they function primarily as abstract structures of images.（人类的身体运动、对物体的操纵和感知互动包括反复出现的样式，如果没有这种样式，我们的经验就将变得一团糟，并不可理解。我把这种样式叫作"意象图式"，因为它们主要起意象性抽象结构的功能。）

Rosch & Mervis从20世纪70年代开始研究概念范畴，发现范畴中有一个基本的层次，围绕它可组织大部分信息（参见第五章）。在这个层次上，范畴成员在感知上具有相似的外形感知和交互的动态式样，它们就构成了意象图式，以其为基础就可获得原型样本，建构整个范畴。实际上，当我们识别由相同意象图式所构成的几个事体时，就是在识别范畴。

Langacker（1987a）所用术语"语义图式（Semantic Schema，为表征意义的基本单位）"与意象图式接近。他（2000：3）后来指出，意象图式是高度抽象的构型，是基于我们日常物理性经验之上的，如物体沿始源经空间途径移向目标，或被置于容器之中等。

Talmy 还分析了"力量—动态意象图式",被认知语言学界视为一大贡献,他(1988)认为:(这是)力对物体产生影响(如:移动、克服阻力、越过障碍等)后所形成的意象图式。Turner(1996:16)指出:意象图式来自感知和互动,是一个在我们感觉经验中反复出现的框架模式。Ungerer & Schmid(1996:160)也认为:意象图式是源自我们日常与世界的交互过程中所形成的简单而基本的 CM。Gärdenfors(1999:23)说:认知模型主要是意象图式模型(而不是命题模型),在认知语义学中,最重要的语义结构就是意象图式结构。大部分意象图式与动觉经验密切联系。

2. 意象图式的形成及特征

人们在与客观外界进行互动体验的过程中获得意象图式,可根据心理学常讨论的"从感觉到知觉,到意象,再意象图式"的递进关系来解释,这可用以表示人们认识世界的一般规律(参见本章第一节)。

正如上文所述,"图式"指人们把经验和信息加工组织成某种常规性的认知结构,可较长期地储存于记忆之中。Lakoff 和 Johnson 所说的"意象图式",是指人类在与客观外界进行互动体验过程中反复出现的常规性样式,它们主要起意象性抽象结构的功能。正如术语本身所示,它既有"意象"之义,又兼有"图式"之义。作为"意象",它(常基于动态)是特定的感知经验在心智中的表征,具有非命题性;作为"图式",它不仅限于某一具体的体验或活动,更强调了这种意象的概括性、抽象性、结构性和规则性,与特定环境无关,同时还具有无意识性。

因此,意象图式比起意象(或表象、心象)更为抽象和概括。这样,处于抽象层面上的"意象图式"就能够以类推的方式来建构我们的身体经验,还可通过隐喻来建构我们的非身体经验(Lakoff 1987:453),以及无限的 CM、范畴、概念、意义,帮助我们理解无限的事件。我们以往反复强调唯物论观点"物质决定精神",但人们如何通过物质世界形成自己的精神,或者说精神在感知物质世界的过程中是如何形成的,一般的著作和教材似乎鲜有述及,或许我们的这一论述能对其有所补充。

范畴化和概念化需要借助许多认知方式(又叫认知工具、认知策略),主要包括"互动体验、意象图式、认知模式、隐转喻、识解、激活、关联"等。笔者认为,"范畴、概念、意义"这三者基本是同时形成的,可将它们称为"三位一体",以简化理论分析。自人们掌握了语言符号,用语言形式将它们固定下来,就形成了词语。

一个概念对应于 CM 中一个成分,一个概念结构可以包含很多概念或 CM,沉淀了很多信息,它们就被储存于同一个 ICM 之中,发话者可根据具体场景和交际需要,赋予语词以所欲表达的含义。同样,受话人也可根据具体场景,运用 ICM 知识来获取发话者的话语含意和交际意图。因此认知语言学主张用 CM 和 ICM 来描写我们的概念结构和意义系统(参见第七章)。

Johnson (1987: xxxvi) 还提出了一个著名的口号:

Putting the body back to the mind. (将身体放回到心智之中。)

这或许是对该书题目"The Body in the Mind"作出的最好注解。我们是动物,就由身体将我们的心智与客观外界连接了起来,因此,认知、意识都离不开我们的身体及其与外界的互动,这就坚持了唯物论的一元论。他还认为在从身体(感知体验)到心智(认知运作)的过程中,具有想象力的意象图式和隐喻起着十分关键的作用,这就强调了主客结合的原则。更为可贵的是,他(1987: 126)还列出了最重要的、最具代表性的27个意象图式:

CONTAINER	BALANCE	COMPULSION
BLOCKAGE	COUNTERFORCE	RESTRAINT REMOVAL
ENABLEMENT	ATTRACTION	MASS-COUNT
PATH	LINK	CENTER-PERIPHERY
CYCLE	NEAR-FAR	SCALE
PART-WHOLE	MERGING	SPLITTING
FULL-EMPTY	MATCHING	SUPERIMPOSITION
ITERATION	CONTACT	PROCESS
SURFACE	OBJECT	COLLECTION

人类就是凭借这27个最基本的意象图式形成了概念、语义结构和知识系统。这一分析方法比起传统的"语义成分分析法(CA)"有了明显进步,CA不能提供有限的语义成分,而Johnson用"意象图式"做到了这一点。

Lakoff (1987: 282—283) 主要论述了7类意象图式: 容器、始源—路径—目标、连接、部分—整体、中心、边缘、上下、前后,并以此为出发点提出了"空间化形式解释"(参见下文)。Croft & Cruse (2004: 45) 曾将Johnson 和Lakoff所论述的意象图式概括为七个大类:

① 空间 (上下、前后、左右、远近、中心—边缘、接触)
② 等级 (路径)
③ 容器 (容纳、内外、表面、空—满、内容)
④ 力量 (平衡、对抗、强迫、制止、成为可能、阻碍、转移、吸引)
⑤ 整体/多样 (合并、集合、分裂、重复、部分—整体、物质—可数、连接)

⑥ 辨认（匹配、添加）

⑦ 存在（移动、封闭空间、循环、目标、过程）

但我们也不难看出他们这种分类也有不尽完善之处，如把"路径"纳入"等级"是否就完全有道理，在"力量"类中分出"强迫、制止、阻碍"似乎太细，表示"存在"类似乎与表示"力量"类有重叠之处，表示"辨认"类与"多样"类和"力量"类似乎可整合出一个"运动"类更为合理，"内外"固然涉及"容纳"问题，但也与"空间"类有关等。

但有一条是肯定的，意象图式来自身体经验，这是认知语言学家们都接受的观点。Lakoff（1987：13，282），Johnson（1987：19—23），Croft & Cruse（2004：44—45）都反复强调了这一点，即意象图式具有体验性，从他们所列述的最基本意象图式来看，也完全证明了这一点。Lakoff（1987）还论述了意象图式主要是基于"感觉知觉、互动体验"的日常行为（但不排除部分先天性），它们是先于概念和语言的抽象性结构，认为意象图式是来自日常身体经验（主要是空间和力量）的前概念架构，人们在体认基础上获得了意象图式后，就可运用它们来体认我们的世界。

意象图式有基本和复杂之分。基本意象图式主要包括：容器、路径、连接、力量、运动、平衡、对称、上下、前后、部分—整体、中央—边缘等，它们可结合构成更为复杂的意象图式。这些基本意象图式再通过隐转喻机制，就可扩展至更多的范畴和概念，特别是抽象的范畴和概念，便可建立更多的CM和ICM，进而也就获得了抽象思维和推理的能力。于是，人们就可不断从基本概念到复杂概念，逐步形成了今日的概念结构，因此，意象图式也是理解隐喻和转喻的关键，因为当一个概念被映射到另一个概念，特别是从具体域向抽象域映射时，意象图式在其间发挥着关键作用，这就为我们能理解抽象概念提供了主要依据。所以，人类的理解和推理正是凭借着"意象图式"进行的，各种各样的意象图式交织起来就构成了我们丰富的经验网络和概念结构，这就是我们能理解意义的基础。

由于CM主要是意象图式，两者具有许多相同特征（参见第七章），如：体验性和互动性、抽象性和概括性、想象性和动态性[①]、结构性和完形性、初始性和基础性、简洁性和原型性、无意识性和联想性等。意象图式对于形成经验，建构范畴，形成概念，建构心智空间，进行逻辑思维，理解范畴、概念和意义，认识世界和掌握语言等具有基础性作用，现将其置于中间，图示其与有关术语和理论的关系：

---

① 这里的"动态性"具有两层意义：（1）意象图式主要来自"力量—动态"；（2）人们可随着认识的变化不断修正意象图式，因此它具有一定的灵活性，稳定性是相对的。

```
心智空间 + CM + ICM ＝ 认知模型理论
                    建构↑
句法构式 ←建构─ 意象图式 ─形成→ 原型 ──→ 范畴 ─建构─ 概念、意义
         ↑形成                              经典理论
         互动体验                            原型理论
                                            图式理论
```

图6.2　基于"意象图式"的梳理

第三节　"OVER、ON、上"的意象图式与语义分析

意象图式是范畴、概念、意义的基础，它们交织在一起构成了人类的概念网络，从而形成了我们的知识体系。Langacker 和Lakoff认为意象图式可用一些基本的拓扑结构和几何图形来表示。本节主要分析英语OVER、ON以及汉语"上"的意象图式和语义延伸机制。

1. OVER的意象图式分析

Brugman（1981）首先分析了over的意象图式，她的老师Lakoff（1987：419—440）对其进行了总结，归纳出以下7个意象图式，并认为它们突出了不同的射体（Trajector, 简写成TR或tr）、界标（Landmark, 简写成LM或lm）以及所经过的路径（Path），这三者所显示出的各种"相对位置、形状、尺寸、维度、作用"等信息就构成了over的基本意象图式，包括"动静、覆盖、接触、方位、路径、距离"等关系，通过它们便可解释over的多义现象。例如：

① The Above-across Sense:

[1] The plane flew over the hill.

[2] The bird flew over the wall.

[3] Sam drove over the bridge/climbed over the wall .

② The Above Sense（static）:

[4] The power line stretches over the yard.

[5] The lamp hangs over the table.

③ The Covering Senses:

[6] The board is over the hole.

[7] The painting is over the mantle.

[8] The city clouded over.

④ The Reflexive Schema（tr=lm）:

[9] Roll the log over.

[10] Turn the paper over.

⑤ The Excess Schema（用作前缀时）：

[11] The bathtub overflowed.

[12] I overate.

⑥ The Repetition Schema:

[13] Do it over.

⑦ Metaphorical Senses:

[14] She has a strange power over me.

[15] Harry still hasn't got over his divorce.

Taylor（1989：114）将over所表意义归结为四类意象图式，本书对其所列顺序作了适当调整，以能合理解释其意义扩展的顺序：

① 射体相对于界标的运动关系（接触或不接触，直线或弧线，绕轴转动90或180度）；

② 射体对界标的覆盖关系（局部或全部）；

③ 射体的静态居上关系（接触或不接触）；

④ 射体的路径终点。

先有某物的上方运动①，此后它就会覆盖运动的路径，此为第②义；再可聚焦路径中静态一点，就有了静态居上的关系，即第③义；也可聚焦于路径的终点，就有了第④义。这样就能从逻辑上将over若干义项的扩展顺序解释清楚。现将这四种意象图式绘制如下（tr=trajector, lm=landmark, st=stage）：

① 上方运动

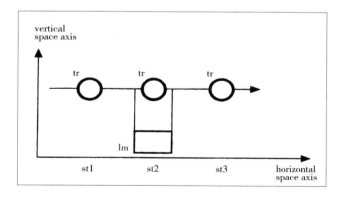

图6.3　The balloon is flying over the house.的意象图式

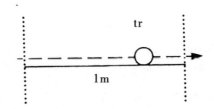

图6.4　Tom drove over the bridge.的意象图式

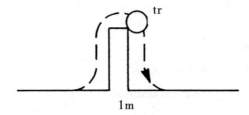

图6.5　Tom climbed over the wall.的意象图式

图6.6　The fence fell over.的意象图式

② 覆盖关系

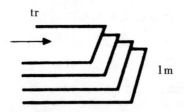

图6.7　The city clouded over.的意象图式

③ 静态居上

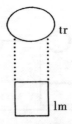

图6.8　The picture is over the blackboard.的意象图式

④ 路径终点

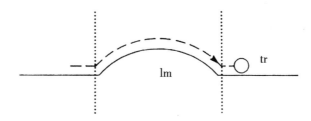

图6.9　Tom lived over the hill.的意象图式

Over的这四种基本意象图式之间的转移是十分自然的，是一种无意识的语义引申过程。正是意象图式之间的转换激发了大量的多义现象，对辐射性范畴的形成起到了关键作用，例如：

[16] He walked over the hill.　　　（crossing, path, touch）
[17] The steam spread over the wall.　（covering）
[18] The painting is over the fireplace.　（above）
[19] He lived over the hill.　　　（end of path）

还有很多介词也有从"路径"自然转移到"终点"的现象：

[20] Tom walked through the doorway.　（path）
[21] Tom is through the doorway.　（end of path）
[22] Mary walked around the corner.　（path）
[23] Mary lived around the corner.　（end of path）
[24] Jack walked across the street.　（path）
[25] Jack lived across the street.　（end of path）
[26] Stephen walked down the road.　（path）
[27] Stephen lived down the road.　（end of path）
[28] George walked past the building.　（path）
[29] George lives past the building.　（end of path）

上述几种基本意象图式是基于空间方位的，在其基础上再运用不同的隐喻机制，就可获得不同的非中心、抽象的意义，形成一个辐射性范畴，这也正说明范畴仅用"共同特征"来描写很不全面，它们显然具有"家族相似性"现象，是通过基本意象图式与隐喻共同作用而形成的。例如：

① 基于"上方运动"意象图式，运用隐喻"CONTROL IS UP / LACK OF CONTROL

IS DOWN"和"CHOOSING IS TOUCHING",就可产生下一说法:

[30] Sam was passed over for promotion.

该句意为Sam没有得到提升。从over的意象图式以及上述隐喻自然就获得"Sam位居他人之下"的意思,隐喻性转义为"处于被别人控制之下";这里的over含有"不接触"意象图式,在"上方过去了",不接触也就未被选中,通过隐喻"CHOOSING IS TOUCHING"可知,Sam未被选中。

② 基于"上方运动"意象图式,运用隐喻"LIFE IS A JOURNEY"就可产生下一说法:

[31] Tom still hasn't got over his problem.

在"旅途域"中,运动必然会碰到"障碍",若将这一意象投射到"生活域",就喻指生活有"困难"。Get over 就从"越过障碍"获得了"克服困难"的抽象意义。

③ 基于"覆盖关系"意象图式,将其隐喻性地运用到权力关系中,再加上隐喻"CONTROL IS UP / LACK OF CONTROL IS DOWN",就可产生下一说法:

[32] a. She has a strange power over me.

b. Money has had control over him.

④ 基于"路径终点"意象图式,将表示空间域的over隐喻性地运用到时间域中,结合隐喻"AN EVENT IS AN AREA",则可产生下一说法:

[33] The class is over.

[34] Their troubles are over.

2. 对ON的分析

Goddard(2002:277—291)运用同样的方法分析了英语介词on的意象图式,以及各种延伸途径和语义关系,将其总结为以下四点:

① 该词的原型性意象图式为:

a)简单接触;b)位置稳定。

例如:a cup on the table, a fly on the wall。

② 根据a)的意象图式延伸出"部分接触",进而有了"附着"的含义;仍保留b),如pendant on a chain, keys on a hook, ring on a finger, hat on head。

③ 与②相比仍保留了"部分接触"意象图式,但根据b)延伸为"稳定的部分—整体关系",类似于所属关系,如the handle on the door, the wheels on the bus, leaves on a tree。

④ 与①相比，从"物质性的、可分离的接触"延伸为"非物质性的、不可分离的接触"，但在视觉上仍具有简单接触的属性，如shadow on the wall，a pimple on his chin。

3. 对"上"的分析

我国汉语界学者曹先擢、苏培成于1999年编撰出版了《汉字形义分析字典》，共收常用字7000多个，注明了多义字意义延伸的途径，这类似于上述西方认知语言学家对多义词over、on的意义链扩展的系统论述。该字典对"上"是这样描述的（此处笔者对义项的顺序做了一点调整）：

① 构字理据为：指事字，以长横为标准，上边用一短横表示处于其上；
② 该字的本义，指高处，上边，这是就空间而言的；
③ 可用来表示：物体的上边，即表面；
④ 可延伸至抽象概念，如：次序在前（空间和时间），地位在上，尊长；
⑤ 继续向抽象方向发展，可用其表示质量高；
⑥ 用作动词，由低处到高处，并由此引申为"前往、做"，又可引申为"达到"；以及表示动作的趋向、结果等；
⑦ 表示"附加"。

他们在每条义项后都配有古汉语例子，信息十分丰富，也很有说服力。可见，汉语的"上"与英语的over、on经历了不同的引申途径，且意义范围也不完全相同，其间显示出语义引申的民族性，也说明了人类存在不完全相同的认知方式。

值得称赞的是，我国汉语界早已认识到多义字各义项之间存在种种"引申"联系，这里的"引申"基本相当于认知语言学所论述的隐喻认知机制。正如编者在内容简介中所说：

> 从字形分析入手，说明字形和字义、字音的联系，说明本义和引申义之间的联系，举出例证说明古今字义的传承和用法的重要变化。

他们能在20多年前就想到编纂这样一本"字义隐喻扩展词典"，从认知角度系统论述7000多字的"语义链"机制，实在是难能可贵。而到目前为止，我们还没有见到哪位外国学者编纂过这样的隐喻词典。这说明我国学者的研究并不落后国外，只是需要在理论上进一步提高认识。

另外，笔者发现汉语中的"出"字也有类似于英语over、on的语义引申方法。《说文解字》指出：

出,进也,象草木益滋上出达也。

指草木"向上、向外"生长出来的情况。其多个义项的差异在"参照点"上,出发点不同就形成了不同的观察结果:

① 站在原来动作的出发点来看,它是"出",从里面去到外边;
② 站在动作所达到目的点来看,它是"到",从里面来到外边;
③ 站在目的点看它离开原点,就有了"离开""越过""超出"。

因此,一个"出"字,从三个不同的观察点来看,就有不同的感受,形成了不同的义项(参见苏新春1995:249),可简述如下:

① "出"义——→出现、显露、发泄,也可指:往外拿——→出产——→制作;
② "到"义——→处于、居于,可延伸指:出席、出庭;
③ "离开"义——→出轨、出界。

可见,用意象图式的转换来分析辐射性范畴和多义现象,具有较强的解释力。

意象图式的转移既具有自然特征,也有认知上的现实性,但在各民族中可有不同的途径,因而在跨语言对比时,貌似对等的多义词,不可能在多种义项上都对等,普遍存在各种交叉关系,如上文所对比的"over、on和上"。

第四节 动觉意象图式与空间化形式解释

1. 动觉意象图式

体验论者认为,不存在超验理性,理性不可能与人的体认无关,也不会超越人的理解。意象图式是基于体认的,不具有超验性,它也与人的理性有关,因此每个意象图式都包含一个基本逻辑。如:容器意象图式来自我们的身体经验,其间包含一个三段论基本逻辑。三段论也是来自我们的身体经验和隐喻映射的能力,而不是什么超验的存在(Lakoff 1987:354)。

动觉是人们实现体验的最主要的手段,动觉意象图式也是最基本的意象图式,它与空间概念紧密相连,是认知体认之初。根据Lakoff(1987:272—275)的观点,动觉意象图式主要包括以下六类,现列表如下:

表6.1 动觉意象图式分类

	动觉意象图式	概念结构	句法结构
1	container	范畴划分（二值）	句法范畴的划分
2	part-whole	层级结构（比喻）	层级性句法结构
3	link	关系结构	主系表，G关系，（代词）共指关系
4	center-periphery	辐射性结构	偏正结构
5	source-path-goal	运动范畴和概念	主谓+目的状语
6	other image schemas: U-D, F-B, LINEAR ORDER	F—G； 线性；数量级阶	正装或倒装，句法的线性顺序；距离像似性

从上图所列三栏可见，它们也遵循着认知语言学核心原则"现实—认知—语言"的解释顺序。人们在现实生活的运动事件中都能体验到这六种基本现象，在此基础上就形成了六类意象图式，对应形成了六种概念结构，它们决定了语言中的对应表达。

① 容器图式（Container Schema）：可用以界定大部分in和out的区别。婴幼儿从生活一开始就经历了该图式，身体就是一个容器，以皮肤为界，体内有五脏六腑，体外有客观世界；从妈妈肚里出生后，可在妈妈怀抱里，还可在摇篮里，在房间里，在家庭里，在托儿所等。

（a）身体经验：身体是容器。生活中到处都有容器，可向里放或往外取东西。
（b）结构成分：内部空间、边界、外部。
（c）基本逻辑：若A在B中，X在A中，则X在B中。
（d）样本隐喻：我在家庭里，人在社会中。很多范畴可通过容器图式来理解。在传统语言学中，很多语法范畴就是据此建立起来的。

② 部分—整体图式（Part-whole Schema）：身体就有部分与整体之分，人的器官是整个身体的一部分，房子、家庭、社会、用品等到处都有部分—整体关系。

（a）身体经验：我们经历了生活中太多的"部分—整体"事例。
（b）结构成分：整体、部分、构型。
（c）基本逻辑：部分—整体之间具有非对称性、非自返性。
（d）样本隐喻：家庭是由部分构成的整体。社会中等级结构可通过部分—整体图式和上下图式来理解。它可用以解释语言的层级性。

③ 连接图式（Link Schema）：世间万事万物都有各种各样的联系，两者或多者之间

一旦形成某种连接关系，就必然会互相影响。

（a）身体经验：人生的第一个连接就是肚脐与母体的连接。
（b）结构成分：一者A、另一者B、其间的连接。
（c）基本逻辑：若A连着B，则A可能会受到B的影响、控制或依赖B。两者具有一定的对称性，如A连着B，则B就连着A。
（d）样本隐喻：社会和人际关系是根据连接关系来理解的。语言中的主系表构式就是基于此形成的。先行词和代词的连接关系，以及其他若干语法关系也可据此作出合理解释。

④ 中心—边缘图式（Center-Periphery Schema）：一个整体事体一般都有"中心vs边缘"之分，就人体而言，有"躯干vs肢体"之分；就一个实体或事件而言，有"重要vs非重要"之分。

（a）身体经验：身体有中心与边缘之分，中心更为重要。
（b）结构成分：实体、中心、边缘。
（c）基本逻辑：边缘依靠中心，反之不行。
（d）样本隐喻：重要的东西被理解为中心。辐射结构可通过"中心—边缘"图式来理解。也可解释语言中的偏正构式（或定中结构）。

⑤ 始源—路径—目的地图式（Source-Path-Goal Schema）：任何一个动觉事件，都有一个始源点，然后经过某路径到达目的地。要想获得某事物，就要到有该物的地方去取。

（a）身体经验：人在走动时有始源、路径和目的地。
（b）结构成分：始源点、目的地、路径、方向。
（c）基本逻辑：经过中间地带，有过程和方向。
（d）样本隐喻："目的"可根据"目的地"来理解，复杂的事件也可根据这个图式理解。语言中的"SV（O）+目的状语"就是基于该图式形成的。

⑥ 其他图式。在运动事件中除了上述五种之外，还可包括如下几个：

（a）前—后、前景—背景，图形—背景等结构可通过这些构式来理解；
（b）上下图式：社会等级结构、家庭结构等都可根据这些构式来理解；
（c）线性顺序：各种连续关系、线性序列（如计数、星期、月份、年代等）可通过这些构式来理解。

这三个意象图式可用以解释句法的正装和倒装现象,以及成分的线性顺序、距离相似性等。

有些语言现象须用到几种图式才能作出较好的解释,如:语言交际要涉及"容器图式、线性图式、始源—路径—目的地"等图式,语言信息从发出者这一始源性容器,以线性方式沿一定的路径和方向传递到受话者这个目的容器。

2. 空间化形式假设

人类体认的最基本经历就是"身体"和"空间",这两者的互动关系构成了概念之初,然后通过隐转喻将它们拓展到时间以及其他语义域,上文所述的几种动觉意象图式都是基于空间图式的。基于身体的边界和组成部分、功能、与外部世界的相对位置等形成了诸如into、out、in、on、up、down等表示空间关系的介词,因此认知语言学是从研究介词起家的,或者说认知语言学在介词研究方面取得的成就,没有任何一个学派能超越。L&J(1980:126)指出:

> 我们是以线性顺序讲话的。在一个句子中,我们总是先说一些词,再说另外一些词,由于讲话是与时间相关的,时间又是根据空间进行隐喻概念化的,因此我们就会很自然地根据空间对语言作隐喻性的概念化。由于我们是以空间术语来概念化语言形式的,就可能将某些空间隐喻直接应用于句子形式之中,因为我们以空间现象来想象它。我们概念系统中的一般原则就为形式和内容之间提供了自动的、直接的连接。这种连接使得形式与内容之间根本不是任意的,句子的某些意义与句子所采用的形式之间存在精确的对应关系。

Lakoff(1987:283)将这种依靠空间关系进行范畴化和概念化的假设称为"空间化形式假设(Spatialization of Form Hypothesis,简称SFH)",认为:概念结构是从物理空间到概念空间的隐喻映射的结果。人们基于感知(主要是视觉、触觉)逐步认识了自己所生存的空间,形成了有关空间结构和动觉运动等意象图式,映射入人们的头脑后就形成了范畴和概念结构。

我们通过在现实世界中的体验,如"视觉感知、环境体验、移动身体、发出动力、感受力量"等,在空间意象图式的基础上还可能形成许多其他的意象图式,因此,认识一般就经历了从空间到其他、从具体到抽象的过程,人们在此基础上逐步形成了抽象思维、复杂推理的能力,从而逐步形成认知模型、语义结构和句法结构。因此SFH充分肯定了空间意象图式的始源性作用。

3. 意象图式融合

我们在思维和表达时，一般会涉及多种意象图式，因此"融合（Blending或Integration）"就是人类的一种基本认知方式，是形成和理解语义的一个基本过程。

每当我们感知某事体时，它总会在"形状、结构、内容、功能"等方面成为更大整体的一部分，也常会将所感知到的经验与整体回忆相融合。每当我们对新信息进行范畴化时，会无意识地将新信息与已建立起来的概念系统相融合。如当看到一辆小汽车穿过十字路口时会融合很多事情：容器意象图式（感知到十字路口的界标区域、车内所乘人员）、路径意象图式（感知到汽车的位移、方向、速度）等。当今天对着街道看，还可能想到昨天有一辆汽车沿此街而下的情形，此时就将今天的感知体验融合到对昨日的回忆之中。这在现实中是不可能的，因为它们分属不同时间的空间，但人类可通过丰富的想象力将它们进行整合处理，这是人类一种常规的认知方式。

第五节 意象图式与句法构式

认知语言学认为，语言的句法构式也是体认的结果，是基于意象图式和ICM之上的，与人类的认知能力和认知方式密切相关。因此，认知语言学尝试用几种基本意象图式来描写句法构式，用人类的基本认知能力（主要是空间理解能力）以及普遍的认知方式来解释语法结构。这种研究思路具有重大的理论意义，挑战了索氏的语言内指论，批判了乔氏的句法天赋说，也反映了认知语言学采取趋同证据的基本研究策略，将实证性研究与思辨性研究紧密结合起来，使得认知语法逐步形成了一种较为完整的理论体系。下面将简要介绍和评述几种运用意象图式来解释句法构式如何生成的观点。

1. Lakoff的论述

Lakoff认为：范畴和概念结构是以空间结构和动觉运动等意象图式为基础的，在此基础上再通过一系列的隐喻映射后就可逐步形成基本句法构式。他以上述六种动觉意象图式和SFH为基础进一步论述了语言中的基本句法构式（参见表6.1）：

① 句法范畴可像其他范畴一样，在结构上用"容器图式"作出合理解释，其间常具有包容和蕴含关系。

② 层级性的句法构式可通过"部分—整体图式"来描写。母节是整体，子节是部分。语言表达就是不断从词到词组，再到小句和句子，最后成章的过程。

③ 语言中的主系表构式就是基于"连接图式"形成的，通过系词建立了主语和表语之间的连接，难怪英语将系词称为"Linking Verb"。为使语言表达前后衔接和连

贯，人们要运用该图式来实现"代词共指、词语照应"。

④ "中心—边缘图式"是语言中"偏正构式、定中构式（即'修饰语+中心词'）"的认知基础。这一认知机制可被用于语言的各个层面，如音位（元音vs辅音）、词汇（主要词汇vs次要词汇）、词法（主要词性vs次要词性）、句法（主句vs从句）、篇章（论点vs论据，主题句vs支撑句）等。

⑤ 语言中之所以出现"主语+谓语+目的状语"构式，是因为人们通过体认获得了"始源—路径—目的地"图式。

⑥ 语言中的"正装"语序，可通过"前—后、上—下、顺序"意象图式作出解释；倘若将其颠倒为"后—前、下—上"图式顺序，可用其来解释"倒装句"的认知成因。语言是线性的，其原因在于"顺序"图式，这是对索氏在《普通语言学教程》中所述"线性特征"的补充；这三者还可用以解释语言符号的距离相似性现象。

因此，Lakoff认为意象图式不仅可用来描写概念结构、语义系统，也可用来描写句法范畴。句法构式直接像似于概念结构和意象图式。这些论述都是对认知语言学核心原则"现实—认知—语言"的极好佐证。

2. Turner的论述

Turner（1996：157）认为：人们依靠感知程式、运动能力、感觉和概念的范畴化产生出了像"意象图式"和"跨越大脑中不同分布活动的动态融合连接"一类的抽象结构，然后通过"寓指（Parable）"把抽象的故事结构[①]映射到基础句法构式之中。婴幼儿出生后有一点遗传结构，有助于他把事体映射到语言中去，但句法本身与句法遗传指令无关，它来自"寓指"。

现实生活中不同的具体事件，可产生出一个抽象的故事结构，基于其上可形成抽象的句法构式。抽象的故事结构（包括意象图式）与抽象的句法构式同构，句法构式对应于故事结构。

故事结构	句法构式
施事者＋动作＋受事者	S＋V＋O

---

① Turner（1996：141）的术语为Story Structure，他所说的Story包括事件（event）、动作（action）、施事者（agent）、受事者（patient），还包括观点（viewpoint）与焦点（focus）、意象图式、力量动态等。

因此，句子就是抽象的故事结构的具体化，基本句型来自故事的基本形式。

3. Langacker的论述

Langacker（2000：24）认为，句法构式来自概念化了的"典型事件模型"，如：弹子球模型和舞台模型，而它们又是来自对现实世界的体认。这里的典型事件模型也可视为一种意象图式，如：

通过"动作链（能量源—动作—动作链尾）"的认识可映射形成一个及物性的限定分句；

通过"始源—途径—目的地"的认识可映射形成一个"物体—在空间移动—到达目的地"的句型；

通过"物体在空间移动"这一原型概念可映射形成一个以不及物动词为中心的原型句型。物体是mover，作主语；表示"移动"的动词作谓语；其他成分表示运动的来源、路径、目标等。基于此还可进一步演化出用形容词作表语来表示"侧显关系（Profiled Relationship）"的特殊句型。

4. 基本句型与原型范畴论

上文主要解释了语言中最基本句型的体认成因，若将其与原型范畴论结合起来，则能解释更多的句法现象。

句法系统也是基于原型结构的，具有辐射性，人们在使用过程中基于典型用法通过隐喻机制不断扩展其用法，逐步形成了一个动态的、适应性很强的构式范畴，能适应许多复杂表达的需要。如汉语中"打"字原义为"用手或器具撞击物体"，引申为"攻打、殴打"，现笔者从句法构式角度来论述"打"的主动宾句型引申情况：

① "人打物或人"，这里的"打"本义为"用手或器具撞击别人或物体"，如："打鼓、打夯、打人、打屁股、打狗、打鸟、打苍蝇"等。

② 由于"打"时要挥动手臂，这一动作也是人们制造东西时的常见动作，因而通过动态性的隐喻映射系统扩展出"建造、制造"的意义，如："打家具、打烧饼、打刀"，乃至"打包裹、打草鞋、打毛衣"等。

③ 在"挥动手臂"的基础上又出现了"打柴、打哈欠、打帘子、打信号、打手势、打扑克、打麻将"等。进而有了"用手臂干活"或"动指头干活"的意义，如："打灯笼、打伞、打旗子、打招呼、打算盘"等。

④ 从"挥动手臂"还可隐喻性地延伸出"物体本身晃动"的意义，如："打秋千、打摆子、打哆嗦、打寒噤"等。

⑤ 其后所接成分还可进一步通过隐喻机制延伸，以至于可广泛用来表示某种具体的动作，代替许多有具体意义的动词，使"打"的意义更为虚化，如："打渔、打酒、打井、打电话、打瞌睡、打交道、打官司、打起精神、打主意、打草稿、打马虎眼、打官腔、打比喻、打掩护、打成右派、打成反革命"等。进而还可与某些动词性的语素结合成为一个动词，如："打扫、打扮、打扰"等①。

⑥ 主语部分也可作隐喻性扩展，如说："鸡在打鸣、瓦片打漂、雨打芭蕉、风浪打船、天在打雷、天在打闪"等。

在用"打"字的原型事件结构中，原型的施事者是生命体，宾语可以是无生命的或有生命的，然后扩展至抽象概念，受事者不一定再含直接受事之义；而且还可将有生命的施事者扩展成无生命的，等等。

汉语中的"吃"也十分典型：从"人吃饭"可隐喻性或转喻性地表达为："机器吃油、船吃水"等，甚至还可说"吃食堂、吃小灶、吃山、吃水、吃空额、吃工资、吃救济、吃父母"等（王寅2001：212）。

汉语形式上的"动宾构式"可包含十几种语义关系，在孟琮等（1984）所编著的《动词用法词典》中定义了14个宾语语义格，它们是：

> 受事（钓鱼）、对象（教育孩子）、结果（盖房）、工具（捆绳子）、方式（存定期）、处所（来苏州）、时间（熬夜）、目的（筹备运动会）、原因（避雨）、致使（改变关系）、施事（下雨）、同源（唱歌）、等同（担任书记）、杂类（闯红灯）。

---

① 宋代欧阳修（1007—1072）在《归田录》卷二中对"打"字的多义作出了较为详细的语义延伸分析，他说："打"字，"其本义本谓'考击'，故人相殴、以物相击，皆谓之打。而工造金银器亦谓之打可也，盖有槌击之义也。至于造舟车者曰'打船''打车'，网鱼曰'打鱼'，汲水曰'打水'，役夫饷饭曰'打饭'，兵士给衣粮曰'打衣粮'，从者执伞曰'打伞'，以糊粘纸曰'打粘'，以丈尺量地曰'打量'，举手试眼之昏明曰'打试'。……打字从手，从丁，丁又击物之声"。
从他的论述可见，从"打"的本义派生出制作金银器物可以理解，其间的引申关系明确，但是"打"还有多种意义就和本义关系不明显。后来张世南在《游宦纪闻》中说道："今俗谈谓打鱼、打水、打船、打伞、打量之类，于义无取。沙随先生云：'往年在太学炉亭中，以此语同舍，有三山黄师尹曰："丁，当也。以手当之也。"其义该而有理。'"刘昌诗在《芦浦笔记》卷三中又补充说："左藏有打套局，诸库支酒谓之打发，诸军请粮谓之打请，印文书谓之打印，结算谓之打算，贸易谓之打博，装饰谓之打扮、请酒醋谓之打醋、打酒，盐场装发谓之打袋，席地而睡谓之打铺，包裹谓之打角，收拾为打叠，又曰打迸，畚筑之间有打号，行路有打火、打包、打轿，负钱于身为打腰，饮席有打马、打令、打杂剧、打诨，僧道有打化，设斋有打供，荷胡床为打交椅，舞傩为打驱傩。又宋歌曲词：'打坏木楼床，谁能坐相思。'又有打睡、打嚏喷、打话、打闹、打斗、打和、打合、打过、打勾、打了，至于打糊、打面、打饼、打线、打百索、打条、打布、打荐、打席、打篱巴。街市戏谑有打砌、打调之类，因并记之。"
据赵振铎（2000：264）说，这还没有把当时的材料完全举出来。但从上述材料看，"打"字的组合能力非常强。

根据高云莉、方琰（2001）的调查，从语义上说汉语动词后面的宾语分布情况为[①]：

表6.2　汉语动词后宾语的分类

宾语	百分比	宾语	百分比
受事	65%	方式	6.7%
对象	32%	致使	6%
结果	19%	目的	4.7%
工具	13%	原因	3.3%
处所	12%	等同	2.7%
施事	8.7%	时间	1.3%

可见，常规宾语主要是"受事"和"对象"，其他用法可视为是通过隐喻不断扩展的结果，逐步形成了一些非常规宾语，它们构成了汉语中宾语的辐射性语法范畴，两者之间具有梯度性，从而形成了一个动态性、适应性很强的宾语范畴，可满足很多表达的需要。

从上可见，正是由于原型句法构式的隐喻性扩展用法，使得动词"打、吃"等后面的所接成分（宾语？）越来越复杂，从而也就使得动词的意义不断延伸，形成了一个多义范畴。因此，分析词义引申也应当考虑到句法构式层面，这样才能对其作出更为全面的论述。

5. 小结

我们知道，在不同的语言社团中人们对相同的事件会有不同的感知方式和认识途径，映射的结构和程序也不尽相同，因此对同一基本事件在不同语言中能映射出相同的或不同的句法构式，这就形成了相同或不同的语法形式，如在语言中有一些普遍存在的语法现象，如：主语、谓语、宾语等；但也有一些不同的语法现象，如某些语言中有宾格形式（Accusative：主语使动和宾语受动有不同的语法标记）、作格形式（Ergative：及物与不及物的主宾语有不同的形式）等，而在其他语言中就没有。日语中将动词置于宾语之后，可能是由于日本人对舞台区上的两个参与者更感兴趣，然后再考虑到他们之间的动作关系，这是由不同的认知方式所决定的。

即使在同一语言社团中，不同成员也会有不同的感知方式和认识能力，甚至同一人在不同时间、不同场合也可能会不同，其结果会直接影响到语言运用，可用不同的句法形

[①] 他们取《动词用法词典》中前150个动词统计了所能搭配的宾语类型，由于一个动词后面可能有多种用法，因此百分比总和不是100%。

式，但只要能完成交际需要，能为社团成员所接受则可。若不能，交谈双方就须不断协商纠正，调整对话句法。因此，感知范畴和概念范畴既有稳定性，也有动态性，句法范畴也是如此，为确保有效交际，须有一定的稳定性，但也有很大的差异性，它们不必完全同一。不同语言社团的句法没有普遍性，这与乔氏的TG理论差异较大。

另外，许多哲学家和语言学家对乔氏的语言自治观、句法自治观、语言天赋观持否定态度，既然语言和句法不是天赋的，也不是自治的，那么究竟从何映射而来？如何映射而来？不同流派的学者对此有不同的答案。上述三位认知语言学家都一致认为，句法构式来源于人类对现实世界的体认，但在论述的角度和分析的细度上存在一定的差异。Lakoff主要从空间角度论述了句法成因，人类在对空间各种关系认识的基础上逐步形成了一些意象图式化了的空间概念结构，并在此基础上形成了句法构式。Langacker（2000：24）认为，句法构式是来自概念化了的典型事件模型，这些模型又是来自对现实世界的互动体验。而Turner则认为句法构式不是直接来自概念结构，因为句法中有很多奇怪的形式，在概念上找不到相对应的对象，也不能在功能上作出圆满解释，因此尝试用"故事结构（Story Structure）"来解释，其中包括较多的内容，并认为它比概念结构所含内容更多。在句法中存在的许多奇怪形式，如果在概念结构中找不到对应的东西，在故事结构中就一定能找到吗？Turner对此也语焉不详。

但"故事结构"和"概念结构"都包含意象图式，都具有一定的抽象性，两者也有共通之处，我们觉得这两者可能是从不同角度作出的论述，或是对概念化程度有不同理解而得出的结论。Turner的"故事结构"不等于现实生活中的具体事件，而是经过抽象加工形成的，这里就包含了人类的认知作用。但是Lakoff的空间化形式假设和Langacker的概念化模型则更强调了人类的心智处理能力和认知加工过程，似乎比Turner的故事结构具有更高的概括性，解释力也就更强。或许，在语言中可能会同时存在这两种情况。

Langacker的"弹子球模型"和"舞台模型"相对于Lakoff的"空间化形式假设"概括力更大，前者仅用两个模型就可将英语的几个基本句型以及其他句型的来源解释清楚，而Lakoff在分析空间关系的基础上建立起来的假设却只能解释部分句法构式。

因此，Lakoff、Langacker、Turner的三种观点与原型范畴论相结合，可更有效、更圆满地解释语言的句法构式，它们的共通之处在于：人类在对现实世界体验的基础上通过认知加工逐步形成了句法，是主客观互动的结果。也就是说，认知语言学核心原则"现实—认知—语言"对句法同样具有强大的解释力。

不管怎么说，认知语言学所持的"句法构式建立在空间意象图式、概念结构、故事结构之上"的观点，意在批判语言天赋说，有助于回答语言学家着迷了几十年的问题：婴幼儿为什么能在有限的时间内和条件下掌握语言。

思考题：

1. 为什么说意象图式是认知语言学中的一个重要概念？它与其他术语有什么联系？意象图式具有哪些主要特征？

2. 试用意象图式和隐喻理论解释：

    （1）语言中多义词现象。

    （2）汉语为何说"上厕所、下厨房"？

3. 根据"出"的意象图式试画出"入"的意象图式，且举例说明。

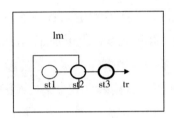

4. 根据"上"意象图式试画出"下"的意象图式：

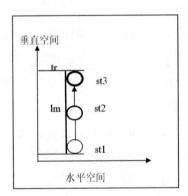

5. 选择一个汉语介词，设计调查问卷，试分析其词义扩展过程。

第七章 认知模型理论

人类的认知历史,就是一个不断认识事体、理解世界的过程,是人类运用诸如推理、概括、演绎、监控和记忆等心理活动的过程,这个过程起始于互动体验、意象图式、范畴化和概念化。我们在与现实世界互动体验的基础上,形成了意象图式,建立了"认知模型(Cognitive Model,下文简称CM)",多个CM可构成一个"理想化认知模型(Idealized Cognitive Model)",这样,就可把概念组织起来,找出所观察对象的结构模式和运作原理,掌握事体和思维的规律,理解语言表达的意义。

在形成CM和ICM的过程中需要借助于许多认知方式。第四章曾指出人类范畴化最直接的对象自然就落在了语义范畴上,基于经典范畴论的语义特征分析法不可能完整地解释意义,也不能有效地解决人类的语义问题,必须借助原型理论、CM、ICM等才能得到有效解决,这足以可见CM和ICM对于我们进行范畴化、掌握概念、认识世界、进行推理、理解语义起着十分重要的作用。

Lakoff(1987:281)持与Fauconnier相同的观点,认为认知模型理论主要包括CM理论、ICM理论、心智空间和概念整合理论,还可包括ECM理论。本章主要论述前三者及它们在语义理解中的运用,第八章论述ECM。

第一节 基本概念

1. CM的定义和性质

模型是指某个事体的定型样式。认知模型就是人们在认识事体、理解世界过程中所形成的一种相对定型的心智结构,是组织和表征知识的模式,由概念及其间相对固定的联系构成。

Lakoff在体验哲学和原型范畴论的基础上提出了CM理论,他(1987:13,21,154,538)认为:CM具有体验性,是在人类与外界互动的基础上形成的;CM具有完形性,不仅由各构成部分组合而成,可被视为一个整体的完形结构;CM具有内在性,是心智中认识事体的方式。

Ungerer & Schmid(1996:45—49)区分了"情景(Situation)、语境(Context)、

认知模型（CM）"。他们认为：情景是指现实世界中的情形；语境是话语可被理解的一组背景知识，是一种与储存在长期记忆中信息相关联的心智现象。CM则是基于一组相关语境，储存于人类大脑中某领域中所有相关知识的结构化表征，它是形成范畴和概念的基础。因此，一个CM往往包含很多语境和概念，一个概念范畴就对应于CM中的一个成分。CM除了具有体验性、互动性、完形性、内在性之外，还有以下四大特征：

① 开放性，很难对CM作出穷尽性描写，它会随着人类认识的发展而不断增加。
② 选择性，CM从开放的要素中不断作出典型的选择，因此对其描写也就具有高度的选择性。
③ 关联性，CM内的成分不是独立的，而是相互关联的（见图7.1）；CM本身也不是孤立的，而是相互关联的，可组合成复杂的认知网络。
④ 普遍性，CM是普遍存在的，人们不可避免地会受到CM的影响，也不能不用CM来认识世界、进行推理、理解意义。

Ungerer & Schmid（1996：48—49）图示了"沙滩认知模型"，可很好地用来说明CM具有以上几种特征。这对于我们理解 on the beach 的意义是十分重要的，见图7.1。

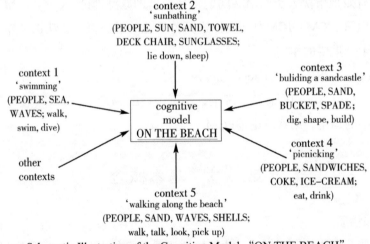

图7.1 ON THE BEACH 的ICM

CM包括"基本认知模型"和"复杂认知模型"，前者指：空间、时间、颜色、温度、感知、活动、情感等最基本的CM；后者指较为复杂的模型，也可能是几个基本认知模型的结合。分类模型是最常见的一种较为复杂的认知模型[①]。

结合后的复杂模型又可分为两种：一种属于"结构性结合"，其构件成分可独立存在，其结构整体的意义是其所包含成分的意义的函数；另一种是"完形融合"，其构件成分不一定都能独立存在，整体意义不能通过构件成分的意义进行简单组合获得，而须通过心智的整合运作才能获得。

2. 理想化认知模型（ICM）

Lakoff于1982年和1987年提出了ICM，并以此来说明人类范畴化问题，解释语义范畴和概念结构，自此，ICM就成为认知语言学中一个十分重要的概念。所谓ICM，就是指特定的文化背景中说话人对某领域中经验和知识所作出的抽象的、统一的、理想化的理解，这是建立在许多CM之上一种复杂的、整合的完形结构，是一种具有格式塔性质的复杂认知模型。

Ungerer & Schmid所说的CM（处于图7.1中间）相当于Lakoff所说的ICM，它是由很多Context构成，这里的Context或其组合就相当于Lakoff的CM，因此，一个ICM可视为由若干CM组成的集合，相当于第四章所述的图式原型。

我们知道，bachelor与下列CM有关：

① 人要结婚；　　　② 异性结婚；
③ 一夫一妻；　　　④ 成人后要结婚；
⑤ 婚姻关系；　　　⑥ 养家糊口；
⑦ 男性该婚而未婚　　……

典型的bachelor就是基于这7个CM之上建立起来的ICM。但实际生活中的情况常不完全符合ICM，这就是为什么Lakoff要将这样的CM称为"理想化"认知模型的原因。正因为如此，在bachelor范畴中才有了很多边缘成分（参见本章第三节）。

可将bachelor的理想化认知模型记作：

BACHELORHOOD-ICM = $CM_1 + CM_2 + CM_3 + CM_4 + CM_5 + CM_6$……

既然ICM是一种完形模型，具有整体性，它往往比单独的一个CM更为基础。一般说来，描述越复杂，概念越复杂，理解也就越困难。但在完形模型中情况正好相反，完形模

[①] 分类（Taxonomy）是一种既十分常见，又很特殊的复杂认知模型，也叫分类模型，是人类进行范畴化的基础。人们在对世界进行分类时，就将分类的结果植入了语言，这也是人类使得经验具有意义的最常见方法。对自然界事体分类有许多方法（Gould 1983），如通俗分类和科学分类，这是人们对于事体有不同认识的结果，也是对客观主义理论的一个有力批判。

型中的组成部分在认知上可能会更复杂，而对整个完形模型的理解与其组成部分相比较而言，在心理上却更是为简单的完形（或：格式塔）。因此，每一个ICM都是一个完形结构整体。ICM主要运用以下4种原则建构起来（Lakoff 1987：68，113），也可将这4种原则视作ICM所包括的4种认知模型：

① 命题结构原则：详细解释CM中所涉及的概念、特性以及概念间关系，具有判断性特点，是客观外界在心智中的事实性映射，不需要运用任何想象性手段。它是由本体（论元：基本层次概念）和结构（谓词：特征、关系）所组成的，我们的知识大多储存于命题之中。

② 意象图式原则：在对现实世界体认的基础上通过互动所形成的前概念意象，比表象（或心象）更为抽象和概括。它是形成原型、范畴、概念、CM和思维（特别是抽象思维）的基础，为ICM提供框架。CM和ICM主要是意象图式。

③ 隐喻映射原则：一个意象图式或命题模型可从一个认知域映射到另一个认知域，可用于对更多事件，特别适用于抽象事体的概念化、推理和理解，从而进一步扩大了认知范围。

④ 转喻映射原则：转喻主要指在同一认知域中用较易感知的部分来理解整体或者整体的另一部分，例如人们常以一个范畴中的典型成员来理解整个范畴。

现将有关CM以及ICM的主要内容小结如下：

① CM 包括：概念，以及概念间相对固定的联系。

② CM的性质：体验性、互动性、基础性、抽象性、结构性、完形性、内在性、原型性、开放性、稳定性、相对灵活性、选择性、关联性、无意识性、普遍性等。

③ CM可分为：基本CM（包括：空间、时间、颜色、温度、感知、活动、情感）和复杂CM。后者又可分为：结构性结合和完形性结合。

④ $ICM = CM_1 + CM_2 + CM_3 + \cdots\cdots + CM_n$

⑤ ICM 可分为四大类：命题模型、意象图式模型、隐喻模型、转喻模型。命题模型主要是一种客观模型，其他三者则具有主观性质。前两个模型解释了ICM的主要内容和基础，后两个模型是ICM的扩展机制。

3. ICM与其他术语的关系

ICM与"域（Domain）、图式（Schema）、框架（Frame）、常规（Stereotype）、脚本（Script）、辖域（Scope）、基体（Base）"等术语密切相关，或是说ICM在很大程度上受到了这些观点的影响，它们是ICM理论的来源。

根据Lakoff（1987：68），Ungerer & Schmid（1996：211）和Croft & Cruse（2004）

的观点，ICM是由很多CM构成的，主要表征的是理想化框架知识，具有想象性、创造性和灵活性，它与实际世界并不一定完全相吻合。ICM是一个更为概括的术语，可包括CM、认知域、框架、图式、脚本、常规等。另外，这些术语是不同学者在不同的理论背景（如认知心理学、人工智能、认知语言学、哲学等）中提出的，它们所论述的侧重点并不完全相同，因此图7.2中用约等于号"≈"来表示这一观点。

（1）域

又叫"认知域（Cognitive Domain）"或"语义域（Semantic Domain）"，主要为Taylor（1989：86）所用术语，相当于Lakoff所用术语CM。Croft & Cruse（2004：15）认为："域"与"框架"大致同义。Langacker（1987b：150）曾将"非基本域（Nonbasic Domain）"或"概念复杂体（Conceptual Complex）"称为"抽象域（Abstract Domain）"，并认为抽象域基本等同于ICM。

"辖域"和"基体"也是Langacker（1987a）所用术语，前者是指被激活概念的配置，应至少包括基体（一个述义所参照的辖域基础）和侧显（Profile，被突显的某一部分）。"辖域"与"认知域"或"域"基本相当。

（2）图式

古希腊哲学家、德国哲学家康德（1724—1804）、英国心理学家Bartlett（1886—1969）、瑞士心理学家皮亚杰（1896—1980）等都论述过"图式"概念。Norman & Rumelhart（1975）也论述过图式在语言理解过程中所起到的重要作用。Taylor（1989：85）认为图式是一种认知模型，通过一个或一组图式可建构一个认知域，通过突显相关认知辖域的特定区域或构架就可理解一个语言形式的意义。

（3）框架

由于20世纪30—50年代行为主义在心理学界占主导地位，再加上哲学界普遍流行"实证主义"思潮，因而强调心智表征的"图式性"或"框架观"受到较长时间的冷落，直到70—80年代随着人工智能的研究和发展，这一观点才得到广泛重视，并将其运用于语篇理解，设计出了几套人机对话的软件。

Minsky（明斯基）于1975年系统论述了框架理论（Frame Theory），认为"框架"是储存在记忆中的、表征特定情景的信息结构，是含有若干节点和联接的网络系统；人们可从记忆中随时调出框架中的信息作为背景知识来理解新的情景和语句。在一个总体框架的下层有很多"空位（Slot）"，有待于具体情景中的细节内容来填补。如"房子"这个总体框架中会包括许多常规信息，在识别某一特定房子时就自然会将其与"房子框架"相比较，或将其视为"房子框架"的具体例示，并在其中插入该特定房子对应部分。房子框架并没显示出一些具体细节，如会客室、卧室、厨房等空位，以及厨房里的微波炉、电烤箱、洗碗机等电器设备的空位。可见框架具有层级性，相关框架可结合成一个框架系统。

Fillmore（1975：124）将框架概念引入语言学，将其视为一种概念结构或经验空间，与认知域相当，一个词语可能会激活其所涉及的一整套经验或概念结构。他从语言构造角度将其定义为：能与典型情景相联系进行语言选择的任何系统，包括词汇的组合、语法规则的选择等。他（1985：223）后来从认知角度又将其定义为"特定而又统一的知识结构组织"或"对经验的连贯性图式化"。Fillmore（1977，1982）在此基础上进一步提出了"框架语义学（Frame Semantics）"，他指出：我们需要特定的框架知识来理解词义和句义。

Ungerer & Schmid（1996：211）将框架定义为：

是认知模型的一个种类，表征了与特定而又反复出现的情景有关的知识和信念。

从上可见，他们都认为：要理解语句的意义，就要将其放到有关的框架（概念结构、经验空间或认知域）中去理解，因此框架知识就成为语义理解的必要背景。

（4）常规

这是Putnam（1975）提出的术语，并将其定义为：

正常情形的理想化心智表征。

大致相当于Minsky的"框架"。

徐盛桓（1993，2002a）也曾详细论述过"常规关系（Stereotypical Relation）"，认为它是抽象化、概念化加深的关系，意识到事物、事态内部或相互间的某一方面的某种联系，于是将其突显出来，并加以程式化、规范化，这就成为常规关系。常规关系是一种以建立关系的形式表现出来的知识，是人们认知世界的一种方法。它通常具有较大的人类共通性，与社会现象、心理现象有关的常规关系通常要考虑民族性、地域性、时代性、阶层性、社团性，甚至个体性对这些关系也可能产生影响。

（5）脚本

计算机科学家Schank & Abelson于1975年在苏联第比利斯召开的第四届人工智能国际会议上首次提出"脚本理论（Script Theory）"，并将其定义为（1977：41）：

是描写特定情景中事件恰当程序的结构，……是预先设定的、常规性的动作程序，可用来限定一个熟知的情景。

他们还将脚本分为三类：

① 情景脚本，如：饭店、车站、监狱等；
② 角色脚本，如：医生、教师、扒手、间谍等；

③ 工具脚本，如：点烟、发动汽车、炒鸡蛋等。

Ungerer & Schmid（1996：213—214）将脚本定义为：

用来专指常见的、反复发生的事件程序的一种知识结构。

由于每个人的大脑中储存了许多这样的脚本和框架，所以言说者不必述说详尽，"点到为止"就行了，因为受话者能借助语言进行联想和推理，对未言之处加以填补。

我们都有这样的生活经验，相对于某一特定的场景会作出相应的一套动作，"脚本"就是指人们在进行特定活动时所遵循的一个标准化和理想化的相对固定程序，主要适用于描写动态性和程序性事件，人们掌握了脚本知识后，就会以此为参照来理解语句，且还可减轻信息处理的负担，集中精力来加工那些更为特别、复杂、有趣的信息，而不必在常规性标准程序上花费过多的精力和时间。

如我们常经历的活动事件：去饭馆吃饭、到超市购物、到医院看病等，都涉及一个常规活动事件的成套格式。对于正常人来说，它们会作为背景知识储存于人们的长期记忆之中，在谈到类似话题时，这些知识就自然会被激活，作为处理当前信息的参照。如"去饭馆吃饭"的脚本可包括以下三项主要程式：

① 人物，如：顾客、服务员、出纳员等；
② 道具，如：餐馆、餐桌、菜单、食物、饭钱等；
③ 事件，如：进饭馆、在餐桌前就座、看菜单、点菜、上菜、吃饭、付账、离开饭店等，前一个动作是紧接其后动作的先决条件。

人们为完成某个任务或达到某个目的，往往需要事先制定个"计划"，在计划中就会包含很多脚本，如要外出旅游会包括许多具体步骤：联系旅行社、出门准备、乘交通工具前往、住宿就餐、游览观光、拍照留念……回家。这些具体步骤本身都是一个个脚本，外出旅游的计划就是由若干个这些脚本组成的，脚本又是由很多相对固定的常规细小行为组成的。这样我们就可从小到大、由简单到复杂来描写和分析人类的行为，解释语言中的信息缺省现象。

现将上述几个术语小结如下：

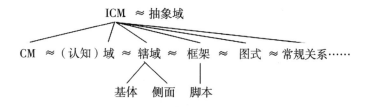

图7.2　ICM及其相关术语的关系

从上图可见，Lakoff所使用的ICM是一个概括性术语，相当于Langacker的抽象域，它由多个CM组成，能体现它的样本可视为范畴中的原型样本。下面几个术语可视为ICM的下义性概念，基本同义。框架是与一特定意义相关的知识网络，常指客观性的命题意义，但忽略了人的主观因素，只是ICM之一种。框架可包括静态性和动态性事件，后者主要由"脚本"来描写。

第二节　心智空间和概念整合

1. 心智空间

Fauconnier于1985年最早提出"心智空间（Mental Space）"这一术语，主张用其来代替"可能世界"。他认为，心智空间是通过框架和认知模型而形成的一种认知结构，是人类运作概念的媒介，是意义的加工厂。它可具体描写为"小概念包（Small Conceptual Package/Packet）"，当人们进行思考和交谈时，为达至当下的理解和行动而临时建构，受到语法、语境和文化等因素的制约，且与长期图式知识（或叫"框架"）和特殊知识密切相关。心智空间这一小概念包不同于图式性框架，主要为当下的临时语言交际服务，有时可能仅是一种瞬息间的知识。它具有"结构性、互通性、无限性、临时性、变化性、选择性、整合性"等属性，这为研究概念的"生成、变化、模型"等又提供了一个全新的认识方式，这注定了它将要伴随人的一生。

从神经研究角度来讲，心智空间中的成分可视为将被激活的神经元，成分之间的连接对应于神经元之间的连通，或叫"共激"。心智空间主要在短期记忆中运作，形成固化的心智空间后就可被储存于长期记忆中。当人们加工和融合多个概念时，就会从长期记忆中提取出多种相关信息，将它们置于短期记忆中进行整合运作。

Lakoff（1987：282，542）也主张在CM理论中用心智空间来代替可能世界或可能情景，但两者不完全相同。可能世界中的内容可在真实世界中找到实体，也可能是虚构的；而心智空间在本质上是概念性的，它不是真实世界中的实体。他进而认为，认知模型理论除了论述更具体验性的CM、ICM之外，还应包括更具概念性的心智空间理论，这可为先前在语言与认知研究中所遇到的若干难题提供答案，成为研究自然语言意义的一种行之有效的方法。因为要理解语言的组织结构就要研究人们谈话或听话时所临时建立起来的"域"，这就是心智空间，它不是语言自身的一部分，也不是语法的一部分，而是人类认识和理解世界和自身的一种机制，可视为一种认知方式，语言离开这一认知方式就无法表征，也无法被理解。

2. 概念整合

"概念"是思维的基本单位,也是逻辑学的起始点,在我们的词典和教科书中常被定义为:抽象概括出所感之物的共性,是反映客观事物本质属性的思维形式,强调了概念的感知体验性。可我们知道,概念除了来自客观世界之外,还可能产生自我们自身的心智,诸如"理论研究、艺术创作、科技发明、新思维"等,在此过程中必然会涌现出若干新范畴或新概念。那么,这些生成自心智的概念,又是如何建构自身的?概念又是如何变化的?传统哲学似乎未曾述及,概念整合论可为其作出合理解释。因此,认知语言学为传统的"概念研究"作出了重要贡献。

Fauconnier早期提出的心智空间理论,主要论述了话语如何激活语义框架,以及表征与现实有关的知识状态的空间,语言如何运用不同空间之间的连接,知识如何能够在不同空间之间漂游。后来,Fauconnier及其同事在此基础上又进一步提出"概念整合理论(Conceptual Blending Theory、Conceptual Integration Theory,简称BT)"。他与Turner2002年再度合作出版了"*The Way We Think: Conceptual Blending and the Mind's Hidden Complexities*(《我们思考的方式:概念整合及人类心智的潜在复杂性》"一书,较为完整地阐述了BT,将重点转向论述两个心智空间中的信息如何能够被整合起来生成"新创性(Emergent)"概念或概念结构。

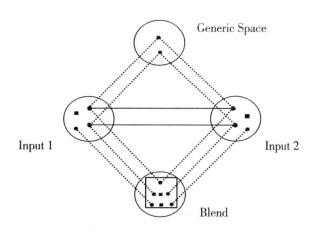

图7.3 图示概念整合论

如图7.3所示,概念整合至少涉及四个空间:两个"输入空间",一个"类属空间"和一个"融合空间"。认知主体有选择地从两个输入空间提取部分信息,还会留下一些信息,如图中两输入空间中没有虚线连接的概念元素或信息点。在类属空间的作用下先对它们进行对应性匹配,如图中两输入空间中的实线所示;取得对应性匹配的概念元素(如下方内侧两条虚线所示)与孤立的概念元素(如下方外侧两条虚线所示)都可能被映射进入融合空间。

类属空间包括两个输入空间中所共有的轮廓性结构，以保证映射能正确而又顺利地进行，起到认知语言学所述"范畴化原则（the Principle of Categorization）"的作用，以能保证相关要素得以运作对应性映射。

当两输入空间中相关要素在类属空间的作用下建立了对应性映射关系之后，就被映射到融合空间之中，它为组织和发展来自两个输入空间的信息提供了一个整合平台。这些信息可能合成较大的要素，即将相关事体（或事件）要素整合成一个更为复杂的事体或事件，如图中连接输入空间与融合空间的内侧两条虚线；也可能仅从一个输入空间进入融合空间而成，如图中连接输入空间与融合空间的外侧虚线所示；还有可能在融合空间中涌现出一个带有新创特性、富有想象力的结构，叫"新创结构（Emergent Structure）"，如融合空间中没用虚线连接的两个孤立"点"，它是经过整合过程后新冒出来的概念，这就解释了人类心智为何也能自我产生概念的原因，它们不必都是来自对客观外界的反映。

形成"新创结构"会涉及较为复杂的心智运作，主要包括以下3类认知方式，它们都可为新创结构作出贡献，这就是图7.3在融合空间中所划方框的含义：

① 并构（Composition）：将输入空间中的概念要素根据范畴化原则映射合并到融合空间之中，可能会构成原输入空间中没有的要素或关系。

② 完善（Completion）：根据语境和在线框架，将融合空间中的复合结构视为更大结构体的一部分，人们会无意识地向融合空间中注入相关的背景信息，使其更为充实，可完全进入较大结构体。

③ 精细（Elaboration）：这些成分经并构和完善加工后，在融合空间中会通过模拟和想象，压缩并细化相关信息，根据涌现而出的结构逻辑来调变冲突、化解矛盾，以建构出适应当下交际语境的意义。

上述3个认知方式完全基于人们对物理世界和心智世界的认识和把握，它们具有开放性、无限性，为融合空间涌现创造性提供了潜在动力，创造出了原来输入空间中所没有的新信息，这就进一步从理论上深化了传统的"格式塔心理学（Gestalt Psychology）"的观点"整体大于部分之和"，且为其提供了一个合理的理论解释。正如Fauconnier & Turner（2002：42，133）所指出的：

整合产生了输入中所没有的新创结构。
整合所特有的新创结构有奇特的心智，是创造的。
合成有新创结构……；完善有新创结构……；精细有新创结构。

Fauconnier（1997）和Fauconnier & Turner（2002）认为，人们在思维时将这4个心

智空间中对应信息经过一系列映射彼此连接起来，便可形成一个"概念整合网络（Conceptual Integration Network，简称CIN）"，它是人们认识世界、形成思维和语言、发展科技的一种普遍存在的认知方式，可用以解释人们为何能不断获得新概念并理解语言意义；还可解释为何会有丰富的想象力，揭示"创造性"来自何处这一重要的哲学命题。Fauconnier & Turner（2002：182）明确指出：语言是概念融合的结果。因此，该理论对于语言学、心理学和认知科学都具有开创性意义。

Fauconnier & Turner（2002：126—135）还进一步将CIN分成4种类型：

① 简单型（Simplex Networks）：输入空间1为框架型，输入空间2为元素型，两者被投射到融合空间后，后者在类属空间的范畴化原则作用下会对号入座，获得前者的框架关系。现设输入空间1为"教师框架"，输入空间2为"Lakoff"和"Tom"两人，当我们建构出"Lakoff是Tom的老师"时，就在融合空间中将"教师框架"与"具体二人"进行了简单的对号入座式的整合。

② 镜像型（Mirror Networks）：类属空间、输入空间、融合空间都享有互为镜像的同一组织框架，但在融合空间中的框架更为精细和丰富。如在著名的"和尚爬山"例中，一和尚某日上山，次日沿相同路径下山，途中应有一个想象的相遇点。在3个空间中都有"沿山路而行"这一共同的组织框架，但在融合空间中会涌现出更精细的框架"相遇"，这是两个输入空间所没有的概念，此时的"精细化"就是"新创结构"的直接动力。

③ 单域型（Single-scope Networks）：两个输入空间含不同的组织框架，只有其中一个被映射入融合空间，为其提供一个主动性组织框架，另一个则处于被动状态，但却是理解的焦点，两输入域不具有对称性。在镜像型CIN中的两输入空间在框架层面上没有冲突（仅在具体信息层面有差异），而单域型CIN中的两个输入空间存在冲突性组织框架，只有一者为主。如高度规约性隐喻，始源域中的组织框架被映射入融合空间，它具有高度的压缩力，可使处于从动地位的目标域获得框架信息，并使其获得隐喻义。如在"他是猪"的隐喻中，始源域"猪"处于主动状态，会将其组织框架映射入融合空间，使得处于理解焦点的目标域获得"猪框架"主要属性。

④ 双域型（Double-scope Networks）：两输入空间有不同（常为冲突）的组织框架，在融合空间中不可能是单一框架的延伸和发展，只能是两个矛盾框架的相互融合和调整，从而可产生一个新创结构。正是由于两组织框架具有冲突性，才足以使得想象力得以驰骋，涌现出意想不到的表达和语义。如矛盾修辞"活死人"就属于这一类型。当"活"和"死"作为两个相互冲突的输入空间一起投射到融合空

间时，它们就要进行压缩融合和相互调整，以能产生出一个满意的理解结果：既要活着，又是死人，其意义只能是失去了"活人"的正常属性，也截除了"死人"的一般属性，处于一种"不死不活""将就着"的状态之中。

在这4种类型中，双域型整合网络最为复杂，也是最为重要的一种CIN。

这几十年来，BT日益成为很多交叉学科的研究热点（Coulson & Oakley 2005：1507）。2002年8月来自全世界的认知语言学家在南丹麦大学举行了"The Way We Think"的国际学术专题研讨会，深入分析了该理论中的"空间维度、映射机制、整合过程、有形支点、分割与极化、背景区、文学模拟建构"等重要议题，很多学者还就"心智空间的无限性、概念空间映射的连通性、意义生成的激活性"等方面发表了诸多创新见解。王正元（2009：7）列述了概念整合理论的最新发展动态，如：

① Brandt（2005：1589—1590）提出了概念整合六空间论；
② Bache（2005：1617—1626）建构了三序整合论；
③ Hutchins（2005：1558—1562）分析了极化分劈论、有形支点稳定论；
④ Harder（2005：1644）探索了概念整合中的文化、情感等因素；
⑤ Hougaard（2005：1660—1667）研究了"分劈 vs 分割"的选择与整合方案；
⑥ Coulson & Okaley（2005：1521—1529）揭示了不透明隐喻和新创隐喻的意义整合机制

等等，不一而足。经过学者们不断努力，BT已形成了较为完整的理论体系，对建构话语意义、不断创造新概念，乃至人类如何获得创新能力等都有较强的解释力，也为翻译过程提供了很好的理论视角。

3. BT运用

我们生活中到处都是"整合vs分离"现象，如将氢气和氧气按一定比例就会形成水；将不同食材经烹调加工就会成为菜肴；将不同颜色按不同比例调和就会得到不同的色彩，描绘出不同的图案。生活中常有将大的拆成小的活动，如处理废旧汽车，废品收购站处理大件废物，石油经不断提炼便可得到不同的燃料。《三国演义》开头一句话"分久必合，合久必分"，倒也道出了社会发展的整合和分离的规律。当今竞争的社会，各公司和企业为求发展不断整合与分组；家庭的结合与分裂（结婚与离婚）都离不开"整合"和"分劈"的机制。

BT中最重要的是融合空间中的"新创结构"，意在强调"整合"过程的动态性和创新性，它是人类能够形成想象力的认知基础。形象一点说，传统语义理论中所讲的"组合过程"相当于"物理变化",仅是信息的简单相加;而融合过程则类似于"化学变化",在这个过程中将会产生新"物质"。如将两个输入空间"马"与"角"进行融合,便可形成一个虚拟的"独角兽"新创结构,产生了与原来输入空间完全不同的信息,这种独角兽既不同于原来的"马",也不再是原来的"角",而出现了一个新奇的、想象世界中的动物,它在实际生活中并不存在。

该理论还可较好地解释以下经典故事:一人昨日早上6点上山和今日早上6点下山(同一座山,同一条路径),若速度相同,必有一个相遇的点,但它不可能存在于现实之中,因为对于一个人来说"昨日"和"今日"属于不同的时空,不可能相遇,但经过人们的概念整合运作之后便可设想出这个相遇点。

传统语法在论述"形容词—名词"构式时认为,形容词仅说明人或事物的特征(张道真 1963:7),属于修饰语范畴,对名词有修饰和描绘作用(章振邦 1983:451),它们的意义被认为是两者意义的简单相加。Quine(1960:103)还尝试用交集来描述这种构造,他认为"红房子"的意义是"红"和"房子"的交集。而认知语言学认为形容词并不仅说明名词的特征,也不仅具有修饰和描绘作用,而能激活出该名词所处语境中的相关认知域,通过概念融合可能会产生出若干新义。如"红笔",不能简单地视为是形容词"红"修饰"笔",意义也不是两者的简单相加"红色的笔",而是通过两个词语所表达的概念经过融合之后形成的,可有多种理解,如:

① 铅笔外表被漆成红颜色;
② 笔写出的字是红颜色的;
③ 指专门用来记录财政赤字的笔;
④ 指专门用来记录穿红衣服球队活动情况的笔。

不仅如此,BT还能更好地解释隐喻机制,为什么信息差异较大的"始源域"和"目标域"并置后可产生隐喻意义?设立"融合空间"这一概念之后就可有效地解决这个难题。两个域进入融合空间后可能发生"化学变化",产生出原来输入空间中所没有的新义。如:

[1] 那外科大夫是屠夫。

两者并置后为何能出现"大夫医术不好"之义(屠夫也有高明者,如庄子所述庖丁解牛的故事),这一意义正是人们经过一系列心智运作后在"新创结构"中涌现而出的,它不是从"外科大夫",也不是从"屠夫"带来的。因此BT比L&J的概念隐喻理论在这一方面更有解释力。

Fauconnier & Turner(2002:389—396)还指出:概念融合是我们学习的途径,是我们认知的方式，是我们生存的必由之路。我们直接生活于融合之中，它是我们在这个世界上的唯一的生存手段，人类生存于世就意味着生存于融合之中。从哺乳动物到灵长目动物，再到原始人类，概念整合能力得到不断发展，一旦获得双域整合能力，现代人类就诞生了，人类的特性就在于具有"双域概念整合"的创造能力！对于Fauconnier & Turner来说，人类5万年的历史好像就是概念整合的历史！他们（2002：390）甚至还认为：人类是通过融合来理解所生活的物质世界、心智世界和社会世界的，除此之外，别无他法！这样他们不仅用BT来解释语言问题，且将其上升到人类发展和生存、认识和理解世界的高度来阐述，这值得我们进一步理解和研究。

4. 追溯与发展

仔细想来，BT并不能算是西方学者的专利，我们的老祖宗早已在运用它来解释世间现象和人类文明。如先哲在《易经》中将"三画卦"两两整合而成64卦（即64种意象图式），其中就蕴含着概念整合原则。正如胡适（1999: 57）所指出的：

> 意象为我们的器物、制度的创造、发明所依赖。文明的历史，按照孔子的看法，就是把"意象"或完美的上天理想变为人类器物、习俗和制度的一系列连续不断的尝试。

汉民族的祖先受到"木卦处于水卦之上"这一浮动意象的启发，想到了造船；因"木卦处于雷（动）卦之上"这一成长或增长的意象而发明了"犁"用来耕地；依据"雷卦在山卦之上"这一转动和变化的意象发明了杵臼和书写；基于"木卦在泽卦之下"这一意象想到了死后用"棺材"埋于地下，等等。其中有些解释虽有牵强附会，但仍清晰可见"创造力来自两两相叠的三画卦"这一原则。Fauconnier & Turner的BT与其不谋而合！同时，我们也为祖先们的睿智感到自豪和荣光。

该理论原本为认知语言学的研究成果，但它亦已超出语言层面，我们拟将其扩展至哲学、心理学、认知科学等领域，乃至于解释人们为何能形成创新思维、建构新学科、发明新科技，可将其视为一把解开人类文明不断进步的钥匙。例如，当牛顿看到苹果落地时想到了地球有吸引力，可解释为牛顿将"苹果"与"地球"作为两个输入空间进行整合后，在融合空间中涌现出"两物间存在引力，与体积成正比"这一新创结构。英国物理学家法拉第将"电"与"磁"作为两个输入空间映射进入融合空间后创造出了电动机、发电机等一系列现代科技成果，改变了人类的生活。现代军事家将"运载工具"与"核弹"捆绑起来，成为超级大国威胁全球和平的王牌武器；乔布斯将"通讯手机"与"计算机"结合起来研制出"iPhone"；商界精英将"网络"与"电视"结合起来形成了一个新产业"网络电视"；有卓识远见者将"万维网"与"GPS"结合起来，召唤着无线网络新时代的到来；为了执行节能减排的国策，技术人员将"空调、冰箱、热水器"整合起来，合理组配冷热资源，带来新型节能家电系统；等等。这一件件、一桩桩，哪项新理论、新发明、新创造不是基于双域或数域的整合而成的！这就是我们常说的"闭门造车"是造不出车来的，发明家必定会受到某种外界刺激，这外界刺激就相当于BT中的输入空间。

再看当今学界兴起的"跨学科"或"超学科"的边缘性研究，也可用BT作出合理解释。两个不同的学科可视为图7.3中的两个输入空间，当它们整合起来进入融合空间后就会形成一个新学科，其中必然会涌现出一些原来两学科都没有的内容，这才是"边缘学科"的真正意义之所在。如将"心理学"与"语言学"结合起来，形成了"心理语言学"，其中产生了很多原来心理学和语言学都没有的新观点。再例：马克思将"费尔巴哈的唯物论"和"黑格尔的辩证法"进行整合，诞生了辩证唯物论；L&J将"心智的体验性、思维的无意识性、概念的隐喻性"作为三个输入空间进行融合建构了"体验哲学"。他们以及其他学者还将"后现代理论、认知科学、语言学"紧密结合起来，涌现出认知语言学这门新学科。

若说人类5万年的历史就是概念整合的5万年历史，那么我们要说，人类的科学发明史和文明进步史，就是一部概念整合的历史。BT完全可用以合理解释"人类创造力来自何处"的问题，必将受到哲学家的青睐。

第三节　ICM与语义理解

1. 现实世界与认知世界之间的差异

在客观的现实世界与人类的认知世界之间总归存在着一定的差异，现举几个著名的心理学实验来加以佐证。

① 丹麦心理学家Rubin（鲁宾）在约100年前所设计的"人面—花瓶图（Face-vase Illusion）"，可以说明图形比背景更具突显性，不同的人会注意情景中不同的部分，就会产生不同的范畴化方法，因而也就获得了不同的视觉效果。

图7.4　人面-花瓶图

上图可说明以下几点：

(a) 看此图会有两种结果：要么看到的是一个花瓶，要么看到的是两张脸。我们只能看到其中之一，不可能同时看到两者。

(b) 经过较长时间的观看，很容易在两者之间发生转换。

(c) 图形有特定的形状和结构，而且具有紧凑性和一致性，而背景则缺乏这些特征，因此前者更易被识别和记忆。

(d) 图形好像是位于背景之前的，且背景可在图形之后或多或少地向后延展。

总之，"图形"在认知中占优势，是最为明显的成分，成为注意的焦点；它通常是形状完整、体积较小（包括面积或体积上较小，时间上较短）、能够移动、结构简单紧凑、更为可及、首先见到的（如果非对称性不明显，也不排除反过来使用的可能性）、依赖性较大的事体。而"背景"相对于图形来说在认知中不占优势，突显程度较低，可作为认知上的参照点；它具有某种可用来描写图形未知方面的已知特征；体积较大（包括面积或体积上较大，时间上较长）、静止的、结构相对复杂、独立性较大的、更易预料的事体。

② 张东荪（原作1940，2011：41）曾画了下图以解释上述道理：有人看是凸的，有的看是凹的，看是凸的则以为是一个斗的外面，看是凹的则亦可以为是一个斗的里面。

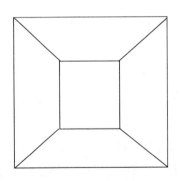

图7.5　凹凸幻觉图

③ Johansson（1950）双灯试验。若相隔适当距离的两盏灯A、B，以适当的节奏闪烁，对于观察者来说会以为是一个灯在A和B之间来回移动，或灯光从一灯向另一灯扫描。如果两灯的颜色不同，我们会以为颜色在两灯距离的中间发生变化（Jackendoff 1985：44；Fauconnier & Turner, 2002：79）。

④ 我们也有这样的经验，一个快速旋转的轮子或电风扇，有时在视觉上会感到其条幅或叶片在慢速反转。

因此，一个人所看到的不一定会与客观外界完全相符，这样在事实和认知之间就会产生不一致的现象。出现上述这种现象的原因为：人们会产生"视觉幻影"或"视觉滞留"，这样就产生了两种SEEING的认知模型：

{ SEEING模型：看到的就是事实，这是客观主义的观点。
SEEING-AS模型：这是一种ICM，兼顾客体和主体的模型。

人们通常是将一事物与已知的原型样本相比较，发现两者之间的异同来识别它，两者不大可能完全一样，在此过程中常会将一物看视为另一物，也就是说，"眼见不一定为实"。此时，"真实世界"与人类通过体认建立起来的"认知世界"不一定完全相同，这也证明了客观主义理论的致命缺陷。

Jackendoff（1985：29，31）还指出，语言所传递的信息不一定是真实世界的信息，且据此指出：语言一定具有主观性。因此，如果将看到的就视为事实，这显然是客观主义者的观点。SEEING-AS是人类的心理问题，与意义无关，因为在他们看来意义是客观的。而认知语言学认为用客观主义的观点研究意义，解释语言注定行不通。Lakoff（1987：127）认为，SEEING-AS模型属于一种视觉范畴化形式，也当被视为一种SEEING模型。

2. ICM理论的解释力

ICM理论充分考虑到了上述这一差异，认为"人面—花瓶图"的视觉效果会因人而异，不是客观不变的，也可解释双灯试验在认知理论上留给我们的困惑，这就为有效地解释具有主观性的语义奠定了理论基础。

认知语言学认为：人类的语义与客观世界、身体构造和功能、认知能力和方式、文化信仰、主观因素等密不可分。由于CM和ICM理论是针对客观主义语义理论提出来的，充分考虑到了这些因素，因此ICM除了命题模型之外，还包括"意象图式模型、隐喻模型、转喻模型"，正是有了这些模型才可解释人类为何具有想象力，也才使得我们所形成的ICM具有开放性、选择性、互动性、动态性。正是由于ICM是"理想化的"，在实际认知运作中它就不一定能与所有客观事实相吻合，会以不同程度来适合现实世界，适合程度可分为以下几个等级：

精确、很好、较好、勉强、不好、很不好、完全不好。

正如Lakoff（1987：130，132）所指出的：

ICM可能适合世界，也可能不适合世界，不必互相一致。
ICM是一种理想化了的认知模型，它们不一定要适合世界，发话者可用它们来暗示如何理解某一特定情景,或对某特定情景不作某种理解。

下面将运用ICM理论重点论述词语意义的理解,而它们都是传统的客观主义语义理论所解决不了的问题。

例1:客观主义语义学认为如用B来定义A,则A和B的意义就该相等,可表达为A = B。据此,下两句也应同时为真:

[2] All A's are B's.　All B's are A's.

即两句具有互等关系。但在实际语言使用中上式并不成立,如:

[3] A is a bachelor. 和B is an unmarried man.

词典上虽然将a bachelor定义为an unmarried man,若按照客观主义语义学理论这两者就应具有等同关系。但深究起来它们并不互等,在很多场合下不能互换使用,如很多unmarried man 不能称之为bachelor。

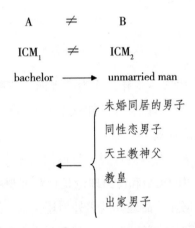

图7.6　unmarried man 不一定是bachelor

由若干CM整合而成的ICM可有效解释这一现象。根据词典对bachelor的定义,它充其量算是给该词建立了一个BACHELORHOOD-ICM(其中包含所有关于bachelorhood的背景知识,即若干CM信息),它与BACHELOR所激活的ICM不完全相同,因此an unmarried man不能完全用BACHELORHOOD-ICM 来定义。上图右栏所列的人(如教皇Pope等)都是没有结过婚的男人,但一般不可称为"bachelor"。如此说来,我们虽可说All bachelors are unmarried men. 此为分析性成真的命题,但All unmarried men are bachelors. 却是非分析性成真的命题。可见客观主义理论在此失效。

例2:mother、father根据语义特征分析法可找出以下几个语义特征:PARENT、

-MALE、MALE，并将PARENT分析为向下的生育关系。实践证明，试图用这几个语义成分将这两个词的意义说清楚是不可能的，因为它们的语义还与人类的知识密切相关，当兼顾百科式语义。Lakoff（1987：74）认为"mother"的ICM应当包括：

① 生殖模型：要生孩子；
② 遗传模型：提供一半基因；
③ 养育模型：担当养育任务；
④ 婚姻模型：是父亲的妻子；
⑤ 谱系模型：是孩子最直接的女性长辈。

Taylor（1989：86）用"认知域（Cognitive Domain，简称CD）"来代替Lakoff的CM，并认为若要对mother有充分理解，就必须对father也要作出对应的认知域分析。他基于传统社会的典型用法将 father 分为以下5个CD，即5个CM：

① 遗传域：提供遗传基因的男性；
② 责任域：养活孩子和孩子的母亲；
③ 权威域：具有权威性，负责教育孩子；
④ 谱系域：是孩子最直接的男性长辈；
⑤ 婚姻域：是母亲的丈夫。

上述关于母亲和父亲的5个CD或CM，就构成了"母亲"和"父亲"的一个复杂的ICM，它比任一单独的CM都更为基础。如"母亲"，根据经典范畴论的充要条件可定义为：生过孩子的女人，可这一定义并不能包括所有的情况。Mother只能是一个基于复杂模型的范畴，它融合了很多单个的CM：生殖模型、遗传模型、养育模型、婚姻模型、谱系模型。完全符合上述mother的5种CM，这就是mother的ICM，也是mother最典型的原型，是基于一个复杂ICM，并在此基础上定义出的抽象概念。

倘若删除或修改ICM中的某个模型，就会得到这个范畴的非原型成员。如下列一些说法，仅靠原来的语义特征分析不可能找到答案，而只有运用上述模型对mother和father作出ICM分析，才能获得较为满意的解释。如现实生活中常出现对其运用和理解上的各种偏差，它们就是基于或突显某一模型的，或是某一模型的隐喻或转喻说法，也可能是删除某一模型或修改某一模型的结果：

所基CM　　　　　　　**英汉表达**

生殖模型：biological mother，real mother（生母）
　　　　　surrogate mother（人工受孕后所找的替身母亲）

隐喻：Necessity is the mother of invention.（需要是发明之母。）

遗传模型：donor mother（提供卵子的母亲）

抚养模型：adoptive/foster mother（养母）

可把孩子让给别人抚养的未婚妈妈

隐喻：党呀，我的母亲。至于"祖国"可能会基于①和③模型。

He wants his girlfriend to mother him.（他要求他的女朋友像母亲一样照顾他。）

婚姻模型：step mother（继母）

在汉语和英语中都有"未婚妈妈（unwed mother）"的说法，而没有"已婚妈妈（married mother）"的说法。这都反映了mother的婚姻模型[①]。

谱系模型：grandfather on the mother side（外祖父）

grandmother on the mother side（外祖母）

隐喻：语言学中常用的树形图中的上位节点被称为mother node，下位节点被称为daughter node。

现实生活中"母亲、父亲"的用法并不完全与ICM相符，这从上述例子可见，现再列举汉语中时常听到的一些说法，它们与"母亲""父亲"的ICM都存在一定的差距，各种说法都突显了某一或几个CM，即突显了ICM集束中的某一或几个CM：

[4] 他长得一点儿也不像他妈。　　　　（突显遗传模型）
[5] 她是他的亲妈吗？　　　　　　　　（突显生殖模型）
[6] 她哪儿像个当妈的？　　　　　　　（突显抚养模型）
[7] 母校，母亲河　　　　　　　　　　（抚养模型的隐喻用法，删除其他模型）
[8] 失败是成功之母。　　　　　　　　（生殖模型或谱系模型的隐喻用法，删除其他模型）
[9] 这片黄土地如同母亲的胸怀。　　　（生殖、抚养模型的隐喻用法）
[10] 他是既当爹来又当妈。　　　　　　（突显责任模型、抚养模型）
[11] 有人养，没人管的！　　　　　　　（突显责任模型）
[12] 你这当爹的该好好管管孩子了。　　（突显权威模型、责任模型）
[13] 这孩子怎么不跟他爹姓？　　　　　（突显谱系模型）
[14] 母树、母蜂、母本、母体　　　　　（突显生殖、谱系模型）
[15] 这孩子有几个爹？　　　　　　　　（突显婚姻模型、谱系模型）

---

① 这在传统文化中是一个十分重要的因素，若谈到"母亲"多指结过婚的女性，这一模型就使人们形成了一个常识，结婚生孩子是常识。

在《扬子晚报》2001年11月8日的一篇题为《合肥下岗职工争当"代养妈妈"》的报道中,讲述了合肥几十名下岗女职工到福利院要求给孤残婴幼儿当"代养妈妈"的事情。2002年9月24日的《都市女报》上有一篇文章,标题为《妈妈为女儿征寻"代理妈妈"》,文中说:"我想给孩子找位'代理妈妈',帮她学习,只要孩子能够顺利成长,我愿意放弃对孩子的一切权利,将女儿交给她的'第二个妈妈'。"

该报另一篇文章的标题为《钟点妈妈与钟点爸爸》,说的是一位姓徐的先生想给8岁的儿子诚招"钟点妈妈",许多女性应征,其中一个带着8岁女儿的离异女士同时还表达了想给女儿找个"钟点爸爸"的想法。

显然,文章中所用到的"代养妈妈""代理妈妈""钟点妈妈"主要是指抚养模型、责任模型。与此相关文中还有"代养爸爸""代理爸爸""钟点爸爸""招聘父母"等说法。因此,一个典型的母亲,应是符合上述5种CM的女性。这5个CM可以组成一个MOTHERHOOD-ICM,其中包含有关"母亲"的百科性知识。倘若将这五种情况分开来算在一个人头上,一个人就可能有五种妈妈:

① 提供基因的供卵者;
② 亲生母亲;
③ 抚养孩子长大的人;
④ 是父亲现在的妻子;
⑤ 提供姓氏的人。

可见,当某一表达涉及的模型越多,它就越靠近原型概念,认知处理就越容易,所需时间就越少,如:

[16] 这孩子的母亲是谁?

一般说来,此句可能要涉及上述5个CM,这里的"母亲"为范畴的原型用法,也是ICM的样本。如将"祖国、学校"等视为"母校",仅保留了"抚养模型"(也可能会包括谱系模型)而删除了其他几个模型,这是"母亲"的隐喻性用法,是范畴的边缘成员,它是后于原型才学得的,也只有通过原型才能理解,且在认知处理上相对于原型意义要难,所需时间也较长。上面所讲的分别有5个妈妈的人的情况,在理解时确实是颇费时间和精力的。

有时某一说法所涉及的模型也会因人而异。如"后娘、后爹"一般要涉及"抚养模型、婚姻模型",还可能涉及"谱系模型",从而使其意义和用法有所不同。若用经典范畴论中的充要条件来定义mother远远解释不了mother的丰富含义和多种用法,也很难找到一个能适合上述5个模型的mother的充要条件。CA(语义成分分析法)中区分父亲和母亲仅在于是否[MALE]，缺乏足够的说服力，这就是为什么具有"灵活性、想象性、个体性"的ICM更具解释力的原因。

例3：lack的解释是not have，可这两者是用不同的ICM来定义的，在LACK-ICM中包含一个表明某人或某物应有某物的背景条件，还包含一个表明某人或某物没有某物的图形，而not have并不一定包含这些内容，因此两者不完全同义：

[17] 我的自行车没有汽化器。
[18] *我的自行车缺少汽化器。

[19] 教皇没有妻子。
[20] *教皇缺少妻子。

一般来说，例[18]、[20]是不能被接受的，因为lack的背景条件没有得到满足。可见，不同的词语是相对于不同的ICM来定义的，lack 和 not have 这两个词语所激活的ICM不同，即其内所含CM不完全相同，因而两者不具有完全同等和互用的关系。

例4：在定义"星期二"时需借助WEEK-ICM，其中包含若干CM，如"太阳运行、一日的始末、一周由七天构成且须按线性顺序排列"等。在这个ICM中的第三天叫"星期二"。另外我们也可看到其间还包含着人的主观认识，"七天构成一个星期"并非客观存在于自然世界中，而是人为规定的。

例5：Coleman & Kay（1981）、Sweetser（1984）等对lie（说谎）进行了研究，认为它主要包括三个CM：

① 所说的话是不真实的；
② 自己知道是不真实的；
③ 有欺骗的企图。

但其中没有一条可划归为经典范畴论中所说的"必要条件"。若仅具有其中两个模型，仍可被视为"说谎"，但不很典型；若仅具其一，或许很少有人视其为"说谎"。如某人得了重病，医生和朋友会善意加以劝慰，往往要隐瞒真情，此时会说：

[21]问题不大，过几天就好了。

这个"谎言"仅具有头两个模型，而第三个模型则不明显，人们此时一般不认为这是"谎言"。

《现代汉语词典》中对"说谎""谎言"也作出了类似的分析：故意、不真实、骗人，这与Coleman & Kay等人的分析基本相同。在这三个模型中，各模型对原型"说谎"所发挥的作用有程度上的差异：

① 信念之假：最重要的模型
② 意欲欺骗：次重要
③ 事实之假：最不重要

例如：

[22] 你偷了东西却说没偷。

这是一种典型的说谎，包含了上述的三种模型，是"说谎"的ICM或原型。

[23] 当你看到别人穿了一件你不喜欢的衣服时，却还要说"这衣服很好看"。

"说谎"程度次之，这里不存在"故意欺骗"问题，而是一种礼貌说法。

[24] 若你想去游乐场，却说要去文具店买笔，尽管去游乐场途中经过文具店。

"说谎"程度更加次之，这是一种介乎"似真似假"之间的表述。

表7.1 基于原型范畴论分析"说谎"

例句	（1）相信是假的	（2）故意欺骗	（3）事实为假
[21]	√	√	
[22]	√	√	√
[23]	√		√
[24]	√	?	?

从上可见，尽管"事实上的假"在lie中被认为是最不重要的，但当问及被试者"说谎"的定义时都将其认定为"虚假的陈述"。Sweetser认为，这可用ICM理论来为这种反常现象作出合理的解释：在人类社会的日常语言交际中有一个十分重要的ICM"有助于别人"，这被视为理所当然之事，"礼貌原则、尊重他人"在各个语言社团中都是维系人际关系的一条重要准则，在交际时"礼貌"比"说真话"更重要，因为人们在交际时并不介意"虚假陈述"。若深入调查日常话语就会发现，为了礼貌、助人而"说谎"是一种十分普遍的现象。Lakoff（1987：72）将其表述为：

THE MAXIM OF HELPFULNESS: People intend to help one another.

这就解释了上述的反常现象，这就解释了人们为什么在交际中总要说些"有益无害"的谎言，难怪医生、外交官会不时地讲一些"假话"。

例6：ICM理论也可用来解释下一现象：由于ICM是由若干个CM构成的，多个相互有紧密联系的CM可能会形成一个自然范畴，人们就可能用一个词汇项来加以表达。因此一个ICM是形成了一个"多义自然范畴"的基础，也是形成一个"多义词"的基础，其原理是同一个ICM中的CM数量不同，其间的联系也不尽相同。

如"窗户"就是一个多义自然范畴，可用于下列各种不同的表达之中。若仔细想来，它们有各种不同的意义，但都处于同一个ICM之中，这些意义有着紧密的内部联系，人们很自然地就会用"窗户"一个词来表示这些不同的意义，从而形成了一个多义的自然范畴和多义词，例如：

[25] 安装窗户　　　　　（整个窗户）
[26] 坐在窗户上　　　　（窗户的部分空间）
[27] 油漆窗户　　　　　（仅漆框架，而不会漆玻璃）
[28] 打破窗户　　　　　（仅指玻璃）
[29] 打开窗户　　　　　（仅指可活动部分）
[30] 跳出窗户　　　　　（仅指窗户的空间部分）
[31] 商店橱窗中的衣服　（仅指橱窗中的一部分空间）

除[25]中的"窗户"可指整体之外，其余都仅指窗户的某一部分，突显了WINDOW-ICM中的某一种CM，或者说用前者代替后者，这实际上也是一种"整体代部分"的转喻用法。再例：

[32] 我踢门。

而不说：

*[33] 我用我的脚的大拇指前面一点踢了门下面的某一个点。

"我"是一个整体，可我没用我整个身体去踢门；我也没有将门的各个部分都踢了一遍，仅是门下面的一个点。这也是用"整体代部分"的转喻。倘若我们不用转喻说[32]，而"老老实实""按照事实"说成[33]，岂不要让别人指责我们太滑稽了？

从上文"窗"和"门"两例可见，客观主义语义论是行不通的。以上诸多表达中"窗户、我、门"的意义并没有与客观世界完全对应，所谓的"真值"不可能不受到个人理解、人际关系、特殊语境等因素的影响，也不可能不涉及百科知识，必然要受到经济原则的制约，如例[32]要比[33]简洁得多。在上述关于"窗户"的几个例子中所表示的有关"窗-信息"，它们密切关联，形成一个自然范畴，人们自然就会将它们集中处理，统称为"窗户"，既简洁又明了，不必太"较真"，大致说到即可，这便是用CM和ICM来描写语义的认知理据。

显而易见，Lakoff的CM、ICM，以及Taylor的CD，比二分法的CA、客观主义语义学理论更具解释力，也更符合人们的认识规律，是当代语义研究中的一大创新，有力地批判了客观主义语义学。他们同时还指出，"语言知识vs非语言知识"之间不存在明确界限，人的"语言能力vs一般认知能力"不可分离，据此便可批倒索氏和乔氏的"语言自治论"。

第四节　ICM与转喻

1. 概述

从上可见，隐喻和转喻表达在日常交际中可谓俯拾即是，确实可称为"我们赖以生存"的认知机制。Lakoff所创立的ICM理论包含四种模型，其中两种为"隐喻模型、转喻模型"，它们在人类体认过程中起着关键作用。

"隐喻"是从一个ICM向另一个ICM的映射，通过映射限定了两个ICM之间的关系；"转喻"是指同一个ICM之内的认知和理解，主要用以表达"部分与整体、部分与部分"之间的关系，即可用一个整体中的某部分来认识另一部分或整体，或通过整体来认识部分，两者具有"接触、邻近"的关系。

Taylor（1989：124，139）认为，与隐喻相比，转喻是一种更为基本的意义扩展方式，因为我们首先会通过"接触、邻近"来认识事体之间的关系。也就是说，转喻是发生在同一个ICM或认知域中，认知加工所需精力和时间更少。Panther & Radden（1999：1，2）也指出：

> 越来越明显地表明：转喻是一种可能比隐喻更为基本的认知现象。转喻可被理解为一种概念过程，在这个过程中一个概念实体"目标体"，在心智上可通过同一个ICM中的另一个概念实体即"转喻体"来理解。

人们常可通过范畴中的典型代表来认识和理解整个范畴，这时转喻起着"部分代整体"的认知作用，通过某个认知上显著、易理解、代表性的部分来"以偏概全"地认识和表达整个范畴，这其中实际上就是ICM机制在发挥作用，如上文关于"窗户"和"母亲"的例子，这些都是转喻用法。这转喻也可用"激活论"来解释，当人们提起某一部分时，就会激活与其相关的CM或ICM。

2. 其他转喻模型

范畴的转喻模型有很多类型，Lakoff（1987：84）认为，除上述所说的ICM、典型样本、转喻用法外，还有下述五种。

（1）社会常规

转喻模型与社会习俗密切相关，它是特定的语言社团在相关的ICM基础上形成的一种社会常规（Social Stereotype），且常"以偏概全"地表示整个范畴，这其中包含了一定的文化期望值，如在西方社会中，

常规典型的政客是：会搞阴谋、自我不老实。
常规典型的单身汉是：健壮有力、与许多不同的女友约会、对性征服感兴趣、常出现于单身酒吧。
常规典型的中国人是：勤劳、节俭、智慧。

如我国目前出现了很多表示社会常规式的词语，如"小姐"一词在我国不同时期充当了不同的常规代表，在新中国成立前指"地主、资本家"的女儿，好吃懒做，自命清高；在改革开放初期成为对女士的尊称；随着性开放思潮的袭击，"小姐"又成为出卖色相的代名词。

当前我国社会上流行的"潜规则"一词就能很好地说明"社会常规"，它原义为"潜在的、不必明说的规则"，现常用来指想当演员或明星的女性向导演等出卖色相的现象，起到"尽在不言中"的效果。

"社会常规"与"典型成员"有区别：前者通常是有意识的，属于大众话题，且含有一定的文化期望值；而典型成员的使用常是无意识的、自动的，不是大众话题，在一个人的一生中并不会有什么明显变化，不含有文化期望值。这样我们就有了理解范畴的两种模型"原型模型vs常规模型"，每一种模型都可产生原型效应，但是以不同的方式。

（2）理想型

许多范畴的理解是基于一些抽象的、理想的构思，既不是典型，也不是常规，也能形成一种转喻模型，如"理想老公"是一个高富帅、有责任心、忠实、强壮的年轻男孩。很显然，该转喻模型与社会常规也是密切相关的，不同时期，不同的人群，对同一范畴会有不同的理想模型。但不同的女孩，会有不同的择偶标准。社会上就有一些姑娘喜欢有钱的中年男人。"理想妻子"在不同男孩心中也有不同的标准，很多人常将"漂亮、气质、颜值"置于首位，但也有很多其他理想模型。

据调查，不少人认为理想的小学生应是"听话、乖巧、学习好、不调皮、爱老师、爱父母、爱劳动"等；当人们一谈到大学的老教授，脑海中常会浮现理想老教授的形象，如"儒雅、有学问、受尊崇"等，但在实际生活中，教授也是普通人。

（3）极端代表

人们还可能通过实际生活中某领域中极端的、个别的代表来理解整个范畴，这也是一个用部分代替整体的现象。这些"极端代表（Paragons）"可能是尽善尽美的、也可能

是恶劣无比的代表。如我们一说做好事不留名,可能会想到"雷锋",一说法西斯,会想到希特勒。如美国打垒球的杰出代表人物有Babe Ruth、Willie Mays、Sandy Koufax等,人们有时就用这些名字构成词语:a regular Babe Ruthy、another Willie Mays等。汉语中常说:

[34] 他就是21世纪的诸葛亮。

[35] 某歌星就是中国的杰克逊。

[36] 他简直就是第二个莫言。

[37] 他就是隐藏在革命队伍内部的克格勃。

上述几例中就分别运用"诸葛亮"作为聪明智慧的极端代表;用"杰克逊"作为流行音乐的极端代表;用我国获得2012年诺贝尔文学奖的"莫言"以偏概全地表示整个"极善文学创作的人"这一范畴;"克格勃"作为搞间谍活动的极端代表。

我们喜欢观看明星影片、全明星球赛,希望知道诺贝尔获奖者的成就和事迹,等等。这些人物在某一方面取得了巨大的成功,往往会使人们把他们在全方位内作为"人"的典范,倘若他们犯了常人所犯的错,人们会受到极大震动。

(4)生成型

可用一些具有生成性(Generators)的范畴中心成员来以偏概全地理解或代表整个范畴,范畴中其他成员是由这些中心成员和某些规则来定义或生成的。例如自然数,0到9是自然数的中心成员,通过一些诸如加减乘除的运算规则,就可获得整个数字范畴,这些中心成员具有生成性。

(5)突显样本

人们也可能会使用熟悉的突显样本来理解整个范畴。突显样本不一定是典型的,而典型样本一般来说总是突显的。如在美国芝加哥曾坠毁一架DC-10飞机,舆论界将这一事故炒得沸沸扬扬,后来许多人就拒绝乘这种型号的飞机,而选乘其他机型,尽管所选的机型的安全记录还不如DC-10型飞机,这些人就是运用了这架坠毁的DC-10飞机作为突显样本,转喻性地代表整个DC-10飞机范畴。

L&J强调了隐喻的重要性,将隐喻提升到"我们赖以生存"的高度来论述,他们于1980年出版的书名就是*Metaphors We Live By*。近来许多认知语言学家认为转喻是一种比隐喻更加重要的认知机制,因此我们完全有理由说"Metonymies We Live By"。

思考题:

1. ICM 主要包括哪些内容?它有哪些主要特征?与认知语言学中其他类似术语有什么关系?
2. 为什么 ICM 对于我们理解语义是十分重要的?它可在哪些方面弥补客观主义语义学之不足?试

举例说明 ICM 的解释力。
3. CM 与框架理论、脚本理论有什么相同之处？有什么不同之处？举例说明。
4. 社会常规是如何固化在我们知识体系中，成为我们理解世界的一个重要手段的？试举例加以说明。
5. 试列出你心目中理想的男朋友或女朋友，丈夫或妻子，儿子或女儿，父亲或母亲的属性。
6. 试描述下列各图：

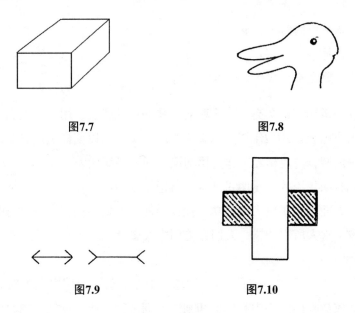

图7.7

图7.8

图7.9

图7.10

第八章 事件域认知模型

本章主要针对Langacker、Talmy、Lakoff、Panther & Thornburg以及Schank & Abelson等学者提出的认知模型之不足提出了"事件域认知模型（Event-domain Cognitive Model，简称ECM）"，它不仅符合人们的正常认知规律，兼顾了线性和层级性分析，同时也适用于动态和静态场景，可解释概念结构和句法构式的成因，以及语义和交际层面中的诸多现象，如"缺省交际、脚本理论、时段分析、间接言语行为、事体命名、词性转换、词义变化、反义同词"等。

ECM还可为转喻机制从理论和应用上作出合理的解释，且更为重要的是，为转喻提供了一个统一的体认基础。因此ECM具有较强的解释力，不失为人类一种有效的认知方式，这又为认知语言学强调用统一模式解释语言提供了一个有效的分析思路。

第一节 事件域认知模型提出的理论背景

认知语言学家和计算机科学家为解释概念结构和句法构式的成因拟构了许多模型，主要有：

① Langacker（1991/2002）创建了"弹子球模型"和"舞台模型"，并以此来解释英语基本句法构式及变体。但是，弹子球模型仅聚焦于单一层面，且以线性方法图示了力量的传递过程。舞台模型虽涉及的要素较多，包括施事者、受事者、场景等，但分析似乎也较为笼统，未对这些要素作层级性分析。另外，这两个模型的体认基础是什么？它们之间到底有何关系？为什么是两个模型而不是一个或更多？Langacker对其语焉不详。他的分析主要是针对句法构式，并未将其运用来分析语言的其他层面，这就使得该模型有了一定的局限性。

② Talmy（1985a，1988）的"力量动态模型"主要也是用来分析概念结构和语法构式的，其出发点是基于动态性的作用力现象，忽视了对静态性场景的分析，同时，他的这一模型似乎也未能进一步扩展到分析语言的其他层面。

③ Lakoff（1987）将动态意象图式详析为六种，并在此基础上建立了SFH，主要包括六类概念结构，又在其基础上阐释了对应的六种句法构式。他的分析主要也是针对语言的

句法层面,且仅解释了部分句法构式,未用来解释语言的其他层面。

④ 计算机科学家Schank & Abelson(1975)提出了"脚本理论",将其定义为:描写特定情景中事件的恰当程序的结构,常指预先设定的、常规性的动作性程序。该理论也是按照线性程序在单一层面上的分析,且主要针对动态性事件,忽视了静态性场景。

⑤ Panther & Thornburg(1999)从言语行为角度分析了动态性事件,他们将一个言语行为视为一个由"前时段、核心时段、后时段"等组成的行为场景,显然也是以线性认识为基础的,忽视了事件场景中要素间的层级性,也忽视了静态性事体。

以上几种分析理论都存在以下三个问题:

① 分析是在单一层面上进行的,且主要按照线性序列进行,忽视了事件内部要素之间的层级性;
② 分析主要是针对动态性场景和事件的,忽视了静态性场景或事体,或对其论述不详;
③ 分析主要是为了解释句法构式的成因,而没能或很少将其扩展到语言的其他层面,这似乎与认知语言学的目标不符:尝试用几种基本认知方式来概括性地论述语言各层面的诸多现象。

为弥补上述理论之不足,我们提出了ECM,以期能为语言的多层面诸如词汇化、词法、句法、语义、交际等作出一个统一的解释,这一研究思路也与认知语言学试图为语言作出统一解释的出发点完全一致。ECM的基本思想可以图表示如下:

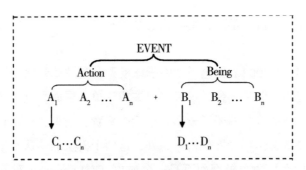

图8.1 图示"事件域认知模型"

我们认为,人主要是以"事件域"为单位来体认世界的,并将其作为知识块储存于大脑之中,这完全符合我们的一般认知规律。人们在对许多具体事件体认的基础上逐步概括出事件的抽象概念结构,并基于此形成了语言中的种种表达。

一个基本事件域EVENT(简称E)主要包括两大核心要素:行为(Action)和事体(Being)。一个行为,包括动态性行为和静态性行为(如存在、处于、判断等),是由很多具体的子行为或子动作(如图中的A_1,A_2...A_n)构成的。一个事体是由很多个体(如图中的B_1，B_2…B_n）构成的，事体可包括人、事物、工具等实体，也可包括抽象或虚拟的概念（婴幼儿是在对具体事体认识的基础上逐步掌握抽象和虚拟的概念的）。一个动作或一个事体又可分别带有很多典型的特征性或分类性信息C或D。这样，一个事件域就可能包括若干要素，而不仅是施事者、受事者、作用力、场景等要素，而且这些要素之间还存在层级性关系，如：

在第一层级上：一个事件主要包括行为要素和事体要素；
在第二层级上：动作要素和事体要素又包括很多子要素；
在第三层级上：各子要素又含很多特征和分类等子信息。

我们也可借用认知语言学中常用术语"域（Domain）"来表示由多要素和多层级构成的包括一定范围的事件，以解释事件内部的层级性和复杂性。有时一个事件与另一事件很难作出明显区分，因此图8.1表示事件域的边框用虚线。我们将从不同的视角，基于不同的突显心理，分层剖析复杂事件域，以期能大致了解人类的基本概念结构，并借助它们来解释句法构式的成因，以及语义理解和语用现象。

第二节 解释基本句法构式的成因

由图8.1可见，婴幼儿在面对眼前世界种种不同场景时自然会从中概括出事件域中两大基本要素：行为和事体，并在其基础上形成一些典型的概念结构。这两个要素就与语言中普遍存在的两大词类范畴"名词和动词"相对应。

ECM不仅考虑到了动态性事件，且也兼顾到了静态性场景，因为婴幼儿出生后所面对的不仅是动态的世界，而且还会面对很多静态性场景（他们常是一人独自躺在床上观看周围的静态场景），两种情况兼而有之。因此，在我们的研究中就应当兼而有之，不可偏废，详见第四节。

还有需要特别强调的，也是被国外认知语言学家所忽视的一点是，成人语言输入在此时发挥着十分重要的引导作用。我们认为，婴幼儿通过体认逐步建立起一些简单的事件域和以ECM为基础的概念结构，这时成人的语言引导起着十分重要的作用。或者说，成人的语言也直接参与了婴幼儿对周围世界的认知，参与了事件域和概念结构的形成，正是在ECM和母语引导的双重作用下（或准确地说，ECM与母语之间也难以划分出明显的界限），婴幼儿慢慢掌握了母语的句法构式。

只要有动作，就会涉及动作的发出者，也可能会涉及接受者。根据人们的体认，事件域中的动作和个体之间就必然要建立起常规的搭配关系，这是形成概念结构和母语基本句法构式的认知基础，我们就可依据ECM中的A与B的各种主要搭配关系来描写语言的基本句法构式。

① 如仅有一个B参与当前事件，且这个B就是A的发出者，再加上成人的语言引导就可逐步形成不及物动词的句式，如"妈妈抱抱""我饿""球滚"等。

② 若有两个B参与，可能是两个施事者，则会形成并列主语＋不及物动词的句式构式，如"我和妈妈玩"。但在多数场合下可能是一个施事，一个受动，这就形成了及物动词的基本句式，如"妈妈抱我""我要玩具"。我们认为，表达静态性事物的存在以及空间位置关系也是基于其上形成的，且静态性方位句也是婴幼儿较早习得的句式，如"球在床下""房里有床""墙上有画"等。

③ 如有三个B参与，可有多种情况：若有两个施事者和一个受事者，会产生并列主语，另一个为宾语；若是一个施事和两个受事，就会出现并列宾语。也可能会出现双宾语构式的情况，一个作间接宾语（主要是人），另一个作直接宾语（主要是物），如"妈妈给我玩具"，据调查，婴幼儿约在2岁多就能习得这种构式。作何种情况处理取决于场景中A与B之间的关系，取决于相对应的概念结构。静态性场景也可能会有三个B参与，如"球在桌子和沙发之间"。

④ 在很多场景中，婴幼儿自然会观察到一个B作施事者（一般对应于主语），发出一个力（一般对应于谓语动词），作用到一个人或事物上（一般对应于宾语），然后该人或物会在这个力的作用下作出某种反应，此时在句法上就自然形成了"主语＋谓语＋宾语＋宾语补足语"。

从上分析可见，图8.1实际上已包括了Langacker的舞台模型，因为一个事件域就相当于一个观察者所面对的视野中内容，ECM对列述的内容比舞台模型更为深入和细致，且还体现出各要素的层次性。如果是一个动态性事件，特别是力量传递型的动态事件，Langacker（1991b：283）设计了动作链模型（又叫弹子球模型）来解释这类动态事件：

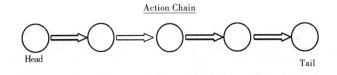

图8.2　Langacker的"动作链"

王寅、李弘（2003）为能更清楚地说明问题，将其简化为下图：

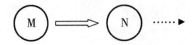

图8.3　"动作链"的简化图

该图可解释为：具有施动性的弹子球（或物体）M在运动过程中将其力量传递给了弹子球（或物体）N，若N太大，这个力未对它产生任何影响，仍保持静止不动的状态，此时就对应于SVO构式。N也可能会在这个力的作用下开始移动，如图8.3后面的虚线所示，此时就可产生SVOC构式。这就可揭示英语基本句型的成因。

图8.1虽然没有明确划出这种动态性力量传递模型，但通过ECM中的动作A和两个事体B，以及经验推测，我们尚能体会出这种动态性传递。这种传递还可通过图8.1中右下方的D反映出来，即当B受到动作A的作用，它就可能获得能量而移动，这一移动可通过B的一个特征D（为动作的结果）来反映。

⑤ 随着婴幼儿认知能力的增加，可在ECM中发现更多的要素，对其分析便可更为深入和细致，概念结构也就逐步丰富了起来，表达得更为丰富和入微，如事件有发生的地点和时间，在成人语言引导下就学会了用语言学家所说的"状语"或其他方法来表达。他们还会慢慢觉察到动作发生时各种状态、方式、类型等的变化，这就在句法上出现了修饰谓语动词的成分或动词的屈折变化形式。这就是图中A下的各种C的含义。

⑥ 他们还会发现各类事体B之间的同和异，这些B会具有各类性质或状态，在成人语言的引导下就学会了修饰名词性事体的成分，在句法结构中就出现了语言学家所说的"定语"这一类的成分，这就是图中B下的各种D。

⑦ 认知语言学接受和发展了认知心理学中的原型范畴论，认为婴幼儿先是获得一个范畴中的典型成员，然后通过隐转喻机制不断向外扩展，形成了一个辐射性范畴。原型范畴论同样适用于ECM。事件域中的概念成分具有较高的典型性，而且所形成的句法构式也具有原型性。然后婴幼儿会运用隐转喻逐步扩展这些典型句式，这就出现了语言中各种丰富的表达形式。

这些基本句型似乎存在于所有语言之中，而且根据体验哲学的基本原理和上述ECM的分析，概念结构和句法构式主要来源于人与客观世界的体认互动，来源于实践和成人语言的引导，要说语言具有普遍性，这才是语言所具有的普遍性，因此语言普遍性的根源在于体认，而不在于大脑中的UG或LAD。

Langacker的弹子球模型实际上仅叙述了ECM中的一种动作方式：动作链的力量传递，视角主要落在图8.1左边的Action上，仅表示了事件域中的一种情形和部分内容。Talmy的力量动态模型，Schank & Abelson的脚本理论，Panther & Thornburg的时段分析也存在类似的问题。Lakoff仅论述了动态意象图式，而忽视了其他图式。而图8.1所示的ECM则可弥补其不足，具有较大的解释力。

第三节　兼顾线性与层级分析

ECM基本包含了上述学者所论述的主要观点，也可用来解释概念结构和句法构式的成因，且在线性分析的基础上突显了事件内部要素的层级性，这可弥补单层面线性分析之不足。

句法成分有"主要成分vs次要成分"之分，一般来说前者主要包括主语、谓语、宾语（亦有学者将宾语视作次要成分）或表语，后者主要包括定语、状语、补语等。ECM第一层级和第二层级上的要素为事件域中的基本要素，是婴幼儿首先感知的对象，因此它们常充当句法中的主要成分。ECM第三层级上的C和D信息主要是依附于对应的A和B上的，多为次要信息，它们常充当句法中的次要成分。

ECM的层级观还可用来解释语言中上下义现象，如"转喻、词义变化"等（参见下文），笔者尝试用该模型的跨层次分析方法为词义变化的多种情况作出统一解释。因此，ECM的层级性分析也是其重要特点之一，不仅可用来区分"主要句法成分vs次要句法成分"，且还可用来解释许多其他语言现象，而其他模型似乎并没有作此考虑。

第四节　兼顾动态与静态分析

认知语言学界和计算机科学界主要对动态性事件和概念结构进行了较为详细的论述，这本身无可非议，因为动态性行为更具突显性，能直接产生明显的后果，更能引人注意，但也不可忽视对静态性场景和概念的分析。

ECM认为，谈到场景，不一定像有些认知语言学家所坚持的那样，将注意力仅聚焦于动态性行为，他们的这一观点常被人们误认为只有动态性行为才能产生概念结构和句法构式，其实这是不全面的。我们知道，婴幼儿出生后还会接触到很多静态性场景，如眼前所存在的静态事物及其状态，躺在摇篮中观察周围物体在空间所处的各种相对位置等，这些也是形成"介词"概念结构的认知基础。因此不管是静态还是动态，婴幼儿都会从中概括出上述两个基本要素。ECM中的Action则包括了动态性和静态性概念，可望弥补忽视静态性场景之不足。

人们在认识静态场景中的事体时也会涉及诸如"感知、视角、观察、认知"等心智性"行为"，命名时也必然要涉及人的主观识解，ECM也可用来解释这一现象，可理解成图8.1中从Action看Being。如在给事物命名时就不可避免地要涉及人们的观察角度等因素。同是一个"地瓜"，在中国的不同地区有不同的名称，实际上反映了观察者站在不同的观察角度，识解了它的不同特征（$D_1...D_n$），从而才赋予其不同的名称（参见第九章第四节）。该例可很好地说明认知语言学的基本原则：现实经过人类的体认加工形成了概念和意义,然后用语言形式将其表达出来。依据某一个特征来命名就会掩盖其他特征,只选择其中一个特征来作为事体的名称,就产生了"以部分代整体"的用法,命名过程中难免会出现"以偏代全"的转喻现象。

该分析方法也与人们常用范畴中典型代表来认识和理解整个范畴的观点相一致,大多是以"部分代整体"为认知机制的。人们常通过认知某个显著的、易理解的、代表性的部分来理解整体范畴,以一个突显的D来认识或指称整个B。

第五节　缺省信息与转喻机制

人们在正常言语交际中不可能将所有信息都和盘托出,言语所表达出的信息总归要少于其对应的实际情景所包含的信息,缺省信息在现实交际中在所难免。我们不妨用下一公式来表示:

实际场景信息＝言语信息＋缺省信息

词语名称与实际事物之间存在"部分与整体"的转喻关系,且语句表达与实际场景之间也存在"部分与整体"的转喻关系,对实际场景的理解总是需要在言语信息之上添加若干缺省信息,才能获得对实际场景较为全面的理解。现象学大师Husserl(胡塞尔)和他的学生Heidegger(海德格尔)都曾认为语篇意义应是言外背景知识和言内语篇信息的结合(参见Cook 1994:53)。美国社会学家Garfinkel于20世纪50年代提出"民俗方法学(Ethnomethodology)",认为在分析日常生活的实践活动时应充分考虑到自然语言和实践活动具有无穷的"索引性(Indexity)",一项表达或行为的意义必须诉诸其他表达或行为的意义才可被理解。日常谈话须依赖无穷尽的未经言明的背景知识。任何一个表面上孤立的"表达"或"行动"归根到底都是一条"无穷无尽"的"索引链"上的一环,是"a boat without bottom(一艘无底的船)",这些未被提及的知识往往是难以补全的,是一项"难以完成的"或者说"在原则上是不可能的"工作,因此索引性是"永无尽头的"(杨善华 1999:60)。Garfinkel还曾让他的学生尽可能记录下日常谈话中那些使谈话得以进行的未经言明的背景知识,发现日常对话中需要大量的未经言明的背景知识才能较为完整地相互理解对方所讲的内容,这与认知语言学中对意义理解持百科观是一致的。

ECM也可对转喻机制作出合理的认知解释。一个事件可包含很多行为要素和事体要素,人们仅用其中一个要素和部分要素就可表达整个事件,可从不同角度,根据不同需要,基于不同层次来认识一个整体事件,此时就得依靠缺省信息,只能运用事件中的部分信息,或借用相关要素来激活整体事件,这实际上也是一种"部分代整体"的转喻在起作用,因此缺省信息与转喻机制有着共同的认知基础,图8.1可为我们提供一个清晰而又明了的转喻理解模式。

如在"去饭店吃饭"这个事件域中,可能会包括多个动作,如"乘交通工具或步行去饭店、到达饭店、由服务员引导入座、看菜谱点菜、喝茶饮酒吃饭、掏钱付款买单、若有剩菜要求打包、离开饭店回家"等。在这个事件域中还会涉及多个事体,如"主人、客人、服务员、司机、老板和/或老板娘、厨师"等。根据这一常规体认,A与B之间存在规律性的结合,构成一系列$BA_1B+BA_2B...BA_nB$搭配,它已成为我们头脑中的框架知识,如"司机开车、厨师烧菜、服务员端菜、客人敬酒、主人付款、老板敬酒、食客付款"等。我们可用这一动作链中的某一环节或事件中某一个别事体,缺省其他相关要素来指称整个事件,如可用"司机开车去饭店"这个起始环节来指称"去饭店吃饭"整个事件;可用"在饭店吃饭"这个中心环节来指称整个事件;也可用"刚从饭店回来"这个终结环节来指称整个事件。我们还可用整个动作链中的其他子动作来指称整个事件,如:"今天那个厨师做的菜真不错""饭店老板又来敬酒了""今天他没让我付款"等来表示"去饭店吃饭"这个事件。有时甚至可不用言语来表示:

[1] 发话者:你干吗去了?
　　受话者:(指了指打包拿回来的菜)

这时受话者仅用事件域中的一个相关事体B(打包的菜)来表示整个事件。

又例"倒垃圾"这个事件也包括了一连串的动作和事体,人们可仅提及这一整体事件中的某一个体或某一动作来喻指整体事件,如:

[2] 发话者:垃圾。
[3] 发话者:把垃圾拿出去。

例[2]仅提及整个事件中的一个事体要素"垃圾"来转喻性表达"倒垃圾"的意思;例[3]仅用"把垃圾拿出去"这一动作的开始点来喻指整个事件"把垃圾拿出去、倒掉垃圾、洗干净垃圾桶、把桶放回原处"。

第六节　间接言语行为

根据上节所述,ECM也可用来很好地解释间接言语行为现象,因为人们可用事件域中的某一子动作A_1来表示另一子动作A_2,或表示整体行动A,或整个事件域E,这就等于用一个言语行为来表达了另一个言语行为,因此该模型也可为间接言语行为作出合理解释。如在"乘车去某处"的脚本中,主要含如下一系列子动作和事体:

[4] ① 先决条件：有车可乘；
    ② 上车：上车出发；
    ③ 中心：驱车前往；
    ④ 到达：停车出人；
    ⑤ 结束：到目的地。

"乘车去某处"是一个整体事件域E，可突显其中某一子动作来喻指整体，如：

[5] 发话者：你是怎么来的？
    受话者$_1$：我有辆车。
    受话者$_2$：我上了车。
    受话者$_3$：我是开车来的。
    受话者$_4$：（指着停在不远处的车）我刚从那辆车上下来。

受话者的四种不同回答，实际上突显了整个事件域E中不同阶段的动作A、BA或BAB，它们分别用不同的子动作来表示整个事件"乘车去某处"，从言语行为理论角度来看，当属一种间接言语行为。

Panther & Thornburg（1999：335）曾运用了类似的方法来分析言语行为，他们将一个言语行为视为一个行为场景，它是由几个时段或细节子动作构成的，如指令性言语行为场景可包括：

（1）前时段：受话者能够做某事；发话者想让受话者做某事。
（2）核心段：发话者把做该事的义务交给受话者。
     结果段：受话者有义务做某事（他必须或应该做某事）。
（3）后时段：受话者将做某事。

ECM的分析与Panther & Thornburg的三时段分析法基本相通，现对比成下图：

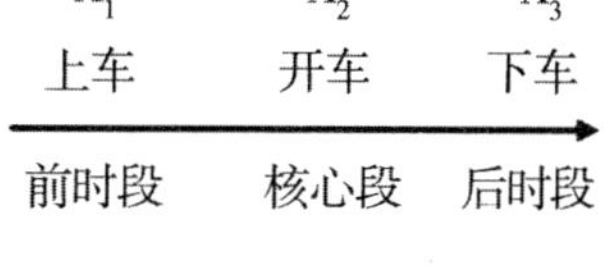

A_1　　A_2　　A_3
上车　　开车　　下车
前时段　核心段　后时段

图8.4　动作三时段分析法

如上文例[3]中仅用整个事件中一个子动作"把垃圾拿出去"替代了整个事件，这也是言语行为层面的转喻现象。

第七节　词性转换

由于ECM强调了事件行为的转喻性、要素的层级性，这就能很好地解释词性转换。如在"钓鱼"这个事件域E中，可包括一系列子动作A或BAB，如"准备工具、出发、找垂钓地点、撒鱼饵、放钓钩、鱼上钩、起竿"等，还包括相关事体B，如"钓鱼人、河流、池塘、鱼、鱼饵、鱼钩"等。我们既可用某个动作A来表示整个事件域E，如"放钓钩"来指整个事件域E"钓鱼"，即用图8.1中第二层次的A来表示事件域E；还可用右边的个别事体B，如"鱼""鱼钩"等来表示整个事件域E，因此在英语中就有了将名词fish、hook用作动词的现象。在汉语中"钩、网"原来都是用来捕鱼的工具，是名词，但它们也可用来喻指整个捕鱼这一事件域，可说"钩鱼、网鱼"，这就使得它们的词性发生了转化，变成了动词。正是在一个ECM中，我们可用转喻机制对词类转化作出认知解释。

第八节　转喻的体认基础

体验哲学认为，转喻最终也是基于身体经验之上形成的，但并未提供一个统一的解释。

人有一定的主观能动性，有识解事体的认知能力，可从不同角度，根据不同需要，基于不同层次来认识一个整体事件，因此转喻是人们认识事物的一种基本认知方式。从上分析可见，言语表达相对于整个场景来说，不可避免地具有转喻性质，难怪当代很多学者认为转喻比隐喻更重要，也更为普遍。但鲜有学者论述过转喻本身的认知基础，我们认为ECM可为人类的转喻机制提供一种元认知解释，它主要是基于对各种"事件域"进行体认之上形成的：人们在对事件域中各行为要素和/或事体要素进行体认的基础上形成了知识块，储存于大脑之中，知识块中各要素相互关联，交错牵涉，常是牵一发而动其他部位或全身，在思维中不可避免地要产生转喻机制。

第九节　词义变化方式

在词汇学中，在论述词义变化时常根据词义引申后的结果将词义变化分为以下几种类型：

① 词义扩大；
② 词义缩小；
③ 词义扬升；
④ 词义贬降；
⑤ 词义转移。

其实这五种词义变化现象都可用ECM和转喻机制作出统一解释。

1. 词义扩大

词义扩大指词所引申出来的意义比它的原义所表范围更大，后来该词常用来表示范围较大的意义，如英语中"manuscript"原义仅指"手写的稿件"，而现在可指"任何底稿"，包括打字机打成的稿子。"salary"原指"salt money（盐饷）"，而现用来泛指"薪金"。

汉语中的"河"，原指"黄河"，"江"，原指"长江"，现用来指"一切河流"。"一切河流"与"黄河""长江"之间存在一个上下义关系，它们是"整体vs部分"的关系。"词义扩大"实际上就是词义发生了从表示下义概念转变为表示上义概念，表示部分的概念变为表示整体的概念，从图8.1右边可见，即用B_{1-n}来表示Being，人们认知事体的范围变大，认知的视角上移。

2. 词义缩小

词义缩小指词所引申出来的意义比它的原义所表范围更小，后来该词常用来指范围较小的意义，如英语中"corpse"原指"人体"或"动物体"，无论其死活，而现在专指"尸体"，通常指"人的尸体"。"deer"原指"一切野兽"，现仅指"鹿"。

汉语中"金"的本义泛指一切金属，后来该词专门指"黄金"。"瓦"的本义是"陶器"，后仅用其表示"用陶土烧成的覆盖在房屋上的建筑材料"。古汉语中"寡"兼有"鳏（老而无妻曰鳏）"和"寡（老而无夫曰寡）"二义。现"寡"字仅用来表示后者，其词义范围缩小了，是一种"用整体代部分"的转喻现象。

可见，原来的上义用法转变为下义用法，整体转移用来表示局部，即用Being来表示B_{1-n}，人们认知事体的范围变狭，认知的视角下移。

现将上述两种词义变化现象在图8.1的基础上增加两个带箭头的竖线，向上箭头的竖线表示词义范围的扩大，向下箭头的竖线表示词义范围的缩小：

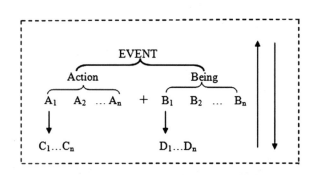

图8.5 基于ECM解释词义的扩大与缩小

3. 词义扬升

词义扬升指原来含有"贬义"或"中性"的词扬升为"褒义"的词,如"minister"从原来的"仆人"扬升为"部长";"comrade"由"同屋"扬升为"同志"。

古汉语中的"置"有"搁置"和"弃置"二义,基于前者还可引申出"设立"之义,现多用其积极意义的"设立",参见下文分析。

4. 词义贬降

词义贬降指词义转坏,从原来的"褒义"或"中性"降为"贬义",如"silly"从"快乐的"贬降为"糊涂的";"vulgar"从"普通的、一般的"贬降为"粗俗的"。

在古汉语中"臭"本义为"气味",香气秽气都可指,为中性含义,如《易经》中有"其臭如兰"的说法。据资料记载,自战国之后该字就逐步用来表示"秽气"了,词义发生了贬降现象。

5. 词义转移

词义转移指词的意义在原来的基础上向另一个方向发生变化,可有"转喻"和"隐喻"有两种情况:

① 若是在同一个语义域中,也就是在一个整体之中,可视为转喻;
② 若发生于两个语义域中,即两整体或两概念之间,可视为隐喻。

例如"脚"本义是指"小腿",后来所指范围向下延伸用来指踝骨以下的部分"足"。若以"腿"为出发点,则"小腿"和"足"都是这个整体中的两个部分,则可视为转喻。若将"小腿"和"足"视为两个不同部分,则这种词义引申可视为隐喻性引申。又例"走"本义为速度较快的"跑",在《释名·释姿容》中:"徐行曰步,疾步曰趋,疾趋曰走。"后引申来指慢慢步行。我们如果从"运动"这个语义域出发,"走"和"跑"都是它的下义词(即图8.1中Action可包括A_1和A_2),从"快走"到"慢行"的词义变化则可视为转喻,在一个整体中用一个部分来代替另外一个部分,而且两个动作具有连续性。如果将"走"与"跑"视为两个不同的概念,这种词义变化被视为隐喻也何尝不可。可见,隐喻和转喻的划分具有一定的相对性。

第十节 反义同词现象

陈娇(2009)发现,汉语中有335个反义同词,英语有267例(参见第十七章),这也算是为学界增添了新信息。ECM也可用来解释英汉两语言中这种现象。如overlook

（检查，监督；看漏，忽视），fireman（烧火工人；消防队员），sanction（批准，授权，支持；制裁，禁止船出入港口）等。其实从认知角度来看，一个词中两个相反的意义之间还是紧密相关的，如overlook是由over+look构成的，"在上面看"就有两种可能：

① 居高临下就能看得全面，不免带有"权威"之义，因而就有了"检查、监督"之义；
② 因居高而不能靠近，不能靠近看也就不一定能看清楚，距离感产生模糊感，有些地方不免会被看漏，也就产生了"忽视"之义。

汉语中也存在这种现象，训诂学中素有"贵贱不嫌同号，美恶不嫌同名"的说法。据王宁（1996：122）统计，汉语中有近百个这样的词，如："乱"有"治、乱"的意思；"徂"有"存、逝"二义；"麁"有"广、小"的意思；"特"有"独特、无偶"的意思，还有"配偶"之义；"乞"有"给予、要求"的意思；"副"有"分、合"二义；"被"有"覆盖、显露"二义；"肆"有"故、今"之义；"韧"有"柔韧、坚韧"之义……

第九节在分析词义变化时述及词义扬升和词义贬降两种现象，一个词义从贬义扬升为褒义，或从褒义贬降为贬义时常不是一蹴而就的，其间往往会经过一个两者共存的阶段（Sweetser 1990：9；Rice 1996：141），这就是说，这些词在某个阶段经过了一个"褒贬"共存的阶段，这说明一词两反义还不是一种个别现象。

上述这种情况实际上反映了一个行为过程或事体的两个方面，即图8.1左下的C_1与C_n，或右下的D_1与D_n，这种现象也可用ECM作出合理解释。我们知道，人们在体验的基础上，认识到同一个事件可包括某些相对固定的要素（包括A和B），它们有机地融合在一起就能构成一个整体事件域E，其中各要素互为依存，处于对立统一的关系之中，如一个动作会有"始末、因果、施受"等关系，若用一个字词来表示这种对立关系时就产生了一词两反义的现象。

1. 始末关系

英语单词fireman可义为"烧火工人"，也可义为"消防队员"，因为这两种人都与"火"打交道，分别处于处理"火"这个动作的"始"与"末"两个端点，这就是同用一个词来表示两种对立概念的认知基础。

古汉语的"在"有"始、终"二义。如在《尔雅》中"在"就被同时解释成相反的两个意思：

在，存也。在，终也。

我们知道：在者存，终者亡，两个意思差别极大，涉及生死存亡的大问题，两者似乎难以同日而语。但仔细想来，这两者也是处于一个连续动作链上的，事物从存在到终结是一个过程的不同阶段，可视为从A_1到A_n的过程。无独有偶，汉语中还有一个词"徂"，也兼有"开始、存在；逝、过去"二义。从认知角度来说，同用一个词来表示这两个意思正是从上位的生命过程角度来看的，并没有刻意强调这一过程的不同阶段。至于现在人们只用"在"表示"存在"而舍弃"终"的意思，也是一种词义缩小的变化，满足了表达精确的需要。

2. 因果关系

这种关系究其原委，也是一个动作过程中的两个不同阶段，因为做了某事A_1，就可能会产生某种结果A_2或C，这也是一种始末相对的延伸。如古汉语中的"乱"，原来写作"亂"，指左手拿着一团乱丝，右手拿着一种工具对其进行整理，因而就有了"紊乱、治理"两个意思，因其乱而产生加工的动作"整理、治理"，两者之间具有因果关系。

又例"废"有"废弃、停止；设置"两个相反的意思，其实这两者也是顺着一条思路下来的："废弃、停止"的结果就是使那个被废弃的东西放在一定的位置，由此而引申出"设置"的意思（赵振铎 2003：218），其实这也是一种因果关系，"废弃"是原因，其结果就是将其置于一定的位置，因而就有了"设置"之义。

3. 施受关系

同一动作过程可系有两头，一头系着动作的发出者，即施事者；另一头则系着动作的接受者，即受事者，即图8.1中的 BAB 关系。施事者和受事者虽处于两者对立状态，但他们又为同一个动作所系联，处于一个统一的过程之中，这也就难怪古汉语中常用一个词来表示施受两义，在训诂学中又常叫"施受同辞"。如"受"字的古字形体（𠭧）为上下两手共持一个盛物的器皿，表示一手授予另一手。对于付出者来说就是"给予"，对于接受者来说就是"获得"，因此在古汉语中"受"兼有"授予、接受"二义。后来将表示前一个意思的"受"加了一个提手旁写成了"授"字，专表"给予"，而"受"只表"接受"。正如杨树达在《积微居小学述林》中所说：

> 受授本无区别，加手作"授"，乃造字时恐其惑而为之别白耳。然则施受同辞，盖犹初民之遗习欤！

又例"贾"兼有"买、卖"施受二义。因为交易过程必定要涉及买卖双方，因此"贾"也就用于指这两个意义。"贷"表示"借"，也包括施受两个方面，如《玉篇》：

>贷，以物与人更还主也。

在这里"贷"的意思是"借出"。《左传·文公十四年》：

>尽其家贷于公，有司以继之。

这里的"贷"表示"借入"。"保"在先秦两汉时期有"保护、受保护"两个相反的意思。"赋"在古代可表示"收税、发给"两个相反的意思，前者表示"入"，后者表示"出"。段玉裁在《说文解字注》中说：

>敛之曰赋，班之亦曰赋，经传中凡言以物班布与人曰赋。

这也涉及一个"视点"问题，从一方来说是"授、卖、保护、出"；对于另一方来说就是"受、买、受保护、入"。英语单词sanction既有"批准、支持"的意思，又有"禁止、制裁"的意思，对于一方来说是"同意"，而对于另一方来说是"禁止"。

4. 美恶同辞

顺着"始末""施受"这一思路继续延伸下去，我们也就能很好地理解同一词为何会兼有美恶两性质相反的意思了。"美vs丑""好vs坏""吉vs凶"等在古汉语中分别用同一个词来表示，这在汉语中叫作"美恶同辞"现象。

不同的人对于同一事物可能有截然相反的感觉，一件事情对于甲方来说是受益的，对于乙方来说就可能是受损的。不同人对同一个事体从不同角度会作出不同判断，就可能会有不同看法，它对一个人来说可能是美的、褒的，而对另一个人来说则可能是丑的、贬的，因此它们之所以能共存一词，正体现出古人对"对立统一辩证"的理解。这两种相反的性质就好像处于一个性质连续体的两端，难怪国外有些语言学家就将这类反义词称为分级反义词，因为在其中间可分出很多等级。

"祥"有"吉、凶"二义。《春秋左传正义》："祥者，善恶之征。"就是说"祥"这个字既可表示"好"的兆头，也可表示"坏"的兆头。而在现代汉语中仅表示前者。"诱"既有"引导"之义，如在《论语》中有：

>夫子循循然善诱人。

又有"迷惑"之义，如《荀子》：

>彼诱其名，眩其辞，而无深于其志义者也。

"诱其名"意为：搬弄名辞以迷惑人。古代不论好话坏话，只要说过了头都叫"诬"，因此这个字也是兼有美恶两个方面,这可真是"毁誉兼而有之"。

一般说来,任何一个事物都有正反两个方面,有好就有坏,有善就有恶,英语和汉语都有很多正反义连用的词组和成语,如:up and down、east and west、good or bad;大小,长短,高低[①],还可构成四字结构,如:上上下下、前前后后、好好坏坏。人们在谈到某个事体的某一特征时经常会想到它的对立面,这很正常,一个过程的两头就连接着正反两性质,即图8.1右下方的D_1与D_n性质相反。正如苏新春(1995:199)所说:

> 总是喜欢在这样一对矛盾的词素上看到它们相辅相成,统一和谐的一面,在表述一件事物一个观念,描绘一种状态一个动作,都喜欢顾及矛盾的两端,从中进行总体概括。

第十一节 结 语

本章主要针对一些认知语言学家和计算机科学家所提出的有关模型理论框架之不足,提出了ECM,既可用来解释概念结构和句法构式的成因,可兼顾线性和层级分析,更适用于分析动态和静态场景;还可用来解释语义和交际中许多现象,如"缺省交际、脚本理论、时段分析、间接言语行为、事体命名、词性转换、词义变化、反义同词"等。我们认为ECM也适用于句法、语篇、语用等层面的分析,这还有待于同仁们进一步深入研究。本章还运用ECM从认知角度为转喻机制作出了一个既合理而又清晰的解释,并运用该机制解释了语言中诸多现象,且还为转喻提供了一个统一的事件域体认基础。认知语言学追求的一个主要目标就是:要用少数几种认知方式来为语言各层面提供一个统一的解释模式。从本章论述可见,ECM具有较强的解释力,因此它不失为人类一种有效的认知方式,正可完善认知语言学所追求的目标,又为分析语言须用统一的解释模式提供了一个有效的分析工具。

怀特海(Whitehead 1929)《过程与实在》大力倡导"过程哲学",又叫"关系哲学、有机哲学",严厉批判了长期以来西方哲学只关注"实体论、本体论、实在论、毕因论"等过激倾向,意在强调哲学家在关注实体的基础上更应重视宇宙万物之间的有机联系,它们一直处于一种"相互关联、不断生成、永远变化"的动态过程之中,从而将西方哲学从静态的"结果、实体"转向了动态的"事件、过程、关系";从"理性、演绎"转向"感性、概括"。为西哲第四转向,特别是建设性后现代哲学奠定了坚实的理论基础。王治河、樊美筠(2011:402)指出:

---

① 根据谭达人(1989),汉语中约有371个反义复合词,诸如:大小、粗细、长短、高低、远近、早晚、迟早、始终、轻重、是非、方圆、死活、利害、文武等。

以过程哲学为基础的建设性后现代主义主张用"事件"取代实体。这是思考方式上的一个重大转变。其意义是深远的。因为如果我们把人看做是由"事件"而非"实体"组成的，我们将视之为在很大程度上是由他们与他者的关系构成的，他们的存在因而不可避免地与共同体的存在密切联系在一起。

王寅（2005）所提出的ECM，与怀特海在过程哲学中强调"事件"的思路完全吻合，但主要从体验哲学和认知语言学角度进一步细化了事件域中"行为、事体"这两大要素（及下属内容）之间的内在性有机联系，以期能解释命题的内部结构和语言成因，因此ECM在一定程度上具有后现代哲学的意义。

思考题：

1. ECM相对于其他有关认知模型有哪些优点？它除了可用来解释概念结构和句法构式的成因之外，还具有哪些解释力？ECM存在哪些不足？是否有弥补方法？
2. 试对婴幼儿语言习得情况做深入调查，分析他们首先习得了哪些词语和句型，然后从认知角度解释这些词语和句型的成因。
3. 试述Lakoff的"空间化形式假设（SFH）"的具体内容，并将其与ECM进行对比，分析各自的优缺点。
4. 试从体验哲学（心智的体验性、认知的无意识性、思维的隐喻性）角度分析转喻机制的性质。为什么也能说"Metonymies We Live By"？
5. 进一步收集英语和汉语中的反义同词现象，并尝试运用ECM来对其进行分析。若有解释不通之处，是否可另设思路作出合理解释？
6. 根据本章对"去饭店吃饭"所做的分析，试写出"去医院"事件域所包含的主要动作和事体要素，并去医院收集相关语料做深入分析。

第九章　认知语义学

　　语言的意义与语音、语法相比显得更为复杂，难怪在20世纪相当长的一段时间内未得到应有的重视。语义，既神秘难测，又令人向往；既令人讨厌，又不可不研究，正如 Allen（1957：22）所指出的：

　　"意义"是一个令人讨厌的词……但毫无疑问，没有意义，语言学就不能存在。

　　功能学派和认知语言学都将语言研究的钟摆从语音和形式转向了语义。试问，我们在语言交际中不就是要获得对方的意义信息吗？没有语义，人类还需要语言干什么？

　　语义不但涉及语言学，还涉及哲学、心理学、人类学、历史学、社会学、逻辑学、数理科学、认知科学等，它与人类的百科知识息息相关，处于各种矛盾思潮和各类学科的汇合处，成为当代众多学者的研究焦点，因此在语义学界出现"人言人殊，观点众多，理论辈出，学派林立"的现象。在这个大家族之中，成员如此之多，观点如此之众，确实说明了语义研究自有其迷人之处，也揭示出其间深刻的内在矛盾，更反映出人们对语义研究的关切，当然也暴露语义理论仍不成熟的缺点。本章首先简要回顾语义研究的历史。

第一节　语义研究简史

　　西方学者在形而上哲学的统摄下，在确立或研究某学科时总要先下个定义，确立其研究范围，这是他们的长处。语义学也是如此，始于"意义"的定义。这一问题貌似简单，而一旦坐下来动笔描写加以确切表述时，竟不知从何下手，且还会越想越难，实在让人感到棘手，因为，对"意义"的界定要涉及意义本质、范畴类型、研究方法、基本立场、人类知识等，其间的新发现常预示着一种新理论的诞生。难怪有学者认为"意义的定义"似乎只有等把语义理论解释清楚之后，才能有较为确切的答案。

　　到目前为止，全世界的哲学家、逻辑学家、心理学家、社会学家、人类学家和语言学家都曾尝试对"意义"作出过多种界定：

① 将语义与所指对象联系起来，如指称论、命名说；
② 与人们头脑中产生的意念联系起来，如意念论、观念论；
③ 与命题的真值联系起来，如证实论、真值对应论、真值条件论；
④ 与语言的实际用法，或与语句所起的功能联系起来，如用法论、功用论；
⑤ 与受话者的反应（刺激—反应）联系起来（反应论）；
⑥ 与言语行为及其所引起的效果联系起来（言语行为论）；
⑦ 与发话者的意向和所欲达到的目的联系起来（意向论）；
⑧ 与言语交际时的社会情景联系起来（语境论）；
⑨ 与人类的体认、范畴化、认知过程、推理能力联系起来，如认知论；
⑩ 其他如：成分论、替代论、关系论、现象学语义观、存在主义语义观、解释学语义观、多元论等。

细细列来，让人感到眼花缭乱。这些意义观各有见解，都反映了意义的某一或某些特点，但它们各有不足，互有补充，在不断地相互启发、批判继承的过程中加深了人们对语义理论的认识（详见王寅 2001）。

1. 指称论

这一语义观最为原始，也很朴素，认为词语的意义在于其所指称的对象，这对于说明专名、通名以及作为名称使用的词组有一定的解释力，对于常人来说，语言主要是为满足生存需要，用词语来指称外物或动作。语言为了在大范围内将个体组织成更有生存力的群体，必须借助具有指称意义的手势或声音来表达简单思想，人类就在这样一个基础上通过长期进化，在生活实践中逐渐形成语言，这也可从婴幼儿语言习得过程得到佐证。但随着生活范围的扩大，思维不断复杂，认识程度也逐渐加深，语言就不再仅指称客观世界中的具体物体或动作，而是逐步形成其他概念，特别是抽象概念，此时指称论的解释力大受限制，常面临以下困境：

① 难以说明形容词、介词、连接词等词语的意义：good、beyond、and、if 有意义，但很难在客观世界中找到与它们相对应的所指对象。

② 有些名词，如ghost、dragon、unicorn等，它们并不实际存在于现实世界之中，仅是人们虚幻思维的结果，此时指称论便一筹莫展。

③ 一个词会指称多个对象（因语境不同），多个词可能会指称同一对象，如汉语中"向日葵、地瓜"有很多不同的名称。

④ 名称的意义与所指对象不能视为等同，如一个人手中拿着一本"书"，不可能等同于手中拿着"书的意义"。

2. 观念论

观念论是在批判指称论的基础上提出来的（参见本章第三节），19世纪末弗莱格区分了"涵义（Sense）vs外指义（Reference）"，正式确立了"观念论"在语义研究中的地位，认为语言符号与其所指之物不能直接发生联系，而是通过Sense这一中介环节来指称客观世界中的事物。正是有了这个中介，才可能将语言符号与客观外物连接起来。这一观点大大加深了人们对语义研究的认识，难怪学者们将其视为"现代语义理论"的基础，成为日后英美分析哲学研究语义的出发点。但该观点也有如下不足：

① 人们在用一个词语（特别是专有名词）指称某特定事物时，头脑中不一定反应出它所包含的观念，仅只是执行了一个简单的"指称行为"。

② 什么是"观念"，它本身就是一个虚幻莫测的东西，又何以用其来界定意义？Allan（1986：88）曾举例说，若用观念论来解释"fishing"，它会使人想到暴风雨中在浪尖上颠簸小船中的打渔人，还是用网捕捞的小姑娘？是用绳索，还是用飞镖，还是放鹰捕捉？究竟是哪个观念能来解释"fishing"的意义？

③ 观念是如何形成的，它的基础是什么，与人们的生存、实践有什么关系，观念论者并没有对其作出详细解释。

④ Frege所说的"Sense"旨在强调作为确认指称关系的一个中转站，并认为指称关系是客观的、公开的、独立于人们心智的，完全忽视了人的主观因素，因而认知语言学将其划归为"客观主义"，并对之作出了严厉批判。

3. 证实论、真值论

这两种语义观基本相通，都尝试用客观外界的事实或成真条件来说明语句的意义，它们也都是基于客观主义理论的，虽能解释部分现象，但也有致命弱点：

① 很多有意义的命题不可能被直接经验所证实或证伪，如"我昨夜梦见去火星了"何以能找到该句可观察得到的、能被证实的真实情况？但人们都知道这个句子是有意义的。

② 若对全称命题进行全面和彻底的证实，这在理论上不可能。若对"所有天鹅都是白的"进行证实，就要将全世界所有天鹅都捉来审查一遍，这显然类似于天方夜谭。但通过"有限"来证明"无限"，能有多大说服力？能满足"普遍有效性"的经验事实必须囊括从过去到未来的穷尽性实例，人类不能满足这个条件。

③ 真值条件也不总能与意义画等号，而且有意义的句子并不总有真值条件。我们能够理解某个句子的意义，但常常说不出它的真值条件来。

④ 人们一般是根据语句意义来理解真值条件的，而不是通过真值条件来获得语句的意义，这种关系的颠倒使得该理论陷入悖论之中。

⑤ 对于某一意义来说，哪个是必要条件，常常很难说清楚，如"斑马"可包括以下主要特征：动物、四条腿、有花纹、食草……，哪个算必要条件？要列出多少条件才算能列全，算作一组充分条件？

⑥ 疑问句、祈使句、感叹句有无真值？找不到能证实它们的真实情况，即无真值，可我们都知道它们还是有意义的！

4. 用法论、功用论

意义之难，确实使人有"难似上青天"的感觉，忽而清楚又忽而糊涂，真可谓"惟恍惟惚，惚兮恍兮"，甚至同一人还会不断提出不同想法，如大哲学家维特根斯坦就几经修改自己的意义观。他曾提出过"图画论、游戏论、功用论"，后来又认为日常语言中相当数量的语句目的不在于求出意义的真假，不是用来指称事物、描述状态的，也不是什么精神实体，语句的意义在于它们的"功用"。其缺陷有：

① 一个词在被使用之前就存在意义，或者说，当我们不用某个词时，它就没有意义吗？

② 在说"杀人武器"时的意义难道会等于使用杀人武器？可见，意义和使用还是有区别的。

③ 在实际语言使用中常有这样的情况：知道词句的意义而不知其用法，或会用某词句而不知其义。

5. 反应论

被誉称为心理学界第一次革命的行为论，主张心理学应研究可观察得到的有机体对刺激的反应或行为，并认为可用此理论来解释意义。行为论者既反对指称论的唯对象主义，又反对观念论的唯心理主义，认为人们的心理活动只能凭借可观察得到的行为得知，语句的意义就在于它在受话者身上引起的条件反应。Bloomfield还把词语的意义视为一种"刺激—反应"的过程。但问题是：

① 我们理解语句的意义难道非得去亲自经历不可？不经历"刺激—反应"的过程也同样能理解意义。

② 意义不可能等同于受话人的反应，因为同一刺激会产生不同的反应，不同的人对同一话语会有不同的，甚至是截然相反的反应，如上述所举的"杀人武器"，军人、武器商、受害者、爱好和平的人们等对其反应会大不相同。汉语中下一俗语也很能解释这一现象：一句话能把人说笑起来，也能把人说跳起来。

③ 人们可能会对不同的语句产生相同或类似的反应，难道这些不同的语句表达就一定具有同义性？

④ 在很多场合下，人们听了某语句后并无明显可见的行为反应，如城府很深的人，

听了不中听的话也会不露声色；间谍、特务更是如此。

⑤ 行为论也犯了像真值论一样颠倒顺序的错误，人们多是根据语句的意义作出适切的反应，而不是相反。

6. 言语行为论

Austin、Searle等人在用法论和反应论的基础上进一步提出了"言语行为论"，认为说话本身就是在实施某种言语行为，人们借助语言表达就可以完成各种各样的行为，话语（Utterance）的意义就等于说话者言语行为的意义。但这一理论也面临着以下的质问：

① "言"与"行"明显是两回事，分属两个不同范畴，岂能等同视之。虽说有些话语具有实施某种言语行为的作用，但两者毕竟不同。

② 同一"言"可能会产生许多不同的"行"，"言行不一"也会时常发生，嘴上说的和行动上做的能一样吗？生活中还常出现有言无行，有行无言，先言后行，先行后言，一言多行，一行多言等情况。

③ 将行为本身视为意义仅注意到了内在的意义如何外化的问题，而忽视了人类行为对于意义形成所起到的决定性作用，这一缺陷正可由认知语言学的语义观得到纠正。汉语成语"窥斑见豹"就是说的这种以偏概全的倾向，强调一点而忽视另一点正是理论研究中的大忌。可见用言语行为来解释意义也是不足取的。

7. 意向论

意向论主要强调意义在于发话者讲此语句时的"意向（Intention）"，这仅从发话者的角度来论述语句的意义，显然是不全面的：

① 片面夸大了"心理因素"或"意识活动"对语符意义的影响，这显然也有"削足适履"之嫌。

② 难道所有语句都一定有意向？

③ 意向就像观念一样本身就虚幻莫测、难以确定，又何以能用来说明意义？

8. 语境论

该观点认为，语句在每个交际场景中使用时都有其具体的特定意义，因此在语义学中就出现了"语境论"。Frege、Strawson、Wittgenstein、Quine、Malinowski、Firth、Halliday等都持该观点，且将意义分为"字面意义vs情景意义"。该观点的缺点在于：

① 词和句在脱离了语境之后到底有没有意义？这种所谓的"字面意义"具有什么性质，它是如何产生的？

② 词语在进入语句被实际使用之前有无意义？"字面意义"与"情景意义"哪个在

先，哪个在后？

③ 什么是"语境"，这又是一个令人困惑的术语。有人将其理解为词语的上下文（Context），可它"上"到哪里，又下至何处？还有学者将其拓展到语言之外的"环境（Situation）"，可分为"物理环境vs社会环境"，那么这还算是语言学的研究对象吗？语言学家岂不成了杂家了，什么都要研究？另外这里所谓的"环境"，其范畴有多大，是语言交际的当下环境，还是指更大的背景，大到哪里为限？

9. 其他观点

很多学者曾认为，语句的意义可用"同义词"或"同义句"来解释，它们具有替代关系，这就是"替换论"，这显然是从传统语言学中的同义解释角度来论述意义的，不足之处也是显而易见的：

① 人们普遍认为，在语言进化中常遵循经济原则，即语言中不可能有绝对的同义词或同义表达，这就使得"替换论"失去了理论基础。

② 有些词语即使能替代入句，可使句义相同，但相互替代的词语并不等义，有时甚至会具有反义，如：

[1] 我们打败了美国队。
[2] 我们打赢了美国队。

这两个句子的意义相同，其间的差别仅在于一句用"败"，另一句用"赢"，可这两者却具有反义关系。又例：汉语中的"生前"和"死前"是同义的，难道说"生"能等于"死"吗？由此可见，"替代论"并不像想象的那样可行。

语义成分论（CA）也是客观主义语义学的产物，也受到当今认知语言学的严厉批判。

10. 小结

西方学者对于意义定义的论述，确实为我们学习语义学理论提供了一条很好的线索，上文将其串连成线，便于学习，易于理解，方便记忆。但仅在意义定义或意义本体之中打圈圈，也必然会带来很多局限，正如苟志效（1999：34）所说：

> 尽管历代西方思想家们关于意义定义的研究为后世提供了宝贵的思想资料，但他们谁也无法最终解决这一问题。因为在语言分析的圈子中寻求意义的意义，不可避免地要陷进从意义到意义的循环中而不能自拔。

作为一个系统的语义理论，对意义本体的定义和研究是必要的，但不是理论研究之唯一。认知语言学在这一点上就将意义理论向前推进了一步，不仅论述意义本体，还深究意义的来源和性质,从认知角度论述它,认为意义与概念相通,概念对应于范畴,范畴始源于对现实的体认。这就是说,意义也是来源于人类对现实的感知和认识,来源于人类的实践活动。

第二节 语义外在论与语义内在论

Ullmann(1962:55—68)曾将研究意义的方法分为两大类:

① 分析法或指称法(Analytical or Referential Approach):理解一个语项的意义可分析其客观构成成分或所指对象;

② 效用法或语境法(Operational or Contextual Approach):一个语项的意义为该语项在某环境中能引起的相应效果和作用。

乔姆斯基(Chomsky 1995)认为语义理论存在"内在论vs外在论"之争。据此,前者属于典型的外在论,而后者也努力将语义向现实语境靠拢,置于客观外界的框架中加以论述,也可划归外在论。这只是意义的一部分,而非全部,无法彻底解释语义现象。乔氏一方面把语言看成是人脑的一种属性,意义是存在于人脑之中的,持内在论语义观,但在论述语义时,运用了成分论方法,而且认为语义来自深层结构,否认其来自客观世界、人类的感知体验、主客观互动,这样难免要走向天赋论的唯心主义道路。

Saeed(1997:269)将语义研究分为:

① 外延方法(Denotational Approach):认为语言的主要功能在于可使人们谈论外部世界,在与别人交际或独自思维推理时,用语言来描述事实和情景,为其确定模型。理解语义就是将语句与其所描述的环境相匹配。这属于外在论,Ullmann所分出的两种语义观也属此类。

② 表征方法(Representational Approach):认为语义理论必须论述语言背后的概念结构,语义研究就是心智表征的研究,这与乔姆斯基的内在论相通,认知语言学也主要持这一观点。

本节主要论述这两大类型的语义观,以及乔氏的语义内在论与认知语言学的语义内在论的差异。

1. 语义外在论

(1)指称论

从古希腊的柏拉图、亚里士多德到近代的Mill(1806—1873),从当代的维特根斯坦的前期理论到罗素等,都认为语言符号与其所代表的事体之间存在一种直接的指称关系。名称指代对象,句子对应于情景和事件,这样指称论就把语句与其所指事体,及其间的关系视为意义。罗素是"指称论"之集大成者，提出了著名的"意义即指称"理论。他在1903年《数学原理》中曾说过：一个词的意义就是一个对象，即一个词意指着某客体，也就代表着一个客体。在1905年《论指称》一文中将指示词语分为两类："专名vs摹状词"。前者直接指称一个对象，该对象就是它的意义，它凭自身而有意义，与其他词语无关；后者常指描写一个对象的词组，其意义取决于所含词语的意义。Peirce也持该观点，认为谈到某符号时首先想到的是它与对象或所代表的实在事物之间的指称关系。

亦有学者把意义说成是"ostensive（可直接指明的）"，如婴幼儿最初就是通过大人直接指明某物，然后教其读音来学会单词、明白词义的。这种"Meaning As Ostensive"与指称论基本相同。

由于词语所指称的事体（Referent）通常是一个同类事体的集合，构成了该词语的外延，因此指称论有时又被称为"外延论"。Lakoff将语言不借助Sense可直接对应于外界实体和范畴的所指论称为"非认知主义的客观语义学（Noncognitivist Objectivist Semantics）"。

（2）观念论

指称论留下若干难以解释的难题，不可避免地带来了很多"胎里疾"，因而遭到许多学者的反对，此时观念论应运而生，Locke被视为该观点的早期主要倡导者。Frege（1892）以the Morning Star和the Evening Star为例严厉批判了指称论，这两个词语的指称意义虽相同，都指"金星"，但不能互换使用。他据此提出了在符号与所指之间存在"Sense"这一心理层面，区分了"涵义（Sense）vs外指义（Reference）"之间的差异，认为语言符号是通过人类大脑中的观念与客观外界相连接的，以图解决指称论所留下的难题。很多著名学者对此也有类似的论述，如现象学大师Husserl也曾举例说"a大于b"和"b小于a"这两个表达式虽描述了同样的事态，但两者的意义不同。Quine也曾举例说"具有心脏的动物"和"具有肾脏的动物"这两个普通名词的指称相同，但有明显不同的意义。Ogden & Richards于1923年出版了 The Meaning of Meaning 一书，将该观点称为"语义三角"。

按照Frege的观点，一个符号是通过该符号的Sense来指称那个Referent的，可到现在为止，似乎没有人能精确地给"水、电"等下一个令大家都接受的定义，更不用说那些抽象词语了，诸如"时间、意义"等。这就是说，我们能够知道符号所指称的东西，但并不一定是凭借Sense来认知的，这就使观念论陷入窘境。

从表面上看，观念论者强调的是观念，当算是头脑内部的东西，但他们认为Sense是现实世界在人脑中的客观反应，像镜子一样反映事体的心理表征，否定主观因素的作用，与人们的体认无关，因此词有客观的Sense，并能在世界中找到Referent，涵义就被视为词和所指物之间的关系，这显然也是一种以客观外界为基础的理论，Lakoff（1987：168）将该观点称为"认知主义的客观语义学（Cognitivist Objectivist Semantics）"，实际上还是一种以客观外界为基础的理论，仍可划归外在论。

（3）真值论

真值论包括"真值对应论"和"真值条件论"，前者强调意义来自符号与客观世界之间的对应关系；后者认为可用语句赖以成真的充要条件来定义"真值"。这两种观点都认为，（字）词典上所标明的词义是一种潜在性意义，只有在获得"真值"后才与具体参照物建立联系。归根结底，使得词语获得真值的过程是一个寻找所指的过程，这个过程也排除人的主观因素，词语意义是独立于个别使用者而被理解的，因此真值论也是以客观主义理论为基础，以"所指"为中心的，也属于外在论。

（4）内涵论、境况语义学

真值论在解释意义时同样也碰到了不少问题，为此哲学家、逻辑学家和语言学家提出了以"意义"为中心的"内涵语义学（Intensional Semantics）"。Tarski的真值条件语义学属于外延语义学，但也为内涵语义学奠定了基础，Carnap将外延语义学过渡到了内涵语义学，提出了外延的内涵研究方法。内涵语义学的经典形式是Kripke于1959年提出的"可能世界语义学（Possible World Semantics）"，试图全方位地模拟真实世界本体，其主要观点是：语言被映射到一组可能世界上，而不仅是单一的现实世界。可能世界也是以人的活动和经验为依据的，这里的"世界"已不再仅指我们所生活其中的真实世界，而是真实世界在心智中的反映，是人类认知结构中的心智空间。但内涵语义学的目的依旧是为语言中的句子提供真值条件，一个句子的意义被认为是一个命题，与一组可能世界相一致，在这一组世界中该句得以成真，仍未能彻底摆脱外在论的羁绊。Montague于1974年则将人工语言与自然语言相结合，在内涵语义学的基础上建立了内涵逻辑，可使其更贴近自然语言的表现形式，为内涵语义学的发展提供了很多新思路。

另外，Barwise & Perry于1984年提出的"境况语义学（Situation Semantics）"也旨在模拟真实世界本体，认为意义是根据符号直接对应于客观世界来定义的，不必考虑人的理解，忽略本体与认知之间的辩证、互动和平衡关系。也可划归客观主义语义学。

综上所述，"指称论、观念论、真值论、内涵论、境况语义学"之间虽有很大差异，但都未能脱离与外部世界的关系来论述意义，因此可大致将它们划归语义外在论。这种外在论否定了人的主观因素在语义形成中的任何作用，将意义视为与认知主体的主观因素毫无关系，遭到当今认知学派的严厉批判（Lakoff：1987）。

2. 语义内在论

（1）索绪尔的结构内在论

索绪尔首创"关门打语言"策略，实现了语言理论的"内指论"转向，过分强调语言结构系统的内部关系，忽视"语言形式"和"客观外界、思维规律"之间的关系，并以此为出发点论述了他的意义观,认为词义可依靠语言系统内部的相互关系来定义,由其潜在的"横组合关系(Syntagmatic Relations)"和"纵聚合关系(Paradigmatic Relations)"的值来共同确定。在他看来,语义空间是封闭的,一个词语的意义变化仅取决于在语言这一封闭系统内部所产生的变化,而跟语言所表达的外界无关,词语意义无须像指称论那样到系统外部去找所指对象。

索绪尔强调从语言的内部系统来分析语义,这给语义学带来了很大启发,20世纪30年代德国语言学家J. Trier受索氏影响,建立了"语义场(Semantic Field)理论",被视为语义内指性研究的一大发展。此后很多学者关注语言系统中的"涵义关系(Sense Relations)",如"同义关系、反义关系、上下义关系、多义关系、歧义关系、同音(同形)异义、局部—整体关系"等,从而形成了"结构主义语义学"。索氏的"二项对立原则"还被创造性地运用到"语义成分分析(CA)"中来。

(2)乔姆斯基的心智内在论

乔氏沿索氏"内指论"转向,继续实施"关门打句法"的策略,拒绝语义外在论,认为语言是人脑的一种属性,意义存在于心智之中,持内在论语义观。他认为语言是先天的和普遍的,具有自治性,独立于外部世界,与身体经验无关,认为语言具有使其成为语言的本质就内存于语言之中,这就是"普遍语法",可通过内省法加以研究。乔氏(Chomsky 1965:3)说:

> 语言学理论所要关心的是一个拟想的发话者兼受话者,他所处社团的言语是纯之又纯的,他对该社团语言的了解是熟之又熟的,在把语言知识运用于实际时不受记忆力限制的影响,也不受注意力分散、兴趣的转移和(偶然的或惯常的)语言错误等情况的影响,因为这种情况是和语言无关的。

这段话就反映了乔氏纯心智内在论的观点。

Frege认为Sense不在人的个体中,而是游离于个体之外,存在于某社团并为该社团所共享,具有固定性。人在学讲话时就从该社团学得了"外在"的Sense,并通过它认识了所指,这样就在符号、观念/涵义、所指三者间建立了固定的联系。乔氏和认知语言学却认定:意义具有心理性,在人脑之中。宁春岩(2000:243)将乔氏的意义内在论概括成五个要点,其中有两点是这样描述的:

① 观念、意义独立于外界感知刺激,它们先于词语,即在没有词语形式表达之前就已存在于人脑之中了;
② 由于人类全部个体都具有生物遗传属性,一个体关于意义的心理感受同另一个体关于意义的心理感受大体相同,人与人之间便能成功地进行思想交流。

可见，乔氏这种纯心智内在论与他的自治论、天赋论一脉相承。人生下来就有一种潜在的观念和思想，好像是"沉睡着的思想"，在后天的语言环境中不断受到词语符号的刺激就能够被"唤醒"，根本不需要外在论所说的什么"所指"。因此乔氏认为，观念、意义、思想在没有受到词语刺激之前就早已存在于人的头脑之中了，它们先于词语，不依赖外界的感知刺激就已存在。

乔氏还认为，语言在本质上是数学的，数学是纯形式的，因此可用数理逻辑的方法来描写心智过程、语言和意义。

（3）认知语言学的体验内在论

认知语言学对意义的研究也是沿着"内在论"方向行进的，与乔氏一样都认为语言和认知存在于人们的头脑里，语义必须按照心理现象来描写。Gärdenfors（1999：21）指出：认知语义学家的一个重要口号是"Meanings are in the head"，这就明确表明他们对语义的基本态度，与乔氏的内指性有某些共识。

在词语意义具有不确定性这一点上，认知学派与乔氏理论也有共同看法。乔氏近来将词语的意义视为一个变量，具有不确定性，词所能表达出的意义取决人们对其的特别兴趣和关注点。乔氏（Chomsky 1995：20—22）在"Language and Nature"一文中举了很多这样的例子，如：

[3] I painted my house brown. 究竟是指房子的内部还是外部？

[4] I climbed the mountain. 可指爬上山，也可指下山。

他（1995：23）还举了"门、瓶"的例子：

[5] I can paint the door to the kitchen brown.
[6] I can walk through the door to the kitchen.
[7] The baby can finish the bottle.
[8] The baby can break the bottle.

[5]中的door是指物质性的门，[6]中的door是指门所形成的空间，同时在这两句中，图形与背景正好颠倒。[7]中的bottle是指瓶中所装之物，[8]中的bottle是指容器本身。又例我们往往只说：I kicked the door. 而不会赘说成第七章的例[32]。这都意在批判"指称论"，再例：一个城市既可是具体的，也可是抽象的，既可是有生命的，也可是无生命的。地上的一些棍子可能是一堆杂物、篱笆、障碍物、一件艺术品，也可能什么也不是。用杯子从水龙头接到的是一杯水，但同样这杯水放入茶叶后，就是一杯茶，等等。它们究竟在客观世界中指称什么是难以确定的，只能说明意义是不确定的，证明外在论之难以摆脱的困境。

Lakoff（1987）尝试用ICM来解释上述现象，认为一个ICM是形成多义自然范畴的出发点，也是形成多义词的基础。ICM是一个完形结构，其中各要素和意义之间存在有机联系，人们很自然地就用door、bottle来表示其中的不同意义（参见第七章例[24]—[30]）。因此，ICM不要求意义必须严格模拟客体，与外界完全对应，人类不需要非常固定的Sense和Referent也能交流。认知语义学用ICM便可较好地解释语言中的这种灵活性，与客观主义语义学背道而驰，也是对外在论中认为意义具有固定性的一个有力批判。

尽管认知语言学与乔氏都持语义内在论，前者认为在世界与语言之间存在认知这一中介，语言形式是体认、语义、语用等多种因素共同促动的结果，不能脱离人们的身体特征和生理机制、神经系统。乔氏所主张的先天、自治的语义内在论正是认知语言学所批判的靶子。语义虽是存在于头脑之中的，但其根源不是天赋的，而是来源于身体经验，人与客观世界的互动认知，来源于使用者对世界的理解。乔氏正好忽视了人类这一最重要的认知特点，这也是认知语言学与TG在意义内在论上的根本差异。

认知语言学还批判了乔氏的形式主义语义观。乔氏认为思维和推理的过程是对抽象符号机械运作的过程，可准确地反映世界中的理性结构，心智可像计算机一样根据规则对符号进行计算；且语言在本质上像数学一样也是纯形式的，可用数理逻辑的方法来描写语言，研究意义，因此思维、理性、语言、意义是超验的（Transcendental）。乔氏虽摒弃了意义外在论，批判了客观主义理论中的部分观点，将研究重点转向了人类内在的心智，但对客观主义外在论所采用的形式主义研究方法还是情有独钟。他（Chomsky 1995：15，19）认为：内部语言包括词库和计算程序，强调了心智表征的可计算性。这种观点已受到当今以体验哲学观为基础的认知语言学的猛烈批判。体验哲学认为概念和思维是基于体验的，而非符号运算，自然语言的意义远比各种基于逻辑的形式模型丰富得多，主张连通论（Connectionism）的观点。

正是由于TG与认知语言学之间存在种种联系，在语义上又都持内在论，因此学界对TG的归属存在很大分歧。鉴于TG认为语言是人脑中的心理客体，是人类心智能力的一部分，因而把语言研究划归为认知心理学，乔氏也曾自认为是认知语言学家。Saeed（1997：299）将TG也归在认知语言学门下。但认知语言学和TG在哲学基础、心理学基础、自足性、客观性、生成/概括的优先性、普遍性、形式/功能观等很多基本假设上存在根本对立（王寅 2001，第二章表2.2）。

3. 小结

传统的语义指称论认为语符意义是外部世界直接映射的结果，意义与认知主体无关。语义三角在语言符号与外部世界之间增加了Sense这一中介，解决了指称论中某些不可解释的现象，但又产生了一些新问题。真值论、内涵论、境况语义学也是沿着外在论的方向研究语义的，都不可避免地烙上了客观主义理论的印记。

索氏和乔氏为解决这些问题又走到了另一极端，彻底抛开外部世界。前者对语义持结构内指观；后者把语义视为纯心智、与生俱有的，对语义持纯心智内指观。而认知语言学虽认为语义须按心理现象来描写，但也充分考虑到认知主体，吸收了外在论的某些观点，承认了外部世界在认知中的基础性作用，对语义持"体验内指观"，这也充分体现了"由外到内，再内化和外化，内外结合"的原则。笔者认为"体验内在性语义观"强调客观世界对人类意义形成的基础作用，是符合唯物论的；同时又坚决反对客观主义、机械外在论的研究方法，批判脱离现实的纯心智内指观，反对形式主义，主张"心智加体验，客观兼主观"策略，这也具有辩证法的思想。

于是乎，意义研究好像走了一个圈子，又回到了重新考虑外部世界的作用，当然这不是在简单重复，而是一种螺旋式上升。在指称论中语言是用来直接指称客观外界事体的，具有单向关系。在语义三角论中，语符、观念/涵义、所指物三者关系也存在一种单向关系，语符通过涵义指向所指物，涵义仅起建立客观连接的纽带作用，忽视了认知对范畴、概念所起到的关键作用。而认知语言学认为在现实与语言之间存在"思维、认知"这样一个中介，虽与语义三角有相似之处，但两者有本质区别。若把语义三角中Sense顶点向下拉，就大致能得到认知语言学核心原则"现实—认知—语言"（权且将Sense类同于认知）。在此原则中，"认知"中介彻底中断了语言与外界的直接联系，语言不是直接反映客观外界的，其间必有主观认知、想象力所起的主导作用，语义源自使用者对事体的理解，不可能有独立于人主体的意义；同时，意义存在于人脑之中，不必像外在论那样依赖外物找指称。同时在"现实、认知、语言"三者间具有双向互动关系。因此，语义不完全依赖客观事实或真值条件，而与人们的互动体认、范畴划分、概念框架密切相关。可见，对于"人类主观性"的看法是"体验内在论vs外在论"的根本区别所在。

乔氏排除一切外界干扰因素，聚焦研究心智如何作用于语言，认知语言学接受了后半句而否定了前半句，强调以客观世界、人类体验为基础来研究心智如何作用于语言，充分肯定现实对于意义产生、语言形成所具有的基础性作用，两者间具有双向互动关系。据此，语义不仅是一种心理现象，存在于人们头脑中，而且更主要的是一种基于身体经验的心理现象，源于人与客观世界互动的体认。若无客观外界，人们何以能形成范畴、概念和语义？它们不能仅从语言结构内部来描写。因此，对于经验的实践作用，是"体验内在论vs结构内在论、心智内在论"的根本区别所在。

我们认为，认知语言学既吸收了内在论的观点，也接纳了外在论中考虑外部世界因素的观点，从而形成了具有特色的、基于体验的内在论意义观，这也与认知语言学的体验哲学基础和体认心智观的心理学基础相一致，也就是上文所说的两个过程缺一不可，"内外结合"的原则。

语义研究必须从现实和认知这两个角度来考察：前者是后者的物质基础；后者是对

前者的心理加工，意义须基于人的体验、以ICM为参照点，依赖人的认知能力，语义的形成过程就是范畴化和概念化的过程，范畴化和概念化又是基于身体经验的，也是认知的过程，认知又与人类的"经验、范畴、概念、知识、推理"等密切相关，只有运用这种互相依存的模式才能真正解释语义的性质。因此语义学的最终目的就是阐述"范畴过程、概念框架、认知方式、推理过程、隐喻机制"等，以及语言形式是如何反映它们的。语义必须按照基于体认的心理现象来描写，语义是人类通过自己的身体和大脑与客观世界互动的结果，意义与形式是不可分离的，这样在认知语言学的框架中，像似性辩证说也就顺理成章了。这里的像似性不仅仅是指语言形式直接像镜子一样反映客观外界的事体，而是更强调语言形式反映了人们对世界的认知方式，与人类的"经验结构、思维规律、概念框架"对应，其间有理可据，为动因所驱，这就是为何认知语言学要批判结构主义者所持"任意性支配说"的原因。

第三节 认知语义学主要内容

认知语言学认为，语言以对现实世界（尤其是空间）和自身的体认为基础，同时语言的发展又促进了认知的发展，强调认知先于语言，语言与认知相互作用、相互影响，分析语言结构就可获得人类的认知规律。因此，要能够将这些观点论述清楚，就必须将语义研究置于核心地位。

近年来很多认知语言学家都对其作出了深刻的论述，如：Jackendoff1985年在《语义学与认知》一书中首次论述了语义与认知的关系，认为概念结构是语言与认知的中介；Lakoff1988年发表了 *Cognitive Semantics*（《认知语义学》）论文，他在1987年和1999年（与Mark Johnson合著）出版的两本专著中都有专门章节论述认知语义学的研究方法和内容；法国的认知语言学家Francois Rastier1991年出版了 *Semantique et Recherches Cognitives*（《语义学与认知研究》）；Allwood & Gärdenfors1999年出版了 *Cognitive Semantics: Meaning and Cognition*（《认知语义学——意义与认知》），书中收集了8位学者的论文。Talmy于2000年出版了 *Toward a Cognitive Semantics*（《走入认知语义学》）。另外，Langacker、Johnson、Givón、Taylor、Geeraerts、Fauconnier等著名学者对认知语义学也有很多重要的论述。L&J（1999：497）认为：

> 认知语义学主要研究人类的概念系统、意义和推理（Inference），简而言之，研究人类的理性（Human Reason）。

而这些内容又与人类的"感知体认、范畴化过程、认知模型、知识结构"等密切相关，这些就构成了认知语义学的研究基础。

认知语义学主要包括两大板块：认知语义学和认知语法学（后据此发展出构式语法），这两者都是"以意义为中心"学科，它们与认知语言学的内容在许多方面是相通或重叠的。认知语言学对传统的语言理论和乔氏TG提出了一系列挑战和补充，因此认知语义学也对传统语义理论以及乔氏语义观提出了一系列的挑战和补充。本节概述认知语义学的基本观点和方法，它们具有以往理论所不及的解释力，认知语法学待另书论述。

1. 体认观

（1）概述

认知语义学的一个核心观点是：思想、知识、意义来源于互动体认，这与唯物论相吻合，承认存在决定精神。

毛泽东于1937年在《实践论》中指出：

> 一切真知都是从直接经验发源的。……所以，一个人的知识，不外直接经验的和间接经验的两部分，而且在我为间接经验者，在人则仍为直接经验。因此，就知识的总体说来，无论何种知识都是不能离开直接经验的。任何知识的来源，在于人的肉体感官对客观外界的感觉，否认了这个感觉，否认了直接经验，否认亲自参加变革现实的经验，他就不是唯物论者。（毛泽东1991：288）

Malinowski于1935年也十分明确地表述这种观点，他说（参见Halliday & Hasan, 1985: 7）：

> 最终来说，词义来自身体经验。

第二代认知科学也持这种观点，反复强调心智的体验性，认为人类在对外部世界种种现象的感知体验中逐步形成范畴、概念和思维，抽象出认知模型，建立认知结构，获得意义。L&J（1999）在"Philosophy in the Flesh"中将体验哲学的基本思想概括为三条基本原则，其中第一条就是"心智的体验性"。

（2）身体—空间基础论

说到"体验"，首先要回答三个问题：用什么体验？首先体验什么？主要如何体验？回答了这三个问题也就可以基本理解认知和语言的体验性问题。

我们用什么体验？当然用我们的身体，包括各种感觉器官。我们首先体验什么？是空间，包括"地点、方向、运动"等。我们如何体验？主要通过互动的方式。这三者便是人类概念和语言的始源，也是对上述论述的一个总结。人类的认识是基于对自身和空间的理解之上，沿着由近到远，由具体到抽象，由身体和空间到其他语义域的途径，通过互动等方式逐步发展起来的。在人类的体认过程中，身体和空间首当其冲，在互动的基础上还可产生其他一些基本认知方式，这就是我们形成若干基本概念的基础，在此之上再通过隐转喻机制衍生出其他若干概念。

1）身体经验

关于身体经验，本文主要从下面三个方面论述：

① 人类的主体性。人类作为认知和语言形成的主体，在其形成的整个过程中自然发挥着最为关键的作用，这是不言而喻的。

人类的主体性与心理学家所说的"人类中心论"也有共通之处。人类在对时空的感知和语言的建构过程中发挥着中心作用（参见Clark 1973），人们将自我置于宇宙的中心，然后以此为参照，形成视角，确定"上下、前后、左右、高低、近远、中心与边缘"等概念（Miller & Johnson-Laird 1976：395）。皮亚杰的研究表明婴幼儿也是将他自己置于世界的中心。

② 身体的特殊性。我们人类有特殊的身体构造，最为发达的大脑，以独特的方式感知着客观世界，从而形成了人类独特的思维和语言能力。很多学者都认为，区别人类与其他动物的依据之一就是人类具有理性，思维高度发达，能掌握和使用语言[①]。

③ 体认的基础性。我们的思维具有"体认性"，常把基于其上获得的经验作为衡量周围世界的标准，因此表示人体部位的词语极易通过隐喻映射到其他语义域中，如"头、腰、脚"可用来对应地表示山的部位：山头、山腰、山脚、树头、树腰（树干）、树脚（树根），倘若我们不用这些词语，又该用什么词语呢？

正如古希腊哲学家Protagoras（普罗塔哥拉，约前485—前410）的著名格言所云：

Man is the measure of all things.（人是万物的尺度。）

该命题不仅包含了人们常用身体部位来理解和表示其他事物，且还包含意义与人的主观认识密切相关，意义不可能独立于身体之外。

2）空间体验

关于体验的首先是空间（包括地点、方向、运动等）这一观点，不少学者早有论述，本文作如下简要梳理：

① 唯物论强调物质的第一性，认为意识来源于客观外界，这是从总体角度而言的，实际上也包含了来源于空间的思想，只是对其语焉不详。

② 早有学者述及空间对于人类概念形成的重要性，并非体验哲学和认知语言学的

[①] 学者对其有不同看法，认为动物也有理性和语言，这就涉及如何界定理性和语言的问题，其他动物的理性和语言与人类的有什么不同。Taylor（2002：16）则强调了人类具有在线和下线认知（online and offline cognition）的能力，而动物似乎仅有前者，这与语言具有超时空性（displacement）相似。人类在运行下线认知时，就要依靠诸如语言的符号。

首创。就笔者所知，近代最早指出地点位置对于人类概念形成具有基础性作用的可能是 Bühler，他于1934年就有述及（Pütz & Dirven 1996：330）。Lyons（1977：282, 719）也持相同看法：

> 完全可以说，我们不仅对于方向对立的理解，而且对于一般对立的理解，都是在我们相对于自身的方向、位置或外界其他物体运动的基础上，首先学得其间的许多区别而作出的某种类推延伸。

③ 认知语言学高度重视该观点，并基于其上提出了一系列新观点、新解释，引起了学术界的普遍关注。如Gruber于1965年曾指出空间位置和运动概念可用来解释许多其他语义域，Jackendoff（1985：188, 209）在这个假设的基础上进一步提出了"主题关系假设（Thematic Relations Hypothesis，简称TRH）"，认为在事件和状态的语义域中，"事件、状态、路径、地点-功能"是用来分析空间和运动的子集。因此，概念结构中的所有事件和状态主要是根据空间概念化组织起来的，并且所有的语义场几乎都有类似于空间的组织结构。他以此理论为基础举了很多例子来证明"所有、特征、事件、状态、存在"等语义域是对空间进行概念化的结果。他还认为：人类通过视觉、触觉、动觉等感知能力学会了空间定位，进行空间概念化，这几乎适用于任何语义域。人类早在语言出现之前就掌握了空间概念化能力，婴幼儿可能先学会几个表示空间的词义，然后通过它们来学会其他语义域。

Lakoff（1987：283）提出的SFH与此观点一致，并以其为基础论述了语言中基本句型的形成过程。Langacker（2000：203）也认为：

> 在尝试建立认知语言学的过程中，人们很快就会被引导来思考空间和视觉经验在形成其他认知中所发挥的作用。毫无疑问，它的作用既具有说服力，又具有高度重要性——我们最初就是空间和视觉动物。

他早期将其语法理论定名为"Space Grammar（空间语法）"（Langacker 1982），尝试用一套表示空间关系的图表来描写语法，到1987年才将其改为"Cognitive Grammar（认知语法）"。他还基于"弹子球模型"和"舞台模型"解释了英语基本句型的建构过程。

Johnson（1987：126）基于人类对空间和运动的经验概括出27个最重要、最具代表性的意象图式，并认为人类运用它们就能以类推的方式建构出无限的感知、意象、事件等，从而就构成了人类的经验结构和概念系统，成为理解意义、形成推理的基础（参见第六章第一节）。Talmy于1988年重点论述人们在对空间运动认识的基础上所形成的"力量—动态意象图式"，认为这一意象图式在我们的认知和语言形成过程中起着核心的、普遍的作用。

还有很多认知语言学家运用空间概念来解释词法形成过程以及语篇分析。他们认为词汇的形成、词法的建构与空间密切相关,很多词缀也是来自空间概念;语篇可被视为一个概念化了的空间。Mondada（1996）就曾以"How Space Structures Discourse"为题发表论文阐述了这一观点（参见第十章第三节）。

3）互动方式（参见下文）

4）综述

对身体（包括身体部位、感觉器官等）和空间（包括地点、方向、运动等）的认识,主客体之间的互动,在我们的概念系统形成过程中占据着不可替代的中心地位,这是体验哲学的基本观点,也是认知语言学的共识。这可从英语和汉语中找到很多例证,如原来表示空间的词语（包括介词、副词、动词、名词等）可延伸来表达若干其他语义域。如早有学者（Anderson 1971；Clark 1973；Givón 1973；Traugott 1982；等等）论述过时间是空间表达的延伸,即时间是空间的隐喻。Lyons（1977：718）和Jackendoff（1985：189）也都认为：

英语中几乎所有表示空间的介词也可表示时间。

总的来说,时间介词与表达空间的介词是相同的。

不仅表示空间的介词可用作表示时间的介词,而且许多表示空间的动词也可用来表示时间概念,例如：

[9] We moved the statue from the park to the zoo.
[10] We moved the meeting from Tuesday to Thursday.
[11] The road extended from the city to the suburbs.
[12] His speech extended from 2:00 to 6:00.

同时,我们也发现：时间介词短语与地点介词短语一样,以相同的方式附着在句子上,例略。《认知语言学研究丛书》第8卷是由Pütz和Dirven于1996年合编的论文集,书名就是"*The Construal of Space in Language and Thought*（《语言和思维中的空间识解》）",书中共收集了30篇来自不同国家认知语言学家的论文,他们分别从不同角度,基于不同重点论述了空间是人类形成其他认知域的基础。

汉语中也有类似的情况。汉语中原来表示空间关系的"上/下、前/后",不仅可用来表示"时间域"的概念,还可用来表达许多其他概念：

[13] 时间：上午/下午,上半年/下半年,上月/下月,上旬/下旬……;

　　　　顺序[①]：上次/下次，上卷/下卷，上半时/下半时，上一代/下一代……；
　　　　抽象：上班/下班，上岗/下岗，上级/下级，上策/下策……。
[14] 时间：前天/后天，几天前/几天后，以前/以后……；
　　　　顺序：前汉/后汉，前生/后生，前边/后边……；
　　　　抽象：前思/后想，前赴/后继，前程/后路……。

又如汉语的"间"，本来写作"閒"，会意字，表示门有"缝隙"，从门内可以看到月光。后由"缝隙"引申为"隔开、离间"；又因缝隙在两侧之间，引申出"中间"之义。后把读jiān和jiàn的"閒"写为"間"，现简化为"间"。该字又从空间域引申到时间域，如"晚间、夜间、间日、期间"等。

　　正是由于人类有相同的身体构造，所生活的环境空间也很相似，感知体验虽有差异，但仍有很多共通之处，这就成为理解不同文化背景下语义结构的基础。互动方式可能会有同有异，这就出现了相对性中具有普遍性，普遍性中也有相对性的现象，两者具有辩证统一的关系。如语言中的情感词也是以身体经历、身体构造为基础形成的。Lakoff（1987）曾论述了英语中几十种关于"生气"的表达方法，它们都与身体经验和生理构造有关。笔者（2001：375）也尝试列举了人在生气、发怒时所出现的种种生理现象，以及基于此所形成的种种表达"生气"的语句，认为它们也完全是基于人类对客观现象的感知体验，与人的生理构造密切相关。因此，在语言形式与"生活现象、经验结构、认知方式"等之间存在着显而易见的像似性关系，这些例子都说明了体认在语言形成过程中所起到的基础性和决定性作用。

　　我国古人认为："近取诸身，远取诸物"，这是我们祖先认识和描写事体的一个基本原则，与西方的体认观有异曲同工之处。荀子（约前298—前238）在《正名》中论述了词的产生经历了"天官意物"和"心有征知"两个阶段。"天官"指的是人的感觉器官，通过"心"这个思维器官对事物进行认识，从而就可形成概念，"随而命之"，给这个概念起一个名字。刘勰（约466?—539?）在《文心雕龙》中指出：

　　　仰观吐曜，俯察含章，高卑定位，故两仪既生矣。惟人参之，性灵所钟，是谓三才。……心生而言立，言立而文明，自然之道也。

其大意为：人向上看到了天体的光耀，向下看到了地上隐含的图案，上面和下面的位置概念确定了，天和地（两仪）的概念也就产生了，在天地这个大空间中又出现了人，因此"天、地、人"是世界上的三种创造性因素——是谓三才。只有人的参与，才是人类形成概念的最重要因素（参见许国璋 1988）。刘勰紧接着论述了三才与语言之间的关系：天

---

① 时间与顺序两概念是紧密相关的，有时难以明确区分。

地以及天地之间的现实世界先作用于人的心智，再由心智产生言语，又由言语产生文字。刘勰在全书一开始就开宗明义，阐述了他的语言世界观：现实是基础的，人（认知）是主导的，语言则是从属的。这也正是当今认知语言学所主张的基本观点，但却早了1400多年。

刘勰在《文心雕龙》中反复强调了上述观点：

> 人文之元，肇自太极。

太极为天地之始，宇宙之初，有了天地有了人，才有人文！他还说："情动而言形，理发而文见"，都与上述基本观点完全一致。

他还反复强调人在认识客观现实世界和形成文字句章中所起到的主导性作用，他一方面说"心以制之，言以结之"，意思是说内心的思想是主宰，文辞只是表达思想的，这就突出了人和"心智"的主宰作用；他另一方面又说"物以情睹"，充分体现出了人文精神，强调人们对事物的看法可受到不同心情的影响，或者说不同的人看同一个世界可有不同的结论。他还特别阐述了"志足而言文，情信而辞巧""言以足志，文以足言"的观点，只有认识透彻了，思想丰满了，内容充实了，情怀达畅了，文字句章自然就美了，这便是言语之玉律，行文之金科。可见，刘勰的理论突出了当今认知语言学所遵循的"现实—认知—语言"程序中"人的认知"这一中心环节所起到的主导性作用。

荀子和刘勰分别在2300多年前和1400多年前就道出了"感官、征知、空间、人"是人们形成概念的基础这一道理，这可谓是当今认知语言学的先声。近来戴浩一（1989）还根据体验观提出一个全新的观点：可用人类的基本感知能力，尤其是对空间和时间方面的感知能力来解释汉语的语法结构，这为语言学研究开辟了一条新路子。

意义基于感知，而感知又基于人的身体构造，人类用互动的方法来感知客体、他人、空间、时间和其间的相互关系。在这个基础上，人们通过隐喻建构了系统概念，形成了语言，因此概念不是自治的，也不可能是独立于身体的心智能力，这就有力地批判了二元论。

2. 概念化

Herder早在1772年《论语言的起源》中就从人类的体认角度阐述了语言的起源问题，他（姚小平译 1999：64）说：

> 有100,000条根据，证明语言源出于人类心灵，证明语言是通过人的感官和知觉形成的！有无数的事实证明，在所有的民族、国度和环境里，语言都萌芽于理性之中并随着理性的成长而成熟起来！谁能对世界各民族的这一普遍的心声充耳不闻？

他（姚小平译1999：iv，vi，65）还说：

> 语言并非先验之物，而是感性活动的产物，所以，语言起源问题只能用经验的、归纳的方法来解答。
>
> 一切观念都只能通过感觉形成，就不可能存在任何独立并先存于感觉的观念。语言是理性的映像。

Herder在1772年名著中的一个基本概念是Besonnenheit，姚小平（1999：v）将其译为"悟性"，也可称为"理性、知性、智能、意识"，这是一种先定的认知倾向，是发明语言的先决条件。当今认知语言学的基本观点与这位大学者200多年前提出的基本观点基本一致。认知语义学中一个基本观点就是：人类只有通过头脑中的概念范畴才能接触现实，反映在语言中的现实结构是人类心智运作的产物，因此语言研究重点就应围绕人类的"心智、认知、概念"来进行。Johnson（1987）、Lakoff（1987）、L&J（1980，1999）等学者反复强调这一观点：

> 我们如果离开了人类的概念结构，就无法接近现实。

Taylor（1996：21，37）也指出：

> 当前语言学界的特点就是笃信认知实在论，也就是接受这样的观点：语言是心智或认知现象。
>
> 确切地说，假定语言是一个心智现象，语言知识和语言应用的所有方面最终可归结为心智加工，特别是意义可被视为心智加工。Langacker确实将语言表达的意义与概念化或"心智加工"等同了起来。

Langacker将意义等同于"概念化（Conceptualization）"，大致等于"认知加工、心智加工、心智经历"，并与心智空间密切相关，因此语义就等于能在心智中被激活的相关概念内容，以及加于其上的识解。我们认为，将意义等同于概念化，比起将其视为"Concept（观念）"来说，意在强调概念化主体的主观识解因素和意义的动态化特征，抛弃了客观主义语义理论的"镜像观、静态观"，强调了人的"创造性、想象力"，突出了意义的动态观。正如Langacker（1987b：194）所作的解释：

> 意义不是客观地给定的，而是（人为地）建构出来的，即便是那些描写客观现实的语言表达，其意义也是这样。因此，我们不能通过纯粹描写客观现实来解释意义，而是要通过描写认知例行常规，正是这些常规构成了人们对现实和意义的理解。语义分析的主观方面就是人们的概念化，我们所关心的结构，就是一个人通过主动的认知

加工强加在他的心智经验之上的结构。

因此，概念化强调了人的因素，它既包括概念形成的"体认的方法和过程"，也包括"这一过程的结果"，意义就是概念化的过程和结果，与我们的"体验感知、认知途径、识解方式、心智框架"等密切相关。

关于"现实、认知、语言"之间的关系，我国古代哲人早有论述。公孙龙（前325—前250）在《名实论》中指出：

    审其名实，慎其所谓。

要求人们明察名实关系，慎重对待称谓问题。他认为名实关系的实质在于如何"称谓"（夫名实，谓也），其认识论基础是"知"，须对名实关系作出正确的判断。只有深入认识事物的本质并据此考察其名与实是否相符，才能实现用正确的名来呼应或对应于各自不同的事物的实，客观事物的区分，复见于命名本身的相互区分，即"唯乎其彼此"（王宏印 1997：94）。这里强调了须将物纳入人的认知框架即认知结构加以理解，在事物与名称之间存在认知这一中介。

荀况在《正名篇》中指出：事体的名称是人们共同"约定俗成"的，但这种"约定俗成"必须经过人们"待天官之当簿其类，然后可也"。"天官"指"感官"；"簿"意为"接触"。该句意为：心灵的验证能力一定要等到感觉器官接触到对象之后才能发挥作用。他还强调了"心有征知"。"心"古代指"思维器官"；"征"意为"验证、考察"之义。心有验证的作用，即有对感觉印象进行分析、辨别的作用，然后才能给事体确定一个正确的名称，这就叫作"稽实定数"。"稽"意为"考察"；"数"指"制定名称并使它与实相符合的法度"，也就是说根据对客观事体的实际认识而确定事体的名称。

《刘歆与扬雄书》认为一切命名应当皆有验证，"非徒无主而生是也"。刘勰在《文心雕龙》中提出了"心生而言立"的观点，现实先作用于心智，由心智再产生语言。他实际上认为：现实是基础性的，人（认知）是主导性的，语言是从属性的，这正是认知语言学所主张的基本观点，但却早了1400多年。

明末清初的王夫之（1619—1692）将符号视为"对象的表征，人心的产物"，这"人心的产物"就是从程颐的"义理"继承下来的，与"心生而言立"的观点相仿。

3. 互动观

认知语言学认为，语言主要是人们在对现实世界感知体认的基础上通过认知加工而逐步形成的，是主客互动的结果。互动观也是认知语义学的一个重要观点。

有了"互动"的概念，就强调了人在认知自然世界过程中可发挥主观能动作用，也就可解释不同人之间为什么会存在认知上的差异、思维上的分歧，不同民族的语言表达为什么会不同。正是由于人类认知方式的不同，概念结构也有差异，所形成的"原型、范畴、意象、图式、认知模型"等也就存在差异，语言表达也就有了不同。因此，我们的心理决不可能像镜子一样来反映客观外界，其间必有人的参与，含有一定的主观加工成分。马克思（1979：126）早在《1844年经济学哲学手稿》中就强调了人在认识世界过程中的主体作用，人与自然界的互动关系，他说的"人化的自然界"就是此义。现以汉语"地瓜"为例，说明同一事体在不同地区会有不同名称，这实际上反映着不同的认知意义：

从出处和产地来命名：地瓜（长在地下），山芋（来自山地），番薯（出自外地）
从外表的颜色来命名：红薯，白薯，红苕
从味觉和触觉来命名：甘薯（味觉甘甜），凉薯（取其触觉）
从外在的形状来命名：豆薯

现将这一现象以图表示如下：

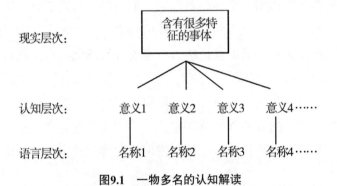

图9.1　一物多名的认知解读

汉语中"眼镜"这一词语，说明了中国人对该事物进行认识时主要抓住了"使用场所"，指架在眼睛前的一种镜子。而英语常用其构成材料表达——glasses，指用两块玻璃做成的物体；另一个英语单词spectacles则是用其功能来命名的，词根spect意为"看"，该单词侧重以功能来给眼镜取名。同一个物体，由于认识方法不同，在英汉两语言中就有了不同的命名思路和结果。

又例如"大钢琴（grand piano）"在汉语和英语中都强调了"体积"，而在法语中用piano à queue（tail piano），德语用Flügel（wing piano），它们都用动物的部位来表达，皆因"识解"有差异所致。

从上可见，给事体命名能说明在"现实、语言"之间存在认知这个"中介"因素。客观世界中的同一个物体或现象，先作用于人的感觉器官，人们就开始认知它，然后从多种离散的感觉材料中择取出某些固定的知觉中心,在选择语言单位表达时,即在词汇化处理过程中,往往只限于强调事体的某一特殊方面,如"性质、形状、材料、功能"等。正如陆宗达、王宁(1994:71)所说:

> 名物是有来源的,在给一个专名定名时,完全没有根据、没有意图几乎是不可能的。人们为一物定名时,一定与对这一事物的观察、认识有联系,因而在不同程度上有源可寻。

如果在现实和语言之间没有"认知"这个中介,就不能解释同一物体为什么在同一语言社团和不同语言社团中会有不同的名称。英汉两语言在很多词语表达和句法表达上存在不同,这都是由英汉两民族在认知上的差异所致。

皮亚杰在阐述"建构论"时提出了"互动论",认为人类的认知来源于主客体之间的互动作用,并提出了两种互动形式:"适应(Adaptation)"和组织"(Organization)"。L&J(1980:119)也认为:

> The kind of conceptual system we have is a product of the kind of beings we are and the way we interact with our physical and cultural environment.(我们所具有的这种概念系统是我们作为人类这一物种的产物,也是我们与物质环境和文化环境互动方式的结果。)

认知语言学既反对客观主义,也反对主观主义,认为这两种理论都没有看到我们是通过与世界的互动作用来理解世界的。因此L&J(1980:230)强调了"理解来自互动"的观点,认为意义不仅取决于理性知识,而且还取决于自己的过往"经验、价值、感情、直觉",意义带有"想象力、建构性、互动性"。人生活在社会环境之中,或者说也是环境的一部分,就不可避免地要与各种环境和他人打交道,就存在一个互相适应的问题。正是在这种交道与适应中,人们逐步形成了范畴和概念,认识了世界,也认识了人自身,形成了概念结构,从而获得了理解能力。

4. 百科观

认知语义学家坚持百科式的语义分析方法,认为语义基于人的感知体验,是概念化的结果,与心智结构密切相关,它就不完全取决于客观世界,其中必然要涉及人的主观因素,用客观主义方法行不通,局限于语言系统内部的横组合和纵聚合关系也不行。正因为语义与人类的知识密切相关,它根植于使用者和接受者的百科知识体系之中,据此就该用百科式语义分析方法,从人们的认知结构、背景知识等方面多角度加以描写。

Sperber & Wilson所倡导的关联理论认为,人类的言语交际是一种有意图的认知活动,是一个理解认知环境(具有客观性和主观性)、遵循关联原则、对明示性行为(语言或非语言)进行推理的过程。在推理过程中,人们必然要涉及百科知识,通过演绎推导出最为关联的话语交际意义,因此关联理论中的百科观与认知语义学中的百科观是相吻合的。

美国社会学家Garfinkel(加芬克尔)于20世纪50年代提出"民俗方法学(Ethnomethodology)"理论,将其用来分析普通人处理日常生活中的社会现象。他认为在分析日常生活的实践活动时应充分考虑到自然语言和实践活动具有无穷的"索引性(Indexity)",一项表达或行为的意义必须诉诸其他表达或行为的意义才可被理解。日常谈话须依赖无穷尽的未经言明的共享背景知识(参见Garfinkel 1967)。任何一个表面上孤立的"表达"或"行动"归根到底都是一条"无穷无尽"的"索引链"上的一环,是"a boat without bottom(一艘无底的船)",这些未被提及的知识往往是难以补全的,是一项"难以完成的"或者说"在原则上是不可能的"工作,因此索引性是"永无尽头的"(杨善华 1999:60)。

Garfinkel还曾让学生尽可能记录下日常谈话中那些使谈话得以进行的未经言明的共享背景知识,发现日常对话中需要大量的未经言明的背景知识才能相互理解对方所讲内容,认知语义学的百科观与其一致。

5. 原型观

一个范畴是由一些通常聚集在一起的属性所构成的"完形"概念,范畴划分就本质而言也是一个概念形成的过程。范畴是通过其成员之间的"家族相似性"建立起来的。自20世纪70年代以来,Rosch、Labov、Lakoff等人对一些最基本概念,如cup、bird、fruit、furniture、vegetable等进行了定量研究,发现在范畴化中起关键作用的是那些好的、清楚的例示,即"原型样本",从而建立了现代范畴论。Lakoff(1987)和Taylor(1989)对该理论作了详细论述。

原型论认为:范畴不能用一组充要条件来下定义,范畴化是建立在原型样本或抽象图式之上的,它是对其他实例进行范畴化的参照点,若它们的某些属性与原型或图式具有相似性,就可归入同一范畴,意义就相同。不同民族、不同语言社团、不同场景,范畴和意义具有不确定性、可变性、动态性等特点,这就与基于经典范畴论的语义观全然不同。Turner(1996:57)指出:

> 意义来自跨越一个以上心智空间的联结。语义并不是概念容器中的存放物,而是有生命的、活跃的,具有动态性、分布性,意义不是限定在概念容器中的心理物品,而是投射、联结、将多个空间进行融合的复杂运算。

Miller & Johnson-Laird（1976）也持相同观点，强调上下文对单个字词的作用，字词的意义不是绝对的，而是相对的，受其上下文的制约。语义不是由固定的一组特征构成的，也不是由语言系统中某个静态点来表征的，字词意义是从受到上下文影响的语义空间中获得。Eco也认为词语的义素结构非常不稳定，某种语义确定性是由语境暂时促成的。

原型（图式）范畴论认为所有范畴（即使不是全部，也是大多）具有辐射性结构，这特别适用于多义构式。若一个词有多种意义，其中会有一个较为常用，也更基础，这就是该词的原型意义，基于其上可延伸出其他若干派生意义，常处于非中心地位或边缘地位。

6. 意象图式观

认知语义学认为认知模型主要是意象图式，而不是命题，最重要的语义结构是意象图式结构（参见第六章）。

7. 隐喻观

当代隐喻认知理论认为，隐喻不是语言层面的修辞现象，而是人类认识世界的基本方式，形成思维的主要机制，具有概念性。借助隐喻，可将一个概念域的意象图式系统地、对应地映合到另一个概念域之中，抽象意义主要是以空间概念为基础通过跨域隐喻而成的。L&J（1980：147，156）指出：

> 我们的许多经验和活动在本质上是隐喻性的。我们的概念系统大多是由隐喻建构的。隐喻可为我们创造现实，可成为我们未来行动的指南。

L&J（1999：497）后来又再次强调隐喻对于概念，特别是对于抽象概念的形成起着至关紧要的作用：

> 概念必将运用丰富的心智想象力：框架、隐喻、转喻、原型、辐射范畴、心智空间和概念整合。抽象概念来自较为直接的基于身体概念（感知概念和肌肉运动概念）的隐喻性映射。隐喻不是任意性的，而是基于经验的。

他们还认为：原型范畴论、隐喻、转喻与意象图式结合起来可较好地解释多义词形成的原因，以及多个义项间的关系。人们用一个词语来表达多种意义，是因为这些意义之间具有某种联系，这种联系来自同一意象图式或图式变体。因此，一词多义的基础是ICM，主要以意象图式为出发点，通过隐喻和转喻的映射而形成的。

他们把隐喻上升到人类的认知高度来认识，建立了隐喻认知理论，以此来解释人类概念的形成、思维的过程、认知的发展、行为的依据。这是语言研究和认知理论上一大突破，难怪有人将之称为一场"隐喻革命"。近年来隐喻已成为众多学者的中心研究课题。

8. 寓比观与概念整合观

Turner（1996）在 *The Literary Mind*（《文学性心智》）一书中提出了"寓比观（Parable View）"，认为它是人类的基本思维方式，可用来解释人类的各种经验，也是概念整合的过程和结果，这对于理解隐喻的运作过程很有意义。他指出，语言不是寓比的来源，寓比是语言的起源，语言是寓比所制造出的复杂产品。意义不是限定在概念容器中的心理物品，而是通过投射、混合、联结、将多个空间进行融合的复杂的认知过程。寓比理论主要包括以下内容（Turner 1996：108）：

① 输入空间，可为始源空间和目的空间；
② 输入空间中存在着共有的抽象结构；
③ 含有这种共有结构的类属空间；
④ 通过输入空间中的共有结构形成对应连接；
⑤ 从输入空间向融合空间的映射；
⑥ 在融合空间中可产生新创结构，并得到发展；
⑦ 结构映射；
⑧ 推理；
⑨ 融合空间对输入空间的影响；
⑩ 其他空间可向输入空间充实，充实是可变化的。

例如house从传统的观念论来看，它是"静止的、永恒的、稳定的、单一的"，其实这是一种错觉。我们虽有"house"这个写法固定的词，但没有所谓的"房子"这个静止的观念，使用它时需要建构、激活、连通、映射合适的空间、框架、认知模型。可将其视为一个ICM，其中包含若干个CM，有些属于"house"的基本模型，如"屋顶、窗户、门、墙、遮挡风雨、居住、房间、厨房"等，另外还有"安全、理财投资、人工制品、装潢设计、地理位置、出租"等CM可根据交际需要临时构建。为某一特殊目的而使用house这个词时，需要从这些意义分布中进行恰当的选择和组配，因此一个词在不同的使用情景中将会激活不同的心智空间，突显不同的信息。

Fauconnier & Turner（2002）在心智空间理论的基础上进一步论述了"概念整合理论（BT）"，认为这是最常见的一种心智运作，也是人类一种了不起的能力，造就了人类的语言，也造就了人类本身。概念整合对于我们如何学习、思维、生活发挥着重要作用。

我们正是依靠BT来理解意义，不断创新发明，创造出丰富多彩的概念世界，因此这也是认知语义学中一项重要内容（参见第七章第二节）。

9. 像似观

认知语义学家认为语言符号在语音、词形、结构等方面与现实世界、经验结构、认知方式、所表意义之间存在像似性辩证关系，反对任意性支配说（详见第十六章）。

10. 认知模型观（参见第七章）

11. 联想观、激活观

Deese于1965年提出的"意义联想论（the Association View of Meaning）"主要从互相联系的字词网络来考察语词的意义，认为一个字词的意义是由它所能引起的其他反应词（联想词）来决定的。如"蝴蝶"可引出"昆虫、翅膀、飞、蛾"等反应词，它们表明了与"蝴蝶"的语义联系，据其便可确定其意义。若两个词有相同的反应词分布，可视其为同义词，如"蝴蝶"与"蛾"两个词的意义所涉及的联想认知域是基本相同的，因此两者在一定程度上是同义的。

联想论还未能真正从神经和认知的角度来深入阐述问题，Collins & Loftus 于1975年提出了"扩散式激活论（the View of Spreading Activation）"则是对联想论的深化。他们认为人类的心智是一个巨大而又强大的神经网络，当听到某词与神经网络中的词意象相似时，后者就被自动激活，同时与其相关的认知域也就被激活。此时激活过程就像池塘中的涟漪一样，逐步向外扩散开来。适合的词语得到较多的激活，而不相关的词语会慢慢衰退，得到较多激活的词语就被选中（Aitchison 1987：131）。激活也是对某概念所受注意程度的度量，若某概念是被高度激活的，则具有"显著性"；有些激活程度较低，不很活跃，具有较大的"惰性"；居于两者之间的可称为"活跃型"。激活常是通过概念的局部联系播散开来的，认知操作只能在较活跃的概念之间建立联系。语言接受者对语义的理解，是激活相关认知域的结果。

语言与心智、认知密不可分，一方面语言是心智的窗口（Language is a window into the mind），可通过语言了解和研究心智；另一方面，语言仅是巨大认知冰山露出水面的一个小小尖端（Language is only the tip of a spectacular cognitive iceberg）。语言可激活相关认知域，每当人们进行语言活动时，会无意识地产生大量的认知活动，激活无数的模型和框架，建立许多关联，协调大量信息，因此语言形式常传递比其本身要多得多的信息。

12. 整合观

传统语义学持"组合原则（the Principle of Compositionality）"，即"一个合成表达式的意义是其组成部分的意义的函数"的观点，这也是形式主义语义理论的核心[①]。认知语义学家严厉批判了这一观点，并针锋相对地提出了"整合观"，认为词语的意义不完全是通过其组成部分的意义和组合方式获得，而常是通过互相作用，激活相关认知域，进行整合而获得的。Taylor（2002：98）还区分了"严式组合vs部分组合"，认为后者是可以接受的，而前者仅是一种极少的例外现象。

以下例子都可说明语义解释离不开整合原则：

① 语言中有大量的惯用语，如：不三不四、不管三七二十一；
② 自相矛盾的表达，如：活死人、无事忙、未婚妻；
③ 隐喻说法，如：万水千山、偷梁换柱；
④ 多义结构，如"球在桌子下面"会有多种情况；
⑤ 从语用学角度来说，语义依赖语境，如"天下雨了"有若干语用意义。

认知语言学认为语言分析必须运用"部分组合"加"整合处理"的原则，后者可用BT作出合理解释。

语言表达仅具有产生某种意义潜势的作用，只有当其与人们的百科知识、认知方式、情景语境等相互作用并进行整合处理后才能产生完整的、适切的当下意义，受话者才能理解话语的真正意义。整合论与上文所述的其他观点一脉相承。

第四节 结 语

认知语义学所提出的一系列观点和方法对于"分析语言、解释语义、认识推理"具有强大的解释力，是认知语言学的核心内容，对传统的语言理论特别是语义理论，进行了深刻的反思，将语言研究带入一个新时代。因此，笔者深信该理论在21世纪将会得到更多学者的广泛承认，而且还会有重大进展。

语义研究前景广阔，我们为此感到兴奋和自豪；语义研究仍有漫长的道路要走，我们更感任重道远。要能揭示出意义中深远的奥秘，撩开透明度不高的面纱，学者尚须努力。"路漫漫其修远兮，吾将上下而求索"，我们当以此句共勉。

---

① 关于这一点亚里士多德在《解释篇》（参见方书春 1959：56，58）中就有论述，他说："部分对于整体的意义有所贡献。"认知语义学认为语句中所有词语对于整个语句的理解都是有作用的，虚词也不例外，这也就应了亚氏"有所贡献"的说法。同时，"有所贡献"也是说得恰到好处，它不等于"相加组合"，在意义理解中，存在大量"1+1≠2"的情况。

思考题：

1. 简述各语义理论的主要观点、其间的差异以及不足。本章第一节简述了十多种语义理论的优缺点，读者试述这些理论之间的传承和发展进路。
2. 客观主义语义学与形式主义语义学之间存在什么关系？它们的不足是什么？
3. 认知语义学的主要内容有哪些？你认为认知语义学能弥补客观主义语义学的不足吗？
4. 语义外在论与语义内在论的主要区别是什么？
5. 试用认知语言学的基本观点解释在我国"向日葵"为何有多种名称：葵花、向阳花、朝阳花、朝阳葵、朝阳转、转心莲、转头莲、转日莲、转日葵、望日葵、望天葵、日头转、太阳花、太阳佛花、朝阳饼儿、盘头瓜子等。
6. 试述联想论、激活论、连通论的主要观点及其解释力。

　　江苏电视台"夺标800"节目中的"联想题"游戏，就可运用联想论、激活论、连通论，结合CM理论来作出合理解释。节目中每道题的每个提示项中都能联想或激活许多相关概念，若能将各提示项中所共有的概念找出来就可寻得答案，这更可见意义与百科知识密切相关。如：

（1）波浪　　（2）鲁班　　（3）直来直去　　（4）钢铁

这四个提示项能激活许多概念，它们所包含的共同概念为：锯子。因为锯齿呈波浪形，是鲁班发明的，用起来是直来直去地拉，而且是用钢铁做的。这就分别对"锯子"的形状、发明人、运用时的情况、材料这四个方面的CM作了描写。现根据下列提示项找出所共有的概念：

（1）	保温瓶	大小	苦味	人人都有
（2）	高低	贫	噪声污染	单位
（3）	动作	车道	镜头	节奏
（4）	民族	初露端倪	百家姓	预防针
（5）	说大话	擀面杖	发型	管乐
（6）	笛福	孤岛	漂流	星期五
（7）	蛙声一片	同感	弦乐器	声学现象
（8）	头发	口吐白沫	压缩	法语

7. 阅读加芬克尔的实验记录（让学生尽可能记录下日常谈话中那些使谈话得以进行的未经言明的背景，记录在右边）。仿照这一记录，收集2至3个日常谈话，补写出背景知识并分析未经言明的原因：

丈夫：达那今天不用人举，就将一枚硬币放进停车收币器中。　　今天下午我接达那——我们4岁的儿子从幼儿园回家，他的个头已经长高到使他能将一枚硬币放入停车收币器中（这时我们正在一个计时停车区），而在以前，他一直要人将他举起，才能够着这一高度。

妻子：你带他去唱片店了？　　既然他在投币器内放了一枚硬币，那么就是说，在他和你在一起的时候你在一个地方停车了。我知道你要么在

	接他的路上，要么在回来时总要在唱片店停一下。难道你不是在回来带着他的时候，在唱片店停了一下吗？要么你就是在去的路上逛了唱片店，而回来带着达那在别的地方停车了，是吗？
丈夫：不，去修鞋店了。	不，我在接他的路上去了唱片店，在带他回家的路上，我在修鞋店停了车。
妻子：为什么？	我知道一个你可能为什么去修鞋店的理由，但事实上你是为了什么，（我不能确定）。
丈夫：我买了些新鞋带。	你也许还记得，前些天我的一双棕色浅口鞋鞋带断了，所以我停车，买了些新鞋带。
妻子：你的平底鞋太需要钉钉掌了。	你忘了别的事，我刚刚想到，你本应该将那双需要钉后掌的黑色平底鞋带去。你最好尽快修一下。

第十章 认知语篇研究（上）

我们知道，人类的言语交际很少只使用单个词句，尽管在口头语言中有这种现象，但更多是在高于词句层面上进行的，大多情况下的言语交际主要是基于语篇的，因此，近半个多世纪以来，许多学者开始将他们的研究重心从词句层面转移到比其更大的单位——语篇。

第一节 语篇研究简介

1. 术语理解

不同学者对Discourse和Text这两个术语存在不同的理解和用法，他们在不同的理论框架中，从不同角度，运用不同分析方法对这两个术语作出了不同的解释。有学者（如Coulthard、Winter等）用Discourse指口头语言，Text指书面语言；有学者（如Halliday、Quirk等）用Text指口头语篇和书面语篇；有学者（如McCarthy 1991：12，32；Widdowson）认为Discourse包括口头语言和书面语言。还有学者（如van Dijk 1972：7）将Text视为抽象的语言实体（abstract linguistic entities），而将Discourse视为可观察到的实体（observational entities），也有学者（如Bertinetto 1979）将Text视为Discourse的一个单位；Cook（1994：24—25）认为Text是一个与语境无关的语言形式，其意义是恒定的，将Discourse视为使用中的一个具有连贯性的语言片段，依靠语境获得语义，并把语篇分析（Discourse Analysis）定义为：研究和解释语篇的连贯性。还有很多其他不同用法（参见Vitacolonna 1988：435）。Harris（1952）将Discourse和Text两词互换使用。胡壮麟（1994：2—3）认为：这两个术语基本同义，英美国家的学者常用Discourse，欧洲大陆学者常用Text。本书拟用"语篇"统而称之，既包括口头语篇，也包括书面语篇。现小结如下：

表10.1 Discourse与Text的对比

	Discourse	Text
Coulthard、Winter	口头语篇	书面语篇
Halliday、Quirk		口头语篇、书面语篇
McCarthy、Widdowson	口头语篇、书面语篇	
van Dijk	具体	抽象
Bertinetto		为Discourse的一个单位
Cook	使用中	与语境无关，意义恒定
Harris、胡壮麟	英美	欧洲

Halliday & Hasan（1985：17）认为功能是语言的一种根本属性，并以此为出发点论述了语篇（Text）：

> 我们所说的"功能"，仅指语言在某一语境中能发挥的作用，与独立的词或句相对……因此，我们可把活语言中任何能在情景语境中发挥某种作用的实例，称作"语篇"，它可能是口语的或书面的。

他们进一步明确指出：语篇就是具有功能的语言，以此为标准来界定语篇，并将语篇视为语义单位，是一个语义连贯的整体。Dirven & Verspoor（1998：194）将"Text"视为使用语言（不包括非语言和副语言交际）进行交际的一种形式，并将其定义为：用于人与人之间交际的语言表达，以及交际双方对其作出的解释。该描述既适用于口语，也适用于书面，现图示如下：

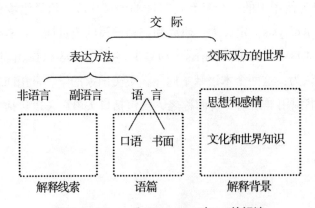

图10.1 Dirven 和 Verspoor 对Text的解读

Dirven & Verspoor（1998：194）以其为出发点将语篇语言学定义为：研究发话者和受话者如何通过语篇（Text）进行交际，也就是他们如何超出眼前所产生和现存的语篇（词语）看出句子、段落等之间的关系。该定义主要包括三方面的内容：

① 双方如何通过语篇交际，如：依靠框架知识进行推理；
② 识别语篇之外的意义，如：语篇意义并非句义之和；
③ 识别句、段之间的关系，如：衔接手段和语义连贯等。

据此，语篇可分别从形式上和功能上作出描写，这也是两种常见的语篇定义：

① 从形式上说，语篇常为大于句子的语言单位，前者由后者构成。当然也可能一两个词或一句话就是一个语篇，如：

[1] Exit.
[2] No smoking!
[3] 着火了！

但在大多数情况下是超句的。在英语中，使用形式上的衔接手段对于形成语篇连贯性是有重要作用，但不是必不可少的唯一条件。

② 从认知功能上说，语篇是一个语义单位，它必须具有语义连贯性。所谓连贯性，是指语义成分在意义上的关联（黄国文 2001：11）。笔者拟从认知功能角度将其描写为：一组语句可构成一个有意义的整体，具有概念成分上的照应性，命题发展的索引性，语用推理上的顺应性，这样就能保证激活的语篇信息在心智上具有链接性，能形成一个统一的认知世界，这个语篇就具有连贯性。

2. 语篇研究简史

随着语篇研究日益成为广大语言学家所关注的焦点，在20世纪50—60年代出现了两个术语："话语分析（Discourse Analysis）"和"篇章语言学（Text Linguistics）"。美国语言学家Harris 于1952年在 *Language* 第28期上发表了题为"Discourse Analysis"的论文，首次使用了"话语分析"这一术语，这篇论文常被视为现代话语分析的开端。他指出语言并不仅通过词和句子来体现，且还通过有内在联系的语篇来体现，因此语篇可以从单句的表达直至10卷篇幅的巨著，从一句独白直至长篇辩论。英国语言学家Firth（1957）指出对句子意义的理解须在一定语境下发生的语篇中才能被清楚地理解，倡导"语段分析"。

到60—70年代，越来越多的学者对话语分析感兴趣，使之逐步成为语言学研究中的一门新兴学科。德国语言学家Hartmann于1964年发表了著名论文，题为"Text, Texte, Klassen von Texten"，被认为是"篇章语言学"的创始人（Vitacolonna 1988：423）；Schmidt

（1968）、Harweg（1968）于60年代末再次论述篇章语言学；到了20世纪70年代该学科逐渐为许多语言学者所瞩目，又有一批新作问世（参见Beaugrande & Dressler 1981：14）。

到了80—90年代，国外又出版了不少语篇分析的专著，如：Beaugrande（1980，1991），Beaugrande & Dressler（1981），Stubbs（1983），Brown & Yule（1983），van Dijk & Walter（1983），van Dijk（1984，1985），János Petöfi（1988），Cook（1989，1994），McCarthy（1991），Hatch（1992），Gee（1999）等等。

系统功能语言学派对语篇分析更是情有独钟，直接将语篇作为研究语言的基本单位（Halliday & Hasan 1976，1985），认知语言学派也正逐渐将研究范围拓展至语篇层面。

Beaugrande于1990年曾把60年代至70年代中的语篇研究称为"篇章语法（Text Grammar）"阶段，70年代中之后的语篇研究称为"语篇性语言学"阶段（参见胡壮麟 1994：5）。篇章语法将语篇研究视为是句法研究的延伸[①]，认为篇章的性质和特点基本上与句子相同，可用描写句子的方法来研究，篇章语法就是一种相对于单句语法的多句语法，重点论述配列和组织句子的篇章生成规则，且认为篇章之所以成为篇章不在于其语法性（Grammaticality），而在于其篇章性（Textuality：篇章基本特征的总和，又叫"篇章特征"）。Beaugrande & Dressler（1981）指出：一段言语之所以能成为篇章是因为它具有篇章性，且提出了七条标准：衔接（Cohesion）、连贯（Coherence）、意图性（Intentionality）、可接受性（Acceptability）、信息性（Informativity）、情景化（Situationality）、互文性（Intertextuality）。

但Beaugrande的分法不一定完全准确，因为在60—70年代中这个时期语篇研究者并不完全都是基于篇章语法的，且语法分析方法在篇章层面上也不是一无是处，即使在70年代中之后也还有学者在使用，不少学者主张将两种方法结合起来进行研究，如系统功能语言学就是这样，Halliday & Hasan所论述的语篇衔接理论就是分别从语法和词汇两个方面作出的。胡壮麟（1994：6）曾根据时间流程将语篇研究分为三个时期：

① 启蒙时期（50年代—60年代初）；
② 开拓时期（60年代初—70年代中）；
③ 巩固时期（70年代中—现在）。

[①] 我国古代学者认为语篇是由句子构成的，王充在《论衡·正说篇》中曾指出："文字有意以立句，句有数以连章，章有体以成篇，篇则章句之大者也。"刘勰在《文心雕龙·章句》中指出："夫人之立言，因字而生句，积句而成章，积章而成篇。"这一观点似乎与篇章语法的观点较为接近。

3. 语篇研究的语言学理论

语篇是当代许多学科的共同研究对象，如：文学、哲学、符号学、心理学、逻辑学、社会学、人类学、认知科学等。美国著名语言学家Schiffrin（1994）曾论述了6种可用于语篇分析的理论：言语行为理论、互动社会语言学、交际文化学、语用学、会话分析、变异分析。下文主要简述不同学派的语言学家基于不同理论、从不同角度对语篇作出的研究。

结构主义语言学根据"关门打语言"的策略，认为语篇是有自身结构的静态语言单位，因此语篇研究可从分析结构、要素、规则、句序等方面入手。Harris曾按照标准配列方法将语篇切分成若干基本单位，注重分析语篇中重复出现的形态音位结构和句法结构，并尝试用形式描写的方法来归纳语篇结构的基本特征，主张运用"分布分析法"来分析语篇的框架。后来的学者还将结构分析法用来分析叙事结构。但这种方法忽视语篇的意义和内容以及语篇的动态特征，不考虑语境的作用，必将面临许多困难。

社会语言学将语篇置于社会文化背景中进行研究，关注语篇中所反映出的社会功能、交互活动的类型和结构、协商的方式和过程、社会文化因素对语篇的影响等，强调语境与语篇之间的辩证关系，其中亦有学者对分析口语语料、概括实际使用中的语言规律感兴趣。话轮、邻近对、序列也是他们所关心的内容之一。

心理语言学经常运用心理学的研究方法，着重探讨语篇（口语和书面语）的生成过程和模式，以及理解语篇的心理机制。如Beaugrande & Dressler（1981）认为语篇是一系列基于互动的心智运行程序的结果，并提出了语篇的生成模式，包括：

① 确定目标和语篇类型的计划阶段；
② 确定主题的思想形成阶段；
③ 从记忆存储中寻找知识的发展阶段；
④ 寻找与已激活内容相匹配的语言形式的表达阶段；
⑤ 运用语法知识在表层进行线性排列的语法合成阶段。

形式主义语言学经常运用真值来描写语句与现实世界之间的对应关系，并基于这一观点尝试用形式化方法来描述语篇。还有学者（如van Dijk）基于TG对语言使用者的语言能力作出严谨的形式化描写，用以解释语篇生成的机制。计算语言学喜好分析语篇的加工模式以及语篇结构的数理规律，以期能获得相关数据，完善形式主义语言学理论。

有些语言哲学家（如言语行为理论家）将人类的言语视为一种行为、一种活动，认为"说话即做事"，"动嘴即动手"。据此，语篇也同样具有言语行为的性质，可将"施为行为"视为语篇结构的基本单位，这样语篇就是由一个个部分行为组合而成的复合行为，他们尝试描写部分行为是如何组成语篇复合行为的，揭示语篇行为结构与相应的语言结构之间的关系。

Brown & Yule（1983：Preface）也主张运用语言学方法来分析语篇，研究人们如何运用语言来交际，发话者如何建构语言信息，受话者如何理解语言信息，并提出了将语篇视为社会现象和认知现象加以综合研究的观点（1983：271，200）。

　　功能语言学注重从功能、语境和语用等角度论述语言，主张将语篇置于社会文化情景中进行系统分析，放到更广泛的社会活动中加以考察，更关心诸多宏观和微观的语境因素如何促成和制约语篇的进展，并通过语篇分析来深入剖析社会活动、交际策略、文化现象、意识形态等领域的问题。系统功能语言学对语篇研究进行了开拓性尝试，主张将语篇分析与情景语境（如语域分析）结合起来，主要通过分析文内的衔接手段、篇章结构、信息排列与分布、主位推进模式等来论述语篇连贯，这种分析方法具有较高的可操作性，对语篇分析作出了重大贡献，参见下文。

　　Halliday & Hasan也论述了语篇与语境之间的辩证关系，语境可以创造语篇，语篇也可以创造语境，也论及了分析连贯的两个条件：衔接和语域，但他们（1985：94）在研究语篇连贯时主要还是从衔接手段（连接词和部分概念衔接）来分析语篇连贯的，并认为衔接是建造连贯大厦的基础，前者是后者的必要条件。这或许就是Widdowson、Enkvist、Beaugrande & Dressler、Brown & Yule等对Halliday & Hasan语篇衔接理论提出质疑的主要原因之一。这些争论在一定程度上开拓了认知语言学在语篇连贯分析方面的研究方向。

　　认知语言学受到认知科学和功能语言学的影响，也从词句层面进入语篇层面。认知科学家在20世纪70—80年代常采用"The AI Approach（the Artificial Intelligence Approach）"分析语篇，主要从"框架结构、激活理论、建构原则"等角度来研究世界知识的心智表征，以期能建立常规模式，并以此为基础来分析连贯，解读语篇，便于进一步研究计算机翻译和人机对话，他们的观点和方法给认知语言学研究语篇带来了很多启发。进入90年代后，许多认知语言学家开始将视野拓展到语篇层面，如：Chafe（1994）、Tomlin（1994）、Coates（1995）、Givón（1995）、Gernsbacher & Givón（1995）、Goldberg（1996）、Pütz & Dirven（1996）、Sanders（1997）、Hoek et al.（1999）、Langacker（2001）等，从而扩大了认知语言学的研究范围。1997年7月在荷兰召开了第五届国际认知语言学大会，专题讨论语篇研究，于1999年由Hoek、Kibrik、Noordman编辑出版了论文集*Discourse Studies in Cognitive Linguistics*。在2001年出版的*Cognitive Linguistics*（12-3）中的六篇论文都是关于语篇分析的。2003年7月在西班牙召开的世界第八届国际认知语言学大会的中心议题之一就是：认知语言学与语篇分析。正是他们的努力和奋斗，使得语篇的认知研究得到不断发展，同时这也是对功能语言学在语篇研究上的发展，必将进一步完善语篇分析理论。

　　本章基于Lakoff的体验哲学和ICM以及Langacker的动态分析法，提出语篇的认知世界分析方法，并将认知世界分为两部分：ICM和背景知识，结合认知语言学在分析词句层面上所采用的几种基本认知方式如"体认、激活、突显、原型范畴、关联"等来分析语篇，特别是语篇的连贯性，以尝试为认知语言学建立一个统一的分析理论。

第二节　衔接与连贯

1. 系统功能语言学概述

正如第二章第三节第三点所述，系统功能语言学的关键词为"层次、功能、系统、结构、情景、语篇"等，我们可以这些词为主线将该理论的基本思路整理如下。

① 层次性。语言自下而上有三个层次：音系、词汇语法、语义，其间具有体现关系，即语义层由词汇语法层体现，词汇语法层由音系层体现。

② 功能性。语言在交际中必定执行一定的功能，包括三大元功能：概念、人际、语篇，它们贯穿于上述三个层次。

③ 系统性。语言中各符号元素（或实体）具有非此即彼的关系，通过纵聚合关系[①]形成"系统"，构成了意义的规则性源泉，成为一个可供选用的潜势网络系统（即意义潜势）。系统可用"精密阶（Delicacy）"细化为数层微系统。

④ 结构性。根据语言的系统性可知，语言使用者通过择用意义潜势网络中的要素，横向组合为具体的"结构"，用以体现交际意义。结构可沿着"词素、词、词组、小句、语篇"等级阶进行成分分析。

⑤ 情景性。身处社会文化情景中的人，根据自身表达需要，从意义潜势网络系统中择用所需元素形成实例性表达。Halliday & Hasan（1985：12）重点论述了情景语境的三大特征（即情景语境的三大因素）：话语范围、话语基调、话语方式，可用这三者来解释语篇的情景语境。

⑥ 语篇性。Halliday等突破了过往语言研究仅停留在词汇和句子层面的局限，将其拓展至语篇层面，并以其为基本研究单位，提出了一整套语篇分析的新观点，对篇章语言学作出了十分重要的贡献。他把语言视为一种社会符号系统，把语言的使用视为一种社会行为[②]，把语篇视为社会交际的基本表达形式，强调语篇与语境之间的辩证关系，即语境可以创造语篇，语篇也可创造语境（The text creates the context as much as the context creates the text. Halliday & Hasan 1985：47）。

[①] Halliday更注重索绪尔提出的"纵聚合系统"，而乔姆斯基更注重"组合关系"。
[②] 马克思早在《1844年经济学哲学手稿》中就指出语言具有社会性，他（1979：122）说："不仅我的活动所需的材料，甚至思想家用来进行活动的语言本身，都是作为社会的产品给予我的，而且我本身的存在就是社会的活动。"

2. 语篇分析方法

从上可见,前五个关键词最后都落脚到了第六点上,即通过论述语言的"层次性、功能性、系统性、结构性、情景性",最终落脚于语言的"语篇性",为系统功能语言学的语篇分析研究奠定了理论基础。Halliday等认为,语言主要在于社会的语篇交流层面上,通过三大元功能(或三大纯理功能)与三大情景语境因素分别对应发生联系,实施组篇功能,据此便可对语篇作出系统分析。语言的三大元功能为:

① 概念功能(Ideational Function):反映人们对经验或概念的识解方式,体现了可能世界中的事态(如人、物、行为、事件、经历等)的作用,包括经验性功能和逻辑性功能。

② 人际功能(Interpersonal Function):反映人们处理人际和社会关系的方式,即语言可用来表明、建立或保持人们之间各种社会关系的作用。

③ 语篇功能(Textual Function):语言本身可表明建构语篇的方法,具有生成书面或口头、前后连贯、适合语境的语句的功能,以能实现上述两种功能。

Halliday在介绍了Malinowski和Firth对"情景语境(Context of Situation)"的论述之后,重点分析了情景语境的三大特征,也就是情景语境的三大因素:

① 话语范围(the Field of Discourse):主要关注"写(说)什么",指话语所涉及的内容范围、言语行为的主题、社会性交互活动的类型。

② 话语基调(the Tenor of Discourse):主要关注"谁写(说),写(说)给谁",反映出话语行为参与者的身份、地位、角色,以及他们之间永久性的或临时性的各种社会关系。

③ 话语方式(the Mode of Discourse):主要关注"如何写(说)",话语活动所选择的渠道,在特定语境中选用口头表达,还是书面表达,还是两者兼而有之;语篇遣词造句的组织方式、风格。

Halliday & Hasan(1985:59)还区分了"渠道(Channel)"和"语体(Medium)",前者指口头表达或书面表达,后者指口语体或书面体。两者可一致,也可不一致,如果选用口头渠道进行交际时,可用口语体(如在商店购物),也可用书面体(如作正式报告等);写信时可用口语体(如随便聊天),也可用书面体(如劝说、论证等)。

Halliday & Hasan(1985:25,29)还指出:话语范围通过语言的经验功能来表达;话语基调通过语言的人际功能来表达;话语方式是通过语言的语篇功能来表达。或者说,经验功能由话语范围的特征所激活;人际功能由话语基调的特征所激活;语篇功能由话语方式的特征所激活。他们就这样十分巧妙地在三大语言元功能与三大情景语境因素之间建立了对应统一的关系,以此来解释语篇在情景语境中所发挥的功能,也就理解了语篇的意义。现小结如下:

表10.2　语言三大元功能与三大情境语境的对应关系

1	话语范围	经验功能	及物性（六类经验）
2	话语基调	人际功能	人际性（模态）
3	话语方式	语篇功能	语篇性（词汇语法、主题、信息结构）

Halliday & Hasan于1976年出版的 *Cohesion in English*（《英语中的衔接性》）一书，主要分析了英语语篇内的五种衔接手段：

① 指称（Reference）；　② 替代（Substitution）；
③ 省略（Ellipsis）；　　④ 连接（Conjunction）；
⑤ 词汇衔接（Lexical Cohesion）

通过它们便可论述语篇连贯。他们于1985年出版的"*Language, Context and Text: Aspects of Language in a Socio-Semantic Perspective*（《语言、语境与篇章——论社会语义视角下的语言》）"一书，进一步分析了衔接手段（1985：82），扩大其涵盖的范围，对语篇分析产生了深远的影响。他们在书中将衔接手段分为：

① 非结构性衔接，又进一步分为：成分关系衔接（指称、替代、省略、词汇衔接）和有机关系衔接（连接关系、相邻对、延续关系）。成分关系衔接中的四种纽带可根据它们之间的语义关系分为：同指（Co-reference）、同类（Co-classification）、同延（Co-extension）。
② 结构性衔接：平行对称、主位推进、新旧信息。

在"衔接vs连贯"两者的关系上，Halliday & Hasan好像并没能作出一个完全一致的论述，他们（1976：9）曾说过：

... cohesive ties between sentences stand out more clearly because they are the ONLY source of texture...（句间的衔接纽带更为明显，因为它们是获得谋篇机制的唯一来源。）

他们（1985：94）后来又说：

... cohesion is the foundation upon which the edifice of coherence is built.（衔接是建造连贯大厦的基础。）

他们将ONLY大写，似乎给人的感觉是为了强调衔接手段对于语篇连贯的唯一性！从这两句语录不难看出，衔接手段被他们视为语篇连贯的必要条件了。他们（1976：23）也说过语篇连贯除了衔接之外还需其他条件（如语域）的话：

> 衔接概念可有效地通过语域概念来补充，因两者可有效地界定一个语篇。语篇在这两方面都具有连贯性：在情景语境方面是连贯的，因此在语域上也应是一致的；另外语篇本身也应具有连贯性，因此是衔接的。这两个条件缺一不可，一者不能包含另一者。我们可以生成在情景语义方面似乎能联系在一起的，但由于缺乏衔接手段而不成其为语篇的语段；同样我们也可生成衔接完美，但由于缺乏语域一致性（即没有与情景相联系的连续的语义）而不成其为语篇的语段。受话者或读者在对语篇性作出判断时须对两者作出反应。

有时候Halliday（1978：134）又认为语篇连贯有三条标准：除了语篇衔接和语域一致之外，语篇还必须在主位结构和信息结构两方面上下联系。

Halliday & Hasan（1985）一面说"衔接是建造连贯大厦的基础"，但在另外一处（1985：48）又说：

> 对于连贯作出了重要贡献的是衔接，它在任何语言中都有，是用来将语篇的一个部分与另一个部分连接起来的一套语言表达手段。

这里仅说语言中的衔接手段对于语篇连贯"作出了重要贡献"，与"衔接是基础""衔接是唯一条件"似乎没能很好地完全一致起来。但不管怎么说，在Halliday & Hasan等系统功能语言学家心中，衔接关系至少被视为是一种不可缺少的手段[①]，难怪他们的主要兴趣在于分析语篇建构的衔接关系（...our interest lies in the way in which cohesive relations build up a text. Halliday & Hasan 1976：331），要紧密注视进入衔接纽带的实际词语（to look closely at the actual words and phrases that enter into cohesive ties. Halliday & Hasan 1976：221），这就决定了他们要从分析衔接手段入手来论述语篇连贯的思路。

因此，他们所倡导的语篇分析理论的基础为：句群构成语篇的关键要素是语句内成分间以及语句间的各种衔接手段，由某些语言单位构筑起来的衔接关系使得一组语句具有语篇连贯性。笔者认为这种观点具有一定的适用性，特别对于主要具有形合法特征的英语（尤其是书面语）来说，是有一定道理的，例如：

[4] Theories regarding the shape of the earth have changed throughout the ages. <u>At first</u> <u>it</u> was believed that <u>it</u> was flat, although ideas about the exact shape—i.e. whether <u>it</u> was

---

[①] 按Brown & Yule（1983：191），衔接关系被他们视作分析语篇连贯的主要决定性因素（the primary determinant）。

circular, oval, square, rectangular, etc.—— varied. <u>Later on</u> *this* concept failed to satisfy some observers <u>and eventually</u> the evidence tending to disprove *this* idea grew so large that *it* had to be totally abandoned. An alternative theory was <u>next</u> put forward, resting on a number of observed facts, e.g. that the parts of a ship moving away from the observer were seen to disappear below the horizon in sequence —— <u>first the lower parts</u>, <u>then the upper parts</u> <u>and finally</u> the extreme tops of the masts, <u>until at last the ship disappeared from view entirely</u>.

该段中前四个画单线词和后四个画双线词清楚地向读者指示出作者叙事的时序，标志着信息组织的先后顺序；另外在这段语篇中还包括很多代词，所有这些连接词语在形式上起着衔接功能，确实加强了该语篇的连贯性。但我们也不能忽视使得这些语句置于一起能取得连贯性的，主要是语句所表达的内容，这些连接词语对于语篇的理解具有认知上的向导性，须从认知角度作出合理的解释。

衔接对于语篇的连贯和理解具有重要作用，但语篇本身的语义内容，而不是衔接手段，才是决定语篇连贯的必要条件，这可从以下三种现象得到进一步证实。

（1）缺少衔接手段不一定就不连贯

一个语篇（特别是口语）即使缺乏必要的衔接手段，如分句之间没有连接词语，但只要在语义内容上能够后语达前言，仍旧可被视为是一个连贯的语篇。Widdowson（1978：29）曾举了下例来批评 Halliday & Hasan，否定了衔接手段是语篇连贯的必要条件：

[5] A: That's the telephone.

　　B: I'm in the bath.

　　A: OK.

在这个对话中既没有什么连接词语，也看不出什么其他衔接手段，但人们依旧认为这是一个连贯的语篇。又例：

[6] ① Twelve year term of imprisonment. ② LONDON, APRIL 10. ③ The London court has convicted a Brighton resident to twelve years imprisonment for accessory to murder. ④ The victim was fatally wounded in a shooting incident in a Winchester restaurant last year.

例中各分句之间几乎也找不到什么连接词语，③与④两句之间看上去也没有什么明显的衔接关系，但人们仍感到这是一个内容连贯的语篇。

（2）充满衔接手段的语篇不一定就连贯

下面几个例子正好相反，尽管语篇中充满了各种衔接手段，如指代、词语重复、连接词语、上下义词等手段，但很难将其视为一个连贯语篇：

[7] ① I bought a Ford. ② A car in which President Wilson rode down the Champs Elysées was black. ③ Black English has been widely discussed. ④ The discussions between the presidents ended last week. ⑤ A week has seven days. ⑥ Every day I feed my cat. ⑦ Cats have four legs. ⑧ The cat is on the mat. ⑨ Mat has three letters（Enkvist，1978：110）。

又例如：

[8] 我母亲是石家庄人。石家庄位于河北境内。河北省人口不像江苏、浙江两省那样密集。这两个沿海省份气候比较潮湿。

（3）代词有时在上下文中找不到确切的指称对象

Deane（1992：41）曾举例说明了这一现象：

[9] I saw headlights coming straight at me, but I was able to get out of its way.

句中its就找不到具体的指代对象。

可见，缺少衔接手段的语篇不一定不连贯，充满衔接手段的语篇不一定连贯，代词的使用情况也是千变万化的，因此衔接手段对于语篇的连贯性不是必不可少的条件。正如Cook（1994：33，125）所指出的：

> 原则上来说这是正确的：衔接对于创造连贯既不是必要条件，也不是充分条件，但在实际上不管多长的语篇都要用衔接。最具连贯性的语篇也是衔接的，但这并不等于说连贯是由衔接创造出来的。……连贯不是通过衔接来标示的。

van Dijk & Kintsch（1983，参见Cook 1994：32）则将衔接视为连贯的一个例证。因此，衔接手段对于形成连贯语篇具有重要作用，但不是唯一的研究方法，当今认知语言学认为我们应从认知角度对语篇连贯作出更为深入的解释。

第三节　认知世界与语篇连贯

1. 语篇连贯的认知世界分析法

（1）语篇连贯的认知分析

系统功能学派主要是以分析语篇内部的衔接手段和语篇结构作为出发点，其主要内容包括：连接词语、衔接关系、篇章结构、信息（已知信息和新知信息）排列与分布、主位推进模式等,当然也提到了"语域",但没有对其作出详细论述,也没有真正从认知角度对语篇连贯作出深入分析。当今认知语言学认为语篇的连贯性必须从认知角度才能作出较为合理的解释,Givón(1990:914)曾指出:语法手段能在各种语篇条件下起到的指称连贯性功能,可理解为"指引了心智加工的过程"。因此,语篇连贯不是仅靠衔接手段和语篇结构取得的,而主要是靠心智上的连贯性取得的,这就是Givón(1995)所说的"语篇的心智连贯性",这才是生成连贯语篇的前提条件,也是确定选用衔接手段的心理基础。

Beaugrande & Dressler(1981:85,88)早在1981年就提出须从"认知加工、激活相关知识"角度来论述语篇的生成和理解过程。McCarthy(1991:27)也曾强调过在解读过程中须建立语篇在认知上的链接,他还说:

> If we take a text which is cohesive in the sense described above, we can see that a lot more mental work has to go on for the reader to make it coherent. (如果我们拿一篇具有上述意义上的衔接性语篇,我们就能看出,读者必须进行大量的心智加工才能将其连贯起来。)

"衔接vs连贯"具有辩证关系,一方面,衔接有助于实现连贯,但前者不是后者唯一的必要条件;另一方面,连贯是衔接表达的认知基础。Fauconnier(1994,1997)提出的心理空间理论把语言看成一系列复杂认知程序的触发机制,只有当认知程序启动之后,语言才可产生意义。同样,衔接手段与语篇连贯性的关系也须从启动认知程序角度加以分析。

我们知道,人们在论述一个观点时通常会选用与此观点相关联的一组语句,这样才能将其阐述清楚,因此,人们总倾向于认为语篇本身就应具有连贯性。人们在理解语篇时也总倾向于运用认知世界中的知识将语句中有关信息进行"搭桥"操作,不断主动地创造连贯性,通过语句所提供的信息,激活概念之间的照应关系,建立话语之间的语义关联,以形成一个统一的认知世界,或者说可把各个语句的意义纳入一个统一的意义框架之中,寻找一个上义概念以建立统一的论题,这样就能获得语篇的连贯性,也就能理解语篇信息了。

语篇连贯性不仅基于表层的衔接手段,更主要的是内在认知上的统一性、内容的整体性,因此分析语篇连贯、生成和理解主要应从深层的认知世界角度才能作出更为合理和圆满的解释。据此,本书尝试用"认知世界分析法"来阐释语篇连贯性。

(2)缺省信息

我们都有这样的常识,当我们看某一物体时不能看到其背面,但却通常能运用背景知识很有把握地猜出背面的情况,且通常也不会认为自己的猜测会有什么问题,这就是心理学中经常讨论的"缺省值(Default Values)"问题。这种情况同样适用于语言,一般来说，发话者在实际交际中不可能把所要说的内容一字不漏地和盘托出，将相关信息交代得一览无余，常要在整体思想中作出选择，将其用语言表达出来，未被选中和述及的信息有待受话者自己填补。受话者此时也要依靠背景知识和当下语境来获得现实语句所激活的相关内容来理解语篇。这也体现了语言交际的经济性特点，因为交际中的语句常传递了比其字面意义要多得多的信息，这也为受话者在语篇理解过程中可主动建构认知世界模型，寻得各种连贯线索提供了广阔空间。

现象学大师胡塞尔和他的学生海德格尔都曾认为意义应是背景知识和语篇信息的结合（参见Cook 1994：53）。Garfinkel（1967）认为日常谈话必须依赖无穷无尽的、未经言明的背景知识（参见第九章第三节第四点）。Brown & Yule（1983）也强调了语言使用者所掌握的背景知识对生成和理解语篇连贯性的重要性。语篇意义的获得取决于语篇的连贯性，因此语篇连贯性分析必须依赖背景知识。

（3）认知世界分析法

综上所述，语篇的连贯性主要应从认知角度，并依据背景知识和语篇内容进行分析。笔者基于Lakoff的体验哲学和ICM理论，以及Langacker的动态方法，结合认知语言学常用的几种基本认知方式，提出了语篇连贯的认知世界分析方法。

"认知世界"指人们在体验的基础上经认知加工形成的知识集合，内化储存于人们的心智之中，它既可是人们共享的知识，也可是当下交际刚建立起来的知识。认知世界中的知识按普遍性、代表性和理想化的程度可分为：ICM和背景知识。能建立统一、合理的认知世界才可被接受和认知，这才是生成和理解语篇的必要条件。

我们生成语篇时是建立在这样的认知世界之上的，确定一个（或数个）思想或主题后，应选用与此相关的语句进行表述，跳跃性、不连贯的思维就会产生不关联的语句，东拉西扯、毫不相干的概念，使得命题难以构成一个具有整体意义的语篇。我们接受语篇时也应从这个角度出发，如一个语篇所提供的信息通过激活机制能在心智中建立起一个统一、可被接受的认知世界，可运用"ICM"和"背景知识"建构出语篇意义的整体性，此时语篇就具有连贯性。衔接手段的选用也是由统一的认知世界所决定的，理解时主要起到一个语义流动的向导性作用，也须从认知角度才能作出更有力的解释。

（4）认知世界 = ICM + 背景知识

根据Lakoff的观点，人们对背景知识的不断概括便可形成CM，若干个CM可形成ICM。我们基于该观点将认知世界分为两部分：

① 理想化认知模型（ICM）；
② 背景知识。

这样更有利于解释"常规vs特殊"的语篇连贯现象。

Lakoff于1987年就论述了用ICM来解释语义范畴和概念结构,自此它就成为认知语言学中一项重要内容(参见第五章),现尝试用来分析语篇连贯性。

ICM与框架(Frame)、图式(Schema)、脚本(Script)等概念有共通之处,但比它们所含内容更丰富。很多学者曾论述可用框架理论来分析语篇的连贯性和理解,如Minsky(1975)、Metzing(1980)、van Dijk(1980)、McCarthy(1991)、Hatch(1992)、Cook(1994)等。

Minsky于1975年就指出"框架"是储存在记忆中的、表征特定情景的信息结构,是含有若干节点和联接的网络系统,人们可从记忆中随时调出其中的信息作为背景知识来理解语篇。Goldstein & Roberts(1980:28)将框架视为描写典型事体的知识包,可为信息理解提供缺省值细节、保持期望、发现异常。

Cook(1994:9—12,19)将"图式"定义为"典型事例的心智表征",还论述了语篇与图式之间的互动与互补关系,并据此将语篇分为三大主要类型:

① 加强图式型;
② 维持图式型;
③ 补充图式型。

并认为图式理论也可用以解释省略现象,因为被激活图式中的缺省成分可被视为已知信息。

Schank & Abelson等学者主张运用"脚本理论(Script Theory)"来分析语篇。

但根据Lakoff的观点,"框架理论、图式模型、脚本理论"仅述及了命题模型,而ICM包括四种模型:命题模型、意象图式模型、隐喻模型和转喻模型,兼顾人的主观能动性,比上三种理论更为丰富(参见第七章第一节),也更具有解释力。

背景知识指具体的细则性知识,不一定具有普遍性或代表性,包括一些特定的内容,会因人、因时、因地等因素而异,它们可是交际双方早已共知的,也可能仅是在当下交际中刚获知的,在具体言语交际中可能会经常变化,处于动态性状态,可不断充实、加强、调整乃至改变会话双方的背景知识和当下交际,也可用来解释带有特殊的、多变的具体现象。如在"去饭馆就餐"这个认知世界中,包括人们已建立的并被普遍接受的固定套路(即ICM):到达饭馆、就座、订菜、就餐、付账等带有普遍性的模式程序;背景知识则变化较大,包括特定情景中的一些十分具体的细节内容,或者说还未在某社团中形成相对稳定的、被广泛接受成抽象模式的信息,如"饭馆的位置、风景、装修风格、信誉、特色菜、是否打折、有无熟人、收不收包间费"等特殊信息,甚至还可能到了饭馆而不一定是来吃饭的:

[10] A：来吃饭了？
　　B：我是来找人的。
　　A：为什么不尝尝这里的菜呢？我这儿有熟人。
　　B：是吗？下次再说。
　　……

在这个对话中就谈不上Schank & Abelson（1975，1977）所分析的原型性餐馆脚本模式，也谈不上两人对话是建立在共享背景知识之上，而是一种临时的特殊情况，两人间的交际基于动态性临时知识，B的回答否定了"来饭店一定吃饭"的认知模式，A的第二次问话也未说动B，还可能对"熟人、好菜"的含义认识不足。

背景知识的"已知vs新建"是处于不断变化之中的，具有互动性，通过语言交际所获得的临时性知识可能会成为背景知识，作为其后会话的基础，这与关联理论中关于动态性认知语境的论述基本一致。ICM与背景知识之间的区分取决于许多因素，也会因人因地而异，界限模糊，两者之间也存在互动性，被一个社团较为普遍接受的背景知识就可能成为ICM。因此语言交际必须从认知角度进行动态分析。

（5）ICM的特征

正如第七章第一节所述，ICM具有体验性、互动性、完形性、开放性、选择性、内在性、稳定性、关联性、普遍性、规律性、典型性等属性，本处主要从语篇连贯性角度进行论述。

认知语言学认为ICM具有体验性，是在人类与外界互动体验的基础上，通过认知推理形成的。据此，语篇的连贯性主要取决于人们对现实的感知和认识，也须从体认角度加以分析。唯物论认为，我们的意识和概念最终来自客观世界，来自人与自然的互动实践。辩证法强调世间万物、事件和现象并非孤立存在，而是互为依存、互相关联和互相制约的。基于这样一个基本事实，人们通过体认逐步理解了现实世界中事物、事件、现象之间的联系，通过人类的认知处理掌握了其间的规律性，形成了许多CM，进而建构出ICM。

人们正是基于这种认知规律（包括客观世界中的规律和人类通过推理掌握的规律）才能认识到语句之间的连贯性。如果将这两个世界（现实世界和认知世界）中毫不相关的东西置于同一个句群或语篇中，缺乏必要的经验基础和逻辑推理依据，就形不成概念关系上的照应性，难以看出命题发展的索引性，语篇连贯性也就无从谈起（参见例[7]），因此，体验哲学的基本观点同样适用于分析语篇连贯性。

系统功能学派将语言置于社会语境中加以考察，重点论述语言在交际中所发挥的功能，这就必然要涉及"体验"问题。正如Halliday & Hasan（1985：36，69）所言，我们每天都在进行从情景到语篇和从语篇到情景的推理，学习建构语篇是一个关于社会经验的问题。这就反映出他们已充分认识到语篇建构与体验观之间的内在联系。

Cook（1994：14，15，19）曾将图式视为"人类关于世界的心智表征"，并论述了世界图式与语篇图式之间的依存关系和互动关系，这就是说客观世界是人类形成语篇图式的基础，说明语篇图式具有体验性。

Gisa Rauh于1978年提出可将语篇作为"空间"来处理的思路，并论述了语篇连贯与身体经验的关系。Mondada（1996：571）基于该观点发表了论文"How Space Structures Discourse"，论述了语篇是如何运用空间概念建构起来的观点，语篇可被视为是概念化了的空间。他分析了原来用作表示空间的指示语（包括表示时间的指示词，因为时间是空间的隐喻）被用作"语篇指示语（Textual Deixis）"来建构连贯语篇，这些指示语就成了表明语篇空间（Textual Space）的标记，如：

> this / that paragraph / chapter / paper / book
> here / there, elsewhere   in / within this section / chapter / paper,
> at this point   to this point   to have a standpoint / viewpoint
> in this section, in the first place, in the second place
> so far, below / above, former / latter, further above / in the following
> now, earlier / later, preceding / following, next / last ...

一些表示在空间运动的动词也可用作语篇指示语：

> to come back to the question   to enter into a new part
> to go into this chapter   to return to the above-mentioned problem
> to proceed to their exemplification in the following papers

其他动词还有：

> advance, arrive, exit, follow, get, leave, pass, pursue, reach, stop ...

van Dijk（1997：31）也指出：认知是语篇和社会的界面，这一思路与认知语言学的核心原则"现实—认知—语言"完全一致，或者说这是van Dijk早已将认知语言学的基本思想扩展到语篇层次的研究。

Gee（1999：6，34）也强调了语言与社会实践的密切关系，更侧重研究大话语（首字母大写的Discourse），认为人们之所以能够理解语句，获得其义，是因为他们参加了社会各种现象的大会话（即首字母大写的Conversation），这其中涉及许多非语言方面的东西，如"社会情景、价值观、动作、事件、身体、衣着、手势、方法、工具、机构"等。语篇意义的产生和理解都是特定社会大会话的过程和结果，话语分析必须研究人们如何在具体语境中使用语言进行社会实践活动，确立交际者社会身份。从他的论述可见，语篇的生成和理解、语篇的连贯性与人们的体认密不可分，语篇分析应采用社会和认知的分析方法。

人们的生活环境、风俗习惯会有区别，认知能力和认知方式也会参差不齐，因此背景知识和ICM就不会整齐划一，倘若语句信息对其交代不清，就有可能引起误会。当然通过误会的消解，人们就可能增加有关的背景知识和ICM，使之成为共享信息。例如（参见朱永生、严世清，2001：84）：

[11] Linus: Do you want to play with me, Violet?

Violet: You're younger than me.

Linus: (puzzled) She didn't answer my question.

很显然，两人之间的误会是由于她们在"愿不愿与年龄小的人一起玩"存在分歧所致。由于过往经历不同，就产生了不同的认知模式，对语句的理解也就有了偏差。下面是笔者从生活中收集到的两个例子：

[12] A：我今晚去看你。

B：我妈在家。

A：那正好。

B：她还没有同意呢。

A与B在"妈妈在家意味着不能来"这一CM上没达成共识，造成了理解上的分歧。

[13] 顾　　客：这东西多少钱？

商场导购：360元。

顾　　客：便宜点？

商场导购：我们商场不打折。

顾　　客：那就算了。

商场导购：真是的！

两人在"商场不打折""不打折就不买"这个认知模式上存在分歧。商场导购最后一句话也是很耐人寻味的，反映了"不买就别乱问、问了就要买"的心理定式。两人通过这则对话可能就会添增、加深或修改各自的背景知识和认知模型，用通俗的话说就是"长了见识"。

ICM具有完形性，它不是由各构成部分组合而成，而常是一个完形性整体结构。ICM还具有开放性，可不断随着人类的知识而发展，不断从背景知识中选择出典型规律，在某社团中常见、突显、具有共性的背景知识就可能不断形成相对固定的CM，若干CM又会形成ICM，内化储存于人们的认知世界中，它会成为人们认识事体的方式，具有一定的内在稳定性。如在我国某些地区参加别人的生日宴会不必带礼品，也不吃蛋糕（可能会吃面条、鸡蛋等），也就会与下述例[17]所分析的ICM有所不同。背景知识主要也来自人们的体验实践（即使间接学得，但究其根源也是直接实践的结果），或是在此基础上通过认知能力推断出来的。

ICM具有关联性，一方面指各个CM之间是相互关联的，另一方面也指一个CM中各成分也是相互关联的，不相关联的成分就不会置于同一个CM或ICM之中（人们也可能通过自己的认知能力建立不同事体之间的联系），因而用ICM理论来解释语篇连贯性十分合适。

ICM相对于背景知识而言具有普遍性、规律性和典型性，它是一个社团中人们所普遍接受的规律，具有一定的代表性。人们在生成语篇时常要遵循某一ICM，运用相关背景知识，按照一定的规律来组织信息，语篇就具有意义上的统一性和整体性，从而具有可接受性。读者或听者在接受语篇时也须运用ICM和背景知识进行"搭桥"操作，建立词句之间的语义联系，才可理解整个语篇。

2. 认知世界对语篇连贯性的解释力

人们在交际中能凭借认知世界获得语句之间的连贯关系，从而达到理解整个语篇的目的，本书拟从以下几个方面进行论述。

（1）激活与填补

当某个词语激活了某个微观认知世界之后，其中的有关信息就可能被调用出来，通过填补相关的缺省值来获得语篇的整体意义。

从上文的论述可知，语言实际表达出来的信息量总归要小于心智中想说的信息量，在理解字面信息时总会将其置于一定的认知世界中处理，自然会通过激活认知世界知识（包括ICM和背景知识）来填补缺省信息，以能使后语达前言，可使表面上不连贯的话语形成一个完整的语义整体。也就是说，它们在交际中常可作不同程度的省略，这是语言的经济性原则所使然。如Widdowson（1979）所举的例子：

[14] A：Can you go to Edinburgh tomorrow?
　　　B：B. E. A. pilots are on strike.

这两句话虽然在形式上找不到什么衔接手段，但运用激活理论可对其连贯性作出合理解释。A提到了go，就会激活一个关于go的ICM：要么步行，要么依靠交通工具，如汽车、火车、飞机等，下文的pilots正好激活了一个关于"飞行"的ICM，图10.2中在go to 和

pilots 的连线中有两个小圆圈，分别表示两者形成连接时所需填入的缺省项，可能是"交通"和"飞机"，这两句话就可在心智上建立起链接关系。

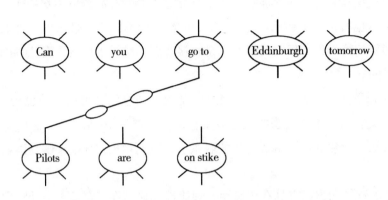

图10.2　Widdowson例的心智搭桥图

然后A通过推理便能获得B所要表达的真正含意：

　　飞行员罢工，飞机就停飞。
　　飞机停飞，B明天就去不成爱丁堡。

当然，两个分句之间所需填入的缺省项越少，认知加工所需的努力就越少，时间就越短，两者之间的语义联系就越紧密，连贯程度也就越高。反之，如果在两个分句之间所需填入的缺省项越多，认知加工所需的努力就越大，时间就越长，两者的语义联系就越远，分句间的连贯性也就越低。这种分析方法与神经元的"连通论"一致，认知的基本单位是神经元，神经元之间的激活，特定的连接通道方式形成了特定的信息。

　　从理论上来说，一个分句中的任一词语在认知世界中被激活的任何信息，都有可能成为其后语句论述的出发点，可在分句之间建立各种联系。但由于人们在交际中受到"所在社会、特定文化、过往经历、交际情景"的影响，受到心智中框架信息的限制，其中某些信息往往会具有较大的权重，因而就更容易被激活，成为谈话的中心。容易被激活、具有较大权重的信息，实际上也就是在认知世界中更加"突显"的信息，它更可能成为其后语句所论述的内容。如在例[14]中，B回答A可能会有多种答法，从理论上说只要能与can、you、go to、Edinburgh、tomorrow这些词语在认知世界中所激活的任何信息有联系，语句就可能是连贯的。

　　在实际言语交际中，话语之间为何仅建立我们常规所认定的连贯，这主要受到认知世界（ICM和背景知识）的限制，某些较为常规的现象以及在某语境中突显的信息，在激活过程中的权重就会较大，进入交际的可能性也就较大，这就大大限制了所激活概念的范围。

　　我们知道，不同的人可能会有不同的认知世界，不同的人在不同场合可能会突显不同的信息，若交际者为了某种需要，如新奇、打趣、不合作等，也可能运用认知世界中权重较小的信息（即不很突显的信息）作为谈话中心，此时交际者就要根据情景不断调整对话内容。如对例[14]中A的问话，B作出如下回答则属此类现象：

[15] B：Yes, I can, but I don't want to.

即使B对A的话语答非所问，从内容上看不出有什么直接联系，也就是用了认知世界中权重很小的信息，但人们往往也能根据认知世界知识推断出B想要转换话题，如B对[14]中A的问话作如下回答，则属此情况：

[16] B：How many students are there in our class?

图10.2仅是一个简化了图形，以强调语句中各个词语都可能激活很多相关信息（图中用短线表示，不一定是6个），而且不同词语可能会激活数量不同的概念，会因人因地而异，这些差异皆因各人所具有的认知世界所致。另外，在这个图中仅有一处可建立联系，而在实际运作中情况要复杂得多：两个分句之间可能会有多处联系，在建立联系的地方所填入的缺省项也可能大不相同。

语言交际的情况十分复杂、千变万化，有些是有现成规律可循的，有些则须具体情况具体分析，因此本书在认知世界中区分出ICM和背景知识，以适应不同情况的需要。如例[5]中提到"电话"，则可激活一个关于电话的ICM：

① 电话铃响，意味着有人来电话了（此时并不意味"那是部电话"）。
② 根据常识，需要人来接听电话。

而在这个具体情景中，还需要具体的背景知识来理解这则语篇：

① 该具体情景中可能要B来接听。
② 而B此时恰好正在浴室里洗澡。
③ 据常识可推断B不便接听电话。
④ 这样就需要A自己去接听电话。

只有将该例的三个话语置于特定的认知世界之中才能获得语篇连贯性。Minsky（1975）还从小学教材中摘录了这样一个例子：

[17] Jane was invited to Jack's Birthday Party.
　　 She wondered if he would like a kite.
　　 She went to her room and shook her piggy bank.
　　 It made no sound.

尽管后三个句子用了不少代词，倘若不将其置于一个"生日聚会"的认知世界中，就难以看出各事件之间有什么直接的联系。例[17]中第1句的"Birthday Party"激活一个认知世界，从而可形成一个有关"生日聚会-ICM"，人们凭借它和背景知识就可将这几个句子从语义上连贯起来。按照正常经验，有关"生日聚会-ICM"可包括以下主要程式（X：过生日的人；Y：被邀请参加生日聚会的人；P：礼品）：

① 邀请亲朋好友Y聚会
② 聚会上会有一系列仪式和活动，如：来客送礼，吃蛋糕，生日大餐等
③ Y须准备X所喜欢的礼品P
④ Y尽量使X快乐
⑤ 买礼品需要钱

在该框架下还须结合具体情景、一些细节内容和具体情况：

① Y必须买P
② Y须有钱来买P
③ Y到存钱罐中取钱（硬币）
④ 如果存钱罐中有钱，Y一摇它就会发出声音
⑤ 存钱罐没发出声音意味着里面没有钱
⑥ Y必须想其他办法
  ……

我们正是凭借着"生日聚会-ICM"和"背景知识"，结合当下情景，才能将上述几句话串起来，发现命题发展线索，它们才能被视作一个连贯的语篇。

（2）认知世界决定代词的确定

在很多语篇中代词与其所指的先行词语之间存在模糊关系，这时也须依靠认知世界才能确定代词的所指对象，如Lehnert（1980：80）的例子：

[18] Mary ordered a hamburger from the waitress. She brought it to her quickly.

[19] John tried to make toast in the broiler but he burnt it.

[20] When Bill saw John kissing Mary he punched him.

三句中都用了代词，使分句间取得衔接，若不从认知世界或心理机制角度来分析，句中代词的指代对象则很难确认。例[18]后面的人称代词一般不会搞错，she指代the waitress，her指代Mary，但这不是从语言内上下文中获得的，而是凭借认知世界中的知识获得确认的！例[19]中的it显然是指toast，若将burnt换成broke，说成：

[21] John tried to make toast in the broiler but he broke it.

整个句子的句法构式丝毫未动,为什么换成broke之后,it就指broiler(烘烤炉)呢?这是因为我们的经验告诉我们,只有toast会被burnt,broiler会被broken。

例[20]的正常理解为:he指Bill,him指John,因为人们最可能作出的推理是Mary与Bill有某种特殊关系,当Bill看到Mary被John亲吻后,不免气愤或吃醋,揍了John一拳也就在情理之中了。如果换成:

[22] When Bill saw John leaving Mary he yelled at him.

分句间依旧可通过代词保持某种衔接关系,但人们对此句却颇感费解,原因就在于人们难以运用句中信息建立一个合乎常情的认知世界。又例:

[23] The city council refused the women a parade permit because they feared violence.
[24] The city council refused the women a parade permit because they advocated violence.

这两句仅有一处不同,例[23]用的是feared,而例[24]是advocated,一词之差竟然会导致they指代了不同的对象。Halliday & Hasan(1976:310)曾提出可分别从"施事、主语、主位"这三个角度来论述此类现象,但归根结底还是要到"认知世界"中找答案:在例[23]中they指市政府,在例[24]中they指妇女。

一般说来,代词应在上下文中有确定的所指对象,但在自然语篇中也常发现代词找不到先行词的现象,这更说明仅在表层上分析连接词语和语篇连贯的局限性。此时更要依靠词语所能激活的认知世界中的相关概念来识别它们,如例[9]中的its在上下文中找不到确定的所指对象,只能从认知角度来加以解释,由headlights(车前灯)激活了一个关于汽车的认知世界,后面的代词its就可在这个认知世界中找到确切的指代——车。这也是一个以部分代替整体的转喻。又如Emmott(1999:9)所举的一个实例:

[25] She didn't want to talk about the operation but she couldn't think about anything else. Maybe it would turn out to be benign; on the other hand, maybe they would open her up and find that she was permeated, riddled, rotting away from the inside.

名词operation可激活一个ICM,其中会包括"住院检查、外科医生执行手术、切除或修补某些器官"等。在这个具体情景中外科医生将切除"肿瘤",其中还应包括对这个肿瘤作出判断,是良性的还是恶性的。第2句中的代词it须根据"外科手术-ICM",再结合一些具体的背景知识,可能会指向上文的operation,但后面的benign表明这一思路是错误的,只有将it理解为"肿瘤"才能形成概念上的照应关系。可在上文中并未提及"肿瘤",这或许是作者的一种标记性用法，表明不愿提及这类不愉快的词眼。其后的they也有同样问题，在上文中也找不到适当的所指，在"外科手术-ICM"中才能找到适当的所指"外科医生"。这里的it, they都是无直接着落的用法（Sloppy Use）。又例：

[26] The plane was late, the hotel wasn't fully built, there were crowds everywhere she went. I think *it* really disappointed her.

可从认知世界角度推导出句中的it指"the holiday"。汉语也有代词在具体的上下文中找不到确切指代对象的现象，如（转引自钱敏汝2001：20）：

[27] 第二床似乎睡得很好，现在听不见<u>他</u>那急促的鼾声。

句中"他"只有通过句首的"第二床"才可知道，"他"是睡在"第二床"上的人。

[28] 她是个老处女，虽结过婚，但刚办完结婚手续，<u>他</u>就告别了她，把一腔热血洒在朝鲜的三千里江山上，成为名震全国的战斗英雄。（陈平1987a：84）

这里的代词"他"在上下文中也找不到具体的先行词，但在"结婚"这一认知世界中，"她"作为"妻子"必然蕴含一个作为丈夫的"他"。且本例中的代词还起着新建"主题"的语篇功能，下文以其为中心，继续论述了这位志愿军战士的辉煌事迹。

因此，认知语言学认为代词的所指对象不能仅依据语篇内部上下文中所出现的词语来制定一个统一的标准，也不能笼统解释为语外对象（这里也还有个谁代谁的问题），用"认知世界"便可有效识别代词，对语篇意义作出合理解释。

（3）汉语中定语性代词与主题

曹逢甫曾指出，位于段首的定语性代词可能会引出一个主题，但笔者认为将这类代词视为主题仍有一些值得深入思考的问题。

[29] 他爸爸死了，死于车祸；妈妈又改嫁了，顾不了他，真可怜！（彭宣维2000：45）

我们一般不会误解这句话，"真可怜"的主语最大的可能就是"他"[即陈平（1987b）所论述的零形回指]，但从形式上来说，"他"却是第一个分句的主语的一部分，是"爸爸"的定语，同时也是第三个分句中"妈妈"的定语，到了第五个分句却成了主语。曹逢甫（参见彭宣维2000：46）主张把"他"称为这个分句群的主题，具有统领整个分句群的核心作用，这就可能引出如下的思考：

① "他爸爸"是一个整体意群单位，而且"他"是修饰语，"爸爸"才是中心词，在通常情况下常是中心词作主题，人们是如何把"他"从这个意群单位中分离出来册封为

主题的？

② "他"仅与"真可怜"发生关系（也有可能是"他妈妈真可怜"），而并不作分句"死于车祸"和"顾不了他"的主语，又何以能将"他"册封为主题？

③ 确立"他"为主题主要是由后续分句所决定的，而仅从前两个分句是看不出来的，如果将后续的分句换为：

> [30] 他爸爸死了，死于车祸；交通部门忙于作鉴定，保险公司忙于理赔，工作单位忙于料理后事，记者忙于跟踪报道，朋友忙于安慰亲属，……

此时就再也不能说这个句群的主题是"他"了。那么问题是：人们是如何确认"他"是不是主题的呢？这还得回到"认知世界"中来。在此例中，"他爸爸（他的爸爸）"这一词语在人们心智中激活了一个"家庭-ICM"，其中应包括"爸爸、妈妈、自己"，人们据此就能处理好相关信息，死的是"他爸爸"，后面说的"妈妈"也是"他"的，不会是别人的，改嫁的也是"他妈妈"，这是常识。此时提到了三个人：他、他的爸爸、他的妈妈，与"家庭-ICM"相吻合。其后的"真可怜"最合乎常情的推理是"他"，因为第四个分句"顾不了他"就为此作了交代，当然也有可能是"他的妈妈"，这就须从下文才能获得证实。

而在例[30]中，虽然开头两个分句与[29]相同，但随后的几个分句则描写了另外一种场景，形成了另外一种认知世界。从第3—7分句，其后所省略的成分可根据ICM作出相应的填补：鉴定的是事故现场和他爸爸的尸体，理赔的应是他爸爸的保险金，料理的是他爸爸的丧葬，报道的可能是这一车祸的相关事宜，安慰的主要是"妈妈"（或许"他"岁数还小，不懂事），等等。

（4）对无直接着落"the + NP"的解释

Halliday & Hasan（1976：275）论述了"the + 概括词"可用来回指前文出现过的词语，本文主要运用认知世界和激活观来解释这类现象。当某词语激活了一个认知世界之后，其中的有关信息就可能被调用出来，可建立各种关系，如"整体—部分"或"部分—部分"或"部分—整体"，有些信息虽在实际语篇中未曾提及，但人们也会凭借认知世界中所储存的知识，通过联想对语篇作出正确解读，这还涉及转喻机制。

正如上文所说，只要分句中的任何词语所激活的概念能与其后分句中任何词语（或它们所激活的概念）之间建立某种联系，发现命题上的索引性，就可说这两个语句是连贯的。如house能激活一个典型房子的认知世界，其中不仅可包括成为房子的一些必有部件，如"墙壁、门窗、房顶、房间、卧室、厨房、厕所"，而且还可包括"房型、面积、地段、价格、层次、建材、房主、地址、居住"等，当然，这些信息会随民族、人群、时代、地区等因素而异。如在语言交际中提到house时，人们在正常的心理机制作用下会自然激活一连串有关"房子"的概念，在头脑中形成一个有关房子的认知世界，其中的有关信息可被调用出来，即使有关信息在实际语句中未被提及，人们自然也会建立相关信息之间的语义连贯关系，如：

[31] I bought a house but the kitchen is too small.

按照一般规则，定冠词具有限定作用，"the+名词"常指上文已提及的事体，但在此句中上文并未出现 a kitchen 之类的词语，我们暂且将这种"the+NP"称为"无直接着落带定冠词的名词词组（Sloppy Use，Saeed 1997：191）"。按照认知世界分析法，此处的 a house 起到一个激活词的作用，可使人们在心智中出现一个关于house的微观认知世界，正常居住的房子要有kitchen，这样 the kitchen 通过正常的、简单的、自然的心理联想就可获得适当的所指，是对上文"a house"的接续，两者之间就会形成概念上的照应关系，两分句间就建立起命题发展的索引性，它们就获得了语义上的连贯。该解释同样适用于下一组例子（Saeed 1997：191）：

[32] I looked into the room. The ceiling was very high.
[33] I walked into the room. The windows looked out to the bay.
[34] I walked into the room. The chandeliers sparkled brightly.

当然，也有人可能会故意钻ICM的空子，徐盛桓（2002a）曾举了一个例子：重庆一位马先生从拆迁工程处领到的分给他的房子是没有门的，马先生告上法庭，法院判马先生败诉，理由是双方在签订协议时"对房屋情况的约定不明"（《南方周末》2000.4.21）。换句话说，协议里没写明房子该有门。可是在正常交际中这种"约定不明"的情况却比比皆是，倘若将这些"约定不明"的常规知识都一一明确了，或许我们的言语和文本会变得十分荒唐可笑。可以想象，按照上述逻辑，要将作为"房子"来加以约定的要素实在是太多了！我们不依靠ICM，会使我们的正常交流和社交约定演变为可笑的滑稽剧！

（5）语篇实例分析

现运用语篇连贯的认知世界分析方法分析四个语篇（两个汉语和两个英语）。汉语语篇的例子摘自吕叔湘《中国文法要略》（1942/1990：4），句前编号为笔者所加：

[35] ① 周秦时代的文字还和语言相当联络，② 时代的先后，地域的东西，都显示在文字上，③ 就以文法而论也相当庞杂。④ 后来人模仿周秦的文章，⑤ 无意之中加了一番选择和陶熔，⑥ 取出一个最大公约数来做他们自己的规律；⑦ 不，连最大公约数都够不上，⑧ 有些周秦时代的文法条例，后来人不很能了解，也就不遵守了。

①、②都是论说"文字"的，以此取得连贯，激活了与此相关的一个微观认知世界，其后语句主要是围绕这个"文字认知世界"展开的。③是靠"文字"所激活的ICM中的"文法"与上文取得连贯。④另起一个话题"后来人"，但靠后面的"周秦的文章"与上文建立联系，⑤、⑥都省去了"后来人"这个主语性话题，⑥中的"规律"与③中的"文法"照应。⑦构成语气上的转折，自然是在上文的基础上形成的，后面的"最大公约数"点明了转折的内容，同时也与⑥中的"最大公约数"照应。⑧一方面靠"周秦时代、文法、后来人"与上文建立联系，另一方面句中的"遵守"与"规律、文法"形成照应关系。整段文章是关于"文字、文法、文章、规律、遵守"的，各语句以此为主线发展，环环相扣，形成一个较为清晰的线索，读者可据此在心智中建立一个统一的微观认知世界，获得了语篇连贯性。

这一分析方法也可用来解释例[7] Enkvist的"福特车"语篇为何缺乏连贯性：应该说第①、②句之间还是可建立某种联系的，它们所涉及的一个共同概念为"车"。按照正常情况，后面所说的内容应围绕这两句话所提供的信息向下发展，但第③句话转向了"语言"，尽管它与第②句之间可靠black建立联系，但与第①和②两句话的论题不相融洽，难以形成命题发展上的索引性，根据ICM可知这三句话不大可能构成一个统一的论题。第④句话中虽有discussion与第③句保持联系，有president与第②句话保持照应，但读者难以理解它们之间能有什么样的命题联系。第⑤句话又跳到了对时间的描写，第⑥、⑦、⑧三句话讲cat，第⑨句话讲mat，人们即使调用了各种ICM和背景知识牵强附会地、勉勉强强地说出点联系来，也不会被一般人所接受，形不成一个统一的命题发展线索，因为在我们的现实生活和想象世界中难以构成一个统一、和谐的整体。不过，把这九句话共置于一起，用来描写一个思维不正常、语无伦次的人倒是蛮合适的。

这段话难以形成一个统一的命题发展线索，难以寻得一个上义性的概括性命题，因此不能形成一个可被接受的认知世界，这则语篇是不连贯的。我们若能在一个句群中发现它们能统一于一个上义性命题，也就能很好地理解一个语篇的中心思想，这个句群就具有连贯性，如在第十二章例[51]"云南十八怪"中所说的种种现象，如果从语义上看，它们之间没什么直接的联系，若将其置于"怪"这个认知世界之中，它们就有了联系，语篇也就获得了连贯性。

我们有时感到难以理解一个语篇，主要原因之一就是缺乏必要的认知世界，或没能想到一个确当的、可被接受的认知世界，例如（桂诗春 1991b：144）：

[36] Business had been slow since the oil crisis. Nobody seemed to want anything really elegant anymore. Suddenly the door opened and a well-dressed man entered the

showroom floor. John put on his friendliest and most sincere expression and walked toward the man.

只有将其置于一个"汽车销售""经济危机"的认知世界之中，这个语篇才能获得连贯性。在这两个认知世界中可能会出现以下的ICM：

① 汽车销售与经济发展、优质服务有关。
② 经济萧条，一般没人买高档商品（车）。
③ 穿着得体的人一般是些有钱的人。
④ 有钱的人才有可能买得起小汽车。

理解这个语篇还须结合以下具体的背景知识：

① 卖车店突然来了一个穿着得体的人。
② 他从外表来看可能有钱，可能买车。
③ 此时难怪约翰露出最为友善的神情。

该例可被视为语篇连贯范畴的边缘现象。

从上论述可见，连贯性是语篇生成和理解的基础，是语篇分析的关键所在（参见Cook 1994：25），且只有从认知角度结合动态性分析才更具解释力。笔者提出语篇连贯性的认知世界分析法，尝试从体验哲学，同时结合认知语言学分析词句层面所运用的基本认知方式（体验、激活、突显、原型、关联等）来分析语篇连贯性，以期能进一步完善认知语言学，为分析语言各层面建立一个有效、合理、统一的模式。

思考题：

1. 结合语篇研究史，简述各种语篇分析理论并进行比较，分析它们各自的长处和不足。你认为语篇的认知世界分析法能弥补它们的不足吗？
2. 分别举英语和汉语的例证来说明"仅从连接词语角度分析语篇连贯是不足的"。
3. 据调查对比，汉语语篇中所使用的连接词语比英语少。试用汉语语篇的例子说明"认知世界"对于连贯语篇的解释力。
4. 试析下三段语篇中斜写代词的指代关系：

① One of the best moments of any day on the road was, toward sunset, looking forward to the last stop. At Heber I hoped for an old hotel with a little bar off to the side where *they* would serve A-1 on draft under a stuffed moosehead; or maybe I'd find a grill dishing up steak and eggs on blue-rimmed platters.（*English Book* 7, 黄源深 1996：102）

② The thin mute, John Singer, nearly always put *his* hand on *his* friend's arm and looked for a second into *his* face before leaving *him*.（同上：125）

③ Singer never knew just how *his* friend understood of all the things *he* told *him*. But it did not matter.（同上：126）

5. 试用认知世界（ICM+背景知识）分析下两句话是如何取得语义连贯的（据此便可理解B的意图）。

A：你们这些天在做什么？

B：老在下雨。

第十一章 认知语篇研究（中）

第四节 连贯性的条件

一个语篇能在心智上形成一个统一的、可被接受的认知世界，语篇就具有连贯性，形成这样的认知世界主要是基于以下条件：

① 表达层面上的衔接性；
② 概念成分上的照应性；
③ 命题发展上的索引性；
④ 语用推理上的顺应性。

这四者构成一个充分条件的链条，第①个条件为语言表层的连接性词语，其他三者是从不同认知角度作出的论述：

第②个条件主要是基于某一（些）"概念"成分之间的照应联系。

第③个条件主要是就"命题"而言的，个别概念的照应不一定就能形成命题上的索引性。这两个条件是关于逻辑学的。

第④个条件是从语用推理角度讲的，因为逻辑学中的推理与语用学中的推理不同，不合逻辑的语句也可从语用角度作出合理推理，建立联系，获得连贯。

语篇生成者可通过第①个条件（即衔接手段）向接受者明示思路的发展趋势、语义流动的走向，但衔接手段从根本上来说为理解起到一个向导作用，有助于实现其他三个条件，更好地建立语篇连贯性，但缺少衔接手段的语篇也会具有连贯性。在"形合法"为主的英语中也有很多省略连接词语的现象，在"意合法"为主的汉语中连接词更是常被省略，这足以可见，第①个条件不是必要条件。

根据第②个条件，即仅在概念上具有照应性，而不符合下两个条件，语篇的连贯性还是得不到充分保证，上一章所举的Enkvist（1978：110）和钱敏汝（2001：270）的例子便是很好的例证。

第③个条件是从"命题索引性"层次上来说的，几个（或更多个）命题之间必须具有相关性，能形成一个有机联系的整体，此为语篇取得连贯的重要基础，但仍不充分。即使在逻辑上具有连贯性，但在语用层面上不符合当下语境，还不能算作最佳连贯。这还需第④个条件作补充，即在语用层面上的顺应性。如传统逻辑学论述命题意义主要依据真值条件，据此A＋B应全等于B＋A，但从语用连贯的角度来说，语序（或语态）调整不仅涉及语义重点的变化（王寅2001：361），还涉及语篇层面连贯性问题，例如：

[1] He appeared on the stage and was warmly applauded by the audience.

[2] David fried two apples. One of these he fed to his baby, and the other he ate himself.

例[1]的后半句如用the audience作主语的主动态，则句子就较费笔墨，显得不那么连贯。例[2]将one of these提前，与上句结尾的apples形成紧密衔接，取得了很好的连贯效果。又例汉语中"心"即"心脏"，"心脏"即"心"，它们在逻辑层面上意义相等，但这仅是从概念和命题角度来说的，在很多语用场合下它们不能互换使用的，因为"心脏不好"不等于"心不好"。

特别值得一提的是，语言交际中还有很多不合逻辑的语句也能从语用角度进行推理，建立关联，以我们过往体认性知识为基础建立起某种语用连贯关系，如：

[3] A：昨天考试怎么样？
    B1：我女朋友来了。
    B2：今天天气真冷。

B的两句答话都没有正面回答A的问题，B2比B1对于A命题的连贯性更远，更难从命题角度建立其间的有效关联，只有将其置于特定的语境中，借用认知世界（ICM＋背景知识）才可建立它们之间的连贯性，如B2的答话更表明B想转换话题。

"云南十八怪、重庆十八怪"中的各命题相差甚远，大多是些毫不相干现象的罗列，可它们却能形成一个连贯语篇，这只能从语用推理的顺应性上为其建立一个统一的上义性命题。2006年4月12日晚CCTV3第35集《星梦影沉》滑稽剧有一段对话：

[4] 女甲：我演得怎么样？
    女乙（由蔡明扮）：今天天气不咋的。
    女甲：我演得比张曼玉好吗？
    女乙：你长得比鳗鱼漂亮……
    女甲：我是说我比张曼玉……
    女乙：你比章鱼的脚少多了……

仅从概念照应性和命题索引性来说，我们很难找到女乙的答话与女甲的问话之间有什么连贯关系，而只能说女乙的回答没有达到女甲所期盼的那种回答，背离了ICM的交际模式。

但正是这种背离使得这段会话产生了幽默，出现了搞笑的效果，它完全符合滑稽剧的要求，或者说这种背离是滑稽剧常见的语言形式之一。但从另一方面来说，它们违背了概念照应性和命题索引性，实际语句依旧能按照另外一种ICM来建立语用连贯。

更有甚者，B可以什么也不说，保持沉默，这不言不语本身也能根据一个语言社团亦已形成的ICM表示：沉默等于同意？不愿说？不好说？它依旧能形成一个与上文连贯的交际。因此，仅从概念和命题的逻辑角度考虑实际话语的连贯尚达不到最佳境界，必须考虑语用因素。

可见，连接形式上的完整性（即第①个条件）只能是上述②、③、④三者的充分条件，而且这三者从上向下形成了一个序列，前者是后者的充分条件，而不是必要条件。即②是③的充分条件，②和③是④的充分条件。又因为充分条件和必要条件具有相辅相成的关系，反过来说，④则是③和②的必要条件，③又是②的必要条件，它们若能在语用推理上获得顺应性，就一定能建立概念照应性和命题索引性；如果具有命题索引性，就一定能建立概念照应性，反之则不然。因此④最为重要！

第五节 连贯性的认知基础与具体方式

要能有效保证语用推理的顺应性，其认知基础主要有二：“互动体验性"和"心智连贯性"，本节主要运用认知语言学中的主要观点来解释语篇连贯，它们都不必依赖连接词或概念。

1. 互动体验性

"实践出真知"意在强调我们只有在现实生活和社会实践中才能获得真正的知识，建立合理的ICM。"语篇理解取决于实践，实践产生意义连贯性"也就顺理成章。如在马致远的著名元曲《天净沙·秋思》中：

[5] 枯藤老树昏鸦，小桥流水人家，古道西风瘦马。
夕阳西下，断肠人在天涯。

他把11种看似没什么直接联系的事体（藤、树、鸦、桥、水、家、道、风、马、阳、人）简单并置后（特别是前面9个），如何获得其间的连贯性而形成了一个意境深远的语篇呢？只有将它们放回到汉民族的生活体验和有关文化模型之中，运用一系列背景知识，填补大量缺省信息，将它（他）们所蕴含的意象连缀起来，才能勾画出该曲中所描写的场景（时间、地点、事物）和人物，形成一个整体场景或画面，建立起事物之间的有机联系，才能获得语篇连贯性，较好地理解这首元曲。

受过一定中国文化教育的人，都可从该曲中所用的一系列修饰语（特别是：枯、老、昏、古、西、瘦、夕、断肠）提取出"凄凉""悲观"这一主题含义，特别是"西风"，不同于西方人对"西风"的理解，在汉文化中的喻义常为"清冷、凋敝"，"夕阳"常令人有"生命结束"之感。这样就不难获得这首小曲的意境，理解作品所要表达的思想。

另外，文学作品的考据学的主要任务就是：努力建立文学作品与社会现实之间必然而直接的关系，并以此为据来解读文学作品。如当今红学已经发展为高度的考据学，以为离开了其作者的身世就无法让红学研究继续下去，每个人物都要对应现实中的人，每个地方都要寻找其遗址故地，每个情节都能在现实中找到来龙去脉。因此，就连小说开始没有几章就消失的秦可卿都可以享受"秦学"的待遇（参见刘华文 2005：153），这就是我们常说的文学作品中人物或事件的原型。诗歌也是这样，中国古代诗人一般都是通过"感物起兴"，激发创作灵感，展开想象的翅膀，用外物唤起内心的情感世界，因此我们在理解传统古诗时往往要去寻找其赖以形成的物理环境，尽量还原其物象。这也可见，语篇与生活经验，语篇连贯与互动体验之间的密切关系。

2. 心智连贯性

从文内衔接手段来论证语篇连贯性仅是在作"表面文章"，须知：心智中的连贯思维才是语篇连贯的根本；况且，用不用衔接手段，用哪个连接词语都取决于心智。

因此"心智连贯性"才是"文章思路清楚、逻辑性强，具有条理性"的充要条件。只有在心智上具备了连贯性特征，说出的话语、写出的语篇才可能具有连贯性，这才是决定衔接手段择用的认知基础。因此衔接手段的运用是认知运作的结果，不能以其作为唯一标准来判断语篇是否具有连贯性。认知语言学认为，在上下文中用不用衔接手段，用什么衔接手段，如何使用，什么时候用，是先用代词还是先行词，还是用无照应的代词等，这都取决于认知机制。我们在实际英语语篇中还发现许多代词的非常规用法，按照传统英语语法，一个代词的出现应当以一个名词为出发点，且代词还要在"人称、数、性"上与先行名词保持一致，但也有很多与此规则不合的用法，参见上一章例子，又如：

> [6] When I took the dog out for a walk last night, another dog started barking at him. I was afraid the dog would attack him, but fortunately its owner and I were able to keep them apart.

在这则语篇中作者先用the dog，后又用两个him来指称自己的狗，文后又分别用the dog和its来指称别人的狗，并未按照代词的常规邻近原则来行文。另外文中最后出现的them在上文中也没有复数代词dogs，因此也只能靠读者在心智中进行搭桥运作才能获得其准确所指。

我们也注意到了Halliday & Hasan（1976：23）提到"衔接概念可有效地由语域概念来补充"，语域居于形式和情景之间，把语篇和语境联系起来，连贯的语篇应该与语篇所产生的环境和谐一致。正是由于他们视语域为一种"补充"，主要兴趣自然也就放在形式衔接上（1976：331—332），着力分析能形成衔接纽带的实际词语。而认知语言学把语篇连贯分析的重点置于语篇生成者上，主要从"互动体验性"和"心智连贯性"角度来论述，前者与Halliday & Hasan所说的从语篇外部的语域来研究语篇连贯有共通之处，后者则是对这一观点的发展，而且认知语言学还认为语篇连贯性分析可以有效地帮助我们认知人类自身的思维规律。因此我们可以说，认知语言学的语篇分析方法是对SFL的一个发展和补充，从而亦可见文首所论述的，这两个学派具有较强的互补性。

3. 具体认知方式

我们认为，语篇连贯主要取决于"互动体验性"和"心智连贯性"这两大认知机制，基于它又可形成若干用以解释语篇连贯的具体认知方式，现简述如下：

（1）突显原则

"突显"是我们生活经验中一种十分常见的现象，它相对于背景而言更易引起人们的关注，因为人有确定注意力方向和聚焦视点的认知能力。一般说来，"运动、较小、整体、令人感兴趣"的图形（如飞鸟、钉钉子的工人）比"静止、较大、零散、不感兴趣"的背景（如树、木板）更能吸引人们的注意力。心理学家所发现的"图形—背景"理论被认知语言学用来解释了很多语言现象，Langacker基于此提出两种突显原则：①基体与侧面（Base-Profile），②射体与界标（Trajector-Landmark）。它们可用来解释语言中的诸多现象，如：词义、词类、所有格构式、隐转喻、主宾语择用、语法构式等。我们认为，这也适用于分析语篇连贯，若能突显环境中的某要素或抓住心智中的某念头，并围绕它展开论述，这些语句就当具有连贯性。

认知语言学认为，句法结构在很大程度上被视为讲话者对周围环境进行概念化过程的反映，而这个概念化过程受约于注意力原则。在语篇生成的过程中也存在类似现象，如突显的参与者（特别是施事者）是引人注意的图形，很可能作分句的主语或一个语段论述的出发点，倘若选择了突显的施事者或一个话题作为语段起始分句的主语，它就很可能成为这个段落的认知参照点来统摄全段，从而使整个语段取得连贯。

突显原则可在语篇的多个层面上发挥作用，如"标题"相对于整个语篇来说具有画龙点睛的突显功能；认知上突显的成分常作句子的"主语"；"主题句（Topic Sentence）"突显了整个语段的论点，它是其他支撑句（Supporting Sentences）的图形；"主题段"突显了整个语篇的最重要的信息，如论文开头的"摘要"或"提要"体现了整个论文的精髓。

（2）原型范畴论

根据语篇连贯的认知世界分析方法，人们主要依据语句所提供的信息和自身所具有的内在性认知世界，结合语境，补充相关信息，通过激活机制在上下文的概念成分之间发现照应关系，着力寻求命题的发展线索，努力获得语用推理上的顺应性，语篇就可在心智上建成一个统一的认知世界，话语之间就具有接续关系和连贯性，人们也就能理解整个语篇。

语篇连贯性也有个程度性问题，可用原型范畴论作出合理解释。语篇中如能运用较多的连接词语，提供较为直接而又明显的认知导向，能同时满足第四节开头列出的其他三个条件，则可形成一个高度统一的、可被很好接受的微观认知世界，语篇的连贯性程度也最高。也就是说，语句取得的关联越紧密，概念间取得联系的缺省项越少，命题发展线条越清楚，语用推理中所付出的认知加工时间和努力越少，连贯性程度就越高，此为"连贯性"范畴的典型。

根据认知心理学家的研究，一个词语所能激活的概念具有层次性，处于外围、边缘的概念被激活的可能性就会小于处于中心的概念，这也可用以说明连贯的程度性。因此，语篇连贯性与认知距离之间存在正比关系：两个分句中词语所激活的概念在认知上距离越近，联系就越紧密，发现其间命题发展线索所需的时间就越短，连贯性就越高；反之则低。Widdowson（1978：27）曾举了同一话语可有三种不同的回答，它们之间的连贯性程度依次递减：

[7] A: What are the police doing?

　　B: They are arresting the demonstrators.

[8] A: What are the police doing?

　　B: The fascists are arresting the demonstrators.

[9] A: What are the police doing?

　　B: I have just arrived.

例[7]中B的答语与A在句法结构上都用进行体，直接用了人称代词they对应于the police，用arresting the demonstrators填补what的具体内容，答语与问话出现了较高的"句法共振（Syntactic Resonance）"现象，两个话语之间的连贯性程度较高。

例[8]中的答语和问话也有对应的句法共振现象，但B用了一个定指性名词短语，通过当下的情景和认知世界所提供的信息进行推理，人们便可在the fascists与the police之间建立概念上的照应关系（因为警察常常会动武，会使人们想起法西斯），这两句话语之间的连贯性程度低于例[7]。

例[9]中答语与问话之间不存在句法共振，问话是进行体，而答语为完成体，在字面上找不到与问话有什么直接联系。在两者间建立连贯则需填入较多信息，所需运作的认知努力较大，因此，两个话语之间的连贯性程度就更低了，当为"连贯性"范畴的边缘成分，缺少对应的概念，命题发展线索也很模糊，必须运用较复杂的语用推理才能获得顺应性：我刚到，不了解情况，你的问话我答不上，另问别人吧！

James Joyce 的作品多为跳跃式的行文，造成了理解上的困难，他的作品也可视为连贯性较低的作品。倘若语篇所提供的信息完全超出人们 ICM 和背景知识，就很难发现句间的连贯性，难以传递有关信息，只能被视为思维混乱、语无伦次。

诗歌的重要特征是用词凝练，含义深远。诗歌通过词简韵美的语言使其寓意浓缩，增大内涵，用高信息密度来实现想象力，进而引起读者的情趣，获得诗歌的意境。诗歌语句之间需要填补较多的缺省信息才能将其连贯起来，需用较多的认知运作才能理解含意，给读者留下较多的想象空间，这或许正是诗歌的魅力之所在。因此，许多诗歌语篇为"连贯性语篇"范畴的边缘成分，参见上文例[5]。

（3）认知参照点（参见本章第六节）

（4）话题统领性（参见第十二章）

（5）概念隐喻与语篇连贯

概念隐喻理论与认知语言学的核心原则"现实—认知—语言"完全一致。现实世界通过"认知"实现范畴化和概念化，形成一定的概念结构和语义系统。这里所说的"概念隐喻"属于中间的"认知"层面，它是人类的一种思维方式，潜在于我们心智之中，是理解客观环境、组织知识的一种有效的认知方式，指引着我们生成很多具体的语言表达，因此它不仅仅是一种语言层面上的修辞现象，详见第十三章。

概念隐喻就像一只看不见的手，在我们的日常生活中扮演着"指挥者"的角色，指引着我们的思维和行为，决定着我们的语言表达；而且它也同样决定着我们可生成连贯性语篇。在组织一个语篇时就可能会以一个或数个概念隐喻为参照点来组织语句，即这一或数个概念隐喻就是语篇取得连贯的心智基础。如毛泽东同志就曾将抗战胜利喻说成"桃子熟了"，他说（毛泽东 1991：1128—1129）：

[10] 抗战胜利的果实应属谁？这是很明白的。比如一棵桃树，树上结了桃子，这桃子就是胜利果实。桃子该由谁摘？这要问桃树是谁栽的，谁挑水浇的。蒋介石蹲在山上一担水也不挑，现在他却把手伸得老长老长地要摘桃子。他说，此桃子的所有权属于我蒋介石，我是地主，你们是农奴，我不准你们摘。我们在报上驳了他。我们说，你没有挑过水，所以没有摘桃子的权利。我们解放区的人民天天浇水，最有权利摘的应该是我们。

在这一语段中，毛泽东同志以"**抗战胜利是桃子熟了**"为概念隐喻来组织该语段，他分别以"栽桃树、浇水、摘桃子"来喻指："人民坚持抗战、流血流汗，抗战的果实当归于人民"；他用"种桃得桃、不种桃不得桃"来喻说"抗战胜利的桃子该由人民来摘、蒋介石没权利摘桃"等。

笔者前几年还看到一篇以《顺手牵羊》为题的告示，主要讲述作者书包里的几百元钱被人偷走一事，文中讲述了"牵羊的过程、被牵者的痛苦、牵者之过"，以及"对顺手牵羊的补救"，这不失为一篇运用概念隐喻取得语篇连贯的好文章。又例（摘自《中国民航》2005年第11期P118）：

[11] 恋情，就像空气一样无处不在。

人都活在空气中，男人女人都活在恋情里。

当然，空气是不一样的。有西藏高原的空气，有丽江的空气，有市中心的空气，也有马路边的空气……非正常的恋情也是恋情的一种，所谓不正常，就是不合法、不合道德习俗或者不合某些特殊规定的恋情。

但是，恋情产生了怎么办？就像普通人无法赶走空气，那么如何呼吸表达：去向世界交代、去自我缠绵、去谨慎处置？

在我看来，非正常恋情有三种呼吸表达的境界。

这一段语篇的连贯性就是建筑在"恋情是空气"这一概念隐喻之上的：

空气	恋情
无处不在	无处不在
人都活在空气中	男人女人都活在恋情中
有多种空气	有多种恋情
无法赶走空气	必须面对
呼吸空气	呼吸表达恋情

我国古代组织语篇的"赋、比、兴"传统三法，后两种都与概念隐喻有关，特别是"兴"，多指语篇层面上的应用，往往是先言他物，再讲欲言的本体之事。这样的语篇之所以具有连贯性，主要是因为概念隐喻所具有的认知统摄力，它能够有效地将他物与本物紧密连贯在一起。对诗歌语篇的理解更须借助概念隐喻，诗句间的连贯性也多是建立在概念隐喻之上的，例如：

[12] 春蚕到死丝方尽，蜡炬成灰泪始干。

这两句之所以能共置，形成一个对偶句，成为连贯语篇，是因为它们的连贯关系是建立在概念隐喻**"蜡炬成灰如同蚕死、死亡是爱情的终结"**之上的。

最后我们还要强调一点，"概念隐喻"来自我们的生活经验，是互动体验的结果

(L&J 1980：197），因此，归根结底，还是互动体验性决定着语篇连贯。

（6）像似性与语篇连贯

像似性是指语言符号在语音、语形和结构上与其所指意义（包括客观外界、经验结构、认知方式等）存在映照性相似的现象。从语篇角度来说，一个语篇或一组语句若能与所描写的客观外界和心智世界取得某种方式上的映照性相似关系，该语篇就连贯，前者与Halliday & Hasan所说的从语域角度分析语篇连贯有共同之处。如在叙述几个连续动作时，即使其间不用连接词语，它们似乎在按顺序讲述着不同的事件，可视为一个依据顺序像似性原则组织起来的语句：

[13] 我接上录音机的电源，打开开关，放进磁带，揿下按钮，就听到她的歌声。

句中所描写的几个动作像似于实际操作录音机的顺序，根据经验这些动作就能连贯成一个具有接续性的动作链，它们自然就有了连贯性。又如《红楼梦》第六回刘姥姥带板儿进大观园，完全是按照时间顺序来叙事的，词句之间常不用或很少使用连接词语，但读者可在心智中能将其理解为一个连贯语篇，这正是顺序像似性原则在发挥作用。我们十分高兴地读到项成东、韩炜于2003年在《外语研究》第1期上发表的论文《语篇像似性及其认知基础》，文中述及了像似性原则是语篇连贯的认知基础之一。另外，除顺序像似性原则之外，其他像似性原则也可用于解释语篇连贯。

第六节　认知参照点与语篇连贯

1. 引言

将认知语言学与"语篇分析"结合起来形成"认知语篇学（Cognitive Discourse Studies）"，国内外已有很多学者作出了有益的尝试，参见Hoek（1999）。王寅（2016）还尝试运用Langacker（1991b）的"认知参照点（Cognitive Reference Point，简称CRP）"来解释语篇连贯，重点论述了"论题的统领性"和"代词的参照性"。

索绪尔（Saussure 1916）曾指出"语言具有线性特征"，语符是一个接着一个地向下叙说的，不可能像绘画一样呈现出立体效果，这已为学界所广泛接受。但近年来很多学者在认知语言学框架中论及了"语篇空间"这一概念，主张将语篇视为"空间"，就像"物理空间、社会空间、心智空间"一样，可将众多语句置于其中，在此空间中语篇就具有"结构性、层级性、位置性、顺序性、照应性、连贯性"等特点，这就成为从"三维空间"角度研究语篇的认知基础。Rauh早在1978年就将语篇处理为"空间（Space）"，Mondada（1996：571）在事过近二十年后基于"语篇空间（Textual Space）"论述了人们如何运用"表示空间概念的词语"来建构语篇，参见上文。既然语篇具有"空间性"，完全可用CRP来分析语篇，其常见图形如下：

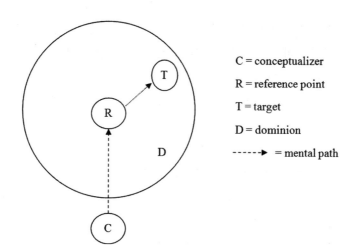

图11.1　图示认知参照点原则

谈及"运动"先要确定一个物理参照点,一旦C(进行概念化的人)选准了这个点(R)之后就可在一定空间范围(D)内以其为准来确定另一物体(T)的相对位置或速度。这一常见的生活现象被概念化入心智世界,物理参照点被概念化为头脑中所能想象出来的一个假设性基点(R),基于此就能寻找或述及T。因此在上图中从C到R,以及从R到T都用虚线来表示这个"心智路径"。Langacker将"物理性参照点"概念化为"认知参照点",且将其视为一种认知方式,这才具有认知语言学上的研究价值,充分体现出人的主观识解性。而且CRP也适用于从认知角度分析语篇连贯,这与Givón(1995)所说的"the coherence in mental text"完全吻合。

如CRP可用来解释语篇生成者使用代词的搭桥过程,以能确立代词与心智中的某事体(或概念)之间的照应关系,该过程可称之为"心智搭桥",现对Langacker所画上图示适当调整如下:

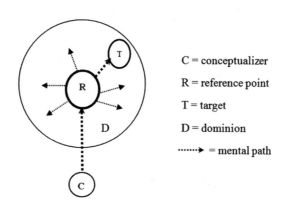

图11.2　参照点与目标

图中"虚线箭头"相当于上文所述的"心智搭桥、心智连贯",它是人们内心深处的一种认知活动,其过程或结果可在语篇内用文字表现出来,也可不表现出来,因此用"虚线"表示。据此,仅靠分析文内的衔接性词语不能为语篇连贯性提供完满解释,也无法或难以完全反映这种心智活动的全过程,若用"心智路径"便可较好地解释这一潜在性活动,或说得通俗一点,就是"只要心中有连贯,语篇总归有连贯"。

我们还发现,心智中的认知参照点具有较大的聚焦潜势,因为只要有可能,它就能激活参照点辖域内(即图中的大圆)的任何概念,这就是上图中在认知参照点R周围画有几个虚线箭头(可有无数的虚线)的含义。其中,通向T的虚线较粗,这可视为心智在当下语篇中的实际指向。

由于语篇建构模型风格具有多样性,代词择用方式千变万化,连贯手段也是五花八门,似乎单用上图"难负重任"。本文对其又提出修补方案,以能适应组篇形式的多样性,同时也增强了CRP的解释力。

2. 修补的认知参照点原则

图11.1是典型的CRP,简洁明了,直观地明示了该原则的基本原理,它对于语言中若干现象都可作出合理的认知解释。图11.2仅在参照点R周围增加了几条虚线箭头而已,以说明潜存多种可能性,但变化不大。若将其进一步修补为下图,则可较好地用于分析若干语篇变式。

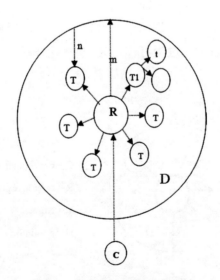

图11.3 修补的认知参照点原则

该图标示了八种C-R-T联结类型,现以例分别说明如下:

（1）中心辐射型R-T联结

基于同一个参照点R可引出若干个T，这种联结主要可用于以下两个层面：

① 以语篇标题为参照点可引出若干段落和语句；如一篇以"Four Choices for Young People"为题的课文（参见*English for Today 5*）就提供了一个参照点，以其为中心向四个方向辐射性地引出四大段落：（a）Drop Out；（b）Flee；（c）Plot a Revolution；（d）Try to Change the World Gradually。

② 一个大段落也常以"总起分叙"的方法开头，如在一篇以"The Marks of an Educated Man"为题的课文中，其主体部分的开头句为：Such an education involves a combination of knowledge, skills, and standards. 句中提出三点：knowledge，skills，standards，实际上提出了三个参照点，分别引出下文的三个小段落。

这一方法也适用于一个自然段落，如以"The motion picture is a highly complex art form which combines many other arts."开始的自然段，紧接着就以此句为参照点论述了电影所涉及的艺术门类：写作、作曲、绘画、雕塑、舞蹈设计等。

（2）套叠连锁型R-T-t联结

由一个参照点R引出一个T，再以T为参照引出t，如此反复链接下去，如：

[14] From the date of *the introduction of the steam locomotive* about 130 years ago, there was a continuing *increase in the size and weight of the train. This* necessitated engines of *great power. In order to achieve this greater power, much higher steam pressures* are required. Normally, the demand for *increased steam pressures* is met by increasing the size of *the boiler*. However *the boiler* of a steam locomotive is strictly limited in size by the dimensions and load capacity of the railway track which it works on.

该段共有5个分句，它们围绕同一个语义域"蒸汽机车"形成了一个连贯小语篇，从第2句开始便运用首尾衔接的方式组句，从而形成了R-T-t连锁关系，这样的段落自然具有连贯性。

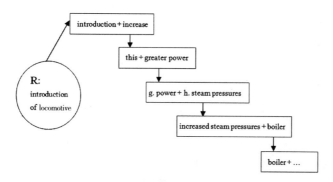

图11.4 套叠连锁的R-T-t联结

人们在叙述地址或描写周边环境时也常用"从大到小"或"从小到大"的顺序,如汉语写地址就用前者,英语用后者,这是运用了不同参照点策略的结果。

> [15] 说到上海,就不能不说到外滩,夜色下,闪闪发光的东方明珠、金贸大厦交相辉映,旖旎迷人,而正中金光闪闪、高达36层、不断变换色彩的AURORA震旦国际大楼格外引人注目。专注于办公家具、办公自动化、商务楼等全方位办公领域的震旦集团总部就坐落于此(《中国民航》2007年第5期,文章《优质的办公生活解决方案》中开头一段)。

该例开头就交代了参照点"上海",接着再以此为参照点,来到"外滩",再以"外滩"为新的参照点来到"东方明珠"和"金贸大厦",其正中是"震旦国际大楼",且将论述点着落于位于其中的"震旦集团"。该段的连锁关系可表述为:

上海 → 外滩 → 东方明珠、金贸大厦 → 震旦国际大楼 → 震旦集团

依靠地标作为参照点,层层聚焦,从大到小,最后落脚于文章中心,这是我们描写"场景地点"和"从景到事"的一般思路。

谋篇布局时也可能将上述(1)和(2)结合起来,其中既有辐射型也有连锁型:

> [16] Thomas Edison had *a lot of inventions* during his life. First when he was 22, he invented *the ticker-tape machine*. Later in life he ran his own lab, then he invented *the phonograph and moving picture*, but his most important invention was *the electric bulb*.

此段首句开门见山提出参照点"a lot of inventions",然后以其为中心点,辐射性地带出了他的几项主要发明,它们之间还存在一个时序性连锁程序,从22岁到自己有实验室,最后突出他最重要的发明"电灯泡"。这几项发明之间分别用连接词语"first, later, then, but"构成一个逻辑连锁串。

(3)T=D联结型

通过一个参照点R引出的T可为整个语义域D,即一个R可激活整个D,在图11.3中用带箭头虚线m表示。例如在一篇标题为 *The Film I Have Enjoyed Most*(参见黄源深、杨祖辉主编的 *English Books 2*,上海译文出版社 1996)的课文中,用"I"点明了图11.3中的C,然后通过课文第一句"The film I have enjoyed most is *The Sound of Music*"引出参照点R,它激活了整个有关《音乐之声》的语义域D,课文中下面各段都是围绕该影片的主要信息来阐发议论。文章标题之所以能发挥"画龙点睛"的功能,就在于它可提供一个认知出发点,可"引出"或"抓住"文章的主体议题。该模式可简化为图11.6和11.7。

（4）DT多样型

当整个D被激活之后，它就可能作为一个"域参照"，其中所蕴含的任何成分都可能被激活出来，图11.3中带箭头的虚线n即为此意。下面三个图可进一步表明R、T与D三者之间存在多种相对关系：

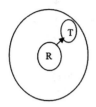 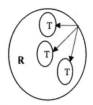

图11.5　语义域>目标　　　　图11.6　语义域=目标　　　　图11.7　语义域=参照点

DT多样型联结模型可存在于语言的各个层面，例如：

① 语篇层面：由一个标题（作为参照点）激活出来的主题可视为D，其中的任何成分要素都可能被下文所述及。也可能下文所述要素可通过"总起分叙"的方法安排，如在一篇题为"Living on My Own"的课文开头的一段为：

[17] ... Living on my own is a totally different experience for three main reasons: being more responsible, more decisive and more creative.（摘自高等教育出版社《大学体验英语》综合教程第二版，第1册，p76）

作者紧接着安排了三个段落分别论述了more responsible、more decisive、more creative，且每段开头分别运用了连接词语first of all、another、therefore将各个层次的内容连为一体。这篇课文主要依据图11.7来谋篇布局。

② 段落层面：参见上文。

③ 语句层面：语句中的代词或限定性名词短语（the + NP）可能涉及多个认知图式，如：

[18] I have just bought a car and the engine is so powerful.

首先，a car会激活一个有关汽车的语义域D，其中所包含的常识性要素都可能被激活出来，句中的the engine照理应基于上文的an engine，可这里直接出现，其成句和理解机制是基于图11.6的认知图式的。

（5）多点参照型

同一个T或t不一定仅依据一个参照点，可能有多个参照点共同作用来决定同一个T，如Emmott（1999）所举的例句（参见第十章例[23]），此段中的代词it须由operation和

benign这两个词来共同决定，如图11.8所示。

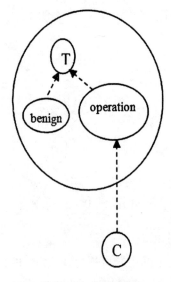
图11.8 多点参照

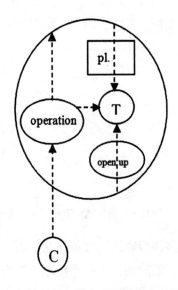
图11.9 词汇参照点和语法参照点

（6）词汇参照型与语法参照型

心智中的参照点在实际语篇行文中可以显现，也可以不显现；若是前者，即心智中的认知参照点转化为语篇中的实体参照点，此时它可能具有"词汇参照点"功能，也可能具有"语法参照点"功能。如图11.8中代词it就是由两个词作为参照点来决定它代表了tumour。图11.9中代词they不仅由operation和open up作词汇参照点，还需借助复数代词they作语法参照点来决定其意指doctors。

（7）我他参照型

"以我为中心"可将R分为"他物参照"与"自我参照"。从图11.3可见，C处于认知域D之外，即C以其自身之外的一个物体或人来作为参照点，这是"他物参照"。而"自我参照"是指身临其境，以"我"为观察点所形成的参照体系，可将图11.3中的C与R合一，将其改画为：

第十一章　认知语篇研究（中）　275

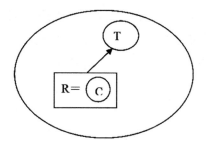
图11.10　R=C，且两者与T同处一域

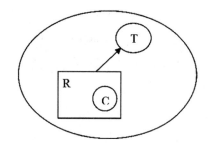
图11.11　R>C，且两者与T同处一域

图11.10和图11.11的区分在于：前图中的参照点就是我自身（R=C），后图中的我包含在参照点之中（R>C）。如我们经常听到导游在汽车里面向游客介绍窗外风景时会说"请大家向你们自己的右边看……"，就是导游注意到自己的右边与游客的右边不同，采取了以游客为主导的解说方式，一方面不致于引起误解，另一方面更容易取得亲和力。

中小学教师在上写作课时，经常要提醒同学们注意作文中所用的人称，或者还专门布置过让学生以第一人称"我"为体裁写作文，即以图11.10或11.11所表示的心智图式来组织语篇。在写作课上，教师还经常强调作文中一般不要随意更换人称，特别是在一个段落中，如没有特殊需要就坚守一个认知参照点来组织语句，不能一会儿用第一人称，一会儿又用第二人称或第三人称；也不要一会儿用此人作主语，一会儿又用他人或物作主语，这往往会引起表述混乱。这实际上就是要求同学们在写作时心智中须建立一个"人称参照点"的写作方法。

经过深入分析，我们还发现R/C与D之间可能存在许多关系类型，如：

① 以"我"为参照点R，又R=C，且两者与T同处一域，如图11.10。
② 以"我"为参照点R，又R>C，且两者与T同处一域，如图11.11。
③ 以"我"为参照点R，又R=C，且两者与T不在一域，如图11.12。
④ 以"我"为参照点R，又R=C，且两者与T为邻近域，如图11.13。

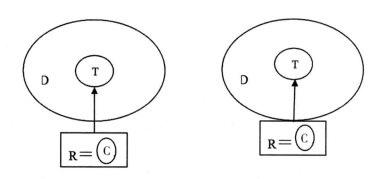
图11.12　R=C，且两者与T不在同一域　　图11.13　R=C，且两者与T为邻近域

我们可能位居局外，从旁观者角度或立场来审视他人或他事，此时参照点R与C合一，用方框来表示两者合一的联结关系，且将其划在D之外，如图11.12所示。例如C从未出过国，现身处中国来谈论国外的事情，常常会基于自己的立场来谈论他国所发生的事件，这一认知图式会时隐时现地体现在语句之中，这就是语篇中的stance。若C谈论邻国所发生的事情，或者对该国的情况非常熟悉，近乎于要身临其境，这一组篇思路可标示为图11.13。这几个不同的图形也可用来解释下一组句子所蕴藏的认知图式：

[19] Heilongjiang lies in the north of China. 　图11.10或11.11
[20] Japan lies to the east of China. 　图11.12
[21] Russia lies on the north of China. 　图11.13

例[19]中的China自然包含了"我"和"黑龙江"，两者同处一个认知域D之中，可用图11.10或11.11作出合理解释。而例[20]中Japan与中国的地理位置不接壤，图11.12正可说明这一关系。而在例[21]中，Russia与中国的地理位置接壤，则例示了图11.13所示的参照点模型。

"自我参照"还可有若干拓展形式，如其中的我不一定就指"我"这个人，也可指一个"中心议题"，作者可将自己融入这个议题中来认识有关信息，且这些信息都共处于同一议题域之中，"身临其境"的写作方法正是该模型的体现。至于"夹叙夹议"则采用了"双点参照型"：一是"事情"，一是"我"，两者交错进行。

（8）多重交叉性

作者在行文组篇时不一定仅遵循上述一种参照点模型，可能是多种模型交叉运用，且可有多种交叉变化形式。如在上文论述中心连锁型时语句间的参照点都出现于语篇之中，但在实际写作时由于作者为能将笔墨着落于重要信息之上，以能达到直奔主题的目的，常会将连锁关系中某些不必明说的部分环节省去，这相当于心理学中所说的"缺省值（Default Value）"，如：

[22] A：你明天去哪儿玩？
　　　B：今晚下大雪。

要能将此两句中的信息形成一则连贯对话，就须在"去"与"大雪"的联结中至少添加两个参照点：交通工具、无法出去，这既涉及多重参照点问题，还涉及要调用两个CRP模型以及"范畴化原则"的问题，图11.14十分清楚地标明了这一多重交叉型情况：

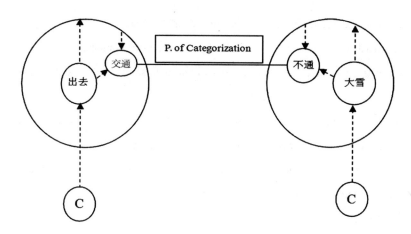

图11.14　图示例[21]的连贯关系

另外，潘文国（1997: 259—273）提出汉语语序的四条逻辑律：

① 时序上的先后律；　　② 空间上的大小律；

③ 心理中的重轻律；　　④ 事理上的因果律。

我们认为这四条定律都可用CRP作出统一而又合理的解释。

3. 结语

Langacker基于体验哲学将生活世界中的物理参照点概念化为心智中的认知参照点，提出了认知参照点原则（CRP），且将其用于解释若干语言现象（代词与先行词、所有格构式、时态、语态、隐喻、转喻、词义变化等）的认知成因，为认知语言学提供了一个十分有用的认知方式，引起了国内外学者的广泛关注。董成如（2009）运用CRP论述了汉语存现句，刘玉梅（2015）将其运用于解释现代汉语新词语形成的认知动因。笔者于2005年尝试用其解释语篇连贯。但近年来发现，由于作者行文风格各自有别，连贯手段也丰富多样，原始的CRP难以担此大任，笔者为此提出了"修补的CRP原则（Revised CRP）"，以能解释更多样、更复杂的语篇连贯方式，同时也大大增强了CRP在语篇分析中的解释力。

笔者最后还指出，RCRP还可能会有其他认知图式，且多重交叉型模式还有待进一步深入思考和详细论证，欢迎各位同仁沿此思路继续做深入探讨。

思考题：

1. 分析下列语篇连贯性的程度：

　　[1a] Peter went to a Japanese restaurant. The waitress was from Osaka.

　　[1b] Peter went to a Japanese restaurant. The cashier was very friendly.

[1c] Peter went to a Japanese restaurant. The poison was in the flesh.

[1d] Peter went to a Japanese restaurant. The ambulance came in 10 minutes.

[2a] Everything was ready. Scientists and generals withdrew to some distance and crouched behind earth mounds. Two red flares rose as a signal to fire the rocket.

[2b] While everything is ready, scientists and generals withdrew to some distance and crouched behind earth mounds. Two red flares rose as a signal to fire the rocket.

[2c] While everything is ready, scientists and generals withdrew to some distance and crouched behind earth mounds. Then two red flares rose as a signal to fire the rocket.

[3] A：你付给她钱了吗？

　　B1：还没有。

　　B2：我在找钱包。

　　B3：公司很快要发奖金了。

　　B4：我在等人。

[4] A：你好！

　　B1：你好！

　　B2：我女朋友明天出国旅游。

　　B3：我考试不及格。

　　B4：（无语）

2. 分析下面两个语篇的信息结构以及连接词语（又叫话语标记语）的运用情况，在表中填入相应词语，并试从认知功能角度对其进行分析：

（1）A look ahead gives petroleum an exciting role in the world of tomorrow. Two generations ago petroleum became a revolutionary energy source used to transport man from place to place. Next it was used to heat homes. More recently people have begun using it to make clothing, <u>and</u> wash dishes and so on. Tomorrow this versatile substance may also be called to help feed man.

石油特征	具体用途	时序结构	连接词语
Versatile, Exciting, Revolutionary	1. transport man	yesterday	
	2.		Next
	3.		
	4.		
	5.		

（2）① Besides gathering and storing information, the computer can also solve complicated problems that once took months for people to do. ② For example, within sixteen hours an electronic brain named CHEOPS (which stands for Chemical Engineering Optimization System) solved a difficult design problem. ③ First, it was fed all the information necessary for designing a chemical plant. ④ After running through 16,000 possible designs, it picked out the plan for the plant that would produce the most chemical at the lowest cost. ⑤ Then it issued a printed set of exact specifications. ⑥ But before CHEOPS solved this problem, a team of engineers having the same information had worked for a year to produce only three designs, none of which was as efficient as the computer's.

3. 基于认知世界试析重庆十八怪、西安八大怪、地铁十八怪的语篇连贯。

（1）重庆十八怪：

1）房如积木顺山盖； 2）三伏火锅逗人爱；
3）坐车没得走路快； 4）空调蒲扇同时卖；
5）背起棒棒满街站； 6）女士喜欢露膝盖；
7）龟儿老子随口带； 8）不吃小面不自在；
9）光着膀子逛大街； 10）街边打望好愉快；
11）办报如同种白菜； 12）崽儿打赌显豪迈；
13）矮小伙高姑娘爱； 14）摊开麻将把客待；
15）公交车上摆擂台； 16）宝气处处都存在；
17）人名没得地名怪； 18）丧事当作喜事办。

（2）西安八大怪

1）房子一边盖； 2）面条像裤带；
3）姑娘不对外； 4）辣子一盘菜；
5）秦腔吼起来； 6）凳子不坐蹲起来；
7）锅盔赛锅盖； 8）睡觉枕砖块。

（3）地铁十八怪：

1）香气袭人怪； 2）摇摆音乐怪；
3）游戏达人怪； 4）当众调情怪；
5）大胃贪吃怪； 6）横摊报纸怪；
7）静电发生怪； 8）体操选手怪；
9）见缝插针怪； 10）走你推人怪；
11）下流猥琐怪； 12）轻舞飞扬怪；

13）又脏又臭怪；　　　　14）抖卜抖卜怪；

15）泰山压顶怪；　　　　16）音乐公放怪；

17）席地而坐怪；　　　　18）借力高跷怪。

4. 尝试运用修改的认知参照点原则来分析一则汉语语篇的连贯性。

5. 学界认为，汉语在语言各层面的像似性程度都高于英语，你对此有何评述？试用顺序像似性原则分析汉语语篇的连贯性。

第十二章　认知语篇研究（下）

语言表达中的话题常是语句或语篇的起始点，它实际上也是思维的起始点、认知的参照点，对其进行深入研究，有利于我们进一步了解语篇的连贯性。

第七节　核心句型

陈承泽（1922：14）主张根据汉语的特点进行独立的研究，反对模仿西方语法，提出了"标语—说明语"（相当于主题—说明）。Hockett（1958，索振羽等译1987：251—253）提出了"主题—说明（Topic-Comment）"这对术语，摆脱了传统语法中"主语—谓语"框架的束缚，提出了从语义角度来分析语法结构的新思路，他说：

> 主谓结构的最一般的特点可以从它的直接成分的名称"主题"和"说明"两个术语来认识：说话人先宣布一个主题，然后就它作出说明。

他还强调指出：

> 主谓结构是主题—说明结构的一种样式，但决非只此一种。

赵元任（1968/1979）在《汉语口语语法》中指出：

> 主语和谓语的关系可以是动作者和动作的关系。但在汉语里，这种句子（即使把被动的动作也算进去，把"是"也算进去）的比例不大，也许比50%大不了多少。因此，在汉语里，把主语、谓语当作主题和说明来看待，较为合适。

Li & Thompson（1976）在理论上比赵元任更进一步，他们干脆把"主语—谓语"和"主题—说明"作为语言结构类型的分类标准，将语言分为四种：注重主语的语言、注重主题的语言、两者并重的语言、两者都不注重的语言。

王寅曾提出"话题—述题（Thesis-Express）"二分法，将"主语—谓语"和"主题—说明"这两种分析方法融合起来，拟构出语言的核心句型，它具有更高的概括性和更大的解释力：

	起语 + 主语 + 谓语 + 宾语	
	Initial + Subject + Verb + Object（IS + VO）	
	Topic　　主语　　　　Comment	
	话题部分（Thesis）	述题部分（Express）
[1] Lawyers,	I	really admire them.
[2] Why,	you	are still here?
[3] 下午	我们	开小组会。
[4] 祖国,	这	是一个多么庄严的名字。
[5] 一日	φ	三餐。
[6] φ	有鸟	在树上①。
[7] φ	φ	来人了②。
[8] φ	φ	只剩下第九道题了。
[9] 没想到	你	也会误事。

图12.1　核心句型ISVO的图式与例示

几点说明：

① 根据 Halliday（1985：38）的看法：在Topic-comment 结构中，Topic 仅是Theme 的一部分，所指的范围较窄。笔者依据这一观点，赞成将Theme译为"主位"，主张将Topic统一译为"主题"；本文使用"话题"或"话题部分"，以便与这些术语区别开来。同时认为 Halliday 所说的主位仅是核心句型中话题的一部分。

"主题、主位、起语、话题、话题部分"主要是就分句和句子层面进行功能分析或语用分析所用的术语，它们对语篇连贯性的重要影响是显而易见的。从语篇（这里指大于句子单位）层面上说，笔者主张用"论题"来指其主要谈论的对象。一般说来，分句组成句子，句子组成句群、段落、节，它们又组成语篇（其间亦有交叉现象）。因此语篇的层次性决定了论题的层次性，一个语篇就可能有多个或若干个论题。分句、句子所谈论的主要对象可称为"话题（Thesis）"，语篇、节、段落所谈论的主要对象可称为"论题（Gist）"。

② 在传统语法中，我们一般都将英汉两语言的句型总结成"主语+谓语+宾语（SVO）"结构，认为这是最基本、最常见的一种句型。但在句子的主语前常可再加上

---

① 汉语中"有"不一定都视为动词，经语法化后可用作泛指，与"某"的作用相近，例如："有一天他来了。"还可用在某些名词前，如"人、时候、地方"前面，表示一部分，例如："有人性子急。"

② "来人"可视为述题，前面省去了诸如时间、地点等一类明显的起语。"来人了"与"人来了"意思是不同的，从认知上来说，后者突显的是"人"，更有主动、施事的含意。

其他成分，如状语、插入语等，这在传统语法中通常被分析为次要成分（吕叔湘 1979：129）。胡裕树（1962：373）所讲的句子特殊成分，绝大部分是位于句首的，如全句的修饰语、提示成分、独立成分：

> 它们是附丽于句，不能离句而独立，但又不是句子所由组成的直接成分，所以管它叫作句子的特殊成分。

胡裕树所说的"不是直接成分"也划入次要成分中。但从这类成分所表达的内容和发挥的功能来看，其重要性不可低估。人们在说话时，总是按某些词语在交际中所要体现的功能来确定某些话先说，某些话后说。分句的开头是发话者说话的起点，是其后表述的基础；同时，句首成分可使听者或读者大致获得发话者信息的起始点和内容的范围，这对于实际语言交流确实是十分重要的。因此，笔者拟重新启用吕叔湘先生所用的术语"起语"，其原型就是分句开头的意群单位；如果一个分句用了施事性的主语，则指位于其前的成分，这也符合认知语言学中的"认知参照点"的分析方法。

　　从上述可见，典型的起语是分句开头的部分，作为叙述的参照点，出现在施事性主语前（有时从表面上看，起语可能出现在施事性主语之后，如例[14]，但这里是一个分句作述题，仍可将"早饭"视为述题分句的开头部分）。一个分句的施事性主语前可能有一个起语，也可能会有多个，如下面例句的画线部分：

[10] <u>上个星期三下午</u> <u>在学校的大礼堂门口</u>我见到了一位来自美国的教授。

[11] <u>Once again</u>, <u>the book</u> you forgot to bring to me.

　　③ 核心句型当以主动句为基础，汉语中被动句的谓语动词前的受事性成分可划归为"起语"。

　　④ 由于英语属主语突显型语言，汉语属话题突显型语言（Li & Thompson 1976），因此该核心句型中主语的含义不同。英语的主语具有决定性的语法功能（人称、数等与谓语须有一致关系），词类比较单一（名词词组或相当于名词词组的成分），可识别性强，涵盖面较广（包括心理主语、语法主语、逻辑主语），可保留英语主语的这一传统分析法，而将汉语的主语仅限定于施事性（判断词前的论述对象也可视为主语），非施事性的可划归"起语"。例如：

[12] 小王不吃早饭了。

[13] 早饭小王不吃了。

[14] 小王早饭不吃了。

[15] 早饭不吃了。

例[12]为典型的SVO句型。例[13]为ISV句型。例[14]可分析为:"小王"为施事性主语,后面是一个分句作述题,其中"早饭"分析为"起语"。又例:

[16] 他 前天 电视 看了 四五个钟头。(胡明亮2002:24)
　　 主语　　　分句作述题
　　 起语1 起语2 谓语　补语

第一层次分析:"他"为主语,后面是一个分句(双底线部分)作其述题。第二层次分析:"前天、电视"都可分析为后面双底线部分述题分句的起语。例[17]也可作同样分析:分句"坐着一个老者"作起语兼话题"榻上"的述题。

⑤ 分句前只有施事性的主语,则起语与主语合二为一,这就是常见的SVO句型。如例[12]中"小王"既是主语,也是起语。分句前也可能只有起语而没有主语,如例[15],这就是IVO句型。

人们可根据交际需要增添或删减核心句型ISVO中的成分,由此便可衍生出各语言中不同数量的基本句型。

第八节　话题与述题

一般说来,分句谓语前的成分为话题部分,包括起语和/或主语,是叙述的起始点,往往包含着已知信息,一般是认知上的突显部分(图形),很有可能成为语篇的论题。谓语及其后的成分是接续部分,是表述的核心部分,是传递新信息的正常部位,一般是认知上的背景部分。

这样,用"句首部分=话题部分"来看核心句型的信息结构,它就包括两个部分:IS和VO。我们知道,话题是分句中被说明的成分,这"被说明的"就可能包括起语和/或主语,而不应当仅是其中之一,因此本书主张将IS一起视为话题部分,往往包含已知信息,是叙述的起始点;VO是述题部分,往往传递了新信息。将英汉两语言的核心句型概括总结成ISVO模式,有以下几个好处:

① 结合内容和形式,参合施受和位置。语言就是一个信息和结构的结合体,我们在分析语言时,既可从信息框架,也可从句法结构这两个方面来分析。正如前文所述,按布拉格学派和Halliday的观点,分句从信息框架上可析为"主位—述位",从传统的句法结构上可析为SVO。现将信息分析法和句法分析法结合起来,也符合吕叔湘(1984:478)的观点:

分析国语的句子……纯依施受关系?纯依位置先后?还是尽量地给每句找一个主

语?还是斟酌去取,采取折中的办法?无论如何,这个评准必须简单,具体,容易依据,还要有点弹性,能辨别句子的多种类型。

Li & Thompson(1976)认为:主题—述题(Topic-Comment)结构是汉语的一种基本句子结构,在描写时除了"主语、宾语"这种语法关系之外,还应当包括"主题、述题"这种信息结构分析方法。屈承熹(1993:155)也指出:

> 现代汉语在很大程度上是以话题为主的语言。

赵元任(1979)也持同样的观点(参见上文),他认为汉语有50%的主谓句,还有50%的话题句,将两者合并归纳成"起语+主语+谓语+(宾语)"也就大致概括了汉语句子结构的主体情况。该核心句型能达到这一目的,且也大致符合英语(乃至其他许多语言)的句子结构。

② 符合模式须具有高度"抽象性、概括性、生成性"的特点。该模式正具备了这些特点,由它可生成英汉乃至其他更多的语言绝大多数的语句。

③ 避免汉语主语分析复杂化。将汉语的主语仅限于施事性,以消除对主语分析的误解,简化分析。吕叔湘(1984:468)指出:

> 将主语限于施事性有很坚强的心理依据,各种语言的分析法的结果往往大体上和这个相符。

仅以位置判断汉语的主语,谓语之前的成分是主语,实际操作有时会有问题,同时也不符合人们的认知规律。美国语言学家Comrie(1981)给主语下的定义是:

> 典型的主语既是主题也是施事。

这样将汉语的主语定义成"施事者",既有理论依据,又符合人们的认知规律,同时也便于分析汉语句子。李临定(转引自方琰,1990:55)说:

> 分析汉语的主语是个令人头痛的问题。

现笼统地将句首的话题部分说成"起语和/或主语",起语不必再一一细分成"状语、宾语倒装、外位成分、游离成分"等,主语也不必再分成"大主语、小主语、双主语",以免主语范围太大,不易界定。将"句首部分"视为分句谓语前的成分,主语析为施事,会避免汉语句首成分难以作出统一分析的现象,也可使复杂化的主语分析简单化。

有人会说,在这种分析法中主语是简单了,但起语却复杂了。其实复杂的起语也是符合人们的思维方式的,因为人们可以从任何角度来组织信息,建构句子,如时间、场所、事件等。

④ 符合人们一般的思维方式和认知程序：从熟到生。该核心句型切分为两部分：句首部分和接续部分，前者为"话题部分"，由"起语和/或主语"构成；后者指其后的述题部分，由"谓语和/或宾语"构成，从信息角度看大致对应于"熟"和"生"。

思维有个出发点，语言表达就有个起语和/或主语，句首部分就像似于思维的起点，往往传递了已知信息，以此入手，引出新信息，语句就按照"由熟及生""从已知信息到新知信息"的线性顺序组织，这就像似于人们"从熟到生"的思维顺序。吕叔湘（1984：468）实际上也早就指出这一现象（该书是20世纪40年代写的）。他分析了两个汉语句子：

[17] 榻上坐着一个老者。　　　　（施事退后）
[18] 大树大皮裹，小树小皮缠。（受事提前）

然后指出：这两种词序实在出于同一心理，例[17]是先从已知的环境说起，然后引出那个未知的人物；例[18]是把听者心里已有的事物先提出来，然后加以申说：

总之，是要把已知的部分说在前，新知的部分说在后，由"熟"而及"生"。

⑤ 可避免在分析主位时出现的矛盾。Halliday（1985：38，39）有时将主位视为分句的第一个成分，有时又将主位分为"简单主位、复合主位、分句主位"，他还举了一个包括七个成分三种主位的例句：

[19] Well　but　then　Ann surely wouldn't　the best idea　be to join the group.
　　　接续 结构 连接　呼语 情态 定式动词　　主题
　　　　　语篇主位　　　　人际主位　　　　主题主位

他在这一例句中将句子的语法主语 the best idea 作为主题主位包括在该句的主位之中，但有时句子的语法主语又不包括在主位之中，而这一核心句型则可避免这样的矛盾。胡壮麟（1994：141）在论述主位时指出：

直到句子中第一个概念成分出现后（指句子中主语，包括宾语在内的补语、附加语和谓语动词），才能穷尽其主位意义，其后则为述位。

他所说的主位与核心句型中的"话题部分"较为接近。

⑥ 话题出现于分句的开头，可影响听者或读者对其后内容的理解（Brown & Yule 1983：125）。从认知角度说，话题所突显的是"图形"，这也可用来解释例[17]、[18]。根据发话者交际的需要，分别突显了"榻"和"大树"。这也可用来解释汉语中常用主动

句来表达被动含义的现象（参见例[20]—[24]），先交待话语所涉及的范围或认知世界，突显话题对象，省去在认知世界中明显的主语，然后对其加以论述。由于这中动态句型（即介于主动句和被动句中间的语态）具有一定的普遍性，在汉语中具有无标记性，倘若它们转换成被动态，则会有不同的含义，反而具有了标记性，甚至有时听上去会感到很别扭（如：饭被做好了）。而英语除个别情况可用主动形式表达被动概念之外，在大部分情况下则须用被动形式表达被动概念，要求表达形式与传递内容的一致性。

从认知模式、常规关系来说，既然"小王晒太阳"不存在什么歧义，那么为什么还非要用那啰唆的、有标记的被动句呢？这又与语言的经济性原则一致，而经济性原则又与无标记性、认知处理方便性等问题有关。人们在储存所理解的信息时，往往选择无标记形式，它具有代表性，也易于认知处理加工，同时也较为经济。如果语言表达形式符合人们已建立的ICM，则两者具有同构性，此时两种编码形式就一致了，认知处理时就方便多了，所需时间也较短。如果两者不同构，即语句表达形式与正常认知方法不一致，两种编码就会产生分歧，此时就需重新认知事件，或改变句子代码，因此信息加工时间就相对要延长。

第九节　核心句型的解释力

正如上文所述，将语言的核心句型概括为"起语+主语+谓语+宾语（ISVO）"，可大致概括汉语句子结构的基本情况。汉语句子可用其中四个主要成分中的任一成分或任几个成分来构句，如话题可仅有起语，或仅有主语，或两者皆有，或两者皆无，具有高度的灵活性。汉语句法主要以传情达义为首要目的，讲究实用性，而不必强调形式上的完整性。而英语句子常须用主语和谓语，及物动词作谓语还须接宾语，具有形式上的规范性，常把结构完整性视为语言表达的必要条件之一，这是英语句法与汉语的不同之处。

1. 中动句

我们知道，英语根据主语与谓语动作之间的逻辑关系可分出"主动态（Active Voice）vs 被动态（Passive Voice）"，前者表示主语执行了谓语动作；后者表示主语是谓语动作的受事者。近来国外学者又提出介于两者之间的"中动态（Middle Voice）"，即用主动形式表示被动含义，这类句子就叫"中动句"，例如：

[20] 饭做好了。

[21] 衣服洗好了。

[22] 实验做完了。

[23] 字打了。

[24] 自行车骑走了。

将这些例中的"饭、衣服、实验、字、自行车"等分析为"起语",其后省去主语(因其信息此时不很重要),这是一个较为满意的分析方法,如将它们硬说成主语(意义上应为使动)或宾语(位置常在动词后面)都会产生"难圆其说"的尴尬局面。

2. 简析《红楼梦》一百二十回目录

正如赵元任所指出的,汉语中约有 50% 的主谓句,还有约 50% 的话题句,前者主要就句法结构而言,后者主要就信息结构而言,笔者提出的ISVO核心句型可将两者综合起来,兼顾句法与语义,这亦可见ISVO的解释力。

笔者据此调查分析了《红楼梦》目录中一百二十回的语句,大致符合赵元任的观点,两种类型各占半壁江山:起语(许多为动词短语)开始的句子约占49%(大多为典型的ISVO句型),主语开始的句子约占51%。例如:

主语开始的句子	起语开始的句子
[25] 甄士隐梦幻识通灵 贾雨村风尘怀闺秀	[26] 送宫花贾琏戏熙凤 宴宁府宝玉会秦钟
[27] 贾宝玉奇缘识金锁 薛宝钗巧合认通灵	[28] 庆寿辰宁府摆家宴 见熙凤贾瑞起淫心
[29] 薛小妹新编怀古诗 胡庸医乱用虎狼药	[30] 辱亲女愚妾争闲气 欺幼主刁奴蓄险心

3. 基于ISVO分析汉语特殊构式

沈家煊(1999:96)曾指出:语言研究的目的原本是想以简驭繁,用简明的规则说明复杂的现象。这与认知语言学尝试用十数种认知方式统一解释语言各层面完全相符。ISVO也符合这一研究思路,可用来解释英汉语言中全部语句,不仅可适用于常见句型,且还适用于多种变体,以及疑难构式。

"汉语是否有语法"曾是汉语界争论的一个焦点,有人认为有,但汉语语言学主体为"文字学、音韵学、训诂学",凭借古人的睿智,若语法规则明显就不致于等到1898年马建忠才写出第一本语法书《马氏文通》。有人认为没有,那么马氏的书是如何写成的?我们的回答是:汉语有语法,但没有像西方屈折语那样的语法体系。究竟应如何编写汉语语法体系,这仍是汉语研究的热点之一,为众多学者所密切关注。

当然了,"汉语没有语法"给我们的启示是:汉语缺乏形态变化,组词成句的规则不明显。词无定性,只有将其置于具体表达中才有词性,这就是汉语界常说的"入句有品,出句无品"。且语序高度灵活,任何成分都可省略。但不能就此认定汉语没有语法,任何语言都有组词成句、连句成章的规律,只是我们的语法规则与西方屈折语语法规则不同罢了。马先生首次尝试运用西方葛郎玛体系来分析汉语语法,功不可没,但也产生了很多难以解决的难题,这些年来国内外学者多有论述,如英语的sentence等不等于汉语的"句子",英语的 subject和object等不等于汉语的"主语"和"宾语",汉语有无词法和句法之别,汉语的时体系统该怎样解释,若干特殊句式该如何分析等。

认知语言学将句法研究归结到"构式语法"上,一反乔姆斯基仅关注普遍语法或"核心语法(Core Grammar)"的思路,遵循着"普遍性孕育于特殊性之中"的哲学观(毛泽东 1991:304),将注意力集中在"特殊构式"上,先分析"边缘性、复杂性、特殊性"的构式,然后再以其为基础反溯和解释"概括、规则、简单"的核心现象,并通过描述特殊构式能被恰当运用的条件,来逼近和描写讲话人的语言能力。这就从理论上和实践上否定了TG学派的理论取向,抛弃了转换分析法,将研究范围从"中心"扩展到了"非中心",以求能解释语言中的所有现象,为语言研究开启了一条全新的进路,这显然比TG理论更具解释力。国内一批学者循此思路也尝试分析了汉语中若干特殊表达,诸如:陆俭明(2002)分析了"吃了他三个苹果"。沈家煊(2006)细述了"王冕死了父亲"这一特殊句式,揭示其背后的生成方式;王寅曾以英语"eat+NP"和汉语"吃+名"为例阐释了英汉动宾构式的同和异,以及新近大量出现的"副名构式",解释其后的认知机制;严辰松(2008)分析了汉语中的"年方八十"这一特殊构式;江蓝生(2008)分析了"差点儿VP ≈ 差点儿没VP""难免VP ≈ 难免不VP""VP之前 ≈ 没VP之前"等正反同义构式。他们都遵循着构式语法所倡导的"从特殊现象入手"的研究思路。

崔应贤、朱少红(1993)列述了汉语常见的 8 种疑难句式,参见下文例[31]—[38],它们也是其他许多学者所关注的语言现象,提出了许多解决方案。现尝试运用ISVO核心句型,且结合其他构式(如:省略构式、倒装构式、同位构式等),运用构式语法中的多重传承机制对其作出统一解释。可据ISVO构式程序图将这些疑难句式分为五类({ }表示可倒装的成分;φ为省略成分):

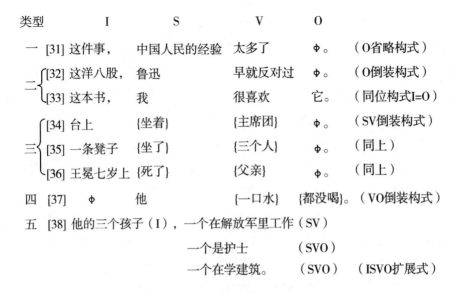

图12.2 基于ISVO分析汉语怪句

第一类：例[31]为ISVO核心句型省略O的变体构式，句首"这件事"为起语，是谈话的内容，其前可加上诸如"关于、至于、就……而论、论及、谈到"等词语，起引出一个话题的功能。后面实际上相当于一个判断句，自然也就不用宾语了。

第二类：例[32]和[33]是ISVO的另一变体构式，将逻辑意义上的宾语提到句子主语前作为"起语"，以突显其信息内容，可立即让听话人或读者了解讲话人或作者所述对象。按照认知语言学的观点，该构式产生自颠倒"图形—背景"认知机制，即将原来处于背景位置的成分提前到图形位置，意在突显该部分的信息。例[33]中的"这本书"原本也是"喜欢"的宾语，现被提前到句首作起语。但与例[32]不同的是，在原宾语的位置上用了一个代词"它"，即一个ISVO构式与一个"同位构式"结合使用形成了例[33]。也就是说，它同时传承了三个构式的信息，可图示如下：

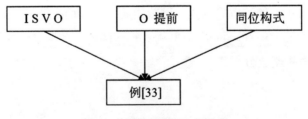

图12.3 例[33]传承三个构式

在同位构式中，一般是先出现"实意名词"，然后再用"代词"，这一顺序信息在例[33]中也被传承下来了。另外，同位构式在运用中还有其他变化形式，如：

[39] 一部《水浒传》，他一天就看了半部。

[40] 艰难险阻，备尝之矣；民之情伪，尽知之矣。

例[39]中的起语"一部《水浒传》"与"半部"为同位关系，但并不全等，后者仅是前者的一部分。例[40]中套用了两套省略主语的ISVO核心构式，即"IVO构式"，"艰难险阻""民之情伪"为起语，分别与句中两个"之"对应同位。

第三类：例[34]至[36]，这三个句子可划归同一类型，即"起语＋主谓倒装构式"，且省去了宾语，因为"坐、死"可用作不及物动词。例[34]，"台上"为起语，交代处所，其后符合逻辑的主谓表达当为"主席团＋坐着"，但它又传承了主谓倒装构式，将作谓语的"坐着"提前到逻辑主语"主席团"之前，从而出现了例[34]表达式。至于为何要倒装，可有多种假设：倒装后可使得"结构匀称"，在动词"坐着"的前、后各用一个名词词组，仿拟了常见的SVO构式。因此，例[34]同时传承了4个构式的信息，可图示如下：

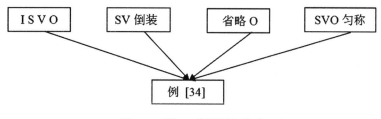

图12.4 例[34]传承四个构式

例[35]和[36]也可作同样解释。前者中的"一条凳子"为起语，交代处所，后面跟着一个主谓倒装构式。后者中的"王冕七岁上"可视为起语，表示时间概念（相当于英语的时间状语），后面符合逻辑的表达当为"父亲死了"，但受到传统SVO匀称结构的影响（参见上文），实施了主谓倒装。这一分析方案可用于分析汉语中很多其他特殊表达：

[41] 他家倒了一面墙。

[42] 李四烂了一筐苹果。

[43] 墙上挂着画。

[44] 河边长着杨柳树。

[45] 茅台酒喝哭了志愿者。

都可析为"起语＋主谓倒装构式"。

我们还可进一步从语义角度来分析起语与主语之间的逻辑关系，例[41]和[42]为"属格关系"，例[43]和[44]为"存在关系"，它们与前两个例句都可归结为"整体—部分关系",而例[45]则为"动宾关系"。

第四类又是ISVO核心句型的另一种变体,省略起语I,后面的VO倒装,例[37]也可表达成:

[46] 他都没喝一口水。

此为正常的SVO构式,结合了否定构式。但为了强调宾语信息,将宾语"一口水"调到了谓语之前。当然,也可将"一口水"调到句首,即置于主语之前,说成:

[47] 一口水他都没喝。

这就成了第二小类。

第五类为"ISVO扩展式",即起语为"他的三个孩子",意在引出一个话题,后面分别接了三个SVO构式(主系表判断句也可析为SVO):一个在解放军里工作,一个是护士,一个在学建筑。该例已超出单句层面,可视其为一个句群,可见,句法层面的ISVO也适用于章法层面,又例:

[48] 记得数年前,"非典"肆虐期间,蜗居京郊,好好重温和享受了一把家庭幸福生活,连续几天,一天三餐,准时吃饭,已经是十几年来没有过的事,反倒把胃弄得七上八下不舒服了。(摘自《现代商业银行》2010年第9期)

前三个小句(以逗号为准)组成一个IVO构式,句首有两个起语"记得数年前、'非典'肆虐期间",省去了"蜗居"的主语。这个IVO构式又作下文的起语,后面省去主语,接并列谓语"重温、享受",这又是一个IVO构式。这两个IVO构式又一起作起语,引出后面的三个构式"连续几天(倒装SV),一天三餐(IO构式,省去S,也省去V'吃'),准时吃饭(VO构式)"。前面所有信息又是最后两个小句的起语,引出两个VO构式,且后一构式通过"把"字将宾语"胃"提前,且接了一个补语"七上八下不舒服"。现将这一句群的构式结构图示如下:

$$
\begin{array}{c}
\text{I V O} \\
\hline
\text{I V O} \\
\hline
\text{I} \quad \{\text{SV}\} + \text{IO} + \text{VO} \\
\hline
\text{I} \qquad\qquad\qquad + \text{VO} + \text{VO}
\end{array}
$$

图12.5 图示例[48] ISVO分析法

另外,一个语段往往是先给出一个话题,相当于"起语",然后围绕它组织起若干SVO(或ISVO以及其各种变体)。在更高层次上,一个语篇也可理解为ISVO的扩展式,文章标题或开篇的引言相当于"起语",其后引出若干语句(SVO或ISVO及其各种变体)来论述它。这种"多重套叠ISVO核心句型"就是形成各类句群、语段或语篇的认知机制,一方面说明语言具有递归性(Recursiveness),另一方面也说明ISVO及其若干变体和扩展式对于语言各层次都有较好的解释力。同时,这也完全符合构式语法的基本立场:"词法、句法、章法"是一个连续体(Continuum),其间没有明确的界限,这就意味着不必像TG那样将句法视为一个自治的语言层面单独加以处理,适用于句法层面的分析方法也同样适用于语篇层面。

汉语语序配置高度灵活,且任何语法成分都可省略,再加上缺少形态变化,从而出现了汉语看似"没有语法"的现象。我们认为:汉语有语法,是指没有像西方"形合"语言那样的语法。汉语之所以句式多样灵活,主要是因为位置灵活,且省略不突显的信息。位置灵活,是为了取得各种语用效果,通过变化的句法位置来突显不同的信息内容,形成不同的衔接和连贯关系;省略不突显信息,是为了满足表达经济性的要求,将那些不影响基本意义的可省成分作省略处理,这正体现了汉语"意合法"的精髓(参见谭代龙 2013:85),ISVO核心构式正可用于解读汉语意合法诸多现象。本节尝试运用ISVO核心句型及其变体(传承了其他构式的信息)来分析汉语诸多特殊构式,以期能为它们提供一个统一的处理方案,这与认知语言学的研究目标完全一致。

第十节 基于ISVO的现代汉语句型调查与分析

笔者的博士生赵永峰基于ISVO核心句型分析了现代汉语的动前成分(Preverb),即"起语I"和"主语S"。他在"国家语委语料库"中穷尽性检索了孟琮等(1987)《动词用法词典》中的1328个汉语动词(其中排除重复词条和助动词,实际检索1182个汉字),根据等距抽样法各提取10个例句,共得11820条语料,穷尽分析了谓语动词前I和S的分布情况,获得如下数据:

表12.1 基于ISVO的现代汉语句型分析和统计

类	自主性	动前成分数	序	句型	数量	比例
一	零自主	动前零成分	1	V(O)	13	0.11%
		动前单成分	2	IV(O)	92	0.78%
二	单自主	动前单成分	3	SV(O)	3140	26.57%
			4	IV(O)	1116	9.44%
		动前双成分	5	SIV(O)	1231	10.41%
			6	ISV(O)	3854	32.61%

（续表）

类	自主性	动前成分数	序	句型	数量	比例
二	单自主	动前双成分	7	IIV（O）	282	2.39%
			8	SIIV（O）	301	2.55%
		动前三成分	9	IISV（O）	62	0.52%
			10	ISIV（O）	1009	8.54%
			11	IIIV（O）	28	0.24%
三	双自主	动前双成分	12	SIV（O）	454	3.84%
			13	ISV（O）	212	1.79%
			14	IIV（O）	26	0.22%

主要有几下8点发现：

1. 从表12.1可见，光杆动词在实际言语交际中使用的频率很低，只有第1小类，仅占0.11%。

2. 谓语动词前的成分若是"施事、当事、领事、分事"等语义格时，它们多为名词短语，为典型的自主性结构，因此谓语动词对它们的依存度较高，此时用作主语；若是"时间、处所、原因、工具"等语义格时，常用介词短语或动词短语，它们更具依存性，因此谓语动词对它们的依存度就较低，此时宜用作起语。因此谓语动词句的动前成分理应区别对待，故而在上表据此分出"零自主、单自主、双自主"三大类。

3. 在这三大类中都可能没有施事性的S，而可有一个或多个"I"，如第2、4、7、11、14小类，共占13.07%（只考察了动词谓语句；若统计非动词谓语句，该比例会高得多，因此谈到动作，常会涉及动作的施事者）。只用主语的（如第3小类）占26.57%。这说明对于像汉语这样的孤立语来说，应兼顾I和S，必须打破西方拉丁语的"主谓（宾）"语法分析传统。

4. 现代汉语中既有"I"又有"S"的句子出现频率较高，如第5、6、8、9、10、12、13小类，高达60.26%。而且"起语I"与"主语S"的相对位置较为灵活，其中I在前的占34.92%。

5. 从表12.1还可见，一个分句一般只用一个施事性S，而I却可数个并用，如第7、8、9、10、11、14小类，达14.46%。这也可见，运用ISVO的分析方案，比起"多主语"或"大主语、小主语"的分析方法更为合理、实用，也更为明晰。

6. 从逻辑上说，"I"与"谓语动词V"的关系相对于"S"来说较为疏远；但从句法顺序来说，这一分布差异不很明显。V前既有I又有S时，S紧靠V的占34.92%，I紧靠V的有

25.34%，这两个比例差异不算太大。这也说明汉民族并没有认真区别对待动前成分的施事性和非施事性的差别。

7. 汉民族对待句首位置却十分在意，因为它是句子的着落点，也是信息的参照点。在既有I也有S的句子中大多择用表示"时间、处所、原因、工具"的非施事语义格置于句首，占43.46%，而不是"施事、当事、领事、分事"的施事性主语充当。

8. 依据"自主-依存观"分出的三大类14小类句型有四种是兼类的，它们是：IV（O）、SIV（O）、ISV（O）、IIV（O）。若排除这四个兼类，便可依据ISVO核心句型得出现代汉语10类句型，现以出现频率从高到低排列如下：

ISV（O）>SV（O）>SIV（O）>IV（O）>ISIV（O）>IIV（O）>SIIV（O）

>IISV（O）>IIIV（O）>V（O）

第十一节 话题统领性与语篇连贯

语篇组织方式很多，结构样式也很复杂，实现连贯的手段也是千差万别。但是，若能选定一个认知参照点，很好地发挥话题的统领性作用，也是形成连贯语篇的一种重要策略。

句子始于话题，结于述题。话题常提供已知信息，作为一个分句在认知上的参照点，也是一个叙述的出发点。一个话题若能在一个句群中实现统领性功能，即以一个认知参照点为中心，这个句群就能形成一个连贯的语篇。这是一般的写作技巧，常要求一个段落只讲述一个（或几个）论题或主要内容，不能太多，就是为能实现话题的统领性，形成概念成分的照应性，命题发现的索引性，思想表述的完整性。

Langacker（2000：371）认为Topic（相当于"起语"）起语篇功能，表明分句命题所论述的范围；主语具有内在于分句的作用，是一个命题表述的起点。因此一般来说，主语的参照点关系相对于分句来说是内在的，而Topic的参照点关系相对于分句来说是外在的，非固有的。笔者认为不管是主语，还是Topic（起语），它们都有认知参照点的作用，都可能引出其后的语句，具有统领语篇和建构连贯的功能。

人们在认知某一事件时，会包含很多思维单位，思维有了一个起始点，然后就可沿着这一起始点展开思考，形成了一个思维群，在语言表达时就可能是一个连贯的语篇。英语属形态语言，注重句子结构的完整性，分句常须用主语，分句之间多用连接词语[①]；汉语属非形态语言，并不注重句法形式上的规则性，只要语句在意义上连贯，后语可达前言即可。因此，汉语句子主语的语法功能并不重要，连接词语也可有可无。而作为话题的"起语"却十分关键，它在交际中不仅起提示或提供信息范围、确定认知世界的作用，而且常在语篇上发挥统领性功能，控制随后与之相关的语句，从而使得一个句群具有连贯性。

在汉语的一个段落或语篇中开头的话题，常为其后若干分句表述的论题，它具有统领性功能。有时可能是起语发挥着这一功能，有时可能是主语，有时可能是两者共同起作用。在统领性话题之后，可接若干个分句作述题，它们可能是"话题—述题嵌套句"，也可能是多个平行述题，也可能是嵌套句与平行句的结合使用。此时，就形成了多个述题围绕一个论题展开叙述的情形，这既符合人们的一般认知方式，也很容易构成一个更为具体的认知世界，自然能使语篇具有认知上的连贯性，例如：

[49] 花园以水池为中心，布局紧凑，简洁自然，清雅贞静；亭榭廊舫，精巧玲珑，亭阁错落，奇石清流，宛转相续，古树奇花，色姿见著，高墙峻宇，回廊曲槛，林间楼阁，若隐若现，山池相映成景，造型玲珑俊秀，是苏州古典园林代表之作。

该语段开头的起语"花园"，是论题，同时也是认知参照点，具有"统领性"作用，其后跟了一连串的短语、分句作表述，描述了一个关于"花园"的认知世界，从而形成了一个连贯语篇。又例《红楼梦》第三回中的一段文字：

[50] 这个人打扮与众姑娘不同，彩绣辉煌，恍若神妃仙子，头上戴着金丝八宝攒珠髻，绾着朝阳五凤挂珠钗，项上戴着赤金盘螭璎珞圈，身上穿着缕金百蝶穿花大红云缎窄裉袄，外罩五彩刻丝石青银鼠褂，下着翡翠撒花洋绉裙；一双丹凤三

[①] 王寅（1996）曾将王力（1944）提出的英语形合法（分句之间需用连接词语）扩展到以下9个方面：
a 词或词组之间、各种分句之间多用恰当的连接形式才可合用组句。
b 注重主谓（宾）结构在形式上的完整性，凡是句子一般就须有主语（祈使句除外，它的主语多是明显的第二人称），无主句较少。如是及物动词，后就须有个宾语。
c 词性与句法成分之间有较为严格的对应关系，如主语、宾语要用名词短语或相当于名词短语的成分；谓语要用动词短语。
d 主语与谓语在人称和数上须保持形式一致关系。
e 可数名词有复数形式。
f 形容词和副词有比较级和最高级的变化形式。
g 代词有主格、属格、宾格的变化形式。
h 非谓语动词有体、态的变化形式。
i 谓语动词有时、体、态、式的变化形式。在英语中动作以不同的方式（一般体、进行体、完成体等）、在不同的时间（现在时、过去时等）发生，反映动作与事体之间不同的逻辑关系（主动态、被动态），运用不同的语气（陈述式、祈使式、虚拟式）表述，就会采用相对应的谓语形式。

这些都是注重形态屈折变化语言的典型特征，我们将其统称为"形合法"。而汉语在这9个方面没有严格的形式要求，常可采用"意合法"来表达。

角眼,两弯柳叶掉梢眉,身量苗条,体格风骚:粉面含春威不露,丹唇未启笑先闻。

整个语段都是围绕"这个人打扮"这个论题展开的,它具有统领性功能。随着第一个分句的进展,所述范围逐步缩小,先说"这个人",可能涉及的事情会很多,随着"打扮"两字的出现,范围进一步缩小,等读到"与众姑娘不同"这一信息时,其范围就更小了,重在讲述打扮的不同,还可得知"这个人"是女的。这完全符合认知参照点的基本原则,语段开头的论题,在认知上具有确定思维范围的功能,在语篇上具有控制性功能,其后既接有嵌套句,又接有平行句,形成一个连贯语篇。

又如在"怪"这个语义域中,"云南十八怪"这个标题提供了整个语篇的参照点,从而具有了统领性功能,在这一论题的起兴之下,所有毫不相干、奇奇怪怪的现象都可汇集统一在这个语篇之中,就相当于图11.2中沿着参照点R向外可画出很多带箭头的虚线一样。

[51] 斗笠反着戴,　　　　姑娘四季把花戴,
　　　鞋子后面多一块,　　四季同穿戴,
　　　粑粑叫饵,　　　　　豆腐烧着卖,
　　　鲜花当蔬菜,　　　　蚂蚱当着下酒菜,
　　　竹筒当烟袋,　　　　房子空中盖,
　　　火车没有汽车快,　　溜索比船快,
　　　鸡蛋拴着卖,　　　　草帽当锅盖,
　　　水火当着神来拜,　　有话不说歌来代,
　　　石头长在云天外,　　山有多高水长在。

其实只要说出个名堂,讲究个押韵,顺着这个话题往下溜,似乎可将"云南十八怪"一直往下说,说出个"几十怪"的大语篇来,也不为怪。

汉语这种话题的统领性功能,与认知世界分析法的激活观相一致,一个论题所激活的信息成为其后语句的出发点,自然就使一个语篇具有了连贯性。同时这也是汉语出现大量无主句的主要原因之一[①]。

思考题:

1. 试在广泛调查英语和汉语语料的基础上论述本书中所提出的"核心句型ISVO"的解释力。
2. 对比英语和汉语语篇,从认知角度来解释"统领性话题"为什么能建立语篇连贯性?

---

① 语言经济性、表达方便性、句法灵活性等是另外一些主要原因。

3. 试将下段文章译成英语，比较两者之间在话题、主语以及连接词语上的差异。

　　经常伏案忙碌几个晚上，才能构思好一篇文章，然后是修修改改加上往方格稿纸上一张张誊写，又要几天的时间。有时为了一两个错别字的缘故，要将稿件重抄一遍，其劳累可想而知。全部工作完成后才站在桌前擦擦汗，长出一口气。

　　等稿寄出，心里又像揣了一只活蹦乱跳的小兔子，七上八下的不是滋味，很难平静。是担心能否平安寄到报社？还是害怕编辑看也不看，大笔一挥"枪毙了"？说不清，心情绞成一团乱麻，破解不开。

　　最难受的是投稿后一日日等待报纸出现的急切心情。往往跑传达室两三趟催问报纸来了没有。屡次三番的举动搞得传达老大爷频频低下头，透过老花镜的上端审视我，似在窥探毛头小伙子的奇怪心事。等到散发着油墨香气的新报到手后，心更是"砰砰"跳得厉害。表面上却硬要装得无所谓的闲散样子：信手翻阅，先浏览新闻等其他无关版面；四顾无人时，才喘着粗气一下翻到自己投稿的版面。不过仅仅几秒钟后便像泄了气的皮球一样垂头丧气："今天又没登！"叹气挠头，最后讪讪离去，把充满迷惑不明就里的老传达一个人留在屋里……

4. 在口语中，语篇的意义与语调有密切关系，尝试根据语句所表达的语调分析下例各个语句的意义。下文为2002年4月7日周少莉、巩汉林在综艺舞台上表演的节目，同样的语篇，用不同的语调、姿态、神情说出来，可产生不同的语篇意义（一为吵架离婚，另一为打情骂俏）：

　　女：你这人太坏了，下辈子就是一辈子不嫁人也不能嫁你这种东西。

　　男：我就是三辈子不娶老婆，也不娶你这种母夜叉。

　　女：这个人从来不洗脚，在新街口脱下鞋来，在太平门都能熏昏倒一大片。

　　男：这个人一嘴大黄牙，嘴一张，司机将汽车都停下来了。

　　女：我真想把这个人的眼睛挖出来当电灯泡踩。

　　男：我真想把她的头拧下来当足球踢，一脚踢进世界杯。

　　女：这人真坏，这日子没法过，离婚。

5. 尝试运用ISVO分析英语语篇的连贯性。

第十三章　隐喻认知理论（上）

近年来，隐喻已引起众多学者的密切关注，一跃成为哲学、语言学、逻辑学、心理学、认知科学、人工智能、教育学等领域研究的中心议题，在短短30年间所出版的各种有关论著可谓不计其数，仅在Van Noppen & Hols于1990年出版的 *METAPHOR II: A Classified Bibliography of Publications from 1985—1990* 中就列述了3500多种各类参考文献。1977年美国伊利诺伊大学召开的"隐喻与思维"跨学科大会有近千人参加，似乎在全球范围内发起了一场史无前例的"隐喻革命"，掀起了一股"隐喻狂热"的浪潮，隐喻被推到了空前的地位，席卷众多领域，"隐喻至上"亦已成为当今语言研究的一大特点。

本章主要从宏观角度论述隐喻的性质、定义、分类，下一章主要依据当代隐喻认知理论来阐述隐喻的特点、产生原因、功能、工作机制和理解过程，并简要对比中西隐喻研究情况，以及隐喻认知理论在语言教学中的运用。

第一节　隐喻的性质和定义

很多知名学者在对隐喻所作出的论述（参见Shibles 1971等）中述及了其性质，现摘录部分如下：

① 亚里士多德：用一个表示某物的词借喻它物，该词便成了隐喻词。他还认为：到目前为止最伟大的事情就是成为隐喻大师，隐喻是无法从他人那里学来的，是天才的标志。他还说：所有的人都用隐喻来交谈（参见Fauconnier & Turner 2002：17）。

② Richards：　隐喻是语言中无处不在的原则。
③ Bréal：　有关隐喻的题材和问题是无穷的。
④ Emerson：　整个自然界就是人类的一个隐喻。
⑤ Hume：　哲学史可以用七八个隐喻来表达。
⑥ Day-Lewis：隐喻是智慧的开端，是最早的科学方法。
⑦ L&J：　隐喻的本质是通过另一类事体来理解和经历某一类事体。
⑧ Friquegnon：认识就得用隐喻。
⑨ Whorf：　若不依赖物质性隐喻，就几乎不能谈及最简单的非空间性情景。

⑩ Burke：　　隐喻是通过某事理解另外一事的机制。

⑪ Sweetser：隐喻可使人们将一件事物理解成另一件事物，不必考虑两者之间在客观上是否相同。隐喻是语义变化中一种主要建构力，在不同概念域之间运作。

上述诸位学者都从不同角度对隐喻作出了一定的描写，亚氏主要从修辞角度来认识隐喻，并认为隐喻主要是词平面上的一种修辞现象。也有学者主要从功能角度讲述了隐喻的重要性。国外从认知角度解释隐喻的最早当推算至洛克，他于1689年在"Essay Concerning Human Understanding"中就提出了类似于概念隐喻的观点，正如Leary于1990年所指出的（参见Dirven & Pörings 2002：555）：

> In other words, Locke recognized that our basic mentalistic concepts are metaphorical.
> （换句话所，洛克认识到我们基本的心智概念是隐喻性的。）

后来，康德在1790年也曾指出（参见Jäkel 1999：12）：

> 人们使用经验直觉进行类推。在类推中判断起双重作用：首先，将概念运用于感知到的事物中，然后，将直觉思考的规则运用于完全不同的事物，前者仅是后者的象征符号（即：隐喻）。因此，一个君主国家若是依据民主法律来管理，就可被概念化成一个生命体，但若是由一个专制者独裁统治，就可被概念化成一台（像手工作坊）机器。在这两种情况下，不过仅是作一种象征性的概念化，即隐喻性的概念化。在专制独裁国家和手工作坊之间没有相似之处，但在这两种思考规则中以及因果关系中存在相似性。……我们的语言充满了这类通过类推获得的间接性概念化。

康德虽没有用metaphor这个词，但Jäkel认为他所说的"symbol（象征）"就相当于metaphor，因而用括号注出。他还十分明确地指出：语言中充满了这种运用类推获得的表达方法。后来Shelley（雪莱，1792—1822）也从认知角度论述了隐喻，他将隐喻视为人类体验世界、思维和生活的一种方式。

Whitney（1875：88）也认为：语言发展史中的一个十分重要的现象就是用表示"物理性、可感知"的意义来表示"心智、道德"的概念，以及它们之间的关系。这里实际上就是我们今天所说的隐喻。

德国哲学家、新康德主义学派的重要代表人Cassirer（卡西勒）于1923年也曾论述了心智属性是空间属性的隐喻表征，指出人类的知识是基于身体经验和空间的，通过隐喻逐步形成（参见Jäkel 1999：14）。德国哲学家Blumenberg（布鲁门伯格）于1960年和1971年分别发表了论文"Paradigms for a Metaphorology"和"Observations on Metaphors"，第一次使用了"隐喻学（Metaphorology）"这一术语，认为隐喻学应从思维（认知）角度来研究，它可帮助我们了解认知的基本结构（参见Jäkel 1999：15）。

Richards于1936年首先提出了隐喻互动论,将表示两个不同事体的思想并置,就可互相作用,产生隐喻义。他的理论后由Black(1962)、Tourangeau & Sternberg(1981,1982)等学者进一步加以完善。

L&J则被视为近年来从认知角度研究隐喻的代表人物,他们于1980年出版的 *Metaphors We Live By*(《我们赖以生存的隐喻》)被视为认知语言学的经典著作。他们在这本书的开篇中就强调指出了隐喻的认知作用:

Metaphor is pervasive in everyday life, not just in language but in thought and action.
(隐喻在日常生活中无处不在,不仅在语言中,而在我们的思维和行动中都是这样。)

许多辞书都对隐喻下了较为明确的定义,例如:

① *Dictionary of Language and Linguistics*(Hartmann & Stork 1972)把隐喻定义为:用某种名称或描写性的词汇去描写人或物的譬喻……暗示一种类比的意思。

② *The Cambridge Encyclopedia of Language*(Crystal 1997)把隐喻定义为:把两个不相同的概念隐含地联系起来,暗示出其间的相似性(Identity)。书中还提到了隐喻是语言创造力中心之所在。

③ *Oxford Concise Dictionary of Linguistics*(Matthews 1997)在隐喻的定义中除保留了辞格的说法以外,新增了这样的说法:隐喻是Lakoff在20世纪80年代所谈到的一种普遍认知模式,在这种模式中,一种语域可以系统地用另一种语域中的词汇来谈及或表达。

④ *Collins Cobuild English Dictionary*(1988)的定义为:用另外一事体的某些相似特性来描绘某事体的想象性方法。

⑤《现代汉语词典》(第7版)中对隐喻所下的定义为:比喻的一种,不用"如、像、似、好像"等比喻词,而用"是、成、就是、成为、变为"等词,把某事体比拟成和它有相似关系的另一事物。也叫暗喻。

⑥《辞海》(1999年版)的定义:比喻的一种。本体和喻体的关系,比之明喻更为紧切。明喻在形式上只是相类的关系,隐喻在形式上却是相合的关系。本体和喻体两个成分之间一般要用"是、也"等比喻词。如:"婴幼儿是祖国的花朵。"1999年版比旧版新增下一例句:"在四化建设的舞台上,每个人都可大显身手。"以说明本体和喻体亦可构成偏正关系,如将"舞台"喻说成"四化建设"。

可见,在国外20世纪八九十年代出版的辞书中已认识到隐喻的认知功能。自从Ortony(1979)和L&J(1980)出版了他们的著作之后,隐喻被上升到"认知方式"和"推理机制"的高度来理解。当代认知科学普遍认为,隐喻在本质上不是一种修辞现象,而是一种认知活动,这对我们认识世界有"潜在、深刻"的影响,从而在人类的范畴化、概念结构、思维推理的形成过程中起着十分重要的作用。隐喻是人类认知活动的工具和结果，这就摆脱了将隐喻视为"两事体基于相似关系进行比较"的局限。

在这一过程中，认知主体通过推理将一个概念域映射（map, project）到另一个概念域，从而使得语句具有隐喻性；隐喻中的本体和喻体涉及表达两种不同事体的思想，它们的并置产生了矛盾，在互动的碰撞中获得统一，主体再结合其他因素便可获得隐喻义。隐喻可使人们在不同事体之间建立联系，加深对事体的理解。隐喻的运用就是以认知主体和语境为基础，以此喻彼，引彼喻此；其理解过程主要是在矛盾中找到统一，化异为同，同中得义，这里的"同"是指本体与喻体之间的、适应语境的"相似性"。

在此我们当区分"隐喻机制vs隐喻表达"，前者属于认知方式，后者是前者的结果，同时又推动了认知的发展。隐喻机制在人类认知和推理中起着关键作用，它对于人类"认识世界、形成概念、发展知识、进行思维、作出推理"具有至关紧要的意义。为便于说明，我们将最常见的原型隐喻句型及相关术语列述如下：

[1] Time　　　　is　　　　money.
[2] 独生子　　　　是　　　　小皇帝。
　　概念域A　　　　　　概念域B

本体（Tenor）——喻体（Vehicle）（Richards语）
主题（Topic）——喻体（Vehicle）（Cameron语）
目标（Target）——始源（Source）（Indurkhya语）
主项（Primary Subject）——次项（Secondary Subject）（Black语）

图13.1　原型隐喻句型及相关术语对照表

理解概念域A是基于理解概念域B之上的，通过认知和推理，B中的<u>一个或部分属性</u>被映射到了A上，使得A获得了B的某一或某些相关属性，当然在映射过程中两者具有互动关系，A受到B映射时是有选择的。在映射作用下语句获得了隐喻义。如在例[2]中，皇帝的许多属性被映射进入独生子：

皇帝　　　　　　独生子
一国之君　　　　一家之"主"
至高无上　　　　为一家人所宠爱
发布圣旨　　　　所说的话家人要言听计从
统治一切　　　　对家庭成员有支配权
身着龙袍　　　　身着最好的衣服
头戴皇冠　　　　头上戴着最好的帽子

当然也有一些特征并没有映射到"独生子"身上，如"主持国家大事、手握生杀大权、三宫六院、嫔妃几十"等，这就是上文所说的"一个或部分"的含义。

因此，隐喻义是通过跨概念域映射过程后所形成的映合（mixing）结果。"map"和"project"一般译为"映射"，本书主张在隐喻认知理论中区分出"映射过程"和"映合结果"，以便更好地论述其工作机制（参见第十五章第七节）。

隐喻必然涉及两类不同事体和概念之间的关系，或两个不同的语义场之间的比较和映合。传统修辞学只将隐喻视为修辞现象，注重结果，而忽视了"认知、映射、互动、映合"的关键性作用，没能解释隐喻形成的过程。而隐喻认知理论重点解释了跨概念域映射的过程，更加关心概念域B的某一或某些属性是如何转移到概念域A上的，两者之间存在哪些相似性，或两者并置后保留了什么样的意象图式，创造了哪些相似性，因此也强调映合的结果。可见，隐喻既是基于相似性的，也可创造相似性（提供看事体的新视角），隐喻与相似性之间存在辩证关系，详见下文。

L&J（1980）将隐喻分为三大类"结构性隐喻、方位性隐喻、本体性隐喻"，也意在帮助分析隐喻意义形成的过程和方式。

第二节 隐喻的分类

丰富多彩的世界和生活，形成了人们形形色色的认识，也就产生了林林总总的隐喻，随之而来也就出现了各种隐喻理论。因此从不同的角度、基于不同的方法、运用不同的观点，就可对隐喻作出不同的分类。

隐喻的分类问题是一个十分复杂的问题，真可谓仁者见仁，智者见智。下面将分两大部分论述：列述一些著名学者的分类方法；按不同标准进行分类。

1. 著名学者的分类

（1）亚里士多德的分法

亚氏在《诗学》中主要在词层面上理解隐喻，将其作用主要归结于"隐喻词"，指用一个表示某物的词借喻他物，其应用范围包括"以属喻种、以种喻属、以种喻种、彼此类推"（陈中梅译注 1999：149），主要有四类隐喻：

① 以属喻种：在"我的船停在这儿"句中，以"停"来喻"泊"，因为"泊"是"停"的一种。

② 以种喻属：在"他曾做过一万件好事"句中，以"一万"喻"多"，因为"一万"是"多"的一种表达形式。

③ 以种喻种：在"用铜汲走生命"和"用长边的铜切割"中，用"汲"喻"切

割",又用"切割"喻"汲",两者同为"取走"的表达形式。

④ 彼此类推:当b对a的关系等于d对c的关系时,可用d代替b,或用b代替d。在"老年之于生命就像黄昏之于白昼"句中,可称黄昏为"白昼的暮年",或称老人为"生命的黄昏"。

有个别学者指责亚氏所谈论的隐喻仅限于名词,这是欠妥的,从上述所举的例子可见,他还列举了动词、数词的例子。

(2) Black的三分法

Black(1979:25)不同意将隐喻分为死喻(Dead Metaphor)和活喻(Live Metaphor),主张分出:

① 消亡隐喻(Extinct Metaphor):本体和喻体之间已难以建立联系。

② 潜伏隐喻(Dormant Metaphor):原为隐喻表达,现人们通常不再将其视为隐喻,若深思片刻,仍可有效地恢复出原初的隐喻含意。

③ 活跃隐喻(Active Metaphor):指明显的隐喻。Black认为隐喻理论应主要研究这一类的隐喻。

(3) L&J 的分类

两位教授将隐喻分为三大类:

① 结构性隐喻(Structural Metaphor):指隐喻中始源概念域的结构可系统地转移到目标概念域中去,使得后者可按前者的结构系统理解,如例[1]中,"金钱"域中的相关概念可以系统地映合到"时间"域中,如"钱"可以被"花费、浪费、投入、借用、偷盗"等,这些概念也可系统地用于有关"时间"表达的隐喻中。又例如鲁迅在《〈呐喊〉自序》中关于"铁屋子"的隐喻性用法也可作类似的分析:

本体		喻体
[3] 黑暗的旧社会	被喻说成	一间铁屋子
白色恐怖严重		绝无窗户而万难破毁
人民的痛苦		里面有许多熟睡的人们,不久都要闷死了
当时民众麻木不仁		从昏睡入死灭,并不感到就死的悲哀
先驱者的鼓动		你大嚷起来,惊起了较为清醒的几个人
胜利的希望是存在的		几个人既然起来,你不能说决没有毁坏这铁屋的希望

② 方位性隐喻(Orientational Metaphor):运用诸如"上下、内外、前后、远近、深浅、中心—边缘"等表达空间的概念来组织另一概念系统。这与我们的身体构造、行为方式密切相关(参见第十三章第三节)。

③ 本体性隐喻（Ontological Metaphor）：用关于物体的概念或概念结构来认识和理解我们的经验。如可将抽象的概念喻说成具体的物体，可使后者的有关特征映合到前者上去，其中可分为三小类：

a 实体和物质隐喻：把经验视作实体或物质，通过后者来理解前者，就可对经验作出相应的物质性描写，如可使"指称、量化、分类"带上某类物质的特征，加以引申，进行推理，分析其相应的原因等。例Reddy（1979）曾提出"管道隐喻（Conduit Metaphor）"，其核心概念隐喻为：IDEAS ARE OBJECTS（思想是物体），若将心智视为计算机，心智就有了"输入、输出、检索、运算、符号"等隐喻。

b 容器隐喻：将不是容器的"事物、大地、视野、事件、行动、活动、状态、心境"等视为一种容器，使其"有边界、可量化、能进、可出"，如：

[4] Out of sight, out of mind.

[5] go into action, put into operation, come into vision / use / my mind...

c 拟人隐喻：将事体视为具有人性就是一个明显的拟人隐喻，如：

[6] His theory explains to us that...

[7] This fact argues against...

[8] Life has cheated me.

（4）我国学者的分类

当前所讨论的隐喻相当于部分比喻（Trope, Figure of Speech），它与修辞格密切相关，而比喻、辞格的分类是一个十分复杂的问题，可谓仁者见仁、智者见智。如我国刘勰曾提出"比义（用具体的事物来比抽象的义理）"和"比类（用具体的事物来比具体的形貌）"（参见第十四章第五节），宋代陈骙曾将比喻分为十大类：

直喻（即明喻）、详喻、类喻、对喻、简喻、隐喻、诘喻、引喻、博喻、虚喻

冯广艺（2002：128）对陈骙的分类与现代修辞学的分类作了如下对比：

表13.1　陈骙的比喻分类与现代修辞学分类对比

陈骙分类	现代修辞学分类
直喻、详喻、类喻	明喻
对喻	明喻（略式）
简喻	隐喻

(续表)

陈骙分类	现代修辞学分类
隐喻	借喻
诘喻	比喻兼反问
引喻	比喻兼引用
博喻	博喻
虚喻	?

徐炳昌（1983：286）曾将隐喻分为八类：

① 判断式：A是B。

② 偏正式：A修饰B，或B修饰A。例如：

[9] 思想感情的潮水，花岗岩头脑

③ 同位式：A+B，B+A。例如：

[10] 母亲，我的祖国。祖国，我的母亲。

④ 并列式：分句A，分句B。例如：

[11] 刀不磨要生锈，人不学习要落后。
[12] 人多力齐推山倒，众人拾柴火焰高。

⑤ 替代式：只提喻体，不提本体，以喻体代替本体。例如：

[13] 这草包倒是一堵挡风的墙。
[14] 世上只有藤缠树，哪有树缠藤？（藤：男；树：女）

⑥ 描写式：只有本体，不出现喻体，用描写喻体的词语直接描写本体。例如：

[15] 帝国主义夹着尾巴逃跑了。（喻体为：狗）

⑦ 迂回式：先说出喻体，然后撇开喻体，转而点出本体，与"兴"相似。

⑧ 故事式：故事本身是喻体，它所阐述的道理是本体。

冯广艺（2002：5）曾列出了44种比喻，如：代喻、提喻、倒喻、缩喻、对喻、引喻、扩喻、补喻、逆喻、互喻、环喻、反喻、交喻、回喻、迁喻、递喻、进喻、连喻、联喻、类喻、又喻、套喻、例喻、中喻、曲喻、语喻、质喻、讽喻、事喻、物喻、字喻、词喻等。

王德春（1987）在《修辞学词典》中将比喻分为20多种。

2. 按不同标准分类

（1）从表现形式分类

从表现形式角度可将隐喻分为"显性隐喻vs隐性隐喻"。前者须有诸如like、as、as if、as though等一类的喻词，一般被称作明喻（Simile），英语的典型形式是A is like（as）B；汉语典型的表达形式为A像（似）B。亚氏把明喻和隐喻视为同类，并认为后者为前者的缩略形式，前者派生自后者。而隐性隐喻没用"like、as、像"一类的（字）词，英语用be一类的词，汉语用"是、为、成为"等来直接表达两者之间的等同关系：

[16] 显性隐喻：He is like Solomon. （他像所罗门。）
　　　　　　　He is as wise as Solomon. （他像所罗门一样聪明。）
　　隐性隐喻：He is a Solomon. （他是个聪明人。）

（2）从派生性分类

从派生性角度可将隐喻分为"根隐喻vs派生隐喻"。前者指位于一个概念结构中心的隐喻，在本体和喻体之间具有较多的相似性；后者是在前者的基础上派生而出。L&J所说的"概念隐喻"就是指前者，它存在于我们的概念系统中，已成为一种认知方式，但不为人们所意识。如L&J（1980：27）认为：

[17] The mind is a machine.

这是一条根隐喻，在其之上可形成以下派生隐喻：

[18] We're still trying to grind out the solution to this equation.

[19] My mind just isn't operating today.

[20] Boy, the wheels are turning now!

[21] I'm a little rusty today.

根隐喻对人类概念系统的形成、认识世界的方式、日常思维的发展具有重要的影响，还会约束人们对现实的理解。L&J（1999）曾尝试用几条根隐喻来解释哲学中某些重大议题是如何形成一个理论体系的。

（3）以相似性的作用分类

从这一角度可分出"以相似性为基础的隐喻vs创造相似性的隐喻"。前者指本体和喻体之间存在某种相似性，人们不自觉或较容易就可发现其间的相似性；而后者主要指人们在认知基础上将本体和喻体并置使用后,可在两者之间创建出一种新联系,从而使得人们可从一个新角度来认识事体。

很多学者认为隐喻是基于相似性的,不少学者将其视为一种省去"像、似、犹如"等的简缩明喻(Davidson 1978,牟博等译 1998:856,869[①])。Searle(1979:86—87)也述及相似性在阐释隐喻表述中所起到的关键和基本的作用。Miller也十分明确地认为隐喻是基于相似性的陈述(Searle 1979:91)。Davidson(1978,牟博等译1998:846)指出:

> 一个隐喻使我们注意到在两个或更多个事物之间的某种相似性(常常是新奇的或令人惊奇的相似性)。这个司空见惯的正确观察结果导致(或者说似乎导致)一种关于隐喻意义的结论。

Searle(1979:91—93)后来又认为理解隐喻不一定完全依靠相似性,他说:

> 尽管相似性常在对隐喻的理解中起作用,但是隐喻的断言并不必然是一个对于相似性的断言。……相似性与隐喻的产生和理解有关,与隐喻的意义无关。相似性的功能是作为一种理解的策略,而不是作为意义的一个组成部分。

可见,Searle对"隐喻基于相似性"的观点取了一种调和的态度,两者既有关系,也没关系。而L&J(1980,1999)则从另外一个角度论述了两者之间的关系,主要强调了隐喻可以创造相似性,而不是基于相似性。他们(1999:126)曾列举了四条理由来批驳隐喻基于相似性的观点:

① 相似性不是早已存在的,而是创造出来的;
② 源域和目的域之间确有共通之处,但隐喻并不仅仅表达了相似性;
③ 相似性是个对称概念,这样又何以能区别出始源域和目的域;
④ 概念可通过不一致的隐喻来加以表达。

如:

[22] 金钱是照相机的镜头。

在"金钱"和"照相机镜头"之间本来不存在什么客观的、为常人所接受的相似性,完全是认知主体通过自己的认知创造了两者之间的某种相似性(照相机镜头能反映出一个人的不同面貌,金钱也可检验出一个人的品质),将其运用隐喻手段展现出来,从而使人们对"金钱"有了一种新的认识。

---

① 明喻和隐喻有很大区别,从真值论角度看,一切明喻都是真的,而大多隐喻是假的(Davidson 1978,牟博等译 1998:859)。

当然，这两种隐喻的区分会因人而异，因时而异，因地而异，取决于人们的生活环境、文化背景、教育程度，如：

[23] 上有天堂，下有苏杭。

对于不熟悉苏州、杭州的人来说，当象他第一次听到这一隐喻表达之后，就将"苏州、杭州"和"天堂"置于一起，从而会想象出苏州、杭州的美，犹如置身于天堂，此时就在两者之间创造出一种相似性关系。而对于熟悉这一说法的人来说，在两者之间早就有了这样的隐喻性联系，因此听到这句话时也就无所谓会创造出什么相似性，而更会觉得是基于相似性作出的隐喻，因为苏州、杭州确实很美，就是人间天堂。有一位教授从杭州调到苏州来工作后说过这样一句话：我从一个天堂来到了另一个天堂。这一说法对于苏州、杭州人来说更多的是基于相似性的隐喻。

我们认为，隐喻与相似性之间存在一种辩证关系，因此语言中既有基于相似性的隐喻，同时隐喻也可创造相似性。束定芳（2000：59）也认为：在某种意义上来说，所有的隐喻都包含这两种情况，只是程度不同而已。

（4）从词类角度分类

亚氏将隐喻主要局限于词汇层，这从他对隐喻所作的描述可见（参见本章第一节），但当代认知语言学对隐喻的研究范围已大大拓宽，除明喻外，包括转喻（Metonymy）、提喻（Synecdoche）、反语（Irony）、引喻（Allusion），还可包括谚语（Proverb）、讽喻（Allegory）、谜语（Riddle）、通感（Synaesthesia）、寓言（Parable）、成语（Idiom）、歇后语等。Goodman（1968）主张将语言中所有比喻性表达都视为隐喻，其大致等同于Trope、Figurative Speech、Parable 等。这样隐喻就会涉及许多词类，乃至所有词类。因此，从词类角度可将隐喻大致分为：

1）名词性隐喻

又叫命名式隐喻，指由名词构成的隐喻，可充当句子的主语、表语、宾语、同位语等。如英语中的egghead（知识分子）、Prince of Darkness（撒旦）等。Keith Fort（*The Coal Shoveller*）对雪的描写：

[24] Out of the window he saw the curtain of snow that was falling over the street.

[25] The snow is falling harder outside — the blanket is making all men equal in cold and misery.

汉语中的"坏蛋、狗腿子、白骨精、樱桃小口、电灯泡"等也属于这类隐喻。《扬子晚报》2001年11月7日一则新闻标题：

[26] 宠物医院新行当，竟为狗们当"红娘"

2）动词性隐喻

主要表现在语句中主语和/或宾语与动词之间的非常规搭配，实际上也是一种新的认知方式，如语言中许多拟人化表达①。其中又可分出三种情况：

① 主谓搭配新奇。如载于《英语世界》2000年第10期上三篇文章的标题：

[27] WTO finally opens its door to China on Nov. 10, 2001

[28] A Bird Takes My Breath Away（by Roderick Nordell）

[29] Old-Fashioned Romance Keeps Them Going Strong（by Billie Bond）

在主谓之间都是用了一种新奇搭配，"open the door、take、keep"原用来指人的动作，现为拟人化用法。

[30] 张玉宁"触电"。　　　　　　　　（《扬子晚报》2001年11月7日）

[31] 某某影星在"充电"。

[32] 古稀之年忙"充电"。　　　　　　（《扬子晚报》2001年11月18日）

[33] 知识更新快，脑袋"充电"忙。　　（《扬子晚报》2001年11月7日）

[34] 他俩谈恋爱"来电"。

"触电、充电、来电"原应属于物理学上的概念，现转作他义，甚是新奇。张玉宁本为足球运动员，偶尔上了一会儿电视节目，则被喻说成"触电"，接触到了影视圈，上了屏幕。而我们知道"触电"本来是指人过了电，但这里巧用"触电"作隐喻，确实达到了一种吸引读者的目的。对于蓄电池来说，电用完了可以再充，以增加能量；而对人来说，"充电"意味着增加新知识，也是一种能量增加。人轻微触电后会发麻、发抖、兴奋，谈恋爱就需要这种感觉。

[35] 昨夜世界为中国喝彩　　　　　　（《姑苏晚报》2001年11月11日）

"喝彩"原是与人搭配使用的，这里将其与"世界"连用，很有新意。

[36] 众宽带商"圈地"，网通"潜入"民宅（《扬子晚报》2001年11月7日）

[37] 鞋城3折"大跳水"　　（同上）

[38] 今冬苹果竟"穿衣"　（《扬子晚报》2001年11月18日）

用"圈地、潜入"来喻说电子通讯网；用"大跳水"来指直线向下的大跌价；用"穿衣"来形容给苹果外面包了一层纸。

---

① 我们完全可以想象，原始初民由于受到认识的限制，常常把周围的事体看成像自己一样，也是有生命的，因此多用拟人化的手法来认识世界。这种用法一直延续至今。

[39] 苏宁"轰炸"河西业界。(《现代快报》2001年11月10日)

这是说南京的苏宁电器商城采取了大促销,以图抢占河西店的市场。

② 动宾搭配新奇。如上述讲的苏宁电器商城还扬言要让对手看看"原子弹",这就属于一种非常规动宾搭配,以说明该措施具有"原子弹"的威力,正好还与"轰炸"对应起来。

[40] 靠山吃山。

将"山"喻说成一种能吃的东西。英语例句:

[41] China's color TV industry, <u>cornered</u> by a price cutting race, <u>pins</u> its hope on China's WTO entry.(*China Today*)

[42] to <u>drive at</u> the main ideas of the writer

上述例句中的corner、pin、drive at 都是隐喻性用法。

③ 主谓宾三者搭配都新奇。如罗素所举的一个例子(Searle 1979:94):

[43] Quadrilaterality drinks procrastination.

谓语动词drinks与主语和宾语的搭配都属新奇用法(这里应将quadrilaterality理解为战后四国裁军会议)。又例:

[44] China's laws cut to fit WTO cloth.

[45] His eyes rested on her.

Cut to fit与主语和宾语搭配都具有新奇性;rest原指"休息",被隐喻性地用到"目光、她"上。

[46] 思想流溢于笔端。

"流溢"原指"水",这里被用到了"思想、笔端"上。

[47] 毛孩子出炉处女作。

是在说年纪轻轻的人写出了自己的第一部作品,在这两例中,主谓宾都为隐喻用法。

3)形容词性隐喻

[48] a thinking cap,就隐含了: [49] This cap is able to think.

[50] a learning robot,就隐含了: [51] This robot is good at learning.

[52] 奔跑的火光

[53] 迷你价（《现代快报》2001年11月10日）

[54] "短平快"培训（《扬子晚报》2001年11月7日）

汉语中这种隐喻有时又可叫偏正式隐喻，还可分为两种：

① 常见式：喻体＋的＋本体

[55] 海洋（似）的麦田

② 倒喻：本体＋的＋喻体

[56] 抗战胜利的果实，麦田的海洋

另外，汉语中还有很多这类隐喻不用"的"，如"心花、眼帘、麦浪、血海、夜幕、光线"；还有被人们称为摹状名词的"瓜子脸、马尾松、猫头鹰、鸡毛菜、鸡胸、仙人掌、人字形、十字街、五指山、乳山、葫芦岛"等。

4）副词性隐喻

[57] to take the notes mentally

本来记笔记应用手、笔和纸，这里却说用"心"来记。

[58] 百姓热说"入世"

"热"本来是表示温度的，在这里转用来修饰"说话"。汉语中摹状形容词（如"笔直、雪白"）和摹状动词（如"瓜分、林立、鸟瞰、云集、吻合、龟缩、席卷"）也可归入这一类。

5）介词性隐喻

认知语言学假设：我们的祖先是从认识空间和自身开始认知世界的，介词最原始的意义多用来表示空间关系，然后从空间关系不断向其他认知域扩展，从而形成了介词的多义性和丰富表达力（参见第十三章第二节）。

亦有学者将2）、3）、4）、5）四类隐喻称为述谓式隐喻。

（5）从语言层面分类

1）语音层面（见本章第三节）

2）词句层面

隐喻效果常与具有隐喻性的词语有关，通过本体与喻体在词语意义上的冲突，化解矛盾，求得统一，就能在句层面上产生出隐喻性句义。谚语常是一个句子，其意义从整体上充当喻体，而被喻说的本体常不出现，例如：

[59] A little pot is soon hot.（喻：量小者易怒。）

[60] Give a dog a bad name and hang him.（喻：欲加之罪，何患无辞。）

[61] Many a good cow hath a bad calf.（喻：优秀的父母未必能养育出好子女。）

3）超句层面

学者们一般认为，话语可以是一个词、一个句子、一个段落，乃至一篇文章、一组作品。话语与词、句的区别主要在于有无语境，只要是用于某一特定语境中的词句、篇章都可视为话语。此处用"超句"这一术语来指大于句子的层面。隐喻不局限于词句平面，还可能出现在超句层面。如在《王保长新传》中有一段对话：

[62] A：我现在是中统的特务，权力大得很啊！

B：有多大？

A：只要是哪个县长、乡长的我看不顺眼，就拉出去毙了！

权力本是个抽象概念，用"大"来描写，不够具体，所以A就用了一个具体的事例来比方，解释自己的权力有多大。苏轼著名的《题西林壁》：

[63] 横看成岭侧成峰，远近高低各不同。

不识庐山真面目，只缘身在此山中。

它本身就是一个小语篇，只有喻体，没有本体，含有深刻的哲理，以说明"当事者迷，旁观者清"的道理。也常用来作为解释认知语言学中术语"识解（Construal）"的例子。

有时一整篇文章就是一个大隐喻，如茅盾的散文《白杨礼赞》主要就是以隐喻为主线，运用若干"比"的语句，且比中有比，"大比"套"小比"，整篇以"白杨树"来喻说北方农民在民族解放斗争中所表现出的"质朴坚强、不屈不挠"的精神，给广大读者留下了难以忘却的深刻印象。

寓言是一种"寄托寓意"的言论，多用假托的短小故事或自然物等来喻说人的世界，寄托作者某些精深的思想观点，说明某些道理或教训，带有劝诫或讽刺的性质，成为一种文学体裁，以其设置的巧妙情节和形象性语言加强了文章的说服力和感染力，吸引读者。寓言也是一种典型的隐喻性篇章。寓言的主题多是"借此喻彼、言远指近、托古讽今、以小识大、以浅见深"，可从简单故事中悟出深奥的道理。因此，故事本身是"喻体"，它所阐述的道理是"本体"。在一个寓言故事里，可能会说出要想直说的寓意，也可不直接说出来，即可能只有喻体，而没有本体；也可能喻体与本体都出现，此处例略。

4)语法隐喻(见第四节)

(6)基于新奇性的分类

从隐喻本身所具有的新奇性角度可分为"死隐喻 vs 新奇隐喻"。原为隐喻的说法逐渐为人们所熟悉后,成为日常用法,不再将其视为隐喻表达,喻体的某些语义特征已成为本体的一部分,隐喻的意义和作用此时已被削弱,这就是"死隐喻"。该术语本身是一种矛盾说法,死隐喻并没有死,一直活着,它是通过不断的使用而"死亡的",但它们的不断使用暗示出它们满足了某些语义需求(Searle 1979:88)。

Halliday(1985:348)曾将语言的发展史视为是非隐喻化的过程,他指出:

> 每个语言的历史大部分是表达非隐喻化的历史。语言表达原是作为隐喻开始的,后来渐渐失去了隐喻特征,而且最明显的就是词汇隐喻,现在已没人知道在 "*the source of the trouble*" 中 "*source*" 用作隐喻,或在 "*I wouldn't dream of telling him*" 中 "*dream*" 用作隐喻,或在 "*there is no barrier to our mutual understanding*" 中 "*barrier*" 用作隐喻。

原来的隐喻表达在使用过程中逐步成为语言中的常见用法,使得人们再也不觉得它们是隐喻,从"新奇隐喻"变成"死隐喻"的过程,也就是语言不断发展的过程,Halliday将其视为意义进化论的基础。我们完全可以假设,人类的原始语言始源于直陈表达,此时人类初民的认识活动、语言表达与现实世界、实践活动直接对应。但由于人类逐步发展了自己的思维能力,掌握了推理本领,获得了包括隐喻在内的诸多认知方式,超越了动物而逐步进化为人,扩大了自己的认知范围,创造出种种新奇隐喻,不断丰富自己的语言表达。因此,我们完全可以说:语言主要经历了"直陈 — 隐喻 — 非隐喻化"的发展过程。

我们说了若干年的"山头、火柴头、火车头",在这些表达中,人们不再注意这些说法中的"头"与其原来表示的身体部位"头"之间的关系,此时"头"的用法就成了"死隐喻"。当然,最初将火柴杆能擦动生火的一端叫作"火柴头",将拉动一长串车厢跑动的机车称为"火车头"时,它们是"新奇隐喻",但随着这些隐喻词语的普及,成为司空见惯的说法,也就成了"死隐喻"。

"新奇隐喻"与"创造相似性的隐喻"有关,它产生于本体和喻体两概念间的较大差异,将不可"同日而语"的概念并置,超出了原有思维方式和语言表达,"新奇"便油然而生,如:

[64] 查尔斯遭遇"玫瑰巴掌"(《现代快报》2001年11月10日)

此例是说英国王储查尔斯在拉脱维亚访问时,被一名妇女用玫瑰花在脸上抽了一下,因为她反对英国对阿富汗进行军事打击。这本不算什么"巴掌"(没用手)被喻说成了"巴掌","玫瑰"与"巴掌"本是不相干的两个概念,将它们搭配使用,确实使人感到新鲜,不失为一个很有吸引力的新闻标题。

"新奇隐喻"与"陌生化"密切相关,为了揭示事体间尚未被人们所认识的特征,故意用一个较陌生的关系来表述某事,从而形成了较为新奇的隐喻,如:

[65] 旅交会明春在宁揭头盖(《现代快报》2001年11月10日)

这里借用"结婚"用语来喻说旅交会,两者本来是风马牛不相及,并置后产生了某种距离感,使人们产生陌生化的感觉,从而创造出了"新奇隐喻"。当然在死隐喻和新奇隐喻之间还有一个程度问题,详见下文。

由于有些死隐喻已成为一个词语的正常意义的一部分,一个词语的隐喻性用法"从新到旧"的过程实际上就成了该词语不断扩展词义的主要途径。Goatly(1997)认为整个英语词汇都是建立在隐喻模式之上的。今日的词汇是昨日隐喻意义的沉淀,一个词今日的隐喻意义很可能成为该词日后的字面意义。

(7)从要素共现角度分类

谭永祥(1981)主张依据统一标准来对比喻进行分类,认为可依据"本体、喻体、比喻词"三要素作为划分"明喻、隐喻、借喻"的标准:若三者都出现为明喻;出现本体和喻体的则为隐喻;只出现喻体的为借喻。

但我们认为仅用这三者来作标准似乎太简单了,因为一个隐喻(含明喻、借喻等)可包括"本体、喻体、喻底、喻词"这样四大基本要素。本体和喻体之间所具有的或创造出的相似性关系可视为一个隐喻的"喻底(Ground)",就像谜语有谜底一样,因为每个隐喻都会给我们提供一个小小的谜语(束定芳 2000:103)。在例[23]中的"苏杭"与"天堂"之间的相似性,或喻底,就是"美丽的地方、美好的生活"。"喻底"在英语明喻中常被置于第一个as后明说出来,如要向人解释清楚例[23]的含义就可说成:Suzhou and Hangzhou is as beautiful as a paradise.

有的学者从这个角度将隐喻视为省去喻底、喻词的明喻,是隐喻的浓缩形式,这就是亚氏所说的:

明喻也是一种隐喻,其差别很小,它们其实是同一回事。

现根据"本体、喻体、喻底"三者共现情况将隐喻分为:

1)三者同现

即本体、喻体、喻底共现于一个隐喻语句之中,如:

[66] Autumn night is a symphony of songs.

将"秋天的夜晚"喻说成"交响乐",喻底在于"歌",因为秋天的晚上有很多虫子在"唱歌"。又例:

[67] Youth flees on feathered foot.

在youth(本体)和feathered foot(喻体)之间形成一个隐喻。词句中的 feathered(长了羽毛的、会飞的)就相当于喻底。汉语中说:

[68] 这种婚姻简直就是毫无自由可言的牢笼。

其中既有本体(婚姻),也有喻体(牢笼)和喻底(毫无自由)。又例"苛政猛于虎",则是在将"苛政"喻说成"虎",其间的喻底是"猛"。有时后半句就将前半句隐喻的喻底作了交代,例如:

[69] 我又不是一条狗,谁都想来使唤我。

后半句就解释了我不是狗的喻底:听人使唤。英语中有一种特殊的隐喻句型:A and B is X。一般来说,其中A是本体,B是喻体,X为喻底,如:

[70] Love and a cough cannot be hid.(爱情就像咳嗽一样是掩盖不住的。)

用"咳嗽"来喻说"爱情",喻底是"难以掩盖"。Gibbs(1999:31)曾论述了一种复杂的xyz式的隐喻结构,如许多谚语就运用了这种格式:

[71] Language is the mirror of the mind.

[72] Religion is the opiate of the masses.

[73] Wit is the salt of conversation.

在这种隐喻结构中,既有本体x,又有喻体z,但其间的喻底y要通过与y概念域有关的w才能被理解,它们可能会构成这样的比例关系:

x:z=y:w

如在例[71]中,语言x与心智z的关系就等于镜子y与反射w的关系。

2)本体+喻体

即一个隐喻语句中只有本体和喻体,如省去[88]中的喻底"毫无自由",说成:

[74] This marriage is a jail.(这种婚姻简直就是一个牢笼。)

这仅有本体和喻体,其喻底需要人们通过推理而获得。

3）只有喻体

在特定的语境中还可省去本体和喻底，只有喻体，以喻体代替本体①，如：

[75] 三个臭皮匠，顶个诸葛亮。[以喻体代替本体（人多办法多）]

上文例 [68] 还可说成：

[76] "Why not out of this jail?" 或 "何不跳出这牢笼呢？"

又例：

[77] 癞蛤蟆想吃天鹅肉。

[78] 抢匪当众与人"拔河"（《扬子晚报》2001年11月7日）

[78]是一个只有喻体而无本体和喻底的隐喻表达，正是这种没有点明本体和喻底的标题，才更具有吸引力，读者往往急于知道为什么"拔河"要加引号，指的是什么？看完报道之后，原来一个抢匪在成都火车站公然抢夺一位郭姓女士肩上的挎包，用力地拽她的包，而郭女士就是不松手，抢匪竟拖着她一路狂奔十多米，上百名看客竟然冷冷地看着这一切。那位郭女士咬着牙关和那位抢匪"拔河"。

"拔河"原是一种由两方参加的竞争性游戏或体育比赛，有观众，有器材（绳子），有裁判，双方要咬紧牙关奋力拼搏，最终有输赢等。这里的两方就是郭女士和抢匪，这里的观众就是那些上百个在旁边观望的看客，拔河的器材就是包带子，一方在拼命抢夺，另一方在拼命保住自己的包，这种场面被恰到好处地喻说成"拔河"，可谓形象！将"拔河"中许多属性系统地映合到这一抢劫活动中来，主要喻底在于"争夺"，不同之处在于原来的游戏成了抢劫，没有裁判员，最终仅是抢匪的仓皇而逃，很难说是郭女士赢了，她自己无辜遭到这种袭击，还落个遍体鳞伤。

在语言交际中为求隐含效果或忌讳某词，会故意采用迂回说法来隐去某词，如描写喜、愁的诗，而全诗中却全然不见这些词。又例，一个发生在酒店中故意不说"水"的故事（顾客恐酒中掺水）：

[79] 顾客问：君子之交淡如何？（君子之交淡如水）
　　小伙计答：北方壬癸已调和。（五行"北方壬癸水"）
　　顾客说：有钱不买落花流。（落花流水）
　　老板连忙赔笑说：对面青山绿更多。（青山绿水）

---

① 亦有学者将这类隐喻称为转喻，因为在转喻结构中只有喻体，从不出现本体。

莎士比亚第18号十四行诗的第一句：

[80] Shall I compare thee to a summer's day?

其中的thee究竟在喻指谁，有多种解释。或许其生命力正在于不明说之中。曹植的《七步诗》也是一个只有喻体而没有本体的诗：

[81] 煮豆燃豆萁，豆在釜中泣。
　　本是同根生，相煎何太急。

这首诗只说出了喻体"萁、豆"，而未提本体"曹丕、曹植"。

高尔基写于1901年的《海燕》就是一个只有喻体，而未提及本体的典范，其实这个本体不言而喻，仅是在作品中未明说出来罢了：用汹涌的大海喻指日益高涨的革命力量，用暴风雨喻指席卷一切的革命风暴，用海燕喻指英勇善战的无产阶级革命先驱者，用海鸥、海鸭、企鹅喻指害怕革命的形形色色的假革命者和不革命者。

4）只有本体

一般来说，隐喻就应该有喻体，若无喻体，就称不上隐喻，但在特定的场合，基于交际双方共同的"认知模型、背景知识、特定语境"，只提本体而不说喻体亦能产生隐喻性含义，也就是说喻体往往可在不言之中。Low（1999：221）曾分析了下面例子的隐喻结构：

[82] This paper thinks...

从表面上看，这一隐喻只有本体paper，而没有出现喻体person，但从认知上来说这一表达隐含着"THIS PAPER IS A PERSON"这一概念隐喻。在汉语中也此类情况，现按"本体、喻体、喻底"的不同组合情况分别例举如下：

[83] 困难是弹簧，你强它就缩。

这个隐喻表达既有本体又有喻体，也有喻底（通过后半句表达出来）。若说成：

[84] 我们面对着这类弹簧式的困难。

则无喻底，且构成了一个"喻体+的+本体"的构式。若说成：

[85] 对这类弹簧，我们有的是办法。

则只有喻体，而无本体。但若说成：

[86] 对这类困难我们并不怕，该压就压。

基于上述背景及句中"压"字，我们也可体会出其中的"这类"指"这类弹簧式的困难"，就是只有本体，而无喻体，但人们根据特定语境可理解被省略的有关喻体。

5）本体 + 喻底

[87] 曙色（像湖水）流动在原野尽头。

这是一个"本体（曙色）+ 喻底（流动）"的表达结构，省去了喻体"像湖水"。这里有点像传统语法视为"搭配不当"的句子，但运用得当就可成为隐喻。

[88] The shrubs struggled to survive in the desert.（The shrubs are soldiers.）

6）喻体 + 喻底

在有些隐喻中，可能只出现喻体和喻底，而无本体，例如汉语中的歇后语常有这种情况：

[89] 卖水的看大河——满眼全是钱。

[90] 水萝卜——皮红里白。

只有将这个歇后语置于特定上下文中才能看出本体。墨子曾说过这样一句名言：

[91] 近朱者赤，近墨者黑！

也属于这一类，"朱者"为喻体，"赤"为喻底；同样"墨者"是喻体，"黑"为喻底，句中未出现本体。唐代李商隐的著名诗句：

[92] 春蚕到死丝方尽，蜡炬成灰泪始干。

喻体为"春蚕、蜡炬"，喻底为"丝尽、泪干"。正因为这里未出现本体，才给人以很多想象空间，可用来喻指多个本体，使其有了多种意义和用法，如这两句常用来描写"爱情、教师"等，当然还可指其他很多人或事。

7）多喻体共现

有时在一个语句中会出现两个或多个隐喻性表达，如：

[93] Milestones on China's long march to WTO entry.

"milestone、long march、entry"都是隐喻性的用法。

[94] "花和尚"摇身成"员外"（《扬子晚报》2001年11月7日）

扮演《水浒传》中鲁智深的演员臧某后来又在《浪迹天涯》中扮演了一回"员外"。有时一个主体或话题会使用连续的几个喻体加以表达，如：

[95] 长征是宣言书，长征是宣传队，长征是播种机。

[96] 革命不是请客吃饭，不是做文章，不是绘画绣花，不能那样雅致，那样从容不迫，文质彬彬，那样温良恭俭让。

[97] Beauty is but a vain and doubtful good;
A shining gloss that vadeth suddenly;
A flower that dies when first it begins to bud:
A brittle glass that's broken present... (Shakespeare, *The Passionate Pilgrim*)
（漂亮只是虚荣而又难料的美好，
耀眼的光彩很快就会陨消，
像一朵刚开放的花随即就可衰凋，
像晶莹的玻璃转眼就会破碎。）

用两个以上的喻体来喻说一个本体或话题，可从多方面、多角度来表达，以展示本体的多种形象特征，使读者能更好地理解本体。在多个喻体之间也存在各种关系：

① 多个喻体可能同属一类，称为"类喻"。有时几个喻体可能会以选择形式出现，用"既是……，又是……"一类的连接词语。

② 多个喻体可能属不同类，称为"博喻"，见例 [115]、[116]，还可参见李贺的《李凭箜篌引》。

③ 多个喻体可能构成对比或比较，称为"对喻"。

[98] Love is a rose war.

这实际上相当于两个隐喻：

[99] Love is a rose. 和 [100] Love is a war.

④ 喻体与喻体之间的关系需要通过反复联想才能获得隐喻意义，称为"曲喻"。

[101] 记得绿罗裙，处处怜芳草。

草是绿的，从草的绿想到罗裙的绿，从绿罗裙想到穿罗裙的人，于是看到绿草就联想到那人，因为爱那人就要爱绿草。这耐人寻味的诗句正来自深度性隐喻的用法。

8）复杂隐喻

一个语句可能会用上数个本体和数个喻体，可称之为"连喻"。这些本体和喻体之间可能存在各种关系，如：

① 联合式：本体是联合式结构，喻体也是联合式结构，如：

[102] 水库和运河像闪亮的镜子和一条衣带一样缀满山谷和原野。
　　　水库：镜子；运河：一条衣带

[103] 马克思列宁主义和中国革命的关系，就是箭和靶的关系。《整顿党的作风》（毛泽东 1991）
　　　马列主义：箭；中国革命：靶

② 回旋式，又叫"互喻"，在紧密的两个比喻中，本体和喻体互换，给人以一种回旋的感觉，基本格式是：A像B，B像A。如苏轼说过：

[104] 雪是古人人似雪，虽可爱，有人嫌。

③ 顶真式，如：

[105] 我愿意是树，如果你是树上的花；
　　　我愿意是花，如果你是露水；
　　　我愿意是露水，如果你是阳光……
　　　这样我们就能够结合在一起。（裴多菲《我愿意是树……》）

④ 包孕式，隐喻中包含着隐喻，例如：

[106] 你是<u>革命的万能机床</u>上的一颗永不生锈的螺丝钉。（贺敬之《雷锋之歌》）

全句是一个隐喻，其中包含着另外一个隐喻（本体＋的＋喻体）。

⑤ 分叉式，又叫"派生喻"，其后的比喻是在前面比喻的基础上派生出来的。

[107] The cafeteria of Three Counties Hospital was a traditional meeting place for most of the hospital grapevine, its stem and branches extending tenuously to every section and department within Three Counties' walls.（Hauley：Final Diagnosis）

先将三郡总医院喻说成"葡萄藤"，然后又用stem、branches喻指各个总院的科室。

[108] 扯动一根毒藤，牵出一串毒瓜。（《扬子晚报》2001年11月7日）

这是指南京警方破获特大系列吸毒案，顺着"毒藤"向下说，就会有"毒瓜"，也正可用来证明喻体映射的系统性现象。

⑥ 分析式隐喻：举出一个具体的事体进行仔细分析，来喻说其复杂性。

[109] 打仗只能一仗一仗地打，敌人只能一部分一部分地消灭，工厂只能一个一个地盖，农民犁田只能一块一块地犁，就是吃饭也是如此。我们在战略上藐视吃饭：这顿饭我们能够吃下去。但是具体地吃，却是一口口地吃的，你不可能把一桌酒席一口吞下去。这叫作各个解决，军事书上就叫作各个击破。

第三节 语音隐喻[①]

1. Fónagy 论语音隐喻

Fónagy（1999：19）在其论文"Why Iconicity"一文中首先提出"语音隐喻（Phonetic Metaphor）"，主要从语音（或发音方式）与其所表达的意义这一角度进行论述。他在文中总结出三个原则：

① 有意识表达某种情感与特定发音方式对应，如表达"愤怒、藐视、憎恨、厌恶"等否定性情感时，发音器官会较紧张，咽喉肌肉会收缩；表达"攻击"态度时，会延长辅音如p、t、k等，缩短元音；表示温柔情感时，咽喉肌肉会放松，声响程度低，发音器官趋于平滑，过渡趋慢，较为渐进；等等。

② 发音器官的运动与身体姿态会一致，如表示高兴和柔和时，舌头会向前运动，对应于身体或情感上欲接近对方，反映出一种亲近和友好的态度；表示对立和悲伤时，舌头会向后运动，对应于身体或情感的后缩。

③ 不同程度的紧张、延时、言语速度反映出不同程度的情感。

另外，他在文中还论述了特定的发音方式像似于特定的社会身份，如17世纪的法国曾认为在公众场合下讲话，特别是上层妇女，口张得太大被认为是不合身份的，这样就使得法语中某些元音与"不礼貌"获得了对应性的联系。他还论述了由于人类感觉器官之间存在"通感"现象，人们就可能通过听觉之外的感觉来理解声音，因此声音就会有"颜色、形状、味道、气味、温度、重量、平滑或粗糙表面"，甚至还可能与性别有关。

笔者认为，他所说的"语音隐喻"实际上是关于语音与其所指对象或所表意义之间像似性的问题，这从他的论文题目"Why Iconicity"中就可看出，因为像似性主要讨论语言形式在音、形和结构上与其所指（客观世界、经验结构、认知方式、概念框架、所表意义）之间存在映照性相似的现象（参见王寅 2001：335）。我们常讨论的"拟声词[徐鹏（1996：394）将其称为"声喻"]、语音象征"等现象皆可归入这一类别，似乎将其称为

---

① 本节主要为李弘教授所作。为较为全面论述隐喻理论，本处将李文做了部分修改收录于此。

"语音像似性"更为确当①。而Lakoff等认知语言学家所说的"隐喻"主要指"跨域喻指现象",通常被定义为"to think or say one domain in terms of another",其中一个域作本体,另一个域作喻体,并不局限于"能指vs所指"之间的关系(参见下文),也不局限于一个能指可有多个所指的问题。倘若我们用这一标准来分析语音隐喻,似乎就很难在Fónagy所说的语音隐喻中找到"喻体"和"本体",因此Fónagy的"语音隐喻"似乎与Lakoff等学者的"隐喻"存在较大差异。

当然,国内外学者对什么是隐喻仍有较大争论。有学者说:从广义上来讲,语言就是现实世界的一种隐喻,因为语言属于人类的交际符号域,与现实世界和认知世界当属两种不同的域。若从这个角度来说,上述Fónagy所讨论的语音现象以及拟声、语音象征现象被视为"语音隐喻"也未尝不可。倘若如此界定,隐喻的范围就太大了,语言本身就是一个大隐喻,其中又要分出很多不同的类别,都需要一一界定。本文主张将Fónagy所说的"语音隐喻"视为"能指vs所指"之间像似性的问题,可归于"语音像似性"来讨论,而主张按照Lakoff等认知语言学家对隐喻的定义,从语音层面来论述"跨域喻指"的现象。

2. 语音隐喻之我见

索绪尔(Saussure 1916)指出:语言是一个语言符号(原型为词)的集合,每个符号是能指和所指的结合体,能指是音响形象(Sound Image,Acoustic Image),所指是概念(Concept)。Langacker(1987b:12)批判地接受了索绪尔的符号模型,接受了符号是音响形象和概念的结合体,两者不可分离,但批判了他的任意说。因此,他在认知语法只设两个基本单位"语义单位、音位单位",这两者构成一个"象征单位(Symbolic Unit)"以表示两者之间的理据性关系。如他(1987b:67—73)用 [[DOG]/[dɔg]] 来表示象征单位"dog",在前面的[ ]中用全大写字母表示语义单位,在"/"之后的[ ]中用音标表示音位单位。

正如上文所述,认知语言学往往将隐喻简要概述为:用一个概念域来思考和表达另一个概念域。现将"概念域"修补为"象征单位",可用一个象征单位(一种音义关系)来喻说或激活另一个象征单位,现图示如下:

---

① 拟声在英语和汉语中都有不少的例子,它们虽然在语言词汇中所占比例很小,但CL却认为它们是词汇之初,无疑是人类最古老的构词方法(汪榕培 1997:88),是语言的起源(Herder 1772/1999:39)。
拟声或语音象征这一类的语音像似性,从宏观角度来看可视为一种转喻,即在同一域中用整体代替部分,或部分代替整体或另一部分。用模拟事物发出的声音这一部分现象来喻指整个事物,可视为一种语音转喻。

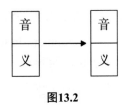

图13.2

在这两个象征单位之间,通过"音"上的押韵等建立联系,使得两个象征单位建立了映射关系,可用一者思考和喻说另一者。本书以此为准尝试分析英语和汉语中语音隐喻的种种表现形式。

(1)音同义异类隐喻

英语词汇学中所论述的 homonym(同音异义词)主要是基于单词音形义三者同异关系界定的,它又可分为以下三小类,现将其总结为下表(参见汪榕培1997:146,本处略有改动)。

表13.2 三类homonym之异

	音	形	义
音同形异义异(homophone)	同	异	异
音异形同义异(homograph)	异	同	异
完全音同形同义异(perfect homonym)	同	同	异

如下则对话的幽默之处正是基于这类语音隐喻之上的:

[110] A: What fur did Adam and Eve wear?

B: Bear skin.

发话者B的回答原应为Bare skin,因为我们知道亚当和夏娃原来住在伊甸园是不穿衣服的,而B故意说成"Bear skin(熊皮)",又与A问话中的"fur"切合,此时就产生了一种幽默,其幽默感正是来自bear与bare是一对音同形异义异词,正是由于它们的发音相同,才出现了这一双关语用法。也就是说发话者B用一个象征单位[[BEAR]/[beər]]来喻说了另一个象征单位[[BARE / [beər]]。又例:

[111] A: Why are parliamentary reports called "Blue Books"?

B: Because they are never read.

由于read(过去分词)和red是一对音同形异义异词,发话者利用这一关系用一个象征单位[[RED]/[red]]来喻说另一个象征单位[[PAST PARTICIPLE OF READ/[red]],因为只有前者才能与A的话语取得连贯（蓝皮书不是红色的），在说"颜色域"，当用颜色域的red喻说动作域的read后，使得语句获得了另外一层幽默含义，对英国议会文件如山的文牍主义进行了入木三分的讽刺挖苦，该双关语反映出英国人的智慧，耐人寻味。英语还基于这种语音隐喻编出了很多谜语，例如：

[112] A: Which four letters can frighten a thief?
B: O, I, C, U.

用字母域作喻体来跨域喻说本体的句义"Oh，I see you."。

汉语中这种现象比起英语来要常见得多，这主要是因为汉语是音节文字，一个字就是一个音节，同义字词特别多。汉语总共有21个声母与39个韵母，但只产生了406种搭配，出现了很多"轮空"现象，很多声母和韵母不能搭配成一个音节。这些音节再配以4个声调时也有"轮空"现象，只有约1330个带声调的音节。因此，汉语用这些有限的音节，要表达11,000个汉字（《新华字典》），同音字特别多，如"yi"这个音就有160多个不同的写法和意义，这固然是一种缺憾，使得语言的模糊性程度大大提高，但另一方面也给历代文人带来了做学问的机会，如有人写了一副对联，诉说其窘迫生活：

[113] 二三四五，六七八九。

这一对联正是运用了音同形异义异的手法在诉说他缺"衣"（一）缺"食"（十）。很明显，"一"和"十"是喻体，这是一个数列，将这两个数字故意略去不说，以喻比"缺少"（这又是一条隐喻：用文字上喻体的缺少来跨域喻说本体的缺少）。"衣"和"食"是本体，拿数字喻说生活用品。《红楼梦》作者也常常运用这种同音异形异义现象，如第四回中：

[114] 丰年好大雪，珍珠如土金如铁。

用喻体"雪"指本体"薛"家。该书中还有很多这类例子，如金陵十二钗中的四名主要人物，她们的名字分别为：

[115] <u>元</u>春、<u>迎</u>春、<u>探</u>春、<u>惜</u>春

是本体"原应叹息"的谐音，给她们如此起名字，实在是用心良苦，只有深入琢磨，才能理解其中的奥妙：这个名字组合暗示了她们的悲惨命运。另外在《红楼梦》中还有很多类似的名称，都可通过谐音隐喻获得它们对应的隐喻义：

[116] 贾政—假正；甄士隐—真事隐；贾雨村—假语村；

英莲—应怜；十里街—势利街；仁清巷—人情巷；
葫芦庙—糊涂庙

（2）歇后语和诗文对联

我们知道，汉语有一种特殊的表达形式：歇后语和诗文对联，其中有很多就是基于这种音同形异义异类的语音隐喻之上形成的，这在其他语言中少见，因此单独列出作为一类来论述，例如：

[117] 老虎拉车——谁敢（赶）？
外甥打灯笼——照旧（舅）。
电线杆上绑鸡毛——好大胆（掸）。
蛤蟆跳井——不懂、不懂（卜咚、卜咚）。

它们分别用喻体"赶、舅、掸、卜咚"来跨域喻说本体"敢、旧、胆、不懂"，这种用法已经成了我国人民一种喜闻乐见的表达形式，其诙谐和幽默正是出自语音隐喻。笔者对基于这种音同形异义异类的语音隐喻所形成的歇后语进行了调查：在温端政主编的《中国歇后语大全》的B条下共收歇后语2560条，其中运用这种语音隐喻所构成的歇后语达394条之多，约占15.4%。

对联是汉语文化中一种十分常用的体裁，自古以来就受到学者们的青睐，以至于在我国过去常以此来衡量一个人的学识水准。2005年春节晚会就是以春联为主线将许多节目串成一个整体的，可谓别出心裁。在这些诗文对联中，基于语音隐喻的例子可谓是不胜枚举：

[118] 因荷而得藕（因何而得偶），
有杏不须梅（有幸不须媒）。
[119] 二猿断木深山中，小猴子也敢对锯（对句），
一马陷足污泥中，老畜生怎能出蹄（出题）。

在前例中作者巧妙利用谐音关系，分别用植物域的喻体"荷、藕、杏、梅"来跨域喻说其他域"何、偶、幸、媒"。整个句子"因荷而得藕"就是一个喻体，跨域喻说本体"因何而得偶"，下句也是这样。这就取得了一种妙不可言，令人回味无穷的效果，足以可见作者构思新颖，聪慧敏捷，难怪它流传至今，成为千年传颂的佳作。

有时，一副对联就是一个故事，如例[119]就是一个关于姓袁的后生与姓马的老先生之间争斗的故事，其中确实闪烁着我国古代人民的智慧，久而久之，它就成为一种诗文格式，需要认真学习和钻研才能掌握其中的奥妙。再进一步说，正是这种特有的语音隐喻，

才使得以汉语为母语的人在形象思维上可能会占有一定的优势。

（3）基于完全音同形同义异的语音双关

本文所说的语音双关主要是指利用完全音同形同义异词，可使得语句具有双重意义，它们虽然音同、形同，但是意义不同。这类词在特定的语句和情景中就能构成双关语，两个不同的意义能够连在一起，完全是因为有相同或相似的语音形式，如英语中有这样一个谜语：

[120] A: Why was Adam a famous runner?

B: Because he was the first in the human race.

这则谜语就是基于双关语race，它既可意为"跑步"，又可意为"人类"。我们知道，根据西方《圣经》所说，亚当是人类的第一人，当A问"为什么亚当是著名的跑步运动员？"，B回答是"因为他在human race中是第一"。实际上这里就是用"人类中的第一人"作为喻体，跨域喻说本体"跑步第一"。又例：

[121] But a cannonball took off his legs,

So he laid down his arms.（Thomas Hood: Faithless Nelly Gray）

从字面上来看，"arms"应解释为"双臂"，这可与上句句尾的legs相对应。但既然双腿没了，他也只能放下"武器"，此为本意，用一个象征单位[[UPPER LIMB]]/[a:m]跨域喻说另一个象征单位[[WEAPON]]/[a:m]，同时作后一种解释还与上文的cannonball相对应，使得两个分句取得了较好的和谐和统一，此为双关语的奥妙。

据说，我国清代有一秀才说了下面的诗句竟被砍了头：

[122] 清风不识字，何必乱翻书。

因为清风中的"清"与清朝的"清"同音，同形。我国古代许多禁忌语都与语音有关，此处不再举例。

（4）语音仿拟

仿拟（Parody）主要指通过模仿现有的短语、句子或篇章，改动其中部分词语或语序，为创造特殊效果而造出的临时性表达。该辞格也可通过语音手段来实现，通过套用或改动现有表达中的语音来造出新的词语，这就叫语音仿拟（Phonetic Parody），如：

[123] Here I am as right as the mail.（James Joyce：*The Dead*）

此句意为"我十分准时"，因为邮件一般都是准时无误的，依旧能从语音上联想到英语原来的表达：as right as nails（十分准确），或者说一个象征单位[[NAIL]]/[neil]激活了另一个象征单位[[MAIL]]/[meil]，才仿拟出例[144]的说法。

这类语音仿拟式的隐喻现常被运用于广告之中，收到了很好的谐音效果，如一个宣传饮料"七喜"的广告为：

[124] 7 days, without 7-Up, makes one weak.

由make one week（构成一个星期）这一本体引出了make one weak（使人乏力）这一喻体表达，创意可谓新颖。

汉语中也有很多类似的用法，如下一则笑话：

[125] 一只黑猩猩走路不小心踩到长臂猿的粪便，长臂猿帮着黑猩猩擦洗，结果产生了感情，它们相爱了。后来，有人问黑猩猩是怎么跟长臂猿相爱的。黑猩猩感叹道："猿粪，都是因为'猿粪（缘分）'啊！"（摘自《故事会》2005年3月上）

该笑话巧妙地仿拟了"缘分"的发音，用谐音"猿粪"作喻体，跨域喻说本体"缘分"。这里本体和喻体两者在意义或其他特征上不存在什么相似性关系，可谓是风马牛不相及，两者之间的联系纯粹就是基于"谐音"之上而创造出来的。

从这个语音隐喻还可看到本体和喻体之间具有互动关系，不仅像有些认知语言学家所坚持的，只是喻体对本体有映射作用，且本体对喻体的选用也十分重要，为什么要选用"长臂猿"而不用其他动物，就是要取"猿"这个音来喻说"缘"。

上述所说的英语中通过语音仿造来形成新表达的现象，在汉语中也屡见不鲜：

[126] 以"声"作则（1980年6月9日《文汇报》漫画标题）
　　　曲径通"忧"（1982年5月17日《文汇报》漫画标题）
　　　奇"痰"怪论（1982年3月26日《青年报》小品文标题）

近年来我国很多广告运用了这种语音仿拟的手法，改动成语中的某一个字词就可能恰如其分地表达出某种新意，以谐音的方式取得了某种特殊的语用效果，从而出现了一种"语音仿拟"的广告语形式。尽管有学者呼吁要纯化汉语，不提倡乃至要禁止这种现象，但这种广告形式似乎没被禁住，正逐步成为一种广告创意的手段。

[127] 趁早下"斑"（化妆品广告）
　　　九"酒"归一（酒广告）
　　　"骑"乐无穷（摩托车广告）

一"明"惊人（眼镜店广告）

默默无"蚊"（蚊香广告）

"闲"妻良母（洗衣机广告）

无可替"带"（胶带广告）

百"衣"百顺（衣服广告）

一"网"情深（国际互联网广告）

既然这种现象已成为禁不住的社会现象，不如依据描写主义语言观，接受这些实际运用中的表达形式，顺应广告制作者的心理，将其视为语音隐喻中的一种语音仿拟，参见下文。

（5）押韵表达

英汉两语言中很多谚语、俗语、成语都是基于语音隐喻之上形成的，例如：

[128] East or west, home is best.

为什么选用east-west来作喻，而不用north-south，正是出于west与best押韵的缘故，也就是说，在心智中内存的象征单位[[BEST]/[best]]，激活选用了方向中的象征单位[[WEST]/[west]]，两者的音位单位同韵。在我国有些地区流行着这样一种说法：

[129] 清明前吃只螺，胜似吃了一只鹅。

仔细想来，为什么喻体不说成"鸡"或者"鸭"，或者其他，也不是因为"鹅"特别有营养，而是因为汉语中的"螺"与"鹅"押韵，即心智中内存的"螺"的象征单位决定了选用"鹅"，其间，语音隐喻机制在发挥作用。

英汉两语言基于语音押韵之上所形成的谚语、俗语、成语数量实在是太多了，此处不再赘言。

（6）黑话、暗语

这类话语中也常因语音缘故而更换说法：

[130] 原来本地杆子和各地农民队伍中都有许多词汇是犯忌讳的，用另外创造的词汇代替，一代代流传下来，叫作黑话。例如路和败露的露同音，说成条子，带路的向导叫带条子的；饭同犯同音，说成瓢子，而吃饭就叫作填瓢子；鸡和急同音，鸡子说成尖嘴子，鸡叫说成尖嘴子放气；鸭和押同音，鸭子说成扁嘴子。（姚雪垠《李自成》）

（7）民俗文化中的语音隐喻

隐喻，如同语言一样，也是深深扎根于社会情景、文化知识之中的，在当前中西文化对比研究的论著中，蕴藏着大量的隐喻性文化内容。我们只要稍稍观察一下，看一看我们周围所使用的语言，听一听我们周围人群所说的话语，真是处处可见隐喻，时时与其相逢，翻开报纸，隐喻性的大幅标题琳琅满目，扑面而来。

再稍微了解一下民间许多风俗习惯，似乎都与隐喻结下了不解之缘，俯拾即是，人们谈起其间的丰富含意，不免津津乐道，点头称是。特别是语音隐喻，尤其令人回味，例如：春节期间的时髦做法，将大红"福"字倒着贴，"福倒"这一概念被隐喻性地转义为"福到"。2016年春晚的魔术节目，毛笔可以自己写字，倒过来写了一个"家"，其喻义为"到家"。大年初一要吃圆子，意在团团圆圆；吃年糕，意在年年升高。结婚时在枕头中放入生的枣子和花生，被隐喻性解释为"早生"和"花着生"（一个男孩、一个女孩地生）。家人在吃梨时，忌分开来吃，以避讳"分离"。送别客人时吃长面条，意为"友谊长存"。

国内当下数字"4"引起不少人的厌恶：汽车牌照中不要"4"；电话号码中排斥"4"；证件号码中也忌讳"4"；在有些大宾馆中，房间号码、楼层就去掉了"4"。这都因其谐音为"死"所致，日本文化中也有类似的现象，这里实际上就将数字系统中的发音"si"映射到了生命概念域中"si"。在当今社会，数字6和8却大受欢迎，因为它们的谐音是"六六大顺、发发发"。更有甚者，有人看看汽车牌号、读读电话号码，就能度量出主人的地位。随着这一社会性思潮的迅速扩展，出现了有些行业要拍卖号码的现象，其"价值规律"也是遵循其中所含6和8的多少来确定的。

可是，在自然序列中又怎能缺少"4"这个数字呢？为能在心理上求得某种安慰和平衡，就运用"音乐疗法"，硬将数字4读成音阶"fa"，这样好歹算是扣上了"发"音，图个吉利，似乎就可"逢凶化吉"，达到聊以自慰的效果了。

关于委婉语问题，其中也涉及语音隐喻问题，某些不愉快的、不便说出来的概念所对应的语音，常用另外一种语音来表示。据说几乎在各民族语言中，"死"的委婉说法是最多的，英语有100多种，汉语中约300多种，为避开"die[dai]"和"死[si]"这类的音，人们想出了很多替代办法。如汉语中表示"si"的词语还有：寿堂、寿木、寿衣；逝世、殉职、遇难、就义、百年之后、遭不幸、与世长辞、乘风飞天、去见马克思、辞世、谢世、物故、合上了眼帘、停止思想、生命的火花熄灭了、心脏停止了跳动、巨星陨落、牺牲、流尽了最后一滴血、殉国、殉难、捐躯、献出了宝贵的生命、离开了人间、粉身碎骨、肝胆涂地、肝脑涂地、同归于尽；已是到时候的人了、归天、闭上了眼睛、停止了呼吸、永远起不来了、永远睡着了、再也见不到他了、过去了、老了、大解脱、两腿直了、两腿一蹬；翘辫子、上西天、一命呜呼、完蛋、报销、断气、呜呼哀哉。还有：身故、故去、长辞、不在、不起、过世、弃世、下世、下辈子、作古、就木、回去、告老、仙游、升天、西归、入土、回老家、魂归西土；驾崩、山陵崩、宾天、卒、圆寂、涅槃、羽化、坐化、上天堂、末日；终、登仙、寿终正寝、见背；殇、早殉、夭折、夭逝；病故、病逝、殍、殪、溺、缢、绞、遇难、丧身、殒命、阵亡；等等（何明延 1983）。

3. 基于成语的404条词语仿拟的认知分析

笔者的硕士生沈志和于2009年基于互联网、CNKI、广告等进行穷尽性搜索，共得基于成语的404条仿拟词语（广告仿拟成语266条，非广告仿拟成语138条），运用认知语言学的"突显和压制观（View of Salience and Coercion）"分析其认知成因。所谓"突显"，就是择其一字（或多字）作为背景进行仿拟改动；所谓"压制"，是指仿照原词的过程中在"读音、词性、意义"上受到一定的限制。有了论点和语料，然后依据认知构式语法常用思路，分别从"句法、语义、语用、语音"四个层面逐条分析它们的特点。

如有一则为哈磁杯所做的广告，将"有备无患"改为"有杯无患"，即以前者为背景（Ground）择用原成语中的"备"为突显成分作图形（Figure），又受到读音、词性、意义的压制改为"杯"。其认知机制可图示如下：

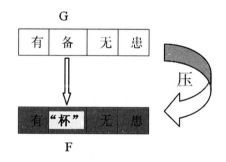

图13.3　仿拟词语的突显和压制机制图示

（1）句法特征

1）概述

首先，原成语构式"有备无患"作为G向下压制F，使其在"字数、句法、语序"上与原成语相协调。其次，"备"在"读音、词性"上被修改成"杯"，且加了引号。其结果是：仿拟成语与原成语字数相等，句法结构对称（均为主谓结构）；F与G的读音和词性（都是名词）一致。

2）语序调整

有时还可用调整原成语语序的方法来构成广告语，如将"心服口服"仿拟成"亲亲八宝粥，口服心服"（亲亲八宝粥广告）。只有先吃，然后才能感到心悦，按顺序像似性重排语序。此类仿拟成语数量很少，仅占3.71%。

3）所改字数

常见的四字成语仿拟大多只改动其中的一个字，但也可能改动其中的两个字，如"诚心诚意"被仿拟为"'橙'心'橙'意"（某橙汁广告）；还可能修改其中的三个字，如：

[131] "笔"上"亮""闪"（某毛笔广告，原成语：逼上梁山）
得"艺""旺""型"（某理发店广告，原成语：得意忘形）
推"新""致""富"（策划公司广告，原成语：推心置腹）
"旺"而"升""位"（山西一邮政广告，原成语：望而生畏）

或四个字都改，如：

[132] "浴浴""冲冲"（太阳能热水器，原成语：郁郁葱葱）

现根据所改动的字数统计如下：

表13.3 仿拟改动的字数统计表

图形F	数目（条）	百分比
一字	340	84.16%
二字	58	14.36%
三字	5	1.23%
四字	1	0.25%
合计	404	100%

可见，在仿拟成语中改动一个字的频率最高，占84.16%。

4）位置

在仿拟成语中，仿拟字F可出现在四个位置中的任何一个（例见下图），改动两个或三个字时则有不同的组合，现统计如下：

表13.4 仿拟改动词语的位置（"O"表示F在仿拟成语中的位置，加黑以示突显位置）

	F的位置	数量	比例
"蛋"无虚发	**O** O O O	110	33.13%
望"书"兴叹	O O **O** O	103	31.02%
乐在"棋"中	O O **O** O	38	11.45%
百家争"茗"	O O O **O**	81	24.40%
合计		332	100%

5）词性对比

几乎所有的词性均可被"突显"和"仿拟"，但它们出现的频率相差很大，现列表如下：

表13.5　仿拟词语的词性统计表

词性	例示	图形F	数目	百分比
名词	"斑"弄是非	斑	268	61.75%
动词	百"嚼"不厌	嚼	98	22.58%
形容词	流言"怪"语	怪	47	10.83%
副词	"全"老徐娘	全	6	1.38%
数词	一心"二"意	二	5	1.15%
代词	为"你"独尊	你	4	0.92%
量词	大吃一"斤"	斤	1	0.23%
字母e	"e"往情深	e	5	1.15%
合计			434	100%

该表统计按照实际出现频率，有的成语仿拟出现多次，因此总数不是434，而是454。排在前三位的依次是名词（占61.75%）、动词（占22.58%）和形容词（占10.83%）。其余占比较小，它们有副词（1.38%）、数词（1.15%）、代词（0.92%）、量词（0.23%），同时还包括英语字母"e"（1.15%）。

（2）语义特征

原四字格成语换用一个"杯"字，且将其置于引号之中以示"突显"，从而达到了广告的效应，以引起人们关注"杯"字的意义。受众可在心智中参照背景"备"（准备）及语境，极易从中读出"准备好杯子"的广告用意。

在语义上，F（仿拟字）与G（原字）之间主要具有"类义"与"对义"两类，前者如：将"百读不厌"修改为"百'嚼'不厌"（绿箭口香糖广告），其中的"嚼"与"读"同属一类动作意义。再例将"妙笔生花"修改为"妙笔生'辉'"（迪菲亚化妆笔广告语），其中的"辉"与"花"可视为类义。

若将"六神无主"修改为"六神'有'主，一家无忧"（上海六神牌花露水广告），其中的"有"与"无"为对义。又如将"精兵简政"改为"精**官**简政"，其中的"官"与"兵"在语义上为对义关系。

(3) 语用特征

1) 概述

将原成语仅改动一字，方法简单，意义明确，吸引受众，且具有一定的幽默感，很好地取得了广告的宣传效果，也彰显出广告编写人的智慧。

2) 一源多用

有趣的是，一个"随心所欲"成语，竟然被多家广告商看中，仿拟出不同的表达用法：

A. 随心所"浴"具体广告词为：

  玉环牌热水器让您随心所"浴"。 （玉环牌热水器广告）
  家有飞鹿，随心所"浴"。 （飞鹿热水器广告）
  北燕沐浴，随时随地随心所"浴"。 （北燕浴箱广告）
  XX牌浴霜，真正随心所"浴"。 （XX牌浴霜广告）

B. 随心"锁"欲。（某锁业广告）

C. 随心所"育"。（某医院广告）

3) 突显商品的不同属性

表13.6　仿拟词语的属性统计表

	例示	图形F	突显属性	合计
一字 （217）	首屈一"纸"（纸张广告）	"纸"	品牌、种类	102
	无与"轮"比（某轮胎广告）	"轮"		
	盛锡福——以"帽"取人（盛锡福帽子广告）	"帽"		
	玉环牌热水器让您随心所"浴"（玉环牌热水器）	"浴"	功能、特点	115
	"闲"妻良母（台湾海龙洗衣机广告）	"闲"		
	自作自"瘦"（瘦身器材广告）	"瘦"		
两字 （39）	"橙"心"橙"意（某橙汁广告）	"橙、橙"	品牌、种类	12
	"静"善"净"美，鹏鹞环保（鹏鹞环保设备）	"静、净"	功能、特点	19
	触"幕"惊"新"（大洋字幕机）	"幕、新"	品牌、特点	8

仿拟一字的广告共有217条，表示商品的"品牌、种类"（共102条）略少于表示"功能、特点"（共115条）。仿拟两字的广告共39条，也可起到同样的作用。

广告中的仿拟成语就是充分利用了"图形"易于激发人们的好奇心，引起高度关注，同时淋漓尽致地发挥其突显功能，达到了广告的效应。

4）语用效果

仿拟成语的目的既为传达某种信息，也为实现特定的语用效果，如批评、夸张、幽默、新奇、简练等，例如：

[133] "一"臭万年，香遍万家。（北京王致和腐乳厂广告，仿"遗臭万年"，具有夸张、幽默之效）

[134] ……鸿渐还躺着，想跟鲍小姐"后会无期"，无论如何，要礼貌周到地送行。（钱锺书《围城》，"后会无期"仿"后会有期"，讽刺之味油然而生）

[135] 因为，这个具有一部分俄罗斯血统的杂交二代一定会成为掌上钻石。（莫言《十三步》，"掌上钻石"仿"掌上明珠"，令人新奇）

[136] "丰"华正茂。（丰华牌圆珠笔广告，发挥成语的简练、有效之特点，让人过目难忘）

[137] "剪"多识广，"报"罗万象。（《中国剪报》广告，语用效果同上）

（4）语音特征

"杯（bēi）"与"备（bèi）"语音相谐，对于国人来说，极易通过"杯"字联想到"备"字，因此"杯"字的突显得以进一步加强，让人过目难忘，语音隐喻机制（参见李弘2005）很好地发挥了作用。

又如《解放日报》曾将成语"燃眉之急"巧妙地仿拟为"尽快解决燃'煤'之急"，以报道某城市冬季取暖缺煤的问题。

从下表可见，直接替代式仿拟成语占绝大多数，96.29%，移动式仅占3.71%。其中谐音替代在广告成语中最为流行，占87.97%；而类义替代在非广告中更为突出。

表13.7　替代仿拟与移动仿拟统计表

构成方式		广告		非广告		合计	
		数目	百分比	数目	百分比	数目	百分比
替代	谐音替代	234	87.97%	40	28.99%	274	67.82%
	类义替代	21	7.89%	72	52.17%	93	23.02%
	对义替代	6	2.26%	16	11.59%	22	5.45%
移动		5	1.88%	10	7.25%	15	3.71%
合计		266	100%	138	100%	404	100%

我们进一步将谐音仿拟类成语中的语音隐喻进行细化，发现它们的F与G在语音上存

在如下三种类型：

A型：完全同音的语音隐喻；
B型：近音的语音隐喻（可细分为三种次类型：B_1型、B_2型、B_3型）；
C型：方言语音隐喻。

表13.8　仿拟词语的语音隐喻分析（＋表示相同，～表示相近，—表示不同）

		声母	韵母	声调	比例
A型（完全同音）		＋	＋	＋	235（71.00%）
B型（近音）	B_1	＋	＋	-	58（17.52%）
	B_2	＋	～	＋	21（6.35%）
	B_3	～	＋	＋或-	15（4.53%）
C型（方言）		＋	-	＋	2（0.60%）

从上可见，A型为在"声母、韵母、声调"三方面完全相同的语音隐喻，这在语料中所占比例最高，为71.00%。其他类型的比例较少，因为找不到三方面完全相同的同音字，不得已而为之，只能有所违背。

C型指"方言谐音"，上述三方面按照普通话可能都有差别，但在方言里它们的发音却极为相似，甚至一样，如"好事多磨vs好'水'多磨"，在上海话中"事、水"发音相同。又例"唯我独尊vs唯'鹅'独尊"，在某些方言中"我、鹅"发音相同，这就使得广告商"有机可乘"。

（5）小结

不同的语言学家基于文字规范对此类仿拟成语作出了褒贬不一的评说，其中分歧最大的就是广告中的谐音类仿拟成语。持全盘反对者有高慎盈（1995）、任抗帝（1996）、吴怡生（1996）、李仁孝（1997）等，认为此类用法危害汉字规范化，容易引起语言混乱，且在汉语成语的拼写和理解上会误导青少年。持辩证赞成的代表有徐益明（1995）、姚录岐（1995）、林洁洁（1996）、邢福义（1996）、李索（1996）、陈庆汉（2006）等，他们认为广告商在利用成语做宣传时应遵守语言规则和道德规范。陈庆汉（2006）在具体操作上还提出了判断广告中仿拟成语的优劣四标准。邢福义（1996）提出了成语仿用中"两全其美"的办法，要么将换用的字加上引号，要么在广告词下写出成语，并指出应该"下功夫研究对策，找出规律，积极引导"；相反，"简单否定一棍子打死，恐怕不是科学的态度和做法"。

4. 结语

　　隐喻，可谓我们赖以存在的根本大计，须臾不可或缺的认知工具。语言始源于语音，因此语音隐喻就必然是一种十分重要的现象，不可小视。让我们都做一个有心人，认真注意一下生活中的语音隐喻吧，对其加以收集、整理和研究，再与西方有关的语音隐喻进行对比，我们必然还会发现更多有趣的现象。同时对于语音隐喻的了解和掌握，不仅有利于丰富语言表达，加深了解不同民族的文化，而且对于开拓我们的创新思维也是大有裨益的。同时，还可更加深刻地理解我们祖先和当代西方学者所提出的隐喻认知理论的深远哲理之所在！

思考题：

1. 简述隐喻认知理论的学术意义。
2. 按文中对隐喻的分类分别找出英语和汉语的例证，并加以对比。
3. 试析马丁·路德金著名演讲"I Have a Dream"中的隐喻。
4. 收集并整理近年来春节对联中所运用的语音隐喻，尝试运用书中第三节第3点所述方法进行分析。
5. 在刘向所编纂的《战国策》中收集了498个小故事，其中大多用隐喻方法喻说了深刻的处世道理。试择其部分组成封闭语料作系统调查研究，分析主体与喻体之间的关系。
6. 当代网络新词语约有五千个之多，每年各个新闻媒体也公布十大流行词语，试用隐喻认知理论分析其成因。

第十四章 隐喻认知理论（中）

第四节 语法隐喻

1. 概述

人类通过隐喻认知了世界，发展了思维，健全了概念，丰富了语言，这一现象不仅反映在词汇层面、话语层面上，而且还体现在语法层面上。对语法隐喻的研究不仅可表明语言结构发展的历史，反映出人们创造性地运用语言交际的能力，而且对人类的认知、思维、概念的建构和形成具有其他隐喻同样的功能。一方面，客观世界、感知体验、认知推理是形成语法隐喻的基础；另一方面，语法隐喻也有助于我们表达思维和认识客观世界。

随着20世纪70年代末80年代初认知科学的兴起，隐喻研究进入了一个跨学科研究的兴旺时期，隐喻认知理论逐步为人们所接受。系统功能语言学派的创始人Halliday在《功能语法导论》（1985：342）中主要在功能语法框架中提出了语法隐喻（Grammatical Metaphor）这一术语，认为隐喻现象不仅出现在词汇层，且也常发生在语法层。后来该学派中其他学者，如Ravelli、Martin、Goatly、Thompson等人接受和发展了这一理论。我国学者胡壮麟（1996）、朱永生（1994，2000）、郎天万、蒋勇（1997）等学者对此都有论述。胡壮麟（1996）将语法隐喻定义如下：

在构成隐喻的两个概念领域中，其中至少一个领域应与语法形式有关。

他在论文中引用了中世纪的学者John of Salisbury说过的一句话：语法模仿的毕竟是自然，其起源部分归之于自然，这就道出了语法的体验性。他认为语法隐喻强调的是语法概念或形式与现实世界或语义之间的关系，并将其归为3类：

① 以语法术语来隐喻现实世界；
② 以语法结构来隐喻现实世界；
③ 以语法理论来隐喻现实世界。

例如古希腊的斯多葛学派认为语法中"格（case）"这个术语源自希腊语的ptosis（跌落），它反映了那时的人们对该术语的认识，即一个词"跌落"在另一个词上，以此来表示词与词之间的格关系。原先从现实世界通过隐喻方式形成的语法术语，还可被转用来表示现实世界中的各种现象，如中世纪有人抨击罗马教廷时说，语言中有六个格，但罗马只要两个就可以了：与格（Dative）和宾格（即控告格，Accusative），前者隐喻"贪污"，后者隐喻"虚伪的诉讼"，就把那时的罗马教廷一手捞钱一手整人的形象刻画得入木三分。

据此我们认为胡壮麟对语法隐喻所下的定义中的"语法形式"可包括"语法术语、语法结构、语法理论"。又例：

[1] Men are verbs, but not nouns.（Black 1979：23）

这里的verb（动词）和noun（名词）原为两个语法术语，现用来喻说男人应当干活，而不是让人看的物品。这两个语法术语原来也是来自现实世界和感知认识。verb源自拉丁语中的verbum，意为"word（词语、言语）"。Herder（姚小平译 1999：65）指出：

> 跟人关系最密切，对他的语言影响最大的，便是他需要表达的对象——行为、活动、事情等等，因此，最初他必须一一应付那么多的行为、活动、事情，其结果是，几乎每一种状态都被赋予了新的动词。

这就解释了为什么要用word来表示verb。Noun源自拉丁语的nomen，意为"name"，表示人或事体的名称。可见这两个语法术语都与现实世界或人们对现实世界的认识有关。而在例[1]中这两个语法术语被隐喻性地用来指"干活"和"物品"，使其有了新的含义。又例，当某男士被问及其婚姻状况时说：

[2] 我与她已是过去时了。

借用语法术语"过去时"来喻说他与她已离婚这样一个现实。以此类推，还可说：

[3] 我与她还处于进行时呢！
[4] 结婚还是将来时呢！

在《中国民航》（2003年第4期）有一篇题为《科技进行时》的文章，列出了22种未来最新科技成果，这一标题正是借用了语法术语"进行时"来表示正在发展中的科学技术。《四川航空》2015年4月号第54页的文章标题为：

[5] 2015年全国两会：能量释放将来时

又例：

[6] 我们正把"将来时"变成"完成时"。

[7] It is better a has-been than a never-was.（一度如此，总比从未如此好。）

巧妙地将"完成体"与"过去时"对立起来，用has-been表示"一度如此"，用never-was表示从未如此。在一次语言学学术会议的聚会上，一位学者不想喝酒了，说了句：

[8] 喝酒已是完成时了。

另一位学者接过话题说：

[9] 不是完成时，是完成进行时。

意思是还要继续喝。在这一对话中用了两个语法术语："完成时"和"完成进行时"，十分幽默地传递了各自的信息，同时也反映出了对话者的行业特征。

在《间谍不死》一书中第四章的标题为《带问号的一年》，也是一个语法隐喻。还有一则故事说：在某家庭中丈夫总用疑问句，妻子总用祈使句。这是在说丈夫总是在不断向妻子"请示工作"，妻子总是在不断"下达命令"，十分生动地描绘了一幅"气管炎"（妻管严）的画面。英语中也有类似的故事，一位怕妻子的人说：

[10] My wife always says "You shall", and I always say "I will".

也是巧用两个情态动词来表达"妻子总是下命令，丈夫总是要服从"的意思，两则故事似有异曲同工之处。

有时单复数、标点符号也可用作隐喻：

[11] 活在书写中的经典只能是复数。
[12] 大学仅是人生这个句子中的一个逗号。
[13] 这个案子该画句号了。
[14] 他是我感情世界的句号！

Fónagy（1999：18）在"Why Iconicity"一文中从像似性角度论述了语法隐喻现象：

① 时态替代。用"过去时、将来时"代替"现在时"，可表明一种距离感，因为过去和将来都不能被直接看到，这就传递了一种与现在没有直接关系的含义，如：过去时的虚拟用法可表示"谦虚"，因为发话者说的是过去，而把当下的决定权留给受话者，便可使得发话者显得谦虚了。

② 人称替代。用单数第三人称代替第二人称，从人称上加大距离，没有直接称呼对方，以避免词语会触及、涉及或伤及对方，如his Majesty、his Grace等。还可用"我们"

来代替"我"[①]。也可用第二人称代替单数第一人称，为军事用语，表示下属要无条件地服从。

③ 标点符号。标点符号也可被隐喻性引申出其他新用法，如引号原是用来引用别人原话的，现发展出20多种用途，包括讽刺用法。在20世纪50年代的匈牙利报纸上，"理论、思想"等被加上引号后表示非马克思主义的理论和思想，含有不是真正的理论或思想的意思。

④ 大小写。在19—20世纪的英国和德国诗歌中，词首常用大写字母代替小写字母，以示巴洛克式的风格；有时全大写字母拼写抽象名词，以示强调，或使抽象名词具有"寓言特征"。

一般说来，我们在使用语言时大致有两种情况：选用与现实情况一致性（Congruence）较高的语句形式，即语言较为贴近现实，表述更为直截了当，具有一种典型的或无标记的体现形式；也可选用与现实不相符或不完全相符的形式，用隐晦的、曲折的、不一致的方式反映客观现实，这就使得语句具有了一定的标记性，此时语句就具有隐喻性。当然还有很多介于两者之间的表达形式。

2. Halliday对语法隐喻的分类

Halliday的系统功能语法提出了著名的语言三大"元功能"：概念功能、人际功能、语篇功能。根据它们可相应地区分出三类语法隐喻：概念隐喻、人际隐喻、语篇隐喻。Halliday在区分两类隐喻"词汇隐喻 vs 语法隐喻"的同时，将后者主要分为两小类：概念隐喻vs人际隐喻。他在1985年《功能语法导论》中论述语法隐喻时并未提及语篇隐喻，可见他对语篇隐喻持保留态度。

（1）概念隐喻

概念功能在英语中主要体现形式是"及物系统"，表示人们对客观世界的认识，将各种经历按性质或特点编入语言，可通过语言来反映人类各种活动的主体、过程、环境等。Halliday（1985）的及物系统理论认为人类主客观世界的各种活动可描写为六种过程"物质、心理、关系、言语、行为、存在"，它们都可被隐喻为另一个过程。

[15] Mary saw something wonderful.（心理过程）

[16] A wonderful sight met Mary's eyes.（物质过程）

相比之下，例[16]与现实距离较大，以一种曲折的方式反映了事实，其结构与现实结构具

---

① 汉语中也经常有这样的情况，可用"我们"来代替"我"或"你（们）"，如一个外单位的人A来一个单位找X办事，为了尽量拉近双方的距离，A故意将X称作"咱们这个单位"。还可能把"我"说成"人家"，以适当拉大距离。

有"不一致性",用物质过程来喻说心理过程,这就是一种概念隐喻。胡壮麟(2000a)将其描述为:

一个过程可以隐喻为另一个过程。

由于及物系统中的过程发生了变化,也就是说主体对活动的认识角度发生了改变,活动过程中的有关参与者,以及分句中的功能成分(参与者、过程、环境)也就会发生变化,原来作为actor(动作者)的Mary在下一句中仅被说成是eyes的所有者,其功能发生了变化;原来的心理过程被分解成下一句的动作者(sight)、物质过程(meet)和目标(eyes)。可见,在这种隐喻化过程中,将一个常见的、具有一致性的语法形式隐喻为另一种隐含性表达形式,被转换的功能成分在词汇语法层上从一种形式(如短语、词类等)隐喻为另一种形式,词性也发生了变化,如名词化现象(用名词形式表达本应由动词、形容词、介词、连接词表达的概念,参见下文),或名词、介词、连接词等喻用为动词,或其他词类之间的转用等(参见Halliday 1996)。

(2)人际隐喻

英语中的人际功能主要通过语气(Mood)和情态(Modality)来体现。我们知道,几种基本的言语交际功能与语气系统之间存在着大致的对应关系:陈述功能一般用陈述语气,疑问功能一般用疑问语气,提供和命令的功能一般用祈使语气。

[17] Don't go there now.

[18] Do you think it is ok for you to go there now?

若用疑问语气(例[18])来表示祈使语气,则属于人际隐喻中的语气隐喻。而且,英语中各种语气之间可以有多种言语行为的转换。

情态是话语发出者用来表达自己对某事的态度或看法的,在英语中常用各种情态成分加以表达:

[19] It is probably going to rain.

[20] I think it's going to rain.

把原来含有情态成分probably的分句变成了不含情态成分的分句(例[20]中的宾语分句更接近事实),用另外一种方法I think分句来表示原来的情态意义,这就出现了人际隐喻中的情态隐喻。英语中有许多表达情态的方法,如"情态动词、实义动词、形容词、副词、名词"等,它们之间也存在多种相互转换使用的现象。

(3)语篇隐喻

至于语篇隐喻能否与语言元功能建立起对应的关系,胡壮麟(2000a)对此做了专门论述。在Halliday & Martin（1993）的合著中曾述及此事：语法隐喻通过展开一个语篇的主位结构和信息结构，成为组篇的工具。Martin（1993）则提出了"隐喻性主位"和"隐喻性新信息"两种语篇隐喻的观点，如：

[21] Between 1937 and 1945 the value of industrial production almost doubled.

[22] This increase was faster than otherwise would have occurred.

例 [21] 中的新信息经过名词化过程说成了例 [22] 中的主位this increase。

我们知道，科技语篇中名词化现象十分普遍，该现象实际上也是一种典型的语法隐喻。因为，一般说来应该用一个分句来表示一个命题，这才具有一致性，倘若将一个分句所表示的意义压缩成一个名词短语，用作另一分句中的某一成分，此时就会发生名词化现象。名词化将过程和特征经过隐喻化，不再是小句中的过程或修辞语，而是以名词形式体现的参与者，如：

[23] If machines are tested by this method, some power will be lost.

[24] The testing of machines by this method entails some loss of power.

例 [24] 将例 [23] 中用动词表达的两个过程概念（test，lose）换用成了名词（testing，loss），使得语句简练、经济，体现了科技人员更关心科学中的现象（Herbert 1965：161—164）。这类语法隐喻从语法结构上看降低了句法级阶，分句降为名词短语，但具有重塑人类经验的语篇功能，同时也扩大了人类认识世界的能力。

Halliday于1996年的论著中将语法隐喻分为：

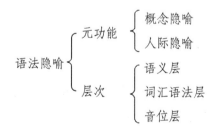

图14.1　语法隐喻分类图

可见，Halliday对语篇隐喻一直持某种程度的保留（胡壮麟 2000a；Thompson 1996），他（1996，1999）更倾向于把名词化现象划归于词汇语法层。他还倾向于把人际隐喻（情态系统、时态等）也划归于概念隐喻之中，这样也就表明了他不赞成将语法隐喻分为"概念隐喻、人际隐喻、语篇隐喻"的立场。当然将语法隐喻分为这三类也有其明显的可取之处：可与语言的三大元功能相对应。

3. 语法隐喻的使用

语法隐喻与其他隐喻一样，都具有反映和重塑人类经验的重大作用，是人类认识世界的重要认识策略。Lakoff & Johnson 的认知隐喻理论虽也曾提及语法范畴在产生隐喻过程中的作用，但主要论述了词汇隐喻，而Halliday（1996，1999）等学者的隐喻理论不限于词汇层面，还将其拓展到了词汇语法系统，并认为语法隐喻比词汇隐喻更为抽象，处于更高层面。

一般认为，婴幼儿的隐喻能力是随着年龄增长的，且词汇隐喻与语法隐喻基本上是同步发展的。但根据Halliday等学者的观点，既然语法隐喻处于更高层面，更为抽象，从理论上说掌握语法隐喻应稍后于词汇隐喻。Halliday & Martin（1993）指出：婴幼儿要在八九岁之后才开始操作语法隐喻。Halliday后来在1999年的论文中又说：婴幼儿上小学时开始学习书面语法，进中学时开始学习语法隐喻（参见胡壮麟 2000a）。如此说来，词汇隐喻的操作好像要早点。

语法隐喻的运用与许多因素有关，特别是交际方式。一般说来，相对于书面语来说，口语中的语法隐喻要少得多。朱永生（1994）曾指出：

> 书面语言中的概念语法隐喻在数量上远远超过了口头语言中的概念语法隐喻。……书面交际则不同，作者和读者都有可能花费一定的时间去分析理解那些转弯抹角的句子。

在日常口头交际（不包括读书面报告、文章等）中，倘若讲话者主要是传递信息而不讲究什么表达手法，也没有足够的时间来修辞语句，此时最有效的办法之一就是尽量少地采用一致性程度低、具有深度隐喻性的语句，注重语句的"透明度"和"直接性"。在日常口头交际中，与现实世界一致性程度高的无标记性语句，符合这种高"透明度"和"直接性"的要求，当然也不乏听到一些表达新颖、一致性程度低的语句，借以调谐、取得幽默、增加语句感染力。

但在书面语中情况则有所不同，作者为了追求语言表达新颖奇特，以吸引读者，语篇不至于平淡无奇，此时常会使用一些与现实世界一致性程度低，甚至与其相违背的语句。作者可采用多样的修辞手段，包括语音层（押韵、对称、节奏等）、词汇层（词汇隐喻、词语文体）、语法层（句型、结构、跨过程类型选择、跨及物系统功能成分）、语义层（更换描写角度，或含蓄、或明了、或深沉、或直接）等，以取得一种表达多样化的效果。当然，倘若满篇都是有标记的、一致性低或违背一致性规律的语句，则又会使人感到矫揉造作、哗众取宠，觉得过于费解、沉重。

可见语法隐喻与"交际主体、方式、体裁、文风、情景"等因素密切相关。

第五节　隐喻的特点

隐喻一般是从"熟悉的、有形的、具体的、常见的"概念域来认知"生疏的、无形的、抽象的、罕见的"概念域，从而建立起不同概念系统之间的联系。这就是"知比未知，方传心意"，即用已知物来喻说未知物，从而使得未知变为已知。"具体的"常常是"已知的"，如中国古人对"愁"的描写就常用具体的东西作喻，以便对其有更深刻的认识，唐代常非月的《咏谈容娘》：

[25] 不知心大小，容得许多愁。（使愁有了体积）

宋代李清照的《武陵春》：

[26] 只恐双溪舴艋舟，载不动，许多愁。（使愁有了重量）

宋代秦观的《江城子》：

[27] 便做春江都是泪，流不尽，许多愁。（使愁有了数量，像春江水一样多）

宋代辛弃疾的《菩萨蛮》：

[28] 人言头上发，总向愁中白，拍手笑沙鸥，一身都是愁。（使愁有了颜色）

宋代辛弃疾的《丑奴儿》：

[29] 少年不识愁滋味，爱上层楼。（使愁有了味道）

宋元间刘辰翁的《柳梢青》：

[30] 铁马蒙毡，银花洒泪，春入愁城。（使愁有了具体的"城"形象）

宋代柳永的《八声甘州》：

[31] 争知我，倚栏干处，正恁凝愁。（使愁像具体事物一样聚集在一起，难以解开）

他在《蝶恋花》中还说道：

[32] 伫倚危楼风细细，望极春愁，黯黯生天际。（愁可像事物一样被看到）

南唐李煜的《虞美人》：

[33] 问君能有几多愁，恰似一江春水向东流。（使愁可以计量）

唐代李商隐的《风雨》：

[34] 消愁斗几千。（也是对愁的计量）

使抽象的愁能具体计量表达在唐宋诗词中还有很多，再如宋代贺铸的《青玉案》：

[35] 试问闲愁有几许，一川烟草，满城风絮，梅子黄时雨。

宋元间蒋捷的《一剪梅》：

[36] 一片春愁待酒浇。

南宋陆游的《钗头凤》：

[37] 一怀愁绪，几年离索。

宋代叶清臣的《留别》：

[38] 三分春色二分愁，更一分风雨。

正是对"愁"作了如此丰富、生动的隐喻性摹状，将抽象概念的"愁"用种种具体概念来论述，可通过具体事物来认识和理解抽象概念，使得人们对"愁"有了更深刻的理解，特别是将其量化，一方面将"愁"视为具体的事物来计量，另一方面也加重了"愁"的分量。可见，隐喻作用重大，使用广泛，特征显著，耐人寻味。

隐喻主要具有下列特征：跨学科性与普遍性、体验性与无意识性、矛盾性与统一性、系统性与限制性、新奇性与生成性、创造性与开放性、程度性与模糊性、单向性与互动性、共时性与历时性、转换性与辩证性。

1. 跨学科性与普遍性

当代隐喻已成为众多学科所密切关注的中心议题之一，如：哲学界、语言学界、认知科学界、人工智能、心理学界、社会学界、教育学界等。

柏拉图曾将隐喻视为哲学的大敌。传统的分析哲学家（特别是形式主义哲学家）认为概念都是非隐喻性的，因其不能被现实所验证，他们都认为概念只能通过Frege的系统意义（Sense）来确立，或通过抽象符号与独立于心智世界之间纯粹的、客观的关系来确定。但也有很多哲学家对隐喻予以高度重视，康德于1790年就从认知角度对概念隐喻作出了论述，并指出：我们的语言中充满了这种运用类推（相当于隐喻）间接获得的概念化表达方法。毕达哥拉斯、笛卡尔、黑格尔等对隐喻都有论述。德国哲学家布鲁门伯格于1960年也指出：

Metaphors can also be *basic components* of philosophical language.（隐喻也是哲学语言的基本成分）。

将"基本成分"斜写以示强调（参见Jäkel 1999：15）。Derrida（1982）认为：哪里有文字，哪里就有隐喻。L&J接受了这些观点，强调指出人类大部分推理是隐喻性的，隐喻性推理使得抽象的科学论述成为可能，哲学也是基于隐喻的，哲学运用相对少量的隐喻形成了统一的核心理论。

在自然科学中也运用了大量的隐喻，如：物理学中抽象的"电"常通过日常生活中有形的"水"来加以理解，这就有了"电流、电压、电阻"等术语。爱因斯坦在论述时间相对论时，常引用下一隐喻："坐在火炉上两分钟就像是两小时，坐在漂亮姑娘旁边两小时就像是两分钟。"在Lakoff & Nùñez（2000）出版的*Where Mathematics Comes From*一书中还尝试用隐喻来解释数学系统的形成过程。

隐喻普遍存在于我们的思维和行为之中，是人类语言无处不在的原理，隐喻使得大部分抽象思维成为可能，它是不可避免的，是人类最伟大的一种智力，我们一定要利用隐喻进行思维。如在：

[39] Love is a journey.

隐喻中，爱情本身不是旅行，不需什么火车、飞机的交通工具，它通过隐喻被概念化成像旅行一样，有始点和终点，有顺利和不顺利，成功和失败之说，需要花费时间和精力，还需要花钱，甚至还要周密计划，考虑用什么方式最好等等，"旅行"中的许多特征就被系统映合到"爱情"上，使得人们在两者之间建立了联系。

Richards（1936：92）指出：在我们的日常生活中充满了隐喻，我们的口头交际中平均每三句话中就会出现一个隐喻。而L&J（1980）所作的调查得出的比例更高：语言中大约70%的表达方式是源于隐喻概念。Ortony（1979）认为：所有语言都具有隐喻性质。《小雅·鹤鸣》中全用"比"体，而不道破一句。

2. 体验性与无意识性

我们可以假设，人类初民在用词语指称事体时，往往是用一个名称来指明一个事体或一类事体，在认识个别与类属的顺序上，一般是从个别到类属。祖先就在生活实践中逐步认识到了事体的类别，同时也就培养出了范畴化的能力，范畴、概念、范畴化能力的形成是一个漫长的过程。L&J（1980）基于此提出了"新经验主义（Experientialism）"，于1999年正式提出"体验哲学"，强调心智的体验性、认知的无意识性、思维的隐喻性（参见第三章）。他们认为隐喻也具有体验性和无意识性。L&J（1980：19）指出：

In actuality we feel that no metaphor can ever be comprehended or even adequately represented independent of its experiential basis.（事实上我们认为：独立于经验基础，隐喻就不能被理解，甚至也无法被确当阐述。）

许多认知语言学家，如Sweetser、Turner、Gibbs、Grady、Brugman、Taylor等都持该观点，这就是人们把隐喻视为理据性表达的原因之一。

由于隐喻的基本作用是从喻体始源域将某一或部分特征映合到本体目的域中，这种从喻体向本体的映合也常是以身体经验为动因的。隐喻基于体验，日常经验中的相关性不可避免地会引导我们获得基本隐喻，它是"身体、经验、大脑、心智"的产物，也只能通过体验获得意义，这样就把基本认知能力与感觉运动经验连接了起来。如自从我们出生后开始会爬，慢慢就形成"始源—路径—目的地"这一基本图式，做事一般都会有这样一个过程，先有INTENTION（始源），经过努力（路径），最终达到目的。这两者是同构的，自然就会形成一种隐喻关系。可见，我们的行动常常就是基于这种基本图式之上的。隐喻的体验性说明它不可能是任意的，可通过身体体验对其作出合理的解释。

可以假设：人类祖先起初主要通过身体在空间中的体验来逐步认识世界，L&J（1980）亦已证明了这一点。Lakoff（1987：313）还提到了墨西哥西部的印第安部落Mixtec（米斯泰克人）隐喻性地用身体部位来表示空间概念的许多例子，尽管我们在概念系统中没有这类结构，但我们还是能凭自己的经验来理解这些表达，如：

[40] The stone is in the table's belly.　　under the table
[41] He is on the head of the hill.　　on top of the hill
[42] He is on the back of the house.　　on the roof of the house
[43] I am sitting on the arm of the branch.　　on the branch of the tree
[44] My son is lying on the face of the mat.　　lying on the mat

在很多情况下，隐喻过程是一种无意识的思维，人们经常能自动地或无意识地获得这些思维隐喻模式。当然能创造相似性的隐喻则具有一定的有意识性。

茅盾也早已述及隐喻的体验性，他在《鼓吹集·谈描写的技巧》中指出"最初，从自然中找比拟，诗人们创造了描写的技巧，第一阶段为'实物比拟'"，相当于L&J（1980）所说的"本体隐喻"。他还举了一个十分有趣的例子：希腊古诗人琉善在《苍蝇赞》中指出，荷马屡次用"苍蝇的勇敢"来形容最杰出的英雄。荷马把挥去后旋而复来、盯住了它的目标绝不断念的苍蝇的行为，借以形容英雄们的无畏和坚定的精神。他不用狮子、虎豹等来比拟，而用苍蝇，初看之下，似乎不伦不类，但当你明白了这种比拟的意义以后，你的印象就特别深刻，因为狮子虎豹的勇猛不是我们所能目击的，而在夏天则可天天体验到"苍蝇的勇敢",且还身受其"教训"。茅盾曾用这个例子,结果收到许多来信,指斥他用苍蝇污蔑人民战士。这也说明了跨民族之间对隐喻可有不同的见解。张明冈(1985:29)也认为:

> 比喻从生活中产生,又在生活中发展。比如用"蛾眉"这个词来比喻女人的眉毛很好看,最早见于《诗经》。古代诗人通过观察生活,想到用"蛾"来比喻女人的眉毛。

3. 矛盾性与统一性

隐喻意义的产生主要始源于本体与喻体之间在概念上的不相容性,但也可能存在一定的相似之处,认知主体将两者并置后,出现了矛盾意义的碰撞,在化解矛盾的过程中寻求统一,认识到本体与喻体之间在某一点上的相似关系(喻底),再结合其他因素就可获得语句的隐喻义,因此一条隐喻往往就是一个矛盾对立统一的结合体(参见第十五章第七节)。这里的矛盾性是指本体与喻体在本质上常具有一定的对立性,但亦有所相似,如将"金花茶"称为:

[45] 植物界大熊猫

就很能说明问题。我们知道,"大熊猫"是动物,与"植物界"如此并置显然是矛盾的,这时认知主体就要根据语境,调用背景知识进行恰当推理,找出其间的相似关联后才能获得这一隐喻性表达的含义。人们都知道,"大熊猫"是我国独有的珍稀动物,已被列为国家一级保护对象,因此,例[45]就表达了这样的隐喻意义:金花茶就相当于动物界的大熊猫,是植物界一种十分珍稀的保护对象。

认知主体通过推理所建立的仅是一种"相似关联"的关系,不是全等关系,所以,"喻"毕竟是"喻",本体和喻体之间毕竟不能全等。由于人们的想象力是无限的,体验也是千变万化的,再加上还有"无意识性"特点,因此隐喻种类繁多,无奇不有,千变万化,难以预测。对同一本体的理解和描述由于视角的不同,体验的差异,出现互相矛盾的说法也属正常,如可以说:

[46] 爱情是幸福。
[47] 爱情是战争。
[48] 爱情是悲伤。

也可以说:

[49] 爱情是悲伤的幸福。

[50] 爱情是幸福的悲伤。

正是在这种矛盾的对立统一中，我们见到了隐喻的新奇之处，对隐喻的体验性有了更深刻的理解。

隐喻句子多为肯定句，正是用了肯定性的"be"或"是"将既矛盾又统一的本体与喻体并置，产生了特殊的效果。在这种情况下，即使将其改成否定句，其隐喻意义依旧存在，这就是通常所说的隐喻具有不可撤消性（参见束定芳 2000：72）。Searle（1979：91）曾举了这样两个例句：

[51] Sally is a block of ice.

[52] Sally is not a block of ice.

否定句像肯定句一样也具有隐喻性。又例：

[53] 传统道德并非万金油（《扬子晚报》2001年11月7日）

"万金油"原是一种药名，为"清凉油"的旧称。其实这种旧称也是个隐喻用法，清凉油绝不可能治百病。标题中的传统道德是指"和为贵"，指人们不要动不动就上法庭，这与当今的法制社会不相称，故有此标题。即使用了否定句，"传统道德"与"万金油"之间的比喻意义依旧存在。又如汉语中说：

[54] 你真不是个东西

[55] 你这个东西

这两例同样都具有隐喻义，而且意义接近。所以，"本体vs喻体"之间的隐喻义即使出现在否定句中，其隐喻意义犹存，人们依旧在进行跨域思维和表达。

4. 系统性与限制性

正如上文所述，喻体在向本体映射的过程中，可将其中的一个或数个特征转移到本体之上，在很多情况下是数个特征成系统地向本体映射（参见第十三章例[2]、[3]）。又例将argument 隐喻为war（Argument is war.）之后，就将一系列与"战争"有关的概念都映射到了"争辩"这一"舌战"之中：

[56] Your claims are indefensible.

[57] He attacked every weak point in my argument.

[58] His criticism were right on target.

[59] I demolished his argument.

[60] I've never won an argument with him.

[61] If you use that strategy, he'll wipe you out.

Black（1979：29）认为在从喻体向本体系统映合后，两者间的对应关系大致可分5种情况：

① 等同；② 引申；③ 相似；④ 类推；

⑤ 偶联（始源隐喻可隐含次要隐喻）

当然还有很多属性未能映射过去，受本体属性的影响，映射有一定的限制性。

5. 新奇性与生成性

上文曾将隐喻分为"死隐喻vs新奇隐喻"，一个好的隐喻往往多具有新奇感，可使语句表达生动。隐喻还可分成"根隐喻vs派生隐喻"，前者具有很高的派生性（参见第十三章第二节）。

6. 创造性与开放性

人类具有十分丰富的想象力和无穷无尽的创造力，可不断创造出各种各样、千奇百怪的隐喻。各异的想象力和不同的创造方法必然要产生出丰富多彩的隐喻。Davidson（1978）指出：

> 隐喻是语言之梦的产物，就像人们所做的一切梦那样，对隐喻的解释既是对梦者一方的反映，又在同样程度上是对解释者一方的反映。对梦的解释需要梦者和醒者之间合作（即使二者是同一个人）；并且，作出解释这一行为本身便是想象的产物。理解一个隐喻也如此，它既是在作出一个隐喻，又在同样程度上是一项努力作出的有创造性的工作，这项工作很少为规则所左右。

人们可有千奇百怪的梦，语言可有各种各样的隐喻。梦既与生活有关（如汉语中有"日有所思，夜有所梦"的说法），同时又会脱离现实，具有丰富的想象力和创造力，隐喻也是这样。

在人们的认知中，同一本体可用若干喻体来加以说明和认识，一个喻体也可用来说明很多不同的本体，由于本体的差异而有了不同的涵义。一方面，事体之间各种联系不断被人们发现；另一方面，人们也可通过丰富的想象力和创造力来不断建立各种事体之间的联系。人们就用隐喻来表达这两种情况，认识不断得到拓宽，语言不断得到发展。如Lakoff收集到英语中love可有100多种隐喻性表达形式。又如在汉语中描写医术高明的说法也很多：

[62] 他有"起死回生"的本领。

"起"与"死"，"回"与"生"的搭配都具有隐喻性，同时其不切实际的夸张性说法也已为人们所接受。高明的医术还可被喻说成"妙手回春"。《扬子晚报》2001年11月18日有两条报道，题为：

[63] 孩子生来三条腿，医生妙术再回春
[64] 男子负气吞铁条，医生妙手免开膛

《扬子晚报》2001年11月7日报道一位治癌专家文章的标题：

[65] 让病魔"改邪归正"

也是别有一番新意。

根据隐喻的创造性或开放性特征可知，隐喻表达具有多样性、动态性，而且同一本体在被喻体说明时，可能会出现互相矛盾的说法，这都是正常的。钱锺书在《管锥编·周易正义·归妹》中将比喻的不同用法称为"比喻之两柄"。他说：

> 同此事物，援为比喻，或以褒，或以贬，或示喜，或示恶，词气迥异；修词之学，亟宜拈示。斯多葛派哲人尝曰："万物各有二柄"（Everything has two handles），人手当择所执。刺取其意，合采慎到、韩非"二柄"之称，聊明吾旨，命之"比喻之两柄"可也。

慎到的二柄是"威德"，韩非的二柄是"刑德"。

孔子曾以"玉"的各种不同特征来比喻各种不同的品质，还通过描绘"水"的各种不同形态来做各种不同的比喻。刘勰《文心雕龙》基于"山、水"的各种形状来说出不同的比喻。刘勰说：

> 或喻于声，或方于貌，或拟于心，或譬于事。

他早已认识到用作比喻的事物是繁纷多样的，或用声音作喻，或用形貌作喻，或用心思作喻，或用事物作喻。我国古人有以"山"喻愁，有以"水"喻愁，也有以"烟草、风絮、梅子雨"等多种喻体来喻愁（宋代罗大经《鹤林玉露》）。毛泽东同志在其诗词中对"鲲鹏"也有截然不同的隐喻性用法：

[66] 万丈长缨要把鲲鹏缚。（《蝶恋花·从汀州向长沙》，指国民党反动派）

[67] 鲲鹏展翅九万里。(《念奴娇·鸟儿问答》,指马克思主义者)

又如下两例同是在说"竹":

[68] 嘴尖皮厚腹中空。
[69] 未出土时先有节,到凌云处仍虚心。

因此隐喻可因人而异,因时而异,因地而异,会有若干变化。

与此同时,隐喻还能引起我们发现不同事体之间前所未有的相似性,可不断促进我们的创造力和想象力,使其变得越来越丰富,大大促进了认识事体间各种联系的能力。可以假设,人类的认识就是遵循着这样一条道路走过来的,通过不断发现不同类别事体之间的各种联系来拓宽自己的认识范围,使得我们的知识不断丰富起来,推理系统也不断得以完善。

隐喻是人类创造力和想象力的结果,而创造力和想象力又是无限的,千变万化的,因此隐喻必然就是开放性的。隐喻的这一特点又是与第一点相通的,语言、思维中的隐喻是一种普遍现象。

在创造隐喻的过程中,认知主体起着至关紧要的作用,特别是隐喻在创造相似性的过程中,人的主观能动性更是起着关键作用。正是人类有了创造性,语言中才会产生出如此多的隐喻表达,也正是这些具有创造性的隐喻,可帮助我们从不同视角来观察和分析世界,人类就可不断认识新事体,拓宽知识面,理解抽象概念,发展推理能力,形成新的理论体系。

7. 程度性与模糊性

说到隐喻意义,它是相对于字面意义而言的,两者可被视为一个连续体,介于两者之间的"中间地带"可能是两者兼而有之,从前者向后者的过渡是一个渐变的过程,这从婴幼儿语言习得过程中也可找到很多例证。Halliday(1985:342)指出:

> The only examples of discourse without metaphor that we normally meet with are in young children's speech.(我们通常所见到的没有隐喻的语篇,唯一的例子就是婴幼儿的言语。)

Gardener & Winner(1978:128—140)的研究表明:婴幼儿的隐喻能力是随着年龄而增加的,六七岁的婴幼儿往往还不能理解隐喻义。相反,他们还经常从字面上去想象话语所描述的事态,如Black(1979:21)曾举了一个例子:当科学家的父亲说到a field of force时,孩子眨着眼睛可能会问:

[70] Who ploughs it?

但我们也不能排除另外一种情况，婴幼儿在习得语言时也常会不知字面意义就会使用隐喻意义，例如：

[71] 你是个大坏蛋。

婴幼儿很少会将其与实际的"蛋"联系起来。

一方面，"隐喻意义 vs 字面意义"两者之间具有程度性和模糊性；但从另外一个角度来说，在标准的隐喻句型中（参见第十三章例[1]），本体 A 多用作字面意义，喻体 B 多用作隐喻意义，两者之间既具有矛盾性，又具有相似性，而"矛盾性 vs 相似性"永远是一个相对的概念，这必然会使隐喻说法具有程度之别，所产生的隐喻义也就有了模糊性。这同时还会使得"本体 vs 喻体"对原本分属两个不同类别的事体进行重新范畴化，其间的范畴界限也因隐喻关系变得模糊起来。

隐喻的模糊性也与语言具有模糊性特征相一致。语言中的字词绝大多数具有多义性，我们可从这些多义词中较容易地发现词语变化的线索，Taylor 将其称为"语义链（Meaning Chain）"，一个多义词从中心意义出发，不断通过隐喻扩展词义，从而也就使得一个词的意义变得越来越模糊。隐喻意义的模糊性与程度性总是紧密相关的，如《现代快报》2001年11月10日上有一条报道的标题为：

[72] "第三只眼"看"毒蟹"风波

该句可谓处处有隐喻，共四个，但它们的隐含性程度各不相同。首先要弄清楚"第三只眼"指什么。文章是指"另外一个角度"，"毒蟹"是指不符合卫生标准的螃蟹，但不一定是有毒的。"看"与"眼"是正常搭配，而与"另一个角度"搭配就不很正常。"风波"原义为"风浪"，现喻指"动荡不定"，已成为一个死隐喻，因此该句中四个隐喻的隐含性程度从高向低的排列顺序可为：

第三只眼 > 毒蟹 > 看 > 风波

当代隐喻认知理论多将明喻也视为一种隐喻，这就使得隐喻之间的隐含性程度差异更大了。

8. 单向性与互动性

L&J的隐喻认知理论更强调喻体的部分特征向本体映射，而喻体是人们"熟悉的、有形的、具体的、常见的"概念域，以此来认识"生疏的、无形的、抽象的、罕见的"概念域。但有时喻体也不一定是熟悉的事体或概念，也可能具有抽象性，即用抽象性的喻体来说明具体性事物，如：

用 get back to civilization 来喻说"回到现代文明社会的舒适环境中来";

用"走向辉煌"来喻说"走向辉煌的新世界"。

一般来说,人们多用"具体"的空间来喻说"抽象"的时间,但也有相反的情况。当笔者问及 Lakoff 时,他马上给我举了一个例子:

[73] three hour's drive(三个小时的车程)

这说明他对这个问题也是早有考虑的。

另外,喻体是抽象或具体,或介于两者之间,也应根据具体语境来确定,如:

[74] He is a monkey.

若从长相上看,喻体 monkey 是具体的;若从特征看,他有猴子样的急脾气,则喻体 monkey 有了一定的抽象性;还可能更抽象,具有猴子般的野性。当然也可能是三者或多者兼而有之。但总的说来,隐喻主要是用具体事物喻说抽象概念。

从上可见,在"本体 vs 喻体"之间存在着矛盾的对立统一关系,两者间具有互动性。虽说隐喻意义来自喻体向本体的映射,但在很多场合中本体的特征也会决定着喻体中哪些特征会被映射过来,其对映射结果有着不可忽视的作用,如:

[75] He is a mule.

倘若换了本体"他",则会影响到对"mule"(该词还可泛指:笨蛋、蠢货、杂交种动物、杂交种植物、纺织机、小型拖拉机等)属性的选择。认知主体对于隐喻的使用和理解所起的关键作用是不言而喻的,不同民族和地域会有不同的理解。再例:

[76] John's car is a beetle.
[77] John's music is a beetle.
[78] John is a beetle.

这三句话的喻体部分相同,但因本体不同,因而对喻体的理解也就不同。[76] 较为直观,比较好理解,主要是一种形状上的比较。[77] 需要文化背景知识,英国在20世纪60年代曾有过一个十分流行的 Beetles(披头士乐队),将摇滚乐推向了一个新形式,唱出了自己的风格,若有这一知识,就可较好地理解这则隐喻。而 [78] 更为深奥,所涉及的关于 beetle 的百科性知识更多,beetle 会有很多特征,诸如:昆虫类、节肢动物、动作怪异、爬行、有硬壳、有多只脚、有翅、有触角、有胸肢、部分为害虫类、寄生、有些是雌雄同体等特征,这就需要依靠语境来帮助理解该隐喻的意义。John 或许是"不属于人类,动作不正常";或者说

"他皮肤出现了硬皮现象，长出了硬壳"；或是说"他顽固"；或者是说"他只会慢慢爬行，是改革的绊脚石"；也可能说"他是甲壳虫乐队的成员"，或"他的音乐作品具有这类风格"等。该乐队成员还留着长发，穿着奇装，偶尔吸毒，这些特征在某特定的情景中都可能会映射到John身上，这使得[80]成为一种更隐含的表达（参见第十五章第八节）。

9. 共时性与历时性

从共时角度讲，分属两个不同概念域中的意义通过映射，发生冲突，在一系列去异求同的认知加工过程中，结合当时的语境因素、背景知识等就可获得隐喻义。

从历时角度讲，隐喻使得一个词语不断获得新义，是语言变化的一种主要方式，从中可发现语言发展的痕迹。在词汇学论著中常将词义变化的历时过程分为两种：

① 放射型（Radiation）；
② 连锁型（Concatenation）。

但更多的情况是两者的结合（王寅 2001：229），这也反映了人们思维方式的复杂性、灵活性、多样性，可向各个方向不断延伸，以满足交际的需要。下面仅就power的部分词义例示如下：

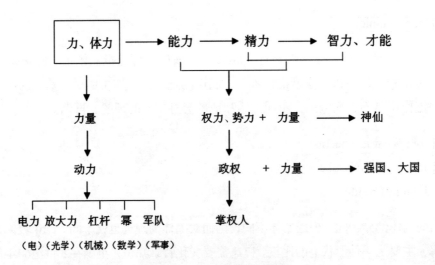

图14.2 power的语义扩展链

从上图对power的语义结构分析，便可较为清楚地发现词义间的隐喻性理据关系，而且这些关系还具有以下特点：

① 从物质性的、可见的意义逐步延伸至抽象的意义，如：从"力、体力"到"能力"到"精力"，再到"智力、才能"，意义越来越抽象。在向其他方向上的语义延伸也

能见到类似的规律。

② 还可能从抽象意义再延伸至具体意义，如：从"力"到"能力、才能"到"权力"，到"政权"，再到"掌权人"。

③ 词义的变化中既有放射型，也有连锁型。

④ 内部语义成分可再次结合起来，不断形成新义，如：政权＋力量——▶强国、大国。

⑤ 还可能与外部语义进行结合，此时大多是复合词和派生词，如：powerboat（动力艇），power gas（动力气体），power loom（动力织机），power politics（强权政治）等。

可以预见，随着社会的进步，思维的发展，power还会通过隐喻方式不断获得更多的新义。

汉语中的"偶"，原义为"仿人形制作的木偶"，它有三个特点，可通过隐喻引申出许多意义（陆宗达、王宁 1994：112），从中也可见词义引申的理据性和多样性：

① 木偶与真人双双相似，所以"偶"有"双"义，如"配偶、奇偶"等。从"双"义又引申出"相交、相合"之义。另外与其同源的字也有"双、交"之义，如：耦（两人合力耕田），隅（两墙相交之处），遇（双方相知相逢）。

② 木偶是寄真人之相于假人的，所以又有"寄托"之义，其同源字"寓"即是"寄"；由"寄托"又引申出"偶然"之义。

③ 木偶是无知的，由此又引申出"痴笨"之义，"愚"是其同源字。

10. 转换性与辩证性

（1）转换性

尽管我们可以将隐喻从新奇角度分为"死隐喻 vs 新奇隐喻"，但两者之间也存在一个程度性问题，且还可以不断转换运用（参见第十三章第二节）。

诗人的语言是以隐喻为典型特征的，但一旦诗人的语言成为普通语言的用法，就逐渐丧失其隐含性意义，成为死喻。思与诗是邻居，语言是用旧了的诗（Heidegger 1975）。Moore（1982：31）认为：今日的隐喻就是明天的字面意义。

据此，隐喻意义有时可能转回到字面用法上来，或隐含性程度减少，反而可能成为一种十分有趣的新奇用法，这实际上又经历了一次隐喻性跨概念域的映射过程，隐喻经受一次隐喻性"还原"或"回归"，即一个词语经历了"本义——喻义——本义"的两次映射过程，如当下很多广告用语就常有这一现象，颇具新意，如：

[79] 从"头"做起（理发店广告）

还有很多广告改动了成语中的某一个字，就可能恰如其分地表达出新意：

[80] 请勿"痘"留（化妆品广告）

详见第十三章例 [148]。又如汉语中"直肠子"现多喻指"直性子或性情直爽的人",但一次某人见到一个人拉肚子,刚吃了东西马上就上厕所,顺口说了一声:

[81] 他真是个直肠子。

这就从原来的隐喻性用法回到了字面意义上来,人们在听到这类说法后会产生幽默感,其幽默点正是来自这种故意的"回归"。

又例"绊脚石"原指绊倒人的石头,后来多用来喻指"阻碍前进的人或事物",当它再用作"原义"时,也可成为一种隐喻性用法。《扬子晚报》2001年11月26日一则报道的标题为:

[82] "绊脚石"撂倒五条大汉

文中说:在南京有五个倒霉蛋走在马路上先后被"绊脚石"搞得人仰马翻,皮开肉绽,用其中一个人的说法就是"一不小心让凉水碴了牙"。

在电视剧《战国英雄吕不韦传奇》中,吕不韦向秦王建议要部队:

[83] 丢盔弃甲

这遭到了大臣们的一致谴责,说他意在毁灭秦国,因为他们对此成语作了隐喻性的理解:指吃败仗后的狼狈样子。吕不韦解释道:将士们上战场穿着70多斤重的盔甲,在战场上如何能有效杀敌;再说了,在战场上主要是进攻而不是防卫,大臣们这才称好。这里吕不韦将该成语从隐喻意义做了一次还原性用法,颇具新意。

(2) 辩证性

隐喻的辩证性有两层含义:

① "本体vs喻体"之间存在一种对立统一的互动关系(参见第九章第三节第三点)。

② "隐喻vs相似性"之间的辩证关系(参见第十三章第二节)。

在一次乘车途中,一个热心旅客曾向笔者介绍说:当地人把摩托罗拉式样的手机叫作"猪腰子",把最早的那种大而笨的大哥大手机叫作"一块砖"。我问他为什么这么叫时,他说外形上相似,也确有道理,这正是生活中最好的具有浓烈时代气息的"时髦隐喻"。将老式"大哥大"叫作"一块砖",新式摩托罗拉手机叫作"猪腰子",民间百姓在这两条新奇隐喻中,不仅彰显了"接地气"的精神,且还在毫不相干的两件事物之间建立起了联系,创造出一种相似性,也发展了我们的想象力。

当然,不同的人对"相似性"会有不同的理解,这与"认知方式、社会文化、传统习惯、语言运用、背景知识"等因素密切相关，由于这些因素的差异，对"本体 vs 喻体"之间就会产生各种想象性联系，出现了千变万化的隐喻表示方式。在同一语言社团中或跨语言社团之间所使用的隐喻既有相同之处，也会有很大差异，甚至出现完全相反、矛盾的隐喻（参见第十五章第七节）。又例：

[84] His talk was a bomb.

同是指"像炸弹一样令人吃惊"，既可指令人吃惊的成功，也可指令人吃惊的失败。在英国英语中用作前者，而在美国英语中却指后者，这也是我们在语言交际时要特别小心的地方。

思考题：

1. 分析汉语成语、歇后语中的隐喻现象，并对其加以分类论述。
2. 一位中文教授对学生说：学好《古代汉语》需要掌握五法：A. 燕子垒窝；B. 老牛吃草；C. 母猪吃食；D. 医生看病；E. 小姐穿衣。（摘自《故事会》2005年3月上）试解释这5个隐喻的喻底（即含义，或本体与喻体之间的相似性关系）。
3. 试述隐喻的特点，并辅以英汉例句加以说明。
4. 为何要区分"概念隐喻"和"隐喻表达"？用例句解释这两者之间的辩证关系。
5. 英语和汉语中都有大量用动物或植物来喻说人的隐喻表达，试收集和整理这些表达，并加以系统对比和分析。
6. 试析舒婷在《祖国啊，我亲爱的祖国》中的隐喻，特别是创造相似性的隐喻（提示：多个喻体喻说一个本体。本体"我"是一个集合体，在苦难的历史时代，指一切凋敝、痛苦的总和；在新的历史时期，又指一切新生命的先兆）：

  我是你河边上破旧的老水车，
  数百年来纺着疲惫的歌；
  我是你额上熏黑的矿灯，
  照你在历史的隧洞里蜗行摸索；
  我是干瘪的稻穗；是失修的路基；
  是淤滩上的驳船
  把纤绳深深
  勒进你的肩膊；
  ——祖国啊！

  我是贫困，

我是悲哀。
我是你祖祖辈辈
　　痛苦的希望啊，
是"飞天"袖间
千百年来未落到地面的花朵；
——祖国啊！
我是你簇新的理想，
刚从神话的蛛网里挣脱；
我是你雪被下古莲的胚芽；
我是你挂着眼泪的笑涡；
我是新刷出的雪白的起跑线；
是绯红的黎明
　　正在喷薄；
——祖国啊！
　　…………

第十五章 隐喻认知理论（下）

第六节 隐喻的产生原因及其功能

隐喻产生的原因是与其功能密切相关的，原因往往因功能而起，功能又多半为原因所致，因此本书将这两者置于一起加以简要叙述。

1. 语言方面

（1）修辞上的需要和功能

为了使语言不落俗套，表达新颖，人们自然就要去追求新奇的表达方法，隐喻正好可满足这一需要。求新猎异的需求成为隐喻广泛使用的一个重要原因。刘勰则强调了比喻的"敷华、惊听"的修辞功能，并阐述了比喻与文体的关系，繁丰的文体与"比喻众多、辞采丰富"有关。

毫无疑问，恰当使用隐喻可大大增强语言的修辞效果，有力提高语句表达的"形象性、意象性、趣味性、隐晦性、诗意性"，可给人耳目一新、想象丰富的感觉，这样便可达到打动人心、引起共鸣的目的。例如1988年复旦大学代表队与台北大学代表队在新加坡的辩论场上就"儒家思想是否可抵御西方歪风"的题目展开论战，复旦大学在论证儒家思想不能抵御西方歪风时，将孔夫子因在鲁国得不到重用而周游列国喻说成"带着他的学生，人才外流去了"，将靠儒家思想来抵御西方歪风喻说成"叫内科医生去开刀"，并引用孔夫子的话"画饼不能充饥，巨象不能捕鼠"来告诫对方辩友"不要穿古代的戏装演现代悲剧"，这一系列形象生动的隐喻，大大加强了辩词的可信度，提高了语句的感染力，因而激起在场观众长时间的掌声，引起了他们的共鸣，从而迫使对方观点不被接受成为定局。

由于诗歌常依赖隐喻表达，或者说正是隐喻使得诗歌意境深远，难怪有人要说隐喻是诗歌的语言，语言是用旧了的诗，思与诗是邻居，诗以隐喻得以生存。所以，隐喻既能满足诗歌的表达需要，诗歌又能实现隐喻的修辞功能。

（2）经济性的需要和功能

隐喻可使旧词不断获得新义。在语言发展的某一时期倘若还未找到合适的词语来表达某一新概念时，人们常会运用丰富的想象力，寻找概念间的理据性联系，借用已有词汇来表述它，从而形成了该词语的隐喻性用法，也使该词成了一个多义词。因此，隐喻也可用来解释词汇意义之间的演变过程和相互关系。Goatly（1997）分析了英语词汇的隐喻模式，发现整个英语词汇都是在该模式之上发展起来的。若语言中没有这些基于隐喻机制形成的多义词语，把那些多义词都用一个一个字词来单独表示，那么语言中的词汇量就会大得不堪设想。戴侗在《六书故》中说：

> 天下之物名无穷，而书有限也；理义精深广博，而书之所可象者皆初粗也。

文字是有限的，而事物是无穷的，如何以有限的文字来表达无限的事物呢？南宋的戴侗看出了其中的秘密，用"充类之术"（词义的引申，隐喻）来解决这一矛盾。

依据隐喻机制来扩展词义，是一切语言中都能见到的普遍现象（参见拉耶芙斯卡娅1957；天津师范大学外语系英语教研室 1963：116），因此隐喻还具有填补词汇空缺、转换词类的功能，是揭示语言发展和变化的重要方式，对于研究语言发展史具有重要意义。

隐喻还可使得语言表达简练，达到言简意赅的目的，如说一个人现在已从根本上与原来不一样了，或是彻底转变了自己原来的立场或思想，可一言以蔽之："脱胎换骨"，仅四个字就可基本涵盖所要表达的思想。同时也使得语句委婉高雅，反映出说话人的情操。成语的修辞性和经济性功能正在于此。

2. 认知方面

从亚里士多德至今2000多年期间，西方学者将隐喻一直视为一种修辞手段，主要置于语言平面中加以研究。但今天的认知科学界普遍认为：隐喻不仅是语言中的修辞手段，而且更重要的是人们一种认识新事体的需要，具有组织人类概念系统和发展人类认知的功能。

从第十二章可知，首先提出隐喻认知观的当算Locke，此后有Kant、Shelly、Cassirer、Blumenberg、Richards、Black、Ortony，成就最大者当算L&J。

根据体验哲学的基本原则可知，概念系统的核心直接源自体验，基于此通过隐喻机制便可形成非体验性概念。隐喻是形成抽象概念，并建构概念系统的必由之路。现实中各类事体之间存在各种关系，可通过思考发现其间的相似之处，或通过想象在其间建立联系，这是人们产生隐喻用法的认知基础。L&J（1980：154）指出：

> 隐喻的基本功能是以某一领域的经历来理解另一领域的经历。

此时，隐喻就成为人们对范畴进行概念化的工具。一旦产生了跨概念域的隐喻性用法，就在不同事体之间建立了为人们所能认识到的联系，也就为我们认识事体提供了一种新途径，多了一种重组世界的新方法，从而可大大拓展我们对世界的理解。L&J（1999：82）还指出：

> 概念隐喻的主要功能是将推理类型从一个概念域映射到另一个概念域。

人们通过跨概念域的映射形成了概念隐喻，在此基础之上建构了我们的推理、经验和日常语言，使得我们获得对目的域的理解，而用其他方法则行不通。概念隐喻在思维和语言中是无所不在的，到处可见，不用隐喻来思考主观经验，是很难想象的。通过概念隐喻可使人们不断挖掘事体间的各种新联系，为认识世界提供了一种基本方式，形成了组织经验结构和概念系统的基础，同时还可用来发展理论体系。

因此，认知语言学认为隐喻不仅是语言中的修辞现象，而且更重要的是人类认知活动的工具和结果。隐喻在本质上是一种认知现象，具有重要的认知功能！我国学者张明冈（参见上文）也已认识到比喻的认识作用，这很有意义。

3. 其他原因

此外隐喻的形成还具有社会文化方面的原因。人们为达到礼貌目的，往往会避免使用一些令人不快的说法，就需借助隐喻性的委婉语。某些圈内人士出于维持一定人际关系的需要，往往会使用一些特殊的隐喻性行话，就可获得团体的认同。可见，隐喻具有重要的社会功能。

第七节 隐喻的工作机制及理解过程

1. 概述

人们对于隐喻已提出了很多理论（参见王寅 2001：303—315；Gibbs 1999），如：

① 亚里士多德的指称说；

② Quintillian的替代说；

③ Kittay等人的转移说；

④ Matthew、Halliday、Chomsky等人的变异说；

⑤ Kennedy等人的分类说；

⑥ Richards、Black、Tourangeau & Sternberg等人的互动说；

⑦ Ortony的突显失衡说；

⑧ Gentner & Clements的结构映射说；

⑨ Glucksberg & Keysar的类别蕴涵说；

⑩ Searle、Morgan、Levinson等人的语用说；

⑪ Cohen等人的语义说；

⑫ 当代认知科学界提出的隐喻认知说（又叫概念隐喻论）。

所有这些论说都是基于某一观点，出于不同的理解，侧重某一方面试图解释隐喻的认知机制，它们都有一定的道理。它们可大致分为两大类：

① 语言说，强调从语言不同层面来认识隐喻，包括：修辞说、替代说、转移说、语义说、语用说等；

② 认知说，强调从人类的思维高度来分析隐喻的认知功能。

其实，语言说中有很多观点也涉及了人类的认知问题，认知说也是以前者为基础的升华，两种理论之间存在着继承与发展的关系，具有一定的互补性。虽说当代隐喻认知理论冲出了语言藩篱的束缚，将其上升到了人类认识方式的高度，从一个全新角度来论述隐喻，但也离不开语言中普遍存在的隐喻。

L&J于1980年提出了隐喻认知理论，后来又吸收了其他学者的研究成果，于1999年提出了"基本隐喻综合论（The Integrated Theory of Primary Metaphor）"，且用其来论述隐喻的形成机制，其实也解释了隐喻的工作机制，包括四个部分：

① Johnson的并存理论。心智经验和感觉经验是共存的，婴幼儿起初对这两者并不加以区分，它们是自发地、无意识地联结在一起的，如感觉上的"看到"与心智上的"知道"可自然地建立联系，"看不到"就自然与"不知道"建立联系。婴幼儿起初对这两者并不加以区分，只是后来才区分开来，但仍有较为持久的跨域联结性，这实际上就是概念隐喻的映射。该发现十分重要，不仅解释了隐喻映射的起源和过程，且还解释了隐喻习得的过程，即婴幼儿起初是如何理解语言表达的。

在神经科学中"并存"可解释为同时激活了两个概念域，此时在两域之间就形成了一种永久性的神经联结。Johnson（1997）和Grady（1997）共同发现，不足4岁或4岁的婴幼儿通过感知体验就已经并存着大约数百条基本隐喻，如：将果汁倒入杯中或将物体堆放起来的时候，"数量"与"垂直"两个概念域同时被激活，它们在经验中自动、无意识地形成了始源域与目标域的并存"MORE IS UP（越多就越高）"。

② Grady的基本隐喻理论。基本隐喻的结构最简单，所以又叫"原子隐喻"，它是将日常的感知经验自然、自动、无意识地映射到概念结构之上的结果，"并存"是形成基本隐喻的基础。如婴幼儿的"情感经验"常与"被抱而感到温暖"紧密联系在一起，"温暖"自然就与"情感"建立了联系，两者并存在概念之中。随着认知的发展，两者可分离开来，但跨域映射依旧存在（如说：a warm smile），从而自动形成基本隐喻。通过基本

隐喻跨概念域的联结和融合形成了复杂隐喻。早期的普遍经验导致了普遍的并存现象，然后发展成普遍的约定俗成的概念隐喻。

③ Narayanan的隐喻神经理论。该理论进一步从神经联结角度解释并存现象。他认为婴幼儿在并存过程中产生联结的同时，也激活了神经联结，前者是通过后者实现的，被共同激活的神经元之间也就建立了联系，从而可建立横跨神经网络的永久性联结。这种神经联结就形成了从始源域到目的域的激活，就解释了基本隐喻是如何被学得的，从而也解释了隐喻推理的神经机制。

④ Fauconnier & Turner（1996）的概念整合理论。尽管Fauconnier（1997：168）曾指出：隐喻是人类一种显著的、普遍的认知方式，主要依赖"喻体 vs 本体"这两个输入空间的跨域映射。不同的概念信息能够被共同激活，在某些条件下形成了跨域联结，从而导致了新的推理，生成新的信息，但他和Turner都没能运用该理论系统论述隐喻。Grady et al.（1999）则基于此较为详细地论述隐喻认知论，他们将喻体（始源域）和本体（目标域）视为两个输入空间，从其中提取出部分结构和信息，投射到融合空间。类属空间包括两个输入空间中所共有的轮廓结构，能保证映射正确进行。在融合过程中能形成一个"新创结构（Emergent Structure）"，此时就生成了原来"始源域 vs 目的域"中所没有的新创意义。概念整合可以是约定俗成的，也可是全部新创的，概念整合论主要研究后者。

Grady等人还指出：概念整合论所面临的一个重要问题是，它解释不了为什么隐喻意义可能既不存在于始源域，也不存在于目的域之中，如：

[1] This surgeon is a butcher.

两个域中存在一些对应映射的关系，如"外科医生/屠夫、人/动物、病人/商品、手术刀/屠刀"等。但解释不了"医生无能"的隐喻义是从什么地方产生的。尽管屠夫没有外科医生的社会地位高，但不一定就无能，好的屠夫也一样有熟练水平，会受人尊重。可见，在始源域中并没有"无能"这一概念被映射到目的域中去。概念整合论运用"新创结构"就可对其作出合理解释：将两个输入空间的某些结构和信息映射入融合空间，两输入空间的共有成分存在于类属空间（人们用尖锐的工具对另一个生命体实施某一动作），这些信息在融合空间中就会生成新信息。在屠夫的输入空间中，动作的目的是杀死动物以卖其肉，而在医生的输入空间中动手术的目的是为了医治好病人，这样就在融合空间中形成了两个输入空间的"手段—目的"对比，医生的手术可能具有屠夫的性质（视病人为动物，目的不是为了治疗，而是……），通过进一步推理就可生成新信息："医生无能"。

另外，"隐喻认知论 vs 概念整合论"在解释隐喻时有相同之处，如：隐喻是概念现象，而不是语言现象；存在系统映射；概念域或输入空间之间的意象结构和推理结构存在对应关系；映射过程有限制等。但两种理论也有很多不同之处（Grady et al. 1999：101；

Croft & Cruse 2004：207），现列表对比如下：

表15.1 隐喻认知论与概念整合论的对比

	隐喻认知论	概念整合论
1	所用术语"域"，常指两域之间有稳定的、系统的关系，其信息属于长期记忆	所用术语"心智空间"，是指短暂的表征结构，但依靠稳定的、系统的"域"来建构
2	研究两个域，及两者间如何对应和映射	常有四个心智空间：两个输入空间，一个类属空间，一个融合空间
3	强调从始源域到目的域的单方向映射	不一定，强调输入空间与类属空间、输入空间与融合空间之间的多重映射
4	主要研究两个域之间确定的、常规的概念关系	主要研究新奇的、短暂的概念化现象
5	仅用以解释隐喻	可解释隐喻或非隐喻

我们认为：这两种隐喻理论具有互补性。后来L&J将上述四个观点合为一个"基本隐喻综合论"，认为：我们早年在日常生活中能自动地、无意识地获得一个很大的基本隐喻（原子隐喻）系统。在并存期间形成了种种神经联结，自然形成了数以百计的隐喻，使得主观经验和感觉运动经验相匹配，然后通过概念整合而形成了复杂的分子隐喻，基于此便能形成一个基本隐喻系统。

下文主要以认知为基础，从两个角度来论述隐喻的工作机制：① 与语言的工作机制进行对比；② 试述五位一体的隐喻认知观。

2. 隐喻工作机制与语言工作机制

隐喻的工作机制与语言的工作机制有相似之处。对语言的正确理解涉及很多因素，诸如：交际双方（发出者P和接受者R）、语言表达方式（口语V和书面语W）、语义（概括义G和情景义S），据此王寅（1988）曾提出语言交际锥形图的设想，将原被形式所掩盖的语义置于正面位置加以审视，便于剖析，也突出了语义在交际中的重要性，让久被忽视的语义、被形式所包装的语义，从"幕后"走向"台前"，也反映着当代语言学研究从形式转向语义的基本思路，这与功能学派和认知学派的观点相一致。同时该图还强调了人们的交际过程是一个动态过程，是一个利用语内、语外多种因素进行互动和推理的过程。

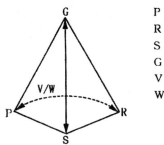

图15.1 语言交际锥形图

这几个要素互相依存，相互作用，融为一体，构成了一个交际推理程序系统。交际双方以GS为轴心，运用一定的语言表达形式V或W，在数种互动关系的制约中不断进行信息传递和推理，逐步获得语言形式的意义和P的确切意图，使得话语交际得以顺利进行。程序中任一要素的变动都会影响到整个交际效果。

同样，在论述隐喻工作机制时，也须全面考虑隐喻理解过程中所须涉及的五种因素"认知主体、本体、喻体、喻底、语境"，因为隐喻意义是这些因素在动态综合作用下所产生出的结果，只有全面分析和考虑这些相关因素才能较好地理解隐喻，据此本书提出了五位一体的隐喻认知观。另外，从PSG面向RSG面传递信息时，其间还可划出一个VGS或WGS面来表示信息传递过程的中介面，RSG面就是"结果"。同样，笔者也主张在理解隐喻时区分出喻体向本体映射的过程，以及映射后的结果"映合"。

当然，在隐喻工作机制中，喻体与本体或语境之间的意义始于冲突，结于统一，这与一般的语言工作机制不完全相同。

3. 五位一体的隐喻认知观

（1）主体

这里指交际双方的两个认知主体，相当于上述语言交际锥形图中的P和R，他们具有认知能力，掌握了G，以及"语境作用、背景知识、文化因素、认知模型"等因素（相当于上图中的S），这是隐喻得以实现其交际价值的基础。正是由于人类有了认知能力，具备了想象力，掌握了推理，才可能产生隐喻性思维，从而不断学会和丰富隐喻表达的方法，发展了推理能力。也正是接受者有了这种认知能力，才能作出确切判断，识别出语句的隐喻意义。当他发觉某一语句在字面上有逻辑矛盾，按正常意义解释不通，与S不符时，就自然要寻求其他方法，转向隐喻性理解，尽量寻得与当下语境相协调的解释。

喻体的一个或某些特征是无法直接作用到本体之上的，其间必要牵涉到认知主体的作用，两个本不相同、不相似或本无甚关系的事体，并置后在人的认知作用下就会产生出相似性。特别在说到隐喻可创造相似性时，认知主体所起到的作用就更大了，因为在这一过程中，"本体vs喻体"之间的相似性是人们在认识过程中创造出来的，没有这样的隐喻性表达，这种相似性往往并不为人所知。因此在理解隐喻时应充分强调人的主观能动性，这也与认知语言学的基本观点相一致。

有些行话仅局限于某一行业或人群中，不为圈外人士所使用或理解，它们大都是些隐喻性说法，如影视圈中把某人上镜头叫做"触电"。有时隐喻性说法的使用范围还会更窄，仅限于一个家庭或夫妻之间，由于他们在生活中建立起密切关系，形成了许多共享的背景知识，自然就会产生为别人所不能理解的妙趣横生的说法，如有位姑娘嫁给了一个学者，他整天只顾看书，简直不看妻子一眼，两人有如下对话：

[2] 妻子：我要是那本书就好了。
　　学者：那可不行，这本书我一看完就要换的。

由于在认知主体之间有了这一默契，妻子总爱开玩笑地说："什么时候换书？"而让外人听来是很难理解其中的隐喻含意。可见，隐喻的使用和理解自然会涉及交际双方之间的互动关系。

由于人们的认知能力、概念系统很复杂，才产生出千奇百怪、林林总总甚至互为矛盾的隐喻表达式。人们的认知能力有差异，概念系统也不会完全相同，因而有时可能就会导致隐喻理解的偏差。一般说来，在上述的锥形交际图中，PSG面的信息不可能百分之百地传给受话者，因此在很多场合下接受者也不大可能完全理解对方在隐喻中所包含的全部含意。又由于一个隐喻会包含很多隐含意义，因此，Black（1979：28）所说的喻体中会含有一系列"联想隐含"组成的"含意复合体"。其实，本体也是一个意义复合体，两个复合体中都包含了大量的背景信息，不同的认知主体对这两个复合体的认识必定会有差异，会导致隐喻意义理解上的分歧。

（2）"本体vs喻体"的互动

在喻体特征向本体映射的过程中，本体所具有的属性会对该过程有一定的限制作用（参见本章第六节 Black 1962），这是不容忽视的事实。正是由于有了本体在映射过程中的限制作用，才会生成恰当的映合结果。因此我们主张区别出隐喻工作机制中的"过程（映射）"和"结果（映合）"，这有利于将隐喻的映射理论阐述得更清楚，这也与 Fauconnier的观点相吻合。

1）映射过程

所谓"映射"，可以想象成将喻体B屏幕上丰富的影像（包括通常所说的特征或复杂的形象）投射到本体A屏幕上。在这一过程中S起着至关紧要的作用，一方面可提供相关的背景知识、意象图式，另一方面可帮助排除那些不很相关的特征。

2）映合结果

A屏幕中的有关因素会对B屏幕映射过来的影像作过滤性筛选，决定着聚焦信息的形成。认知主体在A、B信息互动作用的影响下，自然会激活有关信息，也会抑制那些无关的信息，以保证认知加工的效率。通过认知主体的激活和抑制机制，某一或某些关键信息映合后会产生融合反应，形成了注意的焦点，获得了突显的效果，需要重点进行认知加工，而后便能释解出语句真正的隐喻意义。

当然，一个隐喻不一定仅只有一个隐含义，可能会一语几关，此时在认知主体的激活和抑制机制的作用下，以及在多重互动关系的影响下，滤出较为相关的焦点信息，构成了一个隐喻的数层含意，映合结果也就较为复杂。在数个因素的共同作用下，两个屏幕映合后能聚合成一个或数个"焦点"，这就是隐喻话语所要表达的含意所在。如在隐喻"He is a mule"中，"mule"有很多特征，仅将其中的"倔强性"特征映射到"他"上而排斥了许多其他特征"动物、长耳朵、吃草、可骑、埋头拉磨"等，因为这些特征受到S的认知作用被过滤掉了。倘若更换句中本体"He"，则会影响到对"mule"（该词还可泛指"杂交种动物，杂交种植物"）属性的择用。又如：

[3] 那大款专爱拈花惹草。

[4] 那植物学家就爱拈花惹草。

人们从本体的不同会感到这两句话含义是不同的，例[3]明显是隐喻性用法，指男子乱搞不正当的男女关系；而例[4]是广东电视台2001年12月4日晚一则报道中的话语，用来描写一位专情于植物学的研究者，此时倾向于其本义理解。可见，本体的不同对于喻体的含义有很大影响。

（3）喻底

为确保对隐喻义的正确理解，需要着力找出"喻底"。在喻体与本体的互动映射过程中，主体对它们之间潜在的相似性属性进行了一系列推理和分析，由表及里、去异存同，一旦在两者之间建立了适合当下情景的相似关系，便会产生映合效果，也就能获得这一隐喻意义。

在语言交际锥形图中，G与S存在一种辩证统一、互动的关系，其间的矛盾没有隐喻表达那样突出。隐喻中"本体vs喻体"的异和同也是一对辩证统一体，其间的"异"更为突出，它多是推理的出发点。正是两者之间的差异，它们分属不同类别，通过合理冲撞才能产生出隐喻义，没有这种"异"，语句就可能仅有字面意义。经过"去异存同"的过程，这"新的统一"就意味着找到了两者间所具有的焦点相似点，映合成功，从而就能帮助人们到达理解隐喻义的彼岸（参见第十四章第四节）。

（4）语境

语境对隐喻的确认和理解所起到的重要作用是不言而喻的，它与认知主体之间也存在一种互动关系，这与语言交际锥形图中的S所起的作用相似。正如上文所述，人们通过想象力努力在本体与喻体之间建立"统一"，寻找"喻底"，如果这种"统一"或"喻底"能够适合当下的语境，与上下文意义一致，便可获得隐喻义。这也是为什么很多学者主张从语用学角度来研究隐喻的道理，因为任何语句都是运用于具体语境之中的，隐喻也不例外，其实，隐喻理论中的"语用说"与"认知说"并不矛盾。Bartsch（1998）曾举过一个例子：Mary有一件十分喜欢的茶壶，有人触摸它时总是提醒别人要多加小心，有一天她用完朋友的自行车后，却匆忙将其扔到角落里，她的朋友发现后，就大声说道：

[5] This bike is my teapot.

这里就将 Mary's teapot 的部分信息（十分珍惜）投射到了别人的bike上，倘若没有上一语境，就很难理解这个隐喻。如说：

[6] 那家伙是一只虎。

究竟是说"他很凶残"，还是"他很强悍、他劲头十足、他是一员虎将或一个劲敌"，不同的人会有不同的解释，这完全取决于语境。倘若是在体育比赛中，则可意为"虎将、劲敌"之义。我国清代金缨在《格言联璧》上说"怒是猛虎，欲是深渊"，则是在用"猛虎可伤人"的含义。又例《扬子晚报》2001年11月7日一报道标题：

[7] 入室行窃牵出涉毒大案，半天逮住17个"粉呆子"

倘若没有前面半句"涉毒"作为语境，就很难知道"粉呆子"指什么。

语境还会直接影响到隐喻的隐含意义的程度性，如汉语中的"郑人买履"这一成语有其特定的含义（只相信条文，不顾客观实际的人），但如见到一个姓郑的人在商店买鞋，则可戏用此语，这时的用法则巧用其字面意义，缩小了隐含性，在此情景中已不再指古时的郑国人，也没把量好的尺寸放在家中，语境直接改变了隐含意义的程度性。

在有的场合下隐喻的五要素可能会同时出现，但一般说来，很多隐喻中可能会缺少某一要素，大部分情况下可根据实际语境补全。因此，隐喻的基本工作原理是基于五位一体的认知机制。发话者用与A既矛盾，又可能相似或可以建立相似性的事体B来喻说A，使得隐喻成为一个矛盾对立的统一体。受话者在多种互动过程中，依靠S来消除矛盾，建立新的统一，当求得喻底时，就能较好地理解隐喻义。因此，隐喻的理解也可归结为：异中求同的过程和结果。

4. 两类不同隐喻的工作机制

从隐喻与相似性关系角度可将隐喻大致分为"基于相似性的隐喻vs可创造相似性的隐喻"。体验哲学认为，互动体验是形成认知的基础，认知又是形成语言表达的基础，互动体验和认知加工同样也是形成隐喻的基础，这就说明了事体之间的相似性是形成隐喻的原因之一。但是，隐喻也可创造相似性，新奇隐喻多属此类，这实际上与"人的认知具有主观能动性"的观点相一致。

Black首先强调了"隐喻可创造相似性"，通过这种功能可使人们获得看待一个事体的新视角，从而把隐喻从一种语言现象上升为一种认知现象，L&J（1980，1999）进一步强调了该观点（参见第十三章第二节）。如莎士比亚第73号十四行诗的开头4行，可谓处处都有隐喻，在"秋天vs老人、树叶 vs 头发、黄叶落尽 vs 脱顶"之间等，建立了新奇的联系：

[8] That time of year thou mayst in me behold,
　　When yellow leaves or none or few do hang
　　Upon those boughs which shake against the cold,——
　　Bare ruined choirs, where late the sweet birds sang.
　　（你在我身上或许会见到秋天，
　　当黄叶，或尽脱，或只三三两两
　　挂在瑟缩的枯枝上索索颤抖：
　　荒废的歌坛，那里百鸟曾合唱。）

Heidegger（1975，彭富春译 1991：14）的《诗人哲学家》一诗中也处处可见新奇的、创造相似性的隐喻，如：

[9] 走向一星——唯此足已。
　　思，就是使你凝神于专一的思想。
　　有一天它会像一颗星，
　　静静伫立在世界之空。

读来颇费思索，需要通过一系列认知和推理来理解隐喻是如何创造相似性的。

我们认为，这两种隐喻的工作机制是不尽相同的，因为喻底（相似性）在这两种隐喻中所起的作用不尽相同，人们所付出的推理难易度也不尽相同，因此这五个要素的相对位置也就不很一样。

（1）基于相似性创造的隐喻可图解为：

图15.2　图示基于相似性创造的隐喻

（2）创造相似性的隐喻可图解为：

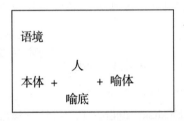

图15.3　图示创造相似性的隐喻

在图15.2中，喻底较为明显地存在于"本体 vs 喻体"之间，形成了隐喻性表达的基础，人们能够较容易地发现它们之间的相似性，因此拟将喻底置于两者之间。而在图15.3中，由于人的想象力比前者发挥着更大的作用（如较难理解的、隐含性较高的诗词），或者说是在认知主体的作用下才将两者并置，在它们之间建立了相似性关系（喻底），故拟将人置于本体和喻体之间，喻底主要是在人的主观作用下形成的。

（3）介于两者之间的隐喻

当然，这两类隐喻也有个程度问题，有时也很难在它们之间划分出一个十分严格的界限，此类隐喻的工作机制可以下图表示：

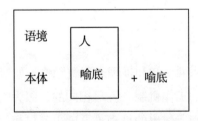

图15.4　图示介于两者之间的隐喻

第八节　中西隐喻研究对比

1. 概述

正如语义研究不仅仅是西方学者的特权一样（王寅 2001：88），对隐喻理论的阐释也绝不仅属于西方学者的领地，我国古代学者早已认识到比喻（含隐喻）对于语言表达的重要性，而且他们也触及比喻与思维的关系，这表明我国古代学者对隐喻认知理论的阐释要远远早于西方。

我国书面语中最早的比喻现象，可见于殷代的《盘庚》三篇，如上篇中：

> 若网在纲，有条而不紊。若农服田力穑，乃亦有秋。

世界上最早的诗集，约成于公元前1100年至公元前600年之间的《诗经》，其中也有述及譬喻的经典语录，如在《大雅·抑》中就有如下说法：

> 取譬不远，昊天不忒。

意思是说：取譬喻须近在眼前，上天赏罚毫厘不差。孔子（《论语·雍也》）中所说的"能近取譬"与上述观点相通。《诗经》运用了大量的比喻，如归纳出的三种修辞手法"赋、比、兴"，后两种都是比喻。"赋"是直叙其事（"直书其事，寓言写物"的一种直说手法）；"比"是用类似的事物相譬喻，以刻画事物，表达情感，主要包括明喻、隐喻等；"兴"是"环譬以托讽"，常用于文章开头，即先打比方，再说真义，先言他物，并以此为发端，触发自己的情感，而后引出全篇，阐发本义，"婉而成章"地打比方，通常会产生"文已尽而意有余"的效果。根据朱自清在《诗言志辨·比兴》中的统计，《诗经》305篇中经《毛传》注明"兴也"的有116篇（参见张志公 1996：210）。

以他物说此物，就是当今学界所说的"隐喻"，所以"兴"也可视为一种隐喻。周策纵（1986：229）指出：其实有时兴即是喻。李湛渠（1996：127）指出：

> 广泛言之，兴亦比之一种，只不过一般的比都是"写物以附意，飏言以切事"的，是以物比物，以类比类，往往比较明显；而兴则是"环譬以托讽"的，是以义比义，类限不严，往往比较隐晦，需"发注而后见"也。

可见，"兴"被学者们理解为"引譬连类"，并未仅视为一种修辞技巧，而更接近于一种"类比联想、思维推理"的方法，只要两种事体之间在某一方面具有某种关联，便可将它们同化为一类现象。

2. 我国比喻研究简史

（1）先秦时期

孔子（前551—前479）早在2500年前就论述了隐喻，同时还指出了隐喻对于类比联想的思维具有十分重要的作用，这就涉及当今隐喻认知理论的基本观点。

为了辩说、论战的需要，比喻理论应运而生。墨子、惠施、庄子、荀子等对此都有论述，这对提高谈说术起到了很好的作用。但这一阶段的论述较为零碎，尚无系统。墨派总结论辩方法时提出：

辟也者，举也物而以明之也。

辟即譬，也物同他物。墨子就常常以人们熟悉的事体或以寓言作譬。惠施曾指出：

夫说者，固以其所知喻其所不知而使人知之。

庄子在《寓言》中早就对隐喻作出了量化论述：

寓言十九，重言十七。

荀子也认为论辩时要：

譬称以喻之，分别以明之。
凡同类同情者，其天官之意物也同，故比方之疑似而通。是所以共其约名以相期也。

后一句话的意思是：凡是同一个民族，具有相同情感的人，他们天生的感官对事物的感觉印象是相同的，所以通过各种比喻就可以把事物说得大体相似，就可使别人能够理解和通晓了，这就是人们能共同使用约定事物的名称而互相交往的原因。

墨子、惠施、荀子都认为要用知道的事体来喻说不知道的事体，比喻的作用是为了使对方明白，易于理解，比喻是论辩中不可缺少的一种方法。这就清楚地表明了隐喻的解释功能和修辞功能。

（2）两汉时期

这一阶段对比喻的研究比先秦时期的论述范围广，涉及比喻的条件、性质和重要性，及其产生的原因。西汉初年刘安在《淮南子》中说：

假象取偶，以相譬喻。
假譬取象，异类殊形。

就是说人们要善于寻找不同物象之间相同或相偶合的地方，这样才能形成譬喻，也就是我们今天所说的隐喻中本体和喻体之间相似点的问题。而且在使用譬喻时所取之象必须是

"异类"和"殊形",也就是今天所说的本体和喻体要"跨域",异类和殊形通过偶合,才算是"偶"得巧妙,才能"喻"得恰当。《毛诗序》指出:

> 故诗有六义焉:一曰风,二曰赋,三曰比,四曰兴,五曰雅,六曰颂。

其中"比"就是比喻。东汉郑众注《周礼》说:

> 比者,比方于物也;兴者,托事于物也。

他认为"比"是用比喻来突出事物的特征。王符《潜夫论·释难》明确提出:

> 夫譬喻也者,生于直告之不明,故假物之然否以彰之。

譬喻就是指,用直接表达说不清楚,就只有借助其他事物来加以说明。西汉初年刘安等人对隐喻有精辟论述(参见下文)。王充《论衡·自纪篇》对之亦有论述:

> 何以为辩?喻深以浅。何以为智?喻难以易。

就是说,在论辩中要用"浅易"的话语来阐明自己深邃的思想。王逸还对《离骚》中的比喻进行了归纳。

(3)魏晋南北朝时期

这个时期很多学者都论述了比喻的定义、分类、作用,及其与文体的关系。刘勰在《文心雕龙·比兴》中对其做了较为全面的研究,有精辟的论述,对后世影响很大。他说:

> 故"比"者,附也;"兴"者,起也。附理者切类以指事;起情者依微以拟议。起情,故兴体以立;附理,故比例以生。比则蓄愤以斥言,兴则环譬以托讽。

意思是说:比的意思就是比附,兴的意思就是兴起。比附事理是完全切合所说的事物,触物兴情可以依据事物细微之处来进行发挥。有时因感物兴情而写诗,所以兴的手法就出现了;也有用比附事理来进行创作的,所以比的手法就产生了。比是把郁积要说的情感,借用类似的事实来加以申述,兴是通过曲折委婉的方法,把内心的寄托告诉别人。他还将比与兴的区别总结成"比显而兴隐",并进一步论述了用作比喻的事物是繁纷多样的,即喻体可用"声音、形貌、主观意念、具体事物"等(参见第十四章第四节)。他还提出了一个十分精辟的观点:

> 物虽胡越,合则肝胆。

即要把比喻用好,必须做到本体和喻体应像北方和南方那样离得很远,两者看起来毫不相干；同时又必须在比喻之后，使本体和喻体像肝胆那样密切，两者要有相似的地方，这就大致相当于刘安《淮南子·要略》所说的：

　　假象取耦，以相譬喻。

类属上的"异类、胡越"，本质上的"相偶、肝胆"，就道出了比喻须具有对立统一的特点，这是一种颇有见地的论述，本书所说的"隐喻始于矛盾，结于统一"与其接近（参见第十四章第四节第三点）。刘勰还将比喻分为两类：

　　① 比义，用具体的事物来比喻抽象的义理；
　　② 比类，以具体的事物来比喻具体的形貌。

（4）唐宋元时期

唐代的皇甫湜接受了刘安和刘勰关于比喻"异"和"同"的观点，他在《答李生书》中也说到：

　　凡喻必以非类，岂可以弹喻弹乎。
　　凡比必于其伦。

这就说出了比喻既有"非类"的特征，又有"同类（伦）"的特征。唐代的贾岛在《二南密旨》中说：

　　四时物象节候者，乃诗家之血脉也。

诗人必须用"四时物象节候"作为喻体，它们就是诗人的血脉。皎然在《诗式》中也从喻体角度提出了"取象曰比"的观点，即以"象"为喻体。他接着还说：

　　凡禽鱼草木人物名数，万象之中义类同者，尽入比兴。

世上万物都可作为喻体。仔细想来，这里就已经涉及诗歌创作观和哲学观：倡导诗歌中的形象思维，以及世界万物之间可能存在各种联系。当然，仅从喻体角度来论述比喻不能算是一个完整的比喻理论。南宋的朱熹认为：

　　比者，以彼物比此物也。

南宋的陈骙在《文则》中较为详细地论述了比喻，指出：

　　《易》之有象，以尽其意；《诗》之有比，以达其情。文之作也，可无喻乎？

他最早分析了《诗经》，将比喻分为十类（参见第十三章第二节）。但他有时以形式，有

时以功能分类,未能使用统一的标准。他还述及了直喻(即明喻)的特点:

或言犹,或言若,或言如,或言似,灼然可见。

我国古代学者所论述的"引申"大致相当于西方学者所说的"隐喻"。陆宗达、王宁(1994:318)指出:郑玄在注"三礼"时就已经开始分析引申义;徐锴著《说文解字系传》也用到这个术语。宋末元初的戴侗(1225—1313)认为,具体的事物有形,文字可以肖其形以表达其义;义理道术则无形可象,如何以有形表无形,这就要靠"引申"。引申的基础在于"物"与"理"之间有某种关联。他充分认识到了"无形 vs 有形""抽象 vs 具体"之间的关系,在探求词义引申规律时认为具体的词义之所以能引申出抽象意义,是因为词义的引申体现了"器 vs 道"的关系①。抽象存在于具体之中,具体之中有抽象。所以他说:

圣人因器以著象,立象以尽意,引而申之,触类而长之,而天下之精义靡有遗焉。

圣人以具体的事物形状标示事物形象、意义,以形象表达与之相关的抽象道理,文字表义的道理正在于此,这就是戴侗所说的"充类之术"(即引申、隐喻),他举的例子是:

道,从辵,本为人之行路;理,从玉,本为玉之文理,引而申之,则道之广大,理之精微者无不通,此充类之术也。

道表示"道路",理表示"玉之文理",后来用"道、理"引申来指称"道术、法则、理义",这就是由具体到抽象的引申,语言正是运用了此法才可能发挥其经济性特征,人们就能用有限的词语表示无限的概念。党怀兴(2000:162)认为:戴侗对这种方法从理论上进行了总结,在实践上进行了运用,确实是对语言研究的一大发展。

(5)明清时期

明代开始出现汇编比喻的专书,如徐元太的《喻林》,共分10门,580余类,收集了丰富的典籍资料,是研究我国古代隐喻的难得资料。清代的吕佩芬编写了《经言明喻编》,其中收集了十三经中的比喻,共得喻词7391条。作者还将文章立言之法归为两类:

① 正言,相当于直说,明说;
② 喻言,相当于本书所说的隐喻。

他还将比喻分为三类:物喻、人喻、事喻。

---

① 朱熹说:"形而上者,无形无影是此理;形而下者,有形有状是此物。""理"是"形而上"的道,是抽象的;"器"是个体的事物,是"形而下"的,是"具体"的。

段玉裁一部《说文解字注》，贯穿了本义与引申义的问题；朱骏声在《说文通训定声》里以"转注"囊括引申现象，不乏精辟的分析；而章太炎创"转注假借说"，又以"假借"囊括引申，他不但把引申作为词义运动的基本形式来分析，且还把引申理论贯穿到他的字源专著《文始》中去，用引申来解释义通现象；黄季刚则把引申提到训诂学的定义中来，给这一问题以更重要的地位。

清末的吴曾祺在《涵芬楼文谈·设喻第十九》中较为详细地论述了比喻运用的四点注意事项：

> 尝谓设喻之失，凡有数端。一曰泛而不切，好取华辞，无关实义是也。二曰滞而不化，胶于实迹，反昧大意是也。三曰熟而不鲜，袭取旧闻，不得新义是也。四曰俗而不韵，杂用里言，有伤大雅是也。明此四端，则于设喻之道，思过半矣。

（6）20世纪[①]

在这百年间，中国学者对隐喻的认识大多还是局限于修辞层面，如唐钺（1923）在《修辞格》中，陈望道（1932）在《修辞学发凡》中，基本上都在辞格框架中论述隐喻。钱锺书（1979）在《管锥编》中，也提到了比喻有"二柄"和"多边"，也基本上属于修辞层次上的论述。

孔子等先贤能在2500年前论及隐喻的认知作用，确实是一件了不起的举措（见下文），但可惜的是该观点未能得以延续和发展，我国大多古代学者和现代学者还将隐喻视为一种语言上的修辞手段，特别是当今汉语界的很多学者也往往只看到了隐喻的修辞功能，如在1979、1989/1999年出版的《辞海》中对隐喻的定义还为：

> 比喻的一种，本体和喻体的关系比之明喻更为紧切。

这确实令人感到有点遗憾！

体验哲学和认知语言学认为：隐喻不仅是语言中的修辞现象，且还是人类认知活动的方式。隐喻在本质上是一种思维现象，具有重要的认知功能，是人类"认识新兴事体、建构概念系统、形成各类学科"不可缺少的认知策略。汉语界也有学者注意到了这一点，就笔者所知，我国汉语界的张明冈（1985：8）就谈到了隐喻的认知功能。他指出，比喻的基本作用有二：一是认识作用；一是修辞作用。他说：通过对已知事体同未知事体之间相似点的比附，使人们从已知的领域向未知的领域前进，扩大知识面。无论对于艺术家还是对于艺术作品的接受者，比喻都是思想的特殊途径，是思维的特殊方法。比喻思维有助于艺术成为关于生活的、综合的、整体的知识。

[①] 不包括80年代后对隐喻认知观的引进介绍。

张明冈能在汉语界一片"隐喻修辞论"的声音中提出隐喻的认知功能，且还将认知功能置于修辞功能之前，这确实是难能可贵的。但他的隐喻认知观也存在缺陷，他只说到了隐喻是基于相似性这一点，而未能认识到隐喻还可以创造相似性，但L&J（1980）则仅强调了后一点。笔者主张将两者结合起来论述，隐喻既是基于相似性的，同时也可以创造相似性。如说"婚姻是牢笼"时，一方面说出了婚姻与牢笼的相似之处，两者都有"禁锢"之义；另一方面，当把"婚姻"和"牢笼"并置，实际上也就对事体再次进行范畴化，重新划分了范畴，创造出了这两类事体之间的关联性。因此，我们主张可分别从这两个角度来论述隐喻的工作机制，参见上文。

3."比、兴"与"隐喻"

"比"主要包括当今所说的明喻和隐喻，"兴"更属于篇章层次上的隐喻。朱自清将比体诗分为四大类：

①咏史（以古比今）；②游仙（以仙比俗）；
③艳情（以男女比君臣）；④咏物（以物比人）。

可见"比"和"兴"都涉及语义或概念的跨域使用，这与当下认知语言学中所说的"隐喻"大致相当。如《诗经》一开头就说：

[10] 关关雎鸠，在河之洲。窈窕淑女，君子好逑。

以"雎鸠求鱼"与"男子求女"这两者在"求"上具有相似性为基础，将这两者引譬连类，用前者来隐喻性地表达后者。这里本体为"男、女"，喻体为"雎鸠、鱼"，喻底则为"求"。又例《卫风·淇奥》中云：

[11] 有匪君子，如切如磋，如琢如磨。

美君子文采风流，似象牙经过切磋，似美玉经过琢磨。"切磋、琢磨"原指加工象牙、美玉的方法，而在此处被隐喻性地用于描写君子学道修身的过程，今天这两个词组常用作隐喻。庄子在《寓言》中还用"光线、影子"来喻说两物之间的依赖关系、存在vs不存在、生vs死的关系等，这也是将隐喻用来阐述哲学道理的证据之一。

"引譬连类"就是要"善取类"，这种触类旁通式的思维方式和表达技巧得到孔子的充分肯定，使得后来的学者更加精于此道。《论语·阳货》：

诗，可以兴，可以观，可以群，可以怨。

此后，"诗可以兴"就流行开来了。孔子还对儿子孔鲤说：

> 不学诗，无以言。

意思是说不从诗歌中学习引譬连类的联想方式，就不能具备在正式场合中论说发言的权利。"善取类"就成了当时衡量个人理性教养程度的基本尺度。

Heidegger（1975，彭富春译1991：6）说：

> 一切冥想的思都是诗，一切创作的诗都是思，思与诗是邻居。

这与我国2500年前孔子的思想以及其后哲人的观点，可谓不谋而合，而与孔子几乎同时代的柏拉图"将诗视为非理性"形成鲜明对比。叶舒宪（1994：413）指出：

> 需要强调的是，孔子不是把《诗》作为艺术品来看待的，而是当作类比思维的典范，希望人们能够从中学到主观联想式的推理方式和表达方式。由此看来，"诗可以兴"的命题绝不是什么文学批评的命题，它表明了孔子作为中国的诗性智慧的理论奠基者，对于"诗·语言·思想"这一本体论关系的深刻洞见，对于类比联想的思维方式的特别推崇。

这种"善取类"的类比联想的推理方式和表达方式就广为流行。惠施将隐喻视为：

> 以其所知喻其所不知而使人知之。

这实际上也涉及了隐喻的认知功能。《淮南子》中说：

> 言天地四时而不引譬援类，则不知精微，……
> 从大略而不知譬喻，则无以推明事。

这些观点可视为对孔子"不学诗，无以言"的最好注解，把诗歌构成的思维机制譬喻为打开思路的绝妙手法，解说为认识事体的唯一法则，确实具有深远的历史意义。这正是当今认知语言学所说的隐喻性思维的先河，原来"隐喻认知论"从我国古代哲学家孔老夫子一直延续至汉代哲人，已流行了几百年之久，我们似乎可从这里找到当代隐喻认知论的最早始源，它就发源自我们这片神奇的土地之中，就在东方文明古国——中国，倘若当代西方学者能认识到这一点，他们也会大惊不已，为此拍案叫绝！

至于对隐喻进行量化统计的问题，我们的老祖宗也早就有了一定的认识。庄子在《寓言》这一章中说：

> 寓言十九，重言十七。
> 寓言十九，藉外论之。

这两句话的意思是：我所说过的话中，寄托寓意的话（或假托的话）占全部言论的十分之九，重复别人说过的话，借用先哲、时贤的言论占十分之七。寄托寓意的话占十分之九,都是借助于他人他事来发议论,借他人的话说自己的意思(秦旭卿等 1997;冯钟芸 1995),这不正是当代"互文性"的先声吗?我国古人不仅早就认识到隐喻在言谈写作中所占的比例极高,还对其普遍性进行了量化论述。L&J等学者统计发现隐喻在日常语言中约占70%,有的西方学者认为这个比例还要更高,这些观点也正与庄子的说法十分接近。

通过这一简单对比可见,当代西方认知学者对隐喻的认识及使用比例的调查,竟与我们祖先的发现有如此惊人的相似之处,同时也为我们采用定量分析语言的方法找到了最初源头,我们当为祖先感到自豪。为此,外语界在引进西方理论时,切切不可忽视我国的本土理论。真可谓:知己知彼,方可百战不殆!

4. 隐喻与文化

隐喻,如同语言一样,也是深深扎根于社会情景、文化知识之中的(参见第十五章第七节),在当前中西文化对比研究的论著中,其实蕴藏着大量的隐喻性文化内容。我们生活中有关文化方面的隐喻实在是太多太多了,如春节期间将"福"字倒着贴,通过语音隐喻转义为"福到"等等(参见第十三章第三节)。

很多学者论述了数字与文化之间的关系,如当代我国许多地方"厌4喜6、8"的现象,也与语音隐喻有关。在西方,数字13也为大多数人所讨厌。据《圣经》记载,耶稣及其12个门徒共13人,犹大排为第13位,因他出卖了耶稣,就使13带上了贬义色彩。耶稣被犹大出卖时所进"最后的晚餐"的那一天又恰逢星期五,因此"13号再逢星期五"则大大不利,被称为"黑色的星期五",若每月的13日又逢星期五,西方有不少人会找借口全天不起床,以躲避灾难。古希腊的赫西俄德告诫农民不要在13号开始播种。在古巴比伦,有13个月的闰年用一只"倒霉的乌鸦"来标志。魔鬼总是和12个巫婆一起开13人聚会。这一贬义数字被隐喻性地用到当今社会中,门牌号码不要13,运动员号码回避它,宾馆中的楼层号、房间号也有很多是空缺该号的。

在中西方许多关于"狗"的隐喻性表达中也有很多差异,这也与文化差异密不可分。这类隐喻性用法实在是不胜枚举,此处不再多述,阅读一下有关中西文化对比的论著便会有更深的体会。

第九节　隐喻理论在语言教学中的运用

1. 概述

我国由于受到传统隐喻论的影响,一般也将其视为修辞现象,到了1999年出版的《辞海》中对隐喻的定义还与1979年、1989年版完全相同,局限于传统的"修辞观",将其视为比喻的一种。该观点反映在语言教学大纲或教学实践中,更倾向于将其归入修辞学,应属语言能力之一种，因而未将其视为语言教学中的一项重要内容加以认真对待。目前受到隐喻认知论的影响，国内外已有不少学者提出在教学中要注意培养学生的"隐喻能力"，并将这种能力单独列出来，与"语言能力、交际能力"并列为三大能力，这就将其上升到"认知"这一高度来认识。

至于"语言能力 vs 交际能力"之间的划分，亦有学者对此提出不同看法，这不是本书所关心的问题。从目前隐喻认知论角度来看，隐喻不仅是个语言修辞表达方法，不能将其简单地划归于语言能力之中，且在过去的交际教学大纲中也未见到有关培养学生隐喻能力的说法，因此将其单独列出来加以重点强调，深入研究其对语言习得的影响，是一项十分必要的举措，既符合人类的认知规律，也与当前日益成为主流的认知语言学理论相吻合。隐喻不仅是一个可帮助我们丰富语言表达的问题，更重要的是它与我们的"创新思维、语言习得"密切相关。因此在语言教学中除要培养学生的语言能力、交际能力之外，还应加上隐喻能力，笔者称之为"三合一"的语言教学观。

这三种能力既有区别也有联系，共同构成了语言运用的基本功，可以说是掌握一门语言的高层次标志。隐喻能力对语言能力的掌握、交际能力的提高都有十分重大的、不可低估的影响，这是由隐喻的性质所决定的。隐喻能力是一种普遍存在于认知主体中的，能够识别、理解和创建跨概念域类比联系的能力，这里不仅包括能被动理解和学得的隐喻，且还包括能创造性使用隐喻的能力；更高目标还可含丰富的想象力和活跃的创新思维能力。因此，在我们的语言教学大纲中应充分体现出当代隐喻认知论的最新观点，认真考虑培养"隐喻能力"的具体方案、内容、举措，其中可包括：在有关教材中应如何体现该思想，在课堂教学中应如何实施该观点，在考试中应如何反映该能力的掌握。总之，笔者建议在新大纲中应明确提出"三种能力培养不可偏废"的观点，这就是"三合一"的含义。

"隐喻"能使我们正确理解抽象概念域，不断将知识扩展到新领域，因此隐喻具有重要的教育价值。很多"抽象理论、微观世界"常用隐喻来解释，如物理学中常用水流现象来说明电流现象，化学中常用太阳系图来说明原子结构，将密度解释成盒子中事物的多少，参见Mayer（1979：561—578）。Cameron & Low 于1999年出版了论文集*Researching and Applying Metaphor*（《隐喻的研究和应用》），提出了隐喻研究与语言教学的问题。当前我们应当着力考虑在语言教学中如何培养学生隐喻能力的问题，如何将其运用到二语习得中来，使其成为提高语言教学水平的一个重要工具，笔者现拟初步提出以下一些设想。

2. 多读诗歌，加强文学修养

思想与诗歌为邻；隐喻是诗歌的生命，两者同质。普遍存在于诗歌中的隐喻确实能给人以较多的启迪，丰富的遐想。隐喻创造了很多相似性，建立了若干不同事体之间的联系，大大丰富了人们的想象力，因此通过多读中外文诗歌（以及其他体裁的寓意深刻的文学作品），不仅可增强语言表达的丰富性，更会开阔思路，对于隐喻能力的培养具有重要的促进作用。

当然，这对于文科或爱好文学的同学来说并不存在很大问题，但对于理工科学生来说，往往有被忽视的可能。由于时间有限，功课较多，作业繁重，大部分同学根本就无暇顾及这一方面。我们应鼓励理工科的学生加强这方面的修养，要多读诗歌，特别是那些充满哲理、内涵丰富的诗句，这对于提高他们的隐喻能力、创新思维都是大有裨益的。

当今高等教育应打破学科间的严格界限，提倡有机教育，鼓励同学们跨学科、跨专业去挑选课程，实行并支持文理兼蓄的做法。在英国、美国很多大学不是按照学科来划分学院的，如剑桥大学、牛津大学下属的各学院都是多科兼有的，这对同学们达到"厚基础、宽口径、高标准"的目标，从事跨学科研究具有重要意义。

3. 注意收集隐喻表达，于微细之处见思想

很多"新奇隐喻"都是人们创造性思维的结果，在日常生活和语言学习中应当注意收集这些闪烁着智慧光芒的语句，着力寻找其后所隐含的深邃思想。当然背诵部分妙言警句、奇特隐喻也很有必要。Lakoff曾告诉笔者说当初他写《我们赖以生存的隐喻》时，从一个1978年课堂上女同学的问题中得到了启发。她问Lakoff"我的男朋友说'Our love hit a dead end'这句话是什么意思"，然后Lakoff就发动全班同学尽量全地收集关于love的隐喻表达，竟有100多条，然后对它们进行归纳、整理、分析，逐步形成了他的隐喻认知论。

笔者几年前对隐喻能力的培养问题虽早有考虑，也曾尝试将该观点运用到教学中来，但对之论述不够，当时主要尝试对英语三个基本介词"AT—ON—IN"进行了初步分析，发现它们表示地点时基本遵循着"点—面—体"的规律，这又大致被映合到时间概念域中，在向抽象概念域映射时也存在着类似的规律（王寅 2001：316），现摘录部分例子：

（1）At 表示"点"

1）At 表示"短暂动作"概念

  at the thought of　一想到……就……　　at the vision of　一看见……就……
  at one stroke　一下子　　　　　　　　at a blow　一下子

2）At 接表示"点性概念"的数字

  at a height of 1000 meters　　　　　　at a speed of 70 miles per hour at a depth of 30 meters   at one with（和……一致）

3）At 接动作概念时：能量汇集

to shoot at   to aim a gun at an object
to rush at the enemy   to glance/gaze/stare at

4）动作性的形容词后接at，可指因某一事（可视为一点）而引起的反应

be shocked / surprised / amazed / alarmed / startled / astonished... at
be delighted / happy / overjoyed / pleased / glad / excited... at

（2）On 的基本意义：面

1）On 的隐喻义与"面、上"有关

on all sides   在各方面   on deposit   存（在账面上的）款
on the one hand，on the other hand   在一方面，在另一方面
on schedule "在时间表上"转义为"按预定时间" "准时" = on time

2）On 与"身体部位"概念

on one's shoulders   落在肩上   on one's head   落在某人头上
on foot   （脚着地面）步行

3）On 隐喻为"论、关于"，含"面面俱到地说"之义

on the subject   就某主题论述   a report on the situation   形势报告

4）On 接"动作概念"，隐喻为"工作面"，含"将某事置于自己身上"之义

on a visit / tour / trip, on business / duty

（3）In 的基本意义：体

1）In 接"动作、抽象概念"，喻义为"处于……状态/情景/心境等之中"

in danger / confusion / solitude / amazement, in a mess / situation / state

2）"穿衣"用in，身体在衣服之中

in plain clothes, in shorts, in a work shirt, in one's summer dress
in silk / cotton / tweed / dacron

in blue / black / red / green / white / bright colors...

这种分析方法在传统的英语教学中一直未能得到应有的重视,笔者认为在今后应予以适当强调。通过这样的分析,有助于揭示它们在多种用法中的隐喻性联系,帮助同学们认识隐喻在语言中的普遍性,多种用法中的关联性,抽象概念表达的理据性,可启发学生的思路,有利于多角度、多层面地分析语言中普遍存在的现象,以期发现更多的规律,减少"惯用法"所带来的记忆困难,从而达到开拓视野、发展思维、提高认知能力的目的。

4. 利用隐喻认知规律,不断开拓创新思维

"创新思维"亦已成为时代的最强音,其后有其深刻的背景和含意,属于一种面向未来的重要举措。我们该如何面对竞争如此激烈的21世纪,摆脱传统观念,跳出陈旧思维方式,解放思想?目前很多有远见的教育家都已认识到这一问题,有主见的教师也已作出了一定的努力,但还不够。在我们现有教育中还有许多内容和方法不利于实现这一目标,这当然不在本书论述之列,但完全可用"思维的隐喻性"这一命题大做文章。从上文可见,隐喻有创造相似性、建立事体间新联系的功能,这是人类认识世界的基本方法,完全可以成为培养创新思维的一种重要途径。

在英语教学中应鼓励学生发挥自己的想象力,运用隐喻来表达自己的思想,要求高年级同学用英语(或汉语)进行诗歌创作,增加适当分量的寓意深刻的文学作品、哲学文章的对译练习,这既有利于同学们语言水平的提高,增强文学修养,陶冶情操,也可从中学到很多创新思路。

笔者曾尝试让同学以computer(计算机)为例,鼓励他们尽量多地用各种隐喻表达来对其加以描述,大胆表达,展开讨论,各抒其见,大大活跃了教学气氛。如在课堂上可作如下提示,课后可要求他们写成文章:

外形类比:(1)a radio　　　　　　　(2)a desk
　　　　　(3)a paper box　　　　　(4)a notebook
　　　　　(5)a wardrobe　　　　　 (6)a bookcase
作用类比:(1)storehouse(It can store information.)
　　　　　(2)collector(It can collect or gather information.)
　　　　　(3)mathematician(It can solve complicated problems.)
　　　　　(4)teacher(It can teach.)
　　　　　(5)man's brain(It can play chess, read handwriting letters...)
　　　　　(6)telephone(It can communicate with other people easily.)
　　　　　(7)game player(It can play games with you.)

(8) camera (It can take pictures.)

(9) designer (It can design a plant.)

(10) writer (It can write plays.)

随着现代科技的迅猛发展,当然还会有更多的类比说法。

这种隐喻式教学方法不仅使学生们大感兴趣,学会了一些语言表达方法,如今看来,更主要的是起到了拓宽思维的效果。这一效果尽管是潜在的,不会立竿见影,但只要长期坚持下去,师生携手,有意识地共同开发隐喻的认知功能,对我们的创新思维一定会有帮助。

5. 利用现有形象思维,促动隐喻机制形成

认知科学家认为:左脑为语言脑,右脑为非语言脑,但右脑仍然是文字阅读时的必经之地。右脑主要处理"形象思维、创新思维、灵感思维",但人类尚未能很好地开发右脑,因而有"右脑革命"之说(参见杨伟国 2001)。为解决西方人仍处于半睡眠状态中的右叶大脑,有些西方认知科学家提出把学习汉字作为实现"右脑革命"的主要措施,要求把汉字教育作为中学课程的必修课,以解其"燃眉之急"。

中国有些认知学家的研究也表明:运用拼音文字的民族在利用符号记录语言时,不知不觉地抛弃了很多形象信息,走向了表音文字方向,在形音义三信息中侧重音义两者的结合。而运用象形、表意文字的汉民族在利用符号去记录语言时,重视形象,走向了方块汉字方向,信息是储存于层次网络中"形义—形音"程序中。有不少心理学家认为用拼音文字的民族,两叶大脑有明显分工,各有不同优势,但只要他们愿意学习汉字(在华的外国留学生、教师就是一个很好的调查对象),约经过4—5年后,大脑思维过程就会逐步达到两叶均衡、并行使用的效果(参见许世彤等 1992),这也许就成了上述所说的要进行"右脑革命"的一个漂亮例证。

基于该理论,我们的右脑似乎要比西方运用拼音文字的民族更发达,这或许与汉字的字形,以及若干有关字形的谜语、诗句、各种对偶表达(包括:拆字合字、依靠字形等对联[①])、歇后语、游戏、书法等十分丰富的汉语文化密切相关,这或许会使得我们在形象思维方面占有优势。而隐喻常须对概念加以形象化处理,这也是创造形象关联的一个重要

---

① 例如在国人讨伐袁世凯期间,有人出了上联:或入園中拎出老袁还我國。(从"園"字中将"袁"拎出来,将"或"字置入就是大写的"國"字)。久无人对出,后袁世凯死时"临终自叹"而感,对出下联:余登道上不堪回首望前途。(把"道"字中的"首"换出用"余",就成了"途")。
又例描写灾年的情形:欠食饮泉,白水何堪充饱;无才抚墨,黑土岂能充饥。(上联合"欠""食"为"饮",拆"泉"成白水;下联合"无""才"为"抚",拆"墨"为黑土)
再例:"琴瑟琵琶,八大王王王在上,单戈独战;魑魅魍魉,四小鬼鬼鬼在旁,合手并拿。""冻窗洒雨,东两点,西三点;切瓜分片,上七刀,下八刀。"

方式。当然，并不是一切形象思维一定都具有隐喻性，形象思考也可用其他方法。隐喻仅是形象思维之一种，然而它却是很常用的和很有特点的一种。

我们应利用现有的较为发达的形象思维能力，以及母语隐喻认知机制，进一步开发和利用这一优势，将其巧妙地运用到外语习得中来，以能促成外语中的隐喻认知机制的形成，这也是培养隐喻能力可以借用的方法。因此在英语教学中，可加强英汉隐喻表达方法的比较和对比，发现两语言中形成隐喻表达的基础是什么，两语言中基于形象思维的隐喻所占比例各是多少，为何在英汉两语言中会有相似的隐喻，为何又会有不同的隐喻，形成这些差异的机制到底何在。

通过这种对比，还可发现两语言中有哪些"隐喻间隙（Metaphor Gap）"，对其描述和研究犹如"词汇间隙（Lexical Gap）"一样有意义。着力寻找这些间隙产生的原因，这对我们深入解释中西方思维方式的不同，左右脑分工的差异也是十分有意义的。若能在这方面展开较大规模的调查，获得第一手资料和数据，会更加有助于我们对自己大脑和思维的深刻了解，同时，这一数据也可用来证实上述关于汉民族更重视"形象思维、右脑发达"的假设。

总而言之，隐喻作为一种启发式教学方法是可取的，它有助于认识新鲜事体、熟悉抽象概念、发展思维能力。这在古代就有很多例子，很多人向帝王进言时都想方设法用隐喻方法来劝说帝王接受或拒绝某一事情，这对今人仍有很大的参考意义。

最后还是用一段隐喻性话语来结束本节的论述。《扬子晚报》2001年11月23日曾用这样一段文字来描写未来的教育目标：

> 有人曾将人才划分为四种类型，即"一"字型人才，其主要特点是知识面宽；"I"字型人才，其主要特点是很专；"T"字型人才，其特点是不仅宽，而且还专；最后是"十"字型人才，其特点不仅宽和专，而且敢于冒头，即富有创新精神。

此段文字巧妙地运用了数字和字母来喻指四类人才，颇富新意，大有让人耳目一新的感觉，生动形象地描写了未来的教育当以培养"十字型"人才为目标。这段文字本身就是创新思维的作品，可见隐喻与创新思维之间的密切联系。

思考题：

1. 书中提到的几种隐喻理论的具体内容是什么？它们之间有哪些相同和不同之处？从隐喻认知论角度简述隐喻的特点，试列举英汉例句加以对比说明。
2. 分析下一例中的隐喻，并用其来说明隐喻的特点：
   （1）寒流"违约"姗姗来迟，商场双休放个"哑炮"
   昨天老天意外地和南京的众商家开了个大玩笑。本该24日夜影响我省的强冷空气突然爽约，这让早就瞄准了寒流准备大战一番的南京众商家白白地放了一个"哑炮"，显得格外尴尬。（《扬子晚报》2001年11月26日）

（2）"潜水"是说"悄悄话"

随着网络的普及，网络语言在现实生活中"泛滥"开来。网上聊天流行"潜水"对话，如果你想跟网友交流而话语不被别人看到，你会选择私聊，而在"悄悄地"一栏前的空格内打上"勾"，这时你就属于"潜水员"了。（同上）

3. 试述隐喻能力的重要性，以及具体培养方法。
4. 试收集人们网上聊天话语或日常交谈中的隐喻，并运用隐喻认知论加以系统归类和分析。
5. 科技进步常常成为隐喻的发源地，试分析其中的原因，并举例说明；试分析在"计算机病毒"表达中，"病毒"是如何从始源域向目标域映射的？
6. 为什么说概念整合论比概念隐喻论更有解释力？请举例说明。概念整合论能用来解释"口误"和"混成构词"吗？结合下面两个例句论述两个输入空间的位置对于融合结果是否会产生不同的理解：

那个外科大夫是屠夫。

那个屠夫是外科大夫。

第十六章 语言符号像似性

传统语言理论对于我们了解语言的本质和特征发挥了很大作用，也为当代语言学的发展奠定了基础，但随着研究的深入，学者们已不再满足于一些传统理论和方法，对若干习以为常的观点提出了质疑。当我们静下心来，仔细琢磨一下，就会发现不少传统观点很值推敲，若深入探究下去还觉得大有问题，需要重新认识，其中也包括"语言符号任意性支配说"这一流行了近一个世纪之久的观点。

自从古希腊学者提出形式和意义"二分法"后，在西方语言学论著和教材中有很多表示这两者的名称和术语：

能指	所指
signifiant	signifie
signifier	signified
signans（signantia）	signatum（signata）
sign	content/denotatum/signification
sign	object
morphological form	meaning
code	coded

自索绪尔之后，语言学界用得较多的是"能指 vs 所指"，笔者不主张用这对术语，因索氏的"能指"是指"音响形象"，"所指"指"概念"。两者是"关门打语言"的产物，属于语言符号内部的心智实体，与语言外部的现实世界无关。本书主张用"语言形式（或语言符号）"与"所指意义（包括客观世界与认知世界）"这对术语。

哲学界、语言学界、符号学界等领域的学者在这两者之间是否存在理据性问题上一直存在不同观点：素有"唯实论（Realism）vs唯名论（Nominalism）"之争，其他类似的术语还有"本质论（Physei）vs约定论（Thesei）"，"自然派（Naturalist）vs习惯派（Conventionalist）"等，这两种对立观点贯穿于整个语言研究历史之中，当前所论述的"像似性vs任意性"之间的分歧就是这场争论的继续。

Simone（1994）曾将这两种对立的观点称为：柏拉图模式和亚里士多德-索绪尔模式

（下文简称亚索模式），前者认为词和所表示的事体之间存在着一种根本的联系，词只不过是人们给现实或外部世界的事体所起的自然名称[①]。如果我们想用语言表达现实的话，语言就必须在某种程度上与现实像似，语言符号和语言行为的许多方面在本质上打上了自然限制的烙印。后者认为"语言形式vs所指意义"之间没有什么内在联系，具有任意性；若语言不是任意建构的话，就不能被使用，即使承认语言中有像似性，也仅限于单词的拟音现象。

20世纪以来由于受到现代语言学奠基人索绪尔的影响，很多语言学家接受了他的任意观，在各类著作和教材中"语言任意性"的字眼比比皆是，流传甚广，以致被人们视作第一原则，一条公理（Axiom），甚至成了一种教条（Dogma）。尽管亚索模式长期以来占据着统治地位，还是有不少学者对此提出异议，与其唱反调的也大有人在。Simone认为：西方传统语言学和语言哲学一直在与流行的语言任意观进行不断的斗争，作出了不懈的努力。洪堡特（Humboldt 1836）和维特根斯坦（1922）等早就提出语言与现实同构的观点，但终因结构主义盛行，被淹没在任意观的大潮之中，位居冷宫，备受冷落。到了20世纪60年代，Jacobson（1965）、Greenberg（1966a）等再提像似性，仍未能引起人们足够的重视。直到70年代末认知语言学登场，对传统语言理论提出了一系列批判，认为语言是对现实世界经过人类体认加工后形成的，在现实和语言之间存在"认知"这一中介，认知先于语言，决定语言，是语言的基础，因此语言形式与人们的经验结构、认知方式之间存在像似性，且还在其作用下，与现实世界存在映照性相似的现象。认知语言学旨在追寻语言表达背后的认知机制，解释"语言形式vs所指意义"之间的理据性关系，据此，像似性成为认知语言学的主要内容之一。也正是在认知语言学的推动下，像似性才逐步被人们所认识、理解和接受。

本章将简要论述"像似性"术语的含义、哲学基础、语言事实和实践应用，及其源远流长的历史。

第一节　像似性的狭义和广义理解

1. 对"能指 vs 所指"的理解

学者们对"能指 vs 所指"这对术语有不同的认识，也有广义与狭义的理解两种问题。狭义来说，就指索绪尔所做的界定：语言符号是能指和所指的结合体，能指是"音响

[①] 唯实论所认为的词与所指事体之间存在联系的观点是可以接受的，但将其说成"根本的联系"就有局限性了。另唯实论认为事体的共相是实在的，有离开个别事体而存在的共相，共相是先于个别事体而存在的，这种把普遍概念加以绝对化，使其成为独立存在的精神实体，并将其视为第一性的东西，明显带有唯心论色彩。

形象"，所指是"概念"。这种音响形象是"非物质的、纯心理的"，概念也是一个心理现象，正如索绪尔（1916，高名凯译 1996：100，101）所说：

> 语言符号所包含的两项要素都是心理的，而且由联想的纽带连接在我们的脑子里。……语言符号连接的不是事物和名称，而是概念和音响形象，后者不是物质的声音，纯粹物理的东西，而是这声音的心理印迹。

索氏的界定主要是为了说明"语言是一个与自然实在无任何关系的自治体系"，是为"关门打语言"服务的。但很多学者发出质疑：该怎样理解这两个心理要素？对其如何加以描写？它存在的依据是什么？能有多大的解释力？能否算作理论之唯一？就连索氏（1916，高名凯译 1996：101）本人有时也觉得"音响形象"这个术语不妥：

> 看来也许过于狭隘，因为一个词除了它的声音表象以外，还有它的发音表象，发音行为的肌动形象。

杨自俭先生在为笔者（1999b）所作序言中指出：

> 索绪尔把能指与所指都看成心理现象，这是不对的。纵然语言的产生跟人的心理密切相关，但心理活动本身并不就是语言。他忘了语言是具有物质外壳和客观地存在于人类社会中的一种实在物。

或许正是由于"音响形象"过于狭隘，或难于理解，很多学者对这对术语进行了修订，很多学者常把"能指"不限在"音响形象"上，而指"语音"，甚至用来指语言的表达形式，包括书写形式，如Martin & Ringham（2000：123）认为Signifier指：

> the concrete world of sound and vision（声音和视觉的具体世界）

这就与索氏理论有了差异。"所指"也不仅指"概念"，也可用来指"所指物、信息、思想、功能"等。因此，"能指 vs 所指"这对术语在学界有了广义的用法，泛指"形式 vs 意义"。

2. 对"像似性"的理解

自然语言中隐含着认知方式，通过后者可揭示前者的规则，两者之间存在"相互印证"的现象，各自可从对方的迹象中反现自身。认知语言学所论述的"像似性"，意在强调通过语言分析发现其后的认知方式，借助认知方式来解释语言成因，认为语言形式是"体验、认知、语义、语用"等多种外在和内在因素共同促动的结果，前者像似于后者。正是从这个角度来说，语言符号是有理可据的，有动因可循的，而不是任意的。基于上述两种认识，对"像似性"就有两种理解：

① 狭义理解，临摹现实世界中事物，相当于柏斯所说的映象符（Image Icon）；
② 广义理解，即"理据性"。

我们倾向于广义理解，如Givón（1990：967）主张把"意义 vs 形式"之间的对应关系都视为"像似"。在Nänny & Fischer于1999年主编的论文集 *Form Miming Meaning: Iconicity in Language and Literature*（《形式模仿意义——语言和文学中的像似性》）中，很多学者也持这一用法，Ivon Fónagy将像似性视作理据性（Iconicity, ie, Motivation；Motivated = Iconic）。Dirven & Verspoor（1998：13）指出：

……理据是指语言表达式的形式和意义之间的非任意性联系。

Peirce（柏斯）所用术语icon原指意义以某种方式相似于所指物本身形式的符号，而认知语言学所用术语iconicity已超出这一范围，不仅指语言形式在一定程度上可反映客观事物（映象符），主要指语言形式反映了人们对世界的体认方式，语言形式是基于人们的经验结构、认知方式的。从Peirce和Nänny & Fischer（1999：xxii）对像似符所作的分类（参见本章第三节）可见，它包括"映象符、拟象符、隐喻"，这实际上也是从广义角度来理解"像似性"的。从上可见，像似性所指范围较广，就相当于我们通常所理解的"理据性、非任意性"，笔者拟取这一用法。

像似性，在《论语言符号像似性》一书中被权宜定义为：

语言符号在语音、语形或结构上与其所指意义之间存在映照性相似的现象。

且为区别于索绪尔所用术语"所指"，还对所指意义作了特别解释，含两层含义：

① 客观世界中的某参照物；
② 世界结构、概念结构、经验结构、认知方式。

该定义既含上文所述的狭义观，也含有广义理解，主要从三个方面"语音、语形、结构"对语言中所存在的种种像似性现象做了较为详细的分析。目前国外所讨论的"句法像似性"主要集中在：

① 距离像似性：语符距离像似于概念距离；
② 顺序像似性：语符排列顺序像似于思维顺序和文化观；
③ 数量像似性：语符数量像似于概念数量。

王寅（1999）根据像似性原理，归纳出另外三条：

④ 标记像似性：标记性从无到有像似于认知的自然顺序及组词的一般顺序；有标记性像似于额外意义，无标记性像似于可预测的信息；

⑤ 话题像似性：分句的话题像似于思维的起始点，分句的述题像似于思维的过程和结果；

⑥ 句式像似性：组词成句的方式像似于民族的思维定势和社会文化风俗。

在这个定义中还有两个词语需加以说明：

① 映照性：这里的"映照性"不是指语言符号像镜子一样如实客观地反映外界事体（映象符），而主要指"语言形式 vs 所指意义"之间所具有的对应性理据关系。

② 相似性：相似性是一种广义术语，指任何两个或多个事物之间所具有的相像关系。而像似性主要指"语言形式 vs 所指意义"之间的关系，仅是相似性的一种，是相似性的下义概念。相似性包括像似性，像似性是以相似性为认知基础的。拟声像似词仅是在语音这一点上与其客观外界的自然音有某种相似联系；象形字词仅是在符号外形这一点上与所表之物存在某种相似理据；句法上的距离像似性也仅是在语言符号的距离与其所表达的概念距离这一点上有相似之处，等等。因此，"语言形式 vs 所指意义"之间的像似性是以某一点或数点的相似为理据基础的，这就是"像似点"，其选择是以认知为基础的。

Jackendoff（1985：13）于1972年指出：

> Many apparently syntactic constraints follow from semantic constraints.（许多明显的句法限制是根据语义限制形成的。）

Sweetser（1990：6）强调指出：

> Language is shaped by cognition.（语言是根据认知形成的。）

Dirven & Verspoor（1998：94）认为：

> There is a systematic link between certain event schemas and certain sentence patterns.（在某些事件图式和某些句型之间存在系统的联系。）

石毓智（2000：2—3）认为：

> 句法规则是现实对象的规律在语言中的投影。……信息的组织和表示直接取决于认知视点、过程和所表达的经验世界的结构。这种原始交际长期发展的结果，所包含的现实规律在语言中固定下来就成为了语法。

徐盛桓（2002b）指出：

> 现实规则是有层次的，只有那些有普遍性、稳定、易被感知的客观规律才会影响到语言；而且，现实规律同语法规则之间不存在直接的关系，而是要通过人类思维这一媒介，所以，同样的现实规则在不同的语言中就可能有不同的投影，但本质上相同。对于这一点，认知语言学界的认识是一致的。

像似性在语言的不同层面及其在跨语言对比时存在较大程度的差别，即"像似度"有别。由于像似性主要指"语言形式vs认知方式"之间的对应关系，而不仅指语言形式直接临摹了真实世界中的客体，"像似度"正好可用以解释这一现象。根据认知语言学的核心原则"现实—认知—语言"，在现实和语言之间存在"认知"这一中介，现实世界是通过人类的认知加工之后才与语符发生联系，由于不同民族、不同人群的认知存在较大差异，这才出现了"语言形式 vs 现实世界"之间存在不同程度的像似性，即使是拟声词，虽仍可隐约地体会到音义之间的拟声关系，但也绝不是、也不可能是自然声音的复制，况且不同民族的拟声系统、拟声方式存在很大差异。又如象形文字，虽能追寻到原始造字时的象形理据，但其形态毕竟不可能是图画般的临摹，即使是图画也还有很多失真之处。若将语言符号视为对真实世界中客体的临摹，则又跌入客观主义形而上学的泥潭之中了（参见第二章）。

认知语言学反复强调了认知具有体验性，现实世界、身体经验对于认知的形成具有决定性的作用，这也符合唯物论"物质决定精神"这一基本思想，因此我们完全可以说，语言最终不可避免地会受到现实世界的影响。

第二节 像似性与任意性争论简史

语言是用来描述世界、交流思想、传递感情、沟通人际关系、储存和处理信息的。但用什么样的语言形式来表达思想内容，各民族都有各自的方法。自古以来各路学者在围绕"语言形式 vs 所指意义"之间的关系一直争论不休，实际上就是围绕语言符号是否具有像似性而展开的。本节将简要介绍两论的代表人物，并拟将其间的争论大致分为三个阶段：

① 两论相持时期；
② 索绪尔时期；
③ 后索绪尔时期。

现将这三个阶段以及各自的代表人物简列如下：

任意说（唯名论、约定论、习惯派） vs 像似说（唯实论、本质论、自然派）

1. 两轮相持时期（古希腊至19世纪末）

古希腊： Hermo-genes	Heraclitus	Kripke	Socrates
Aristotle	Plato	Stork	
	Augustinus		

Epicurus（折中）

中世纪： 拜占庭

唯名论 唯实论

17-19： Locke，Rousseau Humboldt

Leibniz（折中）

2. 索绪尔时期（20世纪初至20世纪60年代）

Saussure Peirce

Sapir, Hocket

3. 后索绪尔时期（20世纪60年代之后）

Chomsky　　　　　　　　　　Jacobson, Givón, Chafe, Bolinger, Verhaar,

我国部分教材　　　　　　　　Greenberg, Lakoff, Slobin, Croft, Langacker,

　　　　　　　　　　　　　　Taylor, Hopper & Thompson, Wierzbicker,

　　　　　　　　　　　　　　Haiman, Simone, Nänny & Fischer, 等；

　　　　　　　　　　　　　　许国璋、沈家煊、胡壮麟、戴浩一、张敏、

　　　　　　　　　　　　　　严辰松、杜文礼、文旭、季国清、徐通锵、

　　　　　　　　　　　　　　王寅等

图16.1　像似性研究的分期及其代表人物

1. 两论相持时期（古希腊至19世纪末）

在这两千多年期间，基本是"两论并存、大致相持"。唯名论者以"按法则"或"按习惯"为出发点，认为人们仅是按照"习惯、协商、规定、法则"来表示事物的名称和符号，其"语言形式 vs 所指意义"之间没有什么内在联系，具有任意性。古希腊时期的Hermogenes（赫莫根尼）认为事物的名称是任意的，人们想怎么称呼事物，事物的名称就是什么，任何名称都是正确的，不存在是否按照事物的本性给它们命名的问题。亚里士多德是这一观点的代表人物（高名凯 1995：342）。在这个时期，古印度语言学家（最著名的代表为Panini 波尼尼）也已注意到了词义在多大程度上可以看作是词的自然属性，拟声在多大程度上可作为描写词语和事物之间的关系模式。他们认为自然属性这一因素在语言中的作用极为有限，任意性更具普遍性（Robins 1967，许德宝等译 1997：168）。

而唯实论以"按本质"为出发点，认为人们是按照事物的本质和真实知识来称呼事物的，词和所表事物之间存在根本的联系，词只不过是人们给现实世界的事物所起的自然名称。一个事物叫什么名称，是事物本身具有某种实际共相属性决定的。古希腊时期的Herakleitos（赫拉克利特，约前540—前480）是主张词语包含事物本质的第一个哲学家，他在语言中看到了不断变化的世界中最恒定的东西，存在于人类智慧的表达中，对他而言，人类语言的结构反映了世界的结构（Ogden & Richards 1923）。Kratylos（克拉底鲁，赫拉克利特的学生，苏格拉底的同时代人，据说是柏拉图的第一个老师）也持唯实论，认为名称是自然的而不是约定的，一种事物的名称是由该事物的性质所决定的，词语因与它们所表事物之间有某种内在的恰当性而有意义。苏格拉底也坚决认为，说任何人可以随意给事体命名是不正确的。谈论事物或者给事物命名是一种活动，活动作用于客体，就得顺应客体不以主观意志为转移的性质（徐友渔等 1996：7）。苏格拉底在谈到名称的自然形成过程和正确性时，假设一大批原始名称——它们是产生其他各类名称的基础——是根据有声示意动作产生的，就像我们用自己的身体姿势来模拟事体一样，在字母和音节的组合中体现了与外物的对应，而且有对应的正确性高低问题。这就像图画是精确地或有缺陷地描画事物一样。

亚里士多德的老师柏拉图也持唯实论的观点，认为命名不过是模仿的艺术，人们所论说的一切名称，都是用于说明事物的本性。他在《对话集》中提出人类一般语言活动起源于拟声的论点，甚至还认为每一个字母都是模仿事物的某一性质的。

> 显然，名称乃是它所表示的事物的声音摹仿，起名字的人总是以声音来摹仿他所称呼的事物的（转引自高名凯 1995：343）。

柏拉图曾举例：希腊字母ρ（r）表示运动，因为发r音时，舌头需要颤动——ρετυ（流动）、ροη（河流）、τρόμος（颤动）等；希腊字母λ（l）表示软而平滑的东西，是因为这两个字母的发音就软而平滑。柏拉图还认为，名称可以揭示事物的本质（参见Stefano Gensini 1994：7）。

古希腊时期的斯多葛学派哲学家也倾向于唯实论，持有这种观点的基础仍是拟声和语音象征。他们认为，名称是按本质自然形成的，最初的语音模仿了它们所命名的事物。并明确指出语言的外部形式是人类本质内在普遍性的反映。

古罗马人也就"唯实论 vs 唯名论"进行了论战。Augustine（奥古斯汀，354—430）

持柏拉图的观点，早就提出了语言图像论的观点。他认为人是以声音来模仿他所称呼的事体。他举的例子是拉丁语mel（蜜）的柔软的声音表示它是甜蜜的东西，而拉丁语acer（铁）的声音表示它是坚硬的东西。Epicurus（伊壁鸠鲁，前341—前270）则采取了一种折中态度，兼顾两方的观点（Robins 1967，许德宝等译1997：24）：

> 词的形式产生于本质，但又因约定而发生变化。

这种观点至今仍具有现实意义，人们普遍认为：语言既有像似性又有任意性。

中世纪拜占庭时期（8—9世纪）的哲学家也认为：像似符是早已存在的原始典型的一种直接体现，创造它的人们只是通过人们的技巧将这种原始典型变成书面形式记录下来，使人可见。他们还做了一个很好的比喻（Slobin 1985：221）：

> 语言的形式与意义之间的关系，就像印章会留下印记，身体要投下身影一样，不可避免地具有像似性。

中世纪经院哲学内的"唯名论 vs 唯实论"之争，实际上也是古希腊两学派之间争论的延续。

西哲认知论时期的经验论哲学家Locke（洛克）认为：一种声音和文字符号与观念之间的关系是任意的，也就是说，人们可以选用任何声音或记号来标记某个概念。他（丹皮尔1975：271）说：

> 词不应看作是事物的准确图画，它不过是某些观念的任意规定的符号而已，不过是凭借历史偶然性选择的符号而已，随时都有改变的可能。

Rousseau（卢梭，1712—1778）也认为，语言是约定俗成的，这种约定和社会制度的"民约"一样，都是社会秩序的基础。Condillac（孔狄亚克，1714—1780）也主张约定俗成论，Herder（1744—1803）早在1772年《论语言的起源》[①]一书中就批判了这种观点，他（姚小平译1999：iii）指出：

> 这种观点的错误在于：任何社会规约都以某种选择为前提，而选择本身无疑已是一种理性行为。……即便存在某种约定，那也只能是人与自身的心智的约定，语言源出于人的心智。

他（姚小平译1999：39，40）还认为语言的起源与人类对自然界发出声响的认知密切相关：

> 人依靠知性统治自然，而知性也正是语言之母；从物体发出的声音中，人提取出

[①] 为柏林皇家科学院1770年获奖论文，并由科学院指定出版。

区分特征，从而构成了一种生动的语言。

于是树就叫"沙沙"，风叫作"嗖嗖"，泉水就叫"淙淙"，这样，人们就有了一部小小的词汇，等待着发音器官给它们打上印记。

Leibniz（莱布尼兹，1646—1716）则承认语言中既有任意性，也有必然联系。他认为人类的原始语言是根据拟声原则创造出来。在某种情况下，决定以什么声音或符号表示观念，是有理据的。如在古代若干民族用R这个字母表示激烈运动和流淌声，以后各民族的语词中都可找到许多同样的例证（徐友渔等 1996：29）。

"语言形式vs所指意义"之间的关系在本质上具有像似性，这种观点被称为"弱式像似论"，代表人物是柏拉图和Leibniz。讲话者生理和物理的基础是形成语言形式与所指意义之间像似的条件，被称为"强式像似性"，主要代表是Vico。

洪堡特，德国伟大的语言理论家，普通语言学的奠基者，早在1836年出版的《论人类语言结构的差异及其对人类精神发展的影响》（姚小平译 1997：72）一书中就对语言像似性作出了精辟的阐述，他指出：

语言结构的规律与自然界的规律相似，语言通过其结构激发人的最高级、最合乎人性的力量投入活动，从而帮助了人深入认识自然界的形式特征。

洪堡特所说的语言结构规律与自然界规律相似，就相当于认知语言学所论述的"句法像似性"，他能在160年前提出该观点，而在今天才开始被人们逐渐认识，确实不愧为一位伟大的语言理论家，他是近代语言学史上最早提出语言结构像似性的语言学家。

语言符号"像似性vs任意性"之争还与语言的起源问题相关。历史上许多知名学者都对言语的起源问题有很多论述，如：

① 感叹说（又叫"啵啵说"，the Theory of Pooh-pooh）；
② 拟声说（又叫"咆哮说"，the Theory of Bow-bow）；
③ 声象说（又叫"叮咚说"，the Theory of Ding-dong）；
④ 喘息说（又叫"吆嘿嗬说"，the Theory of Yo-he-ho）。

其他还有"姿势说、口势说、娱乐说、打击说"等。

所有这些理论大都涉及一个模仿外界的问题，仅是模仿的对象和方式有所不同罢了。说"人类言语起源于模仿"还是能为广大学者所接受的，"模仿"是形成像似符的基础。据此，我们不难得出如下结论：语言起源于模仿，起源于像似性。

就连著名文学家对唯名论和唯实论也有不同的看法。莎士比亚的两句诗常被用来说明唯名论的观点（*Romeo and Juliet* Act II, Scene 2）：

> What's in the name? That which we call a rose
> By any other name would smell as sweet.
> （姓名中有什么？我们叫做玫瑰的这种鲜花，
> 要是换个名称，它的香味还是同样的芬芳。）

而Pope的两句诗常被用来说明唯实论的观点（*Essay on Criticism*）：

> Tis not enough no harshness gives offence,
> The sound must be an echo to the sense.
> （只是不作刺耳之声是不够的，
> 声音必须能成为意义的回声。）

在中国哲学史上关于"唯名论 vs 唯实论"的争论（名实之辩）历史也很久远。不少学者将荀子视作唯名论的代表，因他曾说过：

> 名无固宜，约之以命，约定俗成谓之宜，异于约则谓之不宜。名无固实，约之以命实，约定俗成谓之实名。

这样的话，但这里仅是说"约定俗成"而不是"任意性"，这两个术语不能视为等同（许国璋 1988）。但是，千万别忘了荀子还紧接着这两句话说了第三句话：

> 名有固善，径易而不拂，谓之善名。

这第三句话的意思是：名称有本来就起得好的，直接易懂而不会使人误解，这就叫作好的名称。我们根据荀子《正名篇》上下文的意思，可以认为"善名"就是指那些在名与实之间有着直接关系的名，通过对"实"的体认后而获得的"名"，这样，听其名而可直接知其义，名副其实，中间不需要做任何解释。这种名称在感觉上和认知上存在明显的理据性，可被直接（径易）理解而不至于被误解（不拂）。这样的善名，可正确地反映实，符合"名实相符"的原则，就可做到：

> 名闻而实喻，名定而实辨。

可见，将荀子视为唯名论的代表有待商榷！很多学者常用荀子这段话的前两句，故意不引第三句，似有断章取义之嫌。笔者追寻始作俑者，似乎源自胡适（1918）的《先秦名学史》。

董仲舒则持明确的唯实论观点，他认为"名生于真"。这明显是在论述语言符号的像似性。《易经》中所论述的：

　　　　仰则观象于天，俯则观法于地。视鸟兽之文与地之宜，近取诸身，远取诸物。

则更进一步说明了人的认知、分类、造字是依靠自然的。

　　这一时期中，西方在"语言形式 vs 所指意义"之间关系上所持的唯名论和唯实论的争论，各有市场，大致相衡①。正如Robins（1967，许德宝等译1997：23）所说：

　　　　辩论者对这两种观点都给予适当的考虑，但没有得出确切的结论。

两派相争的结果虽无定论，但具有深远的意义。双方在争论中为阐明自己的观点，驳倒对方，都深入研究了词的结构和意义，以及词所表现的外形模式。这就给语言研究带来了积极性，注入了动力，从而为现代语言学的诞生、语言分析方法的完善打下了基础。

2. 索绪尔时期（20世纪初至20世纪60年代）

　　集唯名论之大成者当属索绪尔，似乎两千多年的有关"唯名论 vs 唯实论"的争论到了索绪尔这里可以画上一个句号了，但这绝不是一个圆满的句号，时至今日，倒已成了一个大大的问号。

　　索绪尔被称为现代语言学的奠基人，在全世界语言学界乃至其他学术界影响巨大，他的观点被许多语言学家视为金科玉律，奉若神明。随着索绪尔地位的显赫，"任意说"也就身价上涨，唯名论暂占上风。索绪尔（1916，高名凯译 1996：159，166）在《普通语言学教程》中就指出：

　　　　观念和声音的联系根本是任意的。
　　　　文字的符号是任意的。

他在全书很多地方都提到了"任意性"（高名凯译 1996：102—105, 109, 111, 113, 116, 159），所用同义语有"不可论证性、自由选择、约定俗成、契约的、最少的组织性"。索氏的任意说与他的另一原则"语言是一个自治系统"密切相关，过分强调语言的内指性，忽视语言的意义要到外部去找对应物，认为语符是与概念而不是与事体相联系，因而就不存在与客观外界事物像似的问题，难怪他要把"任意性"视为语言最主要的和最基本的性质。他把"任意性"作为"第一个原则"，是"头等重要的"，"支配着整个语言的语言学"（102，103），并认为：

　　　　符号的任意性原则是没人反对的。……它（符号学）的主要对象仍然是以符号任意性为基础的全体系统。……完全任意的符号比其他符号更能实现符号方式的理想：

---

① 亦有学者认为在这一时期"任意说"占有一定的优势。

这就是为什么语言这种最复杂、最广泛的表达系统，同时也是最富有特点的表达系统。正是在这个意义上，语言学可以成为整个符号学中的典范。（103）

因为符号是任意的，所以它除了传统的规律之外不知道有别的规律。（111）

事实上，整个语言系统都是以符号任意性的不合理原则为基础的。（184）

他（1916，高名凯译1996：104—105）甚至还把语言中拟声词排除在语言词汇之外，以确保其音义任意性具有说服力：

拟声词从来不是语言系统的有机成分，而且它们的数量比人们所设想的少得多。……不仅为数甚少，而且它们的选择在某种程度上已经就是任意的，因为它们只是某些声音的近似的、而且有一半已经是约定俗成的模仿。

索绪尔在能指和所指之间建立的任意性关系，有人将之称为"二元符号模式"，这种模式被后人更是发挥到几乎绝对的程度。因此在现代语言学中一直认为语言符号具有任意性。正因为这个论点是出自现代语言学鼻祖、世界著名语言学家索绪尔之口，支配整个语言学界达一个世纪之久。正如Taylor（1989：5）所言：

任意性是20世纪语言学的一条根本原则。

Sapir（1921：1—23）在《语言论》一书的引论中也述及语符的任意性。Hockett（霍凯特）在1958年出版的 *A Course in Modern Linguistics*（索振羽等译1987：309）也持相同观点，并用了"几乎<u>完全任意的</u>"字眼（下加线为笔者所加）。

乔姆斯基也认为语言的"能指 vs 所指"毫无直接关系。从索氏到乔氏都认为语言是一个自治系统，因此"任意性原则"与"自治性原则"密切相关，好似一对双胞胎。语言"自治"了，与外部世界、人类体验没关系了，当然也就任意了。

基本与索氏同年代的美国实用主义和符号学的创始人、著名哲学家柏斯提出了符号三分法，首先使用了Icon一词，并用 Iconicity 来指"符号形式 vs 所指事体"之间所存在的一种自然关系。在Buchler于1940年编辑出版的 *The Philosophy of Peirce* 中，柏斯说：

每种语言的句法借助约定俗成的规则，都具有合乎逻辑的像似性。

但终因索绪尔在语言学界的巨大影响，柏斯的观点并没有引起人们的足够重视。我国语言学界一般也认为唯名论比较符合事实，语言符号任意说的观点反映在很多语言学著作、论文和教材中，似乎已成为语言学界中一条不可辩驳的真理。

3. 后索绪尔时期（20世纪60年代之后）

像似观在20世纪60年代后得到了较大的发展，特别是功能语言学和认知语言学，通过观察、总结、归纳、研究，发现语言在语音、词形、结构上与世界特征、认知方式和所表意义之间存在诸多必然联系，有理可据。现在人们越来越认识到，气象万千的世界，必然会产生丰富多彩的符号，在各类符号与所指意义之间必然会存在各种有机联系，两者之间的关系不能仅用"任意性"来概全定论，相比之下，柏斯的"三元符号模式"更适用于语言符号，比起索氏"二元符号模式"更有解释力。

美籍俄国语言学家Jacobson于1965年在《语言本质的探源》一书中强调了柏斯有关拟象像似的观点，并认为这是一种语言普遍现象，在当代语言学史上第一次对语言符号任意观提出了实质性挑战。他认为语言中存在普遍现象，就十分明显地反映了我们对于世界的共同认知。在书中他着重指出，语言结构在横组合关系上存在像似现象：复句中两个分句的排列顺序映照它们表达的两个事件实际发生的先后顺序。他举了恺撒的一句名言：

> vēnī, vīdī, vīcī.（I came, I saw, I conquered. 我来了，我看了，我征服了。）

以证明句序与时序之间的像似性。他在1971年还指出（参见Haiman 1985b：290）：

> 复杂化的形态就是复杂化语义的像似符。

Ullmann（1962）按构词特点将语言分为"理据型 vs 非理据型"，认为：

> 世界上的语言确实具有不同程度的理据性。

法国法兰西学院的Claude Hagege也认为（转引自李秀琴 1992：36）：

> 语言的创制并不总是完全无意识的，语言的词汇、语音和句法都印有人对语言自发参与的明显烙印，因为人们不断探索着适合交际需要的最佳方式。

法国医生、心理分析学家Lacan（1901—1981）也指出（转引自伍铁平 1994：5）：

> 弗洛伊德的潜意识的结构与语言的结构相似。

Lyons（1991：94）认为：

> 一般的"自然语言"，其各个结构层次上的像似性要比语言学传统的名言警句所告诉我们的大得多。

Brown & Levinson在1978年说（参见Haiman 1985b：290）：

> 礼貌会话中的语符长度的增加，像似于社会距离的增加。

Haiman于1985年出版了两本书：《自然句法》（1987年第二版）和《句法像似性》，系统地对语言句法中所存在的像似性进行了较为详尽的分析和研究，成为当代语言符号像似性研究最有影响的学者[①]。他进一步论述了柏斯的观点，同意将像似符分为两类"映象符（Imagic Icons）"和"拟像符（Diagrammatic Icons）"。前者包括听觉上拟声像似的拟声词，和视觉上形象像似的字/词形。后者在语言中主要表现在句法像似性。Haiman又将其分为两种：成分像似和关系像似。

① 成分像似（Isomorphism）：能指和所指之间建立起来的双向唯一对应关系，句法成分与现实或概念结构的成分之间一一对应。

② 关系像似（Motivation）：句法构式在某一方面可以直接反映现实结构，句法成分之间与经验结构成分之间存在关系对应性。

（1）成分像似

成分像似强调的是在"语言形式 vs 所指意义"两层面成分之间的一一对应像似，一形对一义。洪堡特称之为"最佳原则"，Vendryes称之为"单义原则"，Ogden & Richards称之为"单一原则"，Haiman有时也称之为"一形一义原则"。既然是一形对一义，不同形式必然就有不同的意义，不同的意义也就须用不同的形式来表示，语言中不存在绝对的同义词和同义结构。每个语言都有这样的现象，因此成分像似具有语言普遍性，但成分像似在各语言中有不同的表现。

Bolinger也认为：不同的表层结构对应于不同的深层结构。他（1977）的研究肯定了一条古老的原则：语言的自然状态是为一个意义保存一种形式，为一种形式保存一个意义。不同的措辞或句法构式（即便表达同一个概念功能）不会同义。

Katz和Postal于1964年提出著名的"Katz–Postsal假设"，认为转换不会改变意义。他们的这一假设已受到很多语言学家的批判，目前该假设已基本不为人们所接受（Haiman 1980：517）。以"一形对多义"和"多形对一义"的现象来反驳"一形对一义"也是站不住脚的。"一形对多义"和"多形对一义"有理可据：

① 绝对的同义词是不存在的（cf：Bloomfield 1933：145）。在一组同义词中，各个词表示的意义总是有差别的。Louw & Nida（1989：xvi）把"没有同义词"作为第一条语义分析的原则。

② 一形多义可能是音变的结果，原先有差别的形式后来随着音变而出现了同形现象。

③ 一形多义实际上也是像似动因的结果。相同的结构表达几个意义的现象，像似于

---

① 笔者于1999年访问新西兰奥塔哥大学，与世界著名认知语言学家John Taylor教授交谈时谈到John Haiman，他将Haiman尊称为Iconicity Man。

这些意义之间的同质性。

一词多义现象是一种普遍现象，这里既有经济动因，也有像似动因。人类为了用有限的符号来表示无限的意义，必然会使用经济原则，一词（音）多义也就在所难免。但一个单词所表达的多种意义之间也是有理可据的，词汇学论述了词义变化的两种途径"辐射"和"连锁"，以说明词义变化因其在概念上相关而竟用同一语言形式。认知语言学认为，隐转喻是产生多义词的认知理据。

（2）关系像似

关系像似，强调语符间的关系和意义结构间的关系存在理据，语言结构在某一方面可以直接反映现实或概念结构。关系像似主要研究符号组合时的推理过程。当前国内外所研究的（句法）关系像似性原则主要有六条（参见上文），它们在各语言中的表现情况不一样。语言学家还认为：可依据关系像似来建立一种语言类型学。

自1983年以来国际上已召开过十多届"像似性"的专题研讨会，第十届于2015年3月26—28日由德国的University of Tübingen和University of Bingen合作召开，主题为"像似性与文学语言学"。与其配套的论文集和专著也已由荷兰的John Benjamins出版公司发行，至今已出17本，最新一本由Pamela Perniss、Olga Fischer、Christina Ljungberg 于2020年合作编纂，题目为*Operationalizing Iconicity*。在这些论著中，学者分别从哲学、心理学、生理学、符号学、语言学、社会学、文学等角度详尽地对语言中所大量存在的像似性现象进行了较为详细的分析和阐述，将语言符号像似性研究带入了一个新时期。正如Wierzbicka（1988：491）所说：

> 像似性理论在20世纪最后25年的语言学研究中占据着支配性地位。

他们再次为古希腊哲学家们所论述的"语言与现实"两者之间通过认知架上了一座坚实的桥梁。该系列丛书值得我们一读，有利于我们深入了解国际学术新动态，掌握语言学发展新趋势，更利于理论上正本清源，明辨是非，不至于人云亦云，而当我学故我云，我思故我言。

在我国除了大部分语言学论著和教材持任意说观点之外，许多语言学家对像似性也有较为详尽的论说。陆国强（1983），汪榕培（1997），张韵斐、周锡卿（1986）都对英语构词理据作出了较为深入的分析，证明英语单词在形成过程中确实并非纯属任意。戴浩一（1989）在《以认知为基础的汉语功能语法刍议》一文中指出：

> 语法象征着人类在身体构造和动作的约束下所体验和感知的现实……语言共性就是人类的感知机制和物质世界相互作用的自然结果。

他还提倡建立以认知为基础的汉语的功能语法。这就明确地说出了语言构词造句的规则与现实和认知之间存在像似性。

我国著名语言学家许国璋早在《外语教学与研究》1988年第3期上发表了《语言符号的任意性问题》的论文,对语言符号的任意性作出了尖锐的批评:

> 语言既是理性的行为,任意性到底存在哪里?

许老在文中较为全面地否定了任意性,认为这"语言符号 vs 所指意义"之间存在Iconicity,并首次在国内将之译为"像似性"。沈家煊(1993)发表了《句法的象似性问题》论文,较为详尽地介绍了国外该领域的研究情况,同时也发表了自己的观点。杜文礼(1996)论述了英语在词汇和句法层次上存在的像似性现象,并指出语言的像似性在"语言变化、语篇、修辞"等方面都有体现。他还断言:随着语言学及边缘学科如心理语言学、认知语言学的进一步发展,越来越多的语言像似性将得到发现和研究。严辰松(1997)综合论述了Haiman和其他学者关于像似性的研究。胡壮麟(1996)介绍了Givón有关像似性的论述,阐发了自己对其所持的肯定性看法:

> 象似性的总趋势是不可否认的,但不是绝对的,它受到历时变化的调节。

胡壮麟(1998)还指出:

> 语言的任意性在语言学界在较长时间内占主导地位。今天,人们更多地强调语言的非任意性。

张敏(1998)也以一章的篇幅论述了句法的像似性现象。杨信彰(1994)指出:符号的任意性原则是使索绪尔陷入困境之所在。季国清(1998)认为:

> "索绪尔任意性"把能指的作用降为零,制造了语言纯粹透明的神话,这实实在在地遮蔽了语言的本质……

徐通锵(1996:332)说:语言是现实的编码体系,现实的特征都会在语言中得到这样或那样的反映。总的情况是,它在直接编码型语言中会得到直接的反映,因而语言范畴和概念范畴一致;而在间接编码型的语言中则是间接的或屈折的反映,表现为语言范畴和概念范畴的不一致。间接编码型语言都有形态变化,借此以体现与概念范畴相对应的语言范畴。

上述所列国内外学者对"唯实论 vs 唯名论",或"像似说 vs 任意说"的争论,使得人们进一步认识到在"语言形式 vs 所指意义"之间确实存在着各种各样的像似性关系,两者之间的结合确实是可以论证的,形式不是凭空造出来的。正如Haiman在1985年出版的*Natural Syntas*(《自然句法》)一书的导言中(1985:3)指出的:

The goal of this book is to challenge the monopoly of arbitrariness.（本书的目的就是要对任意说的专治垄断进行挑战。）

Simone（1994：VIII，IX）认为：

柏拉图模式，即像似性理论或许将会占统治地位……这场"对任意性的斗争"不仅仅激起了对语言特性的反思，而且也导致了对语言学未来研究方向的反思。

这些论述都使我们深刻地认识到：语言符号任意说再也不是一统天下了，语言符号像似说已引起国内外许多领域学者的广泛关注，并被越来越多的学者所接受。

现将柏斯对符号的分类论述以及Nänny & Fischer（1999: xxii）对像似符的分类列述对比如下：

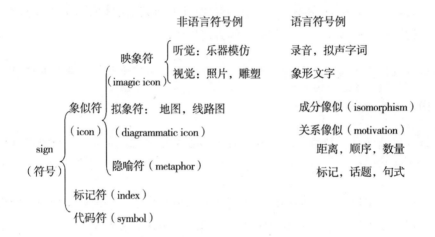

图16.2　柏斯和其他学者对符号的分类

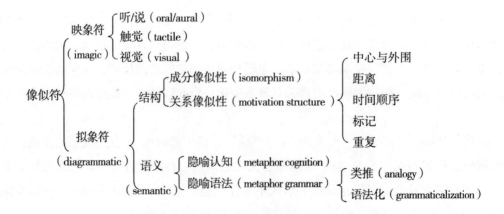

图16.3　像似符分类

第三节 任意性与像似性的哲学基础

由于结构主义语言学、转换生成理论和认知语言学这三大语言学派的哲学基础和心理学基础不同,据此产生了不同的意义观,对语言符号是否具有像似性必然会有分歧。

表16.1 三大主流语言学理论的三维度对比

	哲学基础	心理学基础	意义内在性
结构语言学	分析兼理性	行为主义	结构内在性
转换生成理论	笛卡尔天赋论和二元哲学	混合哲学(天赋+二元、形式),心智主义	心智内在性
认知语言学	体验哲学	心智—建构主义	体验内在性

不难看出,"任意性 vs 像似性"也基于不同的哲学基础,归纳起来主要有三。

1. 任意性:像似性 = 二元论/自治论:体验论

若身体与心智相分离,感知(Perception)与概念(Conception)相脱节,这样推理、语言、句法就具有自治性,它们都与身体经验无关,独立于感知能力和身体运动,这就割裂了"语言"与"身体经验、客观外界"的联系,势必要得出意义与身体相脱离(Disembodiment)的结论,语言形式与由体认所产生的意义也就相互独立。意义一旦与体验无关,成了游离于身体之外的东西,可不受其约束,任意说也就在所难免。

体验哲学批判了笛卡尔和乔氏的"心智与身体分离"的二元论,认为心智和推理具有体验性,范畴主要是通过体认建立起来的,概念也是通过体认获得意义的,它们不是纯心智的,也不是一种独立于身体的先天能力。但是范畴、概念和意义也不是纯客观的,"主体—客体"二分法不能成立(参见第三章第一节)。非体验性二元论在客体和主体之间制造了一道无法填补的鸿沟,两者一旦分离,对客观现实的理解只有两种可能:要么通过物体本身来理解;要么通过人们共有的意识结构来理解。心智的体验观认为这两种方法都是错误的,人类通过身体、大脑与客观世界的互动来与世界相连,我们整天生活在客观世界中,何以能与其分离,使得认知、心智、概念、知识成为可能的只能是我们的体验和想象力,与"生理构造、认知方式等"密切相关,绝不可能是什么"超验",据此,用形式主义方法、客观主义理论注定此路不通。Simone(1994:ix)指出:

> 语言自治,独立于外部世界看来是不能再被接受了……应解释外部世界是如何输入语言中的。

2. 任意性：像似性＝纯内指论：体验内指论

索氏和乔氏都从语言内部进行分析，索氏注重分析语言系统内部的结构，强调语言的内指性、结构的系统性，认为离开语言的外部要素能够认识和研究语言，对符号的意义也仅从内部关系中加以界定，对意义持结构内指论的观点。

很多哲学家，如 Humbololt（洪堡特）、Cassirer（卡西勒）等，认为语言是外部世界与思维主体之间的中介，而索氏关于语言的论述切断了其与世界和主体的联系，从而使语言变成独立存在的符号系统（丁尔苏 2000：31），把物理的和社会的因素彻底排除在语言学研究之外，割断了语言符号与外部世界的联系，也不考虑认知主体在意义产生过程中的作用，从而使得结构主义的内部分析法不可避免地带上了"胎里疾"。

乔氏继承了笛卡尔的二元论，认为语言是天赋的、自治的、具有生成性，强调心智上的内指性，并在此基础上提出了语义内在论的观点。可见，在索氏结构内指论和乔氏心智内指论的基础上，他们势必要得出任意说。

将语言与客观世界割断，仅从内部研究语言只能算是语言研究方法之一种，但该方法难以解释语言的起源。语言如果离开现实生活，可从外部因素中"剥离"出来，又何以能形成人类今天这样的语言？用这种"剥离"出的语言来表达现实世界中所发生的事件时，两者何以找到合适的"接口"？这种观点与"语言是一种社会现象"的基本观点似未能一致起来。依据"纯内指论"仅在语言内部寻求种种解释，用"纵聚合、横组合"关系来解释语义，这对于我们了解语义结构有一定价值，但同时也留下很多难以解释的疑惑。我们不禁要问：意义仅来源于语言结构内部和人类心智内部，难道是唯一解释？仅在内部研究是否算得上是完整的、可靠的理论？概念/意义究竟来自哪里？脱离了客观现实和人类的认知，何来的概念，又怎样产生意义？这显然带有唯心主义、先验论的色彩（仅从学术角度讲）。因此从体验哲学的观点看，纯内指论是站不住脚的。

柏斯认为：外部世界是符号意义的主要来源，符号是在认知主体与外部世界互动作用下产生的，其意义与客观外界和认知主体密切相关。体验哲学接受了柏斯的观点。

3. 任意性：像似性＝非隐喻性：隐喻性

传统的分析哲学、经验论都否定隐喻的认知作用，这也与当代认知科学、隐喻认知理论背道而驰。认知语言学认为隐喻在语言中占很高比例，遍及我们生活的各方面，是我们赖以生存的认知方式，人们对其已习以为常，不被人们所觉察，而所有隐喻都有动因。可以假设在思维中存在一个隐喻概念系统，它直接来自身体经验，如"空间方位、身体部位、各类关系（物体的、人际的、社会的）、动作顺序"等。如语言中用降调表示肯定，用升调表示疑问，是基于这样的经验：当人下蹲时，重心就低，有一种脚踏实地的感觉，这就解释了人类普遍用降调表示肯定的现象。当人直立且用脚尖跷着向上，重心就高，人会不稳，这就是人们用升调表示疑问的原因。人们会问，英语中特殊疑问句不是也用降调吗？其实特殊疑问句中还是传递了不少已知和肯定的信息，仅问的是其中某一部分的未知内容（L&J 1980：138），如：

[1] Who did John see yesterday?

这个句子预设了"John saw someone yesterday"这样的肯定性信息。

Hester（1967：215）曾说过，如果仔细研究每一个词的词源，我们都可从中找到隐喻的影子。语言中绝大部分词是多义的，其中心意义有可能（？）是任意的，而非中心意义则都有动因，主要通过隐喻延伸而来，但不一定都能被预测出来。Taylor（1989）提出"语义链"，依据隐转喻论述了词义延伸的主要理据。单义的词是个别的，而多义词是普遍的。若从这个角度来说，任意性不应是词汇的主要特征。

很多哲学家认为隐喻是人们形成思维和语言的基础，柏斯把隐喻视为一种像似符，而且语言中的隐喻说得保守一点，要占到三分之二以上，因此，按照这样的思路来考虑，语言中的像似性不就要远远多于任意性吗！如此说来，任意性不能成为语言的"头条原则"，不能"支配着整个语言的语言学"。

任意说的三种哲学基础都是体验哲学所批判的靶子。L&J所倡导的体验哲学，就是针对西方的"分析哲学、经验论、唯理论、笛氏和乔氏的混合哲学"等提出的新理论，彻底批判了那种脱离体验的"内指论"，坚决反对仅局限于在结构和心智内部研究意义，极力摈弃用"脱离身体经验、形式主义"的方法研究心智，坚决认为人类的认知不仅内在于头脑之中，且来源于身体经验；人类语言主要不是先天的机制，而是后天习得的；语言不是自治的，而是基于人类的体认基础之上形成的。因此，意义只能是基于体验的心理现象，是人类"身体"和"世界"互动的结果，所以认知语言学在解释意义时提出了两个口号（参见第九章第三节）：

Meanings are in the head.（意义在于头脑之中。）
Meanings are on the embodied basis.（意义是基于体验的。）

体认（体验+认知）产生了概念结构和语义系统，语言形式与其对应，映照于现实世界和认知方式，因此意义只能是基于体认的心理现象[①]，是人类通过自己的"身体和大脑vs客观世界"互动的结果，意义与形式不可分离，两者具有许多必然关系。在此理论的统摄下，像似性也就顺理成章，那种"二元论、自治论、纯内指论、非隐喻观"在体验哲学的批判下已显得苍白无力，那么基于该理论之上建立起来的任意说自然也就失去了占统

---

① 认知语言学虽也持语义内在论的观点，但强调的是体验性内在论，与索氏所主张的结构内指观和乔氏所主张的先天性与自治性的心智内在论存在根本差异。

治地位的依据。

第四节 单层面与多层面

正如前文所述，索氏仅从语言符号内部进行研究，将其视为一种双重性心理实体，是"能指（声音形象）vs所指（概念）"结合体，其间关系是任意的。而且他的论述主要是基于词层面，仅就"音响形象vs概念"之间关系得出的结论，后来不少学者将其表述为音义之间的关系具有任意性，这在结构主义理论中似乎尚说得通。又由于语言是先有语音后有文字，语音具有第一性，因此将音义任意性说成语言的基本原则，是有一定道理的。若换一个角度来看语言，则会有不同的结论。

大部分关于语言起源的理论是基于"声音模仿"的，这还是一种可以被接受的假设。"象声"是一种最古老、最自然、最基本的命名方式，从中可以了解人类语言中所蕴藏的许多奥秘。体验哲学对音义关系同样具有一定的解释力。人类初民用某特定的声音来表示某特定的意义，主要是基于祖先的生活，来自对自然声音的模仿。

基于对语言各层面的研究，包括词语的发音、书写、句法、篇章、语用、语言内部关系和语言外部关系等，当代像似性理论成为了认知语言学理论框架的重要内容。"语言形式vs所指意义"之间存在的像似性比人们一般所想象的要多得多。即使在音义层面也存在不少像似性，如柏拉图、奥古斯汀早就注意到音义间的理据性关系。英语中也有很多这样的现象，除拟声词外，语音象征也不在少数。另外，很多学者已注意到"升调表示疑问，降调表示肯定"，吵架、愤怒、报警等时的语音语调与谈恋爱、拉家常时也有区别，认知语言学都对其作出了一定的解释。Haiman（2001年7月28日发给笔者的电子邮件）指出：几乎所有的音变都或多或少地归因于Zipf（1935）的"最小努力原则"，这一现象还是美国描写主义学派的领头人Bloomfield发现的。因此，Rhodes & Lawler（1981）得出结论说：

近来的研究表明，能指的语音理据比传统所认为的要广泛得多。

就词平面而言，索氏也仅就语言里的基本符号或根词而言，还不包括复合词和派生词，因为它们是相对可论证的（索振羽1994），而英语中的复合词和派生词所占比例相当大。Householder（1946）指出：英语中只有9%的词汇是完全任意的。倘若如此，索氏所说的"词汇和任意性同义"（高名凯译1996：184）又要大打折扣，更不用说汉字了。

我们作为中国学者，在研究语言时不可不考虑汉语的特点。汉字在"音义、形义"之间存在大量的像似性。很多训诂学家历来倡导"声训、因声求义"的研究方法。声训（又叫音训）指通过语音分析来解释词义的一种训诂方法，从音同或音近的关系来推求事物名称的由来，以及指明文字通假的方法，如《论语·颜渊》中说：

> 政者，正也。子帅以正，孰敢不正？

《礼记·中庸》中说：

> 仁者，人也，亲亲为大；义者，宜也，尊贤为大。

《说文解字》中也常用这样方法来训释词义，如：

> 天，颠也，至高无上。
> 日，实也，太阳之精不亏。

刘熙在《释名》这部书中大量运用了声训的方法来解释词义，如：

> 衣，依也，人所依以蔽寒暑也。
> 天，显也。

当"正"的音确定之后，从事"政"的人，必须是"正"的，因此"正、政"同音，合情合理。"人"的语音确定之后，那个人与人相爱的"仁"，也就用同样的声音去表示它，这种用相同或相近的语音来表示相同或相近意义的方法，正体现出了我们祖先的智慧。通过音训法，以语音形式（音同或音近）为先决条件来揭示词源，推索词的命名意义，基本符合汉民族的认知规律。同时，用近似的声音去表示近似的意义，也符合经济原则。

宋末元初的戴侗、明末的方以智进一步运用声训的方法解释词义，到了清代，黄生、戴震、段玉裁、王念孙、王引之等将这一观点发展到高潮。自段玉裁建上古音系统（《六书音韵表》）后，用古音寻求古义有了可靠依据。章太炎在《文始》中提出了摹声说，刘师培发表了《字义起于字音说》，另外黄承吉、沈兼士、杨树达等对此都有论述。清代学者总结出"声同义同、声近义近、声转义同"的"声训"规律，被视为传统训诂学的一次革命。可见音义之间固然存在很多任意性，但仔细想来，认真收集，也存在很多理据性现象，尚有不少问题有待探索。

汉字是象形和表意文字，形义理据是其显著特点。汉语历来有"书画同源"一说，"近取诸身，远取诸物"常被视为早期汉字的构形原则，每个汉字背后就是一幅图画！其间的像似性显而易见，显然索绪尔当初并没有考虑到汉语这种现象。汉字源于象形，古代汉字与所表事物之间的像似性程度远远要高于当代汉字，因为汉字经历了不断简化的过程。但稍加注意，仍能发现其中的规律，如汉字中以人体为基础所形成的汉字"人（仁）、大、天、夫（父）、元、夭、从"等，它们不仅在形状上与其所表之物和概念存在一定的像似理据，而且还将其发音转到与其相关意义的字上，如"仁"字读作"人"字，"父"字读作"夫"字等，其间也有语音上的理据。

汉语语言文字具有图像性，可以传达字形信息（赵彦春 1999）。徐通锵（1998）认为，汉语充分体现了汉民族"比类取象"的思维方式。汉字采用这种方式，是适应汉语结构特点的最佳书写方式；汉语复合词的编码格局是单字编码格局的延续和发展，忠实地恪守汉语的"比类取象"的像似性编码方式。可见，索氏的任意性即使在词平面也还有很多限制，又何以能扩及整个语言系统？再说句法，语言在这个层面上存在较多的像似性，到目前为止，国内外学者已总结出六条原则。

因此，我们不能从分析某一个层面的某部分得出的结论，任意扩展至语言其他一切层面，音响形象与概念不能代表词层面，音义关系不能代表语言的各个层面。倘若这样，似乎给人"以偏概全"的感觉，这与理论研究的基本方法背道而驰。笔者对像似性所作的定义则强调了像似性存在于语言的各个层面。

第五节　描写性与解释性

仅从内部来描写语言，当然仅是许多方法之一种，20世纪初索氏为了摆脱英美传统中根深蒂固的经验论，实现了语言研究的"内指系统论"转向，形成了结构主义语言学的研究潮流，并对其他学科产生了深远影响，索氏功不可没，为现代语言学以及人文社科作出了杰出贡献。随着结构主义的盛行，任意说逐步取得统治性地位，且从语音所举的例子来看确实有一定道理，但也留下了很多缺憾。我们必须继承其合理部分，发展其可发展观点，也可修正其不足之处，这样语言学研究才能不断发展。在王全智（1998）论文前的编者按中指出：

> 作为20世纪科学范式的语言学面对21世纪不无愧色。在许多学科都已走出了结构主义阴影的时代，语言学刚刚大梦初醒。

季国清（1998）指出：

> 走出索绪尔的阴影是语言研究迫在眉睫的当务之急。索绪尔把语言抽去时间性的大手术给语言留下了僵死形式。

从20世纪50年代之后，语言学研究已从"描写"走向"解释"，使得当代语言研究进入了"认知时代"，且人们一般都认为解释比描写更重要，但也更为困难。因此结构主义重在描写，但对于语言研究来说远远不够。我们不能仅满足于描写，而应重在对其作出合理解释，说明语言现象背后的认知基础。正是在这个意义上，乔氏TG理论构成了一场语言学界的革命；当今的认知语言学又形成了一场对乔氏革命的革命。因此，认知语言学比结构语言学和TG，像似性辩证观比任意性支配说更有解释力。

据此，我们就不能仅是被动地接受任意说，而更应积极地致力于解释"任意性"是如何形成的。若从这个角度来问：语言中为什么会形成这些任意性？结构主义学者仅在语音平面举些跨语言的例子作比较，然后以此界定语言的性质，从音义层面扩展到整个语言层面，用任意性来"支配整个语言的语言学"，这显然仅是在描写主义框架中的运作，而没有深入解释这些任意性的成因，或者说，根本就没打算对此作出论述。当今认知语言学正是在这一点上就比结构学派（含描写学派）向前迈出了一大步，目前已有很多学者对此作出了精彩论述。

Haiman于1985年出版了 *Natural Syntax*（《自然句法学》）一书，其副标题为"Iconicity and Erosion（《像似性和腐蚀性》）"。他认为随着语言的发展，任意性是慢慢潜行进入语言的。原本像似性极高的语言不断受到下列因素的影响："经济性、概括性、关联性、丰富性、灵活性、易操作性、语音借用"等，他将这些因素称为像似性的扭曲素（Distortion，1985a：11）和腐蚀剂（Erosion，1985a：157），使得原本像似性极高的语言不断受到"扭曲、腐蚀"，有些像似性被任意性所掩盖，有些被减弱，甚至还会消失，这也是Haiman要全面解释任意性成因的根据，值得深思！

Slobin（1980，1981，1982，1985）发现以英语为母语的婴幼儿在句法上的顺序像似性要高于成年人，并对此作出了一定的解释。但这还很不够，这为未来的研究提出了许多课题：英国婴幼儿后来是如何学会其他语序表达方法的，其间的变化过程还有待我们进一步去论证。为什么汉语仍旧主要以时序为基础来构成语序？与英语的词序形成了什么差异？汉语在20世纪前为什么没有产生违反自然时序的表达方法？始于象形文字的拼音文字是如何失去部分理据性的，又以什么样的方式保留了哪些像似性？扭曲素是如何在各个层面腐蚀语言像似性的？英语和汉语在像似性与任意性上有哪些相似点，又有哪些不同？为什么不同民族语言的像似性会受到不同程度的腐蚀？它们背后的认知机制是什么？这些对于未来的语言教学会有哪些影响？它们都有待于进一步作出系统的和全面的解释。

我国著名训诂学家陆宗达、王宁（1994：46—51，40）对汉语中造形与用字之间的矛盾也进行了深入研究。他们认为：从汉字原始的造字原则来说，形义是统一的，但由于表意文字无法适应语言逐渐丰富和书面交流日益频繁的需要，因而在造形与用字之间的矛盾越来越大。同时，形体对于它所记录的词义，只能是大致地、象征性地反映，不可能如绘画、摄影般地细腻精确。由于书写、记录的需要，字形总是向着整齐化、简略化的方向发展。因此，笔画越整齐，越简单，字形与其所表意义之间的像似性程度越会减弱，任意性也就在所难免。这两位学者还指出：在研究古代文献的词义时，从形义矛盾的情况中追溯其线索，认识其演变规律，把声音这个因素考虑进去，仍可以探求到形义统一的原始状态。他们还进一步论述了出现形义矛盾的一个重要原因：同音借用字，如"康"原为"糠"的重文，后被借作"康健、康庄"之"康"，后久而久之，约定俗成，在形义之间丧失了统一性。因此，在解释这种形义矛盾性时必须沿着声音线索找到本字，才能窥见形义结合的原始状态，从而对词义的发展有进一步了解。他们对形义矛盾作出的这种合理解释，有利于认识语言丧失理据性的原因。

因此，我们不仅要阐述像似性现象，也要解释任意性的成因，对这两者的研究给我们留下了很多思考空间。

第六节　理论性与实践性

我们知道理论必须与实践紧密结合，对理论的评价还应包含其应用价值。那么语言符号任意说究竟能对"语言教学、实用性研究"带来什么指导意义呢？结构主义语言学好像并未对其作出详细论述，机械的句型替换训练绝不是语言学习的好方法。我们在与国内外许多学者的交流中也有同感，既然语言符号具有任意性，在"语言形式 vs 所指意义"之间就没什么理据可言，不需要作出什么解释，这对语言教学似乎也就没什么意义可言，束之高阁的理论总会令人有隔靴搔痒的感觉。

像似性研究和发展不仅对语言理论作出了新的重要补充，为语言学开辟了一个崭新的领域，为语言符号理据观、合目的性提供了更为系统、完整的理论依据和实例资料，使我们认识到传统"任意说"之不足，从而也为我们提供了很多有待研究的新课题；而且像似性理论对于语言运用和教学实践也具有不可低估的深远意义。本节主要论述像似性在"语言教学、英汉对比、文体分析、语用分析"中的应用。

1. 语言教学

强调任意性就会对许多"语言形式vs所指意义"之间的对应性、规律性、理据性失去作充分解释的理论基础，而像似性则可帮助我们解释许多先前无法解释的现象。Taylor（1993）认为："任意说 vs 像似说"的分歧反映在语言教学中，就形成了两种对立的教学方法，前者成了"形式本体观教学法"的基础，后者是"语义本体观教学法"的基础。受任意说的影响，在教学中只注重对形式的学习，重在句型操练，强调简单刺激反应，而不去帮助学生充分理解"语言形式、所表意义、客观外界、认知方式"之间的对应性理据规律，即使对某些现象作出了解释，但也是十分肤浅的，还有一些解释不了的现象，或根本就不加解释，通通纳入"惯用法"之中，这难免会要求我们的学生去"死记硬背"，忽视语义理解，对教学显然没有什么好处，显然不能满足学生的要求，不免会给学生留下不少遗憾，这已在很多应用语言学著作和教学法教材中作出了评述。

而像似说则认为"语言形式 vs 所指意义"之间存在种种对应相似的理据性，由于人类是基于对客观外界的感知之上，经过认知加工才形成了人类的语言（认知学者也承认天赋因素会起一小部分作用），若能把外界的关系、人类的体认方式与语言形式之间的内在联系描述清楚，便可大大加深对语言动因的理解，对从根本上提高语言能力和运用水平有着重要的意义，必然会受到学生的欢迎，大大提高语言教学的投入与产出比，何乐而不为呢？

心理学家普遍认为人们在对语言理解基础上所形成的记忆效果会更好，特别对成年人来说更是如此，我们都有相同的体会。这里的理解当然也包括对"语言形式 vs 所指意义"之间对应关系的理解。因此，任意说在这一点上就谈不上有什么教学指导意义。而将认知语言学付诸教学实践，就对教师提出了更高的要求，需要不断研究语言符号的理据性关系，对传统上被划归为惯用法的现象不断进行认真思考，进一步对其作出详细的语义分析和认知解释，以飨莘莘学子。如这三十几年来笔者一直强调"词素分析、构词理据"在英语词汇教学中的重要性，这些分析对于英语教学不是可有可无，而是一项十分重要的内容。

2. 英汉对比

笔者还尝试将像似性运用于英汉对比研究，着重比较了英汉两语言在"构词、语序、话题、句式"等方面的像似性异同情况，用大量例证来说明它们在不同层面上的像似性既有相似，又有不同之处。两语言表达方式的差异像似于两民族"认知方式、概念结构、语义系统"的差异。用像似性进行英汉对比，可望为英汉对比带来新的启发，可使我们从新的角度更加深入地进行英汉对比研究。我们也期望更多学者关注语符像似性，投入更多的精力深入进行跨语言像似性对比研究，一定能有很多新发现。

3. 文体分析

文体学与"修辞技巧、表达风格和效果、语篇形式特征、语言体裁、语域变体、读者对语篇的反应"等密切相关。为达到某种特定的文体效果，不可避免地会将各种像似性原则作为修辞技巧用于各类语篇，运用或违反像似性原则都可实现各种文体效果。同时，像似性亦可反映文体特征。王寅（1999b，2000）论述了"数量像似性、顺序像似性、标记像似性、距离像似性"与文体特征之间的关系，作了一点有益的尝试，现将修辞格与像似性原则的关系列表小结如下：

表16.2　基于像似性原则的修辞格分类

像似性原则	修辞格及文体特征
数量像似性	重复（连续重复，间接重复，平行重复，首语重复，尾语重复，首尾重复），反复，叠用，赘言（冗言），婉言，节略，散珠，对称，排比，反衬，禁忌语，迂回说法，词汇密度，标点语数量，简单句，复合句，长句，短句，夸张（扩大夸张，缩小夸张，超前夸张）
顺序像似性	正常语序，倒装语序，正叙，倒叙，渐升，渐降 已知信息＋新知信息（由生到熟） 松散句，圆周句（掉尾句）
标记像似性	大写，斜写，黑体，下加线，变换字体 轭式，拈连，重言，拟人，拟动物，拟植物，拟神 幽默，讽刺，别解 修辞性问句，设问句，反诘句 曲言，反义，代换，矛盾
距离像似性	摹写，字符距离，词语间距 社会距离，交谈者距离 融合，插入，迂回，整散结构

四条像似性原则可包含绝大部分的修辞格及其他文体特征，因此，用像似性理论来论述修辞格和文体特征值得尝试。

4. 语用分析

我们在分析Simone对拟象性话语分类的基础上，对像似性原则进行了语用分析，结果发现：像似性原则与许多语用学家提出的语用原则存在很多相通之处，从而进一步扩大了语用学的研究范围（详见第十七章）。

第七节　像似性辩证观与任意性支配观

我们接受像似性并不意味着彻底否定任意性，我们所否定的是索氏"任意支配观"，因为他过于强调语言任意性，将其视为"头等重要的"，"第一个原则"，"支配着整个语言的语言学"，"是整个语言系统的基础"。我们承认在音义层面上存在大量的任意现象，但不能抓住一点不及其余，将其任意扩至语言任何层面，捧到"支配性、头等性、整体性"的地位，这是不合适的，其实索氏（1916，高名凯译1996：181）也说过这样的话：

> 只有一部分符号是绝对任意的。

维特根斯坦早期曾提出语言图像说，到后期又提出了"游戏论、用法论"，虽对前期图像说进行了批判，但也没有完全放弃它，这仍是语言多种情况中之一种（李步楼译 1996：2—5）。这就是说语言中既存在像似性，也存在任意性，而且随着研究的不断深入，还会发现更多的像似性。索氏本人也意识到：

> 语言可能是相对可以论证的。

但对之论述非常不足，因此像似说对其也是一个有力的补充。

语言是一维的，而客观世界是立体的、多维的，思维和概念是复杂的，用一维的线性符号来表达多维的立体世界和复杂的概念，难免会失真。人们把客观世界和经验反映到概念中来，再将其用语言形式表达出来，像似性必然会受到很多扭曲因素的影响，确实会失去诸多理据，使得语言形式不可能完全像似于所指意义。同时，还有很多像似性现象被掩埋在线性表达符号之中，难以被觉察。但Givón（1994：68）仍认为：尽管有这些腐蚀，但语言符号中仍存在压倒多数（overwhelming）的像似性现象。Lakoff（1987：538）认为：

> Motivation is therefore a global property of both a conceptual system and a grammar that makes use of it.（因此，理据是概念系统以及在其上所形成的语法的普遍特征。）

Wierzbicka（1988）甚至认为：

> 语言中的像似性原则可发挥到最大的作用，某些任意性仅是解释上的残存现象，仅仅暴露出语言学家们的研究不足之处，还没有能力提出合适的语义解释。

因此，我们持"像似性辩证观"，有以下几个含义：

① 从共时角度看，语言中既有像似性又有任意性，两者既有区别也有联系。"任意性 vs 像似性"这对概念，既互相对立，又互相统一在一种语言之中，它们具有"对立性、互补性、递变性、模糊性"等特征[①]。"像似性 vs 任意性"相互补充，有机结合，共存于语言之中。处于两极的语言是没有的，只能是处于两极之间。随着语言研究不断深入，从多视角、多平面角度看，将"语言符号任意性视为第一原则"是有失偏颇的。认知语言学认为，语言中的像似性多于任意性。Lakoff & Johnson（1999：464）指出：

---

① 笔者觉得索绪尔的下一句话很耐人寻味，倒是揭示出了像似性和任意性之间的正确关系："在一种语言内部，整个演化运动的标志可能就是不断地由论证性过渡到任意性和由任意性过渡到论证性，这种往返变化的结果往往会使这两类符号的比例发生很大的变动。"（高名凯译 1996：185）我们可以说：语言中的任意性与像似性变化一直伴随着语言发展的全过程，这两者之间存在一个"递变度"的现象。

确实也存在一些任意性，但即便如此，我们所发现的大部分情况并不是完全任意的，而是有理据的。语言中的理据性多于任意性。

全盘否定像似性或任意性都是片面的，但绝对像似论也是错误的，它抹杀了人类认知的差异性，忽视了句法的灵活性，否认了语义流的多变性，从而也就否定了矛盾的对立统一性，滑入了"形而上学"的歧途。

② 从历时角度看，语言的这一对特征一直处在动态性发展变化之中。某一层面的某一现象可能在某历史时期呈现出像似性，在另一历史时期又可能呈现出任意性。语言会在很多地方偏离客观的现实世界和人们的体认结构。因此，同一语言的像似性程度可能会随着历史的发展而变化（例如汉语近代出现的倒装句）。许多认知语言学家，如Anttila（1972）、Anderson（1980）、Haiman（1985a, b）等人的研究表明，可通过还原的办法来恢复被"扭曲、腐蚀"了的原有像似性面貌。

③ 从事体的多特征角度看，一个事物一般会有很多特征，人类只能依据转喻机制，择其一个或几个突显属性来表达成语言，它不可能完整地反映所表对象的全部属性（参见第九章第三节"地瓜"一例）。反映与某一属性具有像似性的语言形式，会与其他属性不相符，甚至矛盾。

④ 从语言的不同层面看，有不同程度的像似性。语言在音义层面存在较多的任意性，而在其他层面上具有更多的像似性，特别是在句法层面。

⑤ 从跨语言比较来看，不同语言之间的像似性情况不尽相同。高云莉、方琰（2001）认为：一般研究者通过实例指出，汉语的像似性高于英语。有的语言在某个层面上像似性比其他层面要高。戴浩一（1985）指出：汉语语法参照概念领域的原则，多于参照在句法和形态范畴上起作用的语法规则。

⑥ 从同一语言的不同区域来看，像似性情况也存在较大差异。李世中在1987年4月14日《光明日报》上发表文章说：汉语声调具有象征意义，其分配很可能受到原始直觉的影响：

清轻者上为天，重浊者下为地。（《列子·天瑞》）

如表示"飘、扬、漂、浮、习、翱、翔、翩、悠、升"等义的字词用平声；表示"降、坠、堕、破、碎、废、溃"等义的字词用去声；表示"绝、裂、折"等义的字词用入声。同时他还列举了同音字随着意义的加重，字音由平声变为去声，充分体现出声调对词义的象征性，如"难"，作困难解时是第二声，而作"苦难、灾难"解时则要读作第四声；再如"说"，当要加强"说"的目的性，使别人听从自己的意见时，就要读作第四声shuì；又如"哄"读作第一声时，仅指客观描写情状，像"哄堂大笑、乱哄哄"，但要说故意吵闹，强调目的性，如"起哄"时，就要读作第四声hòng了。

我们也会发现在不同的方言区中会有较大的差异，也能找到不少反例，但有差异和反例并不能完全否定声调具有象征性这一现象。

第八节　结　语

像似性是当今认知语言学中一个重要内容，我们应当充分关注国内外这方面的研究成果。目前国内对此仍有一些不同看法，这很正常，学术上有些问题确实需要全面思考。索绪尔也曾表示不把自己的语言理论作为最终的定论，许国璋（1988）在《符号的任意性问题》一文中对任意性提出了尖锐的批判，该文最后一节的标题是"没有结束的结束语"，说明这场争论还将继续下去。他们都坚持了一种实事求是的科学态度，值得认真学习。

我们在学习国外有关像似性理论时，尝试提出了自己的一些观点，并与实践运用结合起来，将像似性理论运用于教学、英汉对比、文体分析，且与语用学结合起来。这种尝试不仅要说明"语言形式 vs 所指意义"的理据性，更着力于解释语言表达是由"体认、概念、语义、功能、目的、意向"等因素所驱使的，像似性辩证说具有更大的解释力。如果说在语义学层次上，"语言形式vs 所指意义"之间存在较大程度的像似性，那么在语用学层面上，"话语形式 vs 语用功能"之间的对应情况会更为紧密，也更为复杂，各路学者提出多种语用原则来解释语言的直接意义和间接意义，它们与像似性原则是相通的，因此我们试图在两套理论之间建立联系，这还需更多的学者进一步加以研究。笔者希望更多的学者关心像似性理论及其应用，认真思考其与语用学的关系，以期获得更多研究成果。

多视角地审视问题有利于看清事物的本质，全方位地观察事实有利于开阔视野，换位思考有利于摆脱一家之说的束缚，勇纳多家学说有利于兼听则明。

思考题：

1. 像似性的哲学基础、生理学基础和心理学基础是什么？
2. 分别以英汉例句说明语言中的距离像似性、顺序像似性、数量像似性原则。
3. 试选定某一类任意现象，分析其成因。
4. 英语的体和态（除S + V一般体之外）由三大成分组成：have + Ved_2、be + Ving、be + Ved_2，可归纳总结成下式，试用距离像似性原则论述它们的结合顺序。

S + (情态/助动词) + (have+Ved_2) + (be+Ving) + (be+Ved_2) + V
　　　　①　　　　　　②　　　　　　③　　　　　④　　　　⑤

①	②	③	④	⑤
will/shall	has	am/is/are	am/is/are	V
would/should	had	was/were	was/were	Ved_1

5. 试解释下列表达方式具有什么样的像似性：

(1) That's a looooong story.

(2) $\begin{cases} \text{Joe hit Harry and Harry hit Joe.} \\ \text{Harry hit Joe and Joe hit Harry.} \end{cases}$

(4) Department store ad: We have rails and raids and rails of famous fashion.

(5) $\begin{cases} 屡败屡战 \\ 屡战屡败 \end{cases}$ $\begin{cases} 揭被夺镯 \\ 夺镯揭被 \end{cases}$

(6) 蜜蜂——蜂蜜；蓝天——天蓝；高山——山高；

音乐——乐音；画图——图画；

故事——事故；爱情——情爱；喜欢——欢喜；

水渠——渠水；爱情——情爱；牛奶——奶牛；牛黄——黄牛；

歌唱——唱歌；喜欢——欢喜；画笔——笔画；书包——包书；

邮集——集邮；科学——学科；工人——人工；书写——写书；

打击——击打；女儿——儿女；生产——产生；称号——号称；

彩色——色彩；球门——门球；火柴——柴火；情调——调情

第十七章　认知对比语言学初探

第一节　认知对比语言学

1. 从哲学和语言学发展简史看当今理论前沿

根据图3.1和图1.4，西方哲学主要经历了四个转向，前三个转向为"毕因论、认识论、语言论"，主要以"形而上学"为圭臬，旨在追寻世间万物背后的普遍性、必然性、超验性的绝对真理。自20世纪五六十年代以来，西方哲学出现了第四转向"后现代论"（王寅 2014），以批判形而上学为主旨，否定客观世界存在绝对真理，大力倡导"创新性、非理性、多元论、有机关系、体验人本观"等。特别是第三期的"建设性后现代哲学"代表着当今人文社科的前沿，不仅批判了若干传统观，且还提出了建设性理论，L&J所创立的"体验哲学"也属其中。

根据表1.1，西方语言研究可分为六个阶段，20世纪主要经历了三场语言学革命"结构主义、TG、认知语言学"。基于体验哲学建立起来的认知语言学，严厉批评了索氏的结构主义和乔氏TG，意在摆脱客观主义语言学理论的羁绊，终于将落后于文学和翻译学的语言学带入后现代人文大潮。

因此，无论从当今哲学大力倡导后现代论、人本主义的角度来看，还是从语言学发展简史来看，体验哲学和认知语言学都代表着当今世界人文社科研究的前沿。中国学者也奉行了"与时俱进、继承发展"之国策，于20世纪末、21世纪初迅速引进并发展了认知语言学的理论和方法，运用后现代哲学的"体认观"重新审视语言，发表和出版了大量的论文和专著，在吸收和消化国外前沿理论的同时也在有所反思和发展。

2. 认知对比语言学

"比较语言学（Comparative Linguistics）"已有200多年的历史，重在发现语言之间的相同之处，以建立世界语言的谱系家族。它曾是索绪尔"哥白尼革命"的对象。而与其相类的"对比语言学（Contrastive Linguistics）"问世才有几十年之久，重在发现不同语言之间的差异。我国外语界自改革开放以来，以吕叔湘先生为代表的老一代学者大力倡导对比研究和汉英对比，以能找出两语言的同和异，集中精力学习那些差异之处，这将大大有利于提高外语水平，同时也能有力地促动英汉互译。

汉英对比研究也需前卫理论，只有在新理论的指导下，才能将对比研究推向新阶段。我们认为认知语言学也适用于对比研究，可将这两者结合起来尝试建构一门新兴的认知语言学分支学科"认知对比语言学（Cognitive Contrastive Linguistics）"，运用认知语言学基本原理及其所提炼出的十数种认知方式，从全新的角度来对比英汉两语言，这必将会有力地推动对比语言学向纵深发展。一方面对比语言学迫切需要新理论；另一方面从认知角度进行语言之间的对比研究，必将进一步促动认知语言学自身的深入发展。

认知语言学的核心原则为"现实—认知—语言"，旨在强调语言不是与世界直接建立联系的，其间必有一个"认知"环节，该环节意在突显"人本作用"。据此可知，语言是人们在对现实世界进行体认的基础上形成的，语言表达中处处预示着人的因素，闪烁着"识解"的智慧。那么在汉英对比研究时，重点就该寻找出隐藏于两语言同类表达背后的认知机制之同与异。因此，认知对比语言学可从这两套核心原则说起：

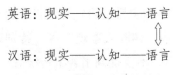

图17.1　两套核心原则的对比

即汉英两民族基于同样的核心原则，形成了各自的语言体系和表达方法。基于该指导思想，汉英对比研究的理论基础在于：寻找和对比两语言表达背后的认知机制，在体认观的统摄下将语言表层现象的分析导向深层的认知层面，走向通过对比语言现象，透析两民族心理机制的研究方向，这将是21世纪汉英对比研究的主要方法之一。

我们曾基于体认观提出了"体验普遍观"的假设，认为不同语言之间之所以存在相同的表达形式，是因为全人类共有一个相同或相似的现实世界，且全人类都有几乎相同的身体器官和构造，基于这两个要素所形成的概念和语言必然要有部分相同之处。但全世界各语言也有很大差异，因为各民族的人本认知和加工方式有所不同。"体"更具有客观性和实践性，可用以解释语言中的普遍性，"认"根据主观性和识解性，可用于分析语言中的差异性。

第二节　学位论文两要素：论点和论据

1. 概述

我们在上中学时语文老师就曾反复告诫我们，政论文必须要有两大要素：

① 论点（Argument，Topic Sentence）
② 论据（Argumentation，Supporting Sentences）

所谓论点，即全文的主要观点，所要说明的核心问题；论据则是用以说明论点的根据，常用事实或例子来证明论点的正确性和可靠性，以能使人信服，从而可实现政论文的写作目的。令人不解的是，我们很多研究生同学在撰写学位论文时却时常忘了我们中学老师的教导，在安排这两大要素时出现种种不足。

（1）就论点而言，常有以下三种不良情况

1）有些论文无论点

论文无论点或论点不明，交代不清，强调不够，让人看后不知道该论文究竟想做什么，为什么要进行此项研究。因而在答辩时，老师问他该文的论点是什么时，常啰啰嗦嗦说不清楚，因为在他心中就未曾确立过一个明确的研究目的。

2）论文选题不妥

论文题目要么过大，捡了个非一文一书所能完成的论点，如以"中西文化对比研究"为题的论文，仅凭几十页或百十页文章不可能完成这项工作，如同一个瘦小之人戴了一个硕大的帽子。还有的选题早已成为过时研究，如时至今日还有人在尝试用CA方法分析汉字结构；还有的在"炒冷饭"，有"嚼别人嚼过的馒头"之嫌。

3）无价值的论点

更为奇怪的是，有些论文选用了无需论证的命题作为论点，它们已是人人皆知的明白道理，诸如"英语水平高的人写作能力就强、多写就能提高写作水平"，这类题目似乎不用论证。试问此类论文做出来之后又能具有什么价值呢？

（2）就论据而言，有以下两种不良情况

1）论据缺乏

有些学位论文仅罗列了一些观点，猛然一看好像读了不少的书，但未用事实或例子加以论证，缺乏论据，好像刚做完"文献综述"，此文何来的说服力。更为不妥的是，所列若干观点还处于一个零散状态，单纯列举，更像一个读书笔记或流水账，不能串成一条线，它们又何以能成为一篇连贯的论文？

2）论据不足

有些论文虽有论点，也有论据，但举例随便，数量不足，却不知人们还可能随手举出很多反例。在收集例子时，喜欢的就入选为己所用，不合口味的就弃之一旁，这种做法随意性太强，大大降低了政论文的说服力。

（3）就论点和论据之间的关系而言，有以下两种不良情况

1）论点跑偏

原初确定的论点，在写作中不知不觉被弃之一旁，重开炉灶，又提出另外一个论点，如明明以"语用等效"为论点，可在下文又提出了其他论点。

2）论点与论据脱节

论文所择用的例子不能很好地支撑论点，或是论文第三章在反思前人成果的基础上提出了自己的新观点，但到第四、五章却将其丢在一旁，提供了一些与论点无关或关系不很紧密的论据，使得论文后语不搭前言。

2. 学位论文基本类型

上文基于政论文两大要素"论点 vs 论据"所做的分析，本节将剖析论文写作的类型。纵观改革开放以后的外国语言文学方向的学位论文，大致有以下五种思路：

（1）综述型

仅就某课题进行历史回顾，在追根求源上下了不少功夫，费了不少时间，也阅读了不少相关资料，再按照时间年代将其排列起来。在20世纪80—90年代不少研究生曾以此思路完成了学位论文，如就"语篇分析、隐喻研究、语用预设"等的发展史写出的论文。这类论文的最大问题在于：以引进和介绍为主线，收集和罗列了各类不少国外新信息，有点类似于流水账。整篇论文读过之后，找不到明显的"论点"，未能以一个"总纲"将相关信息巧妙地串通起来。文中虽有些个人点评，但相对来说份量较小，犹如蜻蜓点水，一带而过。若以"创新"这一严格准绳来看，这还不能算作一篇过硬的论文。

（2）感想型

就某一"观点、语录、书"发表读后感，有点像西方教堂中牧师布道一般，念上《圣经》中一段话，然后大加发挥，阐发出种种内心之感，洋洋洒洒数万言，有时倒也能给别人一点感动！这类文章的缺陷在于：论点和论据常杂糅在一起，有时也分不清哪个观点是别人的，哪个观点是自己的。

这类写作思路至今还为某些学科所青睐，确实需要有人为某书写个读后感或书评，有些论述虽能"感悟"出一点深远道理，但大多谈不出什么深刻的新思维；倘若层次再不分明，语句流于俗套，作为一篇严格的学位论文来说，似乎离"创新"还是有差距的，论文结构也不很符合要求。

（3）应用型

这类论文的常规套路为：套用国外现成理论（如功能学派、TG、认知语言学等现成观点），然后换用汉语的例子。这类写作最大的不足在于：理论上没有创新。

所谓研究生，首先应当在理论上有所突破。有学者认为方法上的革新也是一种创

新，这不是一点道理没有，好歹在坚守"创新"。但问题是有些分析方法往往也是"舶来品"。还有学者认为，作为一名研究生，能弄懂外国人的理论就很不容易了，不必去创新，这一标准实在是太低了！

还有人认为，用现成理论来解释某一别人没解释过的例子，也是一种"新"啊，岂不知此观点却有"误国"之嫌。钱冠连（2004，2007）多年前就指出，外语界的研究生"为什么总要为老外去忙乎"？

> 中国外语界聪明人那么多，怎么大多数人就是把聪明不用在创新上？把聪明放在跟在洋人后面解释而不进行创造性劳动，是对聪明最大、最冤枉、最悲剧性的浪费。

若总是一味地用汉语例子去证明外国人的理论，我国何时能有自己的语言学理论？总是跟在外国理论后面走，大有拾人牙慧之嫌。我们当在学习和理解的基础上，提出些自己的观点，当坚持"继承与发展，引进兼创新"的方针，此乃正道。

（4）统计型

用数理统计的方法来分析有关数据，这比"说空话"或"仅用自己喜欢的例句"，确实要可靠得多。自从我国改革开放以后，国外学者将"统计学、概率论"等用于文科研究的方法传入中国，确实使人大有耳目一新的感觉，大大改进了我国文科研究的单一局面，使得论据部分又多了一种分析方法，如笔者曾于1980年夏参加了教育部在烟台举办的"数理统计和测试理论"的培训班，为时数月，确有"令人耳目一新"的感觉。但万万不可"错把方法当理论"（引号中为钱冠连之语）。用精确的数据来说明有关文科现象，有可取之处，但也有较大局限。

我们知道，20世纪的西方人文社科界一直围绕"科学主义（Scientism）vs 人本主义（Humanism）"展开了一场激烈的争论。所谓"科学主义"，倡导用数理和统计的方法来统一解释自然科学和社会科学，乔氏的TG理论便是这一思潮的产物。人本主义却大反其道，反对用公式化程序来解读"语言表达、人类思维、社会现象"的规律，大力倡导"以人为本"的非客观主义理论。但这并不意味着要完全抛弃数理统计的方法，应让统计法为理论创新服务。

上述提到的几种不良现象，如论文无论点、选择无须论证的论点、过分强调数据统计（听说还有个别人编造数据），这就犯了钱先生所说的"错把方法当理论"的毛病，为数据而数据，似有"误导国内语言学研究方向"之嫌。

（5）创新型

笔者在剖析上述几种研究思路的基础上提出"创新型"论文写作方法，大力倡导在论点上一定要有理论创新，在论据上应当运用封闭语料提供充足数据，这才无愧于研究生的称号。但我们也曾反复强调，这仅是诸多论文写作方法中之一种，不是唯一，仅供各路方家参考！

3. 创新型论文纲要

外国语言文学方向的学位论文也属"政论文"，须包括"论点 vs 论据"两大要素。就创新型论文而言，这两个要素可细化表述为："论点要新，论据要足。"

（1）论点新

高校研究生，是以专业研究要"不断创新、素质教育"为培养目标的，这与我国当前的国策"与时俱进"完全吻合。认知语言学处于当前国内外语言学理论之前沿，若能沿此方向继续向前发展，自然就可将自己置于学术前沿，可使同学们站在老师的肩膀上不断向上攀登。

要做到论点新，研究生就须在继承前人理论的基础上做到有所发展，一定要有自己的创新点，在整个研究过程中始终绷紧"创新"这条弦。在立论上哪怕仅有一点点的新进展，也是值得点赞的。否则论文充其量只能算作应用性文章。现笔者就"如何立论"提出如下建议：

① 熟知所选题目基本或尽全的现状；
② 努力找出其中的理论缺陷与不足；
③ 为解决不足建立自己的理论框架。

研究生（特别是博士生）的论文一定要有自己的理论框架。我们有些年轻学者认为，自己尚年轻，能提出什么理论框架，其实没有必要自卑。要能提出自己的理论框架并不很难，只要精心念书，"吃饱了总归能撑出点东西来"，按照胡壮麟先生的要求，硕士要念50本书，博士200本，有此阅读量，下笔才有神。

理论创新主要有以下两种方法：

1）原创性

20世纪语言学界的三场革命都具有"原创性"，它们在批判前人理论之不足的基础上提出了全新的理论框架。这对于一般学者来说具有较大的难度，另外还涉及天时、地利、人和等因素。

2）整合他人观点

可在发现他人两个或数个观点不足的基础上，将其整合为新观点。我国学者都很熟悉马克思主义的基本内容，但疏于将马克思的研究方法应用到语言学研究之中，这可谓是一大遗憾。

我们知道，马克思把费尔巴哈的唯物主义和黑格尔的辩证法有机结合起来，吸取了他们理论中的合理要素，排除其不恰当成分，形成了他的"辩证唯物论"。该研究方法对于我们具有重要意义。钱冠连（2002）将"生命全息律、宇宙全息律、系统论"三门学科结合起来建构了"语言全息律"，系统论述语言的性质和语言理论。他（2004）还率先将"美学"与"语言学"紧密结合起来，首创"美学语言学"这一新兴的语言学科，得到国内外学者的一致好评。廖巧云把Grice的CP、Sperber & Wilson的"关联理论（Relevance Theory）"和Verschueren的"顺应论（Adaptation Theory）"有机地整合为CRA，扬三种理论之长，避它们之短，使得语用学理论更具全面性和解释力。笔者认为，他们的成果正是对马克思研究方法在语言学界的一次具体应用，值得我们关注和效仿。

各种理论都各有长短，只要选择合适的理论进行互补性"整合"，便可视为一种马克思式的创新。我们在这里强调是"整合"或"融合"，而不是简单的"并置"和"组合"，一定要深刻剖析原有两个或多个观点之不足，强调两者或数者整合的有机性和必要性，而不是进行简单的相加。这也可用第七章概念整合论作出完满解释，当两个观点（或两个学科）作为两个输入空间进入融合空间之后，必然会出现"新创结构（Emergent Structure）"，涌现出原来各观点（学科）所没有的新思想。

（2）论据足

有了"新论点"，接着就要详细论证它，以证据服人。不少人（包括笔者）写论文时常喜欢随便举些例子，这不是不可以，但随便举例能有多大说服力，别人也很容易举出若干反例，显然缺乏说服力。

为弥补这一不足，国内外很多学者都尝试用"封闭语料"作例证，虽不是无懈可击，但相对于随便举例来说毕竟要可靠得多。凭语言事实说话，总比随意举例要可靠一些，这就是认知语言学所大力倡导的"基于用法的模型（Usage-based Model）"（王天翼、王寅2010）。因此，作为学位论文，最好能用封闭语料，这十几年来笔者所指导的硕士生和博士生的学位论文，大多沿用该思路。而且很多学生发现，有了语料，就有了说不完的话，且还可发现若干意想不到的现象和规律。同时，很多有关数据都是国内外语言学界所缺乏的，如：

① 汉语中约有925个量词（冯碧英2008）；
② 汉语约有80个明喻词，约有969个明喻习语；
③ 英语中约有586明喻习语；
④ 英语和汉语约各有21/24人体器官量词（周永平2008）；
⑤ 英语中约有843个双宾动词（其中接介词短语的有744，双名5个，两者兼之94，崔文灿2009）；
⑥ 英语和汉语约各有267/335个词有两反义（陈娇2009）；
⑦ 广告中约用了404个仿拟成语（沈志和2009）；

⑧ 汉语中约有51个烹调类动词（唐国宇 2008）

正因为用了语料库才能获得这些数据，在某种程度上也可视为填补学界空白的数据，或更新了学界的已知信息。

目前国内外用得较多的英语语料库有：

① 英国的BNC（the British National Corpus）；
② 美国的COCA（the Corpus of Contemporary American English）。

汉语常用大型语料库有：

① 国家语委语料库；
② 北京大学汉语语言研究中心语料库。

它们都可在网络上直接下载。下表是国内各高校、科研单位建立的语料库一览表，现列述如下：

表17.1　国内语料库一览表

语料库名称及大小	建设单位
中国学习者语料库 CLEC（100万）	广东外语外贸大学、上海交通大学
大学英语学习者口语语料库 COLSEC（5万）	上海交通大学
香港科技大学学习者语料库 HKUST Learner Corpus	香港科技大学
中国英语专业语料库 CEME（148万）	南京大学
中国英语学习者口语语料库 SECCL（100万）	南京大学
国际外语学习者英语口语语料库中国部分 LINSEI-China（10万）	华南师范大学
硕士写作语料库 MWC（12万）	华中科技大学
汉英平行语料库 PCCE	北京外国语大学
南大—国关平行语料库	南京大学
英汉文学作品语料库	外研社
冯友兰《中国哲学史》汉英对照语料库	
李约瑟（Joself Needham）《中国科学技术史》英汉对照语料库	
计算机专业的双语语料库；	国家语言文字工作委员会语言文字应用研究所
柏拉图（Plato）哲学名著《理想国》的双语语料库	

(续表)

语料库名称及大小	建设单位
英汉双语语料库（15万对）	中科院软件所
英汉双语语料库	中科院自动化研究所
英汉双语语料库（100万），网上英汉语段电子词典及网上电子英汉搭配词典（1000万）	东北大学
英汉双语语料库（40-50万句子对）	哈尔滨工业大学
双语语料库（5万多对）	北大计算语言学研究所
对比语料库 LIVAC（Linguistic Variety in Chinese Communities）	香港城市理工大学
平衡语料库（Sinica Corpus）；树图语料库（Sinica Treebank）	台湾"中央"研究院
军事英语语料库（Corpus of Military Texts）	解放军外语学院
新视野大学英语教材语料库	上海交通大学
现代汉语语料库（1983年，2000万字）	北京航空航天大学
中学语文教材语料库（1983年，106万8000字）	北京师范大学
现代汉语词频统计语料库（1983年，182万字）	北京语言学院
国家级大型汉语均衡语料库（2000万字）	国家语言文字工作委员会
《人民日报》语料库（2700万字）	北京大学计算机语言学研究所
大型中文语料库（5亿字，10分库）	北京语言大学
现代汉语语料库（1亿字）	清华大学
汉语新闻语料库（1988年，250万字）	山西大学
标准语料库（2000年，70万字）	
生语料库（3000万字）；《作家文摘》的标注语料库（100万字）	上海师范大学
现代自然口语语料库	中国社会科学院语言所
旅游咨询口语对话语料库和旅馆预定口语对话语料库	中国科学院自动化所

第三节　认知对比研究举例

1. 基于ECM⁺分析世界杯冠亚军足球赛的汉英解说词

苗萌（2007）基于本书第八章所述"事件域认知模型（ECM）"，将其与"隐喻认知论"结合起来，建构了"ECM⁺"，且以其为理论基础对比分析了2006年世界杯足球赛（德国队对哥斯达黎加队，法国队对意大利队）的中英文现场直播（CCTV5，CTV）即时解说词。这类解说词直接反映了人类思维的真相，与译界所论述的"出声思维（Thinking Aloud Protocols（TAPs）"相似。苗萌的研究思路如下：

她依据ECM中的"行为（Action）"和"事体（Being）"来分类相关表述，如足球赛中的行为类包括"发球、传球、带球、射门、进攻、防卫、犯规、越位、扑球、换人"等；事体类包括"教练、队员、裁判员、左前锋、右前锋、中锋、后卫、球门员、替补队员、啦啦队、观众"等。然后将描写它们的隐喻性表达分门别类地加以对比列述。她花了三个多月的时间将这两场解说词全部转写为书面文字，以此为基础建立了一个封闭的汉英对比语料，专题研究解说词中的全部隐喻表达。经统计发现：英语解说词中的隐喻性表达共计有581条，汉语解说词中的隐喻性表达共计有615条。有了这一语料，就可基于此分门别类地调查和统计，依据数据统计来实事求是地分析"汉民族 vs 英民族"在解说足球赛时所用到的隐喻表达。该同学通过实际语料分析，共提炼出解说足球赛中的隐喻表达所涉及的五类始源域，并按使用频率依次排列如下：

① 战争
② 舞台/娱乐/聚会
③ 法庭审判
④ 物品/人
⑤ 吃

现以表小结如下：

表17.2 足球赛解说词中隐喻表达的分类与统计

目标域	始源域	英文隐喻表达		中文隐喻表达	
		数量	所占比例（%）数量/581*100%	数量	所占比例（%）数量/615*100%
比赛	战争	437	75.22	461	74.96
	舞台/娱乐/聚会	65	11.19	87	14.15
	法庭审判	44	7.57	31	5.04
	吃			3	0.49
	其他	19	3.27	5	0.81
人	物品	16	2.75	28	4.55

"战争隐喻"在此语料的全部隐喻表达中所占比例遥遥领先,约占四分之三。从比例可见,每当人们谈论起世界杯足球赛,包括各类其他体育竞赛时,充满着"对抗性",主要是为了"争高下、抢名次",以战胜为目的,为"荣誉"而赛。

现将上表的数据以图绘制如下,以便能更清楚地看出汉英两民族就足球赛在思维和表达上的同和异。

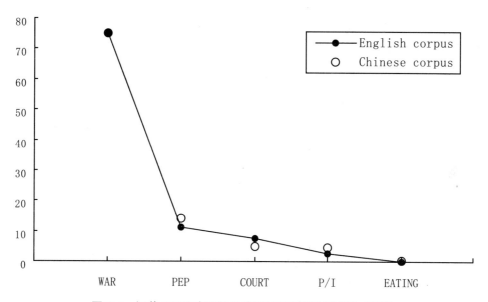

图17.2　汉英两民族在理解足球赛时所用隐喻性表达对照图

该研究的主要贡献有:

① 首次将ECM和隐喻认知论紧密结合起来建构了"ECM$^+$模型",以其为理论框架分析和统计世界杯足球赛英汉解说词中的隐喻性表达。通过对比汉英两个语料,发现在体育比赛解说词中,普遍存在抽象层次上的概念隐喻,它们具有"体验性、普遍性、突显性、俗成性"等特征;而且五类隐喻表达大致相同。但在较为具体层次上的隐喻表达由于人类"识解"之不同而有所差异。即英汉两语言中的这种差异可通过识解方式作出合理解释,如汉语可说"吃红牌、吃了两张黄牌"等,而英语表达未见用eat来表达,这说明汉语中的"吃"具有更广泛的隐喻性用法。

② 语料调查的结果还修补了Kövecses(2002)和 Deignan(2001)的研究成果。他们曾认为,概念隐喻的始源域分别有13和12种之多,但本研究发现这一结论尚有可修补之处。基于语料统计还发现了如下常用始源域"战争、表演/娱乐/聚会、法庭审判"三类。

2. 基于对立图式观分析汉英一词两反义

汉英两语言中都存在"一词两反义"的现象，这就是我们常说的"双价词、语义对立词、同词反义"。认知语言学认为，一个词绝大多数是多义词，它们常以一个意义为基础，通过隐转喻延伸出其他若干意义，从而形成了一个具有语义链特征的多义范畴。多义词现象产生自辐射性范畴，其间各意义具有"家族相似性"关系（参见第四、五章）。但同样一个词，怎么会含有两个相反的意义？如英语中的fireman，既可表示"烧火工人"，又可意为"消防队员"；innocent可分别表示"单纯无辜的"和"愚钝的"的意思。

汉语中也历来就有"贵贱不嫌同号，美恶不嫌同名"的"义兼正反"之说，如同一个"乱"字，同时兼有"治、乱"两个相反的意义；同一个"负"字，可意为"依靠、仗恃；违背、背弃"之义；形容词"天真"，可表示"心地单纯、性情直率；头脑简单、容易上当"两反义。据我国著名训诂学家王宁（1996：122）统计，汉语中约有近百个这类词。迄今为止，关于一词两反义的研究主要有以下两个方面：

① 汉语界大多学者将其视为训诂学中的"反训现象"；
② 伍铁平（1999）主要从语言模糊性角度论述了此现象。

（1）论点：基于认知语言学建构对立图式观

陈娇（2009）在分析前人研究一词两反义之不足的基础上，将认知语言学中的"事件域认知模型（ECM）"和"认知参照点（CRP）"整合成"对立图式（Opposite Schema）"，它既是汉英两民族心智中内嵌"对立统一"辩证法原则的具体体现，也是两语言形成一词两反义的认知机制。

根据第八章的ECM，一个人（或物）与一个动作的合理搭配便可形成一个命题，表示一个事件，在下图中表现为最外围的虚线方框，包括参与人C，以及细化动作D_2，依据参照点R发现两个目标物T_1和T_2。

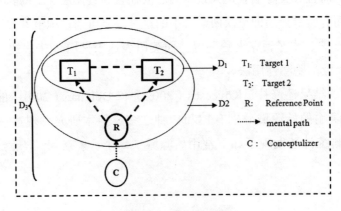

图17.3　对立图式观

这也完全符合对立统一的辩证法原则。如想到"上",就会预设一个"下";谈到"东",常会以"西"为背景。基于同一个参照点,向不同方向发展则可获得两个截然相反的概念,此乃常见现象,如在商贸交易中,想到"买",就会以"卖"为前提,说到"售出",就有"购入"为前提,它们体现了一个行为的两个不同方向。如汉语中的"介"字,可表示"大/小"两反义概念,英语中"dust"可表示"掸去灰/撒上灰"之义。

该"对立图式"进一步细化了ECM中的参照点模型,现将其分为三个层次:

① 第一层次:仅反映一个动作的始末关系,即一个词既可表示T_1(如:开始),又可表示T_2(如:结束),不必考虑其他因素,这就是图17.3中D_1这一椭圆的含义。如汉语中"在"(始/终),"徂"(始/逝);英语中"go"(出现/消失),"late"(最新的/末期的)。

② 第二层次:必须考虑参照点R,沿其向外延伸出两个不同的目标物T_1和T_2,即图17.3中D_2所表示的大圆圈,如汉语中"借、贷、赋",英语中"lease、rent、bribery"等都可同时表示"出/入"两反义。

③ 第三层次:不仅要考虑参照点R,还要涉及人主体C,如"褒贬"和"肯否"都要涉及人主体的判断或立场,如汉语"厉"(劝勉/损害),"臭"(香味/不好闻的味);英语"ambition"(抱负/野心),"abyss"(崇高/混沌)。

从理论上区分出这三个层次,便可以其为基础来分类汉英语中一词两反义。根据对封闭语料的调查和分析,两语言中这类词可细分为五小类:

① 始末;② 施受;③ 反向;④ 褒贬;⑤ 肯否

第①为"始末类",即同一个词既可表示"开始",也可表"结束",如上文所举汉英语例词。它们便可划归图17.3中的第一层次D_1,因其仅只反映了一个事件过程的开始与结束。

第②"施受类"和第③"反向类",则要明显考虑到参照点R,基于同一个参照点,向相反方向延伸出了两个意义相反的概念。

第④"褒贬类"和第⑤"肯否类",则反映了人主体的立场和态度,自然就要涉及"概念化主体C"了。

(2)论据:数据调查与分析

陈娇花了3个月时间,选用《古今汉语词典》(2004)(并辅以《现代汉语规范词典》)和《牛津高阶汉英双解词典》(1994)两部词典,从13,000个汉字中按照同一字词下各义项之间是否具有两反义关系穷尽性逐条搜索，共得315例[1]，从57,100个英语单词中共找出267例，以此分别建立了汉英语义对立词封闭语料。这本身就对学界作出了一个小贡献，因为语言学家们一般尚不知道汉英两语言中这类词究竟有多少，现算是有了一个初步的答案[2]。

1）五类关系的分布及分析

根据对立图式观中的三个层次，穷尽性分类对比所得语料，获得如下分布比例，现列述于下表：

表17.3 汉英语一词两反义五小类分布

语义域	义项关系	汉语	英语	对立性
D_1	始末	21（6.67%）	26（9.74%）	T_1/T_2
D_2	施受	52（16.5%）	14（5.24%）	$R \to T_1/T_2$
	反向	7（2.22%）	19（7.12%）	
D_3	肯否	135（42.86%）	82（30.71%）	$C \to R/T_1/T_2$
	褒贬	100（31.75%）	126（47.19%）	
D_E	总数	315	267	对立模式

从表可见，汉英两语言中一词两反义在三个层次（D_1，D_2，D_3）上的比例呈递增分布，即：

D_1（6.67%；9.74%）< D_2（18.72%；12.36%）< D_3（74.61%；77.9%）

兼有"褒贬"和"肯否"二义的词所占比例最高，这也是完全符合认知语言学所坚守的"语言人本观"，这两类的词语是"惟人参之"的结果，彰显了人的态度和立场。我们所讨论的"一词两反义"，其中的"反、对立"，并非逻辑上的非此即彼，而更多的是感情色彩上的褒贬，态度的肯定与否定，这仅是同一行为或过程中向两个不同情感方向的延伸而已，它们既互相对立，又紧密依存，缺一不可，处于"对立统一（Opposite Unity）"的辩证关系之中。这也可见，语言经济性原则依旧在发挥作用。

"反向"关系，强调一个动作基于同一参照点可向两个不同方向发展出两个反义，

---

[1] 尽管现代汉语主要以"双音词"为主，本节主要研究单字层面的词。英语中很多短语也有两反义，本文也未收录在内。注意：中文例词包括古汉语用法。

[2] 本节所收一词两反义，不包括修辞学的"反讽"辞格而引出的反义现象，如在"你对我还真好啊！"这一语句中的"好"有两种相反的含义，需要根据语境和口气才能作出正确判断。这类反讽意义并未作为固定义项收录在词条中，因此不在本书研究之列。

如上文所举的dust例，又如skin，既可表示"向上贴皮肤"，也可意为"向下扯皮肤"。这一类情况英语的比例高于汉语（约5个百分点），说明汉英两民族在具体参照点的选择上存有差异，如汉语中的"灰尘"和"皮肤"都未转用作动词，也没有产生出两个相反的意义。

汉语中"施受"两反义关系同用一词的现象比英语的多，高出10个百分点，这主要有以下两个原因：

① 汉语的中动态用法比英语多，如：

[1] 饭做了。

它相对于主动句"妈妈做饭了"来说，隐去了施事者，将动作的对象（宾语）直接置于句首，使其成为"话题"，然后再对其加以描述。且在话题和谓语动词之间还不用"被"字，但从语义上来说，"饭"与"做"之间确实具有被动关系。而英语谓语动词前面的名词短语主要是"主语"，不做话题。正因为汉语的中动态数量较大，使得用于其中的动词（如：做）有了"主动 vs 被动"两个相反的含义，从而使得汉语的"施受同辞"现象多于英语。

② 汉民族并不介意动词的"及物性 vs 不及物性"之分，常是两者兼而有之。正因为"主动 vs 被动"无严格区别，从而造成了"做"一词既可用作及物动词，也可用作不及物动词，这也是造成汉语中"施受同辞"多于英语的一个重要原因。又如"打败"，既可用作及物动词，如：

[2] 我们打败了敌人。

是指我们胜利了，敌人失败了。但它也可用作不及物动词，如：

[3] 我们打败了。

其义为"我们自己败了"的含义。可见，同一个"打败"之所以具有两反义，是因为它同时具有"及物 vs 不及物"的意义所致。一般说来，英语动词要区分这两类动词，且及物动词须接宾语句义才完整，否则为病句。因此上述汉语中具有两反义的"打败"，在英语中分别要用不及物动词win表示"获胜①"，及物动词defeat表示"打败"。但英语中也有部分动词具有兼类性质，既可作及物用法，也可作不及物用法，但它们的意义很少出现反向延伸。

---

① Win虽也能用作及物动词，表示"赢"，但此时不能接"人、球队"，多接"比赛、奖品、要塞"等名词作宾语。

2）词性分布及分析

现按照词性，可将所得语料中的汉英一词两反义统计如表17.4：

表17.4　汉英一词两反义的词性分类数据对比

语言	动词	形容词	名词	副词	感叹词	介词	总数
汉语	227（67.76%）	80（23.88%）	23（6.87%）	2（0.59%）	3（0.9%）		335
英语	102（38.2%）	103（38.58%）	49（18.35%）	8（3%）	1（0.37%）	4（1.5%）	267

从表可见：① 汉语和英语中的语义对立词主要出现在"动词、形容词"这两类词性中，"名词"次之，其他词类，如"副词、感叹词"等，数量很少。这也符合人类的一般认知规律，如上文所述的汉英语都基于对立图式观形成了五小类一词两反义（反向、施受、始末、褒贬、肯否），它们所表示的意义大多与动作（D_2）和感情（C）有关，而动词和形容词正可担当此类功能。动作可根据自身的方向简单地分为"正面或反面、进入或出去、开始或结束"，感情也可根据正反大致地分为"褒奖或贬抑、肯定或否定"。② 汉语中动词比例比英语要高得多（227/102，多出一倍多），这也完全符合汉英两语言的总体特点。汉语大多用动词表示动作或与其相关的情况，而英语可用其他词类（如名词或介词）表示动作，这也就是为什么表17.4中英语的名词和介词比例比汉语高的原因。

第四节　结　语

本章主要从政论文的两大要素（论点、论据）说起，分析了国内研究生同学部分论文中之不足之处，强调"论点要新，论据要足"的写作方法。

论点新，新就新在对当下主流语言学流派的敏锐上，与时俱进，跟上时代潮流，便能在语言学理论方面有所创新。我们若能站在后现代（语言）哲学研究之高度，突出人本精神，坚持以此立场来重新审视语言，必有另一番感受。若能站在认知语言学前沿，反思传统客观主义语言学理论（主要是索氏结构语言学和乔氏TG理论）之不足，从体认观角度重新确立语言学理论的研究方向，必然会迎来21世纪语言学研究的新局面。

论据足，足就足在学会运用网络和语料库，就某一论题建立封闭语料，便可在其间发现规律，以实际用法来说话，尽量避免研究中的主观性。虽说在人文研究中不能百分之百地消除主观性、个人爱好、倾向性，但若能用好语料，依据调查所得数据来证明自己的观点，便可大大提高研究的可靠性，使得认知语言学研究更具科学性。不言而喻，这就需要同学们迅速掌握"语料库语言学（Corpus Linguistics）"，学会数据统计的基本方法，特别是当下流行的SPSS统计方法，R语言、Python等计机编程语言，可使自己的论据更为充足，更具说服力。

"论点新"和"论据足"同样适用于对比语言学，运用全新的认知语言学框架以及所倡导的十数种认知方式，对比分析汉英两语言的表达特征和内在规律，必将为英汉对比研究带来全新的视角和丰硕的成果。

我们还介绍了汉英对比研究的两则例子：基于ECM$^+$分析世界杯冠亚军足球赛的汉英解说词，以及基于对立图式观分析汉英两语言中的一词两反义，且介绍了如何运用封闭语料进行数据统计的方法，供读者参考。

思考题：

1. 重温前三章相关内容，试述体验哲学和认知语言学的优势和缺陷，并思考解决这些缺陷的方法。
2. 如何界定"认知"？为什么L&J认为"认知是无意识的"？你是如何理解这个命题的？
3. 试列述30种你所参加过的"游戏"，列表分析它们的"竞争性、娱乐性、健身性、人数、规则、场地、时长"等属性，且用第四章的原型（图式）范畴论加以解释。
4. 试析"我们没有隐喻真的不能生存吗？"有学者认为转喻比隐喻更重要，你是如何理解的？并用汉语例证说明"Metonymies we live by"命题能否成立。
5. 简述认知语言学所倡导的十数种认知方式，且用它们来进行汉英对比研究。
6. 基于认知语言学和/或功能语言学有关观点，尝试整合一个独立的理论框架，并以其为基础，选择相关话题的英汉语料为分析对象，进行认知对比语言学研究。

第十八章　认知语言学之不足

　　辩证唯物论所倡导的用"历史的、辩证的、发展的"方法分析问题，同样适用于语言研究，在语言研究中同样不可割断历史。认知语言学是在借鉴最新哲学观点和对以往语言理论深刻反思，乃至挑战的基础上逐步发展起来的，其理论在很多方面相对其他学派确实具有较大的解释力，但其本身也有很多不足之处。笔者此处暂列10点，供读者参考。

　　1. L&J将"认知"作广义解读，范围太宽，并认为无意识性认知至少占95%，范畴太大，不易精确定位；该比例从何而来，剩下的5%又具有什么性质，他们都语焉不详。我们认为，这个95%是否会因人而异，随景而变？婴幼儿与成年人会不同；普通人与哲学家、科学家也会大相径庭；对于不同事体（如日常简单事与理论研究）的认知和推理所涉及的意识性程度必有差异；将无意识性思维书写下来时还无意识吗？在演说和报告时，在学习外语的初始阶段时，有意识性似乎为主导？因此，95%尚不能一概而论，应有限制。

　　2. "原型范畴论vs经典范畴论"各有适用范围，是否存在这样一种可能：用后者确定范畴中心成员，前者解释非中心成员？难道所有非中心成员都是基于中心成员识别的？如在一个多义词范畴中，有时很难确定哪个为中心成员，如over（之上）是动态义还是静态义为中心，可词典上常将后者列在第一位。原型范畴论认为，只有范畴的边缘成员才可能与另一范畴的边缘成员相重合，可over的"上方、不接触"原型义与above"上方、不接触"原型义相重合，有时可互换，该如何解释这种现象？

　　3. Taylor的语义链揭示了多义词的形成路线，但仍以原型义为前提，且未论述其延伸界限，即一个范畴能容忍多大变化仍算同一语义域。为何有些语义链会较长，有些较短？其间的排列顺序具有一定的主观性。语义链中的有些义项会消失，这将会产生什么影响？多个义项由一个语义链串成一个多义词项，属于同一范畴，而同义词也可视为一个范畴，其间是什么关系？

　　4. 体验哲学和认知语言学认为，空间、身体、容器等是概念之初，可婴幼儿何时才开始认识三维空间，将"身体、环境、视野"看作容器？似乎要等智力发展后才能认识到这些，即使成年人也不一定都有此认识。若认识得较晚，何以能成为概念之初？这就是一个认知悖论。婴幼儿何时开始认识抽象意义（如：革命、专政、制度等）？难道一定要基于体验？若是，它们又来自哪种体验？人类离开隐喻机制就活不了，难道真是这样？似乎能使我们活下去的东西还有很多。

5. 是否所有隐喻都具有体验性？如"婚姻是牢笼"，即使没有结过婚的，没有蹲过监狱的人，也能很好地理解它，当然感受可能不一样。又如说到"他过着地狱般的日子"，可有谁经验过"地狱"？若说是"间接经验"，它还算是体验吗？本书主张将其笼统地表述成"体认"似乎更好一点。另外，隐喻与社会文化密切相关，单凭身体经验还不够，如"这又是一个水门事件"，完全要依赖一定的社会文化背景才能理解它。

6. 术语"隐喻"可作广义理解，相当于多种辞格，可包括转喻；可学界常在这两者之间作出区分，将其视为与隐喻平行的单独一类。还有学者认为两者有时是你中有我，我中有你，具有互动关系，有时一个表达中可同时兼有隐喻和转喻；还有学者认为两者是一个连续体。这一讨论到目前为止尚未统一。如"抓住某人的注意力"既有隐喻也有转喻，"抓"与"注意力"的搭配是隐喻关系，但"耳朵"与"注意力"之间具有邻近关系，为转喻。

学界常认为"隐喻"发生在两个概念域（或ICM）之间，而"转喻"为一个，这其间涉及视角层次问题。可图示如下：

图18.1　图示隐喻的跨域性　　图18.2　图示转喻的同域性

若能找到A和B两者的上义概念域，即将左图识解为右图，两者之间就成了转喻关系。如下述情感域：

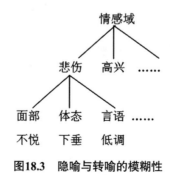

图18.3　隐喻与转喻的模糊性

① 视为隐喻。"悲伤"为一个抽象概念域，"面部不悦，体姿下垂，言语低调"等为具体表现，又属另一概念域，用一个域来喻指另一域，当可视为跨域用法；

② 视为转喻。"悲伤域"为上义概念域，具有整体性，其中包括"面部不悦，体姿下垂，言语低调"等下义概念域，若用部分表示整体，当算转喻。这两者又都属于更上义的"情感域"，此时两者换用，当算转喻用法。

这就又出现了一个认知悖论，又该如何解释呢？认知语言学似乎还没有说清楚。

7. 有学者一直指责认知语言学主观性太强，不客观，因而不科学。如语义需要依赖百科知识，可该如何确定与之相关的大全知识呢？我们只有等掌握了百科知识之后才能理解意义？各人的百科性知识可谓千差万别，他们之间又是如何交际的？

联想论、激活论对语义所作的解释也十分模糊，一个词语究竟能引起哪些联想，激活哪些概念，似乎永无定论。如此说来，经典范畴论、语义特征分析法并非一无是处。

用"突显、识解"来描写主观性，是认知语言学的一项重大发明，可在双方交际或多者交际中，该以谁的"突显"为条件，凭谁的"识解"为标准？若采用"事体 vs 关系、有界 vs 无界、动态 vs 静态"来划分词性，是否还有二元论之嫌？

8. 我们究竟需要多少"意象图式、框架、脚本"才能将人类的经验积累和知识系统描写清楚？这三个认知方式具有层级性，同级和上下级之间有什么联系？它们之间的关系如何才能描写清楚？一个人所具有的多重身份必然要涉及多个框架，其间有何联系？难道每个事件都有原型脚本？难以归类的事件又该用什么脚本描写？"意象图式、框架、脚本"vs"事件"，它们哪个在先，哪个在后，似乎又陷入了"真值条件vs意义"孰先孰后的泥潭之中。

笔者仅从自己的学习和思考中略述管见，指出认知语言学中所存在的一些不足之处，以引起同仁的注意。我们不能期望认知语言学能解决语言研究中的所有问题，语言探索尚未成功，广大同志仍需努力！必须不断认真思考，深入探究，继承认知语言学中的合理部分，发展其尚未阐述清楚的地方，更正其不足之处，以使其更趋完善，走向完美；或在此基础上再向前行，建立新学派。

对于中国学者来说，既要将其理论本土化，也要用其来分析汉语、进行汉英对比，并尝试将研究成果用于教学实践，介绍并推向西方，将其融入21世纪东学西渐的潮流之中，使其成为真正意义上的全世界范围内的认知语言学。

主要参考书目

Aitchison, J. A. 1987. *Words in the Mind: An Introduction to the Mental Lexicon.* Oxford, UK: Blackwell.

Aitchison, J. A. 1996. *The Seeds of Speech: Language Origin and Evolution.* Cambridge: CUP.

Allan, Keith. 1986. *Linguistic Meaning.* London: Routledge & Kegan Paul. World Publishing Corp.

Allen, W. S. 1957. *On the Linguistic Study of Languages.* Cambridge: CUP.

Allwood, Jens & Peter Gärdenfors. 1999. *Cognitive Semantics: Meaning and Cognition.* Amsterdam：John Benjamins.

Anderson, J. M. 1971. *The Grammar of Case: Towards a Localistic Theory.* Cambridge: CUP.

Anderson, J. A. , J. W. Silverstein, S. A. Ritz & R. S. Jones. 1977. Distinctive Features, Categorical Perception, and Probability Learning: Some Applications of a Neural Model. *Psychological Review* 84.

Anderson, J. R. 1980. *Cognitive Psychology and Its Implication.* New York: Freeman.

Anttila, Raimo. 1972. *An Introduction to Historical and Comparative Linguistics.* New York: Macmillan. (1989. 2nd revised Edition, Amsterdam & Philadelphia: John Benjamins.)

Aristotle. *Poetics.* 陈中梅译，1999，《诗学》。北京：商务印书馆。

Aristotle. *De Interpretatione.* 方书春译，1959，《解释篇》。北京：商务印书馆。

Armstrong, S. L., L. R. Gleitman & H. Gleitman. 1983. What Some Concepts Might Not Be. *Cognition* 13: 263—308.

Austin, J. L. 1962. *How to Do Things with words.* Oxford: OUP.

Bache, C. 2005. Constraining Conceptual Integration Theory: Level of Blending and Disintegration. *Journal of Pragmatics* 37.

Bartsch, R. 1998. *Dynamic Conceptual Semantics: A Logico-philosophical Investigation into Concept Formation and Understanding.* Standord: CSLI Publications.

Bates, Elizabeth & Brain MacWhinney. 1982. Functionalist Approaches to Grammar. In L. Gleitman & E. Warner (eds.). *Language Acquisition: The State of the Art.* Cambridge: CUP. 173—218.

Beaugrande, Robert De. 1980. *Text, Discourse, and Process: Toward a Multidisciplinary Science of Texts.* Norwood, New York: Ablex.

Beaugrande, Robert De. 1991. *Linguistic Theory: The Discourse of Fundamental Works.* London: Longmans.

Beaugrande, Robert De & Wolfgang Dressler, 1981. *Introduction to Text Linguistics.* London: Longmans.

Berlin, B. 1978. Ethnobiological Classification. In Rosch E. & B. B. Lloyd (eds.). *Cognition and Categorization.* Hillsdale, New York: Lawence Erlbaum Associates.

Berlin, B. & Kay, P. 1969. *Basic Color Terms: Their Universality & Evolution.* Berkeley: University of California Press.

Bertinetto, Pier M. 1979. Can You Give a Unique Definition of the Concept "Text"? Reflexions on the Status of Textlinguistics. In János S. Petöfi(ed.). *Text vs. Sentence: Basic Questions of Textlinguistics.* Hamburg, Buske.

Bierwisch, M. & Schreuder, R. 1992. From Concepts to Lexical Items. *Cognition* 12: 23—60.

Black, Max. 1962. Metaphor. In M. Black (ed.). *Models and Metaphors.* Ithaca, New York: Cornell University Press.

Black, Max. 1979/1993. More about Metaphor. In Ortony (ed.). *Metaphor and Thought.* Cambridge: CUP.

Bloomfield, L. 1933. *Language.* New York: Holt, Rinehart and Winston.

Bolinger, D. 1977. *The Form of Language.* London: Longmans.

Brandt, P. 2005. Mental Spaces and Cognitive Semantics: A Critical Comment. *Journal of Pragmatics* 37.

Brown, R. 1958. How shall a thing be called? In *Psychological Review.* 65:14—21.

Brown, R. 1973. *A First Language: The Early Stages.* Cambridge, MA: Harvard University Press.

Brown, R. & Lenneberg, E. H. 1954. A Study in Language and Cognition. *Journal of Abnormal and Social Psychology.* 49:454—462.

Brown, P. & S. Levinson. 1978. Universals in Language Usage: Politeness Phenomena. In Esther Goody (ed.) *Questions and Politeness: Strategies in Social Interaction.* Cambridge: CUP.

Brown, G. & Yule, G. 1983. *Discourse Analysis.* Cambridge: CUP.

Brugman, C. 1981. *Story of OVER.* MA Thesis. University of California,Berkeley.

Bruner, J. S., Goodnow, J. J. & Austin, G. A. 1956. *A Study of Thinking.* New York:Wiley.

Cameron, L. & Low, G. 1999. *Researching and Applying Metaphor.* Cambridge: CUP.

Catford, J. C. 1965. *A Linguistic Theory of Translation*. Oxford: OUP.

Channel, J. 1994. *Vague Language*. Oxford: OUP.

Chafe, W. 1987. Cognitive Constraints on Information Flow. In R. Tomlin (ed.). *Coherence and Grounding in Discourse*. Amsterdam: John Benjamins.

Chomsky, N. 1957. *Syntactic Structures*. The Hague: Mouton.

Chomsky, N. 1965. *Aspects of the Theory of Syntax*. Cambridge, MA: MIT Press.

Chomsky, N. 1968. *Language and Mind*. New York: Harcourt Brace Jovanovich Inc.

Chomsky & Halle, 1968. *The Sound Pattern of English*. New York: Harper and Row.

Chomsky, N. 1995 Language and Nature. *Mind* 104:1—61.

Clark, H. H. 1973. Space, Time, Semantics and the Child. In T. E. Moore (ed.). *Cognitive Development and the Acquisition of Language*. New York: Academic Press.

Clark, H. & Clark, E. (1977) Psychology and Language: An Introduction to Psycholinguistics. New York: Harcourt Brace Jovanovich.

Coates, J. 1995. The Negotiation of Coherence in Face-to-face Interaction: Some Examples from Extreme Bounds. In Gernsbacher, M. A. & T. Givón (eds.). *Coherence in Spontaneous Text*. Amsterdam: John Benjamins.

Coleman, Linda & Paul Kay. 1981. Prototype Semantics: The English Verb Lie.*Language* 57, No.1: 26—44.

Collins, A. M. & E. F. Louftus. A Spreading Activation Theory of Semantic Processing. *Psychological Review,* 1975(82): 407—428.

Comrie, B. 1981. *Language Universals and Linguistic Typology: Syntax and Morphology*. Chicago: University of Chicago Press.

Cook, Guy. 1989. *Discourse*. Oxford: OUP.

Cook, Guy. 1994. *Discourse and Literature*. Oxford: OUP.

Coulson, S. & T. Oakley. 2005. Blending and Coded Meaning: Literal and Figurative Meaning in Cognitive Semantics. *Journal of Pragmatics* 37.

Coulthard, Malcolm. 1977. *An Introduction to Discourse Analysis*. Longdon: Longman.

Croft, William. 1990. *Typology and Universals*. Cambridge: CUP.

Croft, William. & D. Alan. Cruse. 2004. *Cognitive Linguistics*. Cambridge: CUP.

Crystal, D. 1997. *The Cambridge Encyclopedia of Language*. Cambridge: CUP.

Davidson, D. 1978. Martinich 编，牟博等译，1998，"隐喻的含义"，载《语言哲学》。北京：商务印书馆。

Deane, P. 1987. English Possessives, Topicality, and the Silverstein Hierarchy. *Proceedings of the*

Annual Meeting of the Berkeley Linguistics Society, 13: 65—76.

Deane, P. 1992. *Grammar in Mind and Brain: Explorations in Cognitive Syntax*. Berlin: Mouton de Gruyter.

Deese, J. 1965. *The Structure of Associations in Language and Thought*. Baltimore: Hopkins.

Deignan, Alice. 2001. *Collins Cobuild English Guides 7: Metaphor*. 北京：外文出版社。

Derrida, J. 1982. *Margins of Philosophy*. Chicago: University of Chicago Press.

De Valois, R. L. & G. H. Jacobs. 1968. Primate Color Vision. *Science* 162:533—540.

Dewey, John. 1922. *Human Nature and Conduct: An Introduction to Social Psychology*. New York: Holt.

Dijk, Tuen Van. 1972. *Some Aspects of Text Grammar*. The Hague: Mouton.

Dijk, Tuen Van. 1980. *Macrostructure*. Hillsdale: Erlbaum.

Dijk, Tuen Van. 1984. *Prejudice in Discourse*. Amsterdam: John Benjamins.

Dijk, Tuen Van. 1985. *Handbook of Discourse Analysis*. 4 volumes: I. Disciplines of Discourse; II. Dimensions of Discourse; III. Discourse and Dialogue; IV. Discourse Analysis in Society. London: Academic Press.

Dijk, Tuen Van. 1997. Study of Discourse. In Dijk, Tuen Van (ed.). *Discourse as Structure and Process*. London: Sage Publications Ltd.

Dijk, Tuen Van & Kintsch, Walter. 1983. *Strategies of Discourse Comprehension*. New York: Academic Press.

Dirven, R. & M.Verspoor. 1998. *Cognitive Exploration of Language and Linguistics*. Amsterdam: John Benjamins.

Dirven, R. & Taylor, J. 1988. The Conceptualization of Vertical Space in English: The Case of *Tall*. In B. Rudzka-Ostyn (ed.). *Topics in Cognitive Linguistics*. Amsterdam: John Benjamins. 397—402.

Dirven, R. & Pörings, R. 2002. *Metaphor and Metonymy in Comparison and Contrast* (CLR 20). Berlin: Mouton de Gruyter.

Dreyfus, Hubert. 1972. *What Computers Can't Do: A Critique of Artificial Reason*. New York: Harper and Row.

Durieux, F. 1990. The Meanings of the Specifying Genitive in English: A Cognitive Analysis. *Antwerp Papers in Linguistics*, 66.

Ekman, Paul. 1971. Universals and Cultural Differences in Facial Expressions of Emotions. In K. James (ed.). *Nebraska Symposium on Motivation Series*. Lincoln: University of Nebraska Press.

Emmott, C. 1999. Embodied in a Constructed World: Narrative Processing, Knowledge Representation, and Indirect Anaphora. In Hoek K. V., A. A. Kibrik & L. Noordman (eds.). *Discourse Studies in Cognitive Linguistics*. Amsterdam: John Benjamins.

Engelkamp, J. 1974. *Psycholinguistik*. 陈国鹏译，1997，《心理语言学》。上海：上海译文出版社。

Enkvist, N. E. 1978. Coherence, Pseudo-coherence, and Non-coherence. In Östman J.-O.(ed.) *Cohesion and Semantics*. Åbo, Finland: Åbo Akademi Foundation.

Fauconnier, Gille. 1994. *Mental Spaces: Aspects of Meaning Construction in Natural Language*. Cambridge: CUP.

Fauconnier, Gille. 1997. *Mappings in Thought and Language*. Cambridge: CUP.

Fauconnier, Gille & Mark Turner. 1996. Blending as a Central Process of Grammar, In A. Goldberg(ed.). *Conceptual Stucture, Discourse, and Language*. Stanford: Center for the Study of Language and Information.

Fauconnier, Gille & Mark Turner. 2002. *The Way We Think: Conceptual Blending and the Mind's Hidden Complexities*. New York: Basic Books.

Fillmore, Charles. 1975. An Alternative to Checklist Theories of Meaning. In Cogen C. et al. (eds.). *Proceedings of the Berkeley Linguistic Society*. Berkeley: Berkeley Linguistics Society.

Fillmore, Charles. 1977. Topics in Lexical Semantics. In R. W. Cole (ed.). *Current Issues in Linguistic Theory*. Bloomington: Indiana University Press, 76—138.

Fillmore, Charles. 1982. Frames Semantics. In Linguistic Society of Korea (ed.). *Linguistics in the Morning Calm*. Seoul: Hanshin.

Fillmore, Charles. 1985. Frames and the Semantics of Understanding. In *Quaderni di Semantica 6*, No.2, 222—254.

Firth, J. R. 1957. *Papers in Linguistics 1934—1951*. Oxford: OUP.

Fodor, J. A. 1975. *The Language and Thought*. New York: Thomas Crowell.

Fónagy, Ivan. 1999. Why Iconicity. In Nänny Max & Olga Fischer.(eds.). *Form Miming Meaning：Iconicity in Language and Literature*. Amsterdam: John Benjamins.

Frege, G. 1892. On Sense and Nominatum. In P. Greach & M. Black (eds.). 1980. *The Philosophical Writings of Gottlob Frege*. Oxford: Basil Blackwell.

Frisson, S., D. Sandra, F. Brisard, & H. Cuyckens. 1996. From One Meaning to the Next: The Effects of Polysemous Relationships in Lexical Learning. In M. & R. Dirven (eds.). *The Construal of Space in Language and Thought*. Pütz, Berlin: Mouton de Gruyter.

Gardener, H. & E. Winner. 1978. The Development of Metaphoric Competence: Implications for

Humanistic Disciplines. In S. Sacks (ed.). *On Metaphor.* Chicago: University of Chicago Press.

Gärdenfors, Peter. 1999. Some Tenets of Cognitive Semantics. In Allwood Jens and Peter Gärdenfors (eds.). *Cognitive Semantics Meaning and Cognition.* Amsterdam: John Benjamins.

Gardiner, A. H. 1932. *The Theory of Speech and Language.* Oxford: Clarendon Press.

Garfinkel, H. 1967. *Studies in Ethnomethodology.* New Jersey: Englewood Cliffs.

Gee, James Paul. 1999. *An Introduction to Discourse Analysis: Theory and Method.* London: Routledge.

Geeraerts, D., Grondelaers, S. & Bakema, P. 1994. *The Structure of Lexical Variation: Meaning, Naming and Context.* Berlin: Mouton de Gruyter.

Gensini, Stefano. 1994. Criticism of the Arbitrariness of Language in Leibniz and Vico and the "Natural" Philosophy of Language. In R. Simone (ed.). *Iconicity in Language.* Amsterdam: John Benjamins.

Gernsbacher, M. A. & T. Givón.(eds.). 1995. *Coherence in Spontaneous Text.* Amsterdam: John Benjamins.

Gibbs, R. W. 1999. Researching Metaphor. In Cameron & Low (eds.). *Researching and Applying Metaphor.* Cambridge: CUP.

Givón, T. 1971. Historical Syntax and Synchronic Morphology: An Archaeologist's Field Trip. *Chicago Linguistic Society* 7: 394—415.

Givón, T. 1973. The Time-axis Phenomenon. *Language* 49.

Givón, T. 1986. Prototypes: Between Plato and Wittgenstein. In Craig, C.(ed.). *Noun Classes and Categorization.* Amsterdam: John Benjamins.

Givón, T. 1990. *Syntax: A Functional-Typological Introduction,* Vol.2. Amsterdam: John Benjamins.

Givón, T. 1994. Isomorphism in the Grammatical Code. In Raffaele Simone (ed.). *Iconicity in Language.* Amsterdam: John Benjamins.

Givón, T. 1995. Coherence in Text vs Coherence in Mind. In Gernsbacher, M. A. & T. Givón (eds.). *Coherence in Spontaneous Text.* Amsterdam: John Benjamins.

Gleason, H. A. 1955. *An Introduction to Descriptive Linguistics.* New York: Holt, Rinehart & Winston.

Goatly, Andrew. 1997. *The Language of Metaphors.* London & New York: Routledge.

Goddard, Cliff. 2002. On and On: Verbal Explications for a Polysemic Network. *Cognitive Linguistics* (13-3), 277—293.

Goldberg, A. 1996. *Conceptual Structure, Discourse, and Language.* Stanford, CA: CSLI Publications.

Goldstein, I. P. & R. B. Roberts. 1980. NUDGE, a knowledge-based Scheduling Program. In Metzing, D (ed.). *Frame Conceptions and Text Understanding.* Berlin: Walter de Gruyter.

Goodman, N. 1968. *Language of Art.* Indianapolis: Bobbs-Merrill.

Gould, Stephen Jay. 1983. *Hen's Teeth and Horse's Toes.* New York: Norton.

Grady, J. E. 1997. Foundations of Meaning: Primary Metaphors and Primary Scenes. Unpublished PH.D. dissertation, University of California at Berkeley.

Grady, J. E., T. Oakley & S. Coulson. 1999. Blending and Metaphor. In Gibbs & Steen (eds.). *Metaphor in Cognitive Linguistics.* Amsterdam: John Benjamins.

Greenberg, J. H. 1966a. Some Universals of Grammar, with Particular Reference to the Order of Meaningful Elements. In H. Greenberg (ed.). *Universals of Language.* (2nd Edition.) 73—113. Cambridge, MA: MIT Press.

Greenberg, J. H. 1966b. *Language Universals: With Special Reference to Feature Hierarchies.* The Hague & Paris: Mouton.

Grice, H. P. 1957. Meaning. In *The Philosophical Review, 66:377—388.* Reprinted in Jay Rosenberg and Charles Travis (eds.), *Readings in the Philosophy of Language.* Englewood Cliffs: Prentice Hall. Reprinted in D. Steinberg and L. A. Jakobovits (eds.), *Semantics: An Interdisciplinary reader in Philosophy, Linguistics, and Psychology.* 1971. Cambridge: CUP.

Grice, H. P. 1975. Logic and Conversation. In P. Cole & J. L. Morgan (eds.). *Syntax and Semantics* 3*: Speech Acts.* New York: Academic Press.

Habermas, J. 1971. *Knowledge and Human Interests.* Boston: Beacon Press.

Habermas, J. 1973. *Theory and Practice.* Boston: Beacon Press.

Habermas, J. 1981. *Theorie des Kommunikativen Hanlelns：Band 1 Handlungsrationalitat und Gesellschaftliche Rationalisierung .* 洪佩郁等译，1994，《交往行动理论（第一卷）》——行为的合理性和社会合理化》，重庆：重庆出版社。

Haiman, John. 1980. The Iconicity of Grammar: Isomorphism and Motivation. *Language, 56.*

Haiman, John. 1983. Iconic and Economic Motivation. *Language 59.*

Haiman, John. 1985a. *Natural Syntax.* Cambridge: CUP.

Haiman, John. 1985b. *Iconicity in Syntax* TSL6. Amsterdam: John Benjamins.

Halliday, M. A. K. 1978. *Language as Social Semiotic: The Social Interpretation of Language and Meaning.* London: Edward Arnold.

Halliday, M. A. K. 1985/1994. *An Introduction to Functional Grammar.* London: Edward Arnold.

Halliday, M. A. K. 1996. Things and Relations: Regrammaticizing Experience as Technical Knowledge. In Martin, J. R. & R. Veel (eds.). *Reading Science: Critical and Functional Perspectives on Discourse of Science.* London: Edward Arnold.

Halliday, M. A. K. 1999. The Grammatical Construction of Scientific Knowledge: The Framing of the English Clause. In Rossini, R., G. Sandri & R. Scazzieri (eds.). *Incommensurability and Translation.* Chelterham: Elgar.

Halliday, M. A. K. & C. M. Matthiessen. 1999. *Construing Experience through Meaning: A Language-based Approach to Cognition.* London: Cassell.

Halliday, M. A. K. & R. Hasan. 1976. *Cohesion in English.* London: Longman.

Halliday, M. A. K. & R. Hasan. 1985. *Language, Context and Text: Aspects of Language in a Social-Semiotic Perspective.* Victoria: Deakin University.

Halliday, M. A. K. & J. R. Martin. 1993. *Writing Science, Literary and Discourse Power.* London: Falmer Press.

Harder, P. 2005. Blending and Polarization: Cognition under Pressure. *Journal of Pragmatics* 37.

Harris, Z. S. 1952. Discourse Analysis. In *Language* 1952(33-1).

Harris, Z. S. 1995. Pragmatics and Power. *Journal of Pragmatics* 23, (2).

Hartmann, R. R. K. & Stork, F. C. 1972. *Dictionary of Language and Linguistics.* London: Applied Science Publishers LTD.

Harweg, Roland. 1968. *Pronomina und Textkonstitution.* Munich: Fink.

Hatch, Evelyn. 1992. *Discourse and Language Education.* Cambridge: CUP.

Hebb, D. O. 1949. *The Organization of Behavior.* New York: John Wiley & Sons Publisher.

Heidegger, M. 1975. *Poetry, Language, Thought.* 彭富春译，1991，《诗·语言·思》。北京：文化艺术出版社。

Herbert, A. J. 1965. *The Structure of Technical English.* London: Longmans.

Herder, J. G. 1772. *Abhandlung über den Ursprung der Sprache.* 姚小平译，1999，《论语言的起源》。北京：商务印书馆。

Hester, M. M. 1967. *The Meaning of Poetic Metaphor.* The Hague, Mouton.

Hockett, C. F. 1958. *A Course in Modern Linguistics.* 索振羽、叶斐声译，1987，《普通语言学》。北京：北京大学出版社。

Hoek, K. V., A. A. Kibrik & L. Noordman. 1999. *Discourse Studies in Cognitive Linguistics.* Amsterdam: John Benjamins.

Horn, L. R. 1984. Toward a New Taxonomy for Pragmatic Inference: Q-based and R-based Implicature. In Schiffrin, D.(ed.). *Meaning, Form, and Use in Context: Linguistics*

Applications. Washington, DC: Georgetown University Press.

Hougaard, A. 2005. Conceptual Disintegration and Blending in Interactional Sequences: A Discussion of New Phenomena, Processes vs. Products, and Methodology. *Journal of Pragmatics* 37.

Householder. 1946. 杜文礼"语言的像似性探微",载《四川外语学院学报》,1996 年第 1 期。

Hudson, R. A. 1980. *Sociolinguistics*. Cambridge: CUP.

Hull, C.L. 1920. Quantitative Aspects of the Evolution of Concepts. *Psychological Monographs. No.123*. Washington, D.C.: Psychological Review Company.

Humboldt, Wilhelm. 1836. 姚小平译,1997,《论人类语言结构的差异及其对人类精神发展的影响》。北京:商务印书馆。

Hutchins, E. 2005. Material Anchors for Conceptual Blends. *Journal of Pragmatics* 37.

Jackendoff, R. S. 1985. *Semantics and Cognition*. Cambridge, MA: MIT Press.

Jacobson, R. 1965. *Quest for the Essence of Language*. Diogenes.

Jäkel, Olaf. 1999. Kant, Blumenberg, Weinrich: Some Forgotten Contributions to the Cognitive Theory of Metaphor. In Gibbs, R. W. & G. J. Steen (eds.). *Metaphor in Cognitive Linguistics*. Amsterdam: John Benjamins.

Janssen, T. & Redeker, G. 1999. *Cognitive Linguistics: Foundations, Scope, and Methodology*. Berlin: Mouton de Gruyter.

Johnson, C. 1997. Metaphor vs. Conflation in the Acquisition of Polysemy: The Case of SEE. In Madako K. Hiraga, Chris Sinha, and Sherman Wilcox (eds.). *Cultural, Typological and Psychological Issues in Cognitive Linguistics*. (Current Issues in Linguistic Theory 152) Amsterdam: John Benjamins.

Johnson, M. 1987. *The Body in the Mind: The Bodily basis of Meaning, Imagination, and Reason*. Chicago: University of Chicago Press.

Johansson, Gunnar. 1950. *Configurations in Event Perception*. Uppsala: Almkvist & Viksell.

Kant, I. 1781. *Kritik der reinen Vernunft*. 邓晓芒译,2004,《纯粹理性批判》。北京:人民出版社。

Katz, J. J. & P. M. Postal. 1964. *An Integrated Theory of Linguistic Description*. Cambridge, MA: MIT Press.

Kempson, R. M. 1977. *Semantic Theory*. Cambridge: CUP.

Kirsner, Robert S. 1985. Iconicity and Grammatical Meaning. In Haiman, J. (ed). *Iconicity in Syntax*. TSL6, Amsterdam: John Benjamins. 1985.

Kosslyn, S. N. 1980. *Image and Mind*. Cambridge, MA: Harvard University Press.

Kövecses, Zoltán. 2002. *Metaphor: A Practical Introduction*. Oxford: OUP.

Labov, W. 1973. The Boundaries of Words and Their Meanings. In Bailey, C. J. N. & Shuy, R. W. (eds.). 1973. *New Ways of Analysing Variation in English*. Washington: Georgetown University Press. 340—373.

Labov, W. Denotational Structure. *Chicago Linguistic Society*, 1978.

Ladefoged, P. 1975. *A Course in Phonetics*. New York: Harcourt Brace Jovanovich.

Lakoff, G. 1972. Hedges: A Study in Meaning Criteria and the Logic of Fuzzy Concepts. In Peranteau, P. , J. Levi, and G. Phares (eds.). *Papers from the Eighth Regional Meeting of the Chicago Linguistic Society.* Department of Linguistics. University of Chicago, Chicago.

Lakoff, G. 1973. Fuzzy Grammar and the Performance/Competence Terminology Game. In P. Peranteau et al. (eds.), *Papers from the Ninth Regional Meeting of Chicago Linguistic Society.* Chicago: University of Chicago. 271—291.

Lakoff, G. 1977. Linguistic Gestalts. *CLS*.13: 236—287.

Lakoff, G. 1979. The Contemporary Theory of Metaphor. In Ortony, A.(ed.) *Metaphor and Thought*. Cambridge: CUP.

Lakoff, G. 1987. *Women, Fire, and Dangerous Things: What Categories Reveal about the Mind*. Chicago: University of Chicago Press.

Lakoff, G. 1988. Cognitive Semantics. In U. Eco et al. (eds.). *Meaning and Mental Representation.* Bloomington, IN: Indiana University Press. 119—154.

Lakoff, G. 1991.Cognitive versus generative linguistics: How commitments influence results. *Language and Communication*, 11: 53—62 .

Lakoff, G. 2002. Why Cognitive Linguistics Requires Embodied Realism. *Cognitive Linguistics*.13-3, 2002.

Lakoff, G. & M. Johnson. 1980. *Metaphors We Live By*. Chicago: University of Chicago press.

Lakoff, G. & M. Johnson. 1999. *Philosophy in the Flesh—The Embodied Mind and its Challenge to Western Thought*. New York: Basic Books.

Lakoff, G. & R.E. Nùñez. 2000. *Where Mathematics Comes From: How the Embodied Mind Brings Mathematics into Being*. New York: Basic Books.

Lamb, Sidney. 1998. *Pathways of the Brain: The Neurocognitive Basis of Language*. Amsterdam: John Benjamins.

Langacker, R. W. 1982. Space Grammar, Analysability, and the English Passive. *Language* 59: 22—80.

Langacker, R. W. 1987a. Nouns and Verbs. *Language* 63.

Langacker, R. W. 1987b. *Foundations of Cognitive Grammar vol. I: Theoretical Prerequisites.* Stanford, California: Stanford University Press.

Langacker, R. W. 1991a/2002. *Concept, Image and Symbol: The Cognitive Basis of Grammar.* Berlin: Mouton de Gruyter.

Langacker, R. W. 1991b. *Foundations of Cognitive Grammar vol. II: Descriptive Application.* Stanford, California: Stanford University Press.

Langacker, R. W. 1993. Reference-point Constructions. *Cognitive Linguistics* 4.

Langacker, R. W. 1999. Assessing the Cognitive Linguistic Enterprise. In Jassen, T. & G. Redeker (eds.). *Cognitive Linguistics: Foundation, Scope, and Methodology.* Berlin: Mouton de Gruyter.

Langacker, R. W. 2000. *Grammar and Conceptualization.* Berlin: Mouton de Gruyter.

Langacker, R. W. 2001. Discourse in Cognitive Grammar. In *Cognitive Linguisitics. 12-2.*

Langacker, R. W. 2008. *Cognitive Grammar：A Basic Introduction.* Oxford: OUP.

Langacker, R. W. 2009. *Investigations in Cognitive Grammar.* Berlin：Mouton de Gruyter.

Leary, D. E. 1990. Psyche's Muse: the Role of Metaphor in the History of Psychology. In Leary, D. E. (ed.). *Metaphors in the History of Psychology.* Cambridge: CUP.

Lecercle, J. J. 2004. *Une Philosophie Marxiste du Langage.* G. Elliott (Trans.). 2006. *A Marxist Philosopy of Language.* Leiden: Brill.

Leech, G. N. 1969. *A Linguistic Guide to English Poetry.* London: Longman.

Leech, G. N. 1983. *Principles of Pragmatics.* London: Longman.

Lehnert, W. G. 1980. The Role of Scripts in Understanding. In Metzing, D. (ed.). *Frame Conceptions and Text Understanding.* Berlin: Walter de Gruyter.

Levine, M. 1966. Hypothesis Behavior by Human during Discrimination Learning. *Journal of Experimental Psychology* 71:331—338.

Levine, M. 1975. *A Cognitive Theory of Learning.* Hillsdale: Lawrence Erlbaum Associates.

Levinson, C. 1987. Pragmatics and the Grammar of Anaphora. In *Journal of Linguistics* vol. 23.

Levinson，C. 1991. Pragmatic Reduction of the Binding Conditions Revised. In *Journal of Linguistics* vol. 27.

Li, Charles N. & Sandra A. Thompson. 1976. *Subject and Topic: A New Typology of Language.* In Charles N. Li (ed.). *Subject and Topic.* Austin: University of Texas Press.

Lightfoot, David. 1982. *The Language Lottery: Toward a Biology of Grammars.* Cambridge, MA: MIT Press.

Lock, John. 1976. *An Essay Concerning Human Understanding.* London: Everyman's Library.

Louw, Johannes P. & Kugene A. Nida. 1989. *Greek-English Lexicon of the New Treatment Based* on Semantic Domains. New York: United Bible Societies.

Low, G. 1999. "This paper thinks…" Investigating the Acceptability of the Metaphor AN ESSAY IS A PERSON. In Cameron, L & G. Low (eds.). *Researching and Applying Metaphor*. Cambridge: CUP.

Lyons, J. 1968. *Introduction to Theoretical Linguistics*. Cambridge: CUP.

Lyons, J. 1977. *Semantics*. 2 vols. Cambridge: CUP.

Lyons, J. 1991. The Origin of Language: Speech and Languages. In Lyons, J. (ed). *Natural Language and Universal Grammar*. Cambridge: CUP. 73—95.

Malinowski, B. 1923. The Problem of Meaning in Primitive Languages. In Ogden, C. K. & I. A. Richards(eds.). *The Meaning of Meaning*. London: Routledge & Kegan Paul.

Malinowski, B. 1935. *Coral Gardens and Their Magic. Vol.II*. London: George Allen & Unwin Ltd.

Martin, J. R. 1993. Life as a Noun: Arresting the Universe in Science and Humanities. In Halliday, M. A. K. & J. R. Martin (eds.). Writing Science, Literary and Discourse Power. London: Falmer Press.

Martin B. & F. Ringham. 2000. *Dictionary of Semiotics*. London: Cassell.

Matthews, P. H. 1997. *Oxford Concise Dictionary of Linguistics*. Oxford: OUP.

Mayer, R. E. 1979. The Instructive Metaphor: Metaphoric Aids to Students' Understanding of Science. In Ortony (ed.) *Metaphor and Thought*. Cambridge: CUP.

McCarthy, Michael. 1991. *Discourse Analysis for Language Teachers*. Cambridge: CUP.

Merleau-Ponty, M. 1962. *Phenomenology of Perception*. Translated by C. Smith. London: Routledge & Kegan Paul.

Metzing, Dieter. 1980. *Frame Conceptions and Text Understanding*. Berlin: Walter de Gruyter.

Miller, George & Philip Johnson-Laird. 1976. *Language and Perception*. Cambridge: CUP.

Millikan, R. G. 2004. *Varieties of Meaning: The 2002 Jean Nicord Lectures*. Cambridge, MA: MIT Press.

Minsky, Marvin. 1975. A Framework for Representing Knowledge. In Winston P. H. (ed.). *The Psychology of Computer Vision*. New York: McGraw-Hill.

Mondada, Lorenza. 1996. How Space Structures Discourse. In Pütz, M. & R. Dirven (eds.). *The Construal of Space in Language and Thought*. Berlin: Mouton de Gruyter.

Moore, F. C. T. 1982. On Taking Metaphors Literally. In D. S. Miall (ed.). *Metaphors: Problems and Perspectives*. Brighton: Harvester Press. 1—35.

Morris, C. 1937. *Logical Positivism, Pragmatism, and Scientific Empiricism.* Paris: Hermann et Cie.

Morris, C. 1938. *Foundations of the Theory of Signs*. Chicago: University of Chicago Press.

Nänny, Max & Olga Fischer. 1999. *Form Miming Meaning: Iconicity in Language and Culture*. Amsterdam: John Benjamins.

Neisser, J. U. 1967. *Cognitive Psychology*. Englewood, New York: Prentice Hall.

Neisser, J. U. 1976. Introduction: the Ecological and Intellectual Bases of Categorization. In J. U. Neisser(ed.). *Proceedings of the First Emory Cognition Project Symposium—Ecological Approaches to the Study of Categorization*. 1—10.

Neumann, J. 1958. The Computer and the Brain. Reprinted in J. Anderson & E. Rosenfeld (eds.). 1988. *Neurocomputing*. Cambridge, MA: MIT Press.

Newell, A. & Simon, H. A. 1972. *Human Problem Solving*. Englewood Cliffs, New Jersey: Prentice Hall.

Nikiforidou, K. 1991. The Meanings of the Genitive: A Case Study in Semantic Structure and Semantic Change. *Cognitive Linguistics,* 2: 149—205.

Noppen, J. P. & Edith Hols. 1990. *METAPHOR II: A Classified Bibliography of Publications from 1985—1990*. Amsterdam: John Benjamins.

Norman, D. A. 1981. Twelve Issues for Cognitive Science. In Norman, D. A. (ed.). *Perspectives on Cognitive Science*. Norwood, New Jersey: Ablex Publishing Corporation.

Norman, D. A. & Rumelhart, D. E. 1975. *Explorations in Cognition*. San Francisco: Freeman.

Ogden, C. K. & I. A. Richards. 1923. *The Meaning of Meaning*. London: Routledge & Kegan Paul.

Ortony, Andrew. 1979. *Metaphor and Thought*. Cambridge: CUP.

Osgood, C. E. 1953. *Method and Theory in Experimental Psychology*. Oxford: OUP.

Osherson, D. N. 1995. An Invitation to Cognitive Science. Vol. 1: Language. Cambridge, MA: MIT Press.

Osherson, D. & E. Smith. 1981. On the Adequacy of Prototype Theory as a Theory of Concepts. *Cognition* 9: No. 1, 35—58.

Palmer, F. R. 1981. *Semantics*. Cambridge: CUP.

Pather Klaus-Uwe & G. Radden. 1999. *Metonymy in Language and Thought*. Amsterdam: John Benjamin.

Panther Klaus-Uwe & L. Thornburg. 1999. The Potentiality for Actuality Metonymy in English and Hungarian. In Panther & Radden (eds.). *Metonymy in Language and Thought*. Amsterdam: John Benjamin.

Peirce, C. S. 1940. *The Philosophy of Peirce*. T. Buchler (ed.). New York: Harcourt, Brace.

Petöfi János S. 1988. *Text and Discourse Constitution.* Berlin: Walter de Gruyter.

Pulman, S. G. 1983. *Word Meaning and Belief.* London: Croom Helm.

Putnam, Hilary. 1975. *Mind, Language and Reality. Philosophical Papers, Vol. 2.* Cambridge: CUP.

Pütz, M. & R. Dirven. 1996. *The Construal of Space in Language and Thought.* (Cognitive Linguistics Research Vol. 8) Berlin: Mouton de Gruyter.

Quine, W.V.O. 1960. *Word and Object.* 陈启伟、朱锐、张学广译, 2005,《词语和对象》。北京：中国人民大学出版社。

Rastier, Francois. 1991. *Semantique et Recherches Cognitives.* (参见王秀丽《〈语义学与认知研究〉述介》,《外语教学与研究》, 1994 年第 3 期)

Reddy, Michael. 1979. The Conduit Metaphor. In A. Ortony.(ed), *Metaphor and Thought.* Cambridge: CUP.

Reed, S. K. 1972. *Psychological Processes in Pattern Recognition.* New York: Academic Press.

Rhodes, R. A. & Lawler, J. M. 1981. A Thematic Metaphor. In *Papers from the Regional Meeting of the Chicago Linguistics Society,* 1981:318.

Rice, Sally. 1996. Propositional Prototypes. In *The Construal of Space in Language and Thought.* Pütz, M. & R. Dirven (eds.). 1996. Berlin: Mouton de Gruyter.

Richards, I. A. 1936. *The Philosophy of Rhetoric.* Oxford: OUP.

Robins, R. H. 1967. *A Short History of Linguistics.* London: Longman Group Limited. 许德宝等译, 1997,《简明语言学史》。北京：中国社会科学出版社。

Rosch, E. 1973. On the Internal Structure of Perceptual and Semantic Categories. In *Cognitive Development and the Acquisition of Language.* In Moore, T. E. (ed.). New York: Academic Press. 111—144.

Rosch, E. 1975. Cognitive Representations of Semantic Categories. *Journal of Experimental Psychology: General,* 104: 192—233.

Rosch, E. 1978. Principles of Categorization. In Rosch, E. & B. Lloyd (eds.). *Cognition and Categorization.* Hillsdale, New York: Erlbaum. 27—48.

Rosch, E. & C. B. Mervis. 1975. Family Resemblances: Studies in the Internal Structure of Categories. *Cognitive Psychology.* 7, 573—605.

Rosch, E. , C. B. Mervis, W. Gray, D. Johnson and P. Rudzka-Ostyn. 1976. Basic Objects in Natural Categories. *Cognitive Psychology,* 8: 382—439.

Ross, J. R. 1973. A Fake NP Squish. In Bailey, C. J. & R. W. Shuy (eds.). *New Ways of Analyzing Variation in English.* Washington D.C.: Georgetown University Press.

Rumelhart, David. 1975. Notes on a Schema for Stories. In Bobrow, D. G. & A. M. Collins (eds.). *Representation and Understanding: Studies in Cognitive Science.* New York: Academic Press. 211—236.

Rumelhart, D. E. & McClelland, J. L. 1986. *Parallel distributed processing: Explorations in the micro-structure of cognition (Vol. 1).* Cambridge, MA: MIT Press.

Russell, B. 1921. *The Analysis of Mind.* 贾可春译，2010，《心的分析》。北京：商务印书馆。

Sadock, J. M. 1991. On Testing for Conversational Implicature. In Davis, S.(ed.). *Pragmatics: A Reader.* Oxford: OUP.

Saeed, J. 1997. *Semantics.* Oxford: Blackwell.

Sanders, T. 1997. Psycholinguistics and the Discourse Level: Challenges for Cognitive Linguistics. *Cognitive Linguistics* 8.

Sapir, E. 1921. *Language : An Introduction to the Study of Speech.* 陆卓元译，2000,《语言论——言语研究导论》。北京：商务印书馆。

Saussure, E. de. 1916. *Course in General Linguistics.* 高名凯译，1996，《普通语言学教程》。北京：商务印书馆。

Schank, R. C. & Abelson, R. P. 1975. Scripts, Plans, and Knowledge. Proceedings of the Fourth International Joint Conference on Artificial Intelligence. Tbilisi, USSR. In Johnson-Laird, P. N. & P. C. Wason (eds.). 1977. *Thinking: Readings in Cognitive Science.* Cambridge: CUP.

Schank, R. C. & R. P. Abelson. 1977. *Scripts, Plans, Goals, and Understanding.* Hillsdale, New York: Lawrence Erlbaum Associates.

Schiffrin, D. 1994. *Approaches to Discourse.* Oxford: Basil Blackwell.

Schmidt, Siegfried. 1968. *Bedeutung und Begriff.* Brunswick: Vieweg.

Schmitz, Hermann. 1980. *Neue Phänomenologie.* Bonn: Bouvier Verlag Herbert Grundmann. 庞学铨、李张林译，1997，《新现象学》。上海：上海译文出版社。

Searle, J. 1969. *Speech Acts: An Essay in the Philosophy of Language.* Cambridge: CUP.

Searle, J. R. 1975. Indirect Speech Act. In P. Cole and J. L. Morgan (eds.). *Syntax and Semantics, Vol. 3: Speech Acts.* New York: Academic Press.

Searle, J. R. 1976. The Classification of Illocutionary Acts. In *Language in Society, 5.* Reprinted in *Expression and Meaning: Studies in the Theory of Speech Acts.* 1979. Cambridge: CUP.

Searle, J. 1979. Metaphor. In A. Ortony (ed.). *Metaphor and Thought.* Cambridge: CUP.

Searle, J. 1995. *The Construction of Society Reality.* New York: Free Press.

Shepard, R. N. & J. Metzler. 1971. Mental Rotation of Three-Dimensional Objects. *Science*, 171.

Shibles, Warren. 1971. Metaphor: An Annotated Bibliography and History. Wisconsin: The

Language Press.

Simon, H. A. 1981. *The Sciences of the Artificial.* Cambridge, MA: MIT Press.

Simone, Raffaele. 1994. *Iconicity in Language.* Amsterdam: John Benjamins.

Skehan, P. 1998. *A Cognitive Approach to Language Teaching.* Oxford: OUP.

Slobin, D. I. 1980. The Repeated Path between Transparency and Opacity in Language. In U. Bellugi. & M. Studdert-Kennedy (eds.). *Signed and Spoken Language: Biological Constraints on Linguistic Form.* Weinheim: Verlag Chemie.

Slobin, D. I. 1981. The Origins of Grammatical Encoding of Events. In W. Deutsch (ed.). *The Child's Construction of Language.* London: Academic Press.

Slobin, D. I. 1982. Universal and Particular in the Acquisition of Language. In Wanner E. & Gleitman L.R. (eds.). *Language Acquisition: The State of the Art.* Cambridge: CUP.

Slobin, D. 1985. The Child as Linguistic Icon-maker. In Haiman. 1985b.

Sperber, D. & Wilson, D. 1986/1995. *Relevance: Communication and Cognition.* Oxford: Blackwell.

Stillings, N. A., S. E. Weisler, C. H. Chase, M. H. Feinstein, J. L. Garfield & E. L. Rissland. 1995. *Cognitive Science: An Introduction.* Cambridge, MA: MIT Press.

Steinthal, H. 1855. Grammatik, Logik und Psychologie, ihre Prinzipien und ihr Verhältnis zueinander. G. Olms.

Sweetser, Eve E. 1984. Semantic Structure and Semantic Change. Ph.D. Dissertation. Berkeley: University of California.

Sweetser, Eve E. 1990. *From Etymology to Pragmatics：Metaphorical and Cultural Aspects of Semantic Structure.* Cambridge: CUP.

Talmy, Leonard. 1985a. Force Dynamics in Language and Thought. In William H. Eilfort, P. Kroeber, & K. Peterson (eds.). *Papers from the Parasession on Causatives and Agentivity.* Chicago: Chicago Linguistic Society.

Talmy, Leonard. 1985b. Lexicalization Patterns: Semantic Structure in Lexical Forms. In Timothy Shopen (ed.). *Language Typology and Syntactic Description*, *vol. 3.* Cambridge: CUP.

Talmy, Leonard. 1988. Force Dynamics in Language and Cognition. *Cognitive Science* 12.

Talmy, Leonard. 2000. *Toward a Cognitive Semantics: Vol 1: Concept Structing Systems; Vol II: Typology and Process in Concept Structuring.* Cambridge, MA: MIT Press.

Taylor, John. 1989. *Linguistic Categorization：Prototypes in Linguistic Theory.* Oxford: OUP. (1995年第二版, 2003年第三版)

Taylor, John. 1993. Some Pedagogical Implications of Cognitive Linguistics. In Geiger. R. A. & B.

Rudzka-Ostyn. (eds.). *Conceptualizations and Mental Processing in Language.* Berlin/New York: Mouton de Gruyter.

Taylor, John. 1996. *Possessives in English: An Exploration in Cognitive Grammar.* Oxford: OUP.

Taylor, John. 2002. *Cognitive Grammar.* Oxford: OUP.

Thompson, G. 1996. *Introducing Functional Grammar.* London: Edward Arnold.

Tourangeau, R. & R. J. Sternberg. 1981. Aptness in Metaphor. *Cognitive Psychology*, 13:27—55.

Tourangeau, R. & R. J. Sternberg. 1982. Understanding and Appreciating Metaphors. *Cognition*, 11:203—244.

Tomlin, Russell. 1994. Focal Attention, Voice and Word Order: An Experimental Cross-linguistic Study. In Pamela Downing & Michael Noonan (eds.). *Word Order in Discourse.* Amsterdam & Philadephia: John Benjamins.

Traugott, E. C. 1982. From Propositional to Textual and Expressive Meanings: Some Semantic-Pragmatic Aspects of Grammaticalization. In Lehmann, W. P. and Yakov Malkeil(eds.). *Perspectives on Historical Linguistics.* Amsterdam: John Benjamins.

Traugott, E. C. 1985. Conditional Markers. In Haiman, J. (ed.). *Iconicity in Syntax.* TSL6, Amsterdam: John Benjamins.

Turner, M. 1996. *The Literary Mind.* Oxford: OUP.

Ullmann, S. 1962. *Semantics: An Introduction to the Science of Meaning.* Oxford: OUP.

Ungerer, F. & Schmid, H. J. 1996. *An Introduction to Cognitive Linguistics.* London: Longman.

Verschuren, J. 1995. The Pragmatic Perspective. In J. Verschuren, J.-O. H. Östman, Blommaert, J. and Bulcaen, C. (eds.). *Handbook of Pragmatics.* Amsterdam: Benjamins.

Verschueren, J. 1999. *Understanding Pragmatics.* London: Edward Arnold.

Vitacolonna Luciano. 1988. "Text / Discourse" Definitions. In Petöfi, János S (ed.). *Text and Discourse Constitution.* Berlin: Walter de Gruyter.

Volosinov, V. N. 1929. L. Matejka & I. R. Titunik (Trans.). 1973. *Marxism and the Philosophy of Language.* New York: Seminar Press.

Waldron, T. P. 1985 *Principles of Language and Mind.* London: Routledge & Kegan Paul.

Whitehead, A. N. 1929. Process and Reality: An Essay in Cosmology. 杨富斌译，2013，《过程与实在——宇宙论研究》，北京：中国人民大学出版社。

Whitney, W. D. 1875. *The Life and Growth of Language.* New York: Appleton.

Widdowson, H. G. 1978. *Teaching Language as Communication.* Oxford: OUP.

Widdowson, H. G. 1979. *Explorations in Applied Linguistics.* Oxford: OUP.

Wierzbicka, Anna. 1988. *The Semantics of Grammar.* Amsterdam: John Benjamins.

Wilson & Frank C. Keil. 1999. *The MIT Encyclopedia of the Cognitive Sciences.* 《MIT 认知科学白科全书》。上海：上海外语教育出版社。

Winch, P. 1990. *The Idea of a Social Science and Its Relation to Philosophy.* London: Routledge. 张庆熊等译，2016，《社会科学的观念及其与哲学的关系》。上海：上海人民出版社。

Winograd, Terry, 1983. *Language as a Cognitive Process.* Menlo Park: Addison-Wesley.

Wittgenstein, Ludwig. 1922. *Tractatus Logico-Philosophicus.* 张申府译，1988，《逻辑哲学论》，北京：北京大学出版社。

Wittgenstein, Ludwig. 1953. *Philosophical Investigations.* 李步楼译，1996，《哲学研究》，北京：商务印书馆。

Zadeh, L. A. 1965. Fuzzy Sets. *Information and Control*，8.

Zipf, G. K. 1935. *The Psychobiology of Language.* New York: Houghton Mifflin.

曹逢甫（1977/1995）《主题在汉语中的功能研究》，谢天蔚译，北京：语文出版社。

曹先擢、苏培成（1999）《汉字形义分析字典》，北京：北京大学出版社。

陈承泽（1922）《国文法草创》，1957年重印，北京：商务印书馆。

陈嘉映（2003）《语言哲学》，北京：北京大学出版社。

陈娇（2009）《英汉语以对立词的认知对比研究——对立性图式的理论和应用》，硕士学位论文，四川外国语大学。

陈平（1987a）释汉语中与名词成分相关的四组概念，《中国语文》，第2期。

陈平（1987b）汉语零形回指的话语分析，《中国语文》，第5期。

陈庆汉(2006)论广告语言创作对成语的超常规运用，《常熟理工学院学报》，第5期。

陈望道（1932/1997）《修辞学发凡》，上海:上海大江书铺/上海教育出版社。

陈治安、文旭（2000），语用学研究在中国的新进展，《外国语》，第1期。

崔文灿（2009）《英语双宾构式的论元转换模型：基于间接宾语的分析方法》，硕士学位论文，四川外国语大学。

崔应贤、朱少红（1993）主语宾语问题研究概观，《河南师范大学学报（哲学社会科学版）》，第3期。

戴浩一（1985/1988）*Temporal Sequence and Chinese Word Order.* 黄河译，《国外语言学》，第1期。

戴浩一（1989）以认知为基础的汉语功能语法刍议（上、下），叶蜚声译，《国外语言学》1990年第4期、1991年第1期。

丹皮尔，W. C.（1975）《科学史及其与哲学和宗教的关系》，北京：商务印书馆。

丁尔苏（2000）《语言的符号性》，北京：外语教学与研究出版社。

董成如（2009）《存现句的认知研究——基于参照点的行为链模式》，苏州：苏州大学出版社。

杜文礼（1996）语言的像似性探微载，《四川外语学院学报》，第1期。

方　琰（1990）浅谈汉语的"主语"——"主语""施事""主位"，胡壮麟主编，《语言系统与功能》，北京：北京大学出版社。

丰国欣（2008）《第二语言认知协同论》，北京：高等教育出版社。

冯碧英（2008）《当代汉语量词非常规搭配的BT+分析方案——基于中国当代1000篇散文名篇的认知研究》，硕士学位论文，四川外国语大学。

冯广艺（2002）《汉语比喻研究史》，武汉：湖北教育出版社。

高名凯（1995）《语言论》，北京：商务印书馆。

高慎盈(1995) 广告"成语新编"满纸荒唐言，《语文建设》，第6期。

高云莉、方琰（2001）浅谈汉语宾语的语义类别问题，《语言教学与研究》，第6期。

苟志效（1999）《意义与符号》，广州：广东人民出版社。

桂诗春（1991a）认知和语言，《外语教学与研究》，第3期。

桂诗春（1991b）《实验心理语言学纲要》，长沙：湖南教育出版社。

桂诗春（2000）《应用语言学研究》，广州：世界图书出版有限公司。

郭　霞（2013）《现代汉语动趋构式的句法语义研究：认知构式语法视野》，成都：四川大学出版社。

何明延（1983）"死"的别名和委婉说法，《修辞学研究》，第2辑。

何兆熊、俞东明等（2000）《新编语用学概要》，上海：上海外语教育出版社。

何自然（1988）《语用学概论》，长沙：湖南教育出版社。

何自然、冉永平（1998）关联理论——认知语用学基础，《现代外语》，第3期。

冯钟芸（1995）《庄子散文选》，天津：百花文艺出版社。

胡明亮（2002）《语言思索集》，太原：山西人民出版社。

胡　适（1918/1999）《先秦名学史》，合肥：安徽教育出版社。

胡裕树（1962）《现代汉语》，上海：上海教育出版社。

胡壮麟（1991）功能主义纵横谈，《外国语》，第3期。

胡壮麟（1994）《语篇的衔接与连贯》，上海：上海外语教育出版社。

胡壮麟（1996）语法隐喻，《外语教学与研究》，第4期。

胡壮麟（1998）系统功能语言学近况，《外国语》，第1期。

胡壮麟（2000a）评语法隐喻的韩礼德模式，《外语教学与研究》，第2期。

胡壮麟（2000b）《功能主义纵横谈》，北京：外语教学与研究出版社。

胡壮麟（2004）《认知隐喻学》，北京：北京大学出版社。

胡壮麟（2014）系统功能语言学的认知观，《外语学刊》，第3期。

黄国文（2001）《语篇分析的理论与实践——广告语篇研究》，上海：上海外语教育出版社。

季国清（1998）语言的本质在《遥远的目光》中澄明，《外语学刊》，第3期。

江蓝生（2008）概念叠加与整合——肯定否定不对称的解释，《中国语文》，第6期。

江　怡（2009）《分析哲学教程》，北京：北京大学出版社。

拉耶芙斯卡娅（1957）《英语词汇学引论》，天津师范大学外语系英语教研室译，北京：商务印书馆，1963。

郎天万、蒋勇（1997）从认知角度拓展韩礼德等对英语语法概念隐喻的分析，《四川外语学院学报》，第4期。

李仁孝（1997）论当前广告中的词语仿造，《内蒙古大学学报(哲学社会科学版)》，第1期。

李　索（1998）广告语中成语的化用和规范，《语文建设》，第8期。

李秀琴（1992）语言学研究的当前动向——第15届国际语言学家大会述评，《国外语言学》，第4期。

李湛渠（1996）《中国古代文论浅谈》，南京：江苏古籍出版社。

列　宁（1908/1988）唯物主义和经验批判主义，《列宁全集》（第18卷），北京：人民出版社。

林洁洁（1996）慎重对待成语文字的串换——试评当前广告成语的语言现象，《无锡教育学院学报》，第3期。

刘辰诞（2007）"界"与有界化，《外语学刊》，第2期。

刘华文（2005）《汉诗英译的主体审美论》，上海：上海译文出版社。

刘润清（1995/2013）《西方语言学流派（修订版）》，北京：外语教学与研究出版社。

刘玉梅（2015）《现代汉语新词语构造机理研究》，北京：中国社会科学出版社。

陆国强（1983）《现代英语词汇学》，上海：上海外语教育出版社。

陆俭明（2002）再谈"吃了他三个苹果"一类结构的性质，《中国语文》，第4期。

陆宗达、王宁（1994）《训诂与训诂学》，太原：山西教育出版社。

吕叔湘（1942 / 1990）《中国文法要略》，北京：商务印书馆。

吕叔湘（1956 / 1984）《汉语语法论文集》，北京：商务印书馆。

吕叔湘（1979）《汉语语法分析问题》，北京：商务印书馆。

马建忠（1998）《马氏文通》，北京：商务印书馆。

马克思、恩格斯（1960）《马克思恩格斯全集》（第3卷），北京：人民出版社。

马克思、恩格斯（1965）《马克思恩格斯全集》（第22卷），北京：人民出版社。

马克思（1979）1844年经济学哲学手稿，《马克思恩格斯全集》（第42卷），北京：人民出版社。

毛泽东（1976）《整顿党的作风》，北京：人民出版社。

毛泽东（1991）《毛泽东选集》（第1卷），北京：人民出版社。

孟 琮等（1984）《动词用法词典》，上海：上海辞书出版社。

苗 萌（2007）《事件域认知模型（ECM）在概念隐喻研究中的应用——一项基于世界杯足球赛解说词语料库的研究》，硕士学位论文，四川外国语大学。

牛保义、徐盛桓（2000）关于英汉语语法化比较研究，《外语与外语教学》，第9期。

宁春岩（2000）关于意义内在论，《外语教学与研究》，第4期。

潘文国（1997）《汉英语对比纲要》，北京：北京语言大学出版社。

彭宣维（2000）《英汉语篇综合对比》，上海：上海外语教育出版社。

钱冠连（2001）有理据的范畴化过程——语言理论研究中的原创性，《外语与外语教学》，第10期。

钱冠连（2002）《语言全息论》，北京：商务印书馆。

钱冠连（2004）以学派意识看汉语研究，《汉语学报》，第2期。

钱冠连（2007）以学派意识看外语研究——学派问题上的心理障碍，《中国外语》，第1期。

钱敏汝（2001）《篇章语用学概论》，北京：外语教学与研究出版社。

钱锺书（1979）《管锥编》，北京：中华书局。

秦旭卿、孙雍长今译，汪榕培、任秀桦英译（1997）《庄子》，长沙：湖南人民出版社。

屈承熹（1993）《历史语法学理论与汉语历史语法》，朱文俊译，北京：北京语言学院出版社。

任抗帝(1996) 全盘否定"谐音广告"，合理又合法，《中国广告》，第2期。

沈家煊（1993）句法的像似性问题，《外语教学与研究》，第1期。

沈家煊（1994）R. W. Langacker的"认知语法"，《国外语言学》，第1期。

沈家煊（1999）"在"字句和"给"字句，《中国语文》，第2期。

沈家煊（2006）"王冕死了父亲"的生成方式——兼说汉语"糅合"造句，《中国语文》，第4期。

沈志和（2009）《汉语仿拟成语的突显——压制阐释》，硕士学位论文，四川外国语大学。

石毓智（2000）《语言的认知语义基础》，南昌：江西教育出版社。

束定芳（2000）《隐喻学研究》，上海：上海外语教育出版社。

束定芳（2008）《认知语义学》，上海：上海外语教育出版社。

斯大林（1979）马克思主义和语言学问题，《斯大林选集》，北京：人民出版社。

苏新春（1995）《当代中国词汇学》，广州：广东教育出版社。

索振羽（1994）索绪尔及其《普通语言学教程》，《外语教学与研究》，第2期。
唐国宇（2008）《中国菜肴命名模式的事件域突显模型分析——中国八大菜系4000条菜名的认知研究》，硕士学位论义，四川外国语大学。
唐　钺（1923）《修辞格》，北京：商务印书馆。
谭达人（1989）略论反义相成词，《语文研究》，第1期。
谭代龙（2013）《汉语通识教程》，北京：北京大学出版社。
谭永祥（1981）关于比喻的几个理论问题——从《修辞学发凡》谈起，《修辞学研究》（第2辑），中国修辞学会华东分会编，上海：华东师范大学出版社。
王初明（2001）解释二语习得，连接论优于普遍语法，《外国语》，第5期。
王德春（1987）《修辞学词典》，杭州：浙江教育出版社。
王德春等（1995）《社会心理语言学》，上海：上海外语教育出版社。
王宏印（1997）《白话解读公孙龙子》，西安：三秦出版社。
王　力（1981）《中国语言学史》，太原：山西人民出版社。
王　力（1944/1984）《中国语法理论》，后收入《王力文集》第一卷，济南：山东教育出版社。
王　宁（1996）《训诂学原理》，北京：中国国际广播出版社。
王全智（1998）再读索绪尔，《外语学刊》，第4期。
王庆节（2004）《解释学、海德格尔与儒道今释》，北京：中国人民大学出版社。
王天翼、王寅（2010）从"意义用法论"到"基于用法的模型，《外语教学》，第6期。
王　寅（1988）语言交际图，《清华大学外语教学研究》，第1期。
王　寅（1996）《英汉语言区别特征研究》，北京：新华出版社。
王　寅（1999a）论语言符号象似性，《外语与外语教学》（大连外国语学院学报），第5期。
王　寅（1999b）《论语言符号象似性——对索绪尔任意说的挑战与补充》，北京：新华出版社。
王　寅（2000）英汉话题象似性对比，《英汉语对比与翻译》3，杨自俭主编，上海：上海外语教育出版社。
王　寅（2001）《语义理论与语言教学》，上海：上海外语教育出版社。
王　寅（2005）《认知语言学探索》，重庆：重庆出版社。
王　寅（2006）《认知语法概论》，上海：上海外语教育出版社。
王　寅（2007）《中西语义理论对比研究初探——基于体验哲学和认知语言学的思考》，北京：高等教育出版社。
王　寅（2014）《语言哲学研究（上、下）——21世纪中国后语言哲学沉思录》，北京：北京大学出版社。

王　寅（2016）《认知语言学分支学科建设探索》，北京：高等教育出版社。

王　寅、李　弘（2003）体验哲学和认知语言学对句法成因的解释，《外语学刊》第1期。

王正元（2005）语篇视点的认知分析，《四川外语学院学报》，第2期。

王正元（2009）《概念整合理论及其应用研究》，北京：高等教育出版社。

王治河（2006）《后现代哲学思潮研究（增补本）》，北京：北京大学出版社。

王治河、樊美筠（2011）《第二次启蒙》，北京：北京大学出版社。

汪榕培（1997）《英语词汇学教程》，上海：上海外语教育出版社。

汪子嵩（1972）《欧洲哲学史简编》，北京：人民出版社。

吴怡生(1996)窜改成语的做法必须制止，《中国广告》第1期。

伍铁平（1994）《语言学是一门领先的科学》，北京: 北京语言学院出版社。

伍铁平（1999）《模糊语言学》，上海：上海外语教育出版社。

席留生（2014）《"把"字句的认知语法研究》，北京：高等教育出版社。

邢福义(1996)关于成语换字活用，《语文建设》，第1期。

许国璋（1988）语言符号的任意性问题，《外语教学与研究》，第3期。

许世彤、区英琦等（1992）在汉字辨认上大脑两半球的功能特点，《中国语文——认知科学第五届国际研讨会论文选编》，北京：科学出版社。

徐炳昌（1983）暗喻种种，《修辞学研究》（第2辑），中国修辞学会华东分会主编，合肥：安徽教育出版社。

徐　鹏（1996）《英语辞格》，北京：商务印书馆。

徐盛桓（1993）论常规关系，《外国语》，第6期。

徐盛桓（2002a）常规关系与认知化——再论常规关系.《外国语》，第1期。

徐盛桓（2002b）认知语言学研究的新视点——评石毓智的两本书.《外语教学与研究》，第5期。

徐通锵（1996）语义句法刍议，《英汉语言文化对比研究》，李瑞华主编，上海外语教育出版社。

徐通锵（1998）说"字"，《语文研究》，第3期。

徐益明(1995)何必独责广告?《咬文嚼字》，第6期。

徐友渔等（1996）《语言与哲学——当代英美与德法传统比较研究》，北京：三联书店。

严辰松（1997）语言临摹性概说，《国外语言学》，第3期。

严辰松（2008）从"年方八十"说起再谈构式，《解放军外国语学院学报》，第6期，1—5页。

姚录岐(1995)全盘否定"谐音广告",于理不公!《中国广告》,第4期。
杨善华(1999)《当代西方社会学理论》,北京:北京大学出版社。
杨伟国(2001)信息思维与教学改革,《汉字文化》,第3期。
杨信彰(1994)评索绪尔的语言符号任意观,《外国语》,第6期。
叶舒宪(1994)《诗经的文化阐释》,武汉:湖北人民出版社。
袁毓林(1995)词类范畴的家族相似性,《中国社会科学》,第1期。
袁毓林(1998)《语言的认知研究和计算分析》,北京:北京大学出版社。
张道真(1963)《实用英语语法》,北京:商务印书馆。
张东荪(1940/2011)《知识与文化》,长沙:岳麓书社。
张东荪(1946)《思想与社会》,北京:商务印书馆。
张 敏(1998)《认知语言学与汉语名词短语》,北京:中国社会科学出版社。
张明冈(1985)《比喻常识》,北京:北京出版社。
张 乔(1980)《模糊语义学》,北京:中国社会科学出版社。
张韵斐、周锡卿(1986)《现代英语词汇学概论》,北京:北京师范大学出版社。
张志公(1996)《汉语辞章学论集》,北京:人民教育出版社。
章振邦(1983)《新编英语语法》(下),上海:上海译文出版社。
赵彦春(1999)关联理论对翻译的解释力,《现代外语》,第3期。
赵艳芳(2001)《认知语言学概论》,上海:上海外语教育出版社。
赵一凡(2007)《西方文论讲稿——从胡塞尔到德里达》,北京:三联书店。
赵永峰(2014)《基于RAB的现代汉语动词谓语句动前构式的认知研究》,北京:高等教育出版社。
赵元任(1968/1979)《汉语口语语法》,吕叔湘译,北京:商务印书馆。
赵振铎(2000)《中国语言学史》,石家庄:河北教育出版社。
赵振铎(2003)《训诂学纲要》,成都:巴蜀书社。
周策纵(1986)《古巫医与六诗考》,台北:台北联经出版事业公司。
周永平(2008)《汉英器官量词的认知与对比研究》,硕士学位论文,四川外国语大学。
朱德熙(1982)《语法讲义》,北京:商务印书馆。
朱永生(1994)英语中的语法比喻现象,《外国语》,第1期。
朱永生(1996)试论语篇连贯的内部条件(上),《现代外语》,第4期。
朱永生(1997)试论语篇连贯的内部条件(下),《现代外语》,第1期。
朱永生(2000)语法隐喻理论的理据和贡献,《外语教学与研究》,第2期。
朱永生、严世清(2001)《系统功能语言学多维思考》,上海:上海外语教育出版社。
卓新贤(1997)洛克的语言观,《外国语》,第4期。

北京大学出版社语言学教材总目

博雅21世纪汉语言专业规划教材：专业基础教材系列

语言学纲要（修订版）　叶蜚声、徐通锵著，王洪君、李娟修订
语言学纲要（修订版）学习指导书　王洪君等编著
现代汉语（第二版）（上）　黄伯荣、李炜主编
现代汉语（第二版）（下）　黄伯荣、李炜主编
现代汉语学习参考　黄伯荣、李炜主编
古代汉语　邵永海主编（即出）
古代汉语阅读文选　邵永海主编（即出）
古代汉语常识　邵永海主编（即出）

博雅21世纪汉语言专业规划教材：专业方向基础教材系列

语音学教程（增订版）　林焘、王理嘉著，王韫佳、王理嘉增订
实验语音学基础教程　孔江平编著
现代汉语词汇学教程　周荐编著
简明实用汉语语法教程（第二版）　马真著
当代语法学教程　熊仲儒著
修辞学教程（修订版）　陈汝东著
汉语方言学基础教程（第二版）　李小凡、项梦冰编著，项梦冰修订
语义学教程　叶文曦编著
新编语义学概要（修订版）　伍谦光编著
语用学教程（第二版）　索振羽编著
语言类型学教程　陆丙甫、金立鑫主编
汉语篇章语法教程　方梅编著（即出）
汉语韵律语法教程　冯胜利、王丽娟著
新编社会语言学概论　祝畹瑾主编
计算语言学教程　詹卫东编著（即出）
音韵学教程（第五版）　唐作藩著
音韵学教程学习指导书　唐作藩、邱克威编著

训诂学教程（第三版） 许威汉著
校勘学教程 管锡华著
文字学教程 喻遂生著
汉字学教程 罗卫东编著（即出）
文化语言学教程 戴昭铭著（即出）
历史句法学教程 董秀芳著（即出）
认知语言学教程 王寅著

博雅21世纪汉语言专业规划教材：专题研究教材系列
实验语音学概要（增订版） 鲍怀翘、林茂灿主编
现代汉语词汇（重排本） 符淮青著
现代汉语语法研究教程（第五版） 陆俭明著
汉语语法专题研究（增订版） 邵敬敏等著
现代实用汉语修辞（修订版） 李庆荣编著
新编语用学概论 何自然、冉永平编著
语法分布描写方法与案例 金立鑫编著
外国语言学简史 李娟编著（即出）
近代汉语研究概要（修订本） 蒋绍愚著
汉语白话史 徐时仪著
说文解字通论 黄天树著
甲骨文选读 喻遂生编著（即出）
商周金文选读 喻遂生编著（即出）
汉语语音史教程（第二版） 唐作藩著
音韵学讲义 丁邦新著
音韵学答问 丁邦新著
音韵学研究方法导论 耿振生著

博雅西方语言学教材名著系列
语言引论（第八版中译本） 弗罗姆金等著，王大惟等译
语音学教程（第七版中译本） 彼得·赖福吉等著，张维佳、田飞洋译
语音学教程（第七版影印本） 彼得·赖福吉等著
方言学教程（第二版中译本） J.K.钱伯斯等著，吴可颖译
构式语法教程（影印本） 马丁·休伯特著
构式语法教程（中译本） 马丁·休伯特著，张国华译